EDUARD SPRANGER

Gesammelte Schriften

X

EDUARD SPRANGER

Gesammelte Schriften

Herausgegeben von
Hans Walter Bähr Otto Friedrich Bollnow Otto Dürr
Walter Eisermann Ludwig Englert Andreas Flitner
Hermann Josef Meyer Hans Wenke †

X

Max Niemeyer Verlag
Tübingen

Quelle & Meyer Verlag
Heidelberg

EDUARD SPRANGER

Hochschule und Gesellschaft

Herausgegeben von
Walter Sachs

Quelle & Meyer Verlag Heidelberg
1973

Erscheint mit Unterstützung durch die
Stiftung Volkswagenwerk, Hannover.

Satz und Druck: Druckhaus Darmstadt GmbH.
ISBN 3-494-00594-X

Inhaltsverzeichnis

Teil I

Teil II

TEIL I

Begabung und Studium

1917

Vorwort

Das Thema »Begabung und Studium« geht naturgemäß über den Gesichtskreis eines einzelnen Bearbeiters hinaus. So sehr ich mich bemüht habe, die Verhältnisse nicht einseitig vom Standpunkt der philosophischen Fakultät zu sehen, betrachte ich meine Schrift doch nur als ein Vorspiel für die Erörterungen, die durch das Wesen des »Deutschen Ausschusses für Erziehung und Unterricht« gefordert werden. Denn sein neues und fruchtbares Organisationsprinzip liegt in der Teilnahme der einzelnen Berufszweige an den Bildungsproblemen aller Stufen. So hoffe ich, daß Theologen und Juristen, Mediziner und Nationalökonomen nach mir das Wort ergreifen werden. Vielleicht stellt sich ihnen manches anders dar als mir; es wird den Austausch der Gedanken um so ertragreicher machen. Nur um eines bitte ich im voraus: Ich schreibe über das Schicksal der Begabten an der Universität; man erlasse mir also, in diesem Zusammenhang von den Maßregeln zu reden, die für die Minderbegabten oder Unbegabten erforderlich wären. Ich weiß, daß auch für sie manches geschehen muß, und unterschätze diese Aufgaben nicht, obwohl ich mich der Umbildung der Universität in eine Schule aufs heftigste widersetzen würde.

Nach dem Kriege werden für die deutsche Universität Zeiten kommen, wo sie von den gewohnten Formen abgehen muß, um denen wirksam zu helfen, die eine ehrenvolle Pflicht auf nur zu lange Jahre ihren Hallen fernhielt. Es wird geschehen, mit aller Treue und mit allem Ernst. Zugleich aber hat die Universität dafür zu sorgen, daß sie sich nach stürmischen Jahren auf der alten Höhe des Geistes und der Wissenschaft wiederfinde. Auch dabei werden uns die helfen, denen diese Blätter ein Zeichen innerster Zusammengehörigkeit sein sollen. [Eduard Spranger versah diese Untersuchung mit der Widmung: »Meinen Studenten im Felde«.]

Partenkirchen, 10. November 1916.

Eduard Spranger.

1. Die heutige Einrichtung der deutschen Universität

Das Problem des »Aufstiegs der Begabten« ist nicht nur aus der politischen Lage der Gegenwart erwachsen, sondern selbst ein politisches Problem. Denn nur durch Staatskunst und Gesetzgebung kann planmäßig dahin gewirkt werden, daß die hervorragenden Einzelleistungen dem Ganzen der Nation, ihrem Gedeihen und ihrer Macht zugute kommen. Diesem Ziel gegenüber lassen sich so viele Auffassungen denken, als es politische Grundstandpunkte gibt. Die besondere Aufgabe der Universität ordnet sich in dieser Hinsicht dem allgemeinen Staatsgedanken unter.

Die konservative Staats- und Lebensauffassung ist nicht geneigt, der intellektuellen Begabung eine außergewöhnliche Förderung angedeihen zu lassen. Sie ist durchdrungen von dem Recht und dem Segen einer organischen Abstufung der Gesellschaft, nach der möglichst jeder in seinem Kreise verbleiben muß, wenn das Ganze gedeihen und der einzelne zufrieden sein soll. Die bloße Auszeichnung durch Eigenschaften des Verstandes oder ein Können scheint ihr das Ganze der Menschennatur zu wenig zu berühren, als daß die gesellschaftliche Ordnung darauf gesonderte Rücksicht nehmen könnte. Bloße Kultur des Kopfes erzeugt nach dieser Auffassung Hochmut. Daraus erwächst für den Staat die Gefahr revolutionärer Umtriebe, für den einzelnen die Gefahr des Wurzelloswerdens und des Hinauswachsens über die Sphäre, für die man seinem ganzen Wesen nach allein geschaffen ist: aus solchem Holze werden die Journalisten geschnitzt, die rerum novarum cupidi, die an allem Bestehenden Kritik üben und durch das ewige Geschrei nach Fortschritt die altehrwürdigen Formen der Gesellschaft über den Haufen werfen. Leistungsfähigkeit, soweit sie in dem zugewiesenen Kreise bleibt, ist der konservativen Auffassung willkommen; im ganzen aber ist sie der Ansicht, daß wahre Begabung samt den zugehörigen Eigenschaften des Charakters ein Erbstück ist, und daß die großen Talente für den Staat doch nur auf dem Boden der aristokratischen Klasse gedeihen.

Im Gegensatz dazu gehen die Liberalen von der Grundauffassung aus: »Freie Bahn für jedes Talent!« Sie kennen keine ererbte Ungleichheit, es sei denn die des Besitzes oder einer willkürlichen Rechtsordnung. Ursprünglich sind alle Menschen frei und gleich, und zu ihren unveräußerlichen Menschenrechten gehört der Anspruch auf höchste, freie Entfaltung aller Kräfte, die die Natur verliehen hat, also auf Humanität. Damit verbindet sich jedoch der Glaube, daß alle Persönlichkeit frei von innen heraus werden muß, und daß weder der Staat noch die Erziehung ein Recht hat, in das innere Wachstum persönlichsten Geisteslebens einzugreifen. Der Liberalismus hat in seinen Jugendtagen viel Mühe damit gehabt, diese negative Politik und Pädagogik ganz in dem strengen Sinne durchzuführen, wie Wilhelm v. Humboldt und Rousseau sie begründet hatten. Von entscheidendem Einfluß wurde dabei das Vorbild der klassischen Nationalökonomie, die den Grundsatz unbedingter Wirtschaftsfreiheit aufstellte. So wie dieser Glaube an Produktionsfreiheit, Handelsfreiheit und Verkehrsfreiheit einen grenzenlosen Optimismus über die Harmonie der Enderfolge voraussetzte, so betrachtete man auch die innere Entfaltung der Persönlichkeit mit unversieglichem Vertrauen auf den Segen jeder Geistesäußerung, sofern sie nur aus den Tiefen der Freiheit – einer sittlichen Freiheit, wie man in Deutschland selbstverständlich annahm – geboren wäre. Demgemäß wurde der Grundsatz des freien Wettbewerbes ein allgemeiner und höchster politischer Grundsatz. Man begnügte sich mit der Forträumung der Hindernisse, die man allgemein auf die Rechnung künstlicher Rechtsschranken schob, und vertraute im übrigen der Selbstdurchsetzung jeder echten Kraft. Selbsthilfe und Selbstbestimmung sind die Leitsterne dieser Lebensauffassung. Sie haben über dem Wege aller derer geleuchtet, die sich durch die Ungunst der äußeren Verhältnisse Bahn gebrochen und zu bedeutenden Leistungen emporgerungen haben. Die Voraussetzung dafür aber ist eine Gesellschaftsordnung, die keine ständischen Rechtsschranken mehr kennt, sondern freie Berufswahl und Freizügigkeit zuläßt. In der Form des fakultativen Angebots gewährt sie Einrichtungen für höhere Bildung, die benutzen mag, wer Zeit und Geld dazu hat. Für Zeit und Geld selbst noch zu sorgen, würde dem streng liberalen Staat als eine Überschreitung seiner Rechte gegenüber dem Individuum erscheinen. Hat er doch sogar den allgemeinen Schulzwang immer nur schwer vor sich selbst rechtfertigen können.

Der Liberalismus genügt auf diese Weise dem Evangelium der Freiheit. Seinem zweiten Programmpunkt, der Gleichheit, ist er nicht einmal in dem Sinne gerecht geworden, daß alle unter gleichen Bedingungen in den Wettbewerb eintreten. Er hat eine neue gesellschaftliche Schichtung erzeugt, deren Ungleichheit um so schmerzlicher ist, als sie wesentlich auf den äußeren Unterschieden des Besitzes und kaum noch auf denen der politischen Leistung oder der inneren Kultur beruht. Ein dritter Standpunkt – wir nennen ihn den sozialen – ist daher durch den Liberalismus geradezu großgezogen worden. Ursprünglich erwachsen aus der Beobachtung, daß Gleichheit nicht eine gegebene Tatsache ist, sondern durch Rechtsordnung erst gewährleistet werden muß, hat der Sozialismus mehr und mehr den Gedanken der gesellschaftlichen *Organisation* dem Grundsatz der freien Konkurrenz gegenübergestellt, und zwar Organisation in dem Sinne und mit dem Ziele, daß das Ganze solidarisch *jeden* einzelnen fördern soll, *jeder* einzelne aber auch dem Ganzen unbedingt zu Dienst und Leistung verpflichtet ist. Je nachdem, ob man den Ton auf das erste oder das zweite Moment legt, tritt der individualistische Zug des Sozialismus, den er mit dem Liberalismus gemeinsam hat, oder der kollektivistische hervor, aus dem sich das hervorstechende Merkmal der Organisation ergibt. Wie sich auf wirtschaftlichem Gebiet die freie Produktion und die gesellschaftlich geregelte als scharf geschiedene politische Systeme gegenüberstehen, so reicht bis in die letzten Verzweigungen des Geisteslebens der Gegensatz des laisser faire, laisser aller und des organisierten gesellschaftlichen Handelns mit kollektivem Verantwortungsgefühl. Wo der soziale Gedanke herrscht, überläßt man daher auch die Begabung nicht dem individuellen Kampf ums Dasein; man begnügt sich nicht damit, Hindernisse wegzuräumen, die ihrem Wachstum das Licht rauben; sondern man behandelt sie wie eine Pflanze, die durch intensive Bodenkultur und sorgsame Pflege zu einer höheren Art veredelt werden kann. Dazu bedarf es der gesellschaftlichen Organisation, d. h. positiver Rechtsordnung, finanzieller Sicherung und ausdrücklicher Maßnahmen zur Auslese und Förderung. Um es noch in einem anderen Bilde auszudrücken, das nicht ohne inneren Zusammenhang mit dieser politischen Gedankenbildung ist: der Liberalismus vertritt den Grundsatz der natürlichen Auslese, der Sozialismus (sofern er den ganz abstrakten Gleichheitsgedanken überwunden hat) den der Unterstützung durch künstliche Zuchtwahl.

Die bloße Tatsache, daß der Deutsche Ausschuß für Erziehung und Unterricht sich den Aufstieg der Begabten ausdrücklich zum Problem gemacht hat, beweist, daß er sich weder auf den Boden einer konservativ bewahrenden, noch auf den Boden einer negativ liberalen Politik stellen will, sondern daß es ihm um positive Organisationen zur Förderung der besonders Befähigten zu tun ist. Prüfen wir nun, wie sich zu dieser Absicht die bisherige Verfassung der deutschen Universität verhält.

Ohne Zweifel ist sie, wie ich an anderen Stellen wiederholt ausgeführt habe, in ihrer heutigen Gestalt wesentlich aus dem Geiste des Liberalismus hervorgegangen [1]. Dies kommt nicht nur in den beherrschenden Prinzipien der Lehrfreiheit und Lernfreiheit zum Ausdruck, sondern in allen Einzelheiten der Lehr- und Lebensordnung. Mag auch in den letzten Jahrzehnten das Staatsinteresse manche festere Bindung geschaffen haben, so ist doch der Grundcharakter dadurch nicht verwischt worden. Der Lehrer, sei

[1] Vgl. Fichte, Schleiermacher, Steffens über das Wesen der Universität. Mit einer Einleitung hg. von Eduard Spranger. Leipzig 1910. (Philosophische Bibliothek. Bd. 120.) – Ferner: Eduard Spranger, Wandlungen im Wesen der Universität seit 100 Jahren. Leipzig 1913.

er nun angestellter Professor oder Privatdozent, kann im allgemeinen die Themata seiner Vorlesungen und Übungen frei wählen. Es gibt da keine andere Bindung als die, der die Lehrfreiheit selbstverständlich unterliegt, nämlich die innere des wissenschaftlichen Gewissens: niemand wird (so hoffen wir) ankündigen, was er nicht versteht; niemand eine neue Meinung vertreten, die er nicht in tiefster Selbstkritik für wahr und gut erkannt hätte. Diesem unzweifelhaft stark individualistischen Grundsatz steht zum Ausgleich auf der anderen Seite gegenüber, daß niemand gezwungen ist, von dem Angebot Gebrauch zu machen. Es ist hier wie in der Wirtschaft des Liberalismus: die Produktion (in diesem Falle des Wissens) ist nicht geregelt, alles vielmehr der Selbstregulierung des Prozesses von Angebot und Nachfrage überlassen. Man kann sich eine ganz andere Form der wissenschaftlichen Forschung und Lehre denken: man kann die jetzt automatisch erfolgende Arbeitsteilung bis ins kleinste organisieren und das wissenschaftliche Verfahren auf einen Stab von Mitarbeitern und Hilfskräften unter einer einheitlichen Oberleitung verteilen. Entsprechend würde dann auch das Erlernen der Wissenschaft in Stufen und Gruppen gegliedert werden, wie sie schon Fichte, dieser harte Organisator, in seinem Universitätsplan deduziert hat. Etwas Ähnliches hat Lamprecht bei der Begründung des Instituts für Kultur- und Universalgeschichte vielleicht vorgeschwebt. Es ist hier noch nicht der Ort, auf die Vorzüge oder Nachteile solcher Verfassungen einzugehen; wir erwähnen sie nur, um daran zu erläutern, daß die heutige Universität auf diesem Prinzip *nicht* aufgebaut ist. In ihr ist kein Dozent (der Idee nach) nur Hilfsarbeiter, sondern er ist volle wissenschaftliche Persönlichkeit, zugleich Forscher und Lehrer, durchaus frei in seiner individuellen Richtung und durch nichts gebunden als durch die Selbstverantwortung, die der Liberalismus allerdings in jedem als wirksam voraussetzen muß.

Wenn die Wirklichkeit der staatlichen Universität und der Fakultätspolitik an dieser Idee einige Abstriche macht, so ist sie dafür auf der Seite des Studenten um so reiner verwirklicht. Der Staat lauert auf ihn gleichsam nur am Eingang und am Ausgang. Hinein läßt er niemanden, der nicht das von ihm festgelegte Maß der wissenschaftlichen und sittlichen Reife nachweisen kann. Und nach der Seite des Staates hinaus kommt niemand, der nicht durch ein Staatsexamen zeigt, daß er die Zwischenzeit richtig angewandt hat. Die anderen Ausgänge sind offen; die Universität als solche zwingt niemanden zu einem Examen; die akademischen Prüfungen sind durchaus freiwillig, und überdies so frei in der Form, daß man Chemie und Kunstgeschichte kombinieren darf. Der junge Mann, der sich in den Hallen der Universität bewegt, hat Zutritt zu allen Türen, an denen nicht gerade privatissime dransteht. Zu diesen kann er sich den Zugang erwerben, wenn er will. Und ebenso: er kann zu jeder Tür jederzeit hinausgehen, was von manchen Studenten so verstanden wird, daß sie mitten in der Stunde davon Gebrauch machen. Während der Vorlesung behelligt ihn niemand; er kann zuhören oder träumen, mitschreiben oder in anständiger Ferne etwas anderes lesen. – Man sieht, auch diese akademische Freiheit wäre ein gefährliches Ding, wenn sie nicht im Sinne der Selbstverantwortung verstanden würde. Und dieses Mißverständnis ist denn freilich häufig, daß der junge Mensch die Freiheit nimmt als die Erlaubnis, alles zu tun und alles zu lassen, während sie doch gedacht ist als die Verpflichtung vor sich selbst, das Höchste der eigenen Bestimmung mit allem Ernst und innerster Kraft zu ergreifen. Wir gehen nicht ein auf die akademische Freizügigkeit, die Freiheit des Wohnens und Verkehrs und viele andere Züge, die dieses Bild einer liberalen Lebensordnung vervollständigen. Es ist von berufenen und unberufenen Beurteilern oft genug mit Bedenken betrachtet worden. Der Verfasser gehört zu denen, die es mit allem Licht und Schatten bis zum letzten Hauch verteidigen würden. Aber auch davon soll jetzt noch nicht die Rede sein, sondern nur von dem einen Punkte, wie sich diese Verfassung zu dem Erkennen und Fördern der hervorragenden Begabungen verhält.

Wer wollte da bestreiten, daß kein glücklicheres System erdacht werden kann, um dem inneren Zuge der wissenschaftlichen Neigung ans Licht zu helfen? Denn das ist doch wohl das Kennzeichen jeder großen und echten Begabung, daß sie mit unwiderstehlicher Gewalt – als »Beruf« – frei aus dem Innern hervorbricht, wofern es nur nicht an Gelegenheiten fehlt, die ein solches Bewußtsein der inneren Bestimmung wachrufen. Wer die Einrichtungen der Universität im rechten Sinne benutzt, muß in den ersten Semestern, sei es durch Vorlesungen oder Lektüre, durch Raterholung bei einem Professor oder durch Verkehr mit den Kommilitonen darüber klargeworden sein, nach welcher Seite der Wissenschaft er neigt. Wenn hiergegen etwa eingewandt wird, es gebe auch Professoren, die von ihrem Fach abschrecken, so heißt das nur, die allgemeine Unvollkommenheit der Welt anklagen, gegen die bisher noch kein Kraut gewachsen ist. Ist doch, von der andern Seite gesehen, der Fall nicht selten, daß ein junger Mann sich über seine wahre Begabung täuscht; es gibt ebenso unglückliche Neigungen zur Wissenschaft, wie zur Dichtung oder zur Schauspielkunst. Der allgemeine Satz wird dadurch nicht berührt, daß die höheren, spezifischen Begabungen am sichersten durch Selbsterkenntnis und den inneren Drang entdeckt werden. Ja es ist geradezu rätselhaft, wie die Natur manche Menschen schon früh in gewisse Bahnen des Interesses lenkt, die dem unmittelbaren Lebenskreise ganz fern liegen, so daß z. B. ein vierzehnjähriger Stadtknabe bereits ein bekannter Fachmann in der Vogelkunde ist, oder ein anderer die ägyptischen Altertümer besser kennt als die Geschichte seiner Heimatstadt. Noch viel mehr muß es für die Stufe des Jünglingsalters gelten, daß das Wichtigste der Selbstbeurteilung (wie auf ethischem Gebiet: der Selbsterziehung) überlassen bleibt. Denn da wir hier von den hervorragenden Talenten reden, so handelt es sich auf dieser Stufe sehr oft um Leistungen, für die noch gar kein fertiges Maß und Vorbild besteht, vielmehr um Neuschöpfungen, auf denen der eigentliche geistige Fortschritt der Menschheit beruht. Es ist ein irreführendes Wort: man solle den Fortschritt organisieren; das eigentlich Produktive läßt sich nicht in vorgebildete Formen fassen; es gedeiht allein in unbehinderter Freiheit; die Nachtreter mögen sich dann organisieren, was man auch »eine Schule bilden« nennt. Die Universität aber ist keine Schule. Von der Berliner Mittwochsgesellschaft über Diesterweg bis zu neuesten Pragmatisten ist dies oft falsch aufgefaßt worden. Gewiß, Vermehrung der Übungen und des dialogischen Verfahrens ist noch immer zu wünschen, und die Aufschwemmung der Vorlesungen bis zu sechs und acht Wochenstunden ist ein Mißbrauch aus tausend Gründen. Aber wer da sagt, daß die Vorlesung ein Monolog sei, beweist, daß er nicht zu hören versteht; denn ihm fehlt die innere Selbsttätigkeit, die mit stiller Frage und Antwort reagiert. Ginge das laut vor sich, so gäbe es in einem großen Hörsaal Anarchie und kein Ende; manche Antwort erwächst aus dem folgenden Nachdenken, manche erst aus der Literatur; tritt beides nicht ein, so gibt es die Sprechstunde, von der aber erfahrungsgemäß so geringer Gebrauch gemacht wird, daß es für den ernsten Dozenten fast schmerzlich ist. Der Dozent nämlich (wie ich ihn mir vorstelle) hat schon während der Vorbereitung beim Lampenlicht einen heißen Kampf mit allerhand Widerspruchsgeistern durchfochten. Einige davon führt er am nächsten Morgen gefesselt vor, zur Betrachtung des Publikums; andere sehen ihm noch während des Sprechens über die Schulter und machen seine Stimme, je nach Temperament, etwas zaghaft oder gewaltig laut. Wieder andere springen ihn aus den Augen seiner Zuhörer an, von wo bisweilen auch hilfreiche Bundesgenossen kommen. Eine solche Vorlesung ist also zunächst einmal keine Lesung, sondern selbst schon ein Wechselgespräch. Man kommt auch aus ihr nicht heraus, als habe man eine bequeme Sache abgetan, sondern warm und bewegt, manchmal zufrieden, öfter recht unbefriedigt. So habe ich nicht nur himmelstürmende Anfänger, sondern auch siebzigjährige Jünglinge kennengelernt, und darin liegt die ewige Jugendlichkeit des Universitätslebens und der Feuergeist, der durch die echte Vorlesung geht. Von ihm und nicht von den vielzitierten Geistern, die die Erfindung der Buchdruckerkunst verschlafen haben, rede ich, wenn ich im folgenden von der Universität rede, und habe dabei Fichte und Schleiermacher und alle Besten auf meiner Seite. Man lese ein Blatt aus den gedruckten Vorlesungen vergangener Universitätslehrer, und man wird unmittelbar fühlen, ob das Druckerschwärze ist oder lebendige Produktion. *Eine* Voraussetzung freilich ist dabei, und auch sie muß hier erwähnt werden, obwohl ich nicht von allgemeiner Universitätsreform zu reden habe, sondern von einem Spezialproblem: dem bewegten Leben muß Leben entgegenkommen, nicht nur als Empfänglichkeit, sondern als fortzeugender Eifer und also als Arbeitsenergie. Das ist zugleich die schwerste und höchste Forderung, die eine Bildungsanstalt an ihre Zöglinge stellen kann, daß sie arbeiten gelernt haben und daß ein *freier* Wille zur Arbeitsamkeit jederzeit in ihnen wach sei. Wer da hinter jeden einzelnen den Aufseher stellen will, der nimmt an, daß überhaupt nicht die Vorbedingung der Begabung bei den Studenten erfüllt sei. Mit ihm können wir nicht reden; wir könnten ihm höchstens das Wort studiosus ins Deutsche übersetzen. Ein anderer Einwand verdiente eher Beachtung, daß nämlich bei der heutigen Einrichtung der Universität der Schüchterne nicht an die Professoren herankomme, und daß deshalb manch wertvolles Talent durch die Begabung des Mundes in den Hintergrund gedrängt werde. Ist der Professor ein Menschenkenner, so wird er hier schon zu unterscheiden wissen. Befangenheit abzuwerfen aber haben selbst die Größten auf der Universität lernen müssen; man denke an Lessing oder an Goethe. Auch dies gelingt nur der Selbsterziehung, die der rechten Selbstachtung zuletzt zum Durchbruch verhilft. Nach meiner Erfahrung haben zurückhaltende Professoren sogar das Maß der Anforderungen, die der Student an sich stellt, erhöht, da sie das Streben wachriefen, sich ihres Umganges erst wert zu machen.

Wenn dies alles nun geeignet ist, die Begabung zum Bewußtsein ihrer selbst zu führen und dadurch ihre Leistungen zu steigern, so liegt doch andererseits in der Verfassung der deutschen Hochschule eine Schranke, die aus ihrem besten Wesen folgt und darum offen ausgesprochen werden darf. Die Universität ist geeignet zur Erkenntnis und Befruchtung der *wissenschaftlichen* Begabung, noch nicht aber jeder Lebensbegabung überhaupt. Deshalb wird sich der in ihr am meisten am Platze finden, der die Lebensform des Forschers, des Gelehrten, kurz des Theoretikers verkörpert; denn diese Bildungsstätte ist wesentlich organisiert aus dem inneren Gesetz des reinen Wahrheitsuchens, und der Gesichtspunkt der Anwendung tritt in ihr erst in zweiter Linie hervor. Weder der Künstler noch der Techniker, weder der Organisator noch der wirtschaftliche Unternehmer, weder das religiöse Gemüt noch der liebestätige Geist wird sich in der akademischen Luft *ganz* heimisch fühlen können [2]. Für sie ist alles zu theoretisch, zu prinzipiell, zu lebensfern; es herrscht in ihr ein Gesetz von einseitiger Herkunft, das Gesetz der reinen Erkenntnis, oder der Wahrheit um der Wahrheit willen. Deshalb haben auch die Begründer der Universität des 19. Jahrhunderts in der philosophischen Fakultät ihr eigentliches Herz gesehen. Die drei anderen Fakultäten sind im Vergleich zu ihr Fachschulen oder Stätten der angewandten Wissenschaft. Aber man muß doch bekennen, daß es mit dem Maß dieser Anwendung auch in ihnen nur schwach bestellt ist. Der Theologe lernt die theoretischen Grundlagen seines Berufes und hat allenfalls Gelegenheit, sich ein paarmal im Predigen zu üben. Die eigentliche Praxis der Seelsorge in ihrem heute das konkrete Leben so weit umfassenden Sinne lernt er erst nach der Universitätszeit kennen. Der Jurist erhält ein Angebot vieler hervorragend gelehrter Dinge, von denen er sich jedoch in großem Umfange selbst zu dispensieren pflegt; eine eigentliche Kenntnis des modernen Lebens, seiner Rechtsfälle oder seiner Verwaltungsformen, vermag die Universität nur in der blassesten Weise zu vermitteln. Daher beginnt die Mehrzahl der Juristen sich erst in der Referendarzeit zu entwickeln. Am engsten verflochten ist noch Theorie und Praxis bei den Medizinern, während die Mitglieder der vierten Fakultät, die sich dem Lehrfach widmen wollen, wenigstens in Preußen, von dem Eigentümlichen dieses Berufes während ihrer Studienzeit wie von einem Geheimnis ferngehalten werden. Dies alles sind bekannte Dinge, die keiner näheren Ausführung bedürfen.

An diesem Punkte liegt die Spannung, aus der das Problem »Begabung und Studium« für unsere Zeit eigentlich erst erwächst, und hierüber gilt es, sich ganz klar zu werden. Wir nennen die Berufe, auf die die Universität vorbereitet, ganz allgemein »gelehrte Berufe«, weil sie eine wissenschaftliche Vorbildung fordern. Damit ist aber nicht gesagt, daß alle ihre Angehörigen im späteren Leben nun Wissenschaft treiben oder in der gelehrten Forschung selbst ihre Bestimmung finden. Am meisten ist dies noch der Fall bei den Lehrern der Hochschulen und höheren Schulen, deren Aufgabe zum großen Teil darin besteht, dem heranwachsenden Geschlecht Wissenschaft zu überliefern. Aber zum Lehrer mindestens an den Schulen gehört nach heutiger Auffassung mehr als ein Maß von Kenntnissen: es gehört dazu auch Erziehungsgabe, Liebe zur Jugend, kurz, Umgangstalente, die

[2] Vgl. Eduard Spranger, Lebensformen. In: Festschrift für Alois Riehl. Von Freunden und Schülern zu seinem siebzigsten Geburtstag dargebracht. Halle a. S. 1914; auch separatim ebenda 1914.

ganz andrer Art sind als die theoretische Ausstattung. Noch größer ist die Entfernung von der reinen Wissenschaft bei den Vertretern der anderen Fakultäten. Der Richter wie der Rechtsanwalt müssen sehr vieles wissen, um ihren Beruf ausüben zu können; aber sie treiben so wenig Wissenschaft wie der Verwaltungsbeamte, der Finanzmann oder der Großindustrielle mit nationalökonomischer Vorbildung. Der Geistliche kann von Exegese und Kirchengeschichte vieles vergessen und doch noch seinen Platz im besten Sinne ausfüllen. Und der Arzt wird wohl in seiner täglichen Praxis den Abstand von der Theorie um so stärker empfinden, als von ihm viele menschliche Eigenschaften gefordert werden, die durch kein Studium zu erwerben sind.

In der äußersten Zuspitzung kann diese Differenz so groß werden, daß Köpfe, die bei der Theorie versagt haben, in der beweglicheren Welt der Lebenspraxis Bedeutendes leisten. Solche Naturen könnten auf der Universität verkannt werden, und – was schlimmer ist – sie könnten durch die einseitige Einstellung des akademischen Betriebes auf gelehrte Durchdringung des ganzen Gebietes in ihrer Entwicklung gehemmt werden. Daher ist die Frage, von der alles Folgende abhängt, ob und wie die Universität der Anwendungsbegabung und der praktischen Lebensbestimmung ihrer Schüler Rechnung tragen soll.

Die Stimmen sind nie ganz verstummt, die in den herrschenden Zuständen einen verderblichen Rest von Scholastik anklagen. Nach dieser Auffassung wird die Jugend der Nation auf der Universität um ihre beste Zeit und um ihre rüstigste Kraft nutzlos betrogen. Statt in das Morgentor des blühenden Lebens einzugehen, wird sie – wie schon auf der Schule – noch einmal in die dürren Gefilde der abstrakten Theorie und des Buchwissens zurückgeführt; nirgends Labung für ihren brennenden Durst, nirgends der belebende Erdhauch der Wirklichkeit, sondern Theorie, Paragraphen, Disziplinen! Man verweist auf das Beispiel Amerikas, wo ein pragmatischer Geist die Colleges und Universitäten durchweht, und kaum etwas gelernt wird, was nicht morgen schon seinen Nutzen in der Anwendung entfalten kann.

Dahin zielt der Angriff, und darüber müssen wir uns erklären. Zuzugeben ist die Antinomie, die hier besteht: Wissenschaft ist nicht Leben; die Universität ist kein getreues Abbild des modernen Lebens. Aber es wird sich sogleich hinzusetzen lassen: Lehrjahre sind keine Meisterjahre. Und wenn der Nachweis gelingt, daß die wissenschaftliche Ausbildung eine unentbehrliche Vorstufe für die höheren Kulturaufgaben ist, so dürfte damit auch die Gestalt der Universität viel von ihrer Fremdartigkeit verlieren.

Die Frage greift in letzte philosophische Überzeugungen hinein. Aber das ist wohl außer Streit, daß die Kultur unserer Zeit selbst auf den Ergebnissen der Wissenschaft ruht, daß sie weder in technischer noch in rechtlich-sozialer Hinsicht diese Gestalt erreicht hätte, wenn sich nicht die Erkenntnisarbeit zahlloser Generationen in ihr abgelagert hätte. Daraus folgt dann wieder, daß niemand sie ganz versteht, der nicht ihren Werdegang historisch übersieht, und daß niemand sie einen Schritt weiter führt, der nicht von Sinn und Richtung der vergangenen Schritte sich vorher Rechenschaft abgelegt hätte. Unsere Kultur ist selbst eine *wissenschaftliche Kultur*. Schon aus diesem Grunde ist es kein Zufall, daß die Erziehungsstätten für die höchsten Formen der Kulturarbeit bei uns gerade Stätten der Wissenschaft geworden sind, und zwar nicht nur solche, die Kenntnisse überliefern zu fertigem Gebrauch, sondern solche, die sie ins Unbegrenzte zu vermehren und zu vertiefen streben, auch da, wo die Möglichkeit der Anwendung nicht sofort einleuchtet.

Es kommt aber weiter ein Grund hinzu, der aus dem Wesen der Erziehung selbst entnommen ist. Nichts macht den Menschen innerlich so frei, wie die strenge Kritik, die der unbestochene Wahrheitssinn an den Gegenständen der Erkenntnis übt. Wissenschaftliche Forschung ist daher eine Schule des Charakters überhaupt, gleichsam ein Übungsfeld für *jede* Art des selbständigen Urteilens. Wissenschaft führt zur Sachlichkeit, während der Einzelfall der Anwendung oft Leidenschaft und Subjektivität herausfordert. Wissenschaft lehrt die Welt und das Leben als *einen* großen Zusammenhang von gesetzlicher Art auffassen, während die Praxis alles nur vereinzelt herbeiführt. Wissenschaft endlich ist der Boden der Gemeinsamkeit, während Takt und Intuition unübertragbar sind.

Alles in allem: Wissenschaft ist ein *Mittel* für die künftige Leistung am konkreten Platz, insofern sie eine Schulung gibt, die, weit über das einzelne und schon dagewesene hinausreichend, auch das Künftige und Neue erfaßt und darum produktiv wirkt. Sie ist aber auch die *Sache* selbst, insofern die Kulturarbeit in ihrem wesentlichsten Bestande Resultat der fortschreitenden Erkenntnis ist und gleichsam ein verwickeltes Netz von Einsichten zum Grundriß hat, auf dem sich die Plastik des handelnden Lebens erst aufbaut.

Daraus folgt, daß wir in Deutschland auf den Geist der Wissenschaft in keiner Fakultät verzichten können, sei ihr Gebiet dem Pulsschlag des Lebens auch noch so nah. Es folgt aber auch, daß für sehr viele höhere Berufe diese streng wissenschaftliche Schulung nur eine Stufe des Hindurchgehens ist, und daß die gelehrte Leistung noch kein Maß der künftigen Berufsleistung abgibt. Die Aufgabe der Universität in der Gegenwart wird also darin liegen, überall die feine Grenzlinie zu finden, die zwischen den beiden Extremen einer unfruchtbaren Lebensferne und einer allzu engen Nützlichkeit für den augenblicklichen Bedarf hindurchführt.

Wir sind darin einig, daß der Theologe und der Jurist, der Mediziner und der Lehrer einer wissenschaftlichen Grundlage für ihren Beruf bedürfen. Sie bedürfen daher auch der *wissenschaftlichen Begabung*, weil sie sonst weder den Anforderungen der Ausbildungszeit zu genügen, noch später ihren Beruf in tieferem Sinne auszuüben vermögen. Aber diese Seite der Begabung erschöpft noch nicht das, was für die sogenannten akademischen Berufe erforderlich ist, sondern es bedarf darüber hinaus für jeden Zweig einer besonderen *Berufs- oder Anwendungsbegabung*, die sich so stark differenziert, wie die Berufe selbst. Wie verschieden ist etwa die geistige Ausstattung, die der Diplomat und der Chirurg für ihre Zwecke besitzen müssen, obwohl beide irgendwann einmal durch Wissenschaft hindurchgegangen sind! Oder wie eigentümlich ist die Verwertung der wissenschaftlichen Studien bei den Chemikern der Großindustrie, bei den Direktoren von Banken und Versicherungsgesellschaften! Überall ist Wissenschaft die Basis, überall aber wölbt sich über dieser Grundlage ein Bau, der noch andere Stützen als die der theoretischen Gewißheit braucht.

Es wird daher der Sache entsprechen, wenn wir mit einem Wort über Wesen und Arten der wissenschaftlichen Begabung anfangen. Wir werden dann sehen, daß sie auf Voraussetzungen zurückweist, die spätestens an der Grenze von Schule und Universität erfüllt sein müssen. Vorwärts aber weist sie über sich selbst hinaus zu den mannigfachen Berufs- und Anwendungsbegabungen, die im voraus sicher zu erkennen vielleicht über die Kraft von Menschen und Einrichtungen größtenteils hinausgeht.

2. Die wissenschaftliche Begabung

Begabung ist ein Wort wie »Tugend«: es ist damit eine ungefähre Gegend bezeichnet; aber man kann in dem so umgrenzten Raum lange umherwandern, bis man den Punkt findet, wo das Gemeinschaftliche wurzelt, das jede Tugend gerade zur Tugend, oder die Begabung zur Begabung macht. So wenig nun der populäre und aus dem Sprachgebrauch des Lebens erwachsene Begriff der Begabung hier völlig geklärt werden kann, müssen wir uns doch über einige wichtige Merkmale verständigen. Er ist aus derselben Tendenz zur Substanzialisierung entstanden, wie die Lehre von den Seelenvermögen oder Dispositionen. Begabung ist nicht nur »angeborene Disposition zu Leistungen«, sondern sie ist auch nur erkennbar an den Leistungen. Sie verhält sich daher zu ihnen wie der Charakter zu den moralischen

Handlungen, d. h. beide Begriffe haben ihre Wurzel darin, daß man seelische Funktionen als dauernde Eigenschaften hypostasiert hat. Demgemäß ist das eigentlich Greifbare an der Begabung die Leistung. Wenn trotzdem die völlige Gleichung zwischen Begabtsein und Leisten nicht vollzogen wird, so liegt darin angedeutet, daß nicht jede vorauszusetzende Begabung wirklich zu proportionalen Leistungen gelangt, und umgekehrt, daß nicht für jede tüchtige Leistung sogleich eine entsprechende Begabung angenommen werden kann. Folglich muß es Faktoren geben, die die Leistung unter die natürliche Begabung herabsetzen; bisweilen sind es innere, wie Faulheit, Unfähigkeit zur Konzentration, Mangel an Selbstvertrauen usw., bisweilen äußere, wie Krankheit, Armut, Unterernährung, Mangel an Ausbildung oder anderes, was nicht in der seelischen Organisation selber seinen Sitz hat. Ebenso aber gibt es auch Faktoren, die die Leistung über die bleibende Begabung hinaus steigern. In dieser Richtung wirken von innen her etwa Frühreife oder Ehrgeiz oder Fleiß, von außen günstige Lebensumstände, wie Abkunft, Fürsprache, Reichtum, sorgfältige Bildung und erleichterte Arbeitsbedingungen. Man sieht: die Begabung ist im Grunde nur die Projektion der durchschnittlichen Leistungsgröße unter normalen Umständen.

Es gibt daher, analog den Spezialgedächtnissen, ebenso viele Begabungen, als es Arten der Leistung gibt, und zwar von den elementarsten Seelenleistungen, die nur in einer künstlichen psychologischen Analyse isoliert werden können, bis zu den höchsten zusammengesetzten, bei denen ein ganzes Bündel seelischer Elementarprozesse zu einer verwickelten Gesamtfunktion zusammenwirken muß. Die *wissenschaftliche* Begabung gehört offenbar zu den letzteren. Und auch dieser Name wirkt zunächst wie ein Nebel, der die eigentlichen Gestalten verbirgt. Denn es scheint wenig Gemeinsames zwischen der wissenschaftlichen Leistung, die etwa durch angespanntes Beobachten mit dem Mikroskop entsteht, und der, die aus dem Sammeln alter Handschriften oder aus Zergliederung von Begriffen hervorgeht. Trotz alledem muß versucht werden, wenn Wissenschaft überhaupt auf einem gemeinsamen Merkmal beruhen soll, eine allgemeinste Bestimmung zu finden, die für *jede* Form der wissenschaftlichen Begabung gilt.

Versuchen wir dies, ohne zu tief in erkenntnistheoretische Fachuntersuchungen hineinzusteigen, die allerdings allein hier ganz zum Ziele führen könnten! Formen und Leistungen der Erkenntnis in den einzelnen Wissenschaften sind äußerlich betrachtet höchst verschieden. Bei den einen spielt die Sinnestätigkeit eine erhebliche Rolle, bei den andern die Lebhaftigkeit der bilderschaffenden Phantasie, dann wieder die äußerste begriffliche Abstraktion, in manchen Fällen sogar Erlebniskreise von ästhetischer, religiöser oder sonst spezifischer Art. Was aber alle diese Leistungen unter dem Namen Wissenschaft zusammenhält, muß doch eine einheitliche, beherrschende Funktion sein. Wir werden nicht zögern, dieses Wesentliche im *Denken* zu suchen. Denken freilich muß man bei allen Berufen und Tätigkeiten, aber das wissenschaftliche Denken hat im Gegensatz zum praktischen seine besondere Farbe. Es ist rein auf den begrifflich-sachlichen Zusammenhang der Gegenstandsordnung gerichtet, gleichviel zunächst, welchen Wert dieser Zusammenhang für uns hat, und wie er dem praktischen Handeln dienstbar gemacht werden kann. Das Eigengesetz des reinen Erkennens gelangt in der Wissenschaft zur Geltung. Aber diese Bestimmung genügt noch nicht. Gewiß äußert sich das Denken wesentlich in Urteilen; es können jedoch sehr richtige Urteile gefällt werden, die wissenschaftlich ganz belanglos sind. Deshalb kommt es in jeder Wissenschaft auf die Herausarbeitung von grundlegenden Begriffen und Kategorien an, die den eigentümlichen Gedankenaufbau des Gebietes bestimmen. Das Bewußtsein von diesem immer im Werden begriffenen Zusammenhang ist das Problembewußtsein. Gerade weil dies etwas nie Fertiges betrifft, deshalb auch nie einfach durch Schulung übertragen werden kann, ist nicht nur das wissenschaftliche Produzieren, sondern schon das wissenschaftliche Lernen abhängig von der richtigen Fragestellung. Man muß wissen, worauf es ankommt, wonach man zu fragen hat, worauf der Akzent bei einem gegebenen, ungegliederten Stoff zu legen ist, und es ist dabei ganz gleichgültig, ob der Stoff der betreffenden Wissenschaft ein äußerlich sinnlicher oder ein Erlebniszusammenhang oder selbst schon ein Gedankenkomplex ist. Auch nur die roheste Materialsammlung ist unmöglich, wenn nicht das Denken zuvor seine Angeln auswirft.

Ob man experimentiert, eine Gleichung löst oder historisch forscht, ob man zwei Erscheinungen beliebiger Art vergleicht, induziert oder deduziert – immer muß eine Frage, d. h. eine bestimmte Denkrichtung vorangehen. Sonst bleibt es bei einer sinnlosen Stoffmasse oder bei Gelegenheitseinfällen.

Begabung für jede Art der wissenschaftlichen Arbeit liegt also in dem rätselhaften (bis zur Genialität steigerbaren) Instinkt für das richtige Fragen. Erziehung zum wissenschaftlichen Denken – wenn es mehr sein soll als Aneignung fremder Gedanken – besteht in der Herausarbeitung des Problembewußtseins. Über diese »Kunst des wissenschaftlichen Verstandesgebrauchs« hat Fichte Ausgezeichnetes gesagt. Ebenso Schleiermacher, in neuerer Zeit Kerschensteiner und Gaudig. Alle echten Forscher sind Schüler des Sokrates, d. h. sie bewegen sich, in welchem Sondergebiet es auch sei, auf der Linie von dem Nichtwissen über das Wissenwollen zum Finden; aber schon in ihrem Bewußtsein des Nichtwissens liegt eine geheime Kunst des Sehens.[3]

Die Natur hat den Menschen seit Jahrtausenden denselben Erfahrungsstoff geboten. Aber er blieb ein Chaos, bis ein Archimedes und Galilei, ein Newton und Robert Mayer die Fragen fanden, die wie Zauberformeln das Gebiet erschlossen. Die ganze moderne Naturwissenschaft ist zurückführbar auf ein relativ einfaches System konstanter Fragestellung. Nicht anders auf geistigem Gebiet. Wieviel Mühe macht es dem jungen Historiker, gegenüber der erdrückenden Stoffülle zunächst den Standpunkt zu gewinnen, der ihm das eine herauszuheben und das andere wegzuwerfen gestattet. Ja diese intellektuelle Durchleuchtung beginnt schon bei den elementarsten Funktionen; in den Naturwissenschaften beim *Sehen*: der eine sieht gar nichts, wo der andere bereits tausenderlei unterscheidet und mit stillen Namen nennt; in den Geisteswissenschaften beim *Lesen*: denn die meisten sind gegenüber dem Buche hilflos wie gegenüber der Vorlesung; sie fragen nicht, deshalb erhalten sie keine Antworten, und es entwickelt sich kein Wechselgespräch zwischen ihnen und dem Buch. In meinem Seminar pflege ich daher bei historischem Stoff immer zu wiederholen: »Was wir hier treiben, ist etwas scheinbar Einfaches und doch sehr Schweres: *wir lernen lesen.*«

Die Arten der Fragestellung sind ebenso zahlreich wie die Kategorien des Denkens und ihre Anwendungen auf mannigfache Gebiete. Zu wissen, welche im gegebenen Fall die rechte ist, macht das Wesen der Urteilskraft aus. Die Verhältnisse der Gleichheit, Verschiedenheit, Ähnlichkeit, des Allgemeinen und Besonderen, der funktionellen Abhängigkeit, der Zweck- und Wertbeziehung treten in mannigfachem Wechsel auf. Wissenschaft ist kategoriale Durchleuchtung eines Erkenntnisstoffes nach seinem rein objektiven, gedanklichen Zusammenhange (reiner Gegenstandscharakter). Wissenschaftliche Begabung ist Begabung für spezifische Denkformung eines Erfahrungsgebietes.

Soweit die allgemeinste Charakteristik. Die Spezifizierung der wissenschaftlichen Begabung erfolgt durch die Verschiedenartigkeit des *Anschauungsmaterials*, auf das sich das Denken oder die Fragestellung richtet. Denn welche Kategorien im gegebenen Falle adäquat sind, entscheidet das Denken nicht allein aus sich heraus, sondern hierin ist es abhängig von

[3] Diese positive Erkenntnisbedeutung des Nichtwissens, seine Bewertung als unentbehrliches Durchgangsstadium, ist bis heute unerreichbar entwickelt in *Platos* Menon.

einem Stoff, den es zwar formt, aber nicht macht. Wir sagen, dieser Stoff sei »gegeben«. Gegeben sein kann er immer nur in Form eines anschaulichen Bewußtseinsinhaltes. Wir kennen nun zwar keinen anschaulichen Bewußtseinsinhalt ohne alle Denkformung; trotzdem halten wir in der Analyse diese beiden Erlebnisweisen wohl auseinander: das sich vor dem Bewußtsein gleichsam hinbreitende Material und die aktive Bearbeitung durch das kategoriale Denken.

Die Köpfe scheiden sich sehr scharf nach der Richtung, in der sie anschaulich zu erleben veranlagt sind. Wir heben für unsern Zweck und in einer populären Form zwei Hauptzweige der Anschauung heraus, von denen sich jeder wieder doppelt gliedert. Für den einen wurzelt das lebendigste anschauliche Vorstellen in der sogenannten Außenwelt, die auch die materielle genannt wird und deren Anschaulichkeit durch einen der sechs oder sieben äußeren Sinne, vorzugsweise durch Gesicht und Ohr vermittelt wird. Für den andern haben vorwiegend psychische Erlebnisweisen anschauliche Qualität; er vermag daher auch das Spiel innerer Zustände fremder Seelen durch Nachbildung in seiner eigenen Phantasie anschaulich zu erfassen. Wir bedienen uns für diese beiden Hauptformen der Anschauung, die früher unzweckmäßig als äußere und innere bezeichnet wurden, der Ausdrücke: materielle und geistige Anschauung. Mit beiden pflegt auch eine entsprechende Richtung des Gedächtnisses (Reproduktion) und der produktiven Einbildungskraft zusammenzuhängen. Erst durch ihre Mitwirkung kommt es über momentane Affektionen hinaus zu anschaulichen Zusammenhängen. Die Begabung für materielle Anschauung ist dann unverkennbar die Vorbedingung für höhere Leistungen in den Naturwissenschaften, die Begabung für geistige Anschauung das unerläßliche Organ der Geisteswissenschaften.[4] Eine eigentümliche Mittelstellung zwischen beiden nimmt, entsprechend dem psychophysisch vermittelnden Charakter der Sprache, die linguistische Begabung und Wissenschaft ein. Da aber der *Sinn* der Worte viel wesentlicher ist als ihr Leib – der Klang –, so ist für den Sprach*wissenschaftler* Begabung des Ohres und der Sprachmusku-

[4] Meine Auffassung unterscheidet sich also, wie ich hier nicht näher begründen kann, von der durch *Windelband* und *Rickert* eingeführten Wissenschaftseinteilung. Ich halte nach wie vor daran fest, daß die psychologische Interpretation das grundlegende Merkmal aller Geisteswissenschaften ist, und daß in ihr allgemeine Wesenheiten und funktionelle Abhängigkeiten eine erhebliche Rolle spielen. Alles Allgemeine und Gesetzliche plötzlich als naturwissenschaftlich zu bezeichnen, führt zu einer umständlichen Neubildung der Terminologie und beruht überdies auf Verkennung des Grundcharakters der Naturwissenschaften, in denen das Singuläre und Generelle ebenfalls verflochten ist.

latur lange nicht so entscheidend wie das »Verstehen«, das ja denn auch von den Philologen zuerst zur Meisterschaft entwickelt worden ist.

Verweilen wir bei den beiden Hauptstämmen der Anschauung, so spielt auf beiden Seiten ein weiterer Unterschied eine Rolle, der auf der materiellen Seite besonders deutlich ist: Jede denkende Anschauung faßt die im aktuellen Erlebnis und in der Reproduktion gegebenen anschaulichen Elemente in *Schemata,* die gleichsam aus einem freien geistigen Linienziehen hervorgehen. In diese konstruierten Formen der Anschauung wird dann der volle sinnliche Gehalt hineingefüllt. So ist der mathematische Raum ein anderer als der gesehene oder getastete, alles Messen und Zählen eine andere Funktion als das Erlebnis von Sinnesinhalten spezifischer Qualität. Jede Anschauung hat also Konstruktionselemente (Schemata) und konkrete Erfüllung. Demgemäß scheidet sich nun auch die Begabung für die konstruierte Anschauung und für die konkrete. Die erstere erfordert offenbar ein weitgehendes Abstrahieren von der spezifischen Mannigfaltigkeit, durch die die Anschauungsschemata erfüllt sein können. In diesem Konstruieren rein aus dem schematischen Gesetz heraus besteht die besondere Leistung des Mathematikers: er konstruiert einerseits a priori räumliche Gebilde, deren Gesetzlichkeit er verfolgt, ohne auf die variable Raumerfüllung irgendwie Rücksicht zu nehmen; und andererseits Zahlengebilde, deren apriorisches Aufbaugesetz bis in die letzten Konsequenzen ergründet wird. In beiden Fällen sinkt zuletzt die Anschauung bis zu einem zufällig repräsentierenden Moment herab, und es bleibt die reine Mannigfaltigkeitslehre. Aber der Wurzelgrund der Begabung bleibt doch die Beweglichkeit der Phantasie, die bei dem einen (wie bei Jakob Steiner) auf der genial gesteigerten Kraft des räumlichen Vorstellens beruht, bei dem andern (wie bei Weierstraß) auf dem »Blick« für analytische Beziehungen. Beides vereint sich zu einer Gesamtleistung, wenn manche aus höchst verwickelten Gleichungen schon die Gestalt der Flächen *heraussehen* können, die durch sie dargestellt sind.

Ganz ohne mathematisch konstruierte Anschauung ist nicht einmal die rohe und naive tägliche Erfahrung, geschweige denn eine Wissenschaft. Es gibt aber in der materiellen Welt auch Forschungsgebiete, bei denen die sinnliche Lebendigkeit der Raumerfüllung eine entscheidende Rolle spielt, und sollte auch den Qualitäten der einzelnen Sinnesempfindungen nur der Wert eines Index für eine nichtsinnliche Ordnung der Erscheinungen zukommen. Zu solchen Wissenschaften gehört Lebendigkeit in der sinnlichen Auffassung von Farben, Tönen, Gerüchen, Temperaturen und Treue ihrer Reproduktion. Während bei dem Mathematiker die Anschauung allmählich ganz verschwindet und beinahe die Rolle einer bloßen Hilfsfunktion für rein logische Operationen spielt, ist hier die Plastik und Farbigkeit des Wirklichen von entscheidender Bedeutung. Sie muß mit ganzer Intensität vor der Seele stehen, wenn ihr Gehalt physikalisch, chemisch oder biologisch durchforscht werden soll.[5]

Der Unterschied ist nicht etwa der des Allgemeinen und Besonderen; vielmehr handelt es sich um Schema und konkrete Erfüllung. Die Mathematik konstruiert ihre Gegenstände, das heißt: sie werden durch eine besondere Art der intellektuellen Anschauung nach bestimmten Normen erzeugt, nicht eigentlich in der Erfahrung vorgefunden. Die ganze Ausdehnung der Mathematik ist daher auch nichts anderes als die Festlegung der Gesetzlichkeiten, die zwischen solchen Schemata bestehen: Wiederherauslesen der Normen, die bei ihrer Erzeugung maßgebend waren. Ganz anders ist es bei der Auffassung der sinnlichen Lebendigkeit der äußeren Natur; bei ihr leistet das mathematische Schema Hilfsdienste: die Hauptrichtung der Einbildungskraft aber geht nach einer ganz anderen Seite: Farben, Töne, Totaleindrücke oder »Bilder« sind hier das Ziel; das »Charakteristische« soll lebendig aufgefaßt werden. Die erste Form der Begabung neigt nach der Seite der Technik hin, die andere nach der Seite der Kunst.[6] Und in der Kunst wieder liegt der zeichnerische Typus der konstruktiven Auffassung näher als der malerische.[7] Es scheint, daß es sich hier um einen tiefgreifenden Unterschied der geistigen Organisation handelt.

Ein ähnliches Verhältnis wiederholt sich nun auf dem Gebiete der geistigen Anschauung und der psychologischen Einbildungskraft. Ein Teil der Geisteswissenschaften verlangt konkrete Lebendigkeit des Vorstellens. So die Geschichtswissenschaft, die beschreibende Sozialwissenschaft, die Religionswissenschaft usw. Eigentliche photographische Abbildung ist damit natürlich nicht gemeint; sie kann weder in einer Natur- noch in einer Geisteswissenschaft erreicht werden; vielmehr bleibt es bei »repräsentierenden« Anschauungen. Begabung für die darstellenden und erklärenden Geisteswissenschaften ist jedoch abhängig von der Beweglichkeit und Plastizität der nachbildenden psychischen Phantasie.

Wer den betreffenden Erlebniskreis nicht andeutungsweise in sich trägt,

---

[5] Vgl. Otto Wiener, Die Erweiterung unserer Sinne. Akademische Antrittsvorlesung. Leipzig 1900.

[6] Beiden Arten der Anschauung entsprechen natürlich auch ganz verschiedene Erziehungsformen, was man beim Zeichenunterricht nicht immer beachtet hat. – Man vgl. etwa Heinrich Emil Timerding, Die Erziehung der Anschauung. Leipzig 1912, mit Georg Kerschensteiner, Die Entwicklung der zeichnerischen Begabung. München 1905.

[7] Vgl. Heinrich Wölfflin, Kunstgeschichtliche Grundbegriffe. München 1915.

dem bleibt die geistige Welt stumm. Für ihn sind weder Denkmäler noch Worte noch Kunstwerke verständlich, sondern er fühlt sich einem gesetzlosen Chaos gegenüber. Wollten doch die jungen Historiker daran denken, daß ihre Wissenschaft mit dem Materialsammeln erst anfängt, nicht endet; und die Literarhistoriker, daß künstlerisches Empfinden und Reichtum des Innenlebens dazu gehört, um die Erzeugnisse großer Geister kritisch zu durchleuchten!

Aber nicht in allen Geisteswissenschaften ist dieses *Verstehen* vorgefundener Zusammenhänge die Hauptsache. Manche schreiten darüber hinaus zur Normgebung in ästhetischer, logischer, ökonomischer oder politischer Richtung. Das unendlich schwere Problem, aus welchen geistigen Quellen diese Normen stammen, kann hier nicht berührt werden. Jedenfalls bleibt auch für die Normierung das eigne Erlebnis und seine Ausbreitung durch das nachbildende Verstehen die Vorbedingung. Von dem normativen Verfahren unterscheidet sich jedoch in den Geisteswissenschaften das konstruierende und das normativ-konstruierende. Das nächstliegende Beispiel für die letzte Methode ist die *Rechtswissenschaft*. Sie beruht in ihrem systematischen Teil nicht auf einem Beschreiben und Ordnen gegebener Zusammenhänge, sondern sie *konstruiert die Fälle*, und zwar in doppeltem Sinn: erstens insofern jedes positive Gesetz oder jede Rechtsordnung einen Zusammenhang von Begriffen und Normen darstellt, der a priori im Geiste entworfen wird, auch wenn der konkrete Fall dieser Art nie vorkäme und nie vorgekommen ist. Also wiederum ein »Linienziehen« rein aus der Kraft des Geistes und ein Verfolgen der so entstehenden Gesetzlichkeiten bis in die letzte Konsequenz. Und andererseits: der einzelne konkrete Fall wird von dem Juristen auch in *dem* Sinne konstruiert, daß er ihn umdenkt, bis er unter jene juristischen Begriffsschemata paßt. Nicht die Plastik des Falles interessiert ihn, sondern nur seine rechtliche Struktur.

Darauf beruht der grundsätzliche Unterschied der juristischen und soziologischen Methode. Die Soziologie, wie unbestimmt auch ihr Begriff noch sei, will die Erscheinungen des gesellschaftlichen Handelns verstehen, beschreiben, kausal erklären: sie verfährt *explikativ*. Die Rechtswissenschaft will dieselben Erscheinungen auf das schematische Netz einer begrifflich durchgebildeten Rechtsordnung beziehen: sie verfährt *konstruktiv*.[8]

Natürlich entwickeln sich beide wissenschaftliche Betrachtungsweisen nicht unabhängig voneinander. Gerade jetzt wird ja die soziologische Rich-

[8] Hans Kelsen, Hauptprobleme der Staatsrechtslehre, Tübingen 1911, und in dem kürzeren Vortrag: Über Grenzen zwischen juristischer und soziologischer Methode, Tübingen 1911, entwickelt den Gegensatz besonders eindrucksvoll; doch kann ich nicht in allen Punkten beistimmen.

tung von den Rechtslehrern immer mehr betont. Aber der Gesichtspunkt ist und bleibt so verschieden, wie Mathematik und Physik trotz steter gegenseitiger Befruchtung verschieden sind. Und die Begabung nach der einen und der anderen Seite pflegt nie in demselben Kopf gleich stark entwickelt zu sein. Die Formalisten schätzen die Soziologen gering; denn diese haben eine geringere Kraft juristischer Systembildung. Die Soziologen umgekehrt werfen den Konstruktiven ihren lebensfernen Schematismus vor. Derselbe Gegensatz wiederholt sich in der Rechtsgeschichte, je nachdem sie von allgemeinen Historikern oder von Juristen getrieben wird. Und er kehrt in etwas verschobener Form auch in dem Streit der historischen und der theoretischen Nationalökonomie wieder. Denn es scheint, als ob das konstruierende Verfahren auch in anderen Geisteswissenschaften nicht ganz entbehrt werden könne; man denke etwa an die Rolle, die Grammatik und Syntax in der Sprachwissenschaft spielen, oder an die Konstruktion religiöser Lehrgebäude, die so niemals existiert haben. Überall wird eine Art von Normalschema an das konkrete Anschauungsmaterial angelegt; sein Gehalt wird daran ebenso gemessen wie eine gesehene Raumgröße an einem festen Maßstab, der auch nichts anderes als eine Denksetzung ist.

Dies aber ist nun der Hauptpunkt, der nicht aus dem Auge verloren werden darf: die konstruierende wie die konkrete Anschauung sind beide nur Substrate des Denkens. Mag auch die konstruierende Anschauung selbst schon von einem stärkeren intellektuellen Moment durchsetzt sein, die konkrete mit ihrer höheren Ausbildung sich mehr der künstlerischen Phantasie nähern: für die Wissenschaft sind beide nur Grundlagen, an denen sich das eigentliche Denken entwickelt, auf der einen Seite ein Denken über Konstruktionsschemata (wie Rechtsfolgen oder Folgerungen aus einer geometrischen Setzung), auf der anderen ein Denken über Wesen und Abhängigkeitsverhältnisse konkret vorgestellter Anschauungsgebilde. Es ist aber klar, daß die Begabung für das wissenschaftliche Denken in hohem Grade mitabhängig ist von der Richtung der Anschauungsbegabung, und daß der Konstrukteur in den Naturwissenschaften wie in den Geisteswissenschaften ganz anders verfährt, als der konkret Beschreibende. In die Begabung der letzteren Art geht immer etwas Künstlerisches mit ein, sei es durch die lebhafte Vorstellungswelt des Auges, des Ohres oder der nachfühlenden Innerlichkeit. Mathematiker sind andere Köpfe als Physiker, Botaniker und Biologen; Juristen andere als Historiker und Psychologen. –

Die getroffene Unterscheidung geht von den allgemeinsten Erkenntnisbedingungen aus. Die Gliederung der wirklichen Wissenschaften ist viel verwickelter, schon weil sie in der Regel nicht aus systematischen Erwägungen, sondern aus praktischen Motiven erwachsen sind. Der *Physiker* z. B.

braucht hochentwickelte Sinnesorgane; er darf aber bei ihren Angaben nicht stehenbleiben, sondern muß sie umdenken auf der Grundlage mathematischer Konstruktionsschemata. Vom echten Mathematiker trennt ihn jedoch die sinnlich-anschauliche Deutung, in die er *seine* Symbole immer wieder umsetzen muß, und die Kontrolle an dem realen Geschehen, das wieder nur durch Sinnesempfindungen vermittelt wird.[9] Pierre Duhem hat für die Physik zwei weitere Typen des Denkens unterschieden: die anschauliche Richtung der englischen Forscher, die ihre Theorien durch mechanische Modelle in Anschauung zurückverwandeln, und die streng abstrakte Richtung der Franzosen und Deutschen, die mit Vorliebe in der Sphäre rein mathematischer Erwägungen und Folgerungen verbleiben. Seine Geringschätzung des ersten Typus wird aber schon dadurch widerlegt, daß die Engländer in der Physik immer unbestritten hohe Leistungen aufzuweisen hatten. – In der *Biologie* tritt zu der materiellen Anschauung bereits die psychologische Interpretation unvermeidlich hinzu; denn die Zweckbeziehung ist eine psychologische Kategorie. Umgekehrt setzt die *Geschichte* das Gerüst einer mathematisch bestimmten Chronologie und Topographie voraus, ohne daß man doch diese Denkweise als entscheidend für die historische Auffassung als solche bezeichnen könnte. Am buntesten mischen sich die Anschauungsformen in der Philologie und Geographie; ihre Vertreter müßten daher universal sein wie Herder; denn zur mathematischen Astronomie, zur Physik und Geologie gesellt sich zuletzt auch die psychologische Auffassung der Motive, die bei der Erdbesiedelung maßgebend sind: wirtschaftliche, politische, religiöse usw. In der Philologie aber ist außer dem universalen Verständnis, dem einfühlenden Sinn für jede Nuance der

---

[9] *Alois Riehl* hat überzeugend dargestellt, daß unsere Physik trotz ihrer Abstraktion von den Qualitäten der Sinnesempfindungen die Physik eines Augenwesens bleibt. Vgl. Alois Riehl, Der philosophische Kritizismus und seine Bedeutung für die positiven Wissenschaften. 3 Bde. Leipzig 1876–1887; 2. Aufl. Leipzig 1908 ff. – Aus *Wilhelm Ostwald*, Große Männer, Leipzig 1909, entnehme ich zwei Selbstbekenntnisse, die meine Auffassung bestätigen. Nach S. 155 hat *Justus Liebig* selbst betont, »daß er die besondere Fähigkeit des Chemikers, in *Anschauungen* zu denken, d. h. statt der logischen Prozesse chemische Prozesse in Gedächtnis zu haben, an sich sehr weitgehend entwickelt habe«. S. 301 wird eine ganz ähnlich gerichtete Stelle aus der Tischrede, die *Hermann v. Helmholtz* zu seinem 70. Geburtstag gehalten hat, zitiert: »(Ich) hatte meine Jugendanlage der geometrischen Anschauung zu einer Art mechanischer Anschauung entwickelt; ich fühlte gleichsam, wie sich die Drucke und Züge in einer mechanischen Vorrichtung verteilen, was man übrigens bei erfahrenen Mechanikern und Maschinenbauern auch findet. Vor solchen hatte ich dann immer noch einigen Vorsprung dadurch, daß ich mir verwickeltere und besonders wichtige Verhältnisse durch theoretische Analyse durchsichtig machen konnte.« Man vergleiche überhaupt diese für die Psychologie der Forschung höchst aufschlußreiche Rede.

Sprache, dem Blick für ihr logisch-psychologisches Gerüst auch noch Feinheit des Ohres und Exaktheit der Sprechinnervationen erforderlich.

Man glaube also nicht, daß man das Ganze der Begabung, das für eine Wissenschaft erfordert wird, in wenigen Sätzen aussprechen könne. Oft sind uns die psychischen Zusammenhänge noch ganz dunkel. Wer wollte etwa die Geistesart eines Helmholtz oder eines Ranke heute schon auf wissenschaftliche Kategorien der Psychologie bringen? Es ist ein großer Schritt vorwärts, wenn man sich nicht einbildet, das zu können. Das Feinste und Höchste ist noch verborgen; die Selbstverständlichkeiten bedürfen nicht vieler Worte. Natürlich muß ein Physiker auch Mathematiker sein; aber weshalb leistet der eine gerade etwas in der Physik, während der andere rein mathematisch hervorragt? Weshalb ist der fein individualisierende, phantasiereiche Menschenkenner noch lange kein Historiker? Wo liegen – in der Seele! – die Grenzen zwischen dem Anatomen, Physiologen und Pathologen? zwischen dem systematischen Theologen und dem Religionsphilosophen usw.?

In einzelnen Wissenschaften wird die Differenz der Begabungen ihrer Vertreter selbst dem Außenstehenden sichtbar: Es gibt Geographen, die die Elemente der mathematischen Geographie sich für jede Vorlesung neu aneignen müssen, dafür aber in den geologischen und ethnologischen Teilen ihrer Wissenschaft Glänzendes leisten. Manche Historiker versagen, sobald es sich um wirtschaftliche Erscheinungen der Vergangenheit handelt, anderen fehlt das innere Organ für die Macht des religiösen Motivs. Der bloß historisch gerichtete Nationalökonom kommt nie zu festen Begriffen. In der Germanistik hat der Unterschied zwischen den Sprachgelehrten und den Ideenforschern geradezu einen Kampf und einen Notstand (der letzteren) hervorgerufen. Aber diese Erscheinungen sind durch Aufzählung nicht zu erschöpfen. Unser Ziel ist auch nur, einen Eindruck davon zu erwecken, auf wie verwickelten Voraussetzungen jede wissenschaftliche Begabung beruht.

Denn wir kommen nunmehr zu der praktisch interessanteren Frage, auf welche Art sich hervorragende wissenschaftliche Anlagen erkennen lassen. Gewiß ist es möglich, durch einfache Stichproben festzustellen, nach welcher Richtung die Fähigkeit, anschaulich vorzustellen, bei einem Menschen besonders entwickelt ist. Bei dem einen sind es optische Bilder, seien es geometrische Figuren, Zahlengebilde oder konkrete Gegenstände; bei dem andern Klangbilder musikalischer oder phonetischer Art mit feinster Nuancierung; bei dem dritten Bilder von ganzen Kulturzuständen und inneren Erlebnistypen; noch anderen endlich stehen Systeme von sozialen Rechtsnormen,

Abhängigkeitsverhältnissen und Zusammenhängen anschaulich vor dem geistigen Auge. Aber es wäre nun ganz falsch, jemanden deshalb allein für einen guten Mathematiker zu halten, weil er ein stark ausgeprägtes Zahlengedächtnis hat, oder für einen guten Historiker, weil er eine lebhafte, psychologische Phantasie besitzt. Denn für wirklich wissenschaftliche Leistungen muß die Spezifizierung der Anschauung mit der entsprechenden besonderen Denkleistung so stark Hand in Hand gehen, *daß es in der Tat keinen andern Prüfstein für den Grad und die Richtung der wissenschaftlichen Begabung gibt als die betreffende wissenschaftliche Leistung selber*. Mögen auch alle Elementarprozesse da sein: ihr Zusammenwirken zu einer geistigen Gesamtleistung ist damit noch nicht erwiesen.

Es wird also auch in Zukunft nicht so sein, daß die Immatrikulationskommission mit wenigen elementaren Proben die Begabungsrichtung feststellt und danach für das zu ergreifende Studium Rat erteilt. Denn der menschliche Geist ist nicht aus Atomen primitiver Leistung zusammengesetzt, sondern eine organische Einheit, in der Interesse und Innerlichkeit, weit überschauende Kombination und glückliche Intuition oft eine beflügelnde Rolle spielen. Er ist ein Ganzes, und der Weg der psychologischen Analyse geht daher umgekehrt: an der Totalleistung können allenfalls durch Abstraktion elementare dienende Prozesse aufgezeigt werden; und auch dann noch gilt mehr das Gesetz der zerstörenden Analyse als das der schöpferischen Synthese. Je höher nun die wissenschaftliche Leistung über den Durchschnitt in diejenigen Regionen steigt, wo geradezu das Ungewöhnliche Ereignis wird, – und da beginnt doch erst die *hervorragende* Begabung! – um so weniger läßt sich die Fähigkeit hierzu vorausberechnen und voraussagen, ehe die Leistung da ist. Es kommt also auf der Universität alles darauf an, zu solchen Leistungen anzuregen und die vorhandenen nicht unbemerkt zu lassen. Das ist die einzige Art der Intelligenzprüfung, die es auf dieser Stufe gibt, und man mache sich keine Hoffnung auf eine Methode, die die Helmholtz, Wundt und Schmoller vorauserkennt, ehe sie sich in irgendeiner Leistung ihrer spezifischen Wissenschaft durch die Tat angedeutet haben.

Die Aufgabe der Universität ist demgemäß eine doppelte. Sie muß den Drang nach eigener wissenschaftlicher Betätigung steigern und auf die Talente aufmerksam sein, die sich bereits im Rahmen der akademischen Arbeit auszeichnen. Ob in dieser Richtung bisher alles geschehen ist, was im Interesse der Wissenschaft selbst hätte geschehen sollen, ist zweifelhaft. Die Vorlesung ist für solches Bekanntwerden zwischen Lehrer und Schüler natürlich nicht der Ort. Es bleibt also alles den Übungen und Seminaren überlassen. In ihnen aber herrscht nach dem alten Stil vielfach noch eine unpersönliche Sachlichkeit, der jedes pädagogische Moment fehlt. Zwar übt der Eindruck des Meisters, der ganz in seiner Sache aufgeht, auf zielbewußte junge Männer auch dann eine ungeheure Wirkung aus, wenn jede persönliche Berührung und jede anziehende Formgebung fortbleibt. Es ist aber gewiß, daß sich noch viel mehr produktives Leben entfalten würde, wenn sich bei dem Dozenten mit der Wärme für die Sache auch das Interesse für die Menschen verbände. Nicht jeder hervorragende Forscher hat auch eine pädagogische Ader; mancher begnügt sich, durch seine Arbeit und sein Dasein zu wirken, und sieht während des ganzen Semesters kaum, wer vor ihm sitzt. Vom Standpunkt des Liberalismus aus kann man hierin einen Segen erblicken. Männer wie Ranke, Zeller, Gauß und Helmholtz wären nie mit der Universität und also mit der Jugend in Verbindung gekommen, wenn bei der Berufung der Professoren das Lehrtalent eine entscheidende Rolle gespielt hätte. Vom sozialen Standpunkt aus liegt hierin ein Mangel der Organisation; und in der Tat, wer die Universität in erster Linie zur Lehranstalt mit methodisch gut geschulten Kräften ausbauen will, kann solche Professoren nicht brauchen. Ich überlasse hier dem Leser zu wählen. Meine eigene Entscheidung geht dahin, daß ein wahrhaft großer Gelehrter ohne Lehrtalent auf die Jugend zuletzt doch tiefer und nachhaltiger wirken wird als ein begabter Redner ohne selbständigen Geist. Im Grunde kommt alles darauf an, ob man das Interesse des zahlreichen Durchschnitts zum Maßstab nimmt, der etwas Ordentliches lernen will, oder das der vorwärts drängenden Talente, die etwas Außerordentliches suchen. Und da hier von den Begabten die Rede ist, so wäre man fast versucht, an die letzteren zu denken.

Aber eines muß allgemein, auch für die Begabtesten, gefordert werden: die Universität muß sie in die elementaren Hilfsmittel, in die grundlegende Arbeitstechnik und die fruchtbaren Kunstgriffe wirklich einführen. Es hat keinen Sinn, den Begriff der Selbsttätigkeit so zu überspannen, daß jeder Anfänger sich dies alles von neuem entdecken soll. Das gibt Zeitverlust an der unrechten Stelle. Wollen und können die produktiven Forscher, die dauernd auf der höheren Stufe verweilen, dies nicht übermitteln, so müssen jüngere Hilfskräfte das pädagogische Moment in ihrer Wirksamkeit um so stärker betonen. Eine solche Stufenbildung im Universitätsunterricht, wie sie für viele Fächer tatsächlich schon eingerichtet ist, habe ich an anderer Stelle befürwortet; ich gehe hier nicht von neuem darauf ein.[10]

In Wirklichkeit werden sich ja die Gegensätze nicht immer so scharf zuspitzen. Der Vertreter eines Faches hat ein natürliches Interesse am tüchti-

---

[10] Eduard Spranger, Wandlungen im Wesen der Universität seit 100 Jahren. Leipzig 1913.

gen Nachwuchs. Er wird einen jungen Menschen, der ihm im Seminar oder in der Sprechstunde auffällt, an sich heranziehen, ihm Aufgaben stellen, an denen er die Art seiner Anlagen prüfen kann, und seine Entwicklung weiter verfolgen. Umgekehrt wird der aufstrebende junge Akademiker alles daransetzen, um die Aufmerksamkeit des Meisters in einem Fache, in dem er selbst etwas zu leisten hofft, auf sich zu lenken. Von der Frage äußerer Unterstützung wird später die Rede sein. Was für die innere Förderung anderes geschehen kann als die Zuwendung eines individuellen, persönlichen Interesses, ist mir nicht klar. Die Hindernisse, die hierfür bisher etwa bestanden haben, lagen in der Überfüllung der Universitäten, mit der nach dem Kriege kaum zu rechnen sein wird.[11] Alles in allem wird man zugeben müssen, daß sich das Persönliche eben nicht organisieren läßt, und daß die bisherige freie Form der Universität die günstigsten Möglichkeiten bietet, um gerade die individuelle Berührung der Geister zur Wirkung kommen zu lassen.

Aber die brennende Frage liegt eigentlich auch gar nicht darin, wie die Universität es machen soll, um den Begabten gerecht zu werden, sondern sie lautet: Wie erreichen wir es, daß möglichst die Begabten in die Universität hineinkommen und die Unbegabten von ihr ferngehalten werden?

Die entscheidende Auslese liegt *vor* den Pforten der Universität. Mancher steht sehnsüchtig von ferne, der für sie im geistigen Sinne geboren wäre. Mancher wird allein durch seine äußere Geburt schon für das Studium bestimmt. Hier heißt es regulieren. *Hat* die Hochschule einmal die vorzüglichen Talente der Nation, so wird sie schon mit ihnen fertig zu werden wissen.

3. Die Reifeprüfung als Pforte zur Universität

Die geschilderte liberale Verfassung der Universität vermag ihren Segen nur zu entfalten, wenn bei denen, die sie besuchen, gewisse Vorbedingungen erfüllt sind. Es gehört zum akademischen Bürger: ein Grad sittlicher Reife, ein Maß von Kenntnissen und nicht zuletzt: formale Arbeitsschulung. *Sittliche Reife* ist zu verstehen als Fähigkeit zur Selbsterziehung und Selbstverantwortung; man nennt dies auch mit dem prägnanten Ausdruck ge-

[11] Es ist mir unbegreiflich, wie man diese, namentlich für die Lehramtskandidaten statistisch nachgewiesene, ungesunde Überfüllung leugnen konnte. Wer freilich von der Ansicht ausgeht, daß die Universität mit der Annährung an den Großbetrieb immer rentabler und also zweckmäßiger organisiert werde, der konnte diese Entwicklung begrüßen. Für die Universität als Stätte der Vorbildung von wissenschaftlichen *Persönlichkeiten* war sie eine ernste Gefahr, die so nicht wiederkehren darf.

radezu Charakter. Wir reden hier niemals allein von der Begabung, die auf einem Vorzug des Verstandes beruht. Wie arm wäre diese Gabe ohne die menschlichen Eigenschaften, die das Licht erst leuchten lassen, für sich und für andere, also ohne Charakterbegabung! Vielleicht liegt ihr einfacher Sinn darin, sich selbst und anderen treu zu sein. Gerade die leichtbeweglichen Geister sind auf der Universität besonders gefährdet, wenn nicht Willensstärke und Ernst der Lebensauffassung sie bestimmen, ihren natürlichen Anlagen die Entwicklung zu geben, deren sie fähig sind. Kein anderer nimmt sich dort ihrer an; es ist alles auf sie selbst gestellt. – *Kenntnisse* muß die Universität voraussetzen, wenn sie wirklich *Hoch*schule sein will; und es versteht sich von selbst, daß sie dabei einen gewissen gemeinsamen Bestand von allen fordern muß, gleichviel auf welchem Wege er erworben sei. Wenn jedes lateinische Wort übersetzt und jede mathematische Formel abgeleitet werden muß, weiß kein Dozent mehr, auf welchen Grund er seine Vorlesung stellen soll. Da nun aber das Maß dieser Kenntnisse begrenzt ist und selbst nach dem Universitätsstudium naturgemäß begrenzt bleiben muß, so ist für den angehenden Studenten fast wichtiger als alles Inhaltliche, was er gelernt hat, die Forderung, daß er *arbeiten* gelernt habe. Und dies bedarf in unserer Zeit der allerstärksten Betonung: keine Schule hat das Recht, ihre Zöglinge auf die Universität zu entsenden, in der nicht selbsttätiges Arbeiten, an welchem Stoff auch immer, gelernt worden ist. Das größte Maß festsitzender Kenntnisse ist hierfür kein Ersatz, denn es ist totes Kapital an Stelle eines lebenden und werbenden. Niemand kann alles wissen, was er braucht; aber er muß wissen, wie man sich das Nötige aneignet. Darum muß der junge Mensch zum Selbstdenken und Selbstforschen schon angeleitet sein, ehe er die höchste Stätte der Selbstbildung, die Universität, betritt. Die Beobachtung ist häufig gemacht, und Kerschensteiner hat sie neuerdings auf ihre tieferen Ursachen zurückgeführt, daß das alte Gymnasium mit seinen Bildungsstoffen durchschnittlich besser zum Arbeiten und Denken erzieht als Realgymnasium und Oberrealschule.[12] Der Zustand kann gebessert werden; die Universität sollte sich aber nicht mit der Kritik begnügen, sondern auch raten und helfen, wie der Bildungswert der neueren Sprachen und Naturwissenschaften zur Wirkung gebracht werden kann. Es bestätigt sich hier, was wir oben ausgeführt haben: wissenschaftliches Denken ist im Grunde *eine* Funktion, wie verschieden auch der Stoff sei. Wer in der Schulzeit an irgendwelchen Gegenständen zu eigenem Nachdenken erzogen worden ist, der ist für die

[12] Georg Kerschensteiner, Wesen und Wert des naturwissenschaftlichen Unterrichts. Leipzig 1914.

Universität reif, auch wenn er sich auf ihr ganz anderen Gegenständen zuwenden sollte, weil er erst nachträglich Begabung und Neigung für sie erkannt hat.

Gerade weil nun die Universität eine Stätte äußerster Freiheit ist, muß sie sich mit einer Schutzwehr gegen alle die umgeben, die ihre Voraussetzungen aus Mangel an sittlicher Reife, an Kenntnissen oder an Arbeitsenergie nicht erfüllen. Der Staat hat ihr eine solche Schutzwehr in Form des Abiturientenexamens verliehen, und es wäre der idealste Zustand, wenn diese Einrichtung unbedingt zweckmäßig funktionierte. Das Abiturientenexamen sollte wie die geschickte Verbindung eines Filters mit einem Saugapparat wirken, so daß aus der Jugend des Volkes alle für die Universität hervorragend geeigneten Naturen mit unbedingter Sicherheit angezogen, die ungeeigneten aber mit ebenso individualisierender Sicherheit ferngehalten würden. Man müßte ein großer Examensoptimist sein, wenn man ihm diese Leistung zutraute, während doch jede Prüfung das mit der Rechtsordnung teilt, daß sie nur den allgemeinen Durchschnitt erfaßt und insofern mehr mechanisch als individuell funktioniert. Sehen wir uns aber das heutige Abiturientenexamen näher darauf an, wieweit es jenen Forderungen zu entsprechen vermag.

Es ist im 18. Jahrhundert unter dem Zeichen des absoluten Staates begründet worden mit der ausdrücklichen Bestimmung, die fehlende Grenze zwischen Universität und Schule festzulegen und unreife Studenten wenigstens vom Genuß der staatlichen Stipendien fernzuhalten.[13] Wie sehr es gerade vom Gesichtspunkt der Universität aus geschaffen ist, zeigt sich auch darin, daß es zuvor als Aufnahmeexamen für die Hochschule bestand, ehe es in ein Schlußexamen für die Schule verwandelt wurde. Dieser Ursprung wirkt nun noch heute in doppelter Hinsicht unwillkürlich im Bewußtsein nach: einmal insofern die Gestaltung des Abiturientenexamens noch immer vorwiegend an den Bedürfnissen der Universität gemessen wird, obwohl es heute eine weit allgemeinere Reife als nur die akademische bezeugen sollte; sodann insofern, als viele sich durch die Ablegung dieser Prüfung immer noch fast automatisch zum Universitätsstudium verpflichtet fühlen, während ihnen eine Fülle anderer Wege offenstünde und angemessen wäre.[14]

---

[13] Paul Schwartz, Die Gelehrtenschulen Preußens unter dem Oberschulkollegium und das Abiturientenexamen (1787–1806). Monumenta Germaniae Paedagogica Bd. 46. 48. 50. Berlin 1910. 1911. 1912.

[14] Für das Folgende verweise ich zur Ergänzung allgemein auf *Joseph Kuckhoff* (M.d.R.), Höhere Schulbildung und Wirtschaftsleben. Erwerbsaussichten und Berufsberatung für Schüler höherer Lehranstalten. München-Gladbach: Volksvereins-Verlag 1916.

In beiden Beziehungen wirkt also der Saugapparat zu stark. Macht man sich von dem historischen Zusammenhange frei, so ist die höhere Schule heute nicht mehr ausschließlich eine gelehrte Schule, und der Weg von ihr führt nicht mehr bloß in die gelehrten Berufe. Unbefangen betrachtet müßte die Abgangsprüfung von der höheren Schule heute die allgemeine Reife für das Leben in den höheren Berufen überhaupt feststellen. Dazu gehören gewiß Kenntnisse und Wissenschaft; aber nicht gerade im Stile der Philologie oder rein theoretischer Mathematik und Naturwissenschaft. Denn unsere Abiturienten gehen heute nicht mehr ausschließlich auf die Universität, sondern zu einem großen Prozentsatz auf die technischen oder andere Fachhochschulen, in die Offizierslaufbahn, in das höhere Bankfach, in den Handel usw.[15] Der Zuschnitt der Vorbildung für diese Berufe wäre

[15] Aus *Kuckhoff* a. a. O. S. 76 entnehme ich folgende Tabelle: Von 100 Abiturienten der neunklassigen höheren Lehranstalten in Preußen sind übergegangen (G = Gymnasiasten, R = Realgymnasiasten, O = Oberrealschüler):

	1868—1891			1892—1903			1912		
	G	R	O	G	R	O	G	R	O
Zu wissenschaftlichen Studien	81,95	30,53	—	73,26	28,49	10,56	62,1	47,6	38,7
Zu technischen Studien	3,51	18,70	—	8,39	28,94	41,10	11,6	17,9	24,6
Zu sonstigen Berufen	14,54	50,77	—	18,35	42,57	48,34	26,3	34,5	37,2

Für das letzte normale Jahr vor dem Kriege, 1913/1914, berechne ich aus den Statistischen Mitteilungen über das höhere Unterrichtswesen im Königreich Preußen, 31. Heft. Berlin 1914 (erschienen als Beilage zu dem Zentralblatt für die gesamte Unterrichtsverwaltung in Preußen, Berlin 1915) folgende Zahlen:

Von 9 309 Abiturienten entfielen auf

Gymnasien	5 795 = 62 %
Realgymnasien	2 041 = 22 %
Oberrealschulen	1 473 = 16 %

Die Statistik enthält die unbestimmte Rubrik »Sonstige Studienfächer«. Bei der folgenden Berechnung ist die Annahme zugrunde gelegt, daß die Hälfte der in dieser Spalte Angeführten zur Universität übergeht (z. B. Nationalökonomen), ein Viertel zur Technischen Hochschule einschl. Bergbau (z. B. Chemiker), ein Viertel zu den »sonstigen Berufen« (z. B. die Kunststudierenden und Handelshochschüler). Die Extraneer sind nicht mitgerechnet. Dann ergibt sich:

Von *sämtlichen* Abiturienten gingen

zur Universität	5 013 = 54 %
zur Technischen Hochschule	1 158 = 12 %
zu sonstigen Berufen	3 138 = 34 %

Oder für die einzelnen Schulgattungen gesondert berechnet:

ohne Zweifel ganz anders beschaffen, wenn nicht die höhere Schule aus der Gelehrtenschule hervorgegangen wäre. Immerhin könnte es vom Gesichtspunkt der *Universität* aus gesehen als ein Vorzug erscheinen, daß *sie*, schon weil die höheren Lehrer gerade diesen Bildungsweg gegangen sind, bei der Prüfung vorwiegend den Ton angibt. Es ist in dieser Schrift nicht meine Aufgabe, die Frage zu erörtern, ob die Abgangsprüfung als Pforte für das moderne Leben überhaupt geeignet ist. Weit schlimmer aber ist es, daß für viele die erworbene Universitätsberechtigung ohne weiteres Besinnen zur Universitätsverpflichtung wird. Man hat sein Abiturium gemacht, nun will man auch studieren. Es ist Herkommen, und es ist vornehm. Könnte man doch in den Handel oder zur Bank auch ohne dieses Zeugnis gelangen. Wer aber studiert, trägt es sichtbar bei sich, und ich erinnere mich eines Schulkameraden, der sich einen Schmiß verschaffte, wie er sagte: um es noch sichtbarer zu machen. So tief sich unser nationales Leben gewandelt hat: das Vorurteil, daß die Universität vornehmer sei als z. B. die Technische Hochschule, ist noch längst nicht aus allen Köpfen verschwunden.

Wirkt in dieser Hinsicht die Vorrichtung zu stark und daher unzweckmäßig, da sie teils anders geartete Begabungen von ihrer Bahn ablenkt, teils geradezu Unbegabte anzieht, so wirkt sie in anderem Sinne zu schwach; denn nur diejenigen gelangen zur Universität, die früher schon in die höhere Schule gelangt sind. Dies aber ist, wie jeder weiß, heute vorwiegend eine Frage der Herkunft und des Besitzes, nicht der Begabung. Die Forderung der Einheitsschule, oder, wie ich lieber sage, *des organischen Zusammenhangs im Schulwesen*, hat ja eine viel weitere Bedeutung, als

---

Von den Gymnasiasten gingen	
zur Universität	3 497 = 61 %
zur Technischen Hochschule	541 = 9 %
zu sonstigen Berufen	1 757 = 30 %
Von den Realgymnasiasten gingen	
zur Universität	977 = 48 %
zur Technischen Hochschule	318 = 16 %
zu sonstigen Fächern	746 = 36 %
Von den Oberrealschülern gingen	
zur Universität	539 = 37 %
zur Technischen Hochschule	299 = 20 %
zu sonstigen Fächern	635 = 43 %

Man erkennt hieraus, daß mehr als die Hälfte aller Abiturienten »studieren«; daß nur auf der Oberrealschule die »sonstigen Berufe« stärker vertreten sind als die Universitätsbesucher, daß aber auch dort die Techniker in einem relativ bescheidenen Prozentsatz (1/5) verbleiben. Das Bild würde sich wahrscheinlich sehr verschieben und viel lehrreicher sein, wenn das Gymnasium nicht eine »historische Übermacht« besäße. Aber gerade darin liegt eine automatische Anziehung zur Universität, die man beachten soll.

nur den Aufstieg zur Universität zu ermöglichen. Aber ein Teil dieses allgemeinen Problems ist natürlich auch die richtige Auslese für die Universität. Es wäre der ideale Fall, wenn keine Begabung, die für die künftige akademische Ausbildung geeignet ist, von der höheren Schule ausgeschlossen bliebe, die nun einmal der Weg zu ihr, wenn auch nicht zu ihr allein, ist. Wie dies geregelt werden kann, ist hier nicht zu erörtern, vielmehr muß ich für mein Thema mich mit der Forderung begnügen, daß dieses Problem gelöst werde.[16] Nun liegt der Fall insofern günstig, als zwischen Schulbegabung und Anlage zum Studieren eine viel nähere Beziehung besteht, als etwa zwischen Schultalent und Handelsfach oder leitender organisatorischer Betätigung. Um Lernen und Denken, um Erwerb von Kenntnissen und Fähigkeit zum Urteilen handelt es sich auf der Universität wie auf der Schule; der Unterschied betrifft nur die Methode und die Stufe. Trotzdem ist es nicht wahr, daß frühe gute Schulbegabungen sich auf der Universität nachher bewähren. Mein Kollege Franz Eulenburg hat mit Recht darauf hingewiesen, daß ein Junge, der noch mit zehn Jahren von seinen Lehrern einer höheren Ausbildung für wert gehalten wurde, in der Pubertätszeit möglicherweise die erste Krisis erlebt, die die Grenzen seines Talentes enthüllt, während ein anderer sich um diese Zeit unerwartet entwickelt. Und man kann hinzusetzen, daß die ersten Semester insofern eine zweite Krisis bedeuten, als nun an den Charakter manche Versuchungen herantreten, die die Schule vorsichtig fernhielt. Also: der Apparat zur unbedingt zuverlässigen Sichtung der Begabungen ist noch nicht erfunden; man kann verhüten, daß hoffnungsvolle Keime aus Mangel an Pflege verkümmern; aber man kann nicht bewirken, daß jede sorgsame Pflege eine glänzende Frucht reifen läßt. Und vielleicht ist es gut so, wenn mit dem Verstand auch der *Mann* reifen soll, der niemals das Produkt gesellschaftlicher Einrichtungen, sondern immer nur seiner selbst ist. So bleibt es auch im sozialen Zeitalter.

Das aber wäre ein Vorurteil, wenn man annähme, daß die ganz tüchtige Leistung auf wissenschaftlichem Gebiet irgendeiner Klasse ausschließlich vorbehalten sei. Es ist ebenso falsch, zu glauben, die guten Talente erzeugten sich nur aus den unteren Schichten des Volkes, wie zu glauben, daß die gute Erziehung ein Vorrecht der oberen sei. Die Auslese durch die höhere Schule wäre dann die richtige, wenn sie sich von der begreiflichen Über-

---

[16] Ich verweise insbesondere auf den Kieler Vortrag von *Georg Kerschensteiner:* Die Probleme der nationalen Einheitsschule, jetzt abgedruckt in der Sammlung ›Deutsche Schulerziehung in Krieg und Frieden.‹ Leipzig 1916. S. 126 ff., und auf *J. Th. Matthias Meyer*, Die Einheitsschule. Begriff und Wesen. Leipzig 1916. (Sämann-Schriften für Erziehung und Unterricht. Heft 14.)

macht der schon gehobenen gesellschaftlichen Schichten befreien und jedem erkennbar für höhere Studien Begabten ihre Pforten öffnen könnte. Auch für die Zusammensetzung unserer akademischen Jugend ist es gut, wenn die Traditionslosen neben denen mit einer akademischen Familientradition stehen. Jede Kategorie hat ihre eigentümlichen Vorzüge. Ich habe in meiner Studienzeit nicht ohne Neid auf die Genossen gesehen, die gleichsam in einem Wald von Büchern groß geworden waren. Aber ich habe auch gefunden, daß sie es darin schwerer hatten, zu einer wirklich echten und eigenen Auffassung zu gelangen, die über die Atmosphäre ihres Hauses hinausreichte. Der Sohn des Bauern oder des Kaufmanns muß jeden Fußbreit Bodens dieser Welt sich selbst erobern; schon die Formen des Umgangs und die Maßstäbe sind ihm neu; aber wenn er sich durchsetzt:

Dann kann man ihn mit Freuden andern zeigen,
Und sagen: Das ist er, das ist sein eigen. –

Eine statistische Untersuchung über die soziale Herkunft der Studierenden, wie sie Franz Eulenburg angebahnt hat, wäre für die nähere Beurteilung dieses Problems eine unentbehrliche Voraussetzung.

Kehren wir jedoch zum Abiturientenexamen zurück. Wir sagten, daß seine Gestalt noch heute wie in den Zeiten der gelehrten Schule vorzugsweise nach den Forderungen der Universität bemessen sei. Hierbei nimmt freilich die Oberrealschule eine Sonderstellung ein, da sie mit der Technischen Hochschule zugleich emporgeblüht und daher in vielem auf dieses Ziel hin organisiert ist. Nur in den Sprachen folgt auch sie den Bahnen, die das Gymnasium vorgebildet und das Realgymnasium übernommen hat. Auch darf man nicht übersehen, daß noch 1914 in Preußen 37 % ihrer Oberprimaner auf die Universität übergingen, hingegen nur 20 % zur Technischen Hochschule (einschließlich Bergbau).

Fragen wir uns aber, ob diese historisch erwachsene Gestalt der Prüfungsanforderungen wirklich geeignet ist, die Begabung für die Universitätswissenschaften zu erkennen. Wir denken dabei nicht an die tausend Zweifel, die man gegen das Verfahren jeder kurzfristigen Prüfung überhaupt erheben kann, sondern nur an den Maßstab, nach dem die Reife für die Universität bemessen wird.

Die Prüfungsanforderungen beim Abgang von den höheren Schulen stehen durchgängig unter der Herrschaft der Allgemeinbildungsidee, die schon im Jahre 1812 bei der ersten Festlegung der Lehrziele maßgebend war.[17] Diese Idee ist nichts anderes als die Spiegelung des Humanitätsge-

[17] Über dieses zweite Abiturientenreglement vgl. Eduard Spranger, Wilhelm von Humboldt und die Reform des Bildungswesens. Berlin 1910. (Die Großen Erzieher. Bd. 4.) S. 235 ff.

dankens unserer klassischen Zeit, die keine echte Menschlichkeit ohne Allseitigkeit (Universalität) kannte. Noch Herbarts »gleichschwebend vielseitiges Interesse« ist aus diesem Zusammenhang erwachsen. Man erstreckte – wenigstens in Preußen – die Prüfung auf alle drei Hauptstämme des Wissens: den philosophischen (sprachlichen), mathematischen und historischen (realistischen). Wilhelm v. Humboldt für seine Person hat mit dieser Universalitätsidee noch den Gedanken der Individualität verbunden und nicht geglaubt, daß irgend jemand auf allen Gebieten gleich Gutes leisten werde. Unter Johannes Schulze hat sich jedoch das universalistische Ideal geradezu in ein enzyklopädisches verwandelt. Dieser Druck hat auf dem Gymnasium um so dauernder gelastet, als es noch über 1859 hinaus die einzige mit ganz unbeschränkten Berufsberechtigungen ausgestattete Form der höheren Schule blieb und tatsächlich immer neue Stoffe in sich aufnehmen mußte, wenn es mit *diesem* Gedanken der undifferenzierten Einheitsschule Ernst sein sollte. Nun hat eine solche Einheitsschulidee ohne Zweifel etwas Bestechendes. Es kommt in ihr die Wahrheit zur Geltung, daß Bildung und schroffe Einseitigkeit sich nicht vertragen; es wird der Fachschulgedanke für die grundlegende Bildung mit äußerster Strenge ferngehalten, und die Entscheidung für den Beruf fällt in die Schulzeit noch nicht hinein. Diese Vorzüge aber sind nur scheinbar. Denn in Wahrheit hat das Gymnasium als Einheitsschule durch die unvermeidliche Betonung der Philologie immer einen einseitigen Charakter gehabt, so daß es seinerseits der Universalitätsidee auch nicht genügte. Es vermochte die neuen Forderungen der Wissenschaft und des Lebens nicht in sich aufzunehmen. Die Differenzierung der höheren Schulen, die nach langen Kämpfen im Jahre 1900 endgültig erfolgte, ist daher ein durchaus notwendiger und segensreicher Prozeß gewesen, den niemand rückgängig zu machen wünschen kann. Wenn wir heute drei Formen der höheren Schule haben, so liegt darin keineswegs etwa ein Übergang zum reinen Fachschulsystem, sondern nur das Bekenntnis, daß die sogenannte allgemeine Bildung (wenn sie überhaupt ein feststehender Begriff ist) heute schon auf der höheren Schulstufe von niemandem mehr realisiert werden kann, daß es vielmehr verschiedene Typen der Allgemeinbildung gibt, die dann unvermeidlich den Übergang zu der späteren Berufsgliederung bilden. Auch handelt es sich bei der erfolgten Zerlegung der höheren Einheitsschule in Gymnasium, Realgymnasium und Oberrealschule wesentlich um eine Verschiebung des Akzentes; denn sprachliche, naturwissenschaftliche und mathematische Fächer treten in jeder der drei Schulformen auf.[18]

[18] Dies hat für das Realgymnasium besonders *Paulsen* betont in seinem Vortrag von 1889: Das Realgymnasium und die humanistische Bildung; jetzt abgedruckt in: Fried-

Der alte Allgemeinbildungsgedanke hat aber darin seine Kraft bewahrt, daß bis vor nicht allzulanger Zeit beim Abiturientenexamen Gleichwertigkeit der Leistungen in allen Hauptfächern gefordert wurde. Wer in mehr als einem Gegenstande versagte, mochte er in den andern noch so glänzende Ergebnisse aufweisen: er kam nicht durch. Und damit war eine Schranke vor der Universität aufgerichtet, an der nicht wenige schwache Mathematiker oder schwache Lateiner Schiffbruch erlitten. Das Prinzip, das zugrunde lag, ist deutlich genug erkennbar: Man wollte den einseitigen Begabungen systematisch entgegenwirken, man wollte ausgleichen, vor allem auf Grund des Bildungsgedankens (Totalitätsidee), aber auch auf Grund der Idee vom unlösbaren Zusammenhang aller Wissenschaften in der philosophischen Totalität des Wissens, als deren sichtbaren Ausdruck man eben die Universität ansah. Schon in der letzten Zeit sind wir unverkennbar von dieser Auffassung abgerückt. Seit dem Jahre 1900 ist der Gedanke einer weiteren Differenzierung auf der Oberstufe ernsthaft verhandelt und in Sachsen und Bayern auch realisiert worden. Die weitergehende Kompensation bei den Prüfungsleistungen hängt damit zusammen. Friedrich Althoff selbst ist in seinen letzten Jahren für eine freiere Wahl der Schulfächer in den oberen Klassen eingetreten. Offenbar steckt hinter dieser Bewegung nicht nur eine Abschwächung des alten Glaubens an den Wert der gleichmäßigen Allgemeinbildung, sondern eine tiefere Notwendigkeit der Kulturentwicklung. Ihre immer stärkere Differenzierung geht fast bis zu der Grenze, wo das gegenseitige Verstehen der Volksglieder gefährdet wird. Durch den Krieg ist eine weitere Herabsetzung der Allgemeinbildungsidee unvermeidlich geworden. Schon aus Gründen der Menschenökonomie können wir es uns nicht mehr leisten, daß etwa ausgezeichnete geisteswissenschaftliche Talente von ihrer Laufbahn ferngehalten werden, nur weil keine Mathematik in ihren Kopf geht; oder daß künftige Techniker Stammgäste der Prima bleiben, weil sie mit dem Lateinischen nicht voran kommen. Gewiß, die Gleichmäßigkeit der höheren Bildung in der Nation wäre ein Wert, wenn sie noch zu erreichen wäre; aber der Weg zu diesem Ziel ist zu mühsam und zu teuer. Schon Fr. A. Wolf hat bei der Begutachtung des Preußischen Abiturientenreglements von 1812 erklärt, er für seinen Teil scheide in der Mathematik aus. Wie nun, wenn er in seiner Jugend durch solche Schranken vom Studium ferngehalten worden wäre? Oder wenn ein Bismarck ernsthaft an seinem schwachen Abiturientenzeugnis gescheitert wäre? Auch hier heißt es natürlich: der wahrhaft bedeutende Kopf überwindet zuletzt

---

rich Paulsen, Gesammelte pädagogische Abhandlungen. Hg. von Eduard Spranger. Stuttgart 1912. S. 1–65.

alle Hindernisse; aber die Frage bleibt, ob der Aufwand an Zeit, an Kraft und Stimmung den Nutzen lohnt, der durch solche Umwege erzielt wird. Ich bin keineswegs geneigt, diese Frage *unbedingt* und für *alle* zu verneinen: In jungen Jahren erringt man noch leicht, was später ganz jenseits des Vermögens liegt, und man erkennt oft nach Jahrzehnten erst den Wert dessen, was anfangs nur als Quälerei erschien. Zahlreiche Stimmen in Autobiographien reden von solcher späten Dankbarkeit gegenüber dem Griechischen und der Mathematik. Auch der »Deutsche Ausschuß« wird seine Aufgabe, Hindernisse hinwegzuräumen, nicht so fassen, daß nun allen alles erleichtert oder gar erlassen werden soll. Nur da, wo offenbare Talente durch generelle Bestimmungen gehemmt werden, sollen die Schlagbäume fallen. Für sie ist individualisierende Handhabung der Bestimmungen am Platze. Es braucht nicht erinnert zu werden, daß hier überall von den Begabten die Rede ist und nicht von der Wegebereitung für die, die ihre Berechtigungen mehr ersitzen, als verdienen.

Die große Mehrzahl der Abiturienten wird jedoch wahrscheinlich so einseitig ausgeprägte Begabungen nicht zeigen, sondern mehr gleichmäßig veranlagt sein, oder, um eine von William Stern eingeführte Unterscheidung anzuwenden: es wird mehr Intelligenzen als Talente geben.[19] Für sie ist die Wahl doppelt schwer, nicht nur, weil sie sich noch nicht selbst gefunden haben, sondern weil es für sie vermutlich in der Tat sehr viele Möglichkeiten gibt. Fouriers Behauptung, daß jeder Mensch mindestens dreißig angeborene Berufe habe, ist nicht so falsch, wenn man innerhalb der großen Berufsgruppen noch sehr weit spezialisiert. Es kann einer sehr wohl »das Zeug zum Studieren« haben, und doch noch nicht genau wissen, wo er hingehört. Die Zahl der »geborenen« Kriegsgerichtsräte oder prädestinierten Versicherungsmathematiker wird ja nicht so sehr groß sein; die Zahl hoffnungsvoller Juristen und Mathematiker schon größer. In solchen Fällen unbestimmten Schwankens hilft oft das, was man oberflächlich den Zufall nennt, was aber doch aus tieferen Quellen hervorgehen mag. Ein fremdes Beispiel, der Wunsch der Familie, äußerer Glanz, gelegentliche Selbsterkenntnis und nicht zuletzt – wie wir frei bekennen müssen – die Einträglichkeit der einzelnen Lebensstellungen gibt da den Ausschlag.

Immerhin wird sich bei solchen Naturen das Bedürfnis nach besseren Mitteln zur Erkenntnis ihrer besonderen Anlagen am stärksten fühlbar machen. Hier bietet nun das Abiturientenzeugnis, gerade weil es die »allgemeine« Reife in sittlicher und wissenschaftlicher Hinsicht aussprechen

[19] William Stern, Die Jugendkunde als Kulturforderung. Mit besonderer Berücksichtigung des Begabungsproblems. Leipzig 1916.

will, nur einen geringen Anhalt; denn seine Allgemeinheit, vor allem die meist äußerliche Abstufung nach fünf Graden statt einer feineren Charakteristik, macht es unmöglich, ein Bild von dem betreffenden ingenium oder talentulum zu gewinnen. Und angenommen selbst, die Fachzensuren träfen mit voller Sicherheit überall die wirkliche Schulleistung, so bleibt doch denkbar, daß eine stärkere Neigung sich in der Schule gar nicht bemerkbar gemacht habe, sei es aus Schüchternheit oder mißtrauischer Zurückhaltung, vielleicht auch, weil der Unterricht sie nicht herausgelockt hat. Ich wenigstens habe im Schulunterricht nicht einmal gemerkt, daß ich für Geschichte Interesse habe. In anderen Fällen verbergen junge Leute ihre Privatstudien wie eine Art Heiligtum vor der offiziellen Schule. Auch hier ist es leicht, die Forderung aufzustellen, daß alles vollkommen sei. Ideale Lehrer sollten die Interessen und die Leistungsfähigkeit ihrer Schüler mit sicherem Blick durchschauen; vernünftige Schüler sollten nicht, wie es häufig geschieht, ein Gebiet, in dem sie mit Mühe das »genügend« erreicht haben, zum Hauptstudium wählen. Daß es wirklich so sei, wird keine Organisation bewirken. Aber eins kann gefordert werden, was vielleicht hier und da schon die Regel ist: daß nämlich die Lehrer der Prima sich um das allgemeine Leben und die Wissenschaft insbesondere so weit kümmern, um ihren Schülern bei der Wahl des Berufes ein wenig raten zu können. Manche Berufszweige finden deshalb nur spärlichen Nachwuchs, weil sie sich nicht von selbst dem Gesichtskreis der Schüler aufdrängen; andere dagegen werfen verlockende Irrlichter. Was den Erfahrungen des Lehrers allzu fern liegt, kann durch gelegentliche Vorträge von geeigneten Vertretern eines ganzen Gebietes anschaulich gemacht werden. Kuckhoff, der zu diesem Thema beachtenswerte Vorschläge gemacht hat, empfiehlt ein Zusammenarbeiten mit den großen Berufsorganisationen und einer umfassenderen Berufsberatungsstelle. Die verschiedenen Zweige des Universitätsstudiums aber sollten den betreffenden Lehrern der oberen Klassen so vertraut sein, daß sie auch neuere Bewegungen in ihnen kennen und verfolgen. Es ist ein wunderlicher Zustand, wenn in einer Universitätsstadt die bedeutendsten Dozenten schon der philosophischen Fakultät den Lehrern einer notorischen Gelehrtenschule nicht einmal dem Namen nach bekannt sind. An wen soll sich der Schüler da wenden, um nur die allgemeinste Charakteristik zu erhalten?

Man verlange aber von dieser Berufsberatung auch nichts Übertriebenes oder Unmögliches. Ein Rat, der nicht in der zurückhaltendsten, liberalsten Form erteilt wird, kann einen verhängnisvollen Einfluß üben und späte, stille Vorwürfe erzeugen. Es ist immer und überall mißlich, in die Lebensbahn eines anderen entscheidend einzugreifen. Hier muß jedes Urteil im

Potentialis abgegeben werden; es muß den Gegenstand von möglichst vielen Seiten beleuchten, aber die letzte Wahl dem jungen Manne selbst überlassen. Nach dem freilich engen Kreis meiner Beobachtungen fallen die Angaben des Reifezeugnisses und die Leistungen beim Staatsexamen der höheren Lehrer in der Regel nicht allzu weit auseinander. Urteilstäuschungen sind natürlich ebenso möglich wie späte überraschende Entwicklungen. Die Zuverlässigkeit der Abiturientenzeugnisse wird aber dadurch erhöht, daß die Prüfungsergebnisse nicht auf dem Eindruck weniger Stunden, sondern mindestens zugleich auf der gesamten Jahresleistung beruhen. Was alle Intelligenzprüfungen und Examina sonst so zweifelhaft macht, die geringe Zahl der Stichproben und die Flüchtigkeit der Beobachtung, liegt gerade bei dieser Prüfung günstiger. Sie ist, wenn man auf beiden Seiten Ehrlichkeit und guten Willen voraussetzt, ein Zeugnis, das auf guter Grundlage ruht.

Darum kann auch denen nicht recht gegeben werden, die die ganze Einrichtung am liebsten beseitigt sähen und in ihr nur ein Stück von hemmendem Bürokratismus erblicken. Es ist hier nicht der Ort, über den Wert von Prüfungen überhaupt zu reden. Richtig gehandhabt, d. h. nicht auf die Leistung von Stunden und Minuten gestellt, sind sie wertvolle Mittel, um der Selbstkontrolle von Schülern und Lehrern ein festes Maß zu geben. Die Universität vor allem, deren Arbeitsformen so ganz frei gestaltet sind, kann einer festen Grenzziehung nicht entbehren, und wäre es auch nur zu dem Zwecke, das zulässige Minimum der Vorkenntnisse festzusetzen. Sollen 18- bis 20jährige junge Männer für die Universität reif sein, so müssen sie vorher einer ganz intensiven und strengen Bildung unterworfen sein. Ja, wir dürfen uns nicht verhehlen, daß hier geradezu eine künstliche Beschleunigung der geistigen Entwicklung und eine künstliche Ausweitung des Horizontes für Wissen und Leben erforderlich ist.

Dem Universitätslehrer will scheinen, als ob diese Reife in Wahrheit doch nicht immer erreicht werde. In der laxen Behandlung der Maturitätsforderungen liegt das größte Elend unserer Universität. Dadurch kommen die vielen Unbegabten und Ungeeigneten in sie hinein, obwohl doch schon bei richtiger Handhabung nicht jeder Abiturient zum Studium geeignet wäre. Immer wieder erhebt sich mit Recht die Klage, daß die Studenten nicht deutsch reden und schreiben können; schon ehe der vortreffliche freie Aufsatz als das einzig Wahre entdeckt war, konnten nur die wenigsten einen Gedankengang ordentlich durchführen und logisch disponieren.[20] Wie

[20] Ernst Bernheim, Die ungenügende Ausdrucksfähigkeit der Studierenden. Das Persönliche im akademischen Unterricht und die unverhältnismäßige Frequenz unserer Universitäten. 2 Vorträge. Leipzig 1912.

mußte es da erst mit der scharfen Auffassung der Probleme, der Herausarbeitung des Wesentlichen und der sicheren Zielsetzung des Denkens bestellt sein! In der Vorlesung kann ferner nachgerade kein Fremdwort mehr gebraucht werden, ohne daß man es übersetzen muß; denn die einen können kein Französisch, die anderen kein Latein. Der Begriff der Funktion kann nicht mehr als bekannt vorausgesetzt werden. Weltberühmte Schriften, wenn sie nicht gerade in der Schule gelesen worden sind, kennt kaum jemand. Die Fähigkeit, einen griechischen oder lateinischen Text wirklich zu lesen, wird immer seltener. Das sind die Wirkungen der zunehmend leichteren Gestaltung des Abiturientenexamens. Solche Herabsetzungen des Niveaus treffen erst den Lehrbetrieb der Universität, dann die Wissenschaft selbst und zuletzt das Ganze der nationalen Leistung. Für einen regelmäßigen Bildungsgang ist also die Feststellung der Reife durch eine strenge Prüfung beim Schulabgang nicht nur wünschenswert, sondern geradezu eine Notwendigkeit für den Bestand der Universität in ihrer heutigen freien Gestalt.

Anders liegen die Dinge bei solchen, die sich erst in späteren Jahren zum Studium entschließen. Bisher war der Besitz des Reifezeugnisses auch für sie die Vorbedingung zu einer Immatrikulation. Waren sie durch ungünstige Vermögensverhältnisse oder irrtümliche Wahl einen anderen Bildungsweg gegangen, so mußten sie die Prüfung eben als Extraneer nachmachen. Die Schwierigkeiten der nachträglichen Arbeit auf ganz verschiedenen und dem Interesse zum Teil fernliegenden Wissensgebieten haben manchen vom Studium abgeschreckt, der sonst auf seinem Gebiete noch Wertvolles geleistet hätte. Von Männern, die über 30 Jahre sind, ein schulmäßiges Arbeiten zu verlangen, ist unbillig. Denn einmal ist das Lernen und Assimilieren auf dieser Lebensstufe nicht mehr so neutral beweglich wie in früheren Jahren, und andererseits ersetzen Lebenserfahrung und Lebensbewährung zum großen Teil die Bildungsstoffe, an denen der Jüngling erst die Gelenkigkeit des Urteilens und die Weite des Blickes erwerben soll. Wer sich in späterem Alter zum Studium entschließt, wird im allgemeinen ernste Gründe und einen inneren Trieb dazu haben. Schon der Aufwand an Zeit und Kosten ist so groß, daß ein mißbräuchlicher Ansturm nicht zu fürchten ist. Die wenigen Fälle, in denen die Sehnsucht der Gattin nach dem Doktortitel ausschlaggebend ist, wird man in den Kauf nehmen können. Die bei uns heute noch herrschende Engherzigkeit bei der Immatrikulation abweichend Vorgebildeter beruht zum großen Teil auf politischen Bedenken, die aus der Zeit der ersten und zweiten Reaktion stammen und für die Gegenwart kaum noch in dieser Form bestehen. Selbstverständlich muß auch von den älteren Bewerbern der Nachweis ihrer Würdigkeit und die für das gewählte Fach ausreichende Vorbildung gefordert werden. Viele Studienziele scheiden für sie aus der Wahl schon deshalb aus, weil der Staat Kandidaten, die ein bestimmtes Lebensalter überschritten haben, nicht mehr anstellt. Es wird sich also vorwiegend um Vollendung der persönlichen Ausbildung handeln, die man nicht ohne sehr schwerwiegende Gründe versagen sollte. Der betreffende Bewerber müßte sich entweder in seinem Berufe hervorragend bewährt haben und irgendeine Anerkennung darüber vorweisen, oder er müßte vor einer akademischen Prüfungskommission den Nachweis führen, daß er sich über die nötige Vorbildung zu seinem Studienfach nicht im unklaren befindet, sondern sie bereits mitbringt. Diese Kommission aber müßte das Recht und die Pflicht haben zu individualisieren, da eben jeder Fall hier besonders liegen wird. Ein Bankbeamter, der noch Nationalökonomie studieren will und sich nicht mit dem Hospitantenschein begnügt, verfolgt ohne Zweifel ernste Ziele. Man sollte ihm den Weg nicht dadurch erschweren, daß man die Kenntnis der sphärischen Trigonometrie oder die Reihenfolge der römischen Kaiser von ihm verlangt. Ein Ingenieur, der durch die technische Mittelschule hindurchgegangen ist und nachträglich ein gründliches Studium der Naturwissenschaften beginnen möchte, ersetzt vielleicht durch Lebenskenntnis die Forderungen an die allgemeine Bildung, die das Abiturium stellt. Kurz, »maturus« kann auch jemand sein, der erst nach praktischer Bewährung, aus echtem, klarem, wissenschaftlichem Drang auf die Universität kommt. Ihm den Zugang zu versperren, weil ihm das gestempelte Zeugnis fehlt, ist veralteter Formalismus. Nur der *Nachweis* dieser allgemeinen Reife und Eignung in irgendeiner Art kann auch hier nicht erlassen werden, weil sonst der Zudrang zur Universität schrankenlos würde.

Zwischen dem normalen Studiengang mit dem Zeugnis der Reife und den selteneren Fällen eines späten Entschlusses zum Studium liegt nun der Fall, daß ein ganzer Berufsstand ohne Ablegung des Abiturientenexamens die Zulassung zur Universität verlangt. In dieser Lage befinden sich seit 1848 die Volksschullehrer. Es ist nicht meine Absicht, auf diese Frage hier ausführlich einzugehen, schon weil mein verehrter Freund Muthesius sie vom Standpunkt des Deutschen Ausschusses von neuem sorgfältig erörtert hat.[21] Die praktische Lösung ist bisher nur in der Form des sogenannten Qualitätsstudiums gefunden. Die Erfahrungen, die ich in Sachsen gemacht habe, wo die Einrichtung seit mehr als 50 Jahren besteht, sprechen durchaus für diese Form der Lösung, wofern nur die »Qualität« weniger mecha-

[21] Karl Muthesius, Der Aufstieg der Begabten und die Berufslaufbahn der Volksschullehrer. Berlin: Union Deutsche Verlagsgesellschaft 1916. (Sammlung ›Deutsche Erziehung‹. Heft 4.) Vgl. auch *Kerschensteiner* am Schluß des Kieler Vortrages.

nisch nach der Prüfungs*nummer* bemessen würde. Leider hat auch die philosophische Fakultät in Leipzig in zwiefacher Form solche Nummernschranken für die Promotion studierender Volksschullehrer errichtet. Die Folge ist, daß sich der Nummernehrgeiz bis ins Krankhafte steigert. Und das ist doch wohl nicht akademisch gedacht. Wer einmal zugelassen ist, muß auch gleiches Recht genießen, oder er bleibt ein halber Fremdling im Haus. Das *allgemeine* Studium der Volksschullehrer ist eine Frage, die hier schon deshalb nicht in Betracht kommt, weil nur von den *besonders* zum Studium Begabten unter den »Maturi« wie den »Immaturi« die Rede sein soll. Von diesem Gesichtspunkt aus sollte kein selbständiger wissenschaftlicher Kopf von der Hochschule ferngehalten werden, die ja aus formalen Gründen so viele aufnehmen muß ohne innere Qualifikation zum Studium. Aber auch der andere Gesichtspunkt ist zu berücksichtigen, daß alles vermieden wird, was einem wichtigen Kulturzweige seine besten Kräfte entziehen könnte. Das wäre eine geradezu verhängnisvolle Nebenwirkung des Studiums. Es muß also darauf gesehen werden, daß der Volksschule auch die Akademiker verbleiben, wo sie freilich, infolge einer merkwürdigen Antinomie des menschlichen Herzens, von ihren unstudierten Kollegen nicht gern gesehen werden. Wie soll man es machen, daß alle zufrieden sind? –

Wenn man sich einen vollkommenen Staat im Sinne des Plato oder des Thomas Morus dächte, so sollte der Weg zur Universität beschaffen sein, wie Plato im Gorgias das Totengericht schildert: an dem Kreuzweg, wo sich die Pfade zu ihr und den anderen Lebenslosen teilen, sollten Richter sitzen, die die Seele nackt richten, d. h. ohne Rücksicht auf Stand und Besitz die Begabten hineinlassen, die Andersbegabten abweisen. Man wird unsern Reifeprüfungs- oder Immatrikulationskommissionen ein so unfehlbares Auge freilich noch nicht zusprechen dürfen. Aber der Gesichtspunkt selbst wird sich um so mehr durchsetzen, je weniger der Besuch der höheren Schulen an Herkunft und Besitz gebunden bleibt. Wer den organischen Zusammenhang unseres Schulwesens so gestaltet, daß die entsprechend Begabten in ihm wirklich bis zum Abiturium aufsteigen können, und wer von den Abiturienten wieder die fernhält, die nicht spezifisch wissenschaftlich begabt sind, der wird den rechten Nachwuchs in die Universität hineinbringen. Die akademische Jugend aber wird schon selbst sorgen, daß der neue schöpferische Geist an der Hochschule zum Durchbruch und zur Geltung komme.

4. Die Begabung für Anwendung und Beruf

Bisher sind wir von der Voraussetzung ausgegangen, daß es der Universität wesentlich um Wissenschaft zu tun sei, und daß daher die Begabung für das »Studium« eben in der wissenschaftlichen Befähigung liege. Wenn man dem entgegenhält, daß doch mindestens die drei oberen Fakultäten unverkennbare Berufsschulen darstellen, so liegt darin kein Widerspruch. Denn es handelt sich hier eben um wissenschaftliche Berufe, und die Universität selbst gibt für sie nichts als die wissenschaftlichen Grundlagen. Die Frage darf also nicht so gestellt werden, ob die deutschen Universitäten allgemein-wissenschaftliche Hochschulen oder eine Vereinigung von *Fach*schulen mit einer rein wissenschaftlichen Fakultät seien, sondern ob in ihnen mehr die Theorie oder die Praxis der einzelnen Berufe eine Stätte finde. Und da ist es wohl klar, daß im akademischen Betrieb durchaus die Theorie im Vordergrunde steht. Gewiß, Theologie, Jurisprudenz und Medizin bezeichnen große Kultur- und Berufskreise, aber die Universität bemächtigt sich ihrer nur von der theoretischen Seite, indem sie in eigenartiger Form die Wissenschaften kombiniert, aus deren Zusammenwirken jedes dieser Fächer entsteht. Sie ruht auf dem Grundgedanken, den wir schon oben ausgesprochen haben, daß nur derjenige sich in höheren Kulturberufen frei bewegen kann, der durch eine echt wissenschaftliche Schulung hindurchgegangen und zum selbständigen Urteilen erzogen worden ist. Daher bleibt der Satz, den wir bisher zugrunde gelegt haben, durchaus bestehen, daß nämlich zum Studium die Begabung für wissenschaftliches Denken erforderlich sei.

Aber er erschöpft noch nicht den ganzen Sachverhalt. Denn wenn auch für die Ausbildung in den bezeichneten Berufen Wissenschaft die Grundlage bildet, so bestehen doch diese Berufe selbst keineswegs in wissenschaftlicher Forschung, ja sie entfernen sich oft erstaunlich weit von dem, was mit der Sphäre des strengen theoretischen Denkens in Zusammenhang steht. Und so ergibt sich hier die merkwürdige Antinomie, daß jemand wohl für das Studium begabt sein kann, deshalb aber noch lange nicht für den Beruf, auf den er studiert. Es liegt hier eine eigentümliche Schwierigkeit, die in der Gegenwart ohne Zweifel stark empfunden wird: Theorie und Praxis rücken immer auffallender auseinander. Es mag jemand in seiner Wissenschaft ein sehr begabter Denker und Forscher sein, und doch gegenüber den konkreten Anforderungen seiner Praxis versagen. Oder mit anderen Worten: wissenschaftliche Begabung und Berufsbegabung fallen nicht notwendig zusammen. Sie liegen einander offenbar am nächsten im Beruf des akademischen Lehrers, der im Bereich der Theorie selber verharrt.

Sie liegen einander noch verhältnismäßig nahe im höheren Lehramt, wo die Wissenschaft den Gegenstand der täglichen Übermittlung bildet. Sie liegen aber einander sehr fern in der Seelsorge, in Verwaltung und Rechtsprechung, in der medizinischen Praxis, im Finanzwesen und in der sozialen Arbeit. Wir werden auf diese drei Zonen noch etwas näher eingehen. Unser Grundstandpunkt aber ist bereits ausgesprochen: Wir sind nicht bereit, die Theorie der Anwendung bedingungslos unterzuordnen, geschweige denn sie zu opfern.

Wie nun das Auseinanderklaffen beider Lebensformen einigermaßen zu verhüten sei, dafür gibt es kein allgemeines Rezept. Die Wissenschaft muß oft lange Strecken wandern, ohne die fernste Hoffnung auf praktische Verwertung der erzielten Resultate; sie muß an ihren Selbstwert und ihre Selbstgenugsamkeit geradezu wie an ein Heiligtum glauben, wenn sie nicht aufhören will, als Wissenschaft fruchtbar zu sein. Dieser Geist darf auf den Universitäten nicht fehlen. Aber es darf nicht jedem zugemutet werden, seiner Führung bis an die letzten Grenzen zu folgen. Es genügt unter Umständen, daß dieser Funke im akademischen Lehrer lebendig ist und von ihm auf einige wenige überspringt. Die große Mehrzahl der Studierenden sind geborene Praktiker und drängen nach der Tat mit der Leidenschaftlichkeit der Jugend, die sich erproben will. Es ist ihr Recht, daß sie auch wirklich an die Pforten ihrer künftigen Praxis herangeführt und nicht in den Vorhöfen einer lebensfernen Theorie festgehalten werde. So schwer es ist, für die mannigfach verschiedenen Verhältnisse der einzelnen Studiengebiete eine allgemeine Formel zu finden, wird man doch vielleicht sagen dürfen, Theorie und Praxis gehören an der Universität in dem Sinne zueinander, daß zwar die Praxis selbst noch im Hintergrunde bleibt, weil es sich um eine Vorbildungszeit handelt, daß aber die *ganze Theorie der Praxis* zur Geltung komme, nicht bloß eine Theorie, die an den Beruf selber noch gar nicht heranreicht.

Nur so wird es möglich sein, auf der Universität einigermaßen auch denjenigen zu genügen, die hervorstechend praktisch begabt sind. Ihre begreifliche Ungeduld wird unerträglich, wenn sie nur von Dingen hören, die im Leben gar nicht mehr oder noch nicht vorkommen. Ihr eigentliches Talent bleibt dann unerkannt; sie machen schlechte Prüfungen und kommen in untergeordnete Stellungen, an denen sich ihre ganze Kraft nicht zu entfalten vermag. Es muß dafür gesorgt werden, daß diese Naturen keine Hemmung, sondern auch eine spezifische Förderung erfahren; ja es muß verhütet werden, daß »Kandidaten« aus der Universität ins Leben treten, denen der Blick für das, was die nahe Gegenwart fordert, noch gar nicht eröffnet ist, und die über den Prinzipien den lebendigen Menschen und die Wirklichkeit vergessen haben.

Wenden wir uns zu den einzelnen Formen, in denen sich die praktische Begabung für die verschiedenen Berufe äußert, so steigen wir in ein uferloses Meer. Wir greifen nur ein paar Beispiele heraus, um zu zeigen, wie unendlich weit das besondere Moment der Leistungsfähigkeit oft von dem rein Wissenschaftlichen entfernt liegt.

Ernst v. Bergmann schildert in einer kleinen Skizze [22] eindrucksvoll, welchen Anforderungen die Hand eines guten Chirurgen Genüge leisten muß. Es ist das nur ein Fall an Stelle der vielen, in denen der Arzt eine technische oder gar künstlerische Geschicklichkeit an den Tag zu legen hat. Ohne Zweifel wird sich während des Studiums bei verschiedenen Übungen schon herausstellen, wer nach dieser Seite hin begabt ist und wer nicht. Aber man braucht die Sache nur umzukehren, um zu sehen, daß es sich hier um eine hinzukommende und nicht um eine Grundbegabung handelt. Denn niemand wird um seiner geschickten Hand willen Chirurgie zum Studium wählen oder sich auf Mechanotherapeutik werfen, nur weil er mit Apparaten umzugehen weiß.

Ein Patentanwalt muß mit der Technik bis in Tiefen hinein vertraut sein, die dem Juristen sonst nicht zugemutet werden. Schrieb doch ein junger Landrat zu dem Bericht über eine landwirtschaftliche Maschine, der das Fehlen des Kesselsteins hervorhob, an den Rand: »Kesselstein soll nachgeliefert werden.« Man kann nun daraus folgern, daß ein wenig Technologie für bestimmte Zweige des juristischen Studiums auf höheren Stufen zweckmäßig wäre, wie es z. B. heute schon besondere Eisenbahnvorlesungen für Juristen gibt. Aber ein Jurist kann darum kein Techniker werden, und wenn sich zufällig die Kombination beider Begabungen in einem Kopfe findet, so wird sie als freier Trieb schon richtunggebend wirken. Besondere Maßregeln und Einrichtungen, um solche Anlagen bei den Juristen zu fördern, werden erst dann eintreten, wenn der betreffende Zweig eine allgemeine Bedeutung für Rechtsprechung und Verwaltung erlangt. Alt ist die Forderung, daß die Juristen eine bessere nationalökonomische Vorbildung erhalten sollen; noch heute wird sie von vielen juristischen Examinatoren als Ballast oder geringwertige Beigabe angesehen. Wichtiger und besser wäre es freilich, wenn sich unter den jungen Juristen mehr Köpfe mit natürlichem Blick für die Erscheinungen und Bedingungen des Wirtschaftslebens fänden. Darin läge eine Befruchtung des ganzen Studiums, die aus freien Quellen strömte. Begabungen wirken immer sicherer als Bestimmungen.

Ein Geistlicher, der frisch von der Universität weg auf das Land kommt,

[22] Ernst v. Bergmann, Die geschickte Hand des Chirurgen. In: Deutsche Revue. 26. Jg. 1901. 4. Bd. S. 10–26.

wird, wenn er nicht selbst vom Lande stammt, sich von allem entblößt fühlen, was ihm den Zugang zu seiner Gemeinde eröffnen könnte. Hier nützen ihm die Kirchenväter nichts, und Homiletik und Katechetik wenig. Er muß sich auch in den Beruf der ihm Anvertrauten hineinleben, sei er agrarisch oder industriell; er muß zeigen, daß er auch da zu urteilen weiß und Mensch unter Menschen ist; denn bekanntlich führt keine Seelsorge von oben herab in die Herzen, sondern sie verlangt ein gemeinsames Aufsteigen von unten her, in gleichen Nöten und in gleichen Überwindungen.

Wer Chemie studiert hat, ist noch kein Fabrikdirektor und kein Erfinder. Erfinder kann man nicht studieren, und zur Leitung eines großen Betriebes gehört Kenntnis der wirtschaftlichen Verhältnisse, kaufmännischer Sinn und Unternehmungsgeist, dazu ein Stück Politik und Sozialpolitik. Man darf nicht erwarten, daß das alles in den chemischen Vorlesungen zur Geltung komme. Aber wer nach dieser Seite neigt, der muß auch an der Universität Gelegenheit finden, sich über das moderne Leben zu orientieren.

Eine eigentümliche Erfahrung machen junge Lehrer, die mit allem Fleiß ihren Studien obgelegen haben und nun vor die Jungen hintreten: sie haben nichts, was unmittelbar imponiert. Die Brücke zur Jugend führt leichter über Sport und Spiel und Wanderlust, als über gute Staatsexamensnoten. Zum Lehrer »begabt« ist daher weit mehr der frische, temperamentvolle Kopf, der seine Sache lebendig zu machen weiß, als der gelehrte Pedant. Und doch hat auch dies seine Grenze: denn der Sportsmann allein ist noch kein Lehrer. Manche Fächer erfordern Gabe im Zeichnen oder im Erzählen oder gar technische Geschicklichkeit. Aber Wissen und Lehrtalent vermag ein solches Können nicht zu ersetzen.

Auch in den Wissenschaften selbst gibt es Strecken, die innere Anlagen ganz anderer Art als bloß theoretische Urteilskraft erfordern. Wie wollte man Kunstgeschichte treiben ohne ästhetische Erregbarkeit, ja ohne ein gewisses Maß eigener Produktivität? Und Religionswissenschaft, ohne selbst religiös mannigfaltig ergriffen zu sein? In der Philologie erfordern Metrik, Rhythmik und Phonetik eine stark musikalische Anlage. Die Forschungen meines Kollegen Sievers über den Sprachrhythmus und die Sprachmelodie ruhen auf einer Anlage, die sonst in dieser Stärke selten ist und jedenfalls sich nicht bei allen findet, die zum Studium der Germanistik Neigung haben. Manche Historiker haben eine Beweglichkeit der Phantasie, die ihnen möglich macht, sich bald als primitiven Menschen, bald im 15. oder im 17. Jahrhundert zu fühlen. Botaniker besitzen bisweilen ein Gefühl für die Totalität der Vegetationsbedingungen, daß sie den Fundort von Pflanzen fast instinktiv vorausahnen.

Aber wir kommen ins Endlose. Die Anlagen sind viel zu individuell kombiniert, als daß sie durch Universitätseinrichtungen alle erkannt und alle gepflegt werden könnten. Hier bricht jenes Persönliche hindurch, was sich nicht vorausberechnen, aber auch nicht organisieren läßt. Deshalb gingen wir von der Gegenüberstellung der politischen Grundverhaltungsweisen aus. *Nichts hindern* heißt diesen Erscheinungen gegenüber *alles fördern*. Soziale Organisationen können das Häufige und Durchschnittliche in ihre Obhut nehmen. Die *großen Talente* wachsen aus innerer Kraft, wenn sie nichts hindert. Und die Universität ist vermöge ihrer liberalen Verfassung in der Lage, in der weder Armee noch Staat noch Schule sind, daß sie nichts zu beengen und zu begrenzen braucht. Damit ist nicht gesagt, daß diese Naturen nicht Feinde hätten, die ihre Durchsetzung unter Umständen hinderten. Sie liegen nicht nur in Armut, schwachem Körper, ungünstiger Umgebung, sondern oft in ihrem Innern selbst, und der Kampf des Genies mit sich selbst ist der schwerste und tragischste.

Aber in doppelter Richtung kann etwas geschehen. Das eine ist vom »Deutschen Ausschuß für Erziehung und Unterricht« zu erhoffen. Über alle pädagogischen Vereine früherer Zeit reicht er dadurch hinaus, daß in ihm die Erfordernisse der einzelnen Berufskreise durch sachkundige und an den Erziehungsfragen teilnehmende Mitglieder vertreten sind. Diese mögen nun, soweit ihr Gebiet ein Interesse an der Gestaltung des Universitätslebens hat, in den allgemeinen wie in den besonderen Fragen das Wort ergreifen. Denn das ist vielleicht ein Schaden für die Entwicklung unserer Universität, daß sie zu wenig Gegenstand der Kritik und öffentlichen Besprechung wird. Das Veraltete kommt so in ihren Hallen nicht immer zum Bewußtsein. Licht herein aus den Gefilden des modernen Lebens! Wo sich neue Bedürfnisse bilden, da sollte auch die Universität sich ihnen anpassen, und wäre es auf die Gefahr, den alten Schulsack etwas zu erleichtern. Wie weit Dogmengeschichte und römisches Recht und historische Grammatik nötig sind, das können nur Fachleute entscheiden. Aber diese Fachleute müssen dann auch Sozialtheologie und Wirtschaftskunde und Geistesgeschichte in ihrem rechten Wert übersehen. Die vorliegende Schrift kann nichts anderes tun, als solche »hochschulpädagogischen« Erörterungen anregen und den »Deutschen Ausschuß« als Parlament auch für diese Fragen aufrufen. Denn jedes Gebiet hat seine eigene Struktur und seine eigenen Notwendigkeiten. In dem Deutschen Ausschuß aber soll nach Möglichkeit die Gliederung der nationalen Arbeit ihren Ausdruck finden.

Gleichwohl läßt sich die Stelle, an der die Schwäche der heutigen Universität liegt, und an der die ungesunde Überschätzung der theoretischen Fachbegabung gegenüber der praktischen Lebensbegabung am sichtbarsten in die Erscheinung tritt, mit einem allgemeinsten Satz bezeichnen: Die Universität ist geneigt, über der Sachkunde die Lebenskunde zu vernachlässigen. Sie bringt einen Faktor, der für jeden höheren Kulturberuf von wichtigster Bedeutung ist, nicht immer genügend zur Entwicklung: *die Menschenkenntnis*. Oder, da der Mensch in seinen verschiedenen Gestalten durch die geistige Lage bestimmt ist, in der er lebt, könnten wir statt Menschenkenntnis noch allgemeiner sagen: *Kulturkunde*. Der Blick für den Menschen und das Leben ist eine Gabe, die den einzelnen in verschiedenem Maße von der Natur verliehen ist. Wenn aber von der Eignung für die akademischen Berufe die Rede ist, so sollte man nie vergessen, das Maß dieser Begabung entscheidend mit einzuschätzen.

Jeder Beruf trifft einen besonderen Lebenskreis; nach ihm gestaltet sich Art und Richtung der Lebenskenntnis, die für ihn erforderlich ist. Aber jede Berufswissenschaft sucht natürlich auch diese Dinge irgendwie theoretisch zu erfassen. Unter den verschiedensten Namen: als Religionspsychologie, Soziologie, Wirtschaftspsychologie, Psychopathologie, Pädagogik und Nationalitätenkunde tritt diese Tendenz bei den einzelnen Fakultäten in die Erscheinung. Oder vielmehr: sie beginnt sich Bahn zu brechen; und sie zu fördern, scheint mir die Hauptaufgabe unserer heutigen Hochschulpolitik. Gewiß, Blick für das Leben und die Menschen ist eine Ausstattung, die mit dem Leben selber wächst und in ihrem besten Teil nicht gelehrt werden kann. Aber vorhandene Keime zu entwickeln, empfundenen Bedürfnissen Nahrung zu geben, Fernliegendes und Schwerverständliches nahezurücken, ist nicht nur möglich, sondern *die* Anforderung an unsere Universitäten, wenn sie mit dem eilenden Gang der sich wandelnden Kultur Schritt halten wollen. Auf Menschen zu wirken hat jeder, der einen Kulturberuf ausfüllt. Wenn er diese Menschen nicht kennt – mag er die Sache noch so gut kennen –, sind seine Werkzeuge stumpf. Er ist dann weder Seelsorger noch Arzt, weder Lehrer noch Richter, weder Diplomat noch Organisator; er ist ein einseitig entwickeltes Geschöpf, das nirgends mit den Füßen ganz auf die Erde kommt.

Eine Reihe von Forderungen läßt sich für die einzelnen Fächer aus diesen Gesichtspunkten ohne weiteres ableiten.

In der theologischen Fakultät wird unverkennbar zu einseitig Theologie studiert. Wie soll der junge Geistliche zu dem besonderen religiösen Habitus seiner Bevölkerungsgruppe, der immer durch Tradition und Landschaft bedingt ist, und zu dem Ganzen ihrer Lebensbedingungen den Zugang finden, wenn ihm dieser Weg nie gezeigt worden ist? Da hilft auch nicht Religionsgeschichte und Psychologie der primitiven Religion allein; sondern es muß ein Griff ins unmittelbare Leben getan werden. Daß die wirtschaftlichen und sozialen Verhältnisse in diesen Kreis mit hineingehören, versteht sich dann bei der Verwebung alles Lebens von selbst. Die evangelische Kirche der Gegenwart ist deshalb vielfach so unwirksam, so außer Berührung mit dem Volk, weil sie in ihren Fakultäten diese Begabung noch nicht genug entwickelt. Hierin aber liegt nicht nur eine Frage der Universitätspädagogik, sondern eine Zukunftsfrage unserer Kultur: wird man diesen verlorenen Zusammenhang durch Pflege von Menschenkenntnis und Volkskunde endlich wiederherzustellen wissen? Wird man die Klostermauern um die protestantische Theologie fallen lassen?

Ein ähnliches Verhältnis wiederholt sich bei den Juristen. Der unbestimmte Name Soziologie, der nach dem heutigen Sprachgebrauch noch nicht eigentlich eine Wissenschaft bezeichnet, sondern eine Blickeinstellung, meint nichts anderes als möglichst umfassende Kulturkunde. Wirtschaft, Gesellschaft, Technik, moralische und rechtliche Überzeugungen der verschiedenen Klassen und Schichten sollen als Basis des Rechtslebens zum Verständnis erhoben werden. Nicht nur Paragraphenkunde, sondern auch Lebenskunde! Der Jurist in seinen verschiedenen Funktionen kann gar nicht tief genug hineintauchen in die Realität des modernen Lebens. Nur dann kennt er die Hebel, von denen aus das Volk bewegt werden kann, nur dann die feinen Äußerungen des unmerklich wachsenden und sich wandelnden Rechtsgefühls, nur dann die immer neu entstehenden Inkongruenzen zwischen Rechtsordnung und sozialem Lebensbestande. Nicht nur der Kriminalist muß diese lebendige Sozialpsychologie und die aus ihr erwachsende Sozialethik beherrschen, sondern vor allem auch der Verwaltungsbeamte, der immer zum »Bureaukraten« wird, wenn er die Fühlung mit dem Pulsschlag des Volkslebens nicht bewahrt.

Und noch an einem anderen wichtigeren Punkte der juristischen Vorbildung tritt die Notwendigkeit dieser Art von Weltkenntnis zutage. Es ist seit Ausbruch des Weltkrieges viel über das Versagen unserer Diplomatie geklagt worden. Ob mit Recht, maßen wir uns nicht an zu entscheiden. Aber die Welt ist nun einmal so, daß sie den Erfolg zum Maßstab der Befähigung macht. Und da den Diplomaten in vielen Dingen die Zügel entglitten sind, so müssen sie sich gefallen lassen, daß ihr ganzer Stand heute etwas schärfer unter die Lupe genommen wird. Die Klage, daß mehr Abkunft als Begabung für ihre Auswahl maßgebend sei, ist gewiß nicht unbegründet. Solche Reste dynastisch-höfischer Politik sind nicht mehr zeitgemäß, seitdem die Völker ihr Schicksal selbst zu verstehen gelernt haben, wie sie es denn ja auch auskosten müssen. Und auch darüber kann man im Zweifel sein, ob die juristische Vorbildung die einzige, ja auch nur die beste zum diplomatischen Dienst ist. Irgendwelche Gelegenheit zur Auslandskenntnis gewährt jedenfalls die akademische Vorbildung nicht; der schnelle Wechsel der Konsulate läßt ihre Träger nirgends heimisch werden, und der Gesichtskreis vom Gesandtschaftspalais reicht naturgemäß nicht weit in die realpolitischen Interessenzonen hinein. Damit ist aber ein noch allgemeinerer Mangel unseres Universitätswesens berührt: es gibt überhaupt keine aus der lebendigen Gegenwart schöpfende Kenntnis der ausländischen Kulturen. Die Form, in der das Leben der fremden Völker auf den Hochschulen zur Geltung kommt, ist die neuere Philologie, d. h. eine Sprach- und Literaturwissenschaft. Als solche ist sie die Tochter der klassischen Philologie und ihr in vielen Zügen bis zur Unfreiheit ähnlich. Sie hat nach dieser Richtung das ihrige geleistet, und ein Professor kann nicht alle Seiten der Kultur erschöpfen und beherrschen. Eben deshalb sollte den modernen Kulturvölkern an der Universität eine reichere Vertretung zugebilligt werden, damit der Studierende Gelegenheit habe, den fremden Volkscharakter auch in seinen anderen Äußerungen, in Wirtschaft, Gesellschaft, Recht, Religiosität und Bildungswesen, nicht nur in seiner Sprachentwicklung, seiner schönen und wissenschaftlichen Literatur kennenzulernen. Ich hoffe Gelegenheit zu haben, auf dieses wichtige Kapitel anderwärts zurückzukommen. Die Forderung einer solchen Volkscharakterkunde ist ein Stück jener Welt- und Menschenkenntnis, die durch reine Wissenschaft nie ersetzt werden kann. Wohl aber kann Erfahrung oder Anlage nach dieser Seite durch akademische Behandlung unterstützt werden. Und auch dann noch wird es so bleiben, daß Großkaufleute, Ingenieure, Finanzmänner dieser ganzen Sphäre näherstehen als formell noch so folgerichtig denkende Juristen oder Angehörige der höchsten aristokratischen Gesellschaft.[23]

In der medizinischen Fakultät gehört eine Vorlesung über »ärztliche Ethik« zum hergebrachten Bestand. Ein Kolleg über ärztliche Psychologie wäre nicht minder wichtig, aber unendlich viel schwerer. In der Wirklichkeit ersetzt das lebendige Vorbild des akademischen Lehrers gewiß oft diese Disziplin, die noch weniger zu lernen als zu lehren ist. Aber der alte Satz

---

[23] Vgl. die Rede des Abgeordneten *Gustav Stresemann* in der Reichstagssitzung vom 26. Oktober 1916, der zu dieser Frage u. a. ausführte: »Das Wort ›Freie Bahn dem Tüchtigen‹ gilt ganz besonders auf diesem Gebiet... Nicht neue Examina fordern wir; man komme uns nicht nach all den jetzigen Leistungen unseres Volkes mit dem Einwande, wir hätten nicht genug tüchtiger Personen... Bei uns wird jetzt über den Zugang zum diplomatischen Dienst in einer Zeit entschieden, in der erst die formelle Befähigung des Betreffenden zum Ausdruck gekommen sein kann. Man soll die Diplomaten herausnehmen aus allen Kreisen und dann einreihen in die Kreise, die uns zu vertreten haben. Wie das möglich ist, das zeigt uns das System der katholischen Kirche. Dort wird niemals nach dem Stand und Herkommen, sondern nur nach den Leistungen gefragt.«

des Hippokrates, daß man den Körper nicht heilen könne ohne die Seele, hat an Wahrheit im Zeitalter der »nervösen« Leiden noch gewonnen, die die Theorie von der scharfen psychophysischen Grenzlinie Lügen zu strafen scheinen. Der Arzt der Gegenwart muß unbegrenzt zu individualisieren verstehen; er muß aber auch die allgemeinen Faktoren des gesellschaftlichen Lebens in ihrer Wirkung auf die Volksgesundheit einzuschätzen wissen. Sozialhygiene hat in der letzten Zeit eine ungeheure Bedeutung gewonnen, und jeder Einzelfall kann unter den Gesichtspunkt der sozialen Medizin gerückt werden, zumal nach dem Kriege, wo das Ganze des Volkes noch stärker im Bewußtsein herrschend bleiben wird. Dies alles ist nicht eigentlich »Wissen«, wenn es auch in einigem Grade zur Theorie erhoben werden kann, sondern es ist menschlich-lebendige Ausstattung des Mediziners, seine »ärztliche Persönlichkeit«, und kommt aus denselben wunderbaren Tiefen wie alle Segenskräfte, die von Mensch zum Menschen wirken. Vielleicht ist unser Universitätsbetrieb vielfach noch zu sehr darauf eingestellt, das Interesse an dem kranken Körperteil stärker zu entwickeln als das Gesamtinteresse am leidenden Menschen.

Nicht einmal dem Naturwissenschaftler ist es möglich, rein in der Sphäre des Sachwissens zu verharren. Sondern überall, wo Naturkunde zur Naturbeherrschung werden soll, treten Faktoren mit ein, die durch die Gesamtlage der gesellschaftlichen Kultur bestimmt sind. Physik, Chemie und Technologie verflechten sich mit Wirtschaftskunde und Sozialpolitik; Zoologie und Botanik mit Landwirtschafts- und Forstwissenschaft. Die rein theoretische Forschergabe, die darauf ausgeht, die Natur als ein System von eindeutig definierten Elementarfaktoren zu konstruieren, ist doch unendlich selten im Verhältnis zu den zahlreichen Geistern, die von den Problemen der Technik aus (und wäre es das Perpetuum mobile) in das Getriebe der Natur eindringen. Die Universität kann gar nicht erwarten, daß alle ihre Jünger bei der Erkenntnis um der Erkenntnis willen stehenbleiben. Sie wird auch dafür Sorge tragen müssen, daß *die* Köpfe sich entwikkeln, die Erkenntnis um des Lebens willen suchen.

Und das ist bei der großen Gruppe der höheren Lehrer in einem anderen, nicht minder wichtigen Sinne der Fall. Sie suchen Erkenntnis (auf welchem Gebiet es auch sei), um sie in der heranwachsenden Generation fortzeugend zum Leben zu erwecken. Ja, sie können und dürfen das Wissen nur als *ein* Stück der geistigen Ausstattung ansehen, die sie ihren Zöglingen zu geben haben. Denn auch auf den höheren Schulen ist der Erkenntnistrieb nicht das einzige, was entwickelt werden soll: praktisches Können und politischer Geist, Schönheitssinn, Liebe und Religion fordern daneben ihr Recht. Für den Lehrer nimmt daher die geforderte Menschenkenntnis zunächst den

Charakter der Jugendkunde an: er muß ein tiefdringendes Verständnis für die besondere seelische Organisation der ihm Anvertrauten, ja für jede kindliche Individualität haben. Aber das ist nur die eine Vorbedingung der bildenden Einwirkung: er muß außerdem das Leben kennen, für das er erzieht; sein Ideal muß aus dem produktiven Verständnis des ihn umgebenden Kulturzusammenhanges geboren sein. –

Damit sind wir bereits in die zweite Zone der Anwendungsbegabung eingetreten, die wir oben festgelegt haben. Die Tatsache, daß die höheren Schulen früher ausschließlich »gelehrte Schulen« waren und folglich ihre Lehrer Gelehrte sein mußten, wirkt noch so stark nach, daß die Universitäten wie die Regierungen sich von der Pflege der anderen Seite dispensieren zu können glaubten. Während es bei den übrigen Fakultäten selbstverständlich ist, daß schon auf der Universität »Berufskunde« in irgendeiner Form getrieben wird, womöglich mit Gelegenheit zu ersten praktischen Übungen, will man beim höheren Lehramt an die Sache nicht heran. In Bayern, Sachsen und Thüringen gibt es wenigstens Ordinariate für Pädagogik und entsprechende Bestimmungen für das Staatsexamen. In Preußen wird die beabsichtigte Neuregelung dem immer brennender werdenden Bedürfnis scheinbar Rechnung tragen, insofern die zweijährige praktische Ausbildungszeit vertieft und allseitiger ausgestaltet wird. Ich sage »scheinbar«. Denn nach sorgfältigster Erwägung der berechtigten Motive, die das Preußische Ministerium zu diesem Schritt bewogen haben, muß ich im Endergebnis dabei bleiben, die Neuordnung in diesem Punkte für nicht glücklich zu halten. Aus den Denkschriften, die ich über diesen Gegenstand an zuständiger Stelle unterbreitet habe, hebe ich hier nur den einen Punkt heraus: Man kann nicht einen jungen Menschen vier bis fünf Jahre mit allen Mitteln zum Gelehrten erziehen und dann beginnen, den 24jährigen in zwei nachträglichen Jahren zum Erzieher umzubilden. In keiner anderen Fakultät, so streng man theoretische und praktische Ausbildung scheidet, besteht ein Analogon für dies Verfahren. Überall soll durch das Studium neben der Aneignung des Wissensstoffes gleichzeitig der rechte Berufsgeist und das spezifische Berufsethos geweckt werden. Die Lehrer lernen die Wissenschaften nicht um der bloßen Wissenschaft willen, sondern empfangen sie als ein Feuer, das sie jungen Seelen bringen sollen, und das letzte ist nicht die schlechtere Hälfte ihrer Pflicht. Wie muß der junge Mann, der aus pädagogischem Enthusiasmus Lehrer wird, an seiner besten Seele verhungern und verdursten, wenn in den langen Jahren des Studiums von dieser seiner Kulturmission nie auch nur mit einem Wort die Rede ist! Wie muß umgekehrt der wenig zum Erzieher Veranlagte verholzen, wenn gar nichts geschieht, ihn auch nach dieser Seite lebendig zu machen! Der eine braucht Klärung seines ungestümen Dranges, der andere Öffnung seiner noch geschlossenen Augen. Das aber läßt sich nicht mechanisch von der Universität abtrennen, sondern ist selbst ein Stück ihrer Pflichten gegen die künftigen Erzieher der Nation.

In welcher Form sie sie erfüllen kann – diese Frage aufzurollen fehlt hier Raum und Anlaß. Bescheiden im Fordern wird schon sein, wer das Schicksal dieser Träume seit 130 Jahren kennt. Auch die Rücksicht auf Zeit und Kraft der Studierenden wird dahin führen, kein Übermaß der praktischen Betätigung in die Zeit der akademischen Studien zu verlegen. Birgt doch die vielverlangte »Übungsschule« die Gefahr, bestimmte Methoden oder Moden zu monopolisieren; die »Versuchsschule« aber mag geeignet sein für selbständige und erfinderische Köpfe, nicht für Anfänger und Lernende. Die Behandlung der speziellen Didaktik in gesonderten Vorlesungen wird auch nur dann fruchtbar sein, wenn sie von wahren Kennern und Könnern ausgeht. Nur über eine Forderung besteht wohl heute kein Zweifel: daß Pädagogik als Berufskunde in den Studienplan der Lehramtskandidaten gehört, und daß in ihr der ganze Kultursinn des Erziehens zur Darstellung gelangen muß: als Geschichte der Pädagogik, als Jugendkunde, als Lehre von den Bildungsgütern und vom Bildungswesen. Wenn jede spezifische Begabung zunächst als dunkler Drang den Menschen beseelt, so muß der pädagogische Trieb durch solche Erwägungen zur Klarheit über sich selbst geläutert werden, nicht wachgehalten nur, sondern aus einer Naturkraft belebt und gestärkt zu einem festen, verantwortlichen Kulturwillen. Der heutige Betrieb aber ist geeignet, die Talente des Lehrers und Erziehers einschlummern zu lassen, weil man ihnen nicht nur keine Nahrung gibt, sondern ihnen das Ideal auf einer ganz andern Seite, etwa in der Abfassung einer spezialistischen Monographie, vorzuspiegeln sucht, die ihren Wert haben mag, aber kein Ersatz für das andere ist.[24]

---

[24] Die ideale Aufgabe wäre es, einen Wissenszweig von der Universität bis zu den mittleren und niederen Lehranstalten *als pädagogische Einheit* zu behandeln. Nur die Mathematik darf sich, dank der genialen Organisation durch *Felix Klein*, des hohen Vorzugs rühmen, eine solche Darstellung in Form von Beschreibung und Forderung zu besitzen. Sie liegt vor in den soeben vollendeten fünf Bänden der Abhandlungen über den mathematischen Unterricht in Deutschland hg. von Felix Klein, Leipzig 1909–1916, und bildet ein Muster für die übrigen Gebiete. (Vgl. den zusammenfassenden historischen Bericht von *August Gutzmer*, Die Tätigkeit des deutschen Unterausschusses der internationalen mathematischen Unterrichtskommission 1908–1916, in: Berichte und Mitteilungen, veranlaßt durch die internationale mathematische Unterrichtskommission. Hg. von Walther Lietzmann. 1. Folge. 12. Heft. Leipzig 1916, S. 329–357.) Das zuletzt erschienene Heft (Bd. III, 9) von *Wilhelm Lorey*, Das Studium der Mathematik an den deutschen Universitäten seit Anfang des 19. Jahrhunderts,

Wenn wir behauptet haben, daß bei den künftigen akademischen Lehrern wissenschaftliche Begabung und Berufsbegabung am nächsten zusammenfalle, so ist damit keineswegs gemeint, daß pädagogisches Talent und allgemeine Lebenskenntnis für den Universitätsdozenten unwichtig seien. Vielmehr stellen wir in bezug auf sie zwei Wünsche voran: Der künftige Professor soll einerseits im eigenen und sachlichen Interesse dafür sorgen, daß er sich selbst zu gewissen Lehrtugenden erzieht, wenn er sie nicht von Natur mitbringt. Den Vortrag kann er durch Besuch eines Stimmbildungs- und Redeübungskursus verbessern; Betätigung in der Schule oder Privatverkehr mit persönlichen Schülern wird ihn gewandter in der Behandlung junger Menschen und in der Gestaltung praktischer Übungen machen. Zum gehörigen Gliedern seiner Vorlesungen und geordneter Darstellung wird er sich im Laufe der Jahre immer sorgsamer disziplinieren. Und andererseits: der Gelehrte sei heut kein Einsiedler; er suche die Berührung mit der Welt, ohne sich an sie zu verlieren. Ja es wird der Hochschule gut sein, wenn sie ihre Lehrer auch aus anderen Kreisen als den frühzeitig Habilitierten gewinnt. Ehemalige Geistliche, Verwaltungsbeamte, praktische Ärzte, Lehrer, Forschungsreisende bringen, wenn sie wissenschaftlich etwas taugen, einen frischen Ton und neue Gesichtspunkte mit.

Dies vorausgeschickt aber bleibt es dabei, daß die Hauptbegabung des Universitätslehrers nun einmal die wissenschaftliche sein soll. Und da *diese* Zukunftsbahn von den Professoren am besten beurteilt werden kann – von den anderen wissen sie oft erstaunlich wenig – so sollte man meinen, daß für Erkenntnis und Förderung geeigneter Dozenten am besten gesorgt wäre.

Dem ist aber nicht so. Vielmehr ist an diesem Punkte das Problem »Begabung und Studium« am unvollkommensten gelöst. Was zunächst die »Auslese der Tüchtigen« für diesen Zweck betrifft, so erfolgt sie unter dem Druck der Tatsachen vielfach in mangelhafter Form. Ausschlaggebend sind sehr oft zwei Faktoren, die nicht unmittelbar der wissenschaftlichen Bewertung der Persönlichkeit entspringen: einerseits die Zuneigung des Ordinarius zu einem Schüler, der seinen Ansichten sehr nahe steht, ihm bei seinen Arbeiten, vielleicht sogar bei seinen Fehden hilft und das Fach möglichst im Sinne des Meisters fortentwickelt. Der Fall ist menschlich, er weist aber bei dem Jünger in der Regel (wennschon nicht immer) auf eine innere Unselbständigkeit hin. Andererseits gewährt ein großes Vermögen, das jede

Leipzig 1916, ist eine Fundgrube für unsere Probleme, vor allem durch die eingestreuten zahlreichen Selbstzeugnisse hervorragender Mathematiker über die Richtung ihrer Begabung und Studien.

beliebige Wartezeit vor und nach der Habilitation gestattet, den betreffenden Bewerbern einen Vorteil vor anderen, der gar nicht hoch genug einzuschätzen ist. Nun ist finanzielle Unabhängigkeit natürlich kein Hinweis auf wissenschaftliche Geringwertigkeit; aber das Prinzip, das in diesem Fall die Auslese bestimmt, hat mit dem Ziel und Sinn des künftigen Berufes nicht das mindeste zu tun; es wirkt daher blind und unzweckmäßig. Man vergegenwärtige sich das Schicksal einer dritten Kategorie: der geeigneten Bewerber ohne Protektion und ohne Vermögen – wer möchte sich in ihrer Lage einer Laufbahn anvertrauen, die, im Unterschied von allen anderen Lehrberufen, schon für das Gelingen des ersten Schrittes gar keine Garantien gewährt?

Hier aber handelt es sich nicht um die Not einer einzelnen Berufsklasse, sondern um eine nationale Angelegenheit. Den es kann dem Staat jetzt und künftig nicht gleichgültig sein, ob die rechten Leute an seinen Hochschulen lehren oder die unrechten; und diese Frage weist unmittelbar auf die andere zurück, ob in die Reihen der Bewerber – durch die Form der Habilitation – überhaupt die zur späteren Wahl Geeigneten hineingekommen sind. Das nicht seltene Erstaunen, wie wohl diese oder jene Persönlichkeit in die akademische Tätigkeit (auch nur als Privatdozent) habe gelangen können, und das Bedauern, daß ein anderer nicht rechtzeitig zur akademischen Laufbahn abgeschwenkt sei, haben nicht nur die Bedeutung, daß sie die Irrationalität des Weltlaufes illustrieren. Sondern hier liegen wirklich schwere Schäden, Hemmnisse gerade für *die* Begabten, die, wenn sie an die rechte Stelle gelangt wären, für Leben und Leistung des ganzen Volkes zum Segen geworden wären.

Der ersterwähnte Fall ist schwer zu bessern, weil er sich immer in ganz legalen Formen vollzieht und weil die Außenstehenden den Mißgriff erst nach längerer Zeit bemerken. Aber das muß ehrlich zugegeben werden, daß es an deutschen Universitäten Privatdozenten gibt, die es mehr durch geographische Umstände als durch ihre Leistungen geworden sind. Nie hat man auswärts von ihnen gehört; ihre Habilitationsschrift war die Fortsetzung ihrer Dissertation, ein weiteres Werk ist nicht erschienen; doch sollen sie in der Abhaltung von Repetitorien ihre Verdienste haben. Man gönnt ihnen das bescheidene Leben, aber sie nehmen anderen Luft und Spielraum weg, verderben die Statistik und den Ruf der akademischen Aussichten überhaupt. Beim zweiten Fall ist unter der Gunst der äußeren Umstände vielleicht ein erstes tüchtiges, ausgereiftes Werk zustande gekommen. Dieselben günstigen Umstände aber hindern den Fortschritt, da nur sehr starke Naturen nach dem ersten Hindernis des Doktors und dem zweiten der Habilitation auch noch ein drittes nehmen, wenn gar kein dringender Druck von außen dazu da ist. Immerhin ist auch dieser Vorgang legal, und – wenn der Reiche auch nicht in den Himmel eingehen soll – aus der akademischen Laufbahn wird er mit Recht um seines Reichtums willen nicht ausgeschlossen werden können. Die beiden genannten Kategorien von Bewerbern um das Universitätslehramt führen ihm gewiß auch manche wertvolle Kraft zu. Aber die Auslese ist falsch, weil sie nicht aus dem Wesen der Sache selbst entspringt.

Es bleibt bei dieser Sachlage nur übrig, die dritte Kategorie, die ohne den Schutz von Geld und Gönnern auf den Plan tritt, in der Konkurrenz so günstig zu stellen, daß sie trotz jener Nachteile überhaupt auf der gewählten Bahn vorwärts kommen kann. Um zweierlei wird es sich da handeln: um das Finden und das Fördern solcher Talente.

Bei der Zulassung zur Habilitation wird das Urteil des Fachvertreters nach wie vor in erster Linie gehört werden müssen. Aber das ist zu fordern, daß er selbst die Sache mit strengstem Maß messe. Die Leistungen des Habilitanden müssen, wenn nicht gerade bedrohlicher Mangel an Privatdozenten ist, wirklich das Zeichen hervorragender »Begabung« tragen. Dazu gehört, daß der Betreffende nicht bloß zwei oder drei Spezialfragen behandelt und vielleicht einige Rezensionen (z. B. gegen mißliebige Kollegen) geschrieben habe, sondern daß er auch ein aussichtsreiches Maß von Ausbreitung über sein künftiges Vorlesungsgebiet kundgebe. Wendet man dagegen ein, daß auf diese Weise die Habilitation in ein zu spätes Lebensalter hinausgerückt werde, so erwidere ich: eine schwere Sache soll man auch in ihrer vollen Schwere sichtbar machen. Zudem ist es bei den herrschenden Zuständen ganz einerlei, ob der Bewerber als Habilitand oder als Habilitierter Not leidet. Es ist hier nicht wie bei anderen Berufen, daß mit dem Eintritt in sie der gesicherte Erwerb gegeben ist; also versagt man dem Anwärter auch nichts, was er heut oder morgen dringend brauchte. Ferner sollte sich die ganze Fakultät wieder eingehender um die Habilitationen kümmern, wie es früher der Fall war. Das Urteil, das sehr viele Ordinarien heut über den sogenannten »akademischen Nachwuchs« laut aussprechen, erweckt nicht den Eindruck, als ob die Fakultäten den Wert der von ihnen selbst geforderten Habilitationsleistungen besonders hoch einschätzten. Man sagt, daß sich bei der Abstimmung über Habilitationen ein gewisses Prinzip der Gegenseitigkeit herausgebildet habe. Wäre es so, dann müßte man empfehlen, diese Abstimmungen grundsätzlich geheim zu gestalten. Nach meiner Ansicht wäre es auch recht, durchgängig die Vorlegung einer gedruckten Habilitationsarbeit zu verlangen. Denn an dieser Leistung soll nicht, wie bei der Dissertation, auf Rat der Referenten noch gebessert werden. Untersteht sie bereits dem öffentlichen Urteil der wissenschaftlichen

Welt, so ist sie auch den Vertretern anderer Fächer zugänglich. Ein schwer lesbares, zunächst durch Titel und Umfang wirkendes Manuskript hat immer etwas von der Katze im Sack. Und wenn auch jeder Referent nach bestem Gewissen urteilt, so kann der einzelne doch irren. Fachkommissionen aus Vertretern verschiedener Universitäten für die Habilitationen werden sich kaum einbürgern; ihre Folge wäre auch die akademische Freizügigkeit der Privatdozenten, die heute nicht mehr möglich ist, wenn sich an einer Universität ein geschlossener Lehrbetrieb herausbilden soll. Aber die Gruppe, die da urteilt, sollte sich klar sein, daß in der Zulassung zur Habilitation immer und notwendig ein Vertrauensvotum auf ein künftiges Ordinariat oder mindestens einen offiziellen Auftrag liegt. Wer nicht auf dieser wissenschaftlichen Stufe steht, der hat den erforderlichen »Begabungsnachweis« nicht erbracht. Gewiß entwickeln sich manche erst spät zur wirklichen Reife. Aber »ex ungue leonem«: ein wirklich bedeutender Mensch muß schon am Griff und an der Methode zu erkennen sein.

Gesetzt, die Richtigen wären so gefunden, und keiner, der wirklich den inneren Beruf zur Universitätslaufbahn fühlt, würde durch heterogene Hindernisse von ihr abgelenkt, dann erhebt sich die nicht minder wichtige, aber viel leichtere Frage der Förderung.[25] Was soll geschehen, um die Nichtvermögenden bis an die Habilitation heran und über sie hinauszuführen, bis sie auch materiell auf eigenen Füßen stehen? Ich nannte die Frage leicht, insofern das Mittel leicht *anzugeben*, wenn auch nicht immer leicht zu *beschaffen* ist. Denn dieser Teil des Problems erledigt sich, sobald die nötigen Geldbeträge zur Verfügung stehen. Fehlt es an dieser Form der Förderung, so läuft alle ideelle Unterstützung Gefahr, vergeblich zu bleiben. Denn was nützt die Anerkennung einer wissenschaftlichen Leistung, wenn sie auf lange Zeit die letzte bleiben muß, da ihr Verfasser sich durch einträgliche literarische Arbeiten, durch Stundengeben oder gar ganz heterogene Tätigkeit mühsam durchs Leben schlagen muß? Und nicht einmal diese Tätigkeiten als solche sind die Feinde der hervorragenden Talente. Denn jede sinnvolle Arbeit bereichert irgendwie, und der bedeutende Kopf weiß sie zu adeln, auch wenn sie nicht sein eigenster Beruf ist. Das Aufreibende ist die beständige Sorge, die Unsicherheit, zuletzt die physischen Entbehrungen. Der alte Satz, daß *dieser* Kampf des Lebens stähle, ist nicht wahr. Denn worin soll das Vertiefende eines solchen Ringens mit der ganz gemeinen Not des täglichen Brotes liegen? Die Welt hat für die gro-

[25] Zum Folgenden vgl. vor allem Franz Eulenburg, Der »akademische Nachwuchs«. Eine Untersuchung über die Lage und Aufgaben der Extraordinarien und Privatdozenten, Leipzig 1908, wo auch S. 152 die Salzburger Beschlüsse mitgeteilt sind, die sich mit den hier aufgestellten Forderungen nahe berühren.

ßen Naturen *echte* Kämpfe genug, und man kann die himmlischen Mächte auch auf andere Weise kennenlernen, als durch Darben und Frieren.

Dafür also muß gesorgt werden, daß die voraussichtlich für die akademische Laufbahn Geeigneten nach ihrer Promotion dem rohen Existenzkampf entzogen und nicht nur bis zur Habilitation, sondern darüber hinaus im wesentlichen sichergestellt werden. Ob dies Sache der Fakultäten oder des Staates sei, kann gestritten werden. Mir scheint nach der ganzen Universitätsverfassung die Fakultät um so mehr zuständig, als der Staat sie ja doch um ihr Urteil befragen müßte. Freilich ist es zuletzt – wie die ganze Universität – *seine* Sache, um die es sich hier dreht. Stipendien aber in der bisherigen Form der Privatdozentenstipendien sind ein schlechter Weg, weil ihnen der Charakter des außerordentlichen Gnadenbeweises anhaftet, der den Empfänger mindestens innerlich unfrei macht. Es muß eine Form gefunden werden, die, wie jede Besoldung, den Charakter des Selbstverständlichen und Ordnungsgemäßen trägt, und doch im Gegensatz zum Gehalt die Leistung nicht in so feste Formen bindet, daß die Entwicklung beengt wird. Mit einem Wort: Hier müssen sich die Anschauungen umbilden. Die entscheidenden Instanzen müssen sich gewöhnen, einem Kreis bereits Bewährter, Auserlesener für eine bestimmte Zeit Gehälter zu gewähren, die nicht mit monatlicher Kontrolle verbunden sind, selbst auf die Gefahr, daß einmal der Unrechte bedacht wird. Die Empfänger aber müssen den Sinn ihrer Bestimmung recht auffassen und sich die echte produktive Freiheit wahren.

Eine verschiedene Rolle spielt dabei die Zeit bis zur Habilitation und die eigentliche Privatdozentenzeit. Die erste Epoche fällt unter den Gesichtspunkt »Ausbau des Studiums«, die zweite ist bereits eine Berufs- und Standessache.

Bescheidene Ansätze finden sich, um wissenschaftlich besonders Begabten nach Vollendung einer hervorragenden Doktorarbeit die Fortsetzung freier Studien zu ermöglichen. Die weitestgehenden Pläne schlagen vor, für solche jungen Gelehrten ein Haus gemeinsamen Lebens und geistigen Austausches zu schaffen, ähnlich der Fondation Thiers in Paris. In Deutschland hat Alois Riehl [26], Fichtesche Ideen weiterspinnend, diesen Gedanken mit großer Wärme und nachdrücklich vertreten. Und was für glückliche Tage waren es, als vor unsern zukunftgläubigen Augen das Bild einer solchen Gemeinschaft junger Forscher Gestalt gewann, der Universität schon darin verwandt, daß die Vertreter der einzelnen Fächer im lebendigsten

[26] Alois Riehl, Fichtes Universitätsplan. Kaisergeburtstagsrede. Berlin 1910. Auch in: Internationale Wochenschrift für Wissenschaft, Kunst und Technik. Jg. 4. 1910. Nr. 6. Sp. 161–178. *Ders.*, Ein Dozentenhaus. Vossische Zeitung 1912.

Wechselverkehr sich täglich anregen sollten! Wir sahen sie als die wissenschaftliche Elite der Nation, im Besitz von Ehrengehältern, jedoch frei von jeder lästigen Bindung, gleichsam eine Akademie der Jugend, an der die Erprobten und Führenden zugleich anregend und angeregt teilnehmen könnten. Hatten wir doch selbst in schönen Jahren im Hause des Meisters ein solches συμφιλοσοφεῖν genießen dürfen, wenn Heinrich Scholz begeistert uns in religiöse Tiefen führte und Werner Jaeger aus dem Born der Alten schöpfte, während Hans Lindau die Gegensätze bald heiter ausspann, bald theodizetisch versöhnte. Was uns ein reifer Geist mit väterlichem Sinn bereitet, hofften wir an seinem 70. Geburtstag als zündenden Gedanken in die Welt zu tragen. Der Krieg hat äußerlich den Plan gehemmt; in unsern Herzen lebt er als Idee.

Die Wirklichkeit ist über die Form von Forschungsinstituten nicht hinausgekommen. Für die Naturwissenschaften sind sie eine Notwendigkeit, weil die Arbeit hier ohne Laboratorien und ohne organisiertes Ineinandergreifen nicht denkbar ist; für die Geisteswissenschaften bergen sie, falls es sich unter diesem Namen nicht um Vortragsinstitute oder bloße Bibliotheken handelt, die Gefahr in sich, daß die Linie der Arbeit vorgeschrieben und dadurch die freie Entfaltung beengt werden könnte. Die bisherigen Erfahrungen sprechen im allgemeinen nicht dafür, daß die Mitarbeiter an großen, organisierten Gesamtunternehmungen sich nachher als freie Forscher und Dozenten bewähren. Die geisteswissenschaftlichen Forschungs*institute* sind nur dann eine wirklich geeignete Vorbereitung auf das akademische Lehramt, wenn sie so frei gestaltet sind, daß sie diesen Namen nicht mehr verdienen. Organisierte Arbeit mag in anderer Richtung ihren Nutzen haben – freie wissenschaftliche Persönlichkeiten wollen *ihren* Weg gehen und nicht die Probleme anderer lösen. Sofern also der Name Forschungsinstitut nur auf das Vorhandensein von Dotationen hinweist, wird gegen ihn nichts einzuwenden sein. Die Frage aber, wie das Geld aufzubringen, nach welchen Gesichtspunkten und auf wie lange es zu verteilen sei, berührt Verhältnisse, die sachlich und lokal zu verschieden sind, als daß sie hier behandelt werden könnten. Im Durchschnitt werden vier Jahre in Betracht kommen, die zwischen Promotion und Habilitation sichergestellt werden müssen. Wer sich dann nicht habilitiert, gibt uns keine weiteren Probleme auf.

Das Privatdozententum aber ist seit langem zu einem sehr ernsten und schweren Problem geworden. Ob es je in früheren Zeiten eine mangellose Einrichtung war, kann hier nicht untersucht werden. Jetzt aber dreht es sich darum, diesem Beruf eine bescheidene finanzielle Sicherung zu geben, ohne ihm damit seinen freien und unabhängigen Charakter zu nehmen. Freilich muß gleich hinzugefügt werden, daß die heute bestehende Freiheit eines mittellosen Privatdozenten auch ein illusorisches Ding ist, und daß die Ordinarien ja hoffentlich durch das Gehalt innerlich und der Wissenschaft gegenüber nicht unfrei werden. Aber der Unterschied liegt darin, daß der Privatdozent auch dem Staat gegenüber ganz unabhängig dastehen soll, daß er, zu keiner Form der Leistung verpflichtet, »absolut« unabhängig sein soll. Hierzu ist zweierlei zu sagen: erstens daß es diesen erstrebten Grad von Unabhängigkeit nirgends gibt. An einigen Universitäten (seltsamerweise) muß der Privatdozent vom Ministerium Urlaub einholen, wenn er ein Semester nicht lesen will, wie er denn auch zu Vorlesungsänderungen Genehmigung einholen muß. Anderwärts bestehen ähnliche Formen der Bindung mindestens der Fakultät gegenüber, von den vielen persönlichen, gesellschaftlichen und moralischen Rücksichten zu schweigen, die überall zu nehmen sind. Und zweitens: der moderne Staat könnte ja wohl solchen durch Doktor und Habilitation beglaubigten Kräften ein geringes Fixum zahlen, auch ohne störende Verpflichtungen daran zu knüpfen. Um dies nicht auch den Vermögenden leisten zu müssen, könnte er ganz bescheidene Aufträge, etwa zweistündige Repetitorien oder Vorlesungen, damit verbinden. Dem jungen Dozenten dient dies nicht nur zur Übung, sondern zur Akkreditierung, und wer selbst diesen geringen Grad von Abhängigkeit nicht verträgt, der sollte ganz Privatgelehrter bleiben oder die Welt, in der immer irgendwo und irgendwie Verpflichtungen bestehen, überhaupt verlassen. Damit aber derartige Aufträge nicht ins Unbestimmte dauern und die Staatskasse zwecklos belasten, sollten sie nur auf begrenzte Zeit, höchstens fünf Jahre, erteilt und nur dann verlängert werden, wenn der Besuch den Erfolg in einem bescheidenen Grade dokumentiert. Ist dies nach fünf Jahren noch nicht der Fall, so hört die Pflicht des Staates gegenüber dem verunglückten Akademiker auf. Denn auch das ist ja ein Segen des Privatdozententums, daß es bei ihm kein Ersitzen und keine Anciennität, also auch keine Pflicht von seiten des Staates gibt. Das Ganze sei ein Verhältnis auf Probe, und zwar unter dem Gesichtspunkt, der hier überall voransteht: der zweckmäßigen *Auslese der Tüchtigen.*

Um aber ängstliche Gemüter zu beruhigen, die in alledem eine Gefahr für den »Idealismus« sehen, sei hinzugefügt, daß dieser »Ehrensold« einen sehr geringen Betrag – gleichsam das akademische Existenzminimum – natürlich nicht überschreiten kann. Zahlt der Staat ein wirkliches Gehalt, so bildet sich ein Dienstverhältnis heraus; es muß daher eine Mittelform zwischen dem Stipendium und dem Honorar entstehen. Zweitausend Mark jährlich sind unter heutigen Verhältnissen gerade so viel, um vor dem Verhungern zu schützen. Nimmt man an, daß an einer großen Universität in den drei oberen Fakultäten zusammen zehn, in der philosophischen Fakultät ebenfalls zehn Privatdozenten auf solche Zuwendungen Anspruch machen, so ergibt sich eine Belastung des Jahresetats von 40 000 M. Die Ausgabe ist dieselbe, als wenn in jeder Fakultät ein neues Ordinariat begründet worden wäre. Bedenkt man aber, daß dafür zwanzig Lehrkräfte, von denen doch wohl einige zu den vorzüglichen rechnen werden, vor unzweckmäßiger Vergeudung ihrer Kraft bewahrt und in den Dienst der Universität gestellt werden, so ist der Betrag äußerst geringfügig. An kleinen Universitäten wird er noch niedriger veranschlagt werden können.

Wenn derartige Maßnahmen bisher nicht dringlich erschienen, so beruhte dies auf der allgemeinen Blüte des wirtschaftlichen Lebens und dem Überschuß an freier Geistesleistung, der in Friedenszeiten bestand. Der Krieg hat nach beiden Richtungen hin so viel zerstört, daß man den Wiederaufbau nicht einfach dem freien Wettbewerb überlassen kann. Die Nöte der Übergangszeit haben ohnehin eine Herabsetzung der akademischen Anforderungen und Leistungen für die nächsten Jahre zur Folge. Eben deshalb muß wieder angepflanzt werden wie in einem Walde, der ungewöhnlich stark durchforstet worden ist. Der Druck der Eile, der auf allen begabten, aber unvermögenden Besuchern der Universität lasten wird, muß ein Gegengewicht erhalten in den Erleichterungen, die die Nation ihren aufwärtsstrebenden Söhnen gewährt. Geschähe dies nicht, so würde das geistige Leben bei uns auf lange Zeiten verwüstet. Die Opfer, die der Krieg selbst an hoffnungsvollen Kräften gefordert hat, würden durch die vermehrt werden, die infolge beengter wirtschaftlicher Verhältnisse sich nicht entwickeln können.

Gemäß den Traditionen der deutschen Staaten ist es wahrscheinlich, daß für den Nachwuchs der eigentlich staatlichen Berufe die nötige Fürsorge nicht fehlen wird. Schlimmer steht es schon um die freien Berufe, unter denen eine so wichtige Gruppe wie die Angehörigen der Presse bis vor kurzem an den Universitäten überhaupt keine gesonderte Beachtung erfuhr. Und Gefahr besteht vor allem für den Gedanken, daß die Wissenschaft Zeit zum Ausreifen und freie Bahn für ihren Fortschritt braucht. Die Frage: »Was nützt ein Fach?« drängt sich naturgemäß bei der Erteilung der Dotationen zuerst auf. Sie kann aber nicht entscheidend sein, wenn der Quell echt wissenschaftlichen Geistes bei uns nicht versiegen soll. Kämen wir auf diesem Gebiet zum Geiste des Pragmatismus und Utilitarismus, so könnten die deutschen Hochschulen den Ertrag des Krieges nicht segnen. Der Satz: »Die Wissenschaft um der Wissenschaft willen« scheint sehr lebensfern und darum sehr unzeitgemäß. Und doch verbürgt dieser Grundsatz allein, daß unsere Nation auf dem Gebiet der Erkenntnis die Führung behält. Denn die Wissenschaft hat das mit der Kunst gemein, daß sie ihre

Kraft verliert, sobald sie nach ihrer Leistung für die Zwecke von hier und von heute bewertet wird. Deshalb muß die Nation dafür sorgen, daß der Stand der Hochschullehrer nicht zum Amerikanismus überschwenke, sondern den Geist von Fichte, Schleiermacher, Humboldt lebendig erhalte.

5. Maßregeln zur Erkenntnis und Förderung hervorragend Begabter

Die praktischen Folgerungen aus den vorangehenden Betrachtungen sind einfach, da wir nicht in die Einzelheiten der Fächer eingehen können, sondern nur das berühren, was sich aus dem Geist der Universitäten und des Studiums einerseits, der Entwicklungsstufe unserer Nation andererseits ergibt. Dabei werden die Fragen, wie man die Begabung erkennt, und was sich für sie tun läßt, gesondert zu behandeln sein.

In erster Hinsicht begegnet uns in der Gegenwart eine Hoffnung oder ein Anspruch, der durch den Namen »Psychotechnik« bezeichnet wird. Die unleugbaren Fortschritte der wissenschaftlichen Psychologie, die allerdings vorerst noch die elementaren und ganz besonders diejenigen Funktionen betreffen, die den physiologischen unmittelbar beigeordnet sind, haben die Hoffnung entstehen lassen, daß sich für die Erkenntnis der Begabungen besondere wissenschaftliche Methoden außer der bisher geübten Psychologie der Erfahrung und des Lebens entwickeln werden. Und wenn auch diese »Psychodiagnostik« – wie man sie ebenfalls nennt – noch wenig auf die Eigenschaften des sittlichen Charakters und des Gemütes übertragen worden ist, so hat sie dafür das Verfahren der Intelligenzprüfungen von der Volksschule auf immer neue Gebiete und Stufen ausgedehnt, so daß jetzt eine Psychologie der Berufseignung auch in Deutschland im Entstehen ist. Wie weit es sich hier um Methoden handelt, die dem erfahrenen Blick etwa eines erprobten Lehrers überlegen sind, soll hier nicht allgemein erörtert werden. Doch ist zu betonen, daß sich hier nicht etwa eine ganz neue Erkenntnisquelle auftut, die nur der Fachpsycholog und kein anderer außer ihm besäße; sondern das Ziel dieser Psychologie ist die wissenschaftliche Vertiefung und Durchleuchtung dessen, was die Gabe der Menschenkenntnis und der Blick für die Erfordernisse der einzelnen Lebensgebiete bisher schon instinktiv geahnt haben. Die Aufgabe ist daher nicht nur umfassendere Beobachtung, sondern – wie in jeder Wissenschaft (s. oben!) – sorgfältige Fragestellung und scharfe Begriffsbildung. W. Stern stellt in seiner anregenden Schrift über »Jugendkunde als Kulturforderung« mit Recht die Begabungs*forschung* der Begabungsdiagnose voran. Um Begabungen am Individuum festzustellen, muß man erst die psychologische und psychophysische Art der betreffenden Begabung selbst kennen.

Es mag nun Berufe mit so einfacher Leistungsform geben, daß man die dazu erforderlichen seelischen Eigenschaften auf eine begrenzte und experimentell genau kontrollierbare Zahl von Teilfunktionen bringen kann. Die Folge wäre, daß man die Begabung nicht nur an der Berufsleistung selbst, sondern auch an jenen isolierten Teilfunktionen prüfen könnte. Zwar wird die Gesamtleistung immer noch ihre besondere Gestaltqualität haben, die so nicht zu erfassen ist. Doch ist der Weg prinzipiell möglich, weil man sowohl das Wesen der Begabung kennt, als auch die beteiligten Einzelfunktionen künstlich in Wirksamkeit setzen kann.

Für die höheren wissenschaftlichen Leistungen ist dies von vornherein nicht zu erwarten. Die Schwierigkeit, ihr Wesen mit allen Teilkomponenten zu bestimmen, trat uns schon im 2. Kapitel fühlbar entgegen. Und schließlich ist das Ganze hier etwas anderes als die Summe aller Teile. Die Addition von mathematischen Anlagen, Beobachtungsfähigkeit, analytischer Urteilskraft usw. ergibt noch nicht die Geistesart des Physikers, ganz abgesehen davon, daß schon alle diese relativ elementaren Leistungen wieder sehr zusammengesetzt und nicht experimentell zu prüfen sind. Die Gabe des Lesens und Behaltens, der Menschenkenntnis und des darstellenden Erzählens macht noch keinen Historiker. Hier versagt also vorläufig jene Psychodiagnose als *gesonderte* Wissenschaft.

Es gibt keine spezifischen Intelligenzprüfungsmethoden für künftige Staatsanwälte, Konsistorialräte, Mädchenschullehrer und Versicherungsdirektoren, abgesehen von jenen elementaren Ausstattungen des Verstandes, die für jeden wünschenswert sind, wie Kopfrechnen, Kombinieren, Assoziieren, Schließen usw. Die Voraussetzung für die Entwicklung der wissenschaftlichen Psychodiagnosen bis zu diesen höchsten Spezifikationen wäre eine Einsicht in das Wesen der betreffenden Begabungen, zu der uns noch die leisesten Ansätze fehlen. Ist doch der Begriff der Begabung selbst wissenschaftlich noch ganz roh und undifferenziert. Natürlich wird mit dem feineren Einblick in die Seelenstruktur, die bestimmten Berufen günstig ist, *bei den betreffenden Fachleuten* auch die Feinheit und Sicherheit des Urteils wachsen, ob diese oder jene Individualität ihrer Anlage nach für das Fach geeignet ist. Der Sachverständige wird also nie auszuschalten sein; schon deshalb läßt sich als Endziel der Seelenkunde nicht eine psychologische Autorität denken, die für alle Gebiete ganz sichere Prognosen stellte. Und wenn ich vergleiche, wie es mit den viel objektiver fixierbaren Wetterprognosen oder den medizinischen Prognosen bis heute beschaffen ist, so sehe ich keinen dringenden Anlaß, den Fortschritt der psychologischen Prognosen zu überschätzen und sie heute schon über die Bauernregeln der Laien zu stellen, die ohne alle Tests einer Schlafmütze keine gute Laufbahn als Lehrer und dem Schüchternen keine juristischen Triumphe prophezeien. Nicht der Fachpsychologe, sondern der psychologisch *veranlagte und geschulte* Fachmann wird die wahrhaft sicheren Urteile abgeben können.

Ja ich habe gegen die Psychotechnik überhaupt Bedenken, die schon an den Namen anknüpfen. Sie ist geboren aus einer gefährlichen Analogie. Seelen lassen sich nun einmal nicht »technisch« behandeln. Die Wissenschaft wird hier nicht mehr leisten können, als das in der Lebenspraxis seit langem Gegebene feiner zu durchleuchten und zu höherer Klarheit des Bewußtseins zu erheben. Hingegen die Absicht, die Seelenkenntnis auf ein paar mechanische Kunstgriffe oder Stichproben zurückzuführen, läuft genau in entgegengesetzter Richtung zu dem, was ich für die Zukunft fordern möchte.

Wir haben doch bisher schon am Eingang und am Ausgang der Hochschule Intelligenzprüfungen gehabt, unter dem geläufigen Namen der Examina. Freilich bauten sie sich nicht auf der allerneuesten Psychologie auf und erstreckten sich leider oft einseitig auf Kenntnisse statt auf die Ermittlung der Fähigkeiten. Die Folge war denn bei den Betroffenen Haß und Angst, bei den Prüfenden Mißtrauen gegen den Wert solcher kurzen Seelendurchleuchtungen. Manche glauben, daß man das Verfahren durch Anwendung einer besseren Psychologie noch einfacher und kürzer gestalten könne. Ich bin umgekehrt der Meinung, daß gerade in der Kürze, Zufälligkeit und Einseitigkeit des Examens – ganz abgesehen, daß es ein »Experiment« nicht nur unter »künstlichen«, sondern unter entstellenden Bedingungen ist –, der Mangel der Examina liegt. Nicht verkürzen, sondern verlängern, vertiefen und verfeinern möchte ich das Verfahren; nicht einstellen auf diese oder jene isolierte Fähigkeit, sondern jede Fähigkeit im Zusammenhang des ganzen Menschen sehen; kurz, ich möchte das Technische aus dem Ganzen möglichst beseitigt und das Lebendig-Geistige zur Wirkung gebracht wissen, wie denn Individualität immer nur in lebendiger Intuition aufgefaßt werden kann.

Vielleicht wäre die Folge davon Abschaffung der Prüfungen in jeder Form. In der Tat, ihren diagnostischen Wert schätze ich nicht zu hoch ein; über ihren pädagogischen möchte eher zu reden sein. Wir haben es oben am Abiturientenexamen gerühmt, daß es nicht ausschließlich auf den Leistungen weniger Stunden aufgebaut ist, sondern auf den Beobachtungen eines ganzen Jahres und einem längeren auch menschlichen Umgang. *Diese* Seite sollte an ihm verstärkt werden.

Und ich wünschte, daß sie auch bei der akademischen Beurteilung stärker zur Geltung käme. In die Prüfungsordnungen sollte ausdrücklich aufgenommen werden – damit ängstliche Gemüter einen Paragraphen zur Deckung haben –, daß die Totalkenntnis des betreffenden Menschen, die der Examinator sich vorher, im Seminar und anderwärts, etwa erworben hat, bei der Gesamtbildung des Urteils in pflichtmäßig kritischer Form berücksichtigt werden dürfe. Seien wir ehrlich – wie lernen wir denn einen Menschen intellektuell und moralisch anders kennen als durch langen Umgang? Und der Skeptiker, der jedes Urteil dieser Art mit der Begründung verweigerte: »Weiß nicht. Ich kenne ihn noch nicht dreißig Jahre«, hat theoretisch genommen schon recht. Die Ansicht der Lehrer Bismarcks z. B. wird kaum das Rechte getroffen haben. Dies also wäre das erste: das Urteil über Begabungen, für welchen Zweck es auch abgegeben wird, sollte nicht auf ein oder zwei Leistungen ruhen, sondern auf möglichst vielen; ja es sollte durch persönlichen Umgang bereichert sein. Das heißt aber: die Kluft zwischen Dozenten und Studenten, die sich im Laufe der Zeiten durch allerhand Faktoren herausgebildet hat, muß wieder überbrückt werden. Der Professor muß die Leute kennen, die er dem Staat, der Hochschule oder dem Leben allgemein zu verantwortlichen Leistungen übergibt.

Aus unserer Unterscheidung der wissenschaftlichen und der Berufsbegabung folgt aber, daß der rein wissenschaftliche Maßstab für die meisten Zukunftsbestimmungen nicht ausreicht. Man kann von dem Hochschullehrer nicht verlangen, daß er alle Nuancen recht erkenne und bewerte; man kann auch von der Universität selber nicht verlangen, daß sie bis ins Endlose spezialisiert und etwa Nationalökonomie für Journalisten oder Physik für Gewerbeschullehrer gesondert bietet. Aber das ist nötig, daß die Aufforderung und die Gelegenheit zur *Selbst*prüfung an den jungen Mann herantrete, und daß er das γνῶθι σαυτόν im Hinblick auf die gewählte Wegrichtung sehr ernst nehme. Wenn man sieht, was für Menschen in den geistlichen oder den Lehrberuf automatisch hineinlaufen, so entdeckt man doch einen schweren Schaden der Universität. *So weit* muß – ganz allgemein – die Praxis in ihre theoretischen Hallen hineinragen, daß nicht gerade der Stotterer Advokat wird und der Konfusionsrat Bibliothekar. Berufskunde, mindestens als Vorlesung, noch besser als elementare Übung, gehört in alle Fakultäten. Auch in die der Oberlehrer. »Wissenschaftliche spezielle Studien für den Lehrerberuf auf der Universität in vier- bis fünfjährigen Studien abzuschließen, um nachher zu entdecken, daß nicht nur die Lehrbegabung, sondern vor allem die pädagogische Begabung völlig fehlt, ist wahrlich keine empfehlenswerte Einrichtung.« (Kerschensteiner, Deutsche Schulerziehung, Leipzig 1916, S. 237.)

Sowohl für die wissenschaftliche wie für die praktische Begabung, für ihre Erkenntnis durch andere wie die Selbsterkenntnis gilt, daß sie durch keine Ersatzproben oder formalen Tests, sondern nur am Ausfall der betreffenden konkreten Leistung selbst festgestellt werden können. Man kann beim Mediziner gewisse Teilfunktionen für sich untersuchen, man kann die Eignung von Auge, Ohr und Hand im voraus ganz allgemein prüfen; aber ob einer deshalb speziell zum Arzt geeignet ist, das zeigt sich erst in der Klinik und in den Anfängen der ärztlichen Betätigung. Redegabe ist noch immer eine so indifferente Eigenschaft, daß man aus ihr allein nicht beurteilen kann, ob der Betreffende sich zum Pfarrer, zum Rechtsanwalt oder zum Lehrer besonders eignet. Man muß ihn in annähernd gearteten Situationen gesehen haben, um zu wissen, welches seine eigentliche Lebensbestimmung ist. Ob jemand zum Historiker taugt, kann ich erst sagen, wenn ich von ihm eine historische Arbeit gelesen habe. Scharfsinn allein macht noch keinen Juristen, ein gutes Herz noch nicht den Theologen. Überall erfolgt das sichere Urteil erst auf Grund probeweiser Betätigung. Zu ihr muß Gelegenheit sein, oder man darf es dem jungen Mann nicht übelnehmen, wenn er über seine eigene Bestimmung im unklaren bleibt.

Freilich scheiden sich auch hier wieder die Naturen in zwei sehr verschiedene Klassen. Bei manchen ist ein ganz bestimmter Betätigungsdrang früh vorhanden. Er ist das Symptom einer Anlage, die nach dieser Richtung geht, oder, wenn diese nicht vorhanden sein sollte, so hilft er zur Überwindung vieler Hindernisse; denn was der Mensch ganz ernsthaft *will*, – wofern es nur ein Bestimmtes, Begrenztes ist – das erreicht er schließlich auch. Diese einseitig Begabten finden also ihren Weg meistens von selbst oder werden von andern leicht erkannt; ihnen bleiben daher viele Zweifel und Umwege erspart.

Schlimmer ergeht es denen, die allgemein begabt sind und entweder gar keine bestimmte Neigung haben, oder – wie Faust und Meister – so viele nebeneinander, daß sie von einem zum andern schwanken und jahrelang nicht zur Ruhe kommen. Wo dies Wesensart ist, kann meiner Meinung nach nicht viel geholfen werden. Solche problematische Naturen haben sich oft in ihrem Alter noch nicht zurechtgefunden. Manchmal gehen sie an ihrem inneren Chaos zugrunde, manchmal entwickeln sie sich zu interessanten, aber unbefriedigten und unbefriedigenden Charakteren. In anderen Fällen aber entspringt dieses Schwanken der überquellenden Jugend oder der Unerfahrenheit und Lebensfremdheit. Es ist dann nur eine Entwicklungserscheinung, der geholfen werden kann und – geholfen werden muß.

Damit gehen wir unmerklich über zu der Frage, was geschehen kann, um den Begabungen zuerst heraus- und dann hindurchzuhelfen. Der erste Fall also ist die Begabung, die sich selbst nicht kennt: der junge Mensch, der – wie es selbst Goethe und Schiller bis in die Mannesjahre hinein getan haben – »sein Zentrum sucht«. Und das nächstliegende Mittel ist die Beratung, in der Form von Berufsberatung und spezieller Studienberatung. Allgemein ist zu betonen, daß Beratung nicht zur Beeinflussung werden darf, es sei denn in dem Sinne, wie jeder gute und begründete Rat seinen Einfluß in sich selbst trägt. Von der Pflicht der Lehrer in dieser Hinsicht haben wir bereits gesprochen. Sie haben vor dem Universitätsdozenten den Vorzug, daß sie den jungen Mann (oder das »junge Mädchen«, was man immer stillschweigend ergänzen möge) näher kennen. Der Hochschullehrer hat den Vorzug der näheren Vertrautheit mit dem Sonderfach. Nur selten kommt es heut noch vor, daß erste Semester einen Universitätsprofessor um Rat fragen, wie sie ihr Studium einrichten sollen. Ob die Erfahrungen zu schlecht waren, ob die Hilfesuchenden zu oft den Mephisto statt des Faust getroffen haben, daß der alte Brauch so in Abnahme gekommen ist? Wir wünschen sehr, daß die Verhältnisse sich wieder zurückbildeten; aber einen Grund in der Sache muß die Veränderung doch haben. Und er liegt nicht nur darin, daß der Professor jetzt meist ein Geheimer Hof- und Regierungsrat ist, den eine Atmosphäre kühler Vornehmheit und immer knapper Zeit umgibt, sondern auch darin, daß der Herr keinen ganz praktischen Rat zu geben weiß und doch, wenn er einmal gesprochen hat, sein Diktum innerlich verpflichtet. Er steht den Dingen und den Personen zu fern. Seitdem er selbst sich den Weg in die Wissenschaft gebahnt hat, ist alles schon wieder ganz anders geworden; die Erfahrungen von vor 30 Jahren gelten nur bedingt. Und die Kollegen kennt er entweder wenig oder von einer Seite, die für den Studenten nicht ganz ausschlaggebend ist: als reine Forscher und als Umgangsfreunde (bzw. Umgangsfeinde). Zudem ist es peinlich, ja untunlich, auch bei bester Kenntnis der Lage, von dem Besuch der Vorlesungen eines Kollegen abzuraten. In all diesen Dingen steht der jüngere Dozent, also in der Regel der Privatdozent, viel vorteilhafter da. Aber zu ihm findet der Student auch wieder den Weg nicht, was um beider Teile willen zu bedauern und ganz ungesund ist.

Die rechte Form der Berufsberatung und der Studienberatung im einzelnen muß aus dem akademischen Leben selbst hervorgehen. Die Kommilitonen unter sich bilden eine fama popularis, die bis in die Einzelheiten dringt. Die Anschauungen der eben blühenden Generation kommen da zur Geltung. Wer hier den andern führt, ist dort selbst der Geführte. Und was nicht unwichtig ist: Realismus und Idealismus, d. h. praktischer Zukunftssinn und junge Begeisterungsfähigkeit pflegen da in der rechten Mischung zu herrschen.

Wirklich ist dies immer die wichtigste Quelle der Beratung gewesen, und aus dem Austausch der Gedanken wuchs unmerklich die wertvolle Frucht der Selbsterkenntnis. Heut aber muß alles organisiert sein. Also wird man wohl auch die Beratung an den Universitäten in feste Form bringen wollen. Es ergibt sich ganz von selbst, daß die neugegründeten Studentenausschüsse, die das soziale Prinzip innerhalb der Studentenschaft durch mannigfache Formen der Fürsorge und der Gegenseitigkeit verkörpern, auch Träger dieser Aufgabe werden. Hier fehlt freilich das Freundschaftliche, Individualisierende, Belebte, das etwa in der alten »Verbindung« herrschte. Dafür aber ist es denkbar, daß die Studentenausschüsse mit der Dozentenschaft und den großen Organisationen der akademischen Berufe gemeinsam arbeiten, in allgemeinen wie in persönlichen Fragen. Sie mögen beratende Vorträge halten lassen, Anfragen weitergeben, Beschwerden zur Geltung bringen usw. In dieser Weise aufgefordert, habe ich z. B. in Leipzig wiederholt zu Beginn des Semesters allgemein beratende Vorträge über das Studium und seine Einrichtung gehalten. Ich habe dabei immer wieder betont, daß jedem einzelnen die Sprechstunde offensteht – mit dem Erfolg, daß von der großen Hörerzahl vielleicht zwei oder drei im Laufe des Semesters kamen, die *nicht* eine bestimmte Examensangelegenheit hatten. Man fragt sich: ist das Bedürfnis nach Rat so gering? Oder ist da irgendeine communis opinio, daß die Professoren für so etwas doch keine Zeit haben?

Ohne Zweifel gibt es viele Studierende, die ihren Weg mit Sicherheit gehen. Die Schwankenden und vielseitig Begabten werden am meisten geneigt sein, die eigene Meinung durch eine fremde klären zu lassen. Dafür drohen nun den einseitig gerichteten Talenten auf der Universität andere Gefahren, vergleichbar denen, die wir schon beim Abiturientenexamen erwähnten. In allen Fakultäten besteht die Neigung, den Kandidaten zu einem kleinen Tausendkünstler zu machen. Der Gedanke von der Einheit und Unteilbarkeit der Wissenschaft, in der philosophischen Fakultät sogar Reste des Gedankens von der Einheit *aller* Wissenschaften, bestimmt die Examensforderungen. Und so ergibt sich das seltsame und vielleicht nicht ganz gerechte Verhältnis, daß die Herren Examinatoren für sich beanspruchen, nur ein Sondergebiet wirklich ganz zu beherrschen, der Kandidat aber aus einer Hand in die andere wandert und von allen gleich gründlich und liebevoll befühlt wird. Auch darin wiederholt sich die Parallele mit der Reifeprüfung, daß wir einen berechtigten Kern in diesem Verfahren nicht leugnen können. In dem allzu engen Spezialistentum liegt die Gefahr der Routine oder Verödung. Wir können und dürfen die wissenschaftliche Kultur nicht noch weiter auseinanderfallen lassen. Aber ebenso wahr ist, daß die Beherrschung des Ganzen immer unmöglicher wird. Folglich wird auch bei den Staatsprüfungen die Akzentuierung frei gewählter Hauptfächer und die Zulassung von Kompensationen nicht mehr zu vermeiden sein. Die Entwicklung ist in der Medizin besonders sichtbar. In der Jurisprudenz wird das Repetitorwesen zweifellos zurückgehen, wenn das Studium etwas von seinem enzyklopädisch-gedächtnismäßigen Charakter verliert und der junge Jurist an der Stelle seiner Interessen tiefer bohren darf. Schlimm lagen oder liegen die Dinge auch bei der Vorbildung der höheren Lehramtskandidaten. Die bisherige Mindestforderung von zwei Hauptfächern und einem Nebenfach ging über das hinaus, was selbst von guten Köpfen heute noch ordnungsgemäß zu leisten ist. Es ist daher sehr zu begrüßen, daß die neue preußische Prüfungsordnung das, was die Regel ist, auch ehrlich ausspricht: Sie fordert in *einem* Hauptfach eingehende, streng wissenschaftliche Kenntnisse, in den andern nur so viel, wie zum fruchtbaren Unterricht in den Oberklassen erforderlich ist.

Diese Begrenzung der Anforderungen ist auch vom Standpunkt der Menschenökonomie nicht zu verhindern. Wir können es uns nicht mehr leisten, daß junge Leute, die in einer Hauptrichtung wirklich Tüchtiges leisten, zurückgehalten werden, weil sie für gewisse Nebenforderungen nun einmal nicht veranlagt sind. Für die Philosophie möchte ich in diesem Zusammenhang auch ein gutes Wort einlegen. Warum muß sie durchaus obligatorisch sein? Die wahren Freunde der Philosophie können es nicht wünschen, daß ihr in den vielen, die sie zwangsmäßig lernen und dann das unorganische Glied von sich abstoßen, ein Heer von Feinden erwächst. Es gibt ja andere Formen, in denen man den Zusammenhang der Kultur zur Darstellung bringen kann – als Kulturgeschichte, Theorie der Bildung oder Literaturwissenschaft. Aber dies führt hier zu weit. Vom Gesichtspunkt des Begabungsproblems gesehen, steht wohl das eine fest, daß nur *das* ganz in das Leben verarbeitet wird, was durch das Triebwerk des Interesses zu einem Können geworden oder aus einem Können zu einer dauernden Neigung geworden ist. Die Kultur des Aufpfropfens sollten wir vermeiden, solange wir natürliche Edelfrüchte genug haben. Freilich zeigt schon dies Bild, daß Wendepunkte kommen können, wo nur Selbstüberwindung die innere Kultur ganz vollendet. –

Nach alledem nun denke ich mir einen begabten, hoffnungsvollen jungen Mann frisch auf die Universität kommend und entweder mit sicherem Gefühl seinen Weg verfolgend oder ihn durch eignes und fremdes Urteil allmählich findend – – wird er mit ihr zufrieden sein? – Ich glaube: die Antwort ist ein volles Nein! Und es wäre schlimm, wenn es nicht so wäre. Denn wenn die Jugend wirklich neues Leben bringt, mag es sich auch zunächst nur in der Form eines brennenden Durstes äußern, so kann kein Trank, der fertig dasteht, diese Gluten löschen. Es *muß* etwas Unerfülltes, etwas Unbefriedigendes übrigbleiben, damit daran sich die neue Wirkungskraft entzünde.[27] Und umgekehrt: die Universität braucht sich nicht zu schämen, wenn sie nicht allen Erwartungen genügt. Denn auch auf ihrer Seite liegt ein Recht: das Recht des historisch Erarbeiteten, Geprüften und Bewährten, das sich dem ersten Sturm und Drang nicht gleich ergibt. Sie kann nicht für allen neuen Inhalt die Formen bereithalten; sie wird um so mehr enttäuschen, je neuer und schöpferischer ist, was an ihre Pforten pocht. Aber eines Tages wird auch diese Jugend alt sein, und auch sie wird dann noch an sich glauben. So entsteht aus der Gegenbewegung des Gewordenen und des Werdenden das eigentliche Leben der Universität. Es liegt nicht allein auf Seite der Dozenten, sondern der alte Name behält sein Gewicht: Universitas docentium *et discentium. Das* ist ihr Wesen. Und weil sich das nicht bis ins Letzte voraus organisieren läßt, sondern aus der Freiheit des Geistes immer neu geboren wird, deshalb kann auch auf dieser Stufe die »Auslese der Tüchtigen« und der »Aufstieg der Begabten« nicht in ein absolut sicher funktionierendes soziales System verwandelt werden, sondern es bleibt bei der freien Konkurrenz und dem Grundsatz, der sich nirgends so rein verwirklichen läßt, wie in diesem Rahmen: »*Freie* Bahn jedem Tüchtigen.« –

Immerhin gibt es *ein* Hilfsmittel für die Erreichung dieses Zieles, das den Charakter der Organisation, wenn auch nur einer losen, trägt: die *Stipendien.* Sie sind eine alte, ja eine ehrwürdige Einrichtung. Eben deshalb bedarf es einer Neubelebung ihres Geistes, der auf zwei Momenten beruht: dem Geist der Stifter und dem Geist der Empfänger. Auf diesem Gebiet werden die wirksamsten Mittel liegen, um begabten aber unvermögenden Studenten den Aufstieg zu erleichtern. Aber nur unter der Bedingung, daß jene Umbildung in den Anschauungen eintritt. Das Stiftungswesen muß den letzten Hauch einer karitativen Einrichtung abstreifen und mit der neuen Staatsgesinnung erfüllt werden, die den Lebens-

[27] Wilhelm Ostwald, Große Männer, S. 3 findet hierin geradezu das entscheidende Kriterium der hervorragend Begabten, »daß sie nicht mit dem zufrieden sind, was ihnen der regelmäßige Unterricht bietet«. – Dieses Buch enthält überhaupt, trotz seiner naturwissenschaftlichen Einseitigkeit und etwas schnellen Verallgemeinerungen, sehr anregende Gesichtspunkte zur Psychologie und Entwicklung der wissenschaftlichen Begabung.

weg des einzelnen vom Standpunkt des Gesamtinteresses aus bewertet. Die Stipendien müssen aufhören, ein Geschenk an den einzelnen zu sein, und müssen als eine Aufwendung betrachtet werden, die die Nation zu ihrem eignen Besten macht.

Dieser »öffentliche Geist« der Stipendien tritt heute im akademischen Leben so wenig zutage wie an den höheren Schulen. Zwar dürfte das Gesamtkapital, das in Stiftungen zur Förderung deutscher Studenten angelegt ist, nicht gering sein. Es läßt sich heute auch nicht schätzungsweise überblicken. Aber die Bedingungen der Vergebung machen es zum Teil unwirksam. Daß viele Stipendien an einzelne Fakultäten gebunden sind, läßt sich noch am besten verstehen. Andere aber sind Familienlegate oder auf Angehörige eines bestimmten Landes, einer Stadt oder eines Kreises beschränkt. Noch andere gelten einer bestimmten Konfession, wieder andere einem einzelnen Studienzweig; ja es geht so weit, daß Stiftungen an einen Familiennamen (etwa Schütz) gebunden sind, ohne daß doch der mindeste Verwandtschaftsgrad des Empfängers mit dem Geber gefordert würde! In alledem kommt ein veralteter partikularistischer Geist zum Ausdruck. Welcher Segen erwächst z. B. daraus, daß der Urenkel eines Stifters durch ein Familienstipendium auf die Universität gelockt wird und dort möglichst lange verweilt, ohne irgendwie die Gabe zum Studium zu haben? Und sollte nicht den Bewohnern von Neustadt mehr damit gedient sein, wenn ein tüchtiger Student aus Schönwalde mit den Zinsen ihres Kapitals bedacht wird, als wenn mangels geeigneter Bewerber das Geld liegenbleibt, bis eines Tages der formell Geeignete, aber innerlich Ungeeignete kommt? Ja, ich meine, es müßte sogar den Vertretern der einzelnen Fakultäten und Fächer möglich sein, ihre Stipendienbewerber aus *einer* grundsätzlich gleichberechtigten Zahl zu wählen, statt daß durch die zufällige Freigebigkeit einzelner Gönner unbegründete Vorzüge entstehen. Gegen diesen letzten Punkt mögen sich freilich noch Bedenken erheben. Aber in der Hauptsache sollte der Reichsgedanke seit 1870 sich so weit durchgesetzt haben, daß die alten Nationalitäten, Konfessionen und Patriziate dahinter zurückstehen. Die Hochschulen sollten künftig die Verwaltung von Familienstipendien grundsätzlich ablehnen. Wer in dieser Weise für seine Nachkommen sorgen will, schaffe sich auch private Testamentsvollstrecker. Schon um der Arbeitslast willen, die sich aus den oft wunderlichen Legaten alter Zeit ergibt, sollte man dies System nicht begünstigen; sodann aber auch, weil eine solche Studienversicherung in futurum et aeternum dem heutigen Geiste der nationalen Solidarität nicht mehr entspricht. Selbst lokale und konfessionelle Stiftungen gehen die Universität als solche nichts an. Sie kann sich nicht auf den Boden des guten Kaufmanns stellen, der von dem Grundsatz ausgeht, daß man angebotenes Geld immer und in jeder Form annehmen solle; sondern sie muß durch ihre Gepflogenheiten erziehlich auf das Ethos privater Stifter einwirken.

Ich bin nicht Jurist und kenne die Rechtsschranken nicht, die sich einem solchen Vorschlag entgegenstellen; doch hat der Krieg gelehrt, daß sich sehr wohl neue Gesetze machen lassen, wo sie nötig sind. Man wende dies Verfahren auf die alten Stipendien an und beseitige durch Gesetz für alle die, die vor dem Jahre 1870 errichtet sind, bei denen also Interessen Mitlebender kaum betroffen werden können, die beschränkenden Klauseln und individualisierenden Bestimmungen. Es ergäbe sich dann ein einheitlicher Fonds, mindestens für die einzelnen Fakultäten, vielleicht sogar für die ganze Universität, aus denen neue Stipendien in angemessener Höhe (im Gegensatz zu den alten Brockenstiftungen) errichtet werden können. Für ihre Verteilung sind die allein maßgebenden Gesichtspunkte die *Würdigkeit* und die *Bedürftigkeit* der Bewerber. In erster Linie jedoch die Würdigkeit, die in der sittlichen Führung und in der bereits erprobten Begabung bestehen muß. Für erste und zweite Semester mögen Schulstipendien sorgen. Die Hochschule bedenkt nur ihre schon bewährten Mitglieder. Daß einer ein armer Teufel ist und überdies noch Verwandte zu unterstützen hat, ist kein Grund für ihr Interesse. Hat er aber das rechte Ingenium zum Studieren, so soll man den Druck der Erdenschwere möglichst von ihm nehmen. Es ist sehr zu betonen, daß in vielen Kreisen noch immer die alte und früher vielleicht begründetere Anschauung nachwirkt, Armut sei ein Grund zum Studieren; besonders die theologische Fakultät leidet noch unter diesem Überlebsel. Auch damit muß aufgeräumt werden. Talent und Neigung sind die einzigen echten Beglaubigungen für die Universität.

Bei der Bemessung der Stipendien aber sollte man nicht vergessen, daß es nicht die direkten Aufwendungen für das Studium sind, die die Laufbahn teuer machen, sondern der allgemeine Lebensunterhalt für diese Jahre, und noch mehr der Ausfall eines positiven Erwerbes. Wie manche Väter würden ihren Sohn gern über die Volksschule hinaus ein paar Jahre erhalten. Aber so liegt die Rechnung im allgemeinen nicht. Die notwendige und wirtschaftliche Auffassung der meisten Eltern ist vielmehr die, daß die Kinder möglichst früh durch Mitverdienen einen Teil ihrer Erziehungskosten abtragen sollen. Diese Anschauung herrscht durchaus bis in die gutgestellten bürgerlichen Familien hinein. Ihr muß man bei der Dotierung fähiger Studenten um so mehr Rechnung tragen, als sie bis in die Mannesjahre hinein wirtschaftlich unselbständig bleiben, ein Zustand, der nicht nur von ihnen selbst als Druck empfunden wird, sondern oft auch die Geringschätzung sonst gesund denkender Väter herausfordert. Der Unterstützung aus allgemeinen Mitteln bedürfen also nicht nur, wie manche glauben, die Pauperisten und Hungerleider, die schon einen Haufen Schulden haben und immer an der Grenze des Ruins stehen, sondern gerade auch solche junge Leute, die aus scheinbar ganz guten Verhältnissen kommen. Wie überall ist hier der Mittelstand der wirtschaftlich am wenigsten geschützte. Der Vater mag 5000 M. Gehalt haben: wenn der Älteste studiert und im Hintergrund noch zwei sind, die eines Tages – nicht nur denselben Anspruch erheben, sondern auch wirklich dazu passen, so stehen die Dinge schon schlimm. Da erwächst denn allerhand Gemütsdruck, der der geistigen Arbeit nicht minder schädlich ist als Hunger. Natürlich kommt der Tüchtige schon durch, aber vielleicht mit allerhand Schäden an der Gesundheit und Lücken am Studium, die, vom *volks*wirtschaftlichen Gesichtspunkt betrachtet, die ersparten 3000 M. nicht lohnen.

Wir brauchen also nicht nur eine bessere Verteilung der Stipendien, wir brauchen auch *mehr*; und da auf das Aufkommen von Gönnern amerikanischen Stils in Deutschland nicht gewartet werden kann, so muß der Staat helfen.

Der Staat aber, wird man sagen, soll nach dem Krieg an allen Ecken und Enden helfen, als ob er nicht die Zinsen der Kriegsanleihe und diese selbst und tausenderlei sonst aufzubringen hätte. Aber dieser Einwand beirrt uns nicht. Wir wissen wohl, daß unsere Steuerlast ins Ungemessene steigen wird, und daß auch die erhöhten finanziellen Forderungen für die Universitäten zu einem (bescheidenen) Teil daran schuld sein werden. Diese Erscheinung ist aber nicht nur ein neues Kreuz, das unserer Zeit aufgeladen ist, sondern sie hängt mit den Wandlungen unserer politischen Gesamtauffassung zusammen. Wir rufen eben in vielen Dingen heute nach dem Staat, die man früher als Privatangelegenheit den privaten Aufwendungen überlassen hätte. Darin spiegelt sich das gesteigerte Solidaritätsgefühl der zum Staat geeinten Nation. Ob du deinen Sohn studieren läßt, war früher deine (und deines Beutels) alleinige Sache. Heute ist es auch meine. Zunächst ideell, insofern ich es als Glied der Nation wünsche, falls er das Zeug dazu hat; es mißbillige, wenn er es nicht hat. Sodann materiell: auch meine Steuern tragen zum Studium deines Sohnes bei; schon deshalb baue ich ihm alle Hindernisse, wenn er dem Staat die Kosten voraussichtlich nicht lohnt, beglückwünsche ihn aber, wenn er meinem bescheidenen Beitrag zu einer wertvollen Verzinsung hilft.

Und damit sind wir bei dem zweiten Punkt: auch die Auffassung, mit der die Stipendien empfangen werden, muß sich ändern. Es ist einmal nicht zu leugnen, daß ihnen heute leicht etwas Drückendes anhaftet, dem aus dem Wege geht, wer irgend kann. Aber es ist nicht immer so gewesen, und vielleicht erst in der Zeit des Liberalismus so geworden, als man anfing, den wirtschaftlich Unselbständigen unvermerkt als etwas minderwertig einzuschätzen. In dieser Zeit wurden die Stipendien zu »Gaben« für solche, die sich nicht selbst zu helfen wußten, und es stand hinter dieser karitativen Einrichtung nicht mehr das alte starke Ethos.

Ursprünglich nämlich heiligte *alle* Gaben an die Jugend, auch die an die Kurrendeschüler, die Überzeugung der allumfassenden christlichen Kirche, daß es religiöse Pflicht sei, Kinder, die danach strebten oder aus frommem Sinn dazu bestimmt waren, auf ihrem Wege zum Erwerb der geistlichen Gnadengüter zu unterstützen. Meistens handelte es sich ja um die künftigen Kleriker, und die Kirche hat bis heute darin immer echt christlich – heute sagt man dafür mit anderer Wendung: sie hat darin echt »sozial« gedacht, daß sie die Anwärter auf diese Bahn auch aus den untersten Ständen, ja mit Vorliebe aus den Armen wählte. Durch das Emporkommen der Bettelorden ist dieser Geist einer selbstverständlichen Karitas in der Kirche noch gestärkt worden und hat mit vielen anderen kirchlichen Formen zugleich auch von den Universitäten Besitz ergriffen.

Die Reformation bedeutete eine Krisis. Die protestantischen Fürsten übernahmen in vielen Territorien einen Teil der früher krichlichen Funktionen. Zugleich kam ein noch unentwickelter Staatsgedanke empor, der in vieler Hinsicht, besonders aber in den Dingen der Kulturpolitik, aus den Überlieferungen der Kirche einfach schöpfte. Schon Luther[28] sprach den Gedanken aus, daß es ebenso Pflicht der Obrigkeit sei, für Bildung und Erziehung zu sorgen, wie für Wegebau und Fortifikation. Er dachte dabei vorwiegend an die Not der protestantischen Territorien, einen Nachwuchs zu finden, der geeignet wäre, »geistlich und weltlich zu regieren«. Die Fürsten haben sich als Christen und als mächtigste Glieder ihrer Kirche ebenfalls zu solcher Fürsorge verpflichtet gefühlt. Auch ihnen kam es vorwie-

[28] Martin Luther, An die Radherrn aller stedte deutsches Lands: daß sie Christliche schulen auffrichten und halten sollen. Wittenberg 1524. »Lieben herrn, mus man ierlich so viel wenden an büchsen, wege, stege, demme, und der gleichen onzelichen stucke mehr, da mit eyne stad zeytlich fride und gemach habe. Warumb sollt man nicht viel mehr, doch auch so viel wenden an die dürfftige arme jugent, das man eynen geschickten man oder zween hielte zu schulmeystern.« (Sammlung selten gewordener pädagogischer Schriften des 16. und 17. Jahrhunderts hg. von A. Israel. 1. Heft. 2. Aufl. Zschopau 1893. S. 5; s. auch D. Martin Luthers Werke. Kritische Gesamtausgabe. 15. Bd. Weimar 1899. S. 30, 16–20.)

gend darauf an, Theologen *reiner Lehre* heranzubilden.[29] Daneben aber dachten sie auch an weltliche Beamte, Juristen, die freilich noch vorwiegend aus dem Adel genommen wurden. Die Württembergische Kirchenordnung von 1559, die durch einen stark entwickelten Staatsgedanken hervorragt, läßt diese beiden Formen der Fürsorge in der reicheren Ausstattung des Tübinger Stiftes für Theologen und in der Umwandlung des Barfüßerklosters zu einem adligen Juristenkonvikt noch deutlich erkennen.[30] Andere Staaten, wie Kursachsen und Kurbrandenburg, folgten. Überall wurden auch an den Gelehrtenschulen für künftige Universitätsstipendiaten Freistellen begründet. Daß es sich um die Herübernahme eines kirchlichen Gedankens in den neuen Staat handelte, ist schon daran erkennbar, daß man durchgehends die säkularisierten Güter diesem Zwekke widmete, der dem ursprünglichen am nächsten verwandt war. Daß aber auch der neue Staatsgedanke beteiligt war, zeigt der Name »Fürstenschulen« oder »Landesschulen«. So haben denn im sechzehnten und siebzehnten Jahrhundert die Stipendien einen christlich-staatlichen Geist getragen, der sie als eine Ehre der Bedachten, nicht im mindesten als drückend erscheinen ließ. Allerdings folgte daraus vielfach auch eine ungesunde Stipendienjagd, die mit dem achtzehnten Jahrhundert immer energischere Maßnahmen seitens des Staates gegen den Mißbrauch nötig machte.

Auf den alten Geist der Einrichtung zurückzukommen, ist uns nicht möglich. Er lehrt uns aber, daß es denkbar ist, sie wieder mit einem neuen Geiste zu erfüllen. An Stelle der christlichen Karitas und des Bedürfnisses nach Theologen steht heute die nationale Solidarität und das Interesse an der geistigen Gesamtleistung der Nation. Von hier aus können (wie schon längst in anderen Ländern) die Stipendien wieder den Charakter von Ehrengaben erhalten, die den Empfänger auszeichnen, nicht herabsetzen. Dies wird um so mehr der Fall sein, je mehr sie aufhören, eine außergewöhnliche »Notbeihilfe« zu sein. Es ist übrigens vom Standpunkt des natürlichen Bewußtseins aus nicht einzusehen, warum es ehrenvoller sein soll, von den Eltern her Geld zu besitzen, als um eigener Würdigkeit und Leistung willen vom Staate mit einer Beisteuer bedacht zu sein. Eigenes Vermögen ist bei jungen, nicht selbst erwerbenden Leuten noch lange kein eigenes Verdienst, wenn auch konservative Familientradition und liberaler

---

[29] Vgl. Eduard Spranger, Der Zusammenhang von Politik und Pädagogik in der Neuzeit. Umrisse zu einer Geschichte der deutschen Schulgesetzgebung und Schulverfassung. In: Deutsche Schule. Jg. 18. 1914. Jg. 19. 1915. Jg. 20. 1916.

[30] Reinhold Vormbaum, Evangelische Schulordnungen (des 16., 17. und 18. Jahrhunderts.) 3 Bde. Gütersloh 1860–1863.

Sondergeist zu solcher Auffassung neigen. Umgekehrt: Auszeichnung verleihen nicht nur Ahnen und nicht nur Tüchtigkeit in den sofort einträglichen Berufen, sondern jede Arbeit, die irgendwie im Geiste der Allgemeinheit geleistet wird. Denn nicht bloß um ihrer selbst willen und mit dem Ziel einer individualistischen Innenkultur läßt der Staat seine Söhne die Hochschule besuchen; das heißt den Gedankengang nicht zu Ende denken. Sondern ihr Eigenwert soll auch als sozialer Wert zur Wirkung gelangen. In diesem Gegenseitigkeitsverhältnis kommt die neue Auffassung zum reinsten Ausdruck: der einzelne trägt in seinem ganzen Bildungsweg eine Verantwortung für den Staat; aber auch der Staat ist sich der Verantwortung für den Bildungsweg des einzelnen bewußt. Beides ist bis zur Identität ineinander verwoben.

Wenn das Stipendienwesen in der bezeichneten Weise innerlich und äußerlich umgebildet ist, dann hört das Universitätsstudium mehr und mehr auf, wegen seiner »Teuerkeit« nur bestimmten sozialen Schichten zugänglich zu sein, die ohnehin oft mehr aus Tradition als aus innerem Beruf ihm zustreben. Soweit es überhaupt auf dem Boden unserer historisch erwachsenen Gesellschaftsordnung möglich ist, wird so die Bahn für den Tüchtigen frei. Die Auslese erfolgt dann mehr nach dem Gesichtspunkt der inneren Eignung als nach Besitz und Herkunft. Freilich wird es noch immer Hindernisse genug für die von unten her Aufsteigenden geben. Halb sind es wirtschaftliche Nöte, halb gesellschaftliche Schranken fast ungreifbarer Art. Die Phantasie, die sich die Körperwelt so gern ohne Schwerkraft denkt, malt sich auch hier in freiem Schwunge schöne Zukunftsbilder. Aber es war nicht meine Aufgabe, von dem zu reden, was in fernen Zeiten unter ganz anderen Bedingungen einmal geschehen wird, sondern von dem, was möglich ist und was heute schon begonnen werden kann.

Schluß

Blicken wir von hier auf den Anfang unserer Erörterungen zurück, so erscheint das Problem im Lichte eines größeren geistigen Zusammenhanges. Die deutsche Universität ist in ihrem inneren und äußeren Wesen die klassische Ausprägung liberaler Geistesart. Das Unorganisierte gehört zu ihrem Grundcharakter; denn mag man auch fertige Aufgaben der Wissenschaft organisieren und durch genau festgelegte Arbeitsteilung fördern können: das Schöpferische, Neue, der Entdeckergeist fügt sich nicht in Formen, die im voraus fertig sind. Und so läßt sich auch der Aufstieg der Begabten an der Universität nur in den allgemeinsten äußeren Bedingungen regeln. Persönlichkeiten züchten kann man nicht. Sie bleiben, wie man es nun nimmt: Geschenk der Gnade oder Werk der Freiheit. Wahrscheinlich beides.

Der Staat unserer Tage hingegen folgt auch in den Taten derer, die das Wort verschmähen, unverkennbar einem sozialistischen Prinzip. Gesellschaftliche Organisation an Stelle ruhigen Beharrens oder freien Gehenlassens ist der hervorstechende Zug in seinem Wege. Aber das ist nun das Neue: dieser Sozialismus ist kein Sozialismus der Gleichheit, sondern ein abgestufter. Seine Organisation sucht den lebendigen Reichtum individualisierten Lebens in sich aufzunehmen, um jedes an seiner Stelle dem Ganzen nutzbar zu machen, zugleich aber auch das Ganze jedem einzelnen. Man könnte daher auch von einem individualisierten oder organischen Sozialismus reden. Und wieder erweist sich hier der Gang der Geschichte reicher als die blassen, im voraus von der Theorie entworfenen Begriffe. Denn darin liegt das Eigentümliche dieses sozialen Staates, daß er durch die konservativ-feudale, vor allem aber durch die liberalistische Gesellschaftsordnung hindurchgegangen ist und deren Geist und Leben in sich aufbewahrt. Um das bewegte Spiel von Familientradition und Adelsbildung auf der einen, von freier Konkurrenz und individuellem Eifer auf der andern Seite schließt sich nun das Band einer unmerklich heilenden und bessernden Organisation.

So ist es auf dem Gebiete des Wirtschaftslebens. Nie wird es die Triebfeder des individuellen Erwerbsgeistes und der persönlichen Unternehmungslust entbehren können, wenn man nicht das wirtschaftliche Prinzip selbst töten will.[31] Aber der wilde Strom des Fortschritts wird jetzt reguliert; und den unsäglichen Schäden der freien Konkurrenz erwuchs in dem sozialen Geist ein gesunder Gegenpol. Der Weg von der einen zu der anderen Tendenz scheint unserer Zeit ganz klar und innerlich notwendig.

So aber ist es auch auf dem Gebiete des Bildungswesens. Der Gedanke der Bildung ist mit dem der Freiheit im vergangenen Jahrhundert gemeinsam zu hoher Blüte emporgewachsen. Aber je weniger hier Freiheit walten wollte, solange die ökonomische Freiheit noch nicht erreicht war, um so mehr ging man zu dem Ideal der Gleichheit über. Die Einheitsschule von 1848 und später ist – wenn man es auch heute leugnet – zunächst als Gleichheitsschule gedacht gewesen. Heute empfängt der Ausdruck allgemein den Sinn einer organisierten Abstufung des Schulwesens, die niemandem verwehrt, seine eigenste Bestimmung wirklich zu errei-

[31] Vgl. Leopold v. Wiese, Staatssozialismus. Berlin 1916. (Sammlung von Schriften zur Zeitgeschichte.)

chen. Deshalb wird diese Einheitsschule nicht nur sukzessiv, sondern auch simultan immer weiter differenziert. Mit anderen Worten: das Prinzip der Organisation verschmilzt mit dem Prinzip der persönlichen Freiheit. Der gesellschaftliche Organismus soll an dieser Stelle gleichsam nicht Knochen von unabänderlicher Struktur erzeugen, sondern Adern, in denen Blut fließt. Unter der Hülle festgefügter Normen soll das freie, abgestufte Leben frisch pulsieren. Deshalb ist nicht von *Gleichheit* mehr die Rede, sondern von *Gleichwertigkeit* in dem Sinne, wie jedes Organ zum Leben nötig ist.

Die deutsche Universität ist kein organisierter Großbetrieb nach Art der heute blühenden industriellen Unternehmungen und wird es hoffentlich nie werden. Sie muß darauf bedacht sein, ihre Formen so locker zu bilden, daß das Persönliche und Ungeahnte in ihr zum Durchbruch kommen kann. Darum wäre es grundfalsch, den eigentlichen Wissenschaftsbetrieb so zu verstaatlichen, daß gleichsam die Menge des Produzierten, die zur Ablieferung gelangt, im voraus festgesetzt werden könnte. Das widerspricht dem Geist des freien Wahrheitsdienstes. Aber nicht minder falsch wäre es, wollte die Universität die gesellschaftlichen Stufen, die das Zeitalter industrieller Produktion geschaffen hat, als ihre Basis einfach hinnehmen und eine schnell emporgespülte Geldaristokratie als ihre Herrin willig anerkennen. *Hier* bedarf es der Organisation, weil sie erst ermöglicht, daß jene Freiheit überhaupt zur Wirkung komme, weil so erst jedem die Entwicklungs*möglichkeit* gesichert wird. Gaben des Geistes und Gaben des Geldes stehen in keiner inneren Korrelation. Ihre äußere wenigstens einzuschränken, ist eine Aufgabe unserer Bildungspolitik.

Kämen wir dahin, daß, wie im Staate Platos oder der katholischen Hierarchie, die Könige im Geist wirklich *den* Thron besteigen, der ihnen gebührt, dann wäre das Band zwischen Nation und Unversität, zwischen Volksleben und Bildungsaristokratie von neuem tief und schön geschlungen.

Das Wesen der deutschen Universität
1930

Das Hochschulwesen eines Volkes ist der gedrängteste Ausdruck seines besonderen Kulturwillens. Die Idee der Wissenschaft selbst ist nicht so eindeutig, daß sie nicht mannigfache nationale Ausprägungen gestattete; das Maß und die Art, wie die Wissenschaft in die höchste Stufe persönlicher Bildung aufgenommen wird, können sehr verschieden gedacht werden; die Organisationsformen endlich, die sich im Lauf der Geschichte für die Pflege der Wissenschaft und ihre Ausbreitung in einer Nation herausbilden, bedeuten eine individuelle Gestalt, mit der sich lebender und wirkender Volksgeist als eine Sondermacht in den Zusammenhang der Weltgeschichte und den Wettbewerb der Kulturen hineinstellt. Das Hochschulwesen eines Volkes redet von den Geschicken seiner Vergangenheit und von den Hoffnungen seiner Zukunft.

In erster Linie wird dies von der Universität als der ältesten und umfassendsten Hochschulform des Abendlandes gelten. »Bewundert viel und viel gescholten« – ist die deutsche Universität jedenfalls eine sehr eigenartige Verbindung von heimatlichem Geist und weltbürgerlicher Dienstbereitschaft. Sie hat bis in die Gegenwart und ihre Feindseligkeiten hinein auch beim Auslande viel Anerkennung gefunden. Denn es ließ sich nicht leugnen, daß sie das wissenschaftliche Leben in Deutschland zu hoher Blüte gebracht hat. Und auch durch die Anfeindungen, die sie früher wie heut reichlich erfahren hat, klingt meistens doch der Unterton, daß man von ihr Ungewöhnliches zu erwarten berechtigt sei.

Man weiß, daß sie – wie die Universitäten aller abendländischen Völker – ein geradliniger Abkömmling der mittelalterlichen Universität ist, die trotz leichter nationaler Abtönungen doch einen einheitlichen internationalen Typus darstellte. Was sie also Besonderes an sich hat, muß sich in der Epoche von der Reformation über die Aufklärung bis heute, und vermutlich in engem Zusammenhang mit der nationalen Bewegung herausgebildet haben. Es ist aber bezeichnend, daß man die Eigenart dieser Stätte deutscher Kulturarbeit und Geistespflege selbst in Deutschland vielfach nicht mehr versteht. Bewunderer und Gegner, Akademiker und Außenseiter würden gleichmäßig in Verlegenheit geraten, wenn sie in einem kurzen Satz das eigentümliche Prinzip angeben sollten, auf dem das Wesen der deutschen Universität zuletzt beruht. Weder die Lehrfreiheit, noch die Verbindung von Forschung und Lehre, noch die Herrschaft des philosophischen Geistes sind, für sich genommen, etwas so Einzigartiges, daß sich daraus die Blüte der Wissenschaften in Deutschland allein erklären ließe. Und so erhebt sich am Beginn dieser Darstellung die Vorfrage nach dem eigentlichen *Geheimnis* der deutschen Universität.

Man würde die richtige Antwort völlig verfehlen, wenn man in rationaler Erklärung *eine* Wissenschaftsauffassung oder *einen* Organisationsgedanken heraushöbe. Vielmehr liegt das Geheimnis der deutschen Universität in den absichtlich ungelösten Spannungen, in den scheinbaren Widersprüchen, die sie enthält. Denn was lebt, trägt immer Spannungen in sich, und was sich entwickelt, geht immer durch Kampf und Wagnis hindurch. So ist auch die Universität bei uns zu kennzeichnen als ein labiles System von Kräften, das immer wieder neue Selbststeuerungen und Selbstregulierungen gestattet. Oder konkret gesprochen: Nicht ihr Alter und ihre Tradition machen ihren Vorzug, aber auch nicht bloß ihr moderner Geist. Sie blüht nicht deshalb, weil sie Staatsanstalt ist, aber auch nicht deshalb, weil sie freie Korporation ist. Sie lebt nicht durch ihre produktive Forschung allein, ebensowenig aber ganz durch ihre Lehrwirksamkeit. Sie beruht nicht ausschließlich auf den Vorlesungen, aber auch nicht auf den Seminaren. Weder ihre Zurückgezogenheit noch ihre Weltoffenheit; weder ihre zweckfreie noch ihre nützliche Arbeit; weder ihre Philosophie noch ihre Einzelforschung sind der Schlüssel zu ihrem Geheimnis. Sondern daß sie dies alles zugleich ist und tut, daß sie zu jeder dieser Thesen immer auch die Antithese bereithält und betont, das macht ihr Leben aus. Und man könnte keines jener Glieder aus ihrem so frei beweglichen Organismus herausnehmen, ohne daß man sofort ihre Kraft, ja ihr Dasein gefährdete.

Daraus folgt zugleich die Schwierigkeit einer plastischen Darstellung der deutschen Universität. Man muß sie gleichsam immer in Bewegung zeigen; denn ihr ruhender Bestand gäbe ein falsches Bild. Man muß immer alles in ihr auf alles andere beziehen; denn das einzelne für sich genommen ist bedeutungslos oder mißverständlich. Man muß sie eigentlich bis in die Tiefe erlebt haben, um ihr ganz gerecht werden zu können. Wenn sie aber wirklich ein Stück Leben ist, so ist damit andererseits gesagt, daß sie nichts unbedingt Vollkommenes ist; wohl aber, daß sie nur auf einem bestimmten historischen Boden so werden konnte und daß sie nicht einfach, am wenigsten durch bloße Organisation, nachgeahmt werden kann.

Trotz alledem, jedoch in den Grenzen dieser Vorbehalte, läßt sich *eine* Tatsache in der Geschichte der deutschen Universität als ihr entscheidendes Schicksal bezeichnen. Otto Scheel hat in großer Linie dargestellt, wie sie sich von ihrer mittelalterlichen Form zur konfessionell-humanistischen, von ihrer Aufklärungsgestalt zur idealistischen wandelte. Alle diese Entwicklungsschichten bewahrt sie heut noch irgendwie in sich. Mit keiner von ihnen ist sie heute mehr identisch. Aber unser Blick muß vor allem auf den einen historischen Vorgang gerichtet sein, wie sich die mittelalterliche facultas artium von ihrer Stellung an der Pforte der Universität allmählich immer mehr in ihr Inneres hinein bewegt, bis sie es wagt, die Führung im ganzen Lebensgefüge der Hochschule zu übernehmen. Welche Geistesbewegung und welche Wandlungen der Wissenschaft hinter dieser Umgestaltung liegen, werden wir später sehen. Zunächst erklärt sich hieraus eine Eigentümlichkeit, die schon bei ganz oberflächlicher Betrachtung auffallen muß: in Deutschland ist es nicht zu der Bildung einer Zwischenstufe zwischen Universität und höherer Schule, nicht, wie in den angelsächsischen Ländern, zur Ausbildung eines College im Sinne eines eignen Hochschultypus gekommen. Aus den alten artistischen Collegia, in denen jahrhundertelang die aristotelische Philosophie als Propädeutik zur Wissenschaft überhaupt herrschte, ist eine den übrigen gleich-, ja sachlich vorgeordnete allgemeinwissenschaftliche Fakultät geworden. Die Aufklärungsphilosophie und die klassische Philologie haben bei diesem Prozeß die Führung gehabt. Entschieden war er schon, als man 1788 in Preußen daran ging, die bis dahin sehr verschwommene Grenzlinie zwischen Schule und Hochschule schärfer zu ziehen: man führte das sog. Abiturientenexamen (als Abschlußprüfung an der Schule) ein. Diese Maßnahme gab aber zugleich denjenigen Schulen, die bis zur Universität heranführen wollten, den Charakter von *Gelehrtenschulen.* – Das angelsächsische College war im wesentlichen *Bildungs*stätte. Die Stoffe einer wissenschaftlich fundierten allgemeinen Kulturbildung haben sich auch dort natürlich verschoben: es sind nicht mehr die alten artes liberales, die der bachelor oder master of arts treibt. Aber das Ziel bleibt höhere Kulturbildung. Hierfür hat Deutschland keine eigne Hochschulform hervorgebracht. Die Gelehrtenschulen und die Philosophische Fakultät teilten diese Aufgabe unter sich auf. Strenge Wissenschaft und höhere Kulturbildung blieben näher vereint als anderwärts, gerade auch in der Zeit, als die klassische Philologie unter dem Zeichen des Neuhumanismus stand.

Es läßt sich im voraus vermuten, daß von dem Augenblick an, wo die deutsche höhere Schule nicht mehr eigentliche Gelehrtenschule sein wollte und konnte, die Collegefrage für die deutsche Universität neu erwachen mußte. Der ganze innere Bau der deutschen Universität, das kann nicht stark genug betont werden, steht und fällt mit ihrer Sicherung durch die Schutzwehr eines wissenschaftlich hochwertigen Abiturientenexamens. Da aber die Gesamtbewegung des geistigen Lebens die Gelehrtenschulen heute in Gebildetenschulen verwandelt hat, so ist schon hier festzustellen, daß sinngemäße Umwandlungen innerhalb der Universität in Zukunft unvermeidlich stattfinden müssen. – Wir schildern aber zunächst den Stand der Dinge, wie er heut noch ist.

I. Die geistesgeschichtlichen Wurzeln. Die deutsche Universität ist ihrer unmittelbaren Zweckbestimmung nach Forschungs- und Lehranstalt; sie ist der juristischen Form nach eine Körperschaft des öffentlichen Rechts und eine staatliche Anstalt; sie ist nach ihrer Funktion im nationalen und internationalen Kulturzusammenhang eine Stätte für die Pflege ethisch bedeutsamer geistiger Kulturgüter überhaupt. Daraus ergibt sich, daß die im Hauptamt tätigen Professoren zugleich Forscher, Lehrer, Staatsbeamte und – wenn der Ausdruck gebildet werden darf: Kulturpfleger im weiteren Sinne sind. Der Student aber ist in der deutschen Universität nicht nur Lernender, sondern Mitforschender und ebenfalls Mitträger nationaler Kulturaufgaben. Diese Verschränkung von reiner Wissenschaft, Staatsinteresse und allgemeiner Geistespflege läßt sich nur aus der Eigenart der deutschen Gesamtentwicklung und aus der besonderen Epoche verstehen, die deshalb die klassische Zeit der deutschen Universität genannt zu werden verdient, weil sie ihr den entscheidenden Stempel aufdrückte. Es ist die Epoche, die philosophisch durch den deutschen Idealismus, politisch durch den deutschen Liberalismus und bildungsgeschichtlich durch die neuhumanistische Bewegung gekennzeichnet ist (etwa 1770–1830). Wenn also z. B. die deutsche Universität im Anfang des 19. Jahrhunderts als »privilegierte Körperschaft des öffentlichen Rechtes« bezeichnet wird, so darf man nicht glauben, es seien dies nun dieselben Privilegien und eine Freiheit gleichen Sinnes wie im Mittelalter. Diese Auffassung verbietet sich ja schon durch den zweiten Teil der Bezeichnung. Gewiß wirken in ihr die alten Traditionen stark nach. Aber sie erfahren einen ständigen Bedeutungswandel. Und ihn kann man nur aus der Gesamtbewegung des deutschen Geistes verstehen. Folgende Momente an ihr sind für das Werden der deutschen Universität des 19. Jahrhunderts entscheidend:

Wie in Frankreich, so bildet sich in Deutschland seit dem Ende des 17. Jahrhunderts das politische System der absolutistischen Monarchie mit einem immer stärker zentralisierten Beamtentum, Staatsfinanz- und Heerwesen heraus. Die Führung erlangt mehr und mehr Brandenburg-Preußen: ein vorwiegend protestantischer Staat, der jedoch immer paritätisch auf katholische Landesteile Rücksicht zu nehmen hatte. Der Prozeß dieser Rationalisierung des Staates durch äußere und innere Staatsräson ist aber nur ein Teil des großen geistigen Vorganges, in dem sich vorwiegend aus protestantischer Religiosität unter Mitwirkung antiker philosophischer Motive die rationale Geisteshaltung überhaupt herausbildet, die wir als die »Aufklärung« bezeichnen. In Frankreich war dieser Rationalismus noch älter. Aber er hatte nicht die protestantische Form der Frömmigkeit zum Hintergrunde. Parallel mit der Ausbildung von protestantischen Staatskirchen, die nicht nur die Umklammerung der Religion vom Staat, sondern auch umgekehrt die Erfüllung dieses Staates mit protestantischen Grundprinzipien bedeuteten, geht eine *Hineinarbeitung des Glaubens in die Welt und der Wissenschaft in die Religion,* die eine höchst eigenartige Geistesrichtung begründet. Es ist noch nicht genügend beachtet worden, daß es diese »vernünftige« Frömmigkeit ist, aus der sich durch die irrationalere Gegenwirkung des Pietismus in der Epoche, die wir literarisch die »Sturm- und Drangepoche« nennen, ein eigentümlich neuer *Humanismus,* eine weltlich-religiöse Vertiefung des Persönlichkeitsgefühls herausgestaltet hat. Der Humanismus unsrer klassischen Zeit ist so aus der Weiterbildung lutherischer und reformierter Frömmigkeit emporgewachsen. Als nun die Ära der französischen Revolution das politische System des Absolutismus von innen her umbildet, findet sie in Deutschland wesentlich andere geistige Bedingungen vor als in Frankreich: der deutsche Liberalismus erweitert das protestantische Prinzip der Gewissensfreiheit zur Autonomie der geistigen Persönlichkeit überhaupt. In den Tiefen dieser Persönlichkeit findet man nicht nur die verständige regelgebende Vernunft, sondern den Wurzelgrund der unendlichen göttlichen Ideen und in ihnen ein wesenhaftes Band zum Weltgrunde überhaupt. *So hängen deutscher Idealismus, Humanismus oder Persönlichkeitsideal und politischer Liberalismus innerlich zusammen.* In der romantischen Fortbildung dieser Geistesformen erfolgt auch ihre Ausstrahlung auf den deutschen *Katholizismus*, der seitdem der Polyphonie der deutschen Bewegung eine kräftig belebende Stimme hinzufügt. Ebenfalls der Romantik entstammt die Blüte *des historischen Bewußtseins*, das den humanistischen Gedanken der unendlichen Individualität weiter vertieft und auf die Gemeinschaftsbildungen des Geistes – die Volksgeister – ausdehnt.

Dies sind die Zeichen, unter denen die deutsche Universität ihre für das 19. Jahrhundert maßgebliche Grundgestalt erlangt. Sie ist ein Kind der Epoche, in der philosophischer Idealismus, politischer Liberalismus, ästhetischer Humanismus und historisches Bewußtsein miteinander blühten. Im einzelnen bedeutet dies: 1) Sie ruht auf dem Gedanken, daß Wissenschaft ein persönlich-produktives Ergreifen der ewigen Ideen bedeute und daß sie vermöge einer unanfechtbaren Forderung des Geistes berechtigt und verpflichtet sei, sich gemäß diesem autonomen Eigengesetz zu gestalten. Schon in der Aufklärungszeit hatte sich der Gedanke der libertas philosophandi, allgemeiner: der Forschungs- und Lehrfreiheit, gegen mannigfache Widerstände von seiten des staatlichen Regimentes allmählich durchgesetzt. Halle (gegr. 1694) und Jena in der Zeit von Fichte, Schelling, Hegel (1794–1807) waren Hauptsitze einer solchen neuen Universitätsidee. 2) Die Universität hätte aber auf die Dauer ihren Anspruch auf Forschungsfreiheit und Lehrfreiheit nicht durchsetzen können, wenn ihr nicht die allgemeine politische Bewegung der Zeit auf Freiheitsrechte (Religionsfreiheit, Pressefreiheit, Freizügigkeit) und auf Selbstverwaltung zu Hilfe gekommen wäre. In Göttingen (gegr. 1737) hatte sich, nicht ohne englischen Einfluß, dieser Geist am frühesten herausgebildet. Aber die liberale Bewegung hat in Deutschland zwei Besonderheiten: der vom Absolutismus geschaffene Staat ist seinem ganzen inneren Aufbau nach so stark, daß es auch für die Universität nicht zur Freiheit *vom* Staat, sondern nur zur pflichtgebundenen Freiheit *im* Staat kommt. Die Universität *bleibt* Staatsanstalt. Andererseits hat der preußische Staat ein geordnetes Verhältnis zu den *Kirchen* seines Gebietes: ein ausdrückliches Bündnis mit der protestantischen Landeskirche, ein loseres, aber doch auf dem ältesten liberalen Prinzip, dem der staatlichen Toleranz und Parität ruhendes Verhältnis zur katholischen Kirche. So verschieden das Kirchenrecht der deutschen Einzelstaaten war: überall bestand doch irgendein inneres Band zwischen Staat und Kirche. Auch die Universität behielt also ihr uraltes Verhältnis zu den Kirchen, mindestens in der Fortdauer der katholisch- oder evangelisch-theologischen Fakultäten, wobei jedoch die letzteren auf der neuen Grundlage der prinzipiell freien wissenschaftlichen Stellungnahme fußen. Seit Beginn des 19. Jahrhunderts freilich wird die ausdrückliche Unterscheidung von protestantischen und katholischen Universitäten allmählich offiziell aufgehoben, oder doch praktisch vergessen. 3) Wissenschaftsidee und Staatlichkeit schlossen zugleich den neuen humanistischen Bildungsgedanken ein, wie er sich in der klassischen deutschen Literatur und ihrer metaphysisch-vertieften Humanitätsidee herausgearbeitet hatte. Und zwar nicht nur in der äußerlichen Gestalt, daß die klassische Philologie der Neuhumanisten neben der Philosophie in der philosophischen Fakultät die Hauptrolle spielte, sondern noch tiefer: die Beschäftigung mit den wissenschaftlichen Ideen im Sinne von Kant, Fichte, Schelling, Hegel erschien als *der* Weg zur Vollendung der Persönlichkeit, und die voll und reich entfaltete humanistische Persönlichkeit erschien zugleich als die beste Gewähr eines freien, pflichtbewußten und aktiv-geistigen Staatsbürgertums. – Wieder erkennt man in dieser Verbindung von Wissenschaftsfreiheit, Staatsansprüchen, Kirchenfreundlichkeit, humanistischer Persönlichkeitsbildung und historisch-verstehender Denkweise das bewegliche System geistiger Kräfte, das wir als die Eigentümlichkeit der deutschen Universität bezeichnet haben. Gewiß war es von vornherein nicht frei von mannigfachen Spannungen; aber es brachte auf eine wunderbare Art die großen geistigen Tendenzen, die am Anfang des 19. Jahrhunderts in Deutschland lebten, zu einheitlichem Ausdruck.

Man müßte die Geschichte der Gründung der Universität Berlin (1810) erzählen, wenn man diesen allgemeinen Rahmen mit konkreten Zügen ausfüllen wollte. Denn Berlin, und die bald danach neu eröffneten Universitäten Breslau (1811) und Bonn (1818) verwirklichten zuerst den klassischen Typus, dem die anderen, auch die älteren, sich mehr und mehr angeglichen haben. Eine Anzahl von Programmschriften aus dem Kreise der deutschen Idealisten und Humanisten geht diesem Entstehungsprozeß voran. Zuerst war es *Schelling*, der in seinen Jenaer ›Vorlesungen über die Methode des akademischen Studiums‹ (gedruckt 1803) die Gestalt der Universität gleichsam aus der Idee des Wissens selber gedanklich zu konstruieren suchte. Gleich spekulativ gehalten war *Fichtes* ›Deduzierter Plan einer zu Berlin zu errichtenden höheren Lehranstalt‹ (geschrieben 1807), der die »freie« Produktion des Wissens gemäß einem eigentümlichen philosophischen Freiheitsbegriff doch in sehr gebundene zunftmäßige Formen einschnüren wollte. Aber den Vorgang, wie der Gelehrte durch inneren Aufschwung die Idee zu ergreifen habe, schilderte Fichte hinreißend in seinen Erlanger Vorlesungen ›Über das Wesen des Gelehrten‹ (1806). Viel tieferen Einfluß auf die Wirklichkeit hatten *W. v. Humboldts* unvollendete Denkschrift ›Über die innere und äußere Organisation der höheren wissenschaftlichen Anstalten in Berlin‹ (1810)[1] und *Schleiermachers* ›Gelegentliche Gedanken über Universitäten in deutschem Sinn‹ (1808). Die letztgenannte kleine Schrift ist das eigentliche Grundbuch des deutschen Universitätsgedankens und enthält bis heute das Beste, was darüber gesagt worden ist. Humboldt wie Schleiermacher standen ganz auf dem Boden des politischen Liberalismus wie desjenigen Idealismus, der der Wissenschaft ein ihr eigentümliches, vom Staat unbedingt zu schonendes Eigen-

[1] Wilhelm von Humboldt, Gesammelte Schriften. Hg. von der Preußischen Akademie der Wissenschaften. Berlin 1903 ff. Bd. 10. S. 251 f.

gesetz zuschreibt. War der erstere, als leitende Persönlichkeit des preußischen Bildungswesens, mit Bezug auf den Staat der Meinung, »daß die Sache an sich ohne ihn unendlich viel besser gehen würde«, so schrieb Schleiermacher in gleichem Sinne die denkwürdigen Worte: »Schulen und Universitäten leiden je länger je mehr darunter, daß der Staat sie als Anstalten ansieht, in welchen die Wissenschaften nicht um ihret-, sondern um seinetwillen betrieben werden, daß er das natürliche Streben derselben, sich ganz nach den Gesetzen, welche die Wissenschaft fordert, zu gestalten, mißversteht und hindert, und sich fürchtet, wenn er sie sich selbst überließe, würde sich bald alles in dem Kreise eines unfruchtbaren, vom Leben und von der Anwendung weit entfernten Lernens und Lehrens herumdrehen, vor lauter reiner Wißbegierde würde die Lust zum Handeln vergehen, und niemand würde in die bürgerlichen Geschäfte hineinwollen.«

II. Die äußere Organisation. Diese Vorgeschichte muß man kennen, um die deutsche Universität in ihrer gegenwärtigen Gestalt zu verstehen. Natürlich hat sich seit der Gründung der Berliner Hochschule, besonders seit 1918, auf allen Seiten außerordentlich viel verändert. Aber unter den heilsamen Spannungen, die das Leben der Universität ausmachen, steht noch heut an erster Stelle der Tatbestand, daß sie *Staatsanstalt* ist und daß der Satz von der *Freiheit der Wissenschaft* gilt. Das erste ist das unangefochtene Erbe der absolutistischen Staatsepoche, das zweite eine wesentliche Errungenschaft der liberalen Bewegung. Bei dem ersten ist freilich zu beachten, daß die Universitäten älter sind als der moderne Staatsgedanke. Sie haben auch in der Territorialstaatsepoche nie ganz vergessen, daß sie Stiftungsbriefe von den universalen Gewalten, vom Papst und Kaiser, trugen, und die Statuten von Jena berufen sich noch heut auf den kaiserlichen Stiftungsbrief von 1557. So sind sie wirklich privilegierte Körperschaften im Staat, und der Staat hat diese ihre Stellung in großem Umfang bis heut anerkannt. Aber praktisch – und praktisch bedeutet in diesem Zusammenhang vor allem »finanziell« – sind sie im 17. und 18. Jahrhundert ebenso unzweifelhaft Staatsanstalten geworden. Auch ihre öffentlichen Rechte gelten nicht einfach als ein Vorbehaltsgut, das sie in die Ehe mit dem modernen Staat eingebracht hätten, sondern als vom Staat gewährte und geschonte Rechte. Mit anderen Worten: ihr Hauptrechtsschutz in staatsrechtlicher Hinsicht ist, seitdem es Verfassungen gibt, die für den einzelnen Hochschulstaat geltende *Verfassung.*

Die Verwaltung des Unterrichtswesens aller Zweige ist im Deutschen Reich noch immer Sache der Einzelstaaten (»Länder«). Die Reichsverfassung von 1919 hat nur die Neuerung gebracht, daß das Reich für das

Hochschulwesen im Wege der Gesetzgebung Grundsätze aufstellen darf (§ 10). Nun ist wenigstens in Preußen durch Gesetz (Allgemeines Landrecht = ALR 1794, Teil II, Titel 12, § 1) die Errichtung von Universitäten ausdrücklich dem Staat vorbehalten. Es handelt sich hierbei jedoch nicht nur um einen Rechtssatz, sondern um eine Einrichtung, die in der ganzen politischen und gesellschaftlichen Struktur Deutschlands begründet ist. Über den Gedanken einer nichtstaatlichen Universität ist es auch außerhalb Preußens kaum zu Vorverhandlungen gekommen. Denn ob die »katholische Universität«, von der wiederholt die Rede war, eine Privatuniversität sein müßte, ist noch nicht erwiesen. Und die drei »Stadtuniversitäten«, die Deutschland gegenwärtig hat, sind auch staatliche Universitäten: Frankfurt und Köln preußische Staatsuniversitäten auf Grund von Stiftungen (daher allenfalls »Stiftungsuniversität«) und Hamburg eine Staatsuniversität der »Freien Stadt Hamburg«. Die bisherige Erfahrung lehrt, daß in Deutschland kaum eine andere Stelle als der Staat, oder das Reich – denn eine künftige Reichsreform könnte mindestens einen Teil der Universitäten dem Reich unterstellen – die finanziellen Mittel aufzubringen vermöchte, die für eine voll ausgestattete Universität erforderlich wären. Nur Handelshochschulen sind bisher von privaten Körperschaften gegründet worden. In Österreich sind alle Universitäten zentralstaatlich, d. h. Bundesanstalten.

Der unbestrittenen Staatlichkeit der Universität steht nun aber der liberale Grundsatz gegenüber: »Die Wissenschaft und ihre Lehre sind frei.« Er hat nicht nur für die Universitäten Bedeutung, gibt aber ihnen vor allen anderen Pflegestätten der Wissenschaft ein wichtiges Grundrecht. Es ruht geistesgeschichtlich auf dem Aufklärungsgedanken von der Autonomie der Vernunft. Staatsrechtlich ist es erst eine Frucht der Bewegung von 1848. Die preußischen Verfassungen von 1848 und 1850 stellen den Grundsatz ausdrücklich auf. Von da ist er in die Reichsverfassung von 1919 (Art. 142) übergegangen.

Innerlich betrachtet kommt durch diese Rechtssätze ein Doppeltes zum Ausdruck. Der Staat, indem er solche Freiheit achtet, bekennt damit, daß ihm selbst an dem unbehinderten Wachsen und Wirken des wissenschaftlichen Geistes gelegen ist; daß ihm als Rechtsstaat mit liberalem Einschlag sogar die unbefangene wissenschaftliche Kritik an seiner eigenen Gestalt erwünscht sein muß. Den Hintergrund für diese Rechtsbildung aber kann nur die Überzeugung geben, daß das innere Leben der Wissenschaft einem eigenen, »autonomen« Gesetz unterliege, und daß diese geistige Autonomie juristisch in einer Selbstverwaltungsautonomie – beides ist nicht identisch – ihren Ausdruck finden müsse. Genauer gesagt, handelt es sich bei dem Satz von der Freiheit der Wissenschaft nicht um ein individualistisches Grundrecht, wie z. B. das der freien Meinungsäußerung, sondern um das überindividuell verpflichtende Recht, das aus der überindividuellen Sachlichkeit des Wahrheitsuchens folgt.

Denkt man jene beiden Prinzipien zusammen, so liegt hier wieder eine eigenartige Spannung vor, der man durch eine lebensvolle Synthese Herr zu werden versucht hat: »Die Wissenschaft bedeutet etwas für den Staat. Deshalb muß sich der Staat für die Bewegungsfreiheit der Wissenschaft einsetzen.« Aber nicht minder gilt das Umgekehrte: »Der Staat gibt der Wissenschaft höhere Aufgaben und Ziele. Deshalb muß sich die Wissenschaft für den Staat einsetzen.« Dieses Bewußtsein hat sich an den deutschen Universitäten besonders in der Epoche Hegels entfaltet, und das ursprüngliche liberale Mißtrauen gegen den Staat überhaupt ist in ihnen niemals ernsthaft aufgekommen. Im Gegenteil: Es blieb ihnen, wie im 18. Jahrhundert, als wesentliche Aufgabe die Vorbildung der Staatsbeamten und darüber hinaus als nationale Pflicht die Ausbildung der geistig führenden Gesellschaftsstände. Das alles verhütete die Gefahr der Abschnürung der Universität vom Gesamtleben, die aus dem falsch verstandenen Autonomieprinzip durch Übertreibung des Satzes: »la science pour la science« hätte folgen können. Geboren aus der nationalen Erhebung am Anfang des 19. Jahrhunderts, ist die deutsche Universität nicht nur die erste und stärkste Trägerin der nationalen Geistesströmungen gewesen, sondern sie treibt bis heut – schon durch das Medium der Sprache – Wissenschaft im *deutschen* Sinne. Da aber der deutsche Nationalstaatsgedanke aus einer weltbürgerlichen Idee entstanden war, so hat sie trotz dieses Ausgangspunktes im Nationalen niemals ein engherzig begrenztes Deutschtum vertreten. Vielmehr fühlte sie sich zugleich als Dienerin der ganzen Welt und als Mitträgerin der internationalen wissenschaftlichen Arbeit.

Organisatorisch folgt aus der Freiheit von Forschung und Lehre, die zunächst Gewissenssache ist und den reinen sittlichen Geist des Wahrheitssuchens voraussetzt, daß die Universität weitgehende Selbstverwaltungsrechte genießt. Sie sind, wie bemerkt, nicht mehr die alten Privilegien der mittelalterlichen Genossenschaft, sondern vom Staat gewährte und geschützte Einrichtungen einer öffentlich-rechtlichen Korporation, die ursprünglich in Preußen aus dem Geiste der Stein-Hardenbergschen Reform geboren sind. Die *Satzungen* der heutigen deutschen Universitäten hat der Staat »verliehen«. Sie sind formal-juristisch neben jenem Satz der Verfassungen über die Freiheit der Wissenschaft ihr einziges Palladium. Aber ergänzend tritt ein vom Staat geachtetes Gewohnheitsrecht hinzu. Es wird um so mehr Kraft haben, als man sich der Einsicht eröffnet, daß der Staat ganz allgemein nicht einfach *Recht schafft*, sondern *Recht schützt*. Darin liegt die Schicksalsfrage der Freiheit der Universität. Und solange die modernen liberalen Ideen in Ansehen bleiben, ist die freie Bewegung der Universität auch durch politische Grundsätze gewährleistet.

Man könnte diese äußere Verfassung als dualistisches System bezeichnen. Denn einmal waltet in der deutschen Hochschule der gleichsam naturrechtliche Gedanke, daß es so etwas wie ein Eigenreich der reinen Wissenschaft gibt, in dem kein anderes Gesetz als das des unbestochenen Wahrheitsuchens gilt. In diesem Sinne konstruiert etwa Schleiermacher die Universität aus der Idee des reinen wissenschaftlichen Vereins. Andererseits aber ist die Universität als Behörde dem Staat zum Dienst verpflichtet. Sie bildet ihm seine Beamten aus und erfüllt andere von ihm direkt gestellte Aufgaben. Ihre juristische Fakultät pflegt in erster Linie das im Staat geltende positive Recht; sie erstattet ihm Gutachten und ist unter Umständen sogar als Spruchkollegium konstituiert. Durch das ganze Leben der Universität läßt sich der genannte Dualismus hindurch verfolgen. Am sichtbarsten wird er an der zwiefachen Art von Prüfungen, mit denen das Studium abgeschlossen wird: es gibt für eine ganze Anzahl von Studienzweigen *Staatsprüfungen*, die den Zugang zu staatlichen oder staatlich normierten Berufen eröffnen und bei denen die Universitätsdozenten nur durch besonderen Auftrag beteiligt sind. Daneben aber halten die Fakultäten selbst ihre eigenen rein *akademischen Prüfungen* ab, auf Grund deren – wenn schon unter Staatsaufsicht – akademische Grade verliehen werden. In der Seele des Professors äußert sich der Dualismus als Konflikt zwischen zwei Pflichten: der des Staatsbeamten und der des freien Forschers. Mögen hier auch nur selten tiefere Gewissenskonflikte entstehen: allein die Frage, wieviel Zeit der einen und der anderen Aufgabe zu widmen sei, erfüllt eigentlich jeden Tag seines Lebens. Endlich hat auch der Student an diesem Dualismus teil: er muß sein rein wissenschaftliches Bedürfnis mit dem, was der Staat, zunächst in Gestalt einer Prüfung, von ihm fordert, irgendwie zum Ausgleich bringen.

So an den Staat gekoppelt, nimmt die Universität natürlich auch an seinen Schicksalen teil. Sie arbeitet für seine Notlagen wie für seine Blüte. Am tiefsten aber wirken Änderungen der Staatsverfassung auf sie zurück. Die deutsche Universität hat an den Ideen der liberalen und demokratischen Bewegung von 1848 erheblichen Anteil gehabt. Sie hat die Reichsgründung von 1871 als die Erfüllung ihrer nationalen Hoffnungen begrüßt und feiert noch heut das Gedenken an den 18. Januar 1871 als das einzige, allen deutschen Universitäten gemeinsame Fest. Bis zum Jahre

1918 hatten die meisten deutschen Universitätsstaaten die Verfassungsform der konstitutionellen Monarchie. Seitdem haben das Reich und die Staaten den Übergang zur parlamentarischen Demokratie vollzogen. Beide Regierungsformen haben für die Universität ihre eigentümlichen Vorzüge und entsprechende Mängel. Die Gefahr des ancien régime lag in der Möglichkeit, daß den Universitäten etwa ein bestimmtes herrschendes politisches System durch die Verwaltung und ihr Berufsbeamtentum seinen geistigen Stempel aufnötigen könnte. Die Wahrheit ist, daß dies nur selten und in geringem Umfange geschehen ist. Die Gefahr der parlamentarischen Demokratie liegt in dem Einfluß der wechselnden Regierungsparteien. Auch diese Befürchtung ist bisher gottlob nur an einer Universität eingetroffen. Immerhin kann man nicht leugnen, daß die Beziehungen zwischen dem neuen System und den Universitäten nicht ganz so günstig sind wie früher, und daß die Universitäten dem neuen Staat zurückhaltend gegenüberstehen. Es ist sehr wichtig, sich die Gründe hierfür klar zu machen. Daß der neue Staat infolge des verlorenen Krieges nur ein Schattenstaat ist, spricht psychologisch natürlich mit, kann aber nicht die einzige Erklärung sein. Und in der Tat folgert die Universität daraus auch nur, ihm in seiner Not nach besten Kräften zu helfen, damit er wieder mächtiger werde. Entscheidender ist der Umstand, daß die neue deutsche Demokratie über die Parteiinteressen hinaus noch nicht zum überparteiischen Staatsgedanken gelangt ist. Eine wahre nationale Demokratie würde die deutsche Universität möglicherweise mit Freude begrüßen. Sie empfindet aber, daß gerade der deutsche Nationalcharakter für eine solche Leistung wenig veranlagt ist. So besteht – abgesehen von den Gefahren für das ganze Volk – für sie immer die Befürchtung, selbst in den Strudel des Parteitreibens hineinzugeraten. Die Politisierung der Universität in diesem Sinne aber bedeutet für sie, wie das Schicksal anderer Staaten lehrt, die schwerste Schädigung. Endlich tritt hinzu, daß eine *reine* Demokratie ihrem Wesen nach für liberale Prinzipien weniger Raum läßt als eine konstitutionelle Monarchie. Denn nur ein Staat mit starker fester Regierung kann es sich leisten, geistig liberal zu sein. Auf der Anerkennung des liberalen Geistes aber ruht die Duldung der Freiheit von Forschung und Lehre. Insofern speziell die marxistische Sozialdemokratie ihre eine, ganz bestimmte Ideologie für die wissenschaftlich allein richtige erklärt, kann sie natürlich jenen Grundsatz nur für die nichtpolitischen Bezirke gelten lassen. Die deutsche Sozialdemokratie steht jedoch trotz Marx traditionell und instinktiv dem Liberalismus so nahe, daß auch sie das Eigenleben der Wissenschaft zu schonen geneigt sein wird. – Immerhin hat die Staatsumwälzung den Universitäten zum Bewußtsein gebracht, daß ihre eigne

Gestalt ganz auf der Voraussetzung des Rechtsstaates, und zwar eines Rechtsstaates mit liberalen Prinzipien beruht. Alles, was diese Voraussetzung gefährden könnte, bedeutet auch für sie die schwerste Gefahr. Man kann aus rein politischen Rücksichten der Meinung sein, aus dem Elend der dermaligen Zustände werde nur eine Diktatur befreien. Aber gleichviel, ob es sich um die Diktatur des Proletariats oder um die eines nationalen Faschismus handle – das Lebensprinzip der Universität würde von beiden gleichmäßig bedroht sein.

Betrachtet man das Verhältnis umgekehrt von der Seite des Staates und seiner gegenwärtigen Träger aus, so liegt die Frage nicht einfach so, daß hier politischer Machtwille und dort reine Wissenschaft steht. Vielmehr ist die wirkliche Universität als historische Korporation selbst ein politischer Machtfaktor, mindestens als Bildungsstätte und als Trägerin einer auf die Öffentlichkeit wirksamen Meinung. Es ist nicht gleichgültig, ob man sie zum Bundesgenossen oder zum Gegner hat. Und so wird die jeweils herrschende Regierungskoalition nach anfänglichem, aber vergeblichem Werben schließlich zur Kampfstellung übergehen. Ich stehe nicht an, auch diesen Gegensatz für heilsam zu halten, unter der einen Voraussetzung, daß die Hochschule ihre Wissenschaft nicht dazu benutzt, eine eigne Partei zu werden oder einer anderen Partei dienstbar zu werden, sondern daß sie aus ethisch verantwortlichem Geiste im Sinne jener alten platonischen Akademie den *wahren Staat* sucht. Tut sie dies, so werden ihr Verfolgungen nur zur Ehre gereichen. Das ist das Rhodus, um das es augenblicklich in Deutschland geht. Den Universitäten ist damit eine große nationale Verantwortung auferlegt, die sie hoffentlich verstehen werden.

Der Staat ist aber nicht die einzige Machtorganisation, mit der die Universität in der gegenwärtigen Geisteslage verflochten ist. Zu den *Kirchen* scheint die Universität heut nur insofern ein Verhältnis zu haben, als sie eine oder zwei theologische Fakultäten (die katholische und die evangelische) einschließt, deren religiöse Lehre zu der Lehre der betreffenden Kirche und ihrem Priesteramt in inneren Beziehungen steht. In Wahrheit aber geht die Einwirkung besonders der katholischen Kirche viel weiter. Obwohl die Universität des Mittelalters keine kirchliche Gründung war, atmete sie durch und durch den Geist der Universalkirche und ihrer Weltansicht. Gesteigert wurde der kirchliche Einfluß in der konfessionell-territorialen Epoche der Universität, also im Zeitalter der Reformation und Gegenreformation, als der politisch-religiöse Grundsatz »Cuius regio, eius religio« die Erkundung und Bewahrung der reinen Lehre zur kulturpolitischen Hauptaufgabe erhob. Später blieb wenigstens ein tiefes Band zwischen dem Staat und den Kirchen seiner Bevölkerung, sei es in der Form einer protestantischen Staatskirche oder in der alten Form eines Konkordates zwischen dem Einzelstaat und der Kurie, oder in der loseren Gestalt gewohnheitsrechtlich unterbauter Einzelabmachungen. Man könnte meinen, dieses wie immer geartete Band sei nun für beide Kirchen endgültig abgeschnitten durch den vielsagenden Satz der Verfassung von 1919 (Art. 137): »Es besteht keine Staatskirche.« Damit seien die Kirchen, obwohl immer noch öffentlich-rechtliche Korporationen, grundsätzlich doch auf die Stufe der Vereinsfreiheit herabgesunken. Sehr merkwürdig aber kontrastiert mit dieser scheinbaren Uninteressiertheit des Staates an allem kirchlichen Leben der letzte Absatz von Artikel 149, den man nicht entbehrlich fand: »Die theologischen Fakultäten an den Hochschulen bleiben erhalten.« Allein aus diesen Tatsachen geht hervor, daß wir es nunmehr mit einer dreipoligen Spannung zu tun haben: der Spannung zwischen reiner Wissenschaft und tolerantem Staat und Bekenntniskirche.

Das Problem liegt für die katholische Kirche ganz anders als für die protestantische. Im ersteren Falle tritt es deutlicher zutage; deshalb sei davon zunächst die Rede. Die Lehre der katholischen Kirche hat zum Wissenschaftsbegriff immer anders gestanden als die protestantische Welt. Wenn auch die Philosophie des Heiligen Thomas nicht immer allein kanonisch war, so war doch zweierlei für die Haltung des Katholizismus zur Wissenschaft charakteristisch: 1) Er weist im Aufbau der letzthin maßgeblichen Weltansicht der Wissenschaft nur einen untergeordneten Rang zu, im Gegensatz besonders zu der Geisteshaltung, die aus der Aufklärung erwachsen ist und die vielfach geneigt ist, wissenschaftliche Kriterien als *letzte* Maßstäbe anzusehen. 2) Er zieht sich mit seiner Glaubensgewißheit aber auch keineswegs auf Wissensfeindschaft und Agnostizismus zurück. Sondern er nimmt eine Harmonie von Offenbarung und Vernunft wenigstens bis zu dem Punkte an, wo die Vernunft nicht mehr mit kann und die supranaturale Offenbarungsquelle allein das Dunkel lichtet. Zu den wesentlichen Sätzen des Vatikanischen Konzils gehört die Formel: Si quis dixerit Deum unum et verum, Creatorem et Dominum nostrum, per ea quae facta sunt, naturali rationis humanae lumine certo cognosci non posse, anathema sit. Man sieht: die katholische Kirche steht nicht ablehnend zur Wissenschaft, aber auch nicht dienstbereit: sie hat ihren eigenen, am Maßstab der supranaturalen Offenbarung orientierten Wissenschaftstypus.

Es tritt weiter das eigentümliche Verhältnis zum Staat hinzu: Mag der Staat die katholische Kirche juristisch nur als Korporation des öffentlichen Rechtes kennen: sie ist de facto eine internationale Großmacht, deren Rivalität mit dem Staat (auch ohne Kirchenstaatssymbol) so lange bedeutsam bleiben wird, als weltanschaulich fundierte Mächte allen bloß äußerlich organisierten vorangehen.

Diese doppelte Spannung ist im letzten Jahrhundert in allen europäischen Staaten auf eigentümliche Art zum Ausbruch gekommen. Für Deutschland bedeutet der sog. Kulturkampf (1872–75) die Auseinandersetzung zwischen Staat und katholischer Kirche. Sie verlief, wie man weiß, für den deutschen Staat nicht unbedingt siegreich. Die Auseinandersetzung zwischen der modernen Wissenschaft und der katholischen Kirche, die jahrhundertelang andauerte, erreichte einen Gipfelpunkt mit der Encyclica de modernistarum doctrinis vom 3. Juli 1907 [2], der am 1. September 1910 die Einführung des Antimodernisteneides für die geistlichen Lehrer folgte.[3]

Der Kampf gegen den Modernismus betrifft zunächst bestimmte philosophisch-theologische Einstellungen, im wesentlichen den Agnostizismus, den Phänomenalismus, die Zweiwahrheitentheorie, den religionspsychologischen und religionshistorischen Standpunkt. Dies sind aber nur Erscheinungsformen des modernen Immanenzstandpunktes überhaupt. Insofern dieser sich mit dem Grundstandpunkt moderner Wissenschaft deckt, wird also ex cathedra (vermöge des unfehlbaren päpstlichen Lehramtes) eine Ausprägung der Wissenschaft a limine verworfen. An ihrer Stelle wird die scholastische Philosophie, vor allem die thomistische, für glaubensgemäß erklärt. Darin liegt unverkennbar eine Einschränkung des Grundsatzes der Freiheit von Forschung, Lehre und Lernen durch die römische Kirche. Dieselbe Kirche hat oft gerade das liberale Prinzip politisch verwertet und verwertet es heute noch, um ihre Forderungen gegenüber dem modernen Staat durchzusetzen. Noch einmal: es ist ein dreiseitiger Konfliktzustand, an dem der Staat, die Wissenschaft und die Kirche als Parteien beteiligt sind.

Es muß jedoch hinzugefügt werden, daß sich die Sachlage seit 1907/10 bereits wesentlich verschoben hat. Gewiß sind immer wieder »Fälle« vorgekommen, in denen die Kirche die Lehrtätigkeit modernistisch gerichteter Universitätstheologen lahmlegte. Dabei muß man das Mißverständnis fernhalten, als ob es sich bei solchen Neuerern um Annäherungen an den protestantischen Standpunkt gehandelt habe: Sie waren nur der liberale Flügel im Katholizismus, wie es einen offiziell-kirchlich bekämpften Flügel im Protestantismus gab. Aber seit jenen Konflikten hat sich die Geisteslage in doppelter Hinsicht geändert: die moderne Wissenschaft selbst, be-

[2] Acta Sanctae Sedis. Bd. 40. 1907. S. 594 ff.

[3] Acta Apostol. Sedis II, 1910. S. 655 ff.

sonders die Philosophie, näherte sich wieder den Grundanschauungen der Scholastik beträchtlich, und katholische Gelehrte gelangten, auch in der Geschichte und der Nationalökonomie, zu führender Bedeutung. Schon von dieser wissenschaftlichen Seite aus wurde also die weltanschauliche Differenz geringer. Sodann aber öffnete sich auch die Kirche unbefangener und freier den modernen Geistesbewegungen. Der Jesuitenorden ging in dieser wissenschaftsempfänglichen Richtung voran. Man sah, daß die Gefahr von seiten der Wissenschaft für das absolute supranaturale und kirchliche Prinzip nicht so groß war, wie man im Zustand der Defensive gefürchtet hatte. Es ließ sich sehr vieles in den großen alten Dom des Katholizismus hineinbauen, ohne daß seine Grundfesten erschüttert wurden.

Diese Situation ist zeitbedingt. Die grundsätzlichen Spannungen sind damit nicht beseitigt. Aus ihnen folgt nach wie vor eine Sonderstellung 1) der katholisch-theologischen Fakultäten, 2) derjenigen Professuren und Lehrfächer, die eine unmittelbare weltanschauliche Bedeutung haben. Für die Ausbildung der katholischen Geistlichen sind bekanntlich die Universitätsfakultäten nicht die einzige Stätte. Es gibt daneben die Priesterseminare, die (auch vom Staat unterhaltenen) bayrischen Lyzeen, die fürstbischöflich-theologischen Lehranstalten in Österreich und das Lyceum Hosianum in Braunsberg. Das preußische Gesetz vom 11. Mai 1873, das für die Vorbildung der Geistlichen ein Universitätsstudium fordert und sie einer staatlichen Teilprüfung unterwirft, ist noch in Geltung. Allerdings werden praktisch die Priesterseminare unter staatlicher Aufsicht als Ersatz anerkannt. Der staatlichen Regelung steht der Can. 1352 des Codex juris Canonici entgegen: »Ecclesiae est ius proprium et exclusivum eos instituendi qui ecclesiasticis ministeriis sese devovere cupiunt.« Dieser Satz ist in der Praxis gemildert. Für die katholischen Theologieprofessoren an den Universitäten jedenfalls steht fest, daß sie auch künftig Staatsbeamte sein werden; freilich nehmen sie rechtlich unter den Professoren insofern eine Sonderstellung ein, als sie der Approbation durch den Bischof bedürfen und hinsichtlich des Inhaltes ihrer Lehre unter kirchlicher Aufsicht stehen. In Österreich hat sogar jede katholisch-theologische Fakultät einen eignen, vom Bischof bestellten Kanzler. Auch die Lernfreiheit der studierenden Kleriker ist beschränkt. Daß hieraus im Rahmen der Universität wieder und wieder Konflikte entstehen müssen, beweist die Reihe der »Fälle« von Schell und Schnitzer bis zu Wittig.

Außerhalb der theologischen Fakultät macht sich der Einfluß der Kirche in den sog. »gebundenen« Professuren bemerkbar. Es handelt sich bis heute nur um einzelne bestimmte Professuren der Philosophie (in Preußen zuerst 1811) und Geschichte (zuerst 1853) in Breslau und Bonn. Von den reinen Weltanschauungsprofessuren wird später die Rede sein. Die Maßnahme war eigentlich nur so lange nötig, als die katholischen Träger der Wissenschaft gegenüber den protestantischen Gelehrten im Rückstande waren. Heute könnte man die Frage getrost der inneren Selbstregelung überlassen. Denn es liegt auch im Interesse des Katholizismus, das Prinzip der Universität nicht unnötig zu durchbrechen. Mit der Propaganda etwa für eine rein katholische Universität wäre der Weg betreten, der von der allgemeinen wissenschaftlichen Hochschule zu spezifischen Weltanschauungshochschulen führte. Keine kulturgestaltende Weltanschauung aber kann es heut mehr fertig bringen, sich von dem Boden möglichst objektiver wissenschaftlicher Diskussion, auch zwischen Angehörigen verschiedener Weltanschauung, ganz fern zu halten. –

Für die protestantischen Kirchen liegen die Dinge anders. Schon äußerlich deshalb, weil sie nur als Erben der alten Territorialkirchen, also gleichsam als kleinstaatliche Mächte, öffentlich-rechtlich vor der Fülle möglicher Sekten und Weltanschauungsgemeinschaften einen bevorzugten Einfluß üben. Nach der Trennung von Kirche und Staat ist es für sie die wichtigste Angelegenheit, den Bestand staatlicher evangelisch-theologischer Fakultäten überhaupt auf die Dauer zu sichern. Rein geistesgeschichtlich war schon früher einmal der Zeitpunkt erreicht, in dem man über die Umwandlung in allgemein-religionswissenschaftliche Fakultäten diskutieren konnte. So verschieden nun auch die juristischen und inneren Verhältnisse der Einzelkirchen in Deutschland liegen mögen: gemeinsam ist ihnen allen, daß sie im Gegensatz zu der päpstlichen Kirche kein ex cathedra unfehlbare Lehrentscheidungen treffendes Oberhaupt oder Spruchkollegium haben. Gewiß stand auch im alten Preußen dem Ev. Ober-Kirchenrat das Recht zu, bei der Besetzung theologischer Professuren *gehört* zu werden. Eine Kirche muß – als Organisation – schließlich irgendwelche Grenzen für die Zugehörigkeit zu ihr aufrichten. Aber gerade im Hinblick auf das akademische Lehramt der protestantischen Theologen hätte es große Bedenken, einen Gelehrten, der sich selbst noch als zugehörig bekennt, auszuschließen. Denn *es gehört zum protestantischen Grundprinzip, daß das Bekenntnis sich immer wieder nicht nur mit dem Gewissen, sondern auch mit dem Wissen auseinandersetze.* In dieser immer erneuten Auseinandersetzung mit dem Leben der Kultur ist die Protestantische Form der Frömmigkeit gewachsen. Die protestantische Kirche würde zur bloßen Sekte herabsinken, wenn sie diese Selbstklärung nicht immer wieder auf der breitesten Basis vollzöge. Nur die religiöse Grundeinstellung im Sinne der Selbstzurechnung zum historischen Zusammenhang des evangelischen Christentums muß hier als selbstverständliche Voraussetzung gefordert werden. –

Im deutschen soziologischen Sprachgebrauch ist es üblich, die unendliche Fülle von freien und organisierten, gewachsenen und geschaffenen, flüchtigen und dauernden Formen menschlichen Verbundenseins, die nicht Staat und nicht Kirche sind, kurzweg als *»die Gesellschaft«* zu bezeichnen. Das Gebilde ist ebenso nebelhaft wie »das Milieu«, und man müßte unzählige Fäden im einzelnen verfolgen, wollte man etwa die Beziehungen der deutschen Universität zu dieser Gesellschaft schildern. Wir begnügen uns mit einigen Bemerkungen, die für das *Wesen* der Universität wichtig sind.

Zunächst dankt es die Universität ihrem Charakter als Staatsanstalt, der ja nicht von allen Schatten frei ist, daß sie von keinem Berufsverband und und von keiner einzelnen Wirtschaftsgruppe abhängig ist. Würde sie nicht im wesentlichen aus Staatsmitteln erhalten, so müßte eine stiftungsfreudige Plutokratie für sie aufkommen. Dabei entstünde die Gefahr, daß die materiellen Interessen der Stifter in Form freier Dankbarkeit oder auf moralische Nötigung hin von seiten der Universität ideell verfochten werden könnten. Von solchem Druck ist die deutsche Universität frei, wenn auch gelegentlich Berufsverbände auf dem Wege über die parlamentarische Maschinerie auf sie Einfluß zu nehmen versucht haben. Es muß ausdrücklich betont werden, daß die großen Wirtschaftsverbände in Zeiten der Not auch in Deutschland viel für die Wissenschaft und speziell für die Universitäten getan haben. Es ist aber fast nie bekannt geworden, daß damit auch nur der leiseste Versuch einer Steuerung der Wissenschaft verbunden gewesen wäre. Man dankt dies der Sauberkeit der bisher in Deutschland herrschenden Gesinnung gegenüber der Wissenschaft; aber man muß es auch dem *System*, d. h. dem überparteiischen Staatscharakter der deutschen Universität danken. Es kann nicht verschwiegen werden, daß in allerneuester Zeit Fälle vorgekommen sind, in denen mächtige Verbände des öffentlichen Lebens diese Grundidee nicht mehr verstanden oder nicht mehr geschont haben.

Stand seit der absolutistischen Epoche für die Universitäten als Lehranstalten die Ausbildung von direkten und indirekten Staatsbeamten im Vordergrunde ihrer Aufgaben, so ist es eine Folge der sozialen und wirtschaftlichen Umschichtung, daß nun in mindestens gleicher Zahl allgemeine »Kulturfunktionäre« herangebildet werden, d. h. Führer im Wirtschaftsleben, Sozialarbeiter, freie Politiker, Pressevertreter, Verbandssekretäre usw. In Deutschland pflegt man dies so zu formulieren, daß die Berührung der Wissenschaftsstätten mit dem »Leben« breiter geworden sei. Gerade neuerdings wird das Thema: »Wissenschaft und Leben«,

»Erkenntnis und Leben« besonders lebhaft auch programmatisch erörtert. Diese Verschiebung kommt u. a. darin zum Ausdruck, daß die Vorherrschaft der Philologie, die bis gegen Ende des 19. Jahrhunderts in der Philosophischen Fakultät zu konstatieren war, jetzt durch ein starkes Übergewicht der historisch-politischen und ökonomisch-sozialen Fächer abgelöst ist. Der allgemeine Drang aus der Studierstube hinaus in die Flut des modernen Lebens zeigt sich auch im Wandel des Professorentypus: der weltferne, zerstreute Gelehrte weicht mehr und mehr dem Weltmann, der an der praktischen Kulturarbeit selbst führenden Anteil nimmt.

Insofern könnte man von einer Demokratisierung der deutschen Universität sprechen. In der Tat ist auch die Zulassungsbasis zur Universität verbreitert worden. Ganz neuerdings sind vielfach Einrichtungen getroffen worden, auch *hochbegabten* bewährten Praktikern in späterem Lebensalter ohne Reifezeugnis den Zugang zur Universität zu eröffnen. Die Maßnahme scheint sich zu bewähren. Doch ist der ungehemmte Zudrang immer weiterer Berufsstände zum Universitätsstudium, gleichviel, ob auf diesem Wege die spezifischen Bildungsbedürfnisse erfüllt werden können, eine große Gefahr. Hinter dieser allgemeinen »Verhochschulung« steckt oft nur gedankenlose Vornehmheitssucht. Wenn es aber, wie später erörtert werden wird, zu den wesentlichen Pflichten der höchsten wissenschaftlichen Bildungsstätte gehört, *Niveau zu halten* und ständige Selbstkontrolle ihres Niveaus zu üben, so muß dafür gesorgt werden, daß der Wille zur Ausbreitung der Wissenschaft und zu ihrer Dienstbereitschaft für das Leben nicht die Möglichkeit zu Spitzenleistungen erstickt. Jede Expansion ist mit Intensitätsminderung verbunden. Es ist daher davor zu warnen, daß die Parole: »die Wissenschaft dem Volke« den Blick für die wesensmäßigen Grenzen dieser Tendenz trübe. Denn die eigentlich strenge Wissenschaft selber ist nie zu popularisieren. Es ist nicht nur Folge einer älteren Gesellschaftsstruktur, daß sie einen aristokratischen Charakter behält. Der wissenschaftliche Arbeiter, der ja immer einer überdurchschnittlichen Denkbegabung bedarf, braucht sich deshalb nicht vornehmer zu dünken als andere. Aber man darf von ihm auch nicht verlangen, daß er die beste Kraft der exoterischen Arbeit widme. Im Gegenteil: es liegt im Interesse der Nation, daß sie ihm Freiheit gebe, in der Stille den Weg treuer Forschung zu gehen, und man darf ihm nicht vorhalten, er sei bloß ein begünstigter »Pfründner der Nation«. Hier wie überall ist echte Meisterschaft ein Ding, das Zeit und Stille braucht. Wie sollte man auch theoretische Physik oder Mathematik oder Philosophie oder historische Forschung volkstümlich machen, ohne sie wesentlicher Anforderungen und Eigenschaften zu entkleiden? *Resultate* der Wissenschaft lassen sich mitteilen. Aber gerade die Einsicht muß erhalten bleiben, daß es in der Wissenschaft nicht primär auf die immer korrigierbaren Resultate ankommt, sondern auf den Weg der Wissensfindung. Nur wer *den* hat, ist wissenschaftlich zeugungskräftig. Was aber in das allgemeine Bewußtsein übergeht, wird unvermeidlich dogmatisiert. Natürlich ist diese Unwandlung für »das Leben« von höchster Bedeutung. Aber der Quell selber darf dadurch nicht verstopft werden. Es war z. B. ein *großer* Segen für das geistige Leben des deutschen Volkes, als die Universität in den Lehrern der höheren Schulen ein breites und leistungsfähiges Hilfsheer hatte. Das sollte man nicht einfach um der »pädagogischen« Leistung willen ganz abbauen. Wenn in anderen Ländern die Wissenschaft leichter in die Kreise der Gebildeten hineinfließt als bei uns, so hat dies zwei Gründe: die deutsche Wissenschaft ist im allgemeinen strenger in der methodischen Grundlegung als etwa die französische. Und der deutsche Gelehrte ist weniger zur guten sprachlichen Darstellung und Komposition begabt als der englische oder französische.

Der große Zustrom ausländischer Studenten zu den deutschen Universitäten bekundet ihre Bedeutung für die *menschliche Gesellschaft überhaupt*, die auch der Kriegshaß nicht ganz hat verdunkeln können. Die fortschreitende Internationalisierung der wissenschaftlichen Arbeit hat schon vor dem Kriege in Deutschland volles Verständnis gefunden.[4] Nach dem Kriege hat man bei uns unter dem Gesichtspunkte allgemeiner Kulturpolitik und Völkerverständigung diese Weltoffenheit der deutschen Universitäten bewußt in dem Umfange gepflegt, wie es die beengte wirtschaftliche Lage, die noch immer isolierte politische Situation und die Nachwirkungen des unvorsichtig über uns verhängten wissenschaftlichen Boykotts gestatteten. Daß die deutschen Universitäten für die inneren und internationalen Aufgaben trotz aller Bedrängnis leistungsfähig blieben, verdankt man nicht zuletzt der segensreichen Tätigkeit der »Notgemeinschaft der deutschen Wissenschaft« und ihrem weitblickenden Präsidenten Schmidt-Ott. So steht die akademische Arbeit, wie es ihre Bestimmung und ihre Pflicht ist, in den weitesten Bezügen zu der gesamten modernen Kulturbewegung der Welt. Sie tut es aber noch immer, wie Schleiermacher wollte, »im deutschen Sinne«. Und dieser deutsche Sinn ist nur zu begreifen, wenn man sich den eigentümlichen Wissenschaftsgedanken klarmacht, der die deutsche Universität beseelt. Denn mag auch die Wissen-

[4] Vgl. meine Einleitung zu dem Katalog der deutschen Buchausstellung in New York Herbst 1925: ›Deutschlands Anteil an der internationalen wissenschaftlichen Arbeit.‹ In: Deutsche Bücher. Leipzig 1925. S. 1–34.

schaft ihrer Idee nach über die Grenzen nationaler Eigenart hinausweisen: sie ist in ihrer Struktur und Arbeitsweise doch immer zugleich Ausdruck einer Volksindividualität: ihrer Kraft wie ihrer Grenzen.

III. Der Wissenschaftsgedanke der deutschen Universität. Zwei Tatsachen muß man festhalten, um ein so eigenartiges und verwickeltes Gebilde wie die deutsche Universität zu verstehen, erstens: daß in ihr sehr verschiedene historische Schichten abgelagert sind, die noch in der Gegenwart durcheinander wirken; zweitens, daß sie sehr mannigfache Kulturfunktionen übt, die sich gleichfalls ineinander schlingen. Wir haben mit Bezug auf das erste in der historischen Einleitung festgestellt, daß die wichtigste Grundschicht die Geistesepoche des deutschen Idealismus und Klassizismus, politisch gesprochen: des staatlichen Liberalismus ist, und daß der entsprechende Universitätstypus am reinsten durch die Universität Berlin verwirklicht wurde. Aus älteren Epochen wirken nach: die mittelalterliche Idee einer Weltanschauung gebenden oder stützenden Totalwissenschaft, die konfessionell und territorial eingeengte Universitätsidee der Reformation und Gegenreformation, die staatsutilitarische Universitätsauffassung der Aufklärung und des gleichzeitigen politischen Absolutismus. Neue Schichten haben sich darüber gelagert, die einer besonderen Behandlung bedürfen.

Wenn wir in diesem Abschnitt die Universität allein von der Seite ihres Wissenschaftsgedankens her betrachten, so ist das eine vorläufige Vereinfachung, die in späteren Ausführungen durch die Darstellung ihrer soziologischen Gestalt ergänzt werden wird. Wir reden zunächst von der *reinen* Wissenschaft, dann von der Wissenschaft, die auf praktische *Anwendungen* hin zusammengeordnet ist, endlich von der eigentümlichen *Organisation* des gesamten Wissenschaftsbetriebes, soweit sie aus diesen Gesichtspunkten zu verstehen ist.

A. 1. Die Idee der *reinen* Wissenschaft wird nicht in allen Kulturepochen als höchster Leitstern betrachtet. Die wirkliche Wissenschaft verschlingt sich bisweilen mit religiösen Motiven, wie in der Scholastik, bisweilen mit ästhetischen, wie in Renaissance und Romantik, und besonders oft mit technisch-utilitarischen. Jene Idee ist überhaupt – mindestens bis heut, nicht ganz eindeutig herausgearbeitet, so daß man nur auf gewisse historische Typen hinweisen kann, in denen der Wille zur Erkenntnis um der Erkenntnis willen ausdrücklich zur Herrschaft gekommen ist. Vielleicht handelt es sich dabei um eine ursprünglich von den Griechen erfaßte Idee, wie der Gründer der Akademie, Plato, sie angebahnt, ihr Schüler Aristoteles sie weitergeführt hat. Auch im Rationalismus der Aufklärungszeit liegt der feste Glaube an die reine Vernunft, obwohl man zugleich – nicht nur in der Popularphilosophie – die Anwendbarkeit des Wissens stark betonte. Aus diesem Rationalismus des 18. Jahrhunderts wächst durch eine philosophische Vertiefung, die im Grunde doch wieder religiöser Herkunft ist, die Wissenschaftsidee des deutschen Idealismus hervor. Und damit verbindet sich die an das rationale Naturrecht erinnernde gedankliche Konstruktion eines Verbandes, der rein aus dem Motiv eines solchen wissenschaftlichen Erkennens heraus organisiert sein soll. Diese Idee des freien Wissenschaftsvereins, wie Schleiermacher, Humboldt, Fichte sie faßten, ist zur wesentlichen Grundlage zunächst der philosophischen Fakultät, ja in einigem Maße der ganzen deutschen Universität seit 1810 geworden.

Versucht man, den deutsch-idealistischen Wissenschaftsgedanken ohne Rücksicht auf die Differenzen seiner einzelnen Vertreter im Umriß zu charakterisieren, so ergibt sich etwa folgendes Bild: Als Kern der *ganzen* Welt, auch der Natur, nicht nur der Geisteswelt und ihrer Geschichte, wird die Vernunft oder der Geist angesehen. Die Welt ist konkrete und sich entfaltende Darstellung eines gesetzlichen Vernunftzusammenhanges. Das erkennende Bewußtsein ist in seiner Tiefe mit diesem objektiven Vernunftzusammenhang *identisch*: es *schafft* geradezu seine Gesetzlichkeit. Daraus folgt, daß alles Erkennen und Wissen (als fortschreitendes Bewußtsein von diesem »Ansich«) *eine* geschlossene, systematische, der Welt korrespondierende Einheit bilden müßte, je mehr es sich zur Totalität vollendet. Alles Einzelwissen ist dann in dieser spekulativ erfaßten *organischen Totalität* gesetzt, wie die Einzeldinge in der Welt als der objektiven Darstellung des Geistes gesetzt sind. Und wie der Geist seinem Wesen nach Freiheit oder Aktivität ist, so ist auch Denken, Forschen, Wissensfindung ein nur durch das Wahrheitsgesetz gebundenes *Produzieren*. Die Wahrheit ist noch nicht ganz gefunden; sie kann aber fortschreitend gefunden werden, da das erkennende Subjekt (das Ich, der subjektive Geist) vermöge des ihm innewohnenden transzendentalen Bewußtseins alle Kategorien enthält, die die objektive Welt selber konstituieren. Demgemäß aber ist auch in jeder Einzelerkenntnis nur so viel echte Wahrheit, als Philosophie = Totalerkenntnis darin enthalten ist. Der Organismus des vollendeten Wissens wäre gleich dem organischen Ganzen der Welt, d. h. des Geistes. Bekanntlich wurde damals auch die Naturerkenntnis ausdrücklich in diesen spekulativen Rahmen mit hineingestellt; man sah in der Natur eine Stufe des Geistes.

Schon aus diesem Zusammenhang begreift man, daß die philosophische Fakultät, deren Bedeutung längst über ihre propädeutische Stellung hinausgewachsen war, jetzt in den Mittelpunkt des Universitätsganzen rückt. Aber auch alle anderen Fakultäten werden stark vom philosophischen

Totalgeist durchdrungen. Ja Schelling macht den vergeblichen Versuch, diese historisch-praktischen Gebilde aus der Gliederung der absoluten Wissensidee selber zu deduzieren.

Überall jedoch handelt es sich nach diesem Wissenschaftsbegriff um *das produktive Ergreifen der Ideen in der Wirklichkeit,* und zwar auf Grund von Denkformen, in denen der gleiche Geisteszusammenhang a priori angelegt ist. Nicht immer blieb man schon in der klassischen Zeit der deutschen Universität bei dieser apriorischen und spekulativen Methode. Aus der Denkweise Herders und der Romantik entfaltete sich ein schmiegsameres Begriffssystem. Und durch eine eigentümliche Verbindung von romantischer Intuition mit den Methoden, die die kritische klassische Philologie ausgebildet hatte, entstand ein *historisches Bewußtsein*, das auf die konkreten Erscheinungen des geistig-gesellschaftlichen Lebens mit liebevoller Schau gerichtet war. Neben Fichte, Schleiermacher und Hegel wird so die »historische Schule« wirksam, deren Methode zunächst auf dem Gebiet der Rechtswissenschaft ihre Triumphe feiert (Savigny), dann auf die Sprachwissenschaften und Literaturwissenschaften übertragen wird (Bopp, Diez, die Brüder Grimm) und in dem Klassiker der Geschichtswissenschaft, Leopold v. Ranke, gipfelt. Obwohl diese historische (und vielfach historisch-*vergleichende*) Wissenschaft mit ihrer empirischen Richtung sich in starkem Gegensatz zu der spekulativen Philosophie weiß, fehlt es doch nicht an Berührungspunkten. Auch hier betrachtet man das einzelne in Beziehung auf einen organischen Geisteszusammenhang (»Organologen«); auch hier läßt man in beinahe mystischer Andacht die göttlichen Tiefen ahnen, aus denen dies erscheinende Leben emporsteigt; auch hier sucht man zuletzt die konkrete Lebensgeschichte des Geistes und spricht vielfach von den »Ideen«, in denen sich die Geschicke Gottes in der Welt vollenden. Ein gemilderter Pantheismus, besser: Panentheismus, liegt hinter der andächtigen Stimmung, mit der diese Wissenschaft sich auch dem Unbedeutenden zuwendet. Sie studiert gleichsam in den erforschlichen Einzeldingen das unerforschbare göttliche Ganze (Goethe).

2. Über die Wissenschaftsauffassung der spekulativen Geistesphilosophie und der historischen Schulen aber lagert sich seit etwa 1840 allmählich eine ganz andere Schicht, ohne jene ältere jemals völlig verdecken und verdrängen zu können: die Wissenschaft des *Positivismus*. Auch sie ist aus der Aufklärungsepoche herausgewachsen, aber mehr aus der französischen und englischen Denkweise und mehr aus ihrem empiristischen Zweig. So bildet sie eine scharfe Antithese zu der Lehre von der Weltvernunft und ihrer apriorischen Erkenntnis, als ob sie das Hegelsche dialektische Entwicklungssystem bestätigen sollte. Der Mut, aus dem göttlichen Weltzu-

sammenhang heraus spekulativ zu philosophieren, schwindet seit dem Tode Hegels mehr und mehr. Man sucht statt dessen, wie man sagt, das fruchtbare βάθος der Erfahrung. Im strengsten Sinne heißt dies: man geht von den Sinnesempfindungen als Urdaten der Erkenntnis aus. Und allgemeiner: man wendet sich zu den Tatsachen, die man vielfach (im Gegensatz zu Kant) ganz unproblematisch als einfache Gegebenheiten nimmt. So verwandelt sich allmählich die metaphysische Gesamtwissenschaft in ein Nebeneinander von Spezialwissenschaften, die spekulative Schau in Beobachten, Beschreiben, Sammeln, Analysieren. In die Bezirke des Idealismus dringt immer mehr Positivismus ein. Bisweilen wird damit auch die Anschauung Comtes, Mills und Spencers übernommen, daß dieses Einzelwissen in irgendeiner Hierarchie von Wissenschaften, in einer Systematik zu ordnen sei, die als Fächerwerk für das »positive Material« bestehen bleibt. Comte jedenfalls war noch durchaus Gegner des bloßen Empirismus und hoffte den esprit de la spécialité durch einen esprit d'ensemble ursprünglich katholischer Herkunft zu überbieten. Allmählich aber tritt auch diese Anschauung zurück, und die Forschung wie die Lehre lösen sich in einen philosophiefremden Spezialismus auf.

Nicht zufällig verbindet sich diese Wandlung seit den vierziger Jahren des 19. Jahrhunderts mit der Verlegung des Hauptinteresses auf die Naturwissenschaften. Es kommt die Zeit der Johannes Müller, Helmholtz, Virchow, Dubois-Reymond, Mach usw. Dabei ist jedoch für den deutschen »Systemgeist« charakteristisch, daß man die Verbindung mit der Philosophie in Deutschland niemals ganz aufgibt: Besonders die Renaissance der rein erkenntnistheoretischen Seite Kants im sog. Neukantianismus gibt in der zweiten Hälfte des 19. Jahrhunderts den Rahmen ab, in den man die mächtig beflügelte Einzelforschung hineinstellt. Es ist der spezifisch deutsche Versuch, das *Apriori* zu retten, ja es der Einzelwissenschaft fruchtbar zu machen. Dadurch rechtfertigt sich einigermaßen, daß die philosophische Fakultät meistens eine Einheit bleibt und Philosophie in der Regel ein obligatorisches Fach bei der Doktorprüfung. Aber sie ist längst nicht mehr die normgebende Grundwissenschaft. Vielmehr werden vielfach auch die Geisteswissenschaften von den Methoden mit ergriffen, die sich in den Naturwissenschaften glänzend bewähren: das Tatsachenregistrieren, die Zurückführung auf Kausalgesetzlichkeit, das Experiment, die biologische Analogie usw. Mindestens aber versucht man, die empirische Psychologie zur methodischen Grundlage der Geisteswissenschaften zu machen (Sigwart, Wundt, Lamprecht u. a.).

3. Dieser Wissenschaftstypus ist heut nicht ganz überwunden. Liegen doch in ihm echte Erkenntnismotive, die keine Zeit ungestraft vernach-

lässigen kann. Aber spätestens seit 1900 zeigt sich wieder zunehmende Unzufriedenheit mit dieser Wissenschaftszersplitterung, mit dem Stoffballast, der Unverbundenheit des spezialistischen Wissens und der materialistischen Grundhaltung, die mit dem allem vielfach verbunden war. Man ruft jetzt nach »Synthese«, nach einer philosophischen Zusammenschau, ja nach Verbindung der Wissenschaft mit künstlerischer Intuition. Obwohl schon das Wort »Synthese« nur aus positivistischer Denkweise zu verstehen ist, ergreift jetzt eine neuromantische Strömung auch das wissenschaftliche Leben. Und wiederum sehr bezeichnend: ohne die Naturwissenschaft gering zu schätzen, besinnen sich jetzt die Geisteswissenschaften wieder auf ihre Eigenart und steigen ungeheuer im allgemeinen Interesse wie in ihrer Universitätsbedeutung. An W. Diltheys (1833–1911) Entwicklung kann man dieses ringende Hinausstreben über den Positivismus sehr deutlich verfolgen. Er ist es denn auch vor allem, der die neue geisteswissenschaftliche Welle heraufgeführt hat, so wenig ihm selbst der Sieg schon ganz gelang.

Begreiflicherweise suchte man in der seit 1900 gegebenen neuen Wissenschaftslage zunächst wieder Anschluß an den deutschen philosophischen Idealismus. Man schritt über Kant hinaus zur Neubelebung von Fichte, Schelling, Schleiermacher, Hegel. Aber die Gesamtsituation ist nach dem Hindurchgehen durch den Positivismus doch so verändert, daß sich unvermeidlich eine neue Wissenschaftsauffassung herausbilden wird. Dieser Prozeß ist augenblicklich im Gange. Daher bietet der akademische Wissenschaftsbetrieb ein ziemlich chaotisches Bild.

Auf der einen Seite finden wir die Naturwissenschaften in schweren Erschütterungen ihrer Grundlagen. Die alte klassische Mechanik von Newton ist nicht mehr ihr letztes Leitbild. Die neuen Wege der Mathematik, besonders die Axiomatik und die nicht-euklidischen Geometrien, sowie die intensive Diskussion des Zeitbegriffes, werden für die Naturerkenntnis fruchtbar. Selbst das Wesen des Kausalgesetzes wird heut anders aufgefaßt, als es bei Kant der Fall war. Die Kantische Erkenntnistheorie reicht nicht mehr aus; die neue aber trägt vorläufig sehr relativistische, um nicht zu sagen: opportunistische Züge.

Auch in den Geisteswissenschaften herrscht ein weitgehender Relativismus: das Resultat der wiederbelebten historischen Denkweise. Vergeblich hat sich die von Husserl begründete Phänomenologie bemüht, ihn zu überwinden. Schon der ganze Ansatz der Geisteswissenschaften ist problematisch geworden; noch viel mehr die Frage, ob man Wertsetzungen und Normen überhaupt wissenschaftlich begründen könne. In manchen Kreisen versucht man es mit dem Ausbau der von Frankreich und England herübergekommenen Universalwissenschaft *Soziologie*, der aber noch jede bestimmte methodische Grundlegung fehlt. Andere streben nach einem *kulturphilosophischen* Rahmen, der jedoch wieder stark spekulative Formen annimmt. Ja im Augenblick scheint es, als ob der Relativismus der Standpunkte und Weltanschauungen allein durch eine Erneuerung der *Dialektik* überwunden werden könne. Überall aber ist es die Masse des Stoffes, die die Arbeit zu erdrücken droht, und der Synkretismus der Methoden läßt es vielfach als zweifelhaft erscheinen, ob die geforderte Allgemeingültigkeit der Wissenschaft überhaupt noch mit Sinn und Recht erhofft werden dürfe. – Durch diese Situation wird das Gesamtbild der Universität prinzipiell berührt. Wir werden im Schlußteil auf breiterer Grundlage darauf zurückkommen.

B. Natürlich konnte auch in der Epoche des deutschen Idealismus die Wissenschaft nicht in der Abgeschlossenheit ihres reinen Gesetzes bleiben. Ein rein wissenschaftlicher Verein, der die Forschung um der Forschung willen treibt, wäre ebenso unfruchtbar wie die Kunst auf dem Boden des Grundsatzes: l'art pour l'art. Trotz alledem: das Verhältnis jenes idealistischen Wissenschaftsbegriffes zur Praxis war *auf einem Gedanken aufgebaut, der bis heute die eigentümliche Stärke der deutschen Universität ausmacht, nämlich der Anschauung, daß Wissenschaft nicht nur für den unmittelbaren Bedarf und Verbrauch produziert werden dürfe, sondern ihrem eigenen, inneren, tendenzfreien und beschränkungsfreien Gesetz überlassen werden müsse. In dieser freien Selbstentfaltung werde sie dem Leben am besten dienen. Denn für unvorhergesehene Bedarfsfälle halte sie dann möglicherweise Lösungen bereit, deren Verwertbarkeit die Praxis allein niemals geahnt hätte.* Man sagt nicht zu viel, wenn man in dieser Idee den eigentlich entscheidenden wissenschaftlichen Grundgedanken der deutschen Universität findet. Sie ruht – in einem Bilde aus der Wirtschaftswissenschaft – bewußt auf dem Prinzip der freien, ungeregelten Wissensproduktion.

Die positivistische Wissenschaftsauffassung steht der *direkten* Verwertung des Wissens schon wesentlich näher. Der berühmte Comtesche Satz: »voir pour savoir, savoir pour prévoir, prévoir pour régler« bringt die enge Verwandtschaft zwischen dem Geist dieser Erfahrungswissenschaft und dem Geist der Technik zum Ausdruck. Seit der französischen Enzyklopädie entfaltet sich in diesen Kreisen immer stärker das Ideal, nicht nur eine technische Naturbeherrschung auf Grund chemisch-physikalischer und physiologischer Einsichten, sondern auch eine technische Lenkung der gesellschaftlichen Bewegungen auf Grund soziologischer Einsichten zu gewinnen. Mit der Vorherrschaft des kausalen Denkens auf diesem Boden hängt es weiter zusammen, daß die Frage nach den Wertsetzungen, also der ethisch-normative Gesichtspunkt, in der Wissenschaft zurückgedrängt, ja beinahe ausgeschieden wurde. Der so entstehende Wissenschaftstypus – ich nenne ihn den *technologischen* – der sich auf theoretische Fundierung richtiger Mittelwahl und Vorausberechnung der sozialen Handlungschancen einengte, fand kürzlich für Deutschland seine schärfste Formulierung in dem viel beachteten Vortrag von Max Weber »Wissenschaft als Beruf« (1919). Im Rahmen der idealistischen Auffassung fehlte der Wille, durch Erkenntnis auf das Leben zu wirken, gewiß nicht. Aber die Beziehung zwischen beiden erschien hier viel komplizierter; vor allem das Verhältnis der geisteswissenschaftlich-historischen Besinnung etwa zum politischen oder wirtschaftlichen Handeln ist schwer zu definieren: diese Wissenschaft wollte nicht nur vorhandene Kräfte auf Grund kausalgesetzlicher Einsicht regeln, sondern Geist und Ethos in den beteiligten Personen und Gesellschaftskörpern aufbauen und vertiefen. Ihr letztes Ziel war: ethische Durchgeistigung des Subjektes durch Wahrheit und Freiheit. –

Noch heute ringen die beiden wissenschaftlichen Hauptrichtungen, die wir hier nur als Idealtypen gegenüberstellen konnten, miteinander. Dazu kommen nun aber historische Umstände, die das einfache Bild komplizieren. Sie muß man kennen, um zu begreifen, daß gewisse *Anwendungsgebiete* der Wissenschaft aus der deutschen Universität überhaupt herausgeblieben sind.

Sie hielt nämlich mit dem ihr eigenen Traditionalismus an der Berücksichtigung der wichtigsten *alten* Anwendungsgebiete und folglich an den durch sie geforderten praktischen Wissenschaftskompositionen fest: die theologische, die juristische und die medizinische Fakultät hatten sich im Hinblick auf die wichtigsten *wissenschaftlich fundierten* Berufskreise bereits im Mittelalter herausgebildet. Schon in der Zeit der Aufklärung, des staatlichen Absolutismus und Merkantilismus traten mit der zunehmenden weltlich orientierten Kulturarbeit neue Aufgaben hervor. Man zögerte damals, den »unpraktischen« Universitäten alle diese – meist staatsutilitarisch wichtigen Dinge zuzuweisen. Vielmehr bestand am Ende des 18. Jahrhunderts in Deutschland dieselbe Neigung, die gleichzeitig in Frankreich dazu führte, die Universitäten in Fakultäten und Fachschulen zu zerschlagen. Sie wurde im letzten Augenblick, ganz deutlich auch unter dem herrschenden deutsch-französischen Gegensatz, besonders durch Hinweis auf die Vorzüglichkeit des Göttinger Systems (1808) verhindert. Aber schon vorher waren doch, wenn man nur Berlin als Beispiel wählt, unter dem Einfluß des aufgeklärten Nützlichkeitsgedankens die Bergakademie (1770), die Tierarzneischule (1790), die »Chirurgische Pepinière« für Militärärzte (1795), die »Bauakademie« (1799) gegründet worden. Die Stellung zur Angliederung des Landwirtschaftsstudiums an die Universität hat von Anfang an geschwankt.

Nach der eigentlichen Aufklärungsepoche, in der Zeit der Blüte des deutschen Idealismus und Humanismus, bestand eine ausdrückliche Abneigung, den »reinen Wissenschaftsgeist« durch Aufnahme von neuen Spezialschulen in die Universität zu »verunreinigen«. So entstand, um weiter bei dem Beispiel Berlins zu bleiben, 1821 die Technische Schule (seit 1866 »Gewerbeakademie«), 1830 die gesonderte Forstlehranstalt Eberswalde, und noch zuletzt 1906 die Handelshochschule. Der wichtigste Vorgang in dieser Linie ist im 19. Jahrhundert die Entstehung der Technischen *Hochschulen*, da sie sich allmählich die Gleichstellung mit den Universitäten erobert haben. Ihr Übergang zum eigentlichen Hochschulcharakter ist nicht genau zu datieren. Man pflegt Karlsruhe mit dem Gründungsjahr 1825 an die Spitze zu stellen. Doch könnten Braunschweig (1745) und Prag (1806) der Entstehung nach als älter gelten. Neuerdings nehmen auch die Handelshochschulen (zuerst Leipzig 1898) einen kräftigen Anlauf.

Dieser Gang der Entwicklung, d. h. die *Entstehung* besonderer praktischer Hochschulen neben der Universität (nicht, wie irrig gesagt wird: ihre Ausscheidung aus der Universität) wird verschieden beurteilt. Besonders der preußische Minister für Wissenschaft, Kunst und Volksbildung Becker hat in seiner 1919 erschienenen Schrift ›Gedanken zur Hochschulreform‹ diesen Vorgang bedauert und die Wiedervereinigung (besser: Vereinigung) für wünschenswert erklärt. In der Tat sind die Grenzen fließend. Auf die »Universitas literarum« darf man sich nicht berufen. Der Name ist ja ein historisches Mißverständnis. So haben z. B. einige deutsche Universitäten die Landwirtschaftsstudien in sich aufgenommen (wie Breslau, Gießen, Halle, Hamburg, Jena, Kiel, Königsberg, Leipzig), andere haben eigene tierärztliche *Fakultäten*, wie Gießen, Leipzig und München. Auch das Forstfach ist in Freiburg, Gießen und München vertreten, die Handelswissenschaften in Köln und Frankfurt a. M. Daß das Wirtschaftsgebiet überhaupt die stärkste Brücke zu den angewandten Wissenschaften schlägt, beweist das Anwachsen der nationalökonomischen Studien im 19. Jahrhundert, das gelegentlich zu ihrer Verselbständigung in einer staatswirtschaftlichen Fakultät (München) oder einer wirtschafts- und sozialwissenschaftlichen (Frankfurt und Köln) geführt hat; im übrigen bestehen Schwankungen zwischen ihrer Zuordnung zu der juristischen oder philosophischen Fakultät.[5]

[5] Vgl. die Übersicht über die Fakultätseinteilung an den deutschen Universitäten bei Karl Remme, Die Hochschulen Deutschlands. Berlin 1926. S. 17 f.

Daß die Technischen Hochschulen durchweg selbständig neben die Universitäten getreten sind, läßt sich nicht durch eine ewige Idee rechtfertigen, sondern ist zunächst einfach das Resultat eines historischen Prozesses. Es kann nur darüber gestritten werden, ob man in ihm eine geheime zweckgerichtete Notwendigkeit (Vernunft) oder ein Versäumnis des Geistes finden will. Meine Stellungnahme geht dahin, daß es sich bei beiden Hochschulen um verschiedene Strukturprinzipien handelt, die man auch heut noch nicht ineinander mischen soll, selbst wenn die Riesenanstalt, die bei der Vereinigung herauskommen müßte, noch etwas anderes als eine Bürogemeinschaft sein könnte. Wären die deutschen Universitäten nicht so stark im Geist des Humanismus verwurzelt, so hätten sie auch die Technik aufgenommen. Wären die Technischen Hochschulen nicht so stark aus dem reinen, schöpferischen Geist der Lösung konkreter Aufgaben geboren, so hätten sie sich auch neben die alten Fakultäten stellen können. Aber der Hauptakzent liegt eben bei beiden verschieden. Jeder der beiden Hochschultypen hat seine eigentümliche Stärke. Jeder hat auch von dem anderen Wesentliches angenommen; aber doch immer nur als eine Abtönung nach der anderen Seite hin. Die »Allgemeinen Abteilungen« der Technischen Hochschulen atmen – manchmal sogar zu viel – Universitätsgeist. Die naturwissenschaftlichen und wirtschaftswissenschaftlichen Fächer der Universität empfangen vielfache Befruchtung aus technischen Aufgaben. Aber es ist Recht und Pflicht beider Anstalten, indem sie scheinbar dasselbe behandeln, es doch aus einem anderen Gesichtspunkt zu behandeln. Chemie an der Technischen Hochschule und Chemie an der Universität sind nicht einfach identisch. Auch dieser Wettbewerb ist fruchtbar. Er kommt darauf hinaus, ob man die Einzelwissenschaft stärker im Zusammenhang der überwiegend theoretischen Bemühungen oder stärker im Zusammenhang bestimmter Forderungen der Praxis sieht. Noch ein anderer Gesichtspunkt tritt hinzu: angenommen, man fügte die Technik dem Organismus der Universität ein, so würde eine Hypertrophie der naturwissenschaftlichen Seite eintreten. Die Universität hat zwar keineswegs die Ethik gepachtet. Es ist aber verständlich, daß die fachlich stark gebundene und festgelegte Anleitung zu nützlicher Arbeit das Moment der vollgebildeten Persönlichkeit nicht so betonen kann wie eine Anstalt, die noch immer die Idee der Erkenntnis als solcher in den Vordergrund stellt. Die Technische Hochschule ist ihrem Wesen nach Fachschule höchster Ordnung: sie hat die ganze Stärke und die ganze Einseitigkeit einer solchen Erziehung. Die Universität aber ist ihrer gesamten Struktur nach primär *keine* Fachschule. Sie hat die Stärken und die Mängel eines nicht unmittelbar an der Praxis orientierten Systems.

Von hier aus wird es weiter verständlich, daß die Universität einer Bewegung ablehnend gegenüberstehen muß, die neuerdings sehr stark in sie hineinwirkt. Es gibt heut nicht nur eine verhängnisvolle Spezialisierung der Wissenschaften, sondern auch eine immer fortschreitende Spezialisierung der Berufe, die eine akademische Vorbildung erfordern. Keineswegs sollen die bloß historisch verständlichen Fakultätsgrenzen geheiligte Schranken bleiben, die die Entwicklung neuer Disziplinen hindern. Denn gerade wo sie aneinander stoßen, liegen für die Wissenschaft die fruchtbarsten Anregungen. Das aber widerspricht dem Geist der deutschen Universität, wenn ihre wissenschaftlichen Darbietungen auf ganz spezielle Berufszwecke hin komponiert werden sollen. Immer mehr tritt die Aufforderung an sie heran, »Berufskunden« zu pflegen, wie sie etwa der Missionar, der Jugendrichter, der Wohlfahrtsbeamte, der Heilpädagoge oder der Sportlehrer braucht. Gibt sie diesen modernen Anforderungen in der Hauptsache nach, so zerstört sie einen ihrer Kerngedanken, nämlich den, daß den noch so mannigfachen Berufen *ein allgemein gerichtetes wissenschaftliches Studium* vorangehen soll, das den geistigen Horizont des Jüngers überhaupt weitet und sein Urteil so frei macht, daß er sich auch auf unvorhergesehene Aufgaben einstellen kann. Den speziellen Beruf in diesem größeren Zusammenhange sehen zu lehren, ist der Hauptsinn der deutschen akademischen Bildung. Wer diesen Weg freier und selbständiger Orientierung nicht gehen will oder kann, hat eigentlich nicht das geistige Niveau, das die Universität deutscher Zunge meint. Der »Akademiker« soll sich in freier wissenschaftlicher Urteilsbildung die geistigen Voraussetzungen selbst schaffen, mit denen er in seiner engeren Praxis zu schalten hat. Nur so wird er produktiv; im anderen Fall steht er vor der Gefahr der angelernten Routine. Wer bereits in die Praxis eingetreten ist, mag zu seiner Fortbildung in die Universität zurückkehren und dort von »Kursen« Gebrauch machen, die sein spezielles Arbeitsgebiet beleuchten. Am Anfang seiner Bildung aber soll das Erlebnis stehen, daß es kein Teilproblem gibt, das nicht in die allgemeine wissenschaftliche Problematik wesensmäßig eingelagert wäre. Ihrem Wesen nach und in entschiedenem Gegensatz zu ausländischen Hochschulen kennt die deutsche Universität keine »Kurse«.

Hinter dieser Frage liegen für sie die wichtigsten Grundentscheidungen. Es ist oft getadelt worden und wird besonders heut vielfach scharf getadelt, daß die deutsche Universität eigentlich nirgendwo eine *volle* Berufsausbildung gebe, sondern die Einführung in die Berufspraxis einer gesonderten Ausbildungszeit *nach* Abschluß der wissenschaftlichen Studien überlasse. Die Motive hierfür sind uns zum Teil bekannt: das erste und wichtigste liegt darin, daß der *allgemeine* wissenschaftliche Geist in jedem Jünger akademischer Berufe erweckt werden soll, damit sein Blick weit, sein Urteil frei, seine geistige Gesamthaltung umstellungsfähig werde. Demgemäß wird in den meisten Fächern einem zu eng spezialistischen Studium bewußt entgegengearbeitet. Das zweite Motiv ist mehr ethischer Art: der *bloße* Berufsmensch ist überhaupt kein erstrebenswertes Ideal, auch wenn es sich um Berufe handelt, die nicht um des Erwerbes willen gewählt werden. Das dritte wurzelt in den organisatorischen Schwierigkeiten, die die Zahl und die Zeiteinteilung der Bewerber einer Vereinigung von theoretischer und praktischer Ausbildung entgegensetzen. Aus diesen Gründen geht die deutsche Universität im allgemeinen so weit, außer den generellen wissenschaftlichen Voraussetzungen auch die theoretischen Grundlagen des speziellen Berufes in Form einer prinzipiellen Berufskunde zu geben und die Erweckung des rechten Berufsethos anzubahnen. Aber die eigentlichen Anfänge der Ausübung hält sie *absichtlich* aus ihren Hallen fern. Der junge Theologe hört zwar Vorlesungen über praktische Theologie und kommt gelegentlich auch einmal zum Predigen. Die gründliche Anleitung dazu und zu seinen anderen Funktionen erhält er erst zwischen dem ersten und zweiten theologischen Examen als »Predigtamtskandidat«. Die entsprechende Aufgabe hat für den Juristen die Referendarszeit, für den Bewerber des höheren Schulamts die praktisch-pädagogische Ausbildung als Studienreferendar. Ein wenig anders liegt es bei der Medizin, die durch ihre Eigenschaft zugleich als Heil*kunde* und Heil*kunst* die wissenschaftliche Vorbereitung von vornherein näher mit der Praxis verbindet.

Diese Einrichtungen können *nicht* abgeändert werden ohne einen tiefen Schnitt in das eigentümliche Wesen und die eigentümliche Kraft der deutschen Universität. Sie haben natürlich, wie jede Maßnahme, auch die ihrem guten Sinn korrespondierenden Mängel, wie sie einer anderen Einrichtung ebenfalls nicht fehlen würden. Vor allem ist es eine quälend empfundene Zumutung an junge Menschen, sich in den Jahren leidenschaftlichen Tatendranges so überwiegend der Theorie hinzugeben und den Hauptumgang mit Buch und Schreibtisch zu pflegen. Besonders da, wo dies Verhalten irrig zur bloßen Rezeptivität gestaltet wird, hat es seine großen psychologischen Bedenken. Trotzdem trete ich für die Beibehaltung ein. Wer die inneren Gründe nicht gelten läßt, muß die organisatorische Unmöglichkeit zugeben, wissenschaftliches Studium (etwa in einer mittleren Universitätsstadt) schon mit regelmäßiger und vielseitiger praktischer Übung zu verbinden. Außerdem aber kann und soll die Aktivität, die der Student braucht, durch andere Einrichtungen des akademischen Lebens, von denen später die Rede sein wird, gewährleistet werden, und er *soll* in diesen Jahren die Freiheit haben, sich in Staat und Gesellschaft, Kunst und Geistesleben, Sport und Wandern mit all *der* Freiheit umzutun, die im späteren Dasein für ihn nicht wiederkommt.

C. Die Verbindung der Idee reiner Wissenschaft mit bestimmten, historisch legitimierten oder neu hinzukommenden Hauptgebieten angewandter Wissenschaft liefert die Grundlagen für das Verständnis der deutschen Universitätsorganisation, soweit dies von der Seite des *Wissenschafts*betriebes her allein zu gewinnen ist. Die klassische Auffassung bringt jene beiden Wissenschaftsformen so miteinander in Verbindung, daß die *philosophische Fakultät eigentlich den Zusammenhang der reinen Wissenschaften in ganzem Umfange darstellen soll,* die drei anderen aber diejenigen allgemeinen Kulturbereiche repräsentieren, für die die Universität ausdrücklich die wissenschaftlichen Grundlagen zu geben bereit ist.

Ehe wir die Verwicklungen und Schwierigkeiten dieses einfachen Grundsachverhaltes behandeln, muß das Eigentümliche der hiermit gegebenen Wissenschaftsorganisation einmal isoliert herausgehoben werden.

Das Entscheidende hieran ist nämlich die grundsätzliche Verbindung von Forschung und Lehre. *Forschung* ist die Erweiterung des Wissens durch selbständige, primär an dem Gesetz der Wahrheit orientierte, rein gegenständlich gerichtete, kritische Denkarbeit. Man meint damit zunächst die Einzelforschung, also die Arbeit der Sonderdisziplinen. Aber auch das selbständig bohrende, auf die Herausstellung apriorischer Prinzipien bedachte philosophische Denken kann allenfalls Forschung (z. B. Bewußtseinsforschung) genannt werden. *Lehre* ist, wenn dieser Begriff unablässigen, aktiven Erkenntnissuchens vorausgesetzt wird, nicht mehr bloße Tradition durch Autorität, sondern ausdrücklich Anleitung zum Selbstdenken und Mitforschen. Es hat Wissenschaftsorganisationen gegeben, die ganz anders verfuhren. Wo die Wahrheit (aus Offenbarung oder sonst autoritativer Quelle gewonnen) als bereits gegeben und feststehend angesehen wird, kann ein solches System nicht Platz greifen. Wo die direkte Ausbildung für praktische Berufe, womöglich nach festen Prüfungsnormen, angestrebt wird, kann es sich gleichfalls nicht entfalten. Kaum irgendeine wissenschaftliche Hochschule der Kulturwelt wird heut auf selbständige Forschung ganz verzichten. Trotzdem darf man behaupten: eben diese grundsätzliche Verbindung nicht nur, sondern gegenseitige *Durchdringung* von Forschung und Lehre sei ein hervorstechendes Merkmal gerade der deutschen Universität.

In der Tat greift dieses Prinzip durch den gesamten Wissenschaftsbetrieb hindurch. Nicht nur in der philosophischen Fakultät wird geforscht, sondern in *allen* Fakultäten; insofern haben sie an dem Geist jener »Zentralfakultät« entschiedenen Anteil. Vom angestellten Professor wird verlangt, daß er *selbständige* wissenschaftliche Leistungen aufzuweisen habe; nach seinem Lehrtalent wurde früher wenig, wird heute noch erst in zweiter Linie gefragt. Die Hauptbedingung für die Niederlassung als Privatdozent ist Nachweis *eigener* wissenschaftlicher Arbeit. Die Erteilung der akademischen Grade hängt gleichfalls von solchen Zeugnissen ab. Ja selbst eine einfache Seminararbeit soll schon Ansätze zu derartigen Leistungen, die erste Vertrautheit mit dem Handwerkszeug und den Arbeitsweisen der Wissenschaft, bekunden. – Eine Vorlesung wird immer auf den Schultern früherer wissenschaftlicher Arbeit stehen. Aber ihre Rechtfertigung im Zeitalter der Buchdruckerkunst hat sie im Grunde vor allem darin, daß der Dozent sich selbständig-kritisch zu den übernommenen Resultaten einstellt und daß er einiges Eigne, Neue zu sagen weiß. Das Hören der Vorlesung soll kein bloß empfangendes Verhalten, sondern Mitdenken, inneres Mitschaffen und Kritisieren sein. Überhaupt: alle Formen des Lehrens an der Universität *sollen* von dem Forschungsgedanken her belebt sein. Nichts soll auf Treu und Glauben angenommen werden: deshalb gibt die richtige Vorlesung die Hilfsmittel zur selbständigen Nachprüfung an. Das Seminar oder das Institut ist in allen Fächern organisierte Zusammenarbeit von Dozenten und Studenten zu gemeinschaftlicher Wissens*findung*. Endlich die dritte und höchste Form der Lehre: die Anfertigung einer eigenen wissenschaftlichen Promotionsarbeit, bedeutet schon den Übergang zu freiem und selbstverantwortlichem Tun, das der Idee nach mehr sein sollte, als vom Professor bestellte und geleitete Arbeit.

Die Schwierigkeiten, die mit dem geschilderten System verbunden sind, treten nicht erst seit heute auf, werden aber immer deutlicher fühlbar. Voraussetzung für die Durchführung ist nämlich einmal eine Elite von Professorenköpfen, die nicht in beliebiger Anzahl vom Volke hervorgebracht werden. Es gibt auch solche, denen nichts Neues einfällt. Sodann gehört dazu eine Reife des Urteils und der allgemeinen Vorbildung bei den Studierenden, die solange für einen großen Teil von ihnen gewährleistet war, als die Arbeit der höheren Schulen sich ausdrücklich auf die Universitätsreife als Zielforderung einstellte. Dieser Maßstab ist heut bewußt aufgegeben worden. Das reine wissenschaftliche Interesse ist ferner heut, in einer Welt schwerer ethischer Kämpfe, wirtschaftlicher Rivalität und zerstreuender Vielspältigkeit des ganzen Kulturlebens, nicht mehr so häufig, wie in der Blütezeit hoffnungsvoller Forschung, dem 19. Jahrhundert. Wissenschaftsfeindlichkeit ist nur der äußerste Gipfel: schon banausisches Streben nach Berufsfertigkeit und müde Skepsis am Wert wissenschaftlicher Bildung gefährden jenen Universitätsgedanken.

Dazu kommen innere, dem System selbst anhaftende Schwierigkeiten:

diese Freiheit des Suchens führt leicht zur Zersplitterung. Jeder geht seinen eigenen Weg – zum Schluß fügt sich nichts mehr zum Ganzen zusammen. Auch hier ist eine anarchische Produktion die Gefahr des Liberalismus. In den Naturwissenschaften ist, schon wegen der Konstanz und Eindeutigkeit ihrer Objekte, eine Arbeitsteilung planmäßiger Art möglich. Einer knüpft hier an die Ergebnisse des andern an, verwertet sie, kritisiert sie, faßt sie im günstigen Fall zu neuen Gesamtansichten zusammen. Ein naturwissenschaftliches Institut, ein Laboratorium, kann somit eine ziemlich bestimmte Arbeitslinie befolgen. In den Geisteswissenschaften spielt bei allem Willen zur Objektivität und grundsätzlichen Kritik die Persönlichkeit des Forschers und seine vom Leben her bedingte Fragestellung eine größere Rolle. Es kommt zwar auch hier wenigstens zu Schulbildungen um einen führenden Gelehrten herum. Aber darin liegt immer die Gefahr der Manier oder gar einer autoritätsgebundenen persönlichen Scholastik. Der Versuch, auch die geisteswissenschaftliche Arbeit, z. B. die historische, zu *organisieren*, wie ihn etwa Lamprecht im Institut für Kultur- und Universalgeschichte in Leipzig unternommen hat, muß als gescheitert gelten. Sein positivistischer Wissenschaftsgedanke erwies sich doch nicht als angemessen den Bedingungen geisteswissenschaftlichen Forschens.

Und noch ein anderes: je größer die Universitäten werden, je mehr direkte Aufgaben für Staat und aktuelles Kulturleben sie aufgepackt erhalten, um so beschränkter werden Zeit und Kraft auch des leistungsfähigen Universitätsgelehrten für seine Forschungsaufgaben. So ist denn ein Gedanke praktisch nahegerückt, den W. v. Humboldt, der Begründer der Berliner Universität, entschieden verworfen hätte: die Einrichtung selbständiger Forschungsinstitute *neben* der Universität oder in mehr zufälliger, loser Personalunion mit ihr. Es war nicht im Geiste der Tradition von Berlin, aber doch auch keine Willkür und kein Zufall, daß durch kaiserliche Stiftung bei der Hundertjahrfeier der Universität zunächst für naturwissenschaftliche Gebiete die sog. Kaiser-Wilhelm-Forschungsinstitute begründet wurden. Spärlicher sind bis jetzt einige geisteswissenschaftliche Forschungsinstitute gefolgt. Bezeichnenderweise unterblieb in beiden Fällen die Angliederung an die alten Akademien der Wissenschaft und Gelehrten Gesellschaften, die ja auch den Lehrzweck ausschlossen, ursprünglich aber (im 18. Jahrhundert) stark utilitarisch gefärbt waren. Schreitet diese Abspaltungsbewegung weiter fort, so wird damit der Grundcharakter der deutschen Universität unvermeidlich umgestaltet werden. Schon jetzt taucht bei solchen, die ihre Vorzüge im Grunde nie ganz verstanden haben, immer wieder der Plan auf, die Universitäten entschiedener als wissenschaftliche *Lehr*anstalten für akademische *Berufe* auszubauen. Der Gedanke ist wohlgemeint, muß aber notwendig zur geistigen Stagnation der Wissenschaft führen. Nur durch den inneren Trieb zur Weiterbildung bleibt sie lebendig. Nur unter der Voraussetzung der Forschungsaufgabe kann sie auch von politischen und von Weltanschauungsgruppen unabhängig bleiben.

Immerhin: die Bedürfnisse des Lebens klopfen vernehmlich an die Pforten der alten Hochschule. Sie hat, dem immanenten Gesetz der reinen Wissenschaftsentwicklung überlassen, doch nicht immer ganz die Fühlung mit neuen Kulturerscheinungen bewahrt. Was ihre Stärke war, äußerte sich vielfach auch als Schwergewicht des Beharrens. Blicken wir von hier aus, immer noch vom Gesichtspunkte des bloßen Wissenschaftsinteresses aus, auf die mehr praktisch bedingte Einteilung in Fakultäten zurück, so bedeutet sie in doppelter Beziehung ein gewisses Hemmnis: Es gibt wissenschaftliche Problemgebiete, die sich nicht eindeutig einer von ihnen zuweisen lassen. Im Zweifelsfalle wird noch immer die philosophische Fakultät für sie aufnahmebereit sein. Wichtiger aber ist der andere Vorgang: In der philosophischen Fakultät selbst studiert seit ihrer Neugeburt vor 119 Jahren eine eigene Berufsgruppe: die Anwärter des höheren Lehramtes. Ihre Bedürfnisse decken sich immer weniger mit der allgemeinwissenschaftlichen, ganz zweckfreien Tendenz der philosophischen Fakultät. Unter dem pädagogischen Gesichtspunkt erfahren die Wissenschaften eine andere Betonung, unterliegen sie anderen Ausleseprinzipien als unter der reinen Wissenschaftsidee. Von hier aus kam der erste *Berufs*gesichtspunkt in die allgemeine Fakultät hinein. Aber es folgte die Entstehung anderer Berufsstudien: vor allem der Chemiker, auch der Bibliothekare, Archivare usw.; dann – wo diese Gebiete im Verbande der philosophischen Fakultät geblieben waren: der Volkswirte, Landwirte, Forstwirte usw. Die damit gegebene Spezialisierung wie praktische Zuspitzung der Disziplinen mußte den Rahmen der Fakultät erst erweitern, dann aber ihn zu sprengen drohen. Sichtbar wurde dies zuerst in der – meist organisatorisch motivierten – Trennung der Fakultät in eine naturwissenschaftliche und geisteswissenschaftliche Fakultät oder »Sektion« (mit einem gemeinsamen oder zwei Dekanen). Schlimmer aber war das Eindringen von allen möglichen »Berufs*kunden*«, die schon durch diesen Namen andeuten, daß sie nicht aus einem wissenschaftlichen Gesichtspunkt, sondern unter rein praktischen Bedürfnissen zusammengeordnet sind. Es kamen die Wohlfahrtspfleger und Jugendwohlfahrtspfleger, die Apotheker, die Bibliothekare, hier und da die Volksschullehrer; zuletzt meldeten sich die Turnlehrer. Der Prozeß wird weitergehen und stellt die Universität vor ihre Lebensfrage, wofern man der Meinung ist, daß in ihrer streng wissenschaftlichen Idee etwas Erhaltungswertes liegt, das man nicht einfach Jahr für Jahr abbauen darf. Merkwürdigerweise sind es aber oft dieselben, die, gegen den Spezialismus eifernd, nach Synthese rufen und doch zugleich immer mehr spezielle Wissenschaftszusammenstellungen unter dem Berufsgesichtspunkt in die Universität einführen. In dieser Problematik, die später noch unter allgemeinen Gesichtspunkten beleuchtet werden soll, stehen wir heute drin. Wird der deutsche Wissenschaftsbetrieb wirklich zu einem Bündel von Berufskunden umgestaltet werden?

D. Wenn die moderne Kulturentwicklung die Wissenschaft immer mehr spezialisiert und in das praktische Leben hineingezogen hat, so wäre diese »Verlängerung nach vorwärts« zu ertragen, wofern nur die Idee der Wissenschaftlichkeit selber als eine Art von Archimedischem Punkte feststünde. Die Gegenwartsproblematik der Wissenschaft erstreckt sich aber auch nach rückwärts: auf ihre eignen Voraussetzungen selbst. Der Geist des 19. Jahrhunderts, nicht nur in Deutschland – hat die These von der Voraussetzungslosigkeit der Wissenschaft hervorgebracht. Sie wurzelt in der Überzeugung von der Autonomie der erkennenden Vernunft, die ihrerseits wieder dem 18. Jahrhundert entstammt. Solange man fest davon durchdrungen war, daß das Erkennen sein ganz eindeutiges, allgemeingültiges, von keinen fremdartigen Bindungen abhängiges Gesetz in sich trägt, konnte die Wissenschaft als Großmacht im Geistesleben auftreten, ja eine Zeitlang die ganze Kulturführung für sich beanspruchen. Dabei war es nebensächlich, ob man das Hauptgewicht auf die unbefangene Erfahrung legte oder auf gewisse apriorische Bestimmtheiten des erkennenden Bewußtseins: in beiden Fällen hatte man einen sicheren Grund unter den Füßen. Sofort aber mußte diese Selbstgewißheit der Wissenschaft erschüttert werden, sobald man in ihr andere Voraussetzungen als die ihrer erkenntnistheoretischen Selbstkonstituierung entdeckte: entweder als persönliche Grundentscheidungen des Forschers oder als klassenmäßige Bestimmtheit seines Bewußtseins oder als allgemein zeitbedingte »Vorurteile«. Nennen wir dieses nicht mehr rein theoretische Apriori der Wissenschaft ein »Weltanschauungsmoment«, so ging also die Frage darum, ob die Weltanschauung letztes Ergebnis der zu Ende geführten Wissenschaft sei, oder ob sie vielmehr schon an den Fundamenten der Wissenschaft aufbauend mitwirke.

Es kann nicht geleugnet werden, daß diejenigen Kreise, die geistig in der geradlinigen Fortsetzung der Aufklärung standen, sich zu der ersten Auffassung hinneigten. Und wenn man die Voraussetzungslosigkeit der Wissenschaft so mißverstand, mußte allerdings der Zusammenbruch dieses Irrtums gefährlich werden. Im Grunde hatten die Philosophen der klassischen Universität niemals eine solche Meinung vertreten. Fichte, Schleiermacher, Hegel hatten ja die ewige Vernunft selbst in einem historischen Prozeß begriffen gedacht. Sie wußten auch, daß sie immer nur in nationaler und in persönlicher Gestalt und Stufe in die Erscheinung trete. Aber sie waren noch fest von dem ewigen und allgemeingültigen Kern in aller wissenschaftlichen Produktivität überzeugt. Schwieriger wurde die Situation mit dem Eindringen der Spätformen des Positivismus: mit dem Pragmatismus, dem Fiktionalismus und dem historischen Relativismus. Heute liegen die Dinge so, daß der Tatbestand der Wissenschaft selbst an ihrer Allgemeingültigkeit schwere Zweifel aufkommen läßt. Und immer mehr hat sich herausgestellt, daß die Persönlichkeiten, die Wissenschaft treiben, nicht einfach leere Tafeln (tabulae rasae) sind, sondern Menschen mit einem meist sehr individualisierten Wertbewußtsein. Wie könnte auch jemand Geschichte schreiben oder den kleinsten Ausschnitt der geistigen Welt verstehen, ohne selbst mit seinem Wesen, seinen Überzeugungen, seinem Charakter in den Geistesprozeß als Glied verflochten zu sein?

Ist damit nun die Voraussetzungslosigkeit der Wissenschaft aufgehoben? In dem bezeichneten Sinne allerdings. Aber nicht in dem Sinne, auf den es ankommt und der allein vernünftig ist. Die Objektivität der Wissenschaft besteht nicht darin, daß jeder mit dem Nullpunkt anfängt, sondern darin, daß er von dem Punkte aus, wo er steht, nach dem seinem Gewissen eingegrabenen Gesetz unbefangenen Wahrheitsuchens fortschreite. Dieses Bekenntnis – und es ist ein Bekenntnis – ist *die* ideelle Voraussetzung der Wissenschaft. Wie weit die Resultate dann übereinstimmen, liegt so wenig in unserer Macht wie die Erfolge unsres sittlich gemeinten Handelns überhaupt.

Es ist leicht zu sehen, daß jenes Bekenntnis in besonders nahem Zusammenhang mit der protestantischen Grundhaltung des Geistes steht. Für den Katholiken ist diese Einstellung auch möglich, aber nur bis zu einem bestimmten, *vorher* feststehenden Punkte: den Inhalten der göttlichen Offenbarung, deren letzthin maßgebende Auslegung der Kirche zusteht. Auch der Protestant kommt, wie gerade die neueste Bewegung im deutschen Geistesleben zeigt, irgendwo einmal an die Stelle der *Selbstbegrenzung der Wissenschaft*. Beide gehen von verschiedenen Seiten aus: während für den einen die Wissenschaft von vornherein nur an zweiter Stelle des Wahrheitswertes steht, stößt der andere mit dieser Geisteskraft vor, *soweit* sie ihn zu führen fähig ist.

Von hier aus wird es verständlich, daß in Deutschland die Forderung auf weltanschaulich gebundene Professuren zunächst von der katholischen Kirche gestellt worden ist. Von den Rechtsverhältnissen zwischen der Universität und den Kirchen war früher die Rede. Hier handelt es sich um die rein innere Seite der Frage. Es ist ganz klar, daß auch von anderen Kreisen, z. B. vom Marxismus her (wie in Sowjetrußland), Weltanschauungsprofessuren verlangt werden könnten. Die Folge einer solchen Entwicklung wäre nicht nur die völlige Umbildung der Universität, sondern ihr Zerfall und ihre Ersetzung durch ausdrücklich weltanschaulich gebundene Hochschulen, deren es dann so viele geben würde, wie es große und finanziell leistungsfähige Weltanschauungsgruppen im Lande gäbe. Wenn hierzu gesagt wird, auch hinter der Universität, wie sie ist, liege eine bestimmte Weltanschauung, nämlich die liberale, die die Autonomie des Erkennens auf ihre Fahne geschrieben hat, so ist dies richtig. Aber diese Weltanschauung ist im modernen Geistesleben nicht zufällig entstanden. Eine Stätte, an der sie wirksam ist, kann auf unserer Kulturstufe nicht mehr entbehrt werden. Denn gerade sie ist es, die in unserer weltanschaulich zersplitterten Lage den Zugang zu *allen* ernsthaft erarbeiteten Weltanschauungen freigibt. Und ohne einen Anteil wissenschaftlicher Besinnung – das weiß auch die katholische Kirche – ist heute *keine* echte Weltanschauung mehr denkbar. Auch die römische Kirche hätte bei der inneren Kraft ihres Standpunktes auf gesetzlich gebundene Weltanschauungsprofessuren verzichten können. Sie hat damit einen Weg eröffnet, der künftige große Gefahren für sie selbst in sich birgt. Die deutsche Universität schaltet die Weltanschauungen nicht aus. Sie kann sie aber nicht zum inneren Organisationsprinzip überhaupt erheben. Vielmehr ist sie in dem Sinne weltanschaulich bewußt neutral, daß jeder, der lehrend oder lernend zu ihr gehört, seine persönliche Weltanschauung mit all den Mitteln durcharbeiten und durchdenken soll, die ihm die wissenschaftliche Besinnung dafür zu liefern vermag. –

Blicken wir auf die Probleme dieses Abschnittes zurück, so ist das Hauptergebnis, daß die von der Universität gepflegte Wissenschaft in die Krisis, in der sich die ganze moderne Kultur befindet, mit hineingezogen worden ist. Man darf nicht sagen, daß sie so, wie sie war, einfach die Führung behalten hat. Im Gegensatz zu der bloß technologischen Wissenschaft ist die ethisch fundierte Wissenschaft mit erschüttert. Aber es wäre kurzsichtig, ihr dies zum Vorwurf zu machen. Ihre Aufgabe im deutschen Sinne ist, unablässig zu *suchen*, sich selbst zu kritisieren und innerlich zu erneuern, unter Umständen: sich über die ihr wesensmäßig gezogenen Grenzen offen Rechenschaft abzulegen. Tut sie dies, so leistet sie dem Leben, was sie von ihrer Seite aus zu leisten vermag. Und eine Hochschule, deren Einrichtungen solche Umwälzungen nicht verhindern, sondern sie möglich machen, ja geradezu auf sie hin gedacht sind, darf als Stätte der Kulturpflege von bleibender Bedeutung gelten. Sie ist wirklich organische Form, in der das Leben mit seinen nie voraus zu berechnenden Spannungen Raum zur Entfaltung hat, nicht eine bloße Organisation feststehender Staatszwecke oder verbindlicher Systeme. »Omnia sponte fluant, absit violentia rebus.«

IV. Die innere Organisation. Das Wesen der deutschen Universität ist nur zur Hälfte erfaßt, wenn man den in ihr lebendigen Wissenschaftsgedanken samt den Ausstrahlungen dieser Wissenschaft in die mannigfaltigen Anwendungsgebiete dargestellt und ihre spannungsreichen Beziehungen zum Staate verfolgt hat. Ihr »Geist« lebt nicht nur in dem Kulturgehalt, den sie pflegt, sondern auch in der höchst eigentümlichen soziologischen Gestalt ihres Innern. Wir werden von vornherein in dieser Hinsicht sehr komplizierte Verhältnisse erwarten müssen: ihre uralten historischen Genossenschaftsformen, das moderne Staatsbeamtentum ihrer Hauptdozenten, die Freiheit der Forschung und der Lehre, die Einflüsse der neuen Gesellschaftsschichtung wirken höchst merkwürdig durcheinander. Dazu kommt als ganz wesentlich mitbestimmender Faktor eine Studentenschaft, die sich schon dann in rund fünf Jahren jeweils völlig erneuern würde, wenn es keinen Universitätswechsel mitten im Studium gäbe. Sie bringt den heute sehr schnell sich umbildenden Geist der jeweiligen Jugendgeneration herein. Ein solches System ist statisch überhaupt nicht zu fassen: es ist in fortwährender Bewegung. Man ist daher zunächst in Zweifel, in welchem Organ dieses lebenden Körpers man sein Herz erfaßt. Wollte man historisch bis zur gegenwärtigen Gestalt vorschreiten, so würde man mit einer sehr umfangreichen Darstellung vielleicht nur das Mißverständnis nähren, unter den alten Namen lebten auch die alten Einrichtungen als solche weiter. Man muß daher versuchen, von der Gegenwartsgestalt ausgehend Verwandtschaft und Kontrast zur früheren Ordnung zu schildern.

Die Universität ist unzweifelhaft noch heut, was ihr ursprünglicher Name sagt: universitas docentium et discentium. Das Leben der Universität beruht auf dem Zusammenwirken beider Teile. Aber sie bilden nicht mehr, wie im Mittelalter, Genossenschaften, denen magistri und scholares schon deshalb gleichmäßig angehören, weil die Magister der Artistenfakultät zugleich Studenten der höheren Fakultäten sind. Die Rollen sind organisatorisch viel schärfer getrennt, wenn auch die Dozenten noch heut für sich in Anspruch nehmen werden oder sollen, im idealen Sinne ewige studentes, d. h. strebend sich Bemühende zu sein. Praktisch aber liegt der große Unterschied darin, daß 1) diese freie Korporation zugleich Staatsanstalt oder Behörde ist, die einen Stab von Verwaltungsbeamten mit direkt staatlichem Auftrag fordert; 2) darin, daß diejenigen Professoren, die ebenfalls Staatsbeamte sind, zu ihrer Universität in einem pflichtmäßigen

Dauerverhältnis stehen, während die Studenten in flüchtigem Wechsel kommen und gehen. In der Mitte zwischen beiden Gruppen stehen mehrere Dozentenkategorien, deren Mitglieder nicht hauptamtlich oder überhaupt nicht amtlich tätig sind. Von der Beamtenschaft über die verpflichteten oder zugelassenen Dozenten bis zu den ganz freien Studenten findet sich also in der Universität ein sehr verschiedenes »Personal«, von dem man sich nur ein ganz klares Bild machen kann, wenn man einmal das »Personalverzeichnis« einer deutschen Universität gesehen hat.

A. Es ist eine Satzungsfrage, ob die staatlichen Verwaltungsbeamten zur eigentlichen Universität gerechnet werden oder als ihr »beigeordnet« erscheinen. Da es sich aber, vom Kurator (in Berlin vom »Verwaltungsdirektor«) abgesehen, meist um mittlere oder untere Beamte handelt, so wird der Geist der Universität von ihnen nicht wesentlich beeinflußt. Trotzdem muß in einer soziologischen Betrachtung der Universität von ihnen die Rede sein, weil es juristisch und soziologisch von Interesse ist, auf die Schnittlinie genau zu achten, bis zu der die »Staatlichkeit« der heutigen Universität reicht und jenseits deren so etwas wie ein Bereich der Staatsfreiheit beginnt.

Der Staat nämlich greift in sehr entschiedener Weise in das innere Gefüge der Universität ein: 1) als allgemeine Verwaltungs- und Aufsichtsinstanz, insbesondere 2) durch Finanzverwaltung und 3) durch amtliche Bestellung aller Dozenten mit Ausnahme der Privatdozenten. Wollte man nun von dieser Seite her das soziologische Wesen der Universität begreifen, so würde man nie zu ihrem Verständnis kommen. Sie wäre dann einfach Staatsanstalt, staatliche Lehranstalt. So wenig aber die protestantische Kirche selbst in den Zeiten der Hochspannung des Staatskirchentums nur eine Staatsanstalt war, so wenig ist die Universität in Deutschland *nur* Staatsanstalt. Wäre sie dies, so würde ja vermutlich ihr ganzes Schwergewicht in den staatlich errichteten und dotierten Professuren ruhen. Aber diese Staatlichkeit ist keinesfalls der *Mittelpunkt* der deutschen Universität.

Folgen wir jedoch zunächst dieser Linie der Betrachtung »von außen her«: die Verwaltung der deutschen Universitäten ist Sache der Länderregierungen, sofern der betreffende Staat eine Universität unterhält. Man spricht daher auch von »Hochschulländern«. Das Reich hat direkt mit den Universitäten nichts zu tun. Bei einer künftigen Reichsreform könnte sich dieser Tatbestand ändern, mindestens in einem neuerrichteten »Reichslande«. So war Straßburg vor dem Kriege eine »Kaiserliche Universität«. Obwohl die meisten Universitäten eine durchaus territoriale Vergangenheit (»Landesuniversität«) und noch heut ein teilweise bewußt gepflegtes landschaftliches Gepräge haben, unterstehen sie auch in den größten Staaten Preußen und Bayern nicht den Provinzialregierungen, sondern direkt der Zentralinstanz. In einigen großen Staaten ist es dasjenige Sonderministerium, das nach seiner historischen Herkunft im Sprachgebrauch noch heut »Kultusministerium« heißt, genauer gesagt: dasjenige, dem die Kirchen- und Schulangelegenheiten unterstehen (in Preußen heut: Ministerium für Wissenschaft, Kunst und Volksbildung, in Österreich: Bundesministerium für Unterricht). In den kleineren Staaten bildet dieses Ressort eine Unterabteilung im Ministerium des Innern. Hamburg hat eine besondere Hochschulbehörde. In Österreich werden die rein administrativen Angelegenheiten von den Landesregierungen besorgt. Für den amtlichen Verkehr zwischen dem Ministerium und der einzelnen Universität ist in Preußen ein besonderer hoher Beamter, der *Kurator* bestellt, der seinen Sitz in der Hochschulstadt hat. In Berlin beschränkt sich die Vermittlung auf Angelegenheiten der äußeren Universitätseinrichtung (Baulichkeiten, Institute). Der entsprechende Beamte trägt die Amtsbezeichnung »Verwaltungsdirektor«. In Leipzig führt die Vertretung des Ministeriums am Orte der Kreishauptmann, in Tübingen der Kanzler (der aber zugleich Professor ist). In keinem Falle handelt es sich um ein Analogon etwa zu dem Präsidenten einer amerikanischen Universität. Der Kurator usw. ist ein Vermittler, nicht einmal selbst Verwaltungsbeamter. Er ist daher in Zeiten friedlicher Verständigung ein Vertrauensmann beider Parteien, könnte aber wohl im Konfliktfall auch zur Aufsichtsinstanz nach Art der alten, bei den Universitäten mißliebigen »Regierungsbevollmächtigten« werden. – Abgesehen von den Kanzlei- und Registraturbeamten, die für den technischen Verwaltungsbetrieb erforderlich sind, befindet sich in der Universität als staatliche Behörde nur die Universitätskasse. Sie ist dem Ministerium unterstellt, soweit sie staatliche Gelder einnimmt oder auszahlt; als »Quästur« aber, die die Kolleghonorare für die Dozenten einnimmt, ist sie dem höchsten Selbstverwaltungsbeamten, dem Rektor, unterstellt. Schon hier also zeigt sich das dualistische System. An einigen Universitäten sind diese beiden Stellen getrennt. Wo die Universität ein eignes Vermögen aus alten Stiftungen hat, verwaltet sie es doch heute nur unter Staatsaufsicht. Auch dies ist für die Verstaatlichung der Universität charakteristisch. In Österreich sind die Leiter der Rektoratskanzleien Beamte mit voller juristischer Vorbildung. Sie werden zwar, auf Vorschlag des akademischen Senats, vom Staat ernanit, sind aber akademische Organe und in ihrer Dienstleistung dem Senat unterstellt.

B. Wenden wir uns zur Dozentenschaft, so reicht bei ihr die »Staatlichkeit« nur bis zu einer bestimmten Linie. Unter *diesem* Gesichtspunkt ist die Unterscheidung von beamteten und nichtbeamteten Dozenten von grundlegender Bedeutung.

1. *Die beamteten Dozenten* sind, wie der Name sagt, vom Staat angestellt und zum Lehren beauftragt. Sie zerfallen in hauptamtliche und nebenamtliche. Ein volles Hauptamt bekleiden die »ordentlichen Professoren«, deren Gesamtheit in jeder Fakultät den Hauptstamm, die sog. Engere Fakultät, bildet. Diese engere Fakultät ist daher ausdrücklich staatliche Behörde. Ebenfalls hauptamtlich angestellt sind die sog. »beamteten außerordentlichen Professoren«. Sie vertreten in der Regel ein kleineres Sonderfach und beziehen ein geringeres Gehalt. In Preußen hat man eine Zeitlang daran gedacht, den Unterschied zwischen ordentlichen und beamteten außerordentlichen Professoren aufzuheben; jedoch ist man im Hinblick auf die ungleiche Wichtigkeit der Fächer zu der alten Einrichtung von selbst zurückgekehrt. – Nebenamtlich tätig sind die sog. Honorarprofessoren. Sie werden zur Ergänzung des Lehrbetriebs für Sondergebiete herangezogen. Ihre Besoldung beziehen sie in der Regel aus einer hauptamtlichen Stellung, die sie außerhalb der Universität (z. B. in einer Verwaltung, einer Bibliothek, einem Museum) bekleiden. Oft sind es Praktiker, deren Erfahrungen nutzbar gemacht werden sollen. Sie stehen schon am Rande des regulären Lehrkörpers. Noch weiter abseits stehen die »Dozenten, die mit der Abhaltung von Vorlesungen beauftragt sind«. Sie beziehen kein Gehalt, sondern haben für ein meist sehr enges Gebiet einen widerruflichen bezahlten Lehrauftrag. Endlich sind die Lektoren zu erwähnen, die zur Unterstützung der Ordinarien für mehr technische Dinge (z. B. Fremdsprachen, Vortragskunst, Stenographie usw.) herangezogen werden. Ihre Anstellung ist z. T. nur kurzbefristet. In Österreich unterscheidet man Lektoren (für Sprachen usw.) und Lehrer (für technische Fertigkeiten).

2. Von der vielstufigen Gruppe der beamteten Dozenten unterscheidet sich ganz wesentlich die Kategorie der *nichtbeamteten*: sie werden auch als Privatdozenten bezeichnet. Nach mehrjähriger Bewährung in Forschungs- und Lehrtätigkeit können sie die »Amtsbezeichnung« (»Titel« sind durch die Reichsverfassung verboten) Professor erhalten. Aber sie heißen dann ausdrücklich »nichtbeamtete außerordentliche Professoren«. Ein Nichteingeweihter könnte glauben, daß sie und die Privatdozenten im Rahmen der Universität eine ziemlich unwichtige Rolle spielen. In Wahrheit sind sie für den Geist der Universität von so entscheidender Bedeutung, daß wir ihretwegen mit einer ganz neuen Betrachtung einsetzen müssen. Denn wenn man von dem Gesichtspunkt der staatlichen Lehraufträge allein aus-

geht, so kann man den soziologischen Charakter der deutschen Universität niemals in seinem entscheidenden Kern erfassen. Die bisherigen Ausführungen dienen also nur einer vorläufigen äußeren Orientierung. Sie lehren zugleich, daß der innere Aufbau der Universität *nicht* zentral durch ihren Charakter als Staatsanstalt bestimmt ist. –

Sieht man nämlich diesen Aufbau nur von außen, so könnte man auch noch anderen Irrtümern über den eigentlichen Mittelpunkt des Universitätslebens verfallen. Man könnte glauben, daß sich unter der entschiedenen Führung von Rektor und Senat eine in Fakultäten gegliederte Einheit betätige, wie sich ein Verwaltungsgebiet in verschiedene »Ressorts« oder »Referate« gliedert. Die Wahrheit ist, daß die eigentlichen soziologischen Mittelpunkte *die Fakultäten* sind. Sie führen ein Eigenleben als Verband, während die Universität mehr durch die Idee der Wissenschaftseinheit zusammengehalten wird. Sehr viele Ordinarien aus verschiedenen Fakultäten einer großen Hochschule haben sich nie gesehen. Die Fakultät aber arbeitet zusammen; sie schafft einen persönlichen, stark individualisierten Konnex unter den Mitgliedern wenigstens der engeren Fakultät, deren Name sogleich noch erläutert werden wird. Zunächst kommt es darauf an, diesen auch in Deutschland selbst nicht genug beachteten Unterschied zwischen der Universität als Anstalt und den Fakultäten als ihren Lebenszentren zu begreifen. Die deutsche Universität ist nicht eine in Fakultäten gegliederte, sondern eine aus Fakultäten zusammengefaßte Einheit. Sie ist – bildlich gesprochen – ein Bundesstaat aus Fakultäten, und das heißt: sie ist *mehr* als ein Staatenbund von Fakultäten. Ihr organisierendes Leben stammt aus den Fakultäten, die, in dem stärkeren Kultur- und Wissenschaftszusammenhang des Mittelalters wurzelnd, dann durch enge historische Gemeinschaft zur unauflöslichen Einheit zusammengeschmiedet sind, während in Frankreich z. B. diese Einheit in der Epoche der großen Revolution verloren ging.

Was aber ist nun die Fakultät soziologisch betrachtet?

Die Engere Fakultät ist dem ursprünglichen Sinne nach ein durch ihr gemeinsames wissenschaftliches Fachgebiet konstituierter Verband von ordentlichen Professoren (actu legentes und actu regentes). Neben ihnen steht als heute sog. Weitere Fakultät eine Reihe anderer Dozentenkategorien, die für das Leben der universitas schlechtweg unentbehrlich sind, die aber für ihr inneres Aufbauprinzip nicht charakteristisch sind. Die soziologische Konstruktionseinheit ist die Fakultät im ersten Sinne, die früher ohne jeden Zusatz so genannt wurde. Sie aber ist ein höchst eigentümliches gesellschaftliches Gebilde.

Ihr Kern ist, was man auch sagen möge, heut wie in uralten Zeiten eine genossenschaftlich geordnete *Zunft von Meistern (magistri) eines Könnens.* Dieser Sachverhalt wird dadurch überdeckt, daß mit der Verstaatlichung der Universität diese Zunft zugleich zur staatlichen Behörde, ihre regulären Mitglieder zu Staatsbeamten wurden. Als »Behörde« konnte jene verwandelte Genossenschaft natürlich nur eine Kollegialverfassung erhalten. Daher sehen manche in ihr nur ein Kollegium. Aber kein Verwaltungskollegium oder Lehrerkollegium sonst enthält eine Analogie zu der eigentümlichen Tatsache, daß hier jeder collega auf eine zugleich ganz freie und doch stark kontrollierte Art produziert. Er kann – wofern er den *staatlichen* Lehrauftrag einigermaßen innehält, – sonst wissenschaftlich tätig sein und lehren wie er will, unter der einen entscheidenden Bedingung, daß er *das Niveau* seiner Genossenschaft innehält. Gewiß funktioniert die Fakultät auch als Sachverständigenkollegium – sowohl in staatlichem Auftrag wie in freier Betätigung. Aber die Fachkunde allein erklärt die seltsame soziologische Form nicht. Diese ist vielmehr eine Mischung von genossenschaftlicher Zunft, staatlicher Behörde mit Kollegialverfassung und Sachverständigenkammer. Deshalb ist sie für jemanden, der nicht in ihr gelebt hat, eigentlich gar nicht zu verstehen.

Der Zunftcharakter bleibt dabei unter allen später darüber gelagerten soziologischen Formen deutlich sichtbar erhalten. Will man nicht annehmen, daß das als Atavismus einfach stehengeblieben sei, so muß man nach dem bleibenden Sinn der Einrichtung fragen. In der Tat hat die Zunft ihre Rechtfertigung in einer Hauptfunktion, über die die Außenstehenden sich vielfach nicht mehr klar sind: ihre wesentliche Aufgabe liegt in der *Niveaukontrolle.* Denn wissenschaftliche Arbeit muß mehr als irgendeine andere Kulturleistung ständig in einer Höhenlage gehalten werden, die aus der bloßen freien Konkurrenz der gelehrten Produktion nicht ohne weiteres hervorgehen würde. Der Segen der viel getadelten wissenschaftlichen Zunft besteht, wie bei den Handwerkszünften, in den strengen Maßstäben der Selbstergänzung, in der ständigen *gegenseitigen* Überwachung und Korrektur, und in den Normen, die sie für alle Mitlehrenden und Mitstudierenden aufstellt. Natürlich ist mit diesen Normen meist auch diejenige Enge gegeben, die allen Kollektivmaßstäben eigen zu sein pflegt. Nur selten wird die ganz originale, bahnbrechende Leistung in der Zunft sofort begriffen und anerkannt werden, schon weil sie selbst noch Mängel an sich hat, die sie für die allgemeine Verwertung nicht voll geeignet machen. Aber dieser Nachteil muß in Kauf genommen werden, damit das allgemeine Niveau nicht unter ein erträgliches Maß herabsinkt. Wenn wir früher von dem grundsätzlichen liberalen Geist der deutschen Universität gesprochen haben, so müssen wir diese Behauptung jetzt einschränken: er endet da, wo das Zunftmäßige beginnt. Denn weder wissenschaftlich noch wirtschaftlich paßt die Zunft in ein völlig liberales System hinein. Es ist jedoch nicht zu leugnen, daß seit der klassischen Zeit der Universität durch die liberale Bewegung auch etwas von der »anarchischen Produktion« und der »freien Konkurrenz« in ihren Wissenschafts- und Lehrbetrieb hineingekommen ist. Dadurch kompliziert sich das Bild aufs neue. Wer aber das Leben einer Fakultät von innen her kennt, der weiß, daß in ihr zwar ein großes Stück von Individualismus, gleichgültiger Isolierung und vielen anderen Menschlichkeiten zu finden ist, daß sie aber sofort lebhaft zu funktionieren beginnt, wenn sich herausstellt, daß ein Mitglied im einzelnen Fall oder generell unter dem Niveau zu arbeiten versucht; dann werden die Maßstäbe der Leistung und der genossenschaftlichen Moral plötzlich personal lebendig. Und ebenso stellt sich der Korpsgeist gegen alle Zumutungen von außen, die das geltende Wissenschaftsniveau bedrohen. Das »Geltende« kann nun freilich von Höherstehendem ebensowohl bedroht werden wie vom Niederen. Aber in jedem Fall hat die Behütung der »Regeln« einen Wert für das Gesamtleben des Gebietes. Man denke an die »Meistersinger«, um sich Licht und Schatten dieser soziologischen Form zu verdeutlichen. Keine Genossenschaft kann auf dem Prinzip der Genialität aufgebaut sein; noch weniger eine Behörde.

Betrachtet man vom Gesichtspunkte der Fakultät als soziologischer Einheit aus die verschiedenen Kategorien von Dozenten, so ist nicht mehr der Unterschied von »beamtet« und »nicht beamtet« entscheidend, sondern der der Ordinarien und Nichtordinarien, d. h. der Mitglieder der engeren Fakultät und der weiteren Fakultät. Schon der Name »Ordinarien« deutet darauf hin, daß aus der Gesamtheit der Dozenten nur ein kleiner Teil ursprünglich die Fakultät bildete. Diese wird neuerdings offiziell manchmal als Engere Fakultät bezeichnet. ⟨In Österreich ist dieses Prinzip schon früh (durch Gesetz von 1873) zugunsten der beamteten außerordentlichen Professoren durchbrochen worden. Dort bilden die Ordinarien und außerordentliche Professoren bis zur Hälfte der Zahl der ersteren zusammen das »Professorenkollegium«.⟩ Die Weitere Fakultät besteht dann – ich zitiere die »Grundsätze einer Neuordnung der preußischen Universitätsverfassung vom 20. März 1923« –: »aus den ordentlichen Professoren, den außerordentlichen Professoren, den Privatdozenten und den Honorarprofessoren.« Die Anordnung zeigt, daß die Honorarprofessoren nur als »Zugewandte« angesehen werden. Sie gehören – nach derselben Neuordnung – nicht zum Lehrkörper, sondern »ergänzen« ihn nur. Innerhalb der weiteren Fakultät interessieren uns jetzt besonders die Privatdozenten, wobei wir keinen Unterschied zwischen denen ohne den – »Titel« Professor und den nichtbeamteten außerordentlichen Professoren machen; denn die letzteren sind ihrer rechtlichen Stellung nach Privatdozenten.

Von Untersuchungen über die Entstehung des Honorars für die sog. *Privat*vorlesungen ausgehend, hat Ewald Horn zu beweisen versucht, daß es sich bei dem Privatdozententum nicht um eine vom Staat unabhängige Lehrerschaft handle, sondern um eine staatliche Einrichtung, die auf billige Art das Vorhandensein eines geeigneten akademischen Nachwuchses gewährleistete. Historisch gingen die Privatdozenten nicht auf die magistri legentes des Mittelalters, sondern auf die praeceptores privati des 16. Jahrhunderts zurück, deren Gewohnheit, private, d. h. bezahlte Vorlesungen zu halten, die Ordinarien nachgeahmt hätten, so daß nun – im Hinblick auf das Honorar – beide Kategorien privatim docentes wären. Wenn die Frage nach dem *Sinn* des Privatdozententums im 19. Jahrhundert überhaupt auf historischem Wege zu beantworten ist, so jedenfalls nicht von der Entstehung des Vorlesungshonorars aus. Jene Auffassung, daß die Habilitation eine Art Staatsexamen (!) sei, wird mindestens in Preußen schon durch die Haltung der Regierung selbst widerlegt, die den neu Habilitierten zu der schriftlichen Erklärung nötigt, keine Beförderungsansprüche an den Staat zu erheben. Auch Schleiermacher bekämpft ausdrücklich die Neigung des Staates, das Privatdozententum bei Berufungen zu übergehen. Der deutsche Privatdozent ist der Idee nach *freier* Lehrer der Wissenschaft, nicht etwa Assistent, Repetitor oder »assistent professor« im amerikanischen Sinne. Die ungemein große – auch im Auslande hoch anerkannte – Bedeutung dieser Lehrerkategorie für das Ganze der Universität liegt also in folgenden 3 Richtungen: 1) der Privatdozent ist – auf Grund einer Leistungsprüfung durch die Zunft – als *freie wissenschaftliche Persönlichkeit* zur Lehre innerhalb seiner venia legendi zugelassen. Insofern will er nichts von der Fakultät und nichts vom Staat; er ist die reinste Verkörperung des Lebens in freier Forschung und Lehre, die die Universität kennt. 2) Er ist in der Mehrzahl der Fälle Anwärter auf ein ordentliches (oder außerordentliches) *Lehramt*. Insofern bezeugt er durch seine Habilitation den Willen, sich in den akademischen »Nachwuchs« einzureihen, an den sich die Fakultät mit ihren Vorschlägen und die Regierung mit ihren Berufungen vorwiegend halten wird. Das bringt ihn freilich zu beiden Instanzen in nähere Beziehung. Seine Tätigkeit ist, da es im Reich und in Österreich offiziell keinerlei *Bewerbung* um Lehrämter gibt, eine durch Jahre fortgesetzte, bereits in wertvollen Leistungen für Hochschule und Wissenschaft bestehende Bewährung; deshalb zählt er ja auch offiziell zum »Lehrkörper«. 3) Die Existenz des Privatdozenten ist für die Universität der einzige sinnfällige Beweis, daß sie noch nicht restlos

Staatsanstalt ist, und der wirksame Schutz dagegen, daß es zu einer vollen Verstaatlichung kommt. Dies beides wird ganz besonders dann der Fall sein, wenn er schon in jungen Jahren oder überhaupt die amtlichen Vertreter an Gesamtbedeutung überragt. Er dokumentiert dann, daß die Universität noch andere Ehren hat als die vom Staat verliehene Anerkennung.

Da der Privatdozent als solcher keinerlei Gehalt seitens des Staates, sondern nur die üblichen Honorare für Vorlesungen seitens der Studenten bezieht, so ist seine materielle Lage im allgemeinen beengt, es sei denn, daß er von vornherein über eignes Vermögen verfügt. Er wird daher aus Gründen der Lebenssicherung nach einem Amt mit staatlichem Gehalt streben und naturgemäß auch gegen die öffentliche Anerkennung wie gegen die erweiterte Wirksamkeit, die mit einer Berufung verbunden sind, nicht gleichgültig sein. Aber solange dies fehlt, genießt er als ideellen Ersatz eine wissenschaftliche Freiheit, die kein beamteter Dozent hat. Und es ist sehr wichtig, sich diesen Charakter des deutschen Privatdozententums klarzumachen. Der Privatdozent ist der Idee nach keineswegs wissenschaftliche Hilfskraft (obwohl er eine Assistentenstelle annehmen *kann*); er ist auch nicht »junger Mann«, der notwendig unfertig sein muß; sondern er ist *Lehrer auf eigene Verantwortung*. Dies kommt auch darin zum Ausdruck, daß die offizielle (engere) Fakultät ein ordentliches Lehrbedürfnis nicht als gedeckt ansehen darf, wenn ein Privatdozent dafür da ist. Für die »Vollständigkeit der Lehre« muß durch beamtete Dozenten gesorgt sein. Denn der Privatdozent ist zu nichts *verpflichtet*, wofern er nur überhaupt liest und dabei im Fachbereich seiner venia legendi bleibt.

Die eben geschilderten Grundverhältnisse sind neuerdings in doppelter Hinsicht etwas verschoben worden. Die Stellung der Privatdozenten war finanziell durch Krieg und Inflation so schwierig geworden, daß der Fortbestand der Einrichtung in Frage gestellt worden wäre, wenn nicht eine staatliche Hilfsaktion eingesetzt hätte. Abgesehen von der Vermehrung der Privatdozentenstipendien schuf man für solche, die bereits drei Jahre habilitiert sind, kleine bezahlte Lehraufträge. Dadurch kam der Privatdozent zuerst direkt mit der Staatsseite der Universität in Berührung. Die Gefahr, daß sich seine freie Grundstellung dadurch verändern könnte, lag nicht ganz fern. Sie ist aber bisher von seiten der Regierungen wie der Fakultäten bewußt vermieden worden: ein Beweis, daß man es als ein ganz wesentliches Interesse der Universität und Wissenschaft ansah, das Privatdozententum gemäß seiner ursprünglichen Idee zu erhalten.

Die Stellung der Nichtordinarien überhaupt gegenüber den Ordinarien der Engeren Fakultät hatte sich schon vor dem Kriege etwas geändert.

Ihre Zahl und ihre Bedeutung war seit der klassischen Zeit der deutschen Universität bedeutend gewachsen. Sie empfanden sich sämtlich – d. h. beamtete Extraordinarien, nichtbeamtete außerordentliche Professoren und Privatdozenten – als allzu rechtlos im Gesamtkörper der Universität. So entstand eine *Nichtordinarienbewegung*, die auf Beteiligung an der Rektorwahl und an den Fakultätsgeschäften (Beratungen, Berufungen, Promotionen) gerichtet war. Ihre Erfolge waren an den einzelnen Universitäten verschieden. Fast überall, besonders in Österreich, wurden einer Anzahl von ihnen schon vor 1918 einige dieser Forderungen zugestanden. Die preußische Neuordnung von 1923 legte den Begriff der weiteren Fakultät fest und bestimmte, daß jede Gruppe der Nichtordinarien einen oder einige »auf Zeit« gewählte Vertreter in die Engere Fakultät entsenden sollte. Da die Gesamtzahl aber nicht mehr als drei betragen darf, so ist der überwiegende Einfluß der Ordinarien erhalten geblieben. Auch hierbei waltete wohl die Einsicht, daß im Hinblick auf das Staatsinteresse die vollamtlichen Dozenten für ihr Fach oder ihre Fachgruppe die Hauptverantwortung tragen müßten. Die Idee der Zunft wurde so implicite anerkannt. Es wäre aber ein völliges Mißverständnis, wenn man diese Frage der amtlichen Verpflichtung mit dem Maß der wissenschaftlichen und persönlichen Bedeutung identifizieren wollte.

Vor dem idealen Richterstuhl der Wissenschaft sind jene Abstufungen überhaupt nicht maßgeblich: ein junger Privatdozent kann an Format den amtlich erprobtesten Ordinarius von vornherein überragen. Jeder muß eben einmal anfangen. Und leider führt das gute Glück trotz aller dahin zielenden Institutionen des Berufungsverfahrens nicht immer den Besten auch am schnellsten vorwärts. Deshalb ist »die Zunft der Ordinarien« keineswegs aus dem Gottesgericht absoluter Werteinsicht hervorgegangen. Eine Fülle rein äußerer Umstände, z. B. Nachfrage und Angebot, spielen dabei eine Rolle. Nur muß es diese Zunft geben, weil überall, und also auch in der Universität, die *amtliche* Verantwortung auf einer begrenzten Zahl ruhen muß. Der numerus clausus gehört zum Wesen der Zunft. Er gehört nicht zum Wesen des Dozententums. Zweifellos hat die Freiheit des Privatdozenten und des Extraordinarius beider Kategorien mancherlei Vorzüge. Wie die Menschen einmal sind, lassen sie sich aber nicht leicht an inneren Vorzügen genügen, sondern streben auch nach äußerer Sicherung und Ehrenstellung. Auch darin liegt etwas Wohlbegründetes: sagen wir: ein Verlangen nach Gerechtigkeit. Aber die Beibehaltung der Engeren Fakultät, d. h. des Begriffes Ordinarius, ist eine technische Notwendigkeit. Das Schwergewicht der tatsächlichen Verhältnisse ist hier wirksamer als politisch-ideologisch begründete Gleichheitstheorien. So hat z. B. die preußische Universitätsreform die Kategorien der Dozenten nicht vermindert, sondern sogar vermehrt. Die hier vollzogene Abstufung ist zunächst als eine beamtenmäßige zu denken. Sie betrifft Unterschiede des amtlichen Auftrages, speziell des Lehrauftrages, und, wie es in der Natur der Beamtenstellung liegt, auch Unterschiede der Gehaltshöhe. Am freiesten ist der Privatdozent, gebundener schon der beamtete Extraordinarius, am gebundensten aber der Ordinarius, der, besonders an großen Universitäten, oft die Tragik erleben muß, seine wissenschaftlichen Kräfte unter der Fülle dienstlicher Obliegenheiten, Sitzungen und Prüfungen erstickt zu sehen. Es ist nicht zu leugnen, daß für ihn an großen Universitäten über alledem die Hauptsache, nämlich die Wissenschaft, allmählich in den Hintergrund gedrängt wird. Und *hier* beginnt das System, wie es ist, allmählich sinnlos zu werden. –

Nachdem wir die Gliederung der Dozentenschaft erst unter dem Gesichtspunkt der Staatlichkeit, dann unter dem der genossenschaftlichen Zunft verfolgt haben, ist es nunmehr möglich, die Tätigkeit der Engeren Fakultät zu schildern, die sie als kollegial verfaßte Staatsbehörde und als wissenschaftlicher Sachverständigenkörper ausübt.

Sie besteht in drei Verantwortungen; jeder pflichtmäßigen Verantwortung aber muß ein Recht entsprechen. 1) Sie hat die Verantwortung für die Vollständigkeit der Lehre im Rahmen ihres Fachgebietes und der Wissenschaftspflege ihrer Zeit. Es ist heut nur noch eine Fiktion, daß wirklich alle wesentlichen Gebiete in Vorlesungen und Übungen von den ordentlichen Professoren behandelt werden können. Der Staat betont diesen Gedanken, indem er jedem Ordinarius ein Hauptgebiet zuweist, das er pflichtmäßig zu pflegen hat. Danach erhält die betreffende ordentliche Professur in der Regel ihren Namen (Nominalprofessur). Übrigens ist in manchen Satzungen die Bestimmung erhalten geblieben, daß der Ordinarius darüber hinaus auch jedes andere Fach lehren könne. Praktisch hat sie bei der heutigen Spezialisierung der Wissenschaft nur noch geringe Bedeutung. Denn im allgemeinen hat der deutsche Professor von selbst eine große Angst vor dem Dilettantismus. Da nun aber die Ordinarien einer Fakultät den wissenschaftlichen Bedarf ihrer Fächergruppe selbst nicht mehr befriedigen können, so ist jene Verantwortung dahin auszulegen, daß sie Extraordinariate für wichtige Hilfsgebiete beantragen werden, sobald es nötig ist, wie sie spontan die Niederlassung von Privatdozenten begünstigen werden, die den Lehrkörper fruchtbar ergänzen. Ganz besonders aber ist die Beantragung neuer Ordinariate für wichtige in den Vordergrund tretende Disziplinen eine Pflicht der Fakultät. 2) Die Berufung neuer Professoren auf erledigte Lehrstühle ist heut Sache des Staates. Das Vorschlagsrecht der Fakultät ist ein altes Gewohnheitsrecht. Es steht für Österreich außerdem im Organisationsgesetz von 1873; in Preußen beruht es nur auf den Fakultätsstatuten. Seine höhere Rechtfertigung liegt in dem von Kant formulierten Satz: »Über Gelehrte, als solche, können nur Gelehrte urteilen.« Die Fakultät also schlägt vor, die Regierung beruft und ernennt. Es ist oft genug ausgeführt worden, daß das Zusammenwirken des Vorschlagsrechtes der Fakultät mit dem Ernennungsrecht der Staatsregierung ein vorzügliches System darstellt. Allerdings ist dies nur so lange der Fall, als beide Instanzen sich ihrer Verantwortung für die *Sache* streng bewußt sind. Korruption auf beiden Seiten ist nie ausgeschlossen. Man hofft aber, daß wenigstens eine von beiden moralisch intakt sein werde. In der Regel benennt die Fakultät mit eingehender Charakteristik und Abstufung die drei geeigneten Persönlichkeiten für eine frei gewordene Professur. Die Vorschläge erfolgen auch unter Berücksichtigung der lokalen Sonderbedürfnisse und der zweckmäßigen individuellen Ergänzung. Bei dem ganzen Verfahren muß entschieden betont werden, daß es sich hier nicht bloß um ein geduldetes Recht von alter Herkunft handelt, sondern um eine höhere Verantwortung der Fakultät als Sachverständigenverband. Sie wird daher um die Anerkennung ihrer Vorschläge kämpfen. Ein Professor, den die Regierung unter Nichtbeachtung der eingereichten Vorschläge einsetzte, etwa um einseitige Tendenzen der Zunft zu korrigieren, wurde früher als Strafprofessor bezeichnet. Unter ihnen befinden sich berühmteste Namen des 19. Jahrhunderts. Es sind aber auch unverschuldete Bestrafungen vorgekommen, die im Verfolg das bessere Recht der Fakultät bewiesen haben. Jedenfalls kann dieser Kampf zwischen Fakultät und Regierung in wichtigen Fällen nicht entbehrt werden. Hierin zeigt sich das Heilsame des dualistischen Systems. Kleine Reformen wären immer noch möglich. Es ist z. B. zweifelhaft, ob die inoffiziellen Erkundigungen von seiten der Fakultät wie des Ministeriums in der heutigen Form ein erfreuliches und zuverlässiges Verfahren darstellen. 3) Die dritte wesentliche Funktion der Fakultät ist die Zuerkennung wissenschaftlicher honores, die in der Zulassung der Privatdozenten und in der Erteilung des Doktorgrades bestehen. Ursprünglich waren beide Handlungen identisch. Allmählich hat sich die Erteilung der venia legendi an Privatdozenten und der Würde eines Gelehrten (Doctors) der betreffenden Fakultät getrennt. Da es sich hier um eine reine Sachverständigenfunktion im Bereich der Wissenschaft handelt, ohne daß Staatsinteressen unmittelbar betroffen würden, ist jede materielle Einmischung des Staates in diese Funktionen verwerflich. Der Staat kann hier die allgemeinsten formalen Bestimmungen unter seine Aufsicht nehmen, z. B. um bei der Sicherung der Höhenlage mitzuwirken. In jeder andern Hinsicht aber muß die Fakultät ihre Alleinzuständigkeit streng wahren. Für die Verleihung des Ehrendoktorates nimmt in Österreich auch heute noch die Regierung das Bestätigungsrecht in Anspruch.

Die geschäftlichen Verhandlungen, die eine Fakultät in ihren Sitzungen unter Vorsitz des von ihr auf ein Jahr aus ihrer Mitte gewählten Dekans vornimmt, betreffen im wesentlichen diese drei Hauptfunktionen: Angelegenheiten der Lehre, Berufungen, Habilitationen und Promotionen. Aber wichtig ist auch die Form, in der dies geschieht. Selbst bei sehr großen Fakultäten wird für den Ernstfall dauernd die Fiktion aufrecht erhalten, daß *alle* Fakultätsmitglieder in jeder Angelegenheit mitentscheiden. Die Verfassung dieser Zunft ist durchaus genossenschaftlich; diese Behörde verfährt in allem kollegial. Sie mag für Sonderfragen Kommissionen einsetzen. Besonders wird dies bei Habilitationen und Doktorprüfungen der Fall sein. Aber alle Kommissionen berichten immer an das allein entscheidende Plenum. Der Dekan hat nicht mehr Machtvollkommenheit, als er gegebenenfalls auf seine eigene Kappe zu nehmen bereit ist. Er regiert die Fakultät nicht. Aber er hat die Aufgabe, die bei dem gewählten Vorsitzenden jeder Kollegialverfassung höchst wichtig ist, nämlich die Kollektivverantwortlichkeit der Fakultät gleichsam konzentriert durch seine eigene Seele gehen zu lassen. Außerdem repräsentiert er die engere und weitere Fakultät innerhalb der Gesamtfakultät und, so weit dies in Frage kommt, nach außen hin. In Reichsdeutschland ist der Dekan formell der Promotor, obwohl die Promotions*geschäfte* in einigen wenigen Fakultäten von einem besonderen Procancellar geführt werden. In Österreich vollzieht eine *Universitäts*kommission die feierliche Promotion; doch ist hier der zuständige Ordinarius der eigentliche Promotor, während der Grad als von der Fakultät verliehen gilt.

Die sog. weitere Fakultät als Organisation ist nur ein Weg zur Mitbeteiligung anderer Dozentenkategorien an diesen verantwortlichen Aufgaben. Obwohl die preußische Neuordnung von 1923 ihre Befugnisse näher umgrenzt hat, ist sie zu keinem eigenen Leben gekommen. Sie umfaßt, wie erwähnt, außer den Ordinarien die beamteten und nichtbeamteten Extraordinarien, die Privatdozenten und die Honorarprofessoren. Dabei ist die Stellung der Privatdozenten zur Fakultät die eigentümlichste. Da sie keinen Beamtencharakter tragen, so besteht ihre Bindung an die Fakultät nur darin, daß sie durch bestimmte Leistungen (wie Habilitationsschrift, eine Vorlesung vor der Fakultät mit Colloquium und eine öffentliche Vorlesung) die venia legendi erwerben, daß sie später ihre Lehrtätigkeit in den Grenzen ihrer venia legendi halten müssen, und daß sie an einigen

Universitäten seltsamerweise um »Urlaub« nachsuchen müssen, wenn sie ein Semester nicht lesen wollen. Man hat oft die Frage erwogen, ob die venia legendi nicht nur auf eine bestimmte Frist erteilt werden solle. Aber die unverkennbaren Nachteile einer solchen Regelung haben es nicht dazu kommen lassen. –

Da die einzelne Fakultät – zunächst die engere und mit ihr die weitere – als Zunft und Behörde den eigentlichen Kern der Universität ausmacht, so ist diese wesentlich als Verband der Fakultäten aufzufassen. Die Einheit dieses Verbandes äußert sich vor allem darin, daß die Fakultäten jährlich aus ihrer Mitte (meist nach einem gewohnheitsrechtlichen Turnus) ein gemeinsames Oberhaupt, den *Rektor*, wählen, ferner darin, daß durch Wahl eines *Senates* eine gemeinsame Selbstverwaltungsbehörde gebildet wird. Der Rektor ist primus inter pares, trägt aber die Würde der Gesamtkörperschaft als »Magnificenz« während seiner Amtszeit in sich vereinigt. Er leitet die Selbstverwaltungsgeschäfte der Gesamtuniversität, nimmt (wenigstens im Reich) die Immatrikulationen vor und ist zugleich Repräsentant der Hochschule bei feierlichen Gelegenheiten. Der Senat besteht aus dem Rektor, dem Prorektor (dem Rektor des Vorjahres) und den Dekanen. Dazu treten »Wahlsenatoren«. Sie wurden früher an den meisten Hochschulen nur aus den Ordinarien genommen. Allmählich sind auch andere Dozentenkategorien durch einzelne Vertreter beteiligt worden. Der von der preußischen Neuordnung eingeführte »weitere Senat« ist im wesentlichen identisch mit dem Wahlkörper der Rektorwahl und tritt, ebenso wie das »Plenum«, nur bei ungewöhnlichen Gelegenheiten in Funktion. Im allgemeinen ist der Senat als beratendes Kollegium dem Rektor zugeordnet. Dieser führt den Vorsitz. Als Mitglied kam früher in Preußen der sog. Universitätsrichter hinzu; an seine Stelle ist jetzt der nur nebenamtlich tätige und dem Senat nicht angehörige Universitätsrat getreten, der die Funktionen eines juristischen Syndikus und eines Untersuchungsrichters für studentische Disziplinarfälle übt. In Österreich gibt es einen solchen Beamten nicht. Der Senat übt jedoch hier autonome Disziplinargerichtsbarkeit auch über alle Mitglieder des Lehrkörpers und über die akademischen Beamten. Laufen die Angelegenheiten der Universität in ruhigem Geleise, so hat der Senat nur diejenigen Sachen zu behandeln, die der Rektor nicht kurzerhand selbst entscheidet: die Eingänge werden ihm vorgelegt, von ihm beraten und – in der Regel – durch Stimmenmehrheit entschieden. In Konflikt- und Krisenzeiten aber ist der Senat die Stelle, wo die »hohe Politik« der Universität gemacht wird und für ihr Schicksal weittragende Beschlüsse gefaßt werden. Auch aus diesem Grunde werden nur geschäftserfahrene Männer, von den Ordinarien meist frühere Dekane, in den Senat gewählt. An einigen deutschen Universitäten gelangen die Berufungsvorschläge von der Fakultät erst an den Senat. Doch entspricht dies eigentlich nicht dem Tatbestand, daß die Fakultät Sachverständigenbehörde, der Senat aber nur Verwaltungskollegium ist. Diese letztere Funktion wird an einigen Orten dadurch betont, daß ein Regierungsvertreter den Sitzungen des Senats beiwohnt.

Es liegt in der Natur jeder kollegial aufgebauten Selbstverwaltung, daß energische, erfahrene und redegewandte Persönlichkeiten in ihr zu besonderem Einfluß gelangen. Auch in den Fakultäten ist es nicht immer die Wichtigkeit des Einzelfaches, die den Einfluß verleiht, sondern die Fähigkeit der einzelnen Person, zumal dann, wenn sie bereit ist, für die Gemeinschaft zu arbeiten und zu dienen. Andererseits ist die Herrschaft einer einzelnen Clique hier so wenig wie anderswo ganz zu vermeiden. Aber der Individualismus und die kritische Neigung gerade des deutschen Universitätsprofessors bildet dagegen wieder ein heilsames Gegengewicht. Überhaupt ist die gegenseitige Kritik und Kontrolle in den Universitätskörperschaften mit Bewußtsein stark ausgebildet, so daß nicht leicht ein einzelner für alle Zeit und alle Fälle ein unbesiegbares Übergewicht erhalten kann.

C. *Die Studentenschaft* als das zweite Glied der universitas docentium et discentium ist soziologisch noch schwerer zu fassen als die Dozentenschaft. Fanden wir diese in eine Anzahl von Kategorien gegliedert, gruppiert um die engere Fakultät als Lebenszentrum und jedenfalls mit der Hochschule in der Regel auf längere Dauer verbunden, so macht die Studentenschaft bei einer Betrachtung von außen her zunächst einen fast amorphen Eindruck. Die fahrenden Schüler des Mittelalters, die oft jahrzehntelang »studierten«, waren für die Universität gewiß nichts durchweg Erfreuliches. Aber soziologisch gesehen waren sie doch *ein Stand.* Der heutige deutsche Student verweilt vielleicht durchschnittlich 4–5 Jahre auf Universitäten, und da er höchstens für die Ablegung einer Staatsprüfung an die Hochschule seines Heimatlandes gebunden ist, sonst aber Freizügigkeit herrscht, so wechselt er in diesem Zeitraum den Studienort möglicherweise dreimal und öfter. Es ist begreiflich, daß sich in einer so fluktuierenden Hochschulbürgerschaft nur schwer ein starkes Zusammengehörigkeitsbewußtsein entwickeln kann. Ja selbst ein Korpsgeist pflegt sich nur zu bilden, wenn irgendein Druck von außen gemeinsam empfunden wird.

Die deutsche Universität hat in ihrer klassischen Zeit bewußt darauf verzichtet, irgendwelche Veranstaltungen zu treffen, um die Studentenschaft sich selbst gegenüber zu organisieren. Schleiermachers liberaler Gedanke besiegte Fichtes Plan, nach dem die »Regularen« sogar hätten

Uniform tragen sollen. Die Meinung war, daß in einer »gehörig vorbereiteten akademischen Jugend« die Idee der Wissenschaft und der Wahrheit ihre zündende und bindende Kraft bewähren werde. So herrschte grundsätzlich die weitestgehende akademische Freiheit. Man verzichtete bei den meisten Fächern bewußt auf die Ausarbeitung gebundener Studienpläne, damit jeder seinen individuellen Weg suchen könnte. Der Vorlesungsbesuch konnte vielleicht vor 100 Jahren noch einigermaßen von den Dozenten kontrolliert werden. Heut verbietet das die große Zahl. Das Testat beim Beginn der Vorlesung ist nur noch eine stehengebliebene Form; die Abmeldung (durch Einholung des Abtestates) wird höchstens in den Seminaren und Praktika gefordert. Noch viel weniger griff man natürlich schon in der klassischen Zeit in die private Lebensgestaltung des Studenten ein. Man vertrat vielmehr ausdrücklich das Prinzip, daß der von der Schule für reif Erklärte sein Leben selbst in die Hand nehmen müsse und daß diejenigen, die die Feuerprobe der Versuchung zum Nichtstun und zu Ausschweifungen nicht bestünden, auch nicht das Zeug dazu hätten, den Lebenskampf in verantwortlichen Stellungen zu bestehen. Der Jüngling *sollte* gewagt werden, damit der Mann in ihm geboren würde. Wer an den Irrtümern und Versuchungen scheiterte, mochte zugrunde gehen; ihn hätte wohl auch die ängstlichste Fürsorge nicht bewahren können. Hinter dieser pädagogischen Einstellung liegt ein System, so oft es von Eltern und Erziehern im Anblick einzelner Fälle beklagt worden sein mag, und es liegt dahinter auch eine unleugbare Wahrheit, nämlich die, daß die Lebensstürme, die in späteren Jahren noch kommen, schlimmer ablaufen, als die früh bestandenen. Aber die Folge war, daß der deutsche Student hinsichtlich seiner Studien und seiner Daseinsführung eine größere Freiheit genoß, als irgendein Mensch der Welt, und daß ein krasser Individualismus zum Lebensstil der deutschen akademischen Jugend werden mußte, wenn sie sich nicht selbst angemessene Bindungen schuf. Man darf wohl annehmen, daß eben damit gerechnet wurde. Ebenso aber leuchtet ein, daß dem Zeugnis der »Reife«, mit dem der Student die Universität bezog, ein sehr schwerwiegender Sinn beigelegt werden mußte, wenn das deutsche höhere Erziehungssystem nicht zu fahrlässigem Leichtsinn aller Beteiligten ausarten sollte.

Dieses System, das aus dem Harmonieglauben der Hochblüte des Liberalismus geboren war, hatte jedenfalls eine segensreiche Folge, an die man vielleicht ursprünglich gar nicht gedacht hatte. Es verhinderte, daß die geistige Blickrichtung der Jugend einseitig von den inneren Angelegenheiten der Hochschule gefangen genommen wurde; es bewirkte dagegen, daß die jeweilige akademische Jugendgeneration sich immer auf die großen

Bewegungen der Zeit mindestens einstellen *konnte*. Die deutsche Studentenschaft fühlte sich niemals vorwiegend als scholarship, sondern sie konnte sich immer vom Morgenrot der neuen Zeit bestrahlen lassen, wenn sie nur dafür das empfängliche Organ besaß. Da das ganze 19. Jahrhundert hindurch die nationale Einigung Deutschlands im Vordergrunde des öffentlichen Lebens stand, so ist es begreiflich, daß dieser Gedanke auch die geistige Richtung der Studentenschaft in erster Linie bestimmte. Und als das Ziel erreicht war, wurde Bismarck seit der sog. Kyffhäuserbewegung ihr Idealheros.

Die innere Gliederung der Studentenschaft beruhte seit alters auf kleinen Gruppen, in denen ein persönlicher Austausch von Mensch zu Mensch erfolgen konnte. Gerade dem Jugendalter ist ja dieser Stil des Zusammenlebens besonders gemäß, weil er der Selbsterziehung und der gegenseitigen Erziehung Raum gewährt. In diesen »Verbindungen« konnte also ausgeglichen werden, was der Universität als Anstalt an Erziehungswillen und Erziehungskräften fehlte. Sie sind daher für das Leben der akademischen Gesamtbürgerschaft von größter Bedeutung. Beseelte sie ein fester sittlicher Geist, so konnten sie Großes wirken. Sank er herab oder fehlte er, so lagen hierin all die Gefahren der akademischen Freiheit, die schon Fichte beim Antritt seines Berliner Rektorates geschildert hat. Neben den Verbindungen oder Korporationen aber gab es immer eine sehr große Zahl von Nichtinkorporierten, auch »Wilde« oder »Finken« genannt. Sie unterstanden natürlich – wie alle Studenten – der akademischen Disziplin, ja sogar bis in die 2. Hälfte des 19. Jahrhunderts hinein der eigenen akademischen Gerichtsbarkeit. Wenn sie mit diesen nicht in Konflikt kamen, so kümmerte sich eigentlich niemand um sie. Sie konnten jeder für sich seinen ganz eigenen Weg gehen und existierten um so individualistischer, je mehr die Studentenzahl wuchs und je weniger die Dozenten sich noch des einzelnen annehmen konnten. Unter ihnen waren sowohl die ausschließlich wissenschaftlich Interessierten wie diejenigen, für die der Schwerpunkt ihres Daseins ganz außerhalb der Universität lag. Ansätze auch nur zu einer allgemeinen Studenten*vertretung* sind vor dem Weltkrieg spärlich gewesen, und sie sind kaum zu einer geordneten Tätigkeit gelangt.

So bestimmte denn der waffen- und farbentragende Verbindungsstudent mit seinem streng ausgearbeiteten Ehrenkodex, mit seinem Trink- und Lebenskomment, mit seinem Mensur- und Duellwesen den Typus des deutschen Studenten in der Öffentlichkeit. Der Fink lebte unbeachtet in der Stille, im günstigen Fall als fleißiger und zielbewußter Arbeiter. Ursprünglich waren die farbentragenden Verbindungen landsmannschaftlich aufgebaut. Seit dem Anfang des 19. Jahrhunderts bleibt die Erinnerung an das landsmannschaftliche Prinzip vielfach nur noch in den Namen (z. B. Borussia, Saxonia) erhalten. Aus den Landsmannschaften entwickeln sich die sog. Korps, die gegen das Ende des Jahrhunderts durch ihren Zusammenhang mit dem hohen Beamtentum zu der vornehmsten, sehr exklusiven Schicht der Studentenschaft werden. Im Anschluß an die Freiheitskriege entsteht die Urburschenschaft, die das Ideal der nationalen Einigung und der inneren politischen Freiheit mit dem Wahlspruch: »Ehre, Freiheit, Vaterland« vertritt. Anfangs ist sie größtenteils von ernstreligiösem Geiste erfüllt. Nietzsche hat sie als die größte Erscheinung im deutschen Studentenleben gefeiert. Die Blüte der Urburschenschaft ist kurz. 1815 gegründet, erlebt sie den Höhepunkt mit dem Wartburgfest 1817, verfällt aber nach der Mordtat Sands und den Karlsbader Beschlüssen der politischen Verfolgung von seiten der deutschen Regierungen. In der Gestalt geheimer Verbindungen existiert sie weiter. Allen Studentengruppen, auch den Turnern, wird nun jede politische Betätigung verboten. Weit über das Jahr 1848 hinaus reichen diese Verfolgungen. Trotzdem bleibt der Couleurstudent der vorbildliche Typus der studentischen Verbindungen. Alle Vereinigungen, die sich zwischen den Finken und den »Farbentragenden und Schlagenden« neu bilden wollen, haben sich mit dem Stil der letzteren immer wieder auseinanderzusetzen. Dies gilt von den christlichen Studentenverbindungen, von den Sängerbünden, den Turnvereinigungen und selbst von den Wissenschafterverbindungen. Manche von ihnen tragen wenigstens Couleur, wenn sie auch die Bestimmungsmensur oder die Mensur überhaupt ablehnen. Erst im letzten Jahrzehnt des 19. Jahrhunderts entsteht in der Wildenschaft eine stärkere geistige Bewegung. Sie versucht, sich eine eigene Vertretung zu schaffen und entwickelt zeitweise einen eigenen »freistudentischen Gedankenkreis«. Auch hier aber zeigt sich, daß die inneren Hochschulangelegenheiten nicht ausreichen, einen Zusammenschluß zu bewirken. Allgemeinere Kulturaufgaben wie Kunstpflege, Leibesübungen, Arbeiterunterrichtskurse werden in Angriff genommen. Ohne diesen Anlauf zur Eigentätigkeit der Freistudenten wäre die Herstellung einer Allgemeinen Studentenschaft nach dem Kriege nicht denkbar gewesen. An einigen Universitäten kam es schon kurz vor 1914 zur Gründung von Studentenausschüssen, die auf allgemeinen Wahlen der akademischen Bürgerschaft beruhten.

Der große Krieg von 1914–1918 bedeutete die Feuerprobe des nationalen Ethos, zu dem sich die deutsche akademische Jugend seit Jahrzehnten bekannt hatte. Was sie geleistet und geopfert hat, wie sie ihren Glauben durch den Tod besiegelte, das wird das deutsche Volk nur vergessen können, wenn es einmal, was Gott verhüte, des Besten in sich selbst vergessen sollte. Die Kriegsbriefe gefallener Studenten sind Zeugnisse einer schlichten Größe, die die deutsche Universität als ihren eigentlichen Ruhmeskranz betrachten darf. Denn hier zeigte sich, daß der deutsche Idealismus, den sie pflegte, doch noch mehr war als nur Wissenschaft.

Nach Beendigung des Krieges trat für die deutsche Studentenschaft eine besondere Situation ein. Aus dem Felde kehrte eine Generation zurück, die durch die Erlebnisse draußen gereift war. Zweierlei erfüllte sie in der Tiefe: das Schützengrabenerlebnis, d. h. das Gefühl engster Verbundenheit mit dem Kameraden einfacherer Volksschichten, und das Staatserlebnis; denn für den Staat hatten viele vier Jahre ihres Lebens bis an die Grenze menschlicher Kräfte eingesetzt. Das erste Motiv konnte tragischerweise wegen der politischen Umwälzung und der vielfach klassenkämpferischen Einstellung des Proletariats nicht zur vollen Auswirkung kommen. Das zweite trat in den Vordergrund, zumal der sozialdemokratische Reichswehrminister Noske in einer denkwürdigen Rede an die Vertreter der deutschen Hochschulen vom 29. April 1919 die heimgekehrten Studenten noch einmal zu freiwilligem Heeresdienst aufrief, um die Ostgrenze zu schützen und die radikalen Bewegungen im Innern zu dämpfen. Jetzt war es nicht mehr möglich, die Studenten von direkter politischer Betätigung fernzuhalten, ja die neuen Regierungen erhofften gerade von ihnen eine Stütze des neuen Systems.

Auf diesem Hintergrunde muß man die Entstehung einer deutschen Gesamtstudentenschaft betrachten. Schon auf dem 1. deutschen Studententag in Würzburg 1919 wurde dies Ziel energisch ins Auge gefaßt. Wiederum aber trägt die Bewegung ein Doppelgesicht: sie gilt einmal der Einordnung der Studentenschaft in die Hochschule mit aktiven Bürgerrechten; sie soll geradezu an den öffentlichen Rechten der privilegierten Korporation selbst beteiligt werden, in der Form der Selbstverwaltung und des Rechtes zur Zwangsbesteuerung. Die Vertretung der Studentenschaft soll, das war der Grundgedanke, selbständig neben dem Senat als der Vertretung der Dozentenschaft stehen. Wichtiger aber blieb doch das andere: die spontane Entstehung der großdeutschen Einigungsidee unter den Studenten, die weit über Hochschulprobleme hinaus wieder in die öffentlichen Angelegenheiten der Nation eingreift. In die erste Linie gehört die Einführung des allgemeinen gleichen direkten Wahlrechtes zu den Einzelstudentenschaften, die Verleihung der staatlichen Anerkennung an diese wenigstens in Reichsdeutschland, die Maßnahmen zu studentischer Wirtschaftshilfe und Wohlfahrtspflege, die Ansätze zur Einrichtung von Fachschaften, und der Aufbau der *Gesamt*studentenschaft nicht nach den verschiedenen Hochschularten, sondern nach dem regionalen Prinzip (nach Kreisen). Aus der zweiten Linie der Studentenbewegung aber entstanden seit 1922 Konflikte, die 1927 zunächst in Preußen zur Zurücknahme der staatlichen Anerkennung und zu einer Dauerkrisis geführt haben. Denn da die österreichischen Studentenschaften nicht nach dem Staatsbürgerprinzip, sondern nach dem Rasseprinzip aufgebaut waren, da sie folglich nicht staatlich anerkannt waren, ergab sich eine ungleiche Organisation zwischen den reichsdeutschen und den österreichisch-sudetendeutschen Einzelstudentenschaften. Die politischen Parteien in Preußen griffen ein und verlangten entweder die Beschränkung auf Reichsdeutschland oder die Aufnahme auch der nichtarischen Studentenschaften. In dieser Lage gab die Gesamtstudentenschaft die neu gewonnene Staatlichkeit ihrer Selbstverwaltung preis und hielt an der großdeutschen Idee fest. Sie besteht heut wieder, wie vor 1920, als freiwillige Organisation der Studentenschaft; das Problem aber der inneren Aktivbürgerschaft der Studenten in der Hochschule ist zur Zeit ungelöst.

Während diese hochschulpolitischen Kämpfe im Gange waren, bildeten sich zwei neue Erscheinungen heraus: im Zusammenhang mit dem Währungsverfall das Werkstudententum, das in diesem Umfang etwas für Deutschland Neues war, und im Anschluß an diese allmählich wieder zurückgehende Erscheinung das Sportstudententum und die merklich vermehrte Pflege der Leibesübungen im Rahmen der Hochschule. Hingegen ist es charakteristisch, daß die etwa von 1900 bis 1920 blühende *eigentliche* Jugendbewegung im Leben der Universität keine tieferen Spuren hinterlassen hat. Sie war ihrem Wesen nach eine unliterarische und ausdrücklich antiintellektualistische Bewegung, die zur Hochschule innere Fühlung weder finden wollte noch konnte. Am stärksten war ihre Auswirkung in der Pädagogik zu spüren; so neigte sie mehr zu den Volkshochschulbestrebungen und zu den neuen Pädagogischen Akademien in Preußen hin.

Auch über die Studentinnen muß an dieser Stelle ein Wort eingefügt werden. Sie sind an den deutschen Universitäten eine sehr neue Erscheinung. Baden war das erste Land, das sie zur Immatrikulation zuließ (1900). Preußen folgte erst 1908. Gab es im Jahre 1907 an den deutschen Universitäten 302 Studentinnen, so war diese Zahl schon im W.-S. 1928/9 auf 12 303 gewachsen, von denen 70,75 % dem Studienbereich der Philosophischen Fakultät zugehören. Obwohl diese schnelle Steigerung des Anteils – auf 100 Studenten kommen 18 studierende Frauen – keine ganz gesunde Entwicklung darstellt, hat sich die Zulassung der Frauen zur Universität im wesentlichen besser bewährt, als es vor 20 Jahren vorausgesehen werden konnte. Natürlich ist damit eine tiefgehende soziologische Wandlung im Leben der Studentenschaft verbunden: sie hat den Charakter einer rein männlichen Gesellschaft verloren. All die Förderungen und all die kleinen Hemmungen oder Ablenkungen, die psychologisch von dieser Veränderung zu erwarten waren, sind eingetreten. Die »Studentin« selbst hat ihren festen Idealtypus im bisherigen Generationswechsel natürlich noch nicht ganz gefunden. Vielmehr wird hierin noch experimentiert, und manche extreme Erscheinung ist nicht ausgeblieben. –

Diese historischen Streifblicke waren nötig, weil die deutsche Studentenschaft gerade gegenwärtig in einem Generationswechsel von jeweils etwa 5 Jahren ein völlig neues Gesicht zu zeigen pflegt. Dem Ausländer wird es vor allem auffallen, daß kaum irgendeine deutsche Universität – im Gegensatz zu den englischen und amerikanischen Colleges – einen Typus züchtet. Aber auch nur selten brechen aus einer Studentengeneration starke eigene Impulse hervor, wie in der Urburschenschaft, obwohl doch die völlig freie Lage der deutschen Studenten eine solche Selbsttätigkeit begünstigt. Es gibt immer kleine Zirkel, in denen der Geist lebendig ist. Bisweilen zündet auch eine starke Dozentenpersönlichkeit, besonders dann, wenn sie ein wenig über die pflichtmäßige Objektivität wissenschaftlicher Haltung hinausschlägt. Beachtenswert war z. B. der Reflex der sozialen Bewegung am Ende des 19. Jahrhunderts in der Gründung von Sozialwissenschaftlichen Studentenvereinen. Aber es ist nicht zu leugnen, daß der hohe Geist der alten Universität nicht mehr ganz so kräftig wie einst ist, Führer für die recht veränderten Zeitverhältnisse zu bilden; die Aristokratie der Universität schlägt keine unmittelbare Brücke zur Demokratie, noch weniger zur Demagogie. Wohl sind Ansätze in der Studentschaft spürbar, den echten Volksgedanken neu zu denken. Und dahin gehen unsre Hoffnungen. Denn weder die formale egalitäre Demokratie noch die reine Wissenschaftsaristokratie hat die Zukunft für sich; sondern die Wissenschaft bedarf der Ergänzung durch die Glut jener Volksliebe, die durch Volkskenntnis zur Volksführung gelangt. Das müssen wir erst noch lernen.

Auch in einer anderen Hinsicht befinden wir uns im Übergangszustand und in unfertigen Verhältnissen. Das Abiturientenexamen, das, wie wir sahen, bei dem freien Geiste des Universitätslebens von entscheidender Bedeutung für das Gelingen der akademischen Bildung ist, hat einen tiefgehenden Bedeutungswandel erfahren. Die höhere Schule ist nicht mehr, wie bis gegen Ende des 19. Jahrhunderts, Gelehrtenschule, sondern Gebildetenschule. Die Reifeprüfung ist nicht mehr am Ziel der Hochschulreife (sei es der Universität oder der Technischen Hochschule) orientiert, sondern sie ist ein Bildungsmaßstab für höhere Berufe überhaupt geworden. Sie gewährleistet nicht mehr das Können, das für einen fruchtbaren Universitätsbesuch Voraussetzung wäre. Fast alle Abiturienten haben am Anfang ihres Studiums manche Gegenstände zu bewältigen, die früher schon auf der Schule ausreichend getrieben wurden. Daher hat sich im Rahmen der Universität ganz von selbst eine Stufe propädeutischer Einrichtungen gebildet, die mit der alten facultas artium oder dem College verglichen werden kann. Ob daraus eine offizielle Vorstufe von Studien mit einer neuen Eintrittsprüfung zur Universität werden wird, läßt sich gegenwärtig noch nicht sagen. Viel tiefer aber bedroht das Gedeihen der Universität im Augenblick ein anderer, damit zusammenhängender Tatbestand, der natürlich aus der allgemeinen Ungunst der wirtschaftlichen Lage in Deutschland folgt: die Überfüllung, und das heißt: der Zudrang ungeeigneter Bewerber, mit denen die bestehenden Universitätseinrichtungen schon zahlenmäßig nicht fertig zu werden vermögen. In 10 Jahren wird vermutlich ein Überangebot von 100 % gegenüber der Zahl verfügbarer, akademische Bildung voraussetzender Stellen vorhanden sein. Hier hilft nur ein rücksichtsloser Abbau der Besucherzahlen. Die Höhenlage geistiger Leistungen läßt sich nicht anders halten. Und es bedeutet einen *schlechten* Dienst am Volke, wenn man Ungeeignete in die Universität hineinläßt, die sie notwendig herunterziehen, ohne jemals dem Ethos einer höheren Geistesbildung innerlich zuzustimmen.

V. Forschungs- und Lehreinrichtungen. Die Ausgestaltung des Forschungs- und Lehrbetriebs in der Universität ist von dem vorherrschenden Wissenschaftstypus abhängig. Dieser Gedanke, in Verbindung mit dem andern: daß der Wissenschaftstypus selbst wieder durch die geistige Gesamtlage der zugehörigen Gesellschaft bestimmt sei, ist neuerdings so sehr betont worden, daß Ansätze zu einer ganzen Soziologie des Wissens daraus entstanden sind. Das letzte große Werk von Max Scheler ist diesem Gegenstande gewidmet. (›Die Wissensformen und die Gesellschaft‹. Leipzig 1926.) Auch für Scheler ist die Idee Wissenschaft nur *eine*; trotzdem kennt er eine Fülle von Wissensarten, die er zuletzt um die drei Haupttypen: religiöses Wissen, metaphysisches oder Bildungs-Wissen, positives oder Arbeits-Wissen herumgruppiert. Offenbar geht diese einfache Rechnung nicht auf; denn die Philologie und die Geschichte sind heute durchaus Einzelwissenschaften, positive Wissenschaften. Aber man wird schwerlich als ihr Ziel die Herrschaft, die technische Arbeit oder schlechtweg die Lenkung der Phänomene ansehen können. Auch die Natur des »religiösen Wissens« ist noch nicht genug geklärt: wird es einfach ohne alle *Begründung* hingestellt, so paßt es weder in die Universität noch in die Wissenschaft überhaupt. Die ersten kühnen Würfe jener Soziologie des Wissens sind anregend; aber sie müssen noch sehr eingehend nachgeprüft werden.

Natürlich steht fest, daß die Gestalt der Wissenschaft einer Epoche mit ihrem allgemeinen Geiste (nicht bloß mit ihren Gesellschaftsformen) zusammenhängt. In dieser Beziehung können wir auf den 2. Abschnitt dieser Darstellung zurückverweisen. Die andere Seite des Problems: welche Arbeits- und Organisationsformen einem bestimmten Wissenschaftstypus entsprechen, ist noch nicht genügend durchforscht, wie es überhaupt an brauchbaren Darstellungen der Wissenschaftsgeschichte noch sehr fehlt. Man wird ohne weiteres verstehen, daß die kritische Edition eines antiken Schriftstellers ganz andere Formen der Zusammenarbeit nötig macht, als etwa Untersuchungen über den Atomzerfall. Man versteht ebenso, daß wissenschaftliche Gegenstände, die an ethische Normsetzungen und an religiöse Überzeugungen heranstreifen, anders durchdacht und anders vorgetragen werden als technische Probleme der geeigneten Mittelwahl zu Zwecken, die als gültig vorausgesetzt werden. Insofern wird also – gemäß dem inhaltlichen und methodischen Wissenstypus, der zu pflegen ist – der innere Betrieb der Universität sich von selbst ganz verschieden ausgestaltet haben. Dies reiche Leben kann hier nicht in alle seine Verzweigungen verfolgt werden. Das verbindende Grundmotiv aber ist die Wahrheitsgesinnung, das unbedingt vorauszusetzende Wissenschaftsethos. Von großer Bedeutung ist es ferner, ob man die Wahrheit im Grunde als ein bereits feststehendes System ansieht, das etwa durch eine göttliche Offenbarung oder durch ein ruhendes Reich ewiger Ideen und eine korrespondierende subjektive Vernunftstruktur konstituiert ist, oder ob man, mit Lessing und Humboldt, das menschliche Suchen nach der Wahrheit als einen ins Unendliche weisenden, nie ganz vollendbaren Prozeß ansieht. Im ersten Fall werden die Formen der Wissenstradition (etwa in der Gestalt der mittelalterlichen »summae«), der Auslegung (Exegese) und der Disputation überwiegen. Die letzte Methode: die Aufstellung von Thesen und ihre Verteidigung gegen Antithesen durch Vernunftargumente setzt die Ansicht voraus, daß der feststehende Bezirk der Wahrheiten durch ein dialektisches Verfahren innerlich fortschreitend aufzuklären sei. Ganz anders, wenn man als wichtigste Erkenntnisquelle die Erfahrung ansieht. Sie kann ihrem Wesen nach nie ganz abgeschlossen werden. Alles induktiv gewonnene Wissen kann immer wieder korrigiert werden. Beobachten und Sammeln, Verfeinerung der Sinnesorgane und Bereicherung des Tatsachenmaterials ist hier Gegenstand des unermüdlichen Fleißes. Wir haben schon angedeutet, daß in der modernen und besonders in der deutschen Wissenschaft das Suchen und Aktualisieren des Bewußtseinsaprioris die Vermittlung zwischen beiden äußersten Auffassungen bildet: jede Wissensregion hat ein geschlossenes Kategoriensystem zur Voraussetzung, das in ihr allmählich herausgearbeitet werden muß.

Blicken wir auf den tatsächlichen Wissenschaftsbetrieb der heutigen deutschen Universität, so ist an ihr die Disputation bis auf die letzten Reste verschwunden. Vielleicht zum Schaden der Sache, wenn man sich der platonischen Ansicht vom *Leben* der Wissenschaft in der gemeinsam suchenden Wechselrede erinnert. Die belebende Seele der Universität ist natürlich die persönliche Denk- und Forschungsarbeit des reifen wie des werdenden Gelehrten. Die Lehre vollzieht sich in den drei typischen Formen: 1) Vorlesung, 2) Übung, 3) Anleitung zu einer selbständigen größeren wissenschaftlichen Arbeit. Dies alles geschieht im Rahmen einer historisch gewordenen Fächertrennung und entsprechender persönlicher Arbeitsteilung.

1) Die Fächertrennung ist an sich unvermeidlich. Ohne sie gäbe es keine gelehrte Meisterschaft. Aber sie hat auch ihre großen Nachteile. Von der Gefahr, daß dadurch das Wissen in unverbundene Spezialitäten zerfallen könne, ja müsse, war schon die Rede. Ferner ist die Facheinteilung das Ergebnis einer historischen Entwicklung, in der rein wissenschaftliche Gesichtspunkte mit praktischen Bedürfnissen und ganz persönlichen Arbeitsimpulsen recht zufällig verflochten sind. Die Sache geht zuletzt am Studenten aus. Denn der akademische Lehrer hat *sein* Fach, der Student aber soll mehrere Fächer während seines Studiums betreiben, von denen jedes mehr und mehr Allmachtsansprüche erhebt. Die Fakultäten selbst suchen dieser Entwicklung entgegenzuwirken, indem sie allzu weitgehende Spezialisierung der Lehraufträge und des Bereichs der venia legendi bekämpfen. Aber auch sie sind in dieser Hinsicht schon unter dem Druck der realen Wissenschaftslage und der neuen Anforderungen vielfach schwach geworden. Dem Studenten scheint man durch feste Studienpläne helfen zu können. Es gehört zum *Wesen* der deutschen Universität, daß sie sich in den meisten Gebieten dagegen ablehnend verhält. Denn ein festgelegter, auf Semester verteilter Studienplan bindet die Lehrfreiheit: der Professor muß dann in bestimmtem Semesterturnus ganz bestimmte Themata behandeln; und er bindet die Lernfreiheit: der Student glaubt zu leicht, die Wissenschaft sei ein feststehendes Gebilde, das er sich einfach überliefern lassen könne. So hat man nur in ganz wenigen Fächern, die einen streng systematischen Aufbau haben, Rahmenvorschläge für den Gang des Studiums ausgearbeitet. Es hängt damit zusammen, daß die deutsche Universität im allgemeinen (abgesehen von dem Physikum der Mediziner, dem »Verbandsexamen« der Chemiker und einem juristischen Vorexamen in Österreich) Zwischenprüfungen oder gar Semesterprüfungen vermeidet. Dies alles ist zuletzt nur Ausdruck der grundlegenden Tatsache, daß die deutsche Universität die an vielen ausländischen Hochschulen üblichen »Kurse« im allgemeinen nicht kennt. Mag auch die Be-

gabung der andrängenden Massen dafür nicht ausreichen: die Fiktion ist bis jetzt erhalten geblieben, daß der Student sich sein Studium selbständig aufbauen und sich durch Irrtümer und Fehlschläge durchbeißen müsse. Nur an Widerständen wird man stark; nur das unter Mühen Selbsterarbeitete ist ganz echt – das ist die Idee. Es ist nicht zu leugnen, daß sie in der Praxis mit den Unzuträglichkeiten einer allzu lockeren Organisation verbunden ist, und daß der Student, wie er wirklich ist, vielfach unter diesem System leidet.

2) Die *Vorlesung* wird immer wieder als ein didaktisch veraltetes Institut getadelt. Schon Schleiermacher aber hat dagegen gesagt: sie gehöre zum Wesen der Universität und es lohne der Mühe, »diese Form immer aufzusparen für die wenigen, die sie von Zeit zu Zeit recht zu handhaben wissen«.[6] Natürlich kann sie nicht als Ersatz des Lehrbuches oder des Bücherstudiums überhaupt gelten. Der Sinn der darstellenden Vorlesung liegt darin, daß sie den neuesten Stand eines Wissenschaftszweiges in persönlicher Durchdringung und Auffassung einführend darbietet. Keines dieser Momente darf der guten Vorlesung ganz fehlen: sie will einführen – deshalb verzichtet sie bewußt auf Vollständigkeit der Darbietung; sie will den Stoff persönlich durchdringen und beseelen: deshalb ist sie das – keineswegs abgeschlossene, aber doch schon durchgereifte Resultat der eigenen Arbeit des Dozenten; sie will den status praesens der Wissenschaft wiedergeben: insofern wird schwerlich ein Buch schon enthalten können, was sie mitteilt. Auch der Vortrag gehört zu der Gesamtleistung: *Vorlesung*, ein gelesenes *Papier*, wie die Amerikaner sagen, soll sie eigentlich nicht sein. Ist der Dozent ein ungewandter Redner, so spreche er lieber langsam suchend, als daß er ohne innere Beteiligung ablese. Denn die letzte Rechtfertigung der Vorlesung liegt doch darin, daß in ihr die Sache durch eine lebendige Person hindurch spricht. Analog besteht die rechte Wirkung der Vorlesung nicht im lückenlosen Mitschreiben, sondern im Mitdenken und Miterleben. Das Gerippe mag zur Unterstützung dieser Denktätigkeit immerhin mitgeschrieben werden; also muß die Vorlesung ein solches Gerippe, d. h. eine klare Disposition haben. Während noch vor 50 Jahren nach dem didaktischen und rhetorischen Talent des Universitätsprofessors wenig gefragt wurde, stellt heut die Hörerschaft an die Form des Vortrages erhebliche Anforderungen. Ein wenig ist der Sinn für schlichte Sachlichkeit damit zurückgegangen. – Nur selten machen sich die Zuhörer einer Vorlesung, die nicht einfach Exegese oder historischer Be-

---

[6] Friedrich Schleiermacher, Gelegentliche Gedanken über Universitäten in deutschem Sinn nebst einem Anhang über eine neu zu errichtende. Berlin 1808. S. 60.

richt ist, eine Vorstellung davon, daß der Aufbau eines solchen Ganzen eine eigene und keine geringe Kunstleistung ist. Ein *Ganzes* soll es zunächst sein, obwohl es über viele Semesterstunden verteilt wird. Diese Gesamtökonomie ist die erste Anforderung. Bei jedem einzelnen Abschnitt und jeder einzelnen Stunde entsteht dann das Ringen zwischen der vollen Anforderung der Sache und der didaktisch zweckmäßigen Form der Darbietung. Nichts ist schwerer, als Gedankengänge, die noch in Bewegung sind, in elementarer Fassung festzulegen. Ist das alles gelungen, so daß der Anfänger mitkommen und der Kundige Ausblicke in größere Fernen tun kann, so kommt die letzte Not, ob sich dies geformte Gebilde nun auch genau in 45 Minuten pressen läßt; das heißt aber für den eigentlichen Lehrer und Redner: ob das Tempo, das er angenommen hat, auch beim Blick in die Augen der Zuhörer aufrecht erhalten werden kann. In der Tat ist dies alles eine *Kunst*. Die Aufgabe jedenfalls verträgt nicht, daß man sie zum Handwerk erniedrige.

3) Das Mißverständnis, als ob der Wissenschaftsbetrieb der Universität zentral auf der Vorlesung ruhe, kann eigentlich nur der völlige Außenseiter hegen. Schon beim Dozenten steckt *hinter* der Vorlesung sein ganzes wissenschaftliches Suchen und Bemühen. Sie soll aber auch auf der anderen Seite Aktivität wecken. Die langen akademischen Ferien sind nur dadurch gerechtfertigt, daß der Hörer in ihnen die Vorlesungen durcharbeite (nicht ausarbeite). Deshalb ist sie mit Literaturangaben ausgestattet. Der Anleitung zur eigenen wissenschaftlichen Arbeit aber dienen die »Übungen«. Sie sind zunächst eine andere Form akademischen Lehrens. Da sie in den Naturwissenschaften Laboratorien und Apparate, in den anderen Wissenschaften mindestens Büchersammlungen erfordern, so bestehen für sie besondere Räumlichkeiten, die im ersten Fall meist als *Institute* (bei den Medizinern gehören dazu auch die Kliniken), im zweiten als *Seminare* (gelegentlich als Sozietäten) bezeichnet werden. Sie haben oft außer dem Hauptprofessor einen erweiterten Lehrstab. Die Assistenten des Professors, die nicht oder noch nicht habilitiert sind, werden im amtlichen Vorlesungsverzeichnis nicht namentlich geführt. Die Institutsleiter, meist Ordinarien, können in freier Vereinbarung Angehörige der anderen Dozentenkategorien zur Leitung von Übungen und Praktika heranziehen. Aber es muß wiederholt werden, daß sie dadurch ihre ursprüngliche Stellung als freie und selbstverantwortliche Universitätslehrer nicht verlieren. Die Praktika sind natürlich nach der Art der Fächer sehr verschieden ausgestaltet. Die naturwissenschaftlichen Institute sind überwiegend groß organisierte Arbeitsbetriebe, in denen für die ersten Übungen des Anfängers ebenso gesorgt ist wie für die fortgeschrittenste selbständige

Forschung. Der Direktor wird dem Ganzen seine persönliche Note aufdrücken, hat aber auch ein großes Maß von Verwaltungsarbeit zu leisten. Die geisteswissenschaftlichen Seminare gestatten gemäß den persönlichen Voraussetzungen dieser Wissenschaftszweige keine so streng arbeitsteilige Organisation. Immerhin sind auch sie mit Rücksicht auf den geordneten Lehrbetrieb heut schon vielfach in Unterstufe (Proseminar) und Oberstufe, gelegentlich sogar dreistufig gegliedert. Über Aufnahme und Aufsteigen entscheiden in der Regel die Direktoren. In den juristischen Praktika, die meist eine sehr große Zahl pflichtmäßiger Besucher haben, werden überwiegend gemeinsame Themata zur Massenbearbeitung gestellt. Der Besuch der Seminare in der Philosophischen Fakultät ist freiwillig, sofern er nicht für Staatsprüfungen nachgewiesen werden muß. Für die Promotion wird nach dem Wege des Studienganges offiziell in der Regel nicht gefragt. Der Usus und das eigene Interesse des Studenten werden ihn jedoch zur Benutzung dieser Bildungsangelegenheiten von selbst hinleiten.

4) Die höchste Stufe der Lehraufgaben innerhalb der Universität ist die Anleitung zur selbständigen wissenschaftlichen Produktion, d. h. zunächst einer einzelnen Arbeit, die in der Regel zugleich zum Promotionszweck dienen wird. Nur ein kleiner Prozentsatz aller Studierenden steckt sich dieses Ziel und erreicht es. Die Leistung selbst aber ist, trotz aller Maßnahmen zur Niveaukontrolle, sehr ungleichwertig je nach Universität, Fakultät, Fach und Dozentenpersönlichkeit. Es macht schon einen großen Unterschied, ob das Thema der Arbeit frei gewählt oder vom Professor gestellt ist. Im ersten Fall fungiert er als sachverständiger Berater, im zweiten nur zu leicht als Besteller. An die Dissertation wird die Anforderung gestellt, daß sie wissenschaftlich neue Ergebnisse zutage fördere – ein wiederum sehr dehnbarer Begriff, der nicht ausschließt, daß mancher nur Regenwürmer findet. Gemäß der oben geschilderten Idee der Fakultät wird die alte Fiktion festgehalten, daß die gesamte Fakultät über die Annahme oder Ablehnung der Arbeit entscheidet. Tatsächlich werden in der Regel zwei Begutachter bestellt, deren Voten als *Berichte* (Referate) an die Fakultät formuliert werden. Die wissenschaftliche Einheit der Fakultät kommt in der Philosophischen, wo sie ungeteilt ist, noch heute dadurch zum Ausdruck, daß sie nur den Titel Doctor philosophiae (nicht etwa physices oder mathematices oder philologiae) verleiht, wenn auch die Philosophie selbst als obligatorisches Fach der mündlichen Prüfung meistens aufgegeben ist, und weiter darin, daß außer dem Hauptfach, dem die Dissertation angehört in der mündlichen Prüfung zwei andere Fächer verlangt werden. Wenn die Philosophische Fakultät geteilt ist, verleiht die naturwissenschaftliche Fakultät oder Sektion manchmal den Dr. rerum natura-

lium. Umgekehrt: wo die Staatswissenschaften ihr noch angehören, verleiht die Gesamtfakultät manchmal (in Kooperation mit den Juristen) den Dr. rerum politicarum. Beide Erscheinungen aber bedeuten Symptome für die eingetretene Entfernung von der klassischen Idee der philosophischen Fakultät. – Die Tendenz auf Kontrolle des wissenschaftlichen Niveaus ist auch der Grund, weshalb alle Dissertationen in Deutschland gedruckt werden müssen. Leider ist hinzuzufügen, daß ihr innerer Wert vielfach diesen Papierverbrauch nicht lohnt. Man muß aber den ganzen Vorgang der Promotion auch als eine symbolische Handlung auffassen: der Wille zur Förderung des wissenschaftlichen Geistes soll durch alle diese Leistungen sichtbaren Ausdruck finden. Auch hier sind nicht alle Thyrsosträger wirklich von Bacchos begeistert. Ja vielleicht hat die Hochschätzung akademischer Bildung und akademischer Titel in Deutschland das irrige Werturteil begünstigt, jeder höher gebildete Deutsche müsse irgendwann einmal etwas haben drucken lassen.

Blicken wir auf die drei Institutionen, in denen sich die Verbindung von Forschung und Lehre an der deutschen Universität darstellt, zurück, so erscheint das lose Gefüge von Vorlesung, Übung und Promotionsarbeit als eine Veranstaltung, in der individuelle Freiheit und Wissenschaftsorganisation, Tradition und Produktion in einem sehr glücklichen Sinne verbunden sind. Soweit der Dozent daran beteiligt ist, werden seine Leistungen auch äußerlich unterschieden: die mehrstündigen Hauptvorlesungen hält er privatim, d. h. gegen ein nach der Stundenzahl und evtl. dem Sonderaufwand bemessenes Honorar der Studenten. Publice, d. h. öffentlich und ohne Honorar, werden heut nur noch allgemein orientierende, meist wöchentlich einstündige Vorlesungen gehalten. Sie sind – vielleicht durch Schuld von beiden Seiten – unverkennbar im Absterben begriffen. Privatissime, d. h. unter der Bedingung persönlicher Anmeldung und Zulassung, werden die Übungen gehalten, und zwar meist ohne Honorar, also privatissime et gratis. Sie werden heut eigentlich als die amtlich wichtigste Leistung des Dozenten angesehen. (Der Privatdozent als nichtbeamtet kann nicht »publice« lesen sondern nur »gratis«.) Man darf aber darüber nicht vergessen – und auch der Professor soll es nicht vergessen – daß seine Sprechstunde und alle Stunden persönlicher Besprechung mit den Studenten einen ganz wesentlichen Teil seiner amtlichen und ideellen Aufgaben ausmachen. Hier werden die individuellen wissenschaftlichen Arbeiten erörtert, und oft tritt gerade heut auch ein Stück menschlicher Hilfe und Seelsorge hinzu.

Schon dadurch erstreckt sich die Wirkung der Universität etwas über ihre Mauern hinaus. Die Mehrzahl der Dozenten übt außer der offiziellen Lehrtätigkeit privatim noch irgendwelche mit dem Hauptfach in Zusammenhang stehende Kulturtätigkeit aus. Man hält etwa volkstümliche Vorträge, leitet Vereine, organisiert Ausgaben wichtiger Werke, erstattet Gutachten und steht dem Ministerium für besondere Angelegenheiten der Kulturverwaltung zur Verfügung. Besonders in großen Städten wird dieser Zweig der Tätigkeit des Dozenten zu einer Riesenlast. Man muß das aber als Ausstrahlung des eigentlichen Universitätsgedankens ansehen. Es geschieht, gemäß dem Stil der deutschen Universität, in loser und unorganisierter Form. Eine fest organisierte Universitätsausdehnungsbewegung (University-extension) ist in Deutschland nicht gediehen.

VI. Innere Schwierigkeiten und Reformpläne. Wie alles in der Welt, ist auch die überlieferte Gestalt der deutschen Universität durch das beschleunigte Tempo der Gesamtentwicklung im industriell-technischen Zeitalter in Erschütterung geraten, und es fragt sich, in welchem Maße sie umgebaut werden muß, um ihre Gesamtfunktion für Volk und Menschheit erfüllen zu können. Von vornherein freilich steht fest, daß die *Ide*e der Universität, gerade weil sie universal auf Wissenschaft und Bildung und Weltanschauung, auf Staatsdienst und Kulturdienst gerichtet war, keiner wesentlichen Umbildung fähig ist und bedarf. Die Frage kann nur sein, ob sie unter den veränderten Umständen ihre Idee noch in Tat und Leistung umzusetzen vermag. Die Veränderungen liegen auf allen Kulturgebieten und sind z. T. schon berührt worden. Die eigentlichen Ausbruchsstellen der Krisis, in der die deutsche Universität heut zweifellos steht, sind folgende: 1) die Demokratisierung der Bildung und die damit unvermeidlich verbundene Niveausenkung. 2) Die anscheinend unheilbar gewordene Differenz zwischen Wissenschaft und Berufsbildung. 3) Die ebenso unheilbar scheinende Differenz zwischen Wissenschaft und Weltanschauung. Alle drei Momente hängen so tief zusammen, daß sie eigentlich nur verschiedene Seiten einer kulturellen Gesamtmetamorphose sind, und es ist dabei sehr merkwürdig, daß in ihr der Kurswert der Wissenschaft teils zu hoch, teils zu niedrig geworden ist.

Es ist nicht leicht, von dieser geistigen Krisis in kurzen Zügen ein verständliches Bild zu geben. Zwei Parteien, idealtypisch gesehen, kämpfen um Sinn und Gestaltung der Universität. Die eine, geradlinig von der Aufklärung herkommende, glaubt unbedingt an die Leistungsfähigkeit der positiven Wissenschaft und schreibt ihr die Kraft zu, sowohl die ganze Weltanschauung zu fundieren wie den Menschen für seine Arbeit an der Welt und Menschheit zu bilden. Die zweite findet die Wissenschaft abhängig von den großen weltanschaulichen Entscheidungen und sieht folgerichtig die stärkste bildende Kraft in der Weltanschauung, nicht in der Wissenschaft. Natürlich verstehen beide Gruppen unter Wissenschaft ganz Verschiedenes, und entsprechend müssen sie auch über Bildung und Weltanschauung verschiedene Begriffe haben. Folglich sind alle drei Begriffe völlig problematisch geworden. Sie sind nicht mehr feststehende Bezugspunkte, sondern zeigen sich darin von dem allgemeinen Relativitätsgedanken der Gegenwart erfaßt, daß sie gleichsam selbst hin und her wandern. Und zwar liegt es nicht so, daß »die Weltlichen« einfach der ersten Partei angehören, die »Religiösen« der zweiten; sondern die ganze Verwirrung tritt am stärksten darin zutage, daß die orthodoxe sozialistische Ideologie *beides* zugleich behauptet: Wissenschaft sei das Fundament aller Kulturgestaltung überhaupt: sie allein gebe Macht und begründe *das* richtige Weltbild; man müsse aber trotzdem bürgerliche Wissenschaft und proletarische Wissenschaft auseinanderhalten, womit im Grunde ein weltanschauliches, nicht ein theoretisches Apriori der Wissenschaft behauptet wird. In dieser Lage mußte notwendig eine dritte Richtung entstehen: die sehr mannigfachen Bemühungen derer, die nun das »eigentliche« Wesen der Wissenschaft und ihre Reichweite neu herauszuarbeiten versuchen und schließlich eine »Selbstbegrenzung der Wissenschaft« fordern. In dieser Gruppe sind Theologen, Philosophen und Anwälte des praktischen Lebens eigenartig untereinander gemischt.

Wesensmäßig *neue* Probleme liegen in alledem freilich nicht. Um den echten Sinn der Wissenschaft und um ihr Verhältnis zur offenbarten oder metaphysisch gefaßten Weltanschauung hat schon die Scholastik gerungen, haben Kant und sein Zeitalter gerungen und wird die Menschheit immer von neuem ringen müssen. Auch der Sinn der menschlichen Wesensbildung und der Leistungsbildung wird damit immer neu gestaltet werden. In unsrer Darstellung sind wir davon ausgegangen, die Spannungen dieser Standpunkte und ihre unablässige Neuformung als das entscheidende Geheimnis der deutschen Universität zu verstehen. Sie waren immer da. Die Fragestellung kann also nur lauten, ob sie inzwischen *so* schwer geworden sind, daß sie den Rahmen der Universität unvermeidlich sprengen müssen. Damit aber wäre der Schwerpunkt der Erörterung auf die organisatorische Seite der Sache verlegt. Und es wird tatsächlich zweckmäßig sein, das ganze Problem von hier aus zu beleuchten, da jene schwerwiegenden Fundamentalfragen des Geistes, die ganz kürzlich Theodor Litt in seinem Buch: ›Wissenschaft, Bildung, Weltanschauung‹, Leipzig 1928, sehr feinsinnig durchleuchtet hat, hier doch nicht in vollem Umfang behandelt werden können.[7]

[7] Vgl. auch meinen Vortrag: ›Der Sinn der Voraussetzungslosigkeit in den Geisteswissenschaften.‹ In: Sitzungsberichte der Preußischen Akademie der Wissenschaften. Phil.-hist. Klasse 1929. I.

Unter den zahlreichen Reformschriften der jüngsten Zeit geht nur eine wirklich in die Tiefe der Probleme: Max Schelers Aufsatz: ›Universität und Volkshochschule‹, der zuerst in Leopold v. Wieses Sammelwerk: ›Soziologie des Volksbildungswesens‹, München 1921, erschienen ist und etwas umgestaltet in Schelers Buch: ›Die Wissensformen und die Gesellschaft‹, Leipzig 1926, übernommen wurde. In leichter Anlehnung an die bekannte positivistische Grundthese unterscheidet Scheler jene drei Arten des Wissens: das religiöse, das metaphysische und das positive (vgl. oben). Jedoch bilden sie für ihn nicht sich ablösende Stufen der intellektuellen Haltung zur Welt, sondern ewige Sinnintentionen des Geistes, die in jeder Epoche, wennschon mit ungleicher Betonung, nebeneinander stehen. Wenn Scheler die Metaphysik einfach mit dem Bildungswissen gleichsetzt, so kommt darin seine eigne Philosophie zur Geltung, deren phänomenologische Schau in der Erfassung der ewigen Wertwesenheiten und ihrer evidenten Rangverhältnisse gipfelt. Die dritte Form des Wissens, die auch als Arbeitswissen (technologisches Wissen) bezeichnet wird, ist die eigentliche Domäne der *Forschung*. Wie stark selbst Scheler die Wissenschaft an dieser dritten Art orientiert, geht daraus hervor, daß er schon sprachlich das Bildungswissen auch als Resultat einer »Synthese« bezeichnet: Wissenschaftssynthese aber ist ein Begriff, der die Anerkennung voraussetzt, daß eine Aufsplitterung bereits erfolgt sei. Über diese Dreiteilung der Wissenschaft greift Scheler doch wohl hinaus, wenn er außerdem die Berufs- und Fachbildung in den Kreis seiner Betrachtung hineinzieht. Denn sobald er von der konkreten Universität der Gegenwart redet, findet er in ihr drei widerstreitende Richtungen zu einer heut nicht mehr möglichen Einheit gebunden: Berufsbildung, Persönlichkeitsbildung und Forschung. Sein Reformvorschlag geht darauf hinaus: »eine langsame Scheidung und Verteilung der grundverschiedenen Aufgaben anzubahnen, die bisher den Universitäten oblagen«, und zwar auf drei verschiedene Unterrichts- und Bildungsinstitute, denen er die Volkshochschule und eine politisch-soziale Akademie zugesellen will. Ich gebe das Wichtigste in seinen eignen Worten wieder: »1) Die bisherige Universität wird allmählich zu einem Institut bewußter vorwiegender *Berufs- und Fachschulung* umgebildet. 2) Forschungsanstalten, wie solche z. T. schon bestehen ... werden in engerem Zusammenschluß mit den Universitäten und Akademien oder doch Anlehnung an sie neu gegründet. 3) Anstalten nach der Art des Collège de France werden errichtet, das heißt Institute, an denen hervorragende Forscher, die eine besondere Begabung für geistige *Synthese* besitzen, Philosophen, Historiker, Kunstgelehrte, Soziologen, Religionswissenschaftler usw., nicht nur den *Studenten*, – die neben ihrer Berufsvorbereitung an der

Universität gleichfalls diese Institute *obligatorisch* zu besuchen haben –, sondern auch den *älteren* Akademikern der verschiedenen Berufe das Wissen der Zeit, unter Berücksichtigung aller Fortschritte der Forschung, vermitteln – und dies *unter dem Lichte verschiedener Weltanschauungen.*«

Hinter diesem Plan steht die phänomenologische Sonderung streng verschiedener Sinnrichtungen: persönliche Wesensbildung sei *absolut* getrennt von jedem Wege der Fachbildung, Weltanschauung und weltanschaulich getragene Bildung sei absolut verschieden von der Einzelforschung. Wer aber die Formulierung aufmerksam liest, wird bemerken, daß sich die unlösbaren Zusammenhänge wider Willen des Autors ganz von selbst hineingedrängt haben: die Forschungsanstalten bleiben in engem Zusammenhang mit den Universitäten, und die Synthetiker müssen eben doch – hervorragende Forscher sein.

Man muß zunächst an den Hauptgliedern der Aufspaltung zeigen, weshalb es so nicht geht, um dann zu erörtern, wie das Berechtigte der Vorschläge auf anderem Wege erreicht werden kann.

1) Die Umwandlung der Universitäten in bloße Berufs- und Fachschulungsanstalten, die u. a. auch Waentig befürwortet hat, wird vor allem deshalb gefordert, weil die bisherige Universität zu lebensfremd geworden sei. Es fehle ihr der Sinn, selbst das Ethos für den Beruf und die Praxis. (Ganz ähnliche Vorwürfe hat auch der preußische Minister Becker gegen die Philosophische Fakultät und ihre Leistung für die Ausbildung der Lehrer an höheren Schulen erhoben: sie erzöge sie zu Gelehrten und erfülle sie so mit einem falschen Berufsethos.) – Diese Behauptung ist z. T. begründet: der deutschen Universität ist wirklich die Berufsanpassung nicht das *höchste* Ziel, sondern ein geistiger Menschentypus, der sich in seinem Beruf mit Freiheit bewegt. Und nicht nur das deutsche System ruht gerade auf dem wohlerwogenen Gedanken, daß – mindestens heut – keine höhere Kulturleistung ohne ein noch so bescheidenes Maß von Teilhaben an dem inneren Leben und Fortschritt der Wissenschaft möglich ist. Man denke sich die Sache anders, so wird es unvermeidlich zu einer unfruchtbaren, stagnierenden Lehrtradition kommen. Wären auch die Lehrer dieser Berufshochschulen wissenschaftlich modern gebildet: sie hätten doch eben nur zu lehren, was die schon gegebene Praxis fordert, und sie hätten bei dem Anspruch, den dann die didaktische Formung stellte, gar nicht mehr die Zeit und den Sinn, sich um eben aufkommende neue wissenschaftliche Errungenschaften zu kümmern. Aber auch der Lernende *muß* in den Anfängen seiner Schulung für Kulturaufgaben zeitweise von dem Eigengesetz der Wissenschaft ergriffen werden, weil sonst zu fürchten ist, daß er in seiner Berufspraxis nie über den engen Gesichtskreis dessen hinaus-

kommen wird, was er für seine Arbeit »gelernt« hat. Diese Wahrheit steht so fest, daß jede Trennung von Berufsbildung und wirklicher wissenschaftlicher Bildung einen *Rückschritt* bedeutet. Je näher diese Gefahr unter den heutigen Verhältnissen liegt, um so entschiedener muß der gute Sinn des bestehenden Systems verteidigt werden.

2) Aber, so sagt man, bis zur Teilnahme an der eigentlichen Forschung brauche und könne die Berührung mit der Wissenschaft nicht ausgedehnt zu werden. Auch hierauf ist in den früheren Ausführungen schon geantwortet worden. Vielleicht erweckt nur die Ausdrucksweise den Anschein der Verstiegenheit. Zu wirklicher Erarbeitung ganz neuer Ergebnisse sind, zumal in den drei ersten Fakultäten, immer nur wenige gekommen. Es ist aber ein Irrtum zu glauben, das, was hier Forschung genannt wird, sitze nur in den Spitzen der Wissenschaft. Es beginnt schon bei dem ersten Versuch der Aneignung bestehenden Wissens. Dieses Wissen kommt nur zum Leben und bleibt nur am Leben, wenn es auf produktive Art erworben wird und wenn dauernd das Bewußtsein bestehen bleibt, daß es sich hier um ein immer Werdendes, immer Bewegtes handelt. Auf jedem anderen Wege liegt die Gefahr scholastischer Erstarrung. Und es wäre ein seltsamer Widerspruch, ja ein praktischer Unsinn, wenn man in einer Zeit, in der von jedem Schüler der höheren Schule grundsätzlich *Selbsttätigkeit* verlangt wird, sie auf der höheren Ausbildungsstufe abbauen wollte. *So* also kann die Reform nicht gehen. Gewiß ist auch in diesem Sinne Forschung noch etwas Verschiedenes, je nachdem, ob man an den Erwerb von Einzelwissen oder an den Prozeß gedanklicher Synthesen denkt. Aber zu beiden gehört innere Produktivität, Mitarbeiten, geistiges Ringen und jene Freiheit, die sich in allem die persönliche Stellungnahme des Wahrheitsgewissens und der Wertgesinnung vorbehält.

3) Daß die volle Bildungshöhe unserer Zeit nur für den zu erreichen ist, der an der Wissenschaft, mindestens an ihrem Geist, Anteil hat, wird niemand bezweifeln und steht auch in Schelers Worten über die synthetischen Bildungsschulen zu lesen. Daß sie aber *nur* durch die Wissenschaft zu erreichen sei, das ist ein zu gefährlicher Irrtum, als daß nicht gerade vor den Fertigfabrikaten rednerisch vorgetragener Bildung entschieden gewarnt werden müßte. Jeder, der Erfahrung hat, weiß, wie wenig solche Darbietungen wirken, ja wie schädlich sie wirken, wenn sie auf Gemüter treffen, die nicht in jedem Sinne darauf innerlich bereitet sind. »Das Leben bildet.« Dieser alte Satz darf gerade im Bezirk der Hochschulen *nicht* vergessen werden, wenn sie nicht weiterer Lebensfremdheit verfallen wollen. Deshalb habe ich mich auch vor sieben Jahren, als – gerade von der Studentenschaft – der Plan einer *»humanistischen Fakultät«* lebhaft

erwogen wurde, gegen diese Bestrebungen, deren Motive ich ehre, gewandt. Abgesehen davon, daß dies niemals eine »Fakultät« werden kann, liegt in solchen Ideen die verhängnisvolle Täuschung, man könne sich Bildung, ja vielleicht sogar Weltanschauung »anstudieren«. Beide aber erwachsen nur im Wechselspiel von Denken und Tun, Tun und Denken. Gemeint war ein Bescheideneres: nämlich Wissenschaftssynthese, Zusammenschluß der zersplitterten Elemente zu größeren Komplexen, die überhaupt erst wieder geeignet wären, in den Aufbau persönlichen Lebens einzugehen. Aber was für den einzelnen Menschen im Lebensstrom gilt, gilt auch vom Fortgang der Wissenschaft: es war nicht ihre Schuld, sondern ihr Schicksal, daß sie sich einer kaum noch zu bewältigenden Fülle – nicht nur von Stoff (der ließe sich beschneiden) – sondern von Wissenschaftsperspektiven und -methoden gegenüberfand. Und in dieser Lage konnte auch ihr nichts helfen, als ringendes Bemühen. Man hat ihr statt dessen bisweilen Leichtfertigkeit empfohlen. Gerade sie aber, die bodenlose Spekulation, hatte die Herrschaft des Positivismus mit seinem unverbundenen Erfahrungswissen heraufgeführt. Das nächste Mal also müßte der Bau der Gesamtwissenschaft sorgfältiger gefügt werden. Wenn aber dieser Versuch gemacht wird – und er ist sichtbar im Gange – so bedeutet dies nicht eine neue, fremde Tendenz im Rahmen der deutschen Universität, sondern eine *bewußte Rückkehr zu guten Motiven ihrer klassischen Gestalt auf einer neuen Basis der Problemlage wie der Lösungsmöglichkeiten.*

Jene völlige Trennung von Berufsbildung, Personbildung und wissenschaftlicher Forschung ist also durch das innere Gesetz der Dinge ausgeschlossen. Überhaupt aber liegt der Ursprung des Übels an einer anderen Stelle.

Die ungeheure Verbreiterung der höheren Schulbildung nach Zahl der Beteiligten und Umfang der Gegenstände, die in den letzten 30 Jahren stattgefunden hat, hängt mit der allgemeinen Kulturbewegung zusammen, und man kann sie nicht ungeschehen wünschen. Man muß aber auch den Tatsachen ins Auge sehen, die als automatische Folgen heraufgeführt worden sind. Schon der Umstand, daß von alters her das Abiturientenexamen als Hauptsinn die Hochschulreife einschloß, führte zu einem gesteigerten Andrang auf alle Hochschulformen, also auch auf die Universität. *Die sehr einfache Hauptursache der heutigen Universitätskrisis ist die gewaltige Steigerung ihrer Besucherzahl.* Das alte Universitätssystem, der alte Geist der Universität aber ließen sich nur bei einer relativ kleinen Zahl von Besuchern verwirklichen. Der Mangel, wenn man will: die Schuld der deutschen Universität liegt darin, daß sie noch immer mit der Fiktion arbeitet, als ob sich durch dieses quantitative Wachstum qualitativ in ihr nichts geändert hätte. An diesem Widerspruch, ja dieser Unwahrhaftigkeit krankt sie. Aber dieser Krankheit ist ohne Revolution abzuhelfen.

Zunächst ist es klar, daß die unübersehbar vielen, die heut in die Hallen der Universität strömen, eine ganz andere Geistesart mitbringen als früher. Sie sind zum großen Teil nicht wissenschaftlich interessiert. Das soll kein Tadel sein. Denn sie haben dafür vielfach ein breiteres allgemeines Kulturinteresse, mehr Gestaltungsdrang und manchmal auch mehr sittliche Kulturproblematik und mehr Weltanschauungsproblematik in sich. Für die Universität folgt daraus zweierlei: 1) Sie muß mehr Fühlung mit der Zeit gewinnen. Jedes Gegenwartsproblem, jeder neue Sinn und Zweig der Kulturarbeit, jedes Neuwerden in Volks- und Menschheitskultur ist unmittelbar zugleich ein wissenschaftliches Problem. Daran hat es in der deutschen Universität bis in die Gegenwart hinein zu oft gefehlt, der Historismus im schlechten Sinne liegt ihr im Blute, d. h. die Beachtung historischer Objekte, bei denen *keine* gefühlte oder erkannte Sinnbeziehung zur Gegenwart mehr waltet. Wissenschaft aber ist eine lebendige Sache, nichts, was man abseits auf einer Insel der Seligen treiben könnte. Die echte Wissenschaft ist nie lebensfremd gewesen. Immer wurde sie aus dem Leben selbst geboren, und wenn sie dann ihrem eigenen Sinngesetz folgte, so durfte sie doch die Verbindung mit jenem Urquell nie ganz verlieren. Auch für die historischen Fächer gilt diese Behauptung. Sie beschäftigen sich nicht mit der Vergangenheit, weil sie vergangen ist und stillsteht, sondern weil irgend etwas in ihr ist, das mit dem tieferen zeitlosen und deshalb immer gegenwärtigen Lebenszusammenhang verflochten ist.

2) Das zweite ist damit verwandt: die deutsche Universität muß in einem gesunden Sinne pädagogischer werden. Ich verstehe darunter nicht den Weg zur Bevormundung, auch nicht zu vermehrter Kontrolle. Denn das ist mit ihrem Geist strukturgemäß nicht vereinbar. Aber schon das eine fehlt heut in einem bedauerlichen Maße: der Blick und das Interesse des Dozenten für die gegenwärtig sehr schnell wechselnde Geistesart und Kulturproblematik der Studentengenerationen. Es sind Menschen, mit denen er zu tun hat, nicht bloß »Hörer« und nicht bloß Wissenschaft-Lernende. Hierüber ließe sich ein eignes Buch schreiben. Konkret aber muß zunächst über organisatorische und didaktische Maßnahmen gesprochen werden, die ich schon vor 16 Jahren empfohlen habe und die nunmehr unabweisbar dringend geworden sind. Will man nämlich den veränderten Verhältnissen Rechnung tragen, ohne nach jenen Vorschlägen die Einheit der Universität zu sprengen, so muß in ihr selbst eine Abstufung unter didaktischen Gesichtspunkten erfolgen. Die englischen Universitäten unterscheiden bekanntlich ein Studium for honour und for pass. Bloß pas-

sieren soll und darf die deutsche Universität niemand. Aber die Fiktion kann nicht mehr aufrecht erhalten werden, als ob alle Studenten auch nur für ihre eigenen Studienzweige das gleiche Maß von wissenschaftlicher Begabung und Zielsetzung mitbrächten. Es ist ein Unterschied zwischen dem Anfänger und dem Fortgeschrittenen. Die Universität hat dies bisher – unter dem natürlichen Zwang der Sache – nur innerhalb der Institute und Seminare zur Geltung kommen lassen. Künftig wird man es auch bei Vorlesungen nicht vermeiden können, wenn nicht *entweder* jede Vorlesung bloße Einführungsvorlesung werden oder die undifferenzierte Vorlesung eine didaktische Mißgeburt bleiben soll. Der Vorschlag dieser Stufenbildung ist sehr einfach, aber er ist gerade auf dem traditionellen Boden der deutschen Universität nicht ganz leicht durchzuführen. Die Lehrerfrage, und in ihrem Gefolge die Finanzfrage enthalten die Schwierigkeit in sich. Die Sache kann nicht etwa so geregelt werden, daß der Privatdozent die Versorgung der Anfänger übernimmt und der beamtete Professor dadurch für die eigne Forschung samt der Meisterbildung frei wird. Das widerspricht dem Sinn des Privatdozententums, wie wir es früher entwickelt haben. Auch ist gerade die zweckmäßige Einführung der Anfänger didaktisch eine so schwere Aufgabe, daß nur der reife Kenner des ganzen Gebietes dafür die inneren Voraussetzungen mitbringen wird. Das Elementare richtig zu erfassen und gut vorzutragen erfordert eine Gesamtreife der Meisterschaft, die nicht einmal der Gelehrte ersten Ranges allemal besitzt. Assistenten aber könnten zu leicht in den Stil des bloßen Eindrillens oder – eine Stufe höher – in den Stil des Repetitors verfallen, der übrigens oft ganz hervorragende pädagogische Fähigkeiten besitzt. »Organisiert« aber der Ordinarius etwa den Lehrbetrieb in seinem Fache, so liegt die Gefahr einer engen Methoden- und Dogmentradition nahe. So ganz schmerzlos also ist die notwendige Umformung nicht. Es kommt vor allem darauf an, daß ein neuer Typus des Hilfsdozenten herausgebildet wird, der vom Assistenten, vom Privatdozenten und vom Repetitor je eine wertvolle Eigenschaft besitzt und doch mit keinem von jenen Typen identisch ist. Sodann kommt es darauf an, den sachlichen Bezirk des Elementaren und das fruchtbare Anfängerübungsmaterial so herauszustellen, daß eine zielbewußte Hinleitung zu der höheren Stufe stattfindet. Für meine eigenen Fächer vermöchte ich darüber Vorschläge zu machen. Aber die Dinge liegen in jedem Fach anders, und für solche hochschuldidaktischen Probleme haben wenigstens die Universitäten bisher kaum irgendeine Tradition entwickelt. Am schwersten wird es endlich sein, in diesem Rahmen die Freiheit möglichst zu erhalten: die Freiheit des Lernens und die Freiheit des Lehrens. Gelänge dies, so könnte auf der höheren Stufe der Ausbildung dem Dozenten eine Elite von Mitarbeitern zur Verfügung stehen, die er heut nur zufällig oder mühselig findet, und mit der er Gegenstände behandeln könnte, die auch für seine eigne Forschung mindestens der Methode, wenn auch nicht dem Inhalt nach fruchtbar wären. Die ganze Umstellung würde nämlich ihren Sinn nur halb erfüllen, wenn sie den wirklich produktiven Gelehrten nicht auch für seine Forschungsaufgaben freisetzte, die heut unter der *Planlosigkeit* des ganzen Universitätsbetriebes so sehr notleiden, daß sie im Rahmen der Universität fast mehr gefährdet als verankert sind. Das alles mag heut nur für die großen, noch nicht für die kleinsten Universitäten gelten. Aber es wird in absehbarer Zeit eine Universität von der »Kleinheit«, wie Berlin sie im Winter 1850/51 (2107 Studenten) oder 1878/79 – einem Semester rapider Steigerung (3213) – hatte, überhaupt nicht mehr geben. Es ist selbstverständlich, daß die große Zahl – sowohl der Universitäten wie der Dozenten und der Studenten – auf das Leistungsniveau drückt. Es ist selbstverständlich, daß in einer demokratischen Epoche die Bedürfnisse und Forderungen der vielen nachdrücklicher vertreten werden als die der wenigen, die Außerordentliches leisten. Aber gerade eine Demokratie, die Gewicht darauf legt, daß die Wissenschaft nicht von einer in sich abgeschlossenen Kaste getragen werde, muß darauf bedacht sein, den Stufengang, der sich in der rein liberalen Ära von selbst machte, zu organisieren.

Dabei kann vor radikalen Umwälzungen nicht entschieden genug gewarnt werden. Es ist sehr leicht, plötzlich die Universität zu einem bloßen wissenschaftlichen Unterrichtsinstitut mit staatsbürgerlicher Erziehung umzubilden. Aber man vergißt dabei, daß es dann nach der althergebrachten Stuktur des wissenschaftlichen Lebens in Deutschland überhaupt keine Forscher mehr geben würde, abgesehen von den Inhabern der spärlichen neuen Forschungsinstitute und einigen reich gebliebenen Privatgelehrten. Und man vergißt, daß nur die freie Bewegung der Wissenschaft zuletzt die freie Bewegung des einzelnen im Staat, in der Gesellschaft, in der Wirtschaft sinnvoll zu leiten vermag. Fällt diese Freiheit dahin, so stehen wir wieder unter dem Druck bloß äußerer Autorität, und zwar nicht einer ewigen gottgewollten, sondern einer mit jeder gelegentlichen Machtkonstellation wechselnden Autorität. Die freie Fortbewegung der Wissenschaft – und das heißt Forschung – ist überhaupt nur eine Seite oder eine Äußerungsform des sittlichen Geistes, für den man auch sagen kann: *Echtheit* der Gesinnung. Und ohne sie mag man sich die Zukunft der Menschheit nicht denken.

Der *Menschheit:* denn obwohl auch das Bemühen um Wissenschaft, ebenso wie das um religiöse Weltanschauung und persönliche Wesensbildung, nicht anders gedacht werden kann als hervorgehend aus der individuellen Grundrichtung einer Nationalindividualität, ist doch die letzte Sinnintention der Universität eine größere, als daß sich ihre Aufgaben im Dienst für Volk und Staat erschöpfen könnten. Alles geistige *Leben* greift, wie man mit Recht gesagt hat, über das bloße biologische Leben mit seinen Grenzen dem Sinne nach hinaus. So greift auch alles nationale Leben seinem letzten Sinne nach über die natio, den Geburtszusammenhang und den auf ihm ruhenden Kulturzusammenhang, hinaus. Man spricht heut viel vom internationalen Bau der Kultur, von der Verständigung der Völker und von den verpflichtenden, also gemeinsamen Menschheitswerten. Die politische Praxis steht drinnen und draußen dazu in härterem Widerspruch, als in irgendeiner früheren Zeit. Soll sich aber aus diesen nationalen Gegensätzen wirklich ein Höheres, Gemeinsames herausarbeiten, so sind die Universitäten dazu eher berufen als die Parlamente. Denn in ihnen liegt seit der Internationalität von Glauben und Wissenschaft im Mittelalter die verhaltene Sehnsucht nach dem Allgemeingültigen, Verpflichtenden, also Überbrückenden. Sie können, ihrer Idee nach, wirklich an dem Dom mitbauen, der die Stileinheit eines gemeinsamen Glaubens hat, mag auch jedes einzelne Ornament mit der Liebe und Freiheit individuellen Gedankenreichtums gestaltet sein. Ohne sie kann die Kultur der Zukunft nicht gemacht werden. Wer also leichtfertig Hand anlegt, um sie einzuschränken oder abzubauen, der treibt Kulturfrevel. Und umgekehrt: nur solange das Ethos, das die Universitäten durchwaltet, der höhere Wahrheitssinn ist, der unter Selbstentsagung und in endlosem Ringen aufzubauen bestrebt ist, nur so lange verdienen sie zu leben. Es muß also dafür gesorgt werden, jeweils das tiefe Band zwischen der Volkssittlichkeit und dem Geist der wissenschaftlichen Hochschulen zu erhalten, das dem eigenen Volk ein Kulturdasein sichert und ihm das Recht einer eigenen Stimme in dem Chor der Kulturvölker gibt.

Literatur:

Materialien. – Wilhelm Erman und Ewald Horn, Bibliographie der deutschen Universitäten. 3 Bde. Leipzig 1904–05. (Fortsetzung: Bibliographisches Jahrbuch für deutsches Hochschulwesen. Hg. von Otto Erich Ebert und Oskar Scheuer. 1. Bd. Berichtsjahre 1910 und 1911. Wien und Leipzig 1912.) – Johann Friedrich Wilhelm Koch, Die preußischen Universitäten. 3 Bde. Berlin 1839–40. – Ludwig von Rönne, Das Unterrichts-Wesen des Preußischen Staates in seiner geschichtlichen Entwicklung dargestellt. (= Die Verfassung und Verwaltung des Preußischen Staates. 8. Teil.) 2 Bde. Berlin 1855. Bd. 2: Die höheren Schulen und Universitäten des Preußischen Staates. – Deutsche Hochschulstatistik. Hg. von den Hochschulverwaltungen. Berlin. Sommersemester 1928 ff. (erscheint für jedes Semester.)

Darstellungen: Carl Heinrich Becker, Gedanken zur Hochschulreform. Leipzig 1919. – Derselbe, Kulturpolitische Aufgaben des Reiches. Leipzig 1919. – Derselbe, Vom Wesen der deutschen Universität. Leipzig 1925. – Conrad Bornhak, Die Rechtsverhältnisse der Hochschullehrer in Preußen. Berlin 1901. – Wilhelm Erben, Die Entstehung der Universitäts-Seminare. In: Internationale Monatsschrift. Bd. 7. 1913. Sp. 1247–1264. 1335–1348. – Fichte, Schleiermacher, Steffens über das Wesen der Universität. Hg. von Eduard Spranger. Leipzig [1]1910, [2]1919. (Philosophische Bibliothek Bd. 120.) – Konrad Haenisch, Staat und Hochschule. Berlin 1920. – Franz Xaver Heiner, Theologische Fakultäten und Tridentinische Seminarien. Paderborn 1900. – Ewald Horn, Zur Geschichte der Privatdozenten. In: Mitteilungen der Gesellschaft für deutsche Erziehungs- und Schulgeschichte. Bd. 11. Berlin 1901. S. 26 – 70. – Wilhelm von Humboldt, Gesammelte Schriften. Hg. von der Preußischen Akademie der Wissenschaften. Berlin 1903 ff. Bd. 10 und 13. – Wilhelm Kahl, Geschichtliches und Grundsätzliches aus der Gedankenwelt über Universitätsreformen. Berliner Universitätsrede, 3. August 1909. Berlin 1909 (mit 100 Nummern umfassendem Literaturverzeichnis.) – Die Kultur der Gegenwart. Hg. von Paul Hinneberg. Teil I. Abt. 1: Die allgemeinen Grundlagen der Kultur der Gegenwart. Leipzig 1906. 2. verbesserte und vermehrte Auflage. Leipzig und Berlin 1912. – Max Lenz, Geschichte der Kgl. Friedrich-Wilhelms-Universität zu Berlin. 4 Bde. Halle 1910, 1918. – Wilhelm Lexis (Hg.), Das Unterrichtswesen im Deutschen Reich. 4 Bde. Berlin 1904. Bd. 1: Die Universitäten im Deutschen Reich. – Theodor Litt, Wissenschaft, Bildung, Weltanschauung. Leipzig 1928. – Werner Mahrholz, Der Student und die Hochschule. Berlin 1919. – Werner Mahrholz und Hans Roeseler, Neuer Humanismus. Berlin 1921. – Gustav Noske, Rede des Reichswehrministers Noske am 29. 4. 1919. In: Deutsche Akademische Zeitschrift. Bd. 1. 1919. Heft 3/4. – Friedrich Paulsen, Die deutschen Universitäten und das Universitätsstudium. Berlin 1902. – Derselbe, Gesammelte pädagogische Abhandlungen. Hg. von Eduard Spranger. Stuttgart 1912. – Derselbe, Geschichte des gelehrten Unterrichts auf den deutschen Schulen und Universitäten vom Ausgang des Mittelalters bis zur Gegenwart. 2 Bde. 3. erweiterte Auflage. Hg. und fortgesetzt von Rudolf Lehmann. Leipzig 1919–21. – Karl Remme, Die Hochschulen Deutschlands. Ein Führer durch Geschichte, Landschaft, Studium. Berlin 1926. – Karl Rothenbücher und Rudolf Smend, Das Recht der freien Meinungsäußerung. Berlin 1928. (Veröffentlichungen der Vereinigung der deutschen Staatsrechtslehrer. Heft 4.) – Reinhold Schairer und Conrad Hoffmann jr. (Hg.), Die Universitätsideale der Kulturvölker. Leipzig 1925. (Schriftenreihe des Weltstudentenwerkes des christlichen Studentenweltbundes. Bd. 1.) – Max Scheler, Universität und Volkshochschule. In: Die Wissensformen und die Gesellschaft. Probleme einer Soziologie des Wissens. Leipzig 1926. – Friedrich Wilhelm Joseph Schelling, Vorlesungen über die Methode des akademischen Studiums. Jena 1803. (Neudruck in: Schellings Philosophie. Für die Deutsche Bibliothek in einer Auswahl hg. und eingeleitet von Otto Braun. Berlin 1918.) – Friedrich Schulze und Paul Ssymank, Das deutsche Studententum von den ältesten Zeiten bis zur Gegenwart. Leipzig. [2]1910. – Götz von Selle, Die humanistische Fakultät. Göttingen 1920. (Schriften der deutschen Studentenschaft. Heft 1–3.) – Eduard Spranger, Wilhelm von Humboldt und die Reform des Bildungswesens. (Die Großen Erzieher. 4. Bd.) Berlin 1910. – Derselbe, Wandlungen im Wesen der Universität seit 100 Jahren. Leipzig 1913. – Derselbe, Der Sinn der Voraussetzungslosigkeit in den Geisteswissenschaften. Sitzungsbericht der Preußischen Akademie der Wissenschaften. Phil.-hist. Klasse 1929, I. Berlin 1929. – Hellmut Volkmann, Die deutsche Studentenschaft in ihrer Entwicklung seit 1919. Leipzig 1925. – Max Weber, Wissenschaft als Beruf. München 1919, auch in: Gesammelte Aufsätze zur Wissenschaftslehre. Tübingen 1922. S. 524 ff.

Forschung, Berufsbildung und Menschenbildung an der gegenwärtigen deutschen Universität

1953

Die deutsche Universität ist ein Gebilde, das die stärksten Spannungen in sich trägt.[1] Man kann sie nicht durch *eine* Zweckbestimmung definieren. Es sind mindestens drei Aufgaben in ihr vereinigt: Forschung, wissenschaftliche Berufsbildung und Persönlichkeitsbildung. Zwischen ihnen gibt es natürlich das Verhältnis gegenseitiger Unterstützung. Oft aber behindern sie sich auch. Daher findet sich immer wieder jemand, der eines von den dreien aus der Hochschule hinaustun möchte. Für Ausgliederung der Forschung hat sich in einer unglücklichen Anwandlung, die er noch in der gleichen Schrift widerrufen hat, Ortega y Gasset erklärt.[2] Die Humanitätsbildung bekämpft heute kaum jemand laut; aber es gibt viele, die es tragen würden, wenn sie fortfiele. Nur für die Abschaffung der Fachbildung hat sich m. W. niemand eingesetzt, woraus man schließen möchte, dieses Notwendige und Nützliche sei der Tragepfeiler, vermöge dessen sich das ganze Gebäude auch in den stürmischsten Zeiten erhalten hat. Jeder *übertriebene* Idealismus wird durch das Eigengewicht der Dinge korrigiert. Wir leben auf dem Boden bedrängender Wirklichkeit und müssen auch unsere Ideale auf ihm anpflanzen. Die Tapferkeit, das Wirkliche auszuhalten, bestätigt erst die Echtheit des Glaubens an sie und unterscheidet sie von bloßen Luftkonstruktionen.

Die Dreipoligkeit und die damit gegebenen inneren Spannungen in der deutschen Universität sind den Nordamerikanern nie ganz verständlich gewesen. Sie haben statt dessen ein Zweistufensystem der Hochschulen entwickelt, zu dessen Gunsten manches zu sagen wäre.[3] Aber derartige Einrichtungen sind nun einmal geistesgeschichtlich bedingt. Wir Deut-

---

[1] Vgl. Eduard Spranger, Das Wesen der deutschen Universität. In: Das akademische Deutschland. Bd. 3. Berlin 1930 [In diesem Band S. 82 ff.]

[2] Ortega y Gasset, Schuld und Schuldigkeit der Universität. Deutsche Ausgabe von La misión de la universidad. München 1952.

[3] Vgl. Anmerkung 1 und meinen Aufsatz: Über Gefährdung und Erneuerung der deutschen Universität. In: Die Erziehung. 5. Jg. 1930. S. 513 ff. [In diesem Band S. 225 ff.]

schen haben bis etwa 1910 die innere Dialektik der höchsten Wissenschaftsschule als sachlich begründet und heilsam empfunden.

Seit 1945 ist, wie stets nach einem Kriege, zumal nach einem verlorenen, der Ruf nach Hochschulreform wieder sehr laut geworden. Er bezieht sich kaum auf die Seite der Forschung und wenig auf die Seite der Fachausbildung; sondern es ertönt weithin die Klage, daß durch unser System, wie es am Anfang des 20. Jahrhunderts war, der Mensch im Menschen nicht genug gefördert worden sei. Wer sollte das nicht verstehen, nachdem wir zwischen 1933 und 1945 zwar *fachlich* noch Bedeutendes geleistet haben, aber als Menschen, als Charaktere und Kulturgestalter – um es ganz milde auszudrücken – offenbar versagt haben! Nach altem Sprachgebrauch gehört dies Thema unter den Gesichtspunkt Humanität und Humanitätsbildung, wobei der besondere Sinn des Hauptwortes vorläufig noch offen bleiben mag. Ich weiß nicht, wer die Schuld daran hat, daß statt dessen die Bezeichnung Studium generale aufgekommen ist. Sie verengt von vornherein das gemeinte Problem und mißbraucht einen mittelalterlichen Namen, der ursprünglich etwas ganz anderes bedeutet hat. Der Reformruf selbst aber verdient entschiedene Beachtung, und so werde ich im Folgenden das Hauptgewicht auf diejenige Aufgabe der Universität legen, die nicht primär durch Forschung gefördert wird und für die es keine Sonderfakultät gibt. Historisch ist es allerdings nicht ohne Interesse, daß im Jahre 1920 von dem Plan einer humanistischen Fakultät die Rede gewesen ist. Man hat ihn aus guten Gründen bald wieder fallen lassen.[4]

Zuvor aber muß auf Forschung und Berufsbildung ein kurzer Blick geworfen werden. Denn es könnte sein, daß sich in diesen Bereichen seit längerer Zeit Umbildungen vollzogen haben, durch die die gesamte innere Dynamik der Hochschule gegenüber ihrer ursprünglichen Idee verändert worden ist. Mit einem Bilde: es könnte sein, daß die drei Hauptmotoren in der Universität neuerdings allzu ungleichmäßig arbeiten und daß anstelle von Spannungen wirkliche Störungen aufgetreten sind. Bei der Überprüfung des Gesamtbildes glaube ich, den Schaden an einer anderen, wichtigeren Stelle zu finden, als wo er im allgemeinen gesucht worden ist. Dies ist der Grund, weshalb ich das viel behandelte Thema hier noch einmal aufwerfe.

I.

Mit Bezug auf die Forschung war die traditionelle Einrichtung in Deutschland so, daß sie fast ganz auf die Arbeit der Universitäten und der neben ihnen allmählich entstandenen Fachhochschulen angewiesen

[4] Götz von Selle, Die humanistische Fakultät. Göttingen: Selbstverlag der Deutschen Studentenschaft 1920.

war. Darüber hinaus gab es um 1900 noch die Akademien der Wissenschaften (Berlin, Göttingen, München und Leipzig) mit einem Personenbestand von wenigen hundert Wissenschaftlern, die Physikalisch-Technische Reichsanstalt in Charlottenburg, eine Anzahl meist lokaler Forschungsvereine und einen nicht sehr großen Kreis von Privatgelehrten.

Im Jahre 1910 aber ereignete sich etwas, dessen einschneidende Bedeutung damals gar nicht beachtet worden ist. Kaiser Wilhelm II. machte der Universität Berlin, dieser deutschen Modelluniversität für das ganze 19. Jahrhundert, an ihrem 100. Geburtsfest Forschungsinstitute zum Geschenk, die merkwürdigerweise jedoch nicht ihr gehören, sondern selbständige Anstalten sein sollten. Aus inneren Gründen wurden zwar ihre Direktoren zum Teil auch ordentliche Professoren an der Universität. Diese Personalunion verschleierte ein wenig die Tatsache, daß ein erster Schritt zur Ablösung der Forschung von den höchsten deutschen Lehranstalten geschehen war. Seit 1910 ist dieser Prozeß in ständig wachsendem Tempo weitergegangen. Jene »Kaiser-Wilhelm-Institute« führen seit kurzer Zeit den Namen »Max-Planck-Institute«. Heute gibt es ihrer bereits 31. Es sind aber auch außerhalb dieses Kreises immer mehr selbständige Forschungsanstalten gegründet worden.

Was liegt als treibende Kraft hinter dieser Entwicklung des letzten halben Jahrhunderts?

Klammern wir – bis zum dritten Teil – die Geisteswissenschaften zunächst bewußt aus, so zeigt sich, daß die naturwissenschaftliche Seite der Forschung samt ihren Verzweigungen in Medizin, Technik, Landwirtschafts- und Forstwissenschaft usw. eine *Eigendynamik* gewonnen hat, die der Steuerung durch Wahl und Willen mehr und mehr entglitten ist. Stünde dieser vielgegliederte Apparat auch nur einen Augenblick still, so würden der Staat, die Industrie, die Landwirtschaft usw. den schwersten Schaden nehmen. Denn sie alle leben heute geradezu von den Fortschritten der Wissenschaft, wie es z. B. Condorcet schon 1794 prophezeit hatte. Bekannt ist die Losung »Forschung tut not«. Aber sie ist eigentlich viel zu milde formuliert. Wir müssen heute unablässig weiter forschen: »bei Strafe des Unterganges«. An der Forschung des gesamten Abendlandes aktiv beteiligt zu sein, *ist einfach Zwang*.[5] Eine Kulturnation, die in dieser Hinsicht den Wettbewerb mit dem Auslande an wichtigen Stellen nicht mitmachen kann, scheidet besser ganz aus. Ein bloßes Mithumpeln lohnt nicht die Mühe.

[5] Alexander Nikuradse, Naturwissenschaft und Technik im Leben der Völker. München 1952.

Dieser Motor, der sein Tempo immer mehr beschleunigt, steckt nur noch zum Teil in den deutschen Hochschulen drin. Zu einem großen Teil arbeitet er schon außerhalb ihrer. Und in dem Bereich, in dem sie mitwirken, werden sie zunehmend von den realen Bedürfnissen, ja geradezu von Bestellungen des Staates, der Industrie, der Gesamtwirtschaft abhängig. Sie *müssen* mitmachen, sie *müssen* »liefern«.

Wer in der Wissenschaftsatmosphäre der deutschen Hochschulen etwa von 1900 aufgewachsen ist, findet sich heute einem ganz anderen Zustand gegenüber. Einen Eindruck davon gibt heute keine einzelne Hochschule oder Akademie der Wissenschaften mehr, sondern allenfalls die Mitarbeit bei der »Deutschen Forschungsgemeinschaft«. Sie ist zu einer Hälfte aus dem »Deutschen Forschungsrat« erwachsen, der seinerseits mutatis mutandis an einen »Großen«, auf Kriegstouren arbeitenden Forschungsrat anknüpfte.

Diese Welt der Forschung verzweigt sich heute in Grundlagenforschung und angewandte Forschung. Die letztere stellt sich vielfach ausdrücklich als »industrienahe« Forschung dar; zu ihr gehört auch die bloß »entwickelnde« Forschung. Eine charakteristische neue Form kommt aus Amerika herüber, die sog. Battelle-Institute oder Non-profit-Institute, die schon überwiegend nach direkten Aufträgen der Wirtschaft arbeiten. So rückt die Wissensproduktion in demselben Maße näher an Staat und Wirtschaft heran, in dem sie sich aus dem rein »wissenschaftlichen Verein« – wie Schleiermacher Akademien, Universitäten und Schulen genannt hatte – loslöst und verselbständigt. Für diesen Vorgang ist bezeichnend ein Satz, den ich in einem OEEC-Reisebericht vom Jahre 1952 des Rationalisierungskuratoriums der deutschen Wirtschaft (RKW) in Frankfurt finde: »Die Zusammenarbeit von Wirtschaft, Wissenschaft und Staat auf höherer Ebene, etwa in einem nationalen Forschungsrat, der alle Wissenschaftszweige betreuen könnte, wird... auf natürliche Weise erneuert werden, wobei die durch die Geistesgeschichte des Abendlandes bedingte Vorrangstellung der Hochschullehrer vielerorts als nicht mehr zeitgemäß empfunden wird.« Meinerseits füge ich hinzu: Das Condominium zwischen (nutzbarer) Forschung und Hochschulen wäre längst schon sehr viel kleiner geworden, wenn die letzteren nicht als Nachwuchszubringer unentbehrlich wären. Daß sie dies heute noch unmittelbar leisten, bedeutet einen Vorteil gegenüber der Lage in den Vereinigten Staaten, die vielfach schon an Nachwuchssorgen leiden.

Aus der kurzen Skizze der neuen Forschungssituation ergibt sich: Soll die exakte Forschung auch nur zum Teil an den deutschen Hochschulen verbleiben, so müssen diese in ihrem Tempo, ja weithin auch in der Themenwahl sich in einen Prozeß einschalten, der ihnen von außen her diktiert wird. *Soweit* dieses Verbleiben stattfindet, *kann* wenigstens die Anleitung zum Forschen noch mit einer allgemeineren menschlichen Bildung und Erziehung verbunden sein. Aber wer die Dinge kennt, wird den Eindruck haben: über den – sehr rühmlichen – Forschungsgeist selbst wird diese Formung nicht weit hinausgehen; es kommt vor allem darauf an, gute, gedankenreiche und zuverlässige Forscher zu haben.

Und von der anderen Seite gesehen: der besonders begabte junge Mann, der nicht nur fertiges und anwendbares Wissen erwerben, sondern Wissen mitproduzieren will, wird nicht viel nach rechts und links schauen können. Er wird sich mit Haut und Haar und ungeteilter Seele in das ungeheure Getriebe der Forschung einschalten müssen, mit fortgeschwemmt von seinem täglich eiligeren Tempo. *Im allgemeinen* wird er, wie die meisten, die heute in die Nähe der Industrie und anderer Wirtschaftszweige geraten, nur höherer Funktionär werden, gewiß ein sehr denkender, geistvoller, hochqualifizierter Funktionär, aber doch – ein Rad im laufenden Betrieb. Nur wenige Geniale wachsen noch darüber hinaus.

Dies alles ist gesagt, wie ich erinnere, mit vorläufiger Ausklammerung der Geisteswissenschaften.

II.

Unter der zweiten Leistung der Hochschule, der Fachbildung, soll jetzt im wesentlichen die Art von Teilgewinnen an der Wissenschaft verstanden werden, die nicht auf weitere produktive Mitarbeit gerichtet ist, sondern nur auf die notwendigen und nützlichen Vorkenntnisse (bzw. Fertigkeiten), die der künftige Beruf fordert. An den deutschen Universitäten ist der Gesichtspunkt der Nützlichkeit und Anwendbarkeit nie ganz eng gefaßt worden. Es wird darauf ankommen, diesen freieren Geist an ihnen zu bewahren.

Ich brauche nicht dabei zu verweilen, daß in der modernen Kultur die Berufe immer spezieller werden, sich also auch zahlenmäßig schnell vermehren. Der letzte Vorgang betrifft fast alle Fakultäten, besonders aber die Philosophische (die ja an manchen Orten nach alter Art noch die Naturwissenschaften einschließt). Sie gerät dadurch in Gefahr, ihren geistigen Mittelpunkt immer mehr zu verlieren. Vor 130 Jahren bildete sie in der Hauptsache »Gelehrte« und Lehrer an »Gelehrten Schulen« aus. Heute branden auch an sie Forderungen des praktischen Lebens viel stärker und vielfältiger heran.

Das sehr freie Studium früherer Zeiten wird mehr und mehr durch fixierte Studienpläne gelenkt. Aber auch da, wo dies noch wenig der Fall sein sollte, wirken die behördlich normierten Prüfungsordnungen als maßgebliche Regulative auf den ganzen Verlauf des Studiums ein. Es gibt leider noch keine »Geschichte der Staatsprüfungen«, die kulturgeschichtlich sehr lehrreich wäre. In der klassischen Zeit der deutschen Universität sind sie noch stark als etwas empfunden worden, das einigermaßen fremd in den wissenschaftlichen Geist hineinstach. Aber auch diese Spannung hat die Universität bisher gut ausgehalten, obwohl sie immer fühlbarer wurde, wenigstens für den eigentlich wissenschaftlichen Kopf.

Auf diesem Gebiet ist jedoch ebenfalls seit langem eine vom praktischen Leben herkommende Bewegung im Gange: der Drang nach sichtbar abgestempelten akademischen Berufen. Es ist nicht bei den alten Examina staatlicher oder kirchlicher Behörden geblieben. Eine Fülle von Diplomprüfungen ist entstanden, von denen man manchmal kaum weiß, in wessen Namen und Regie sie eigentlich abgehalten werden. Man denke etwa an den Diplompsychologen. Der Prozeß geht weiter. Dem Vernehmen nach haben auch die Journalisten daran gedacht, sich eine solche Schmuckfeder an den Hut zu stecken, und Helmut Thielicke soll schon seine Freude über den künftigen »Dipl. publ.« geäußert haben.

Gleichviel nun, ob Staatsprüfungen oder Verbandsprüfungen: allen ist gemeinsam die wachsende Stoffüberlastung, durch die die Freiheit und Beweglichkeit des Geistes erdrückt wird. Das wird heute auf zahlreichen Tagungen anerkannt und beklagt. Aber es geschieht praktisch nichts zur Besserung. Dazu wäre auch ein völlig neues, grundsätzliches Durchdenken des inneren Aufbaues der in Betracht kommenden Fächer erforderlich, und dazu hat niemand – Zeit.[6]

Noch weniger Zeit aber hat der *Student*. Es ist heute nicht mehr angängig, abfällige Bemerkungen über den Brotstudenten zu machen, in der Meinung, es sei ein Verdienst, ebenso idealistisch zu denken wie Schiller. Wir haben auch kaum noch den Brotstudenten, sondern etwas ganz anderes: den *Werkstudenten*. Er bedeutet ein nicht genug zu schätzendes Verdienst unserer oft hart arbeitenden Jugend. Werkstudent sein heißt: unter schweren Opfern studieren. Diese jungen Menschen erwerben, um zu studieren. Sie studieren nicht, um zu erwerben. Denn wenn ihnen der künftige Erwerb am höchsten stünde, dann kämen sie auf anderen Wegen besser zum Ziel, als in den meisten akademischen Berufen.

Aber wer will es ihnen verdenken, wenn sie, schon durch das Gelderwer-

---

[6] Genaueres darüber in meinem Aufsatz: Die Fruchtbarkeit des Elementaren. In: Universitas. 8. Jg. 1953. S. 1 f.

ben aufgehalten, so bald wie möglich in eine Stellung gelangen wollen, in der sie ihren eigenen Unterhalt und den für ihre Familie sichern können? Ich halte nicht viel von einem Idealismus, der an den unabänderlichen wirtschaftlichen Realitäten unserer Zeit vorbeisieht und es so hinstellt, als ob das Hungern und Verhungern eine menschliche Tugend wäre, in der man sich gegenseitig den Rang abjagen müßte. Gerade als langjähriger Lehrer der akademischen Jugend behaupte ich: »Es *gehört sich*, daß der Student energisch auf seinen Beruf und also auf sein Examen hinarbeitet. Das ist kein Manco, sondern die Tugend der Zielbewußtheit und des Fleißes.«

Aber so viel bleibt bestehen: auf den Studiengang eines jungen Mannes heute drücken sehr viel mehr »Materien« als früher: ebenso die Masse des Lehrstoffes wie die Notwendigkeit, die eigene materielle Existenz zu begründen. Unsere Studentenschaft trägt daher nicht mehr die Farbe eines froh beschwingten Idealismus. Sie ist im Grunde sehr ernst geworden, und auch etwas nüchtern. Das scheint nun wiederum der freien, weiten Menschenbildung nicht günstig zu sein. Auch heute gilt zwar:

> Denn alle Kraft dringt vorwärts in die Weite,
> Zu leben und zu wirken hier und dort;

noch mehr aber das andere:

> Dagegen engt und hemmt von jeder Seite
> der Strom der Welt und reißt uns mit sich fort. –

So hätte sich denn die Seite der Forschung, wie die Seite der Berufsbildung in der gegenwärtigen deutschen Universität als mannigfach »bedrängt« erwiesen. Gewiß *vergeistigen* beide auf ihre Art den jungen Menschen. Aber ob sie es tun im Sinne einer reichen Entfaltung seiner Person, im Sinne eines erhöhten Menschentums und eines ethischen Drüberstehens über dem Drang und Zwang des modernen Lebens – darüber sind uns mehr düstere Aspekte als hoffnungsvolle Ausblicke aufgegangen.

III.

Die dritte Funktion der deutschen Hochschule wird vielleicht durch den etwas verbrauchten Namen »Bildung zur Humanität« mehr verschleiert als dem Verständnis nahegebracht. Ich möchte daher lieber den ganz schlichten Ausdruck wählen: es handle sich um das

Leben – lehren,

um das es sich bei Sokrates oder Plato auch schon gehandelt hat. Man wird vermutlich einwenden: wer schon wissenschaftlich forschen kann oder doch auf einen wissenschaftlich unterbauten Beruf hinsteuert, der werde doch für so etwas Einfaches, wie das »recht leben können«, das εὖ ζῆν im sittlichen Sinne, nicht noch einer Schule bedürfen; übrigens sei auch niemand da, der ihn auf der Hochschule damit belästige oder fördere.

Ich erwidere: Wir wollen uns sonst nicht darüber streiten, ob es heute durchweg so einfach ist, recht zu leben, daß es dazu keiner Anleitung bedürfte. Aber auf dem Niveau, das hier gemeint ist, nämlich bei den höheren, speziell akademischen Berufen, ist Führung wohl notwendig, und wäre es nur aus dem paradoxen Grunde, daß die Wissenschaft jene Naivität zerstört, die den guten Menschen aus dunklem Drange den rechten Weg finden läßt. Wenn die Leistung aber notwendig ist, so soll unter vier Gesichtspunkten erörtert werden, wie sich die deutsche Universität samt den ihr nunmehr gleichgestellten anderen Hochschulformen zu dieser Aufgabe verhalten hat und gegenwärtig verhält.

A. Wie also dachte die deutsche Universität in ihrer klassischen Zeit – d. h. von 1810 bis etwa 1850 – über diesen Teil ihrer Verpflichtungen? So von uns befragt, hätte sie erwidert: »Es gibt in mir zwei geistige Mächte, denen man die Kraft zutrauen darf, das hier Geforderte wenigstens von der theoretischen Seite her in Gang zu setzen: die Philosophie und die Altertumsstudien (studia humaniora).«

Die Philosophie jener Zeit war spekulative Philosophie; das heißt in einfacher Umschreibung: sie hatte ein religiös-metaphysisches Fundament, das historisch aus der Mystik stammte; sie hatte einen betont ethischen Gehalt (Ideengehalt), und durch beides gab sie allen Einzelstudien, die in ihrem Rahmen befaßt waren, ihren wesenhaften Mittelpunkt wie ihre höhere Weihe. Gleichviel, ob man an Fichte denkt oder an Schelling, an Hegel, Schleiermacher oder Steffens: sie alle waren Abkömmlinge des Platonismus und hätten sich geschämt, eine Philosophie zu lehren, die nicht im Geiste Platos eine Richtschnur der rechten Lebensführung gewesen wäre. Im ererbten Namen »Akademie« schwang das noch hörbar mit. Ja mehr: in diesen Systemen kam es nicht nur durch das συνεῖναι (Geistesgemeinschaft) zur »Schau des Guten selbst«, sondern sie hatten auch das ganze Kulturleben ihrer Zeit durchgearbeitet und sprachen alle von den möglichen Lebensstufen und dem »höheren Leben«, das sie als die Richtung auf den Willen Gottes deuteten.

Die Altertumsstudien jener Zeit aber setzten es als selbstverständlich voraus, daß man im Umgang mit der sog. Antike auf Geistesgüter stieße, denen etwas zeitüberlegen Normatives innewohnte. Deshalb hielt man sich ja gerade an die Griechen, weil sie die *Idee* des Menschentums unter den Bedingungen ihrer Zeit repräsentierten, und die Römer waren ihre ersten Schüler in der Humanität, mit einer stärkeren Begabung für ihre

Realisierung in der Form des Staates. Also: wer sich mit der griechisch-römischen Welt beschäftigt, der kommt zu großen Lehrern, die uns heute noch »Maßgebendes« zu verkünden haben. – So hätte man zwischen 1810 und 1850 gedacht und gesagt. Mit anderen Worten: die klassische deutsche Universität hatte ein philosophisch-humanistisches Zentrum. Insofern lehrte sie nicht nur Wissen, sondern – freilich von der Theorie her – auch Leben.

B. Wie steht es in dieser Hinsicht nun heute? – Die meisten Zeitgenossen sind der Ansicht, der schwere und gefährliche Verlust liege allein darin, daß die Weiterentwicklung der Wissenschaft zwangsläufig zum Spezialismus geführt habe, während in jener Epoche noch alle Einzelwissenschaften im einheitlichen Rahmen der Philosophie befaßt waren. Man treibe mehr Philosophie; man erinnere sich wieder stärker der großen Einheit der Wissenschaft, und es wird alles wieder gut werden! Im Geiste dieser Deutung des Übels gab schon nach dem ersten Weltkriege um 1920 der Preußische Kultusminister Carl Heinrich Becker die Parole aus: »Mehr Synthese! Synthese ist Bildung!«

Es ist damit wie so oft: *eine* Ursache des Übelstandes ist erkannt; aber es ist nicht die entscheidende, und so bleibt der eigentliche Herd der Krankheit unbemerkt. Dieser liegt nicht in der gewaltigen Akkumulation der Wissenschaft, sondern in der grundsätzlichen *Verengung* der maßgebenden Wissenschaftsidee. Im veränderten Wissenschaftsgedanken der Hochschule aber spiegelt sich wieder eine Veränderung der Substanz des Kulturlebens.

Der Wissenschaftsgedanke, der die gegenwärtige Hochschule beherrscht, ist nicht mehr der spekulative deutsche Idealismus, sondern der Positivismus, der auf französischem Kulturboden erwachsen ist, wenn er auch wichtige (aber damals noch durch andere Kräfte paralysierte) Vorstufen in England gehabt hat.

Worin das Charakteristische des Positivismus besteht, müßte ich hier eigentlich voraussetzen dürfen. Ich begnüge mich mit dem Hinweis auf drei Hauptpunkte.

Das von Turgot zuerst formulierte, von Auguste Comte zum Systemfundament erhobene *Dreistadiengesetz* besagt: Jede Art von religiöser Weltauslegung ist überlebt. Jeder Versuch metaphysischer Weltdeutung ist gescheitert. Beide Geistesmächte – Religion und Metaphysik – müssen abgebaut werden. An ihre Stelle tritt das auf Erfahrungstatsachen gerichtete positive Wissen und das Studium von Relationen oder Tatsachenzusammenhängen. Jedoch nicht nur im Sinne einer resignierten Beschränkung auf das, was dem Wissen als strengem Wissen erreichbar ist; sondern: Wissenschaft ist *Religionsersatz.* Sie allein ermöglicht die Universalität und Sicherheit der Überzeugungen wie der Ordnungsregeln der Gesellschaft, nachdem der Universalitätsanspruch der katholischen Kirche sich als unzulänglich erwiesen hat. Es muß eine sehr sorgfältige, mühsam aufzuschichtende Arbeit des Registrierens und Relationierens geleistet werden. Zum Schluß mag man eine *Synthese* versuchen. Philosophie ist nichts anderes als Erkenntniskritik und Zusammenfassung der Einzelwissenschaften gemäß ihren wesensmäßigen Abhängigkeiten voneinander und Verflechtungen miteinander.

Noch wichtiger ist ein Zweites: Dieser Positivismus verbietet der Wissenschaft als Wissenschaft das Werten der erkannten Gegenstände und schließt die Erörterung des Wertproblems grundsätzlich aus sich aus. Daß die Einstellung des Erkennenden wertfrei sein müsse, ist ein alter Gedanke. Daß Werte als Wertwesenheiten (Wertungen und Güter) aber auch nicht *Gegenstand* einer wissenschaftlichen Kritik sein können, ist noch etwas anderes und von besonderer Tragweite. In Wirklichkeit barg die positivistische Philosophie in jener ihrer klassischen Zeit doch einen Wertstandpunkt in sich, der ihr aber so »selbstverständlich« war, daß er nicht diskutiert wurde: Wertvoll waren ihr le progrès des lumières (Fortschritt der Aufklärung) und le progrès de la sociabilité (Fortschritt der Einfügungsbereitschaft in das gesellschaftliche Ganze). Man sagte sich: »Was können wir anderes wollen als Fortschritt?« – und man verstand darunter Verbesserung des Intellektes und Verbesserung der gesellschaftlichen Ordnung. Aber beides stand apriori fest. Dies Weltanschauliche hätte ja auch nicht durch empirisches Einzelwissen fundiert werden können: Kurz, der Positivismus kennt eine *Technik* der Einwirkung auf Natur und Gesellschaft. Aber das System hat keine eigentliche *Ethik.*

Vielmehr – drittens – der Geist des technischen Verhaltens, der Ingenieurgeist, erweist sich als die gestaltende Intention, die hinter dem Positivismus liegt. So gelangt der einseitige Wissenschaftsstil des savoir pour prévoir, prévoir pour régler zur Herrschaft. Ich nenne das »Prognosewissenschaft«. Auch hier sind die Wurzeln älter; sie liegen in den Thesen: »Wissen ist Macht« und »Wissen ist gemeinnützig«. Weil es hier nur um die wissenschaftliche Feststellung der geeigneten Mittel, nicht um die Legitimierung der Werte geht, unter denen man sich entscheidet, so könnte man auch von einer technologischen Wissenschaftsauffassung reden.

Dies scheint nun der Gipfel der wissenschaftlichen Vorsicht und Unparteilichkeit zu sein. So meinte es auch der große deutsche Soziologe Max Weber, wenn er in dem berühmten Vortrag »Wissenschaft als Beruf« (München 1919) erklärte: Wertstandpunkte und Weltanschauungen dürften weder als Voraussetzungen noch als Gegenstände in der Wissenschaft eine Rolle spielen. Sie leiste nichts anderes als kühle Feststellung der Chancen menschlichen Handelns auf Grund von Einsicht in naturhafte oder gesellschaftliche Kausalzusammenhänge.

Man hat 1919 noch nicht beachtet, welche ungeheure Gefahr in dieser vermeintlich gewissenhaften Haltung steckte. Damit bot sich die Wissenschaft ganz arglos *jedem* als Helferin an, gleichviel, ob er sie zur Vernichtung oder zum Heil der Menschheit gebrauchen wollte. Nach 1945 ist die – gelinde gesagt – Einseitigkeit und Unvollständigkeit einer solchen Wissenschaftsauffassung den Vertretern der Naturwissenschaft noch früher zum Bewußtsein gekommen als der eigentlich verantwortlichen geisteswissenschaftlichen Sparte.[7]

Bleiben wir beim Kern: der Positivismus ist aus der Technik und für die Technik geboren. Er schneidet sich aber selbst die Möglichkeit ab, eine Ethik aufzubauen. Die Ethik, allgemeiner gesagt: die Theorie und Kritik der Werte, fällt nach ihm aus der echten Wissenschaft heraus. Damit ist der *Abfall* von dem Grundgedanken vollzogen, aus dem die abendländische Wissenschaft entstanden ist. Plato hielt es für ihre weihevolle Aufgabe, das Gute selbst und damit das höchste Ziel des Lebens zu enthüllen. Es war ein Irrtum von Max Weber, die eigentümliche Geistesleistung des Abendlandes sei *der* Rationalismus, der nur rationalisiert im Sinne von »Berechnen«, »Vorausberechnen« des Geschehens und der Handlungserfolge. Die höhere Leistung der »Theorie« bestand immer darin, Besinnung über die rechte Lebensführung zu sein (wie übrigens erst recht in den Wissensformen des Orients). Wenn solche Lehren in den verschiedensten Sprachen »der Weg« oder »das Gesetz« genannt werden, dann ist der Weg hier nicht nur gemeint als Mittel des Zum-Ziele-Kommens, sondern vor allem als Ziel selbst, und das Gesetz ist nicht nur als Kausalgesetz, sondern vor allem als verpflichtende Norm gemeint.

Nunmehr sind wir bei dem eigentlichen Sitz der Krankheit angelangt, an der unsere Universitäten leiden: Die Prognosewissenschaft hat an ihnen die Wissenschaft als Lebensführerin völlig überwuchert.

Verfolgen wir die Wirkungen dieser Wendung zunächst auf die Philosophie, dann auf die Einzelwissenschaften selbst!

Gemäß ihrer starken Befruchtung durch Kant und den ganzen deutschen Idealismus hat die Philosophie bei uns entschiedenen Widerstand

[7] Der Deutsche Forschungsrat hat schon 1950 auf Anregung von *Werner Heisenberg* eine Kommission »Mitverantwortung der Wissenschaft« eingesetzt, deren Arbeit neuerdings angelaufen ist.

gegen die Alleinherrschaft der positivistischen Denkweise geleistet. Gerade die mannigfaltigen neukantischen Schulen, die um 1900 blühten, müssen unter diesem Gesichtspunkt bewertet werden. Sie hatten noch einen Systemteil »Ethik«, sie sahen noch das Problem der Normativität. Freilich blieben sie sehr stark im Formalen und bei der Absteckung der methodischen Örter. Im 20. Jahrhundert sind dann sogar noch zwei höchst bedeutende »materiale« Werttheorien aufgetreten: Max Schelers Werk ›Der Formalismus in der Ethik und die materiale Wertethik‹ (als Buch zuerst 1916) und Nicolai Hartmanns ›Ethik‹ (1926). Sie haben gewiß eine erhebliche Wirkung gehabt. Die Frage ist nur, ob ihr Bemühen, mehr in das Konkrete der Wertewelt und des Wertlebens hineinzugehen, der Verzweigung des Problems genügt. Eine Ethik müßte heute zugleich Kulturtheorie sein, wie zu Schleiermachers Zeiten. Das ist bei Scheler mehr der Fall als bei Nicolai Hartmann. Um nur ein Beispiel zu nennen: der Platz, an dem früher das sog. Naturrecht oder die Lehre vom richtigen Recht gestanden hat, ist heute leer, weil wir – durch Hegel und die Epoche des Historismus hindurchgegangen – die Aufgabe heute anders anfassen müßten als in der Blütezeit des Naturrechts. Jedoch die Aufgabe, richtiges Recht philosophisch zu legitimieren, kann uns deshalb nicht erlassen werden. Man findet Spuren, daß Schelers Ansätze in dieser Richtung verwertet worden sind.[8] Aber man müßte wohl das Band zur positiven Rechtswissenschaft hin noch stärker machen. Die Übermacht des Apriori sichert zwar das Fundament, hindert aber, den konkreten, historisch bedingten Kulturverhältnissen so nahe zu kommen, wie es notwendig wäre. Kurz: hier ist noch eine gewaltige Arbeit zu leisten, – natürlich nicht nur für die Rechtsphilosophie. –

Was den heutigen Zustand der Einzelwissenschaften betrifft, so sind die Naturwissenschaften, besonders die exakten, entschieden in die positivistische Linie eingeschwenkt. *Sie* brauchten sich hierbei nicht viel zu ändern. Denn von ihnen kam im Grunde die ganze Denkweise her. Erst neuerdings zeigt sich, daß sie genötigt und bereit sind, ihre Ansätze unter dem Gesichtspunkt des allgemeinen »Standortproblems« (Einstein, Heisenberg) zu revidieren. Die sog. Geisteswissenschaften aber verraten den positivistischen Einfluß am deutlichsten in *demjenigen* Historismus, der sich für die völlige Wertfreiheit seines Verfahrens erklärt hat. Die Folge war der restlose Relativismus der Werte. Das Bekenntnis, das Wilhelm Dilthey in der Rede zu seinem 70. Geburtstag abgelegt hat, enthüllt die

[8] z. B. Helmut Coing, Grundzüge der Rechtsphilosophie. Berlin 1950.

tragische Situation, in die dieser geniale Historiker unter dem Einfluß der wissenschaftlichen Zeitlage geraten war.[9]

Auch hier soll nur *ein* Beispiel herausgegriffen werden: die Wendung der klassischen Philologie zum Positivismus, d. h. also zu demjenigen Historismus, der alle Werturteile ausschalten möchte. Sie liegt in der Geschichte dieser Wissenschaft genügend am Tage. Besonders deutlich wird sie an dem Gutachten, das U. v. Wilamowitz-Moellendorf für die Preußische Schulkonferenz im Juni 1900 über den griechischen Unterricht erstattet hat. Danach sind alle Epochen der griechischen Kultur gleichmäßig belangvoll und für den Schulunterricht fruchtbar. Die Idee des Klassischen und Bildenden wird eigentlich aufgegeben zugunsten einer »streng historischen« Orientierung über den Verlauf einer ganzen Kultur, von dem man »Kenntnis nimmt« und den man dann mit dem Ablauf der modernen Kultur »vergleichen« kann. Wilamowitz vermochte dank seinem idealistischen Schwung *alles* lebendig zu machen, und so stiftete seine historistische Theorie keinen Schaden, abgesehen davon, daß sie nie ernsthaft in die Schulpraxis aufgenommen worden ist. Aber symptomatisch ist sie doch von Bedeutung: Die Griechen sind nun nicht mehr Darstellung einer gleichsam metaphysischen Idee. *Rein wissenschaftlich* war das ein Fortschritt in der Realitätserkenntnis. Aber das *bildende* Moment konnte fortan auch nicht viel über das Kennenlernen des wirklichen Geschichtsverlaufes hinausgehen. Gewiß: »Das Menschliche ist immer wissenswürdig.« Jedoch: wenn man die Bilder vom *erhöhten* Menschentum nicht mehr als die eigentlich fruchtbaren Momente betont, aus dem gleichmäßigen Fluß heraushebt, dann tritt jene Nivellierung der Werte ein, an der wir leiden. Und es ist dann nicht einzusehen, weshalb nicht irgend eine andere Nation oder Epoche, wofern man nur genug von ihr weiß, ebenso gut zum Zentrum einer höheren Schule gemacht werden könnte, was man ja auch tatsächlich versucht hat.

Auf diese Frage komme ich noch kurz zurück. Hier ist nur zusammenfassend zu bemerken: Der neuhumanistische Geist, der die deutsche Universität, vereint mit dem Geist der idealistischen Philosophie, in ihrer klassischen Zeit noch durchwehte, ist im Laufe von $1^1/_2$ Jahrhunderten ebenfalls schwach geworden. Und wieder ist dies eine Folge der Tatsache, daß der positivistische Wissenschaftstypus allein zur Herrschaft gelangt ist. Wer diesen bejaht, mag es aus größter Gewissenhaftigkeit tun. Aber er darf sich nicht wundern, wenn die Wissenschaft, die die Hochschule treibt, als solche nur noch eine geringe Kraft für die Formung der Persönlichkeit

[9] Wilhelm Dilthey, Gesammelte Schriften. Band V. Leipzig 1924 u. ö. S. 7 ff.

entfaltet, und zwar bloß in der Richtung auf Orientierung über Wirklich-Gewesenes.

Das ist neuerdings auch in angelsächsischen Ländern, die ja noch viel tiefer in den Positivismus eingetaucht sind als wir, erkannt worden. In seinem Buch: »University and the modern world« (1943) stellt der in Amerika dozierende englische Chemiker, Nationalökonom und Soziologe Nash fest, daß die modernen Universitäten keine erziehende Substanz mehr besitzen.[10] Er entschuldigt sogar den Sündenfall der nationalsozialistischen Wissenschaft ein wenig damit, daß hier ein Mißstand wohl gefühlt, aber falsch kuriert worden sei. Von seinen eigenen Heilungsvorschlägen ist hier nicht zu sprechen. Es sollte mit der Erwähnung des Buches nur angedeutet werden, daß es an anderen Hochschulsystemen mit dem Geist der Menschenformung nicht viel besser steht als bei uns. Übrigens kann in gleicher Absicht hinzugefügt werden, daß Helmut Thielicke in einer Tübinger Rektoratsrede (1951) sich veranlaßt gesehen hat, ausdrücklich zu begründen, daß ein Erziehungsanspruch der Universität zu Recht bestünde, ja, daß sie eine Erziehungsverpflichtung habe.[11]

Es wird also an der Zeit sein, nun von den Möglichkeiten bzw. Vorschlägen, die in dieser Richtung aufgetaucht sind, zu sprechen, wobei ich aber die Themen: »Selbsterziehung« und Erziehung in den studentischen »Gemeinschaften« diesmal bewußt unerörtert lasse.

C. Die verbreitetste Ansicht ist, daß der Erziehungskraft der Universität von der wissenschaftlichen Seite her am besten aufgeholfen werden könne, wenn man die Philosophie wieder herbeirufe. Der Gedankengang ist der: Das Zentrum, das einst dem ganzen Gefüge der Wissenschaften einen einheitlichen Bezug gegeben hatte, muß wieder hergestellt werden.

Nun steht fest, daß wir eine im Religiösen und Ethischen wurzelnde spekulative Philosophie nicht mehr haben, und die Soziologen des Wissens haben uns Gründe dafür gezeigt, daß sie auch wenig Aussicht habe, unter den veränderten Gesamtverhältnissen, bei einem ebenso veränderten Menschentypus, ihr Haupt wieder zu erheben. Das schließt natürlich nicht aus, daß nicht doch gelegentlich wieder einmal ein solches System auftaucht; aber es wäre eine Privatleistung, die kaum einen großen Wirkungsradius hätte. Denkbar aber ist es, daß sich ein anderer Typus der Philosophie entwickele, der auch von verpflichtenden Ideen spricht, sie aber in das allgemeine Lebensverständnis unserer modernen Zeit einbettet.

---

[10] Arnold Samuel Nash, The University and the modern world. An essay on the philosophy of university education. Toronto (Macmillan) 1943.

[11] Helmut Thielicke, Die erzieherische Verantwortung der Universität. Tübingen 1952 Sammlung Philosophie und Geschichte Nr. 75.

Für das Ende des 19. Jahrhunderts gilt: Auch die Philosophie war weithin positivistisch geworden. Sie betrachtete es als ihre Aufgabe, eine möglichst umfassende Wissenschafts*synthese* zustande zu bringen. In diesem Stil haben Herbert Spencer (1820–1903) und Wilhelm Wundt (1832–1920) noch Rühmliches geleistet. Zum Leben-Lehren haben sie wenig beitragen können. Eine Zeitlang war die Philosophie zur bloßen Erkenntnistheorie und Methodenlehre zusammengeschrumpft. – Heute findet die Existenzphilosophie eine breite Gefolgschaft. Sie hat das Verdienst, eine Art von »Erweckung« eingeleitet zu haben. Aber sie verweist den Menschen überwiegend in seine einsame Intimität und schneidet ihn von den großen objektiven Mächten der Kultur mehr ab, als daß sie ihn in diese größere Welt hineinführte. Sie hat einen gewissen Bekenntnischarakter, kommt unzweifelhaft aus religiösen Wurzeln her, teilt jedoch mit der Evangelischen Theologie, wie sie jetzt noch ist, die Art von Krisenbewußtsein, die nicht geeignet ist, für das Leben produktiv zu werden. Schweigen will ich von Feinschmeckereien und Originalitäten, die höchst anziehend wirken, aber die alte Kardinalfrage: »Was sollen wir denn tun?« unbeantwortet lassen.

Es hat den Anschein, als ob die Philosophie nur dann die Rolle einer starken Bildungsmacht spielen könnte, wenn sie im Bewußtsein ihrer Zeit einigen Verbindlichkeitscharakter gewonnen hat, wie es etwa bei dem Thomismus, bei der Leibniz-Wolffschen Metaphysik und bei Hegels System der Fall war. Ganz einsame Wege führen eben nicht in die gemeinsame Welt hinein. Weil es eine große verbindende Philosophie nicht mehr gibt, hat sie denn auch die Rolle eines Pflichtfaches bei den meisten Doktorprüfungen verloren. Nur in dem Examen für das höhere Lehramt hat sie sich noch durchweg erhalten. Wer über 40 Jahre an dieser »Prüfung« beteiligt gewesen ist, darf vielleicht seine Erfahrungen maßvoll dahin formulieren: »Wunder tut sie nicht.« Es mag aber von ihr etwas Ähnliches gelten wie das, was Schleiermacher zur Verteidigung der akademischen Lehrform der Vorlesung gesagt hat: » . . . wie sehr es der Mühe lohnt, (sie) immer aufzusparen für die wenigen, die von Zeit zu Zeit« – dadurch etwas innerlich gewinnen. Im übrigen wäre es ein Sonderthema, auszuführen, was die Philosophie heute noch leistet und was sie nicht leistet, und welche Gründe für das eine wie das andere objektiv und subjektiv vorliegen. Erzwingen läßt sich durch pflichtmäßiges Philosophieren jedenfalls nichts.

Das andere Hauptmittel, durch das man auf den deutschen Hochschulen dem Mangel an echter Menschenbildung und wirksamer Lebenslehre zu begegnen sucht, ist das schon am Anfang erwähnte Studium generale. Ich kann zu dieser Bezeichnung nicht hinzufügen, was mit ihr gemeint ist.

Vielmehr ist es so, daß das Festliegende nur jenes Mangelgefühl ist, »Studium generale« aber die Richtung andeutet, in der man *sucht*. Daher begegnen denn auch in den zahllosen Äußerungen über dieses Thema aus den letzten sieben Jahren die allerverschiedensten Vorstellungen.

Ein wenig aber hilft das Wort selbst doch weiter: Studium generale scheint als Gegensatz zum Studium speciale gebildet zu sein. Es liegt also wieder der Gedanke zugrunde, alle Verengung und Verirrung des akademischen Geistes komme vom Spezialisten her. Die Klage darüber kennen wir ja schon aus Schillers und Hölderlins Zeiten: der Mensch ist schon seit 150 Jahren »heutzutage« ein Fragment. Es fehlt ihm die Totalität des Menschentums. Also muß man ihn innerlich ausweiten und ihm die verloren gegangene Einheit wieder ermöglichen.

Ich habe schon angedeutet, daß nach meiner Ansicht der schwerste Schaden anderwärts gesucht werden muß. Aber das kann man nicht leugnen, daß dem modernen Menschen, auch dem Akademiker, Totalität fehlt. Es fragt sich nur, *welche* Art von Totalität, und wo demgemäß das geeignete Heilmittel zu finden ist.

In der Regel hört man folgende Argumentation: Der Student von heute lernt nur seine eigene Wissenschaft, und auch diese nur an einem engen Bezirk kennen. Er sollte jedoch über die Grenzen seines Faches hinaussehen und die große Einheit der Wissenschaft wenigstens ahnungsweise erfassen, am besten in einem propädeutischen Kursus, da am Ende des Studiums doch die Einstellung auf das Abschlußexamen alles sonst Wünschenswerte behindert und verdrängt.

Es soll hier die Hypothese gemacht werden, eine Einheit *aller* Wissenschaften, nicht nur eine Nachbarschaftshilfe und Kooperation einiger Wissenschaften, bestehe noch heute so, wie es in der Zeit der Scholastik oder der spekulativen Philosophie – Glaubensartikel war. Der Nachweis der Richtigkeit dieser Hypothese dürfte große Schwierigkeiten machen. Ich habe das eingehend untersucht.[12] Gleichwohl, man nehme an, daß sie zutrifft! Dann werfe ich folgende Fragen auf:

(1) Wer von den fertigen Gelehrten weiß denn um diese Einheit der Wissenschaft? Man kennt diese oder jene Resultate auf anderen Gebieten vom Hörensagen. Aber gerade hieraus erwächst der traurige Dilettantismus, durch den sich oft die größten Namen blamiert haben, und gerade hier ist die Domäne der terribles simplificateurs. Ehrlich gestanden: niemand von uns kann auch nur *seine* Wissenschaft so aus dem Geist der

[12] Vgl. Eduard Spranger, Die Einheit der Wissenschaft. Ein Problem. In: Archiv für Rechts- und Sozialphilosophie. XL. Jg. 1952. Heft 1. S. 1 ff.

Gesamtwissenschaft heraus bearbeiten, wie man es in den Tagen Hegels und Schellings – eben noch wagte.

(2) Man übertrage das Rezept auf analoge Fälle: Würde es dem jungen Kaufmann für sein Leben und Arbeiten etwas helfen, wenn man ihn anhielte, sich auch einmal um die Landwirtschaft zu kümmern? Nun ja, er würde etwas dazulernen, und das ist immer gut. Aber ein Zentrum in ihm würde sich dadurch nicht bilden; eher das Gegenteil. Und würde es dem bildenden Künstler für den Aufbau seiner Persönlichkeit förderlich sein, wenn er auch noch eine andere Kunst triebe, z. B. Musik? – Ich weiß wohl, daß sich ein solcher Rat in Goethes »Pädagogischer Provinz« findet. Aber das ist doch wohl eine liebenswürdige Caprice, die man nicht wörtlich nehmen darf, sondern auf viel tiefer liegende Motive zurückführen müßte. Gemeint ist nämlich der Imperativ: »Tritt einmal energisch aus dir selbst heraus.« Auf der anderen Seite aber heißt es bei Goethe: »In der Beschränkung zeigt sich erst der Meister.«

(3) Gesetzt endlich, es käme heute noch jemand zu einer Leibnizartigen Universalität des wissenschaftlichen Geistes –, wäre er deshalb der gebildetste Mensch? Hätte sich deshalb in ihm ein ethischer Kern geformt? Ist im enzyklopädischen Wissen eine Lebenslehre mit enthalten? Zeigt es die ewigen Sterne, an denen sich der Suchende zu orientieren hat? – Die gegenwärtige Wissenschaft tut es jedenfalls nicht, wie ich oben ausgeführt habe. Und wir alle lehnen heute wohl die Aufklärungsmeinung ab: Die Wissenschaft sei ein System von Sätzen, nach dem man leben könne.

Wenn man schon auf Horizonterweiterung dringt, so sollte man sich darüber klar sein, daß damit mehr gemeint ist als wiederum ein Wissenshorizont. Was nun gar soll es ethisch nützen, wenn jeder Studienbeflissene den »methodischen Ort« angeben kann, den die eigene Wissenschaft im Ganzen der Wissenschaft einnimmt? Dem wissenschaftlichen Geist als solchem wird es förderlich sein, wenn tiefgehende Besinnungen über die Methodendifferenzierung stattfinden, wie sie Theodor Litt durchgeführt hat.[13] Der Mensch als Ganzer kann daran nicht wachsen, und im Anfängerstadium wird diese Klarheit nicht erreicht.

Mindestens wird man an dem Gedanken, der hier erörtert wird, die Korrektur vornehmen müssen, daß nunmehr ein *Lebens*horizont, ja ein *Kultur*horizont gesucht wird. »Bildung« ist jetzt das Thema, nicht wieder bloß Intellekt und Wissenschaft. Leben lernt man auch durch Besinnung, aber mehr durch Besinnung über sich selbst als über die Objekte.

Es läßt sich nicht vermeiden, hier einen kurzen Seitenblick auf den Dies

[13] Theodor Litt, Denken und Sein. Stuttgart 1948.

academicus an der Hochschule, d. h. den Tag der allgemeinbildenden Vorträge, zu werfen. Denn auch er stammt ja aus dem Gedankenkreis des Studium generale. Vielleicht (?) ist es zweckmäßig, das, was man früher »Vorlesungen für Hörer aller Fakultäten« genannt hat, auf einen Tag zusammenzulegen. Auch ein gewisser geistiger Ertrag ist nicht zu leugnen. Er ist der gleiche, den früher jene öffentlichen Vorlesungen gestiftet haben, bei denjenigen nämlich, die sich dazu einfanden und einigermaßen regelmäßig dabei blieben, – was selten geschah. Wenn bei solchen Gelegenheiten neueste Spitzenresultate einzelner Fächer dargeboten wurden, blieb allerdings die Gefahr nicht aus, daß manche Hörer sich einbildeten, sie verstünden – mit einem einzigen Sprung – nun etwas von der Sache und könnten über sie mitreden. Aus solchem Mitreden kommen dann so unsinnige Einstellungen wie etwa die, daß schon die Atome etwas besäßen, was mit der sittlichen Freiheit der Person vergleichbar wäre. Bloßes Anregen führt nicht selten zu Aufregungen, die gegen den Geist echter Wissenschaft verstoßen. Aber das Problem greift ja viel tiefer ins Prinzipielle hinab: Wenn hinter den Veranstaltungen des Dies academicus kein klarer Bildungsgedanke steckt – und das ist schon aus äußeren Gründen unmöglich – dann gehört der ganze Versuch nicht zu dem Thema, das hier verhandelt wird. Dann nämlich denkt man sich die Aufgabe, die menschliche Persönlichkeit an ihrer Wurzel und in ihrer substantiellen Totalität zu erfassen, viel zu leicht.

D. »Leben lehren« – diese Formulierung wird vielleicht beanstandet werden. Teils deshalb, weil es mit dem Lebenlernen in einer Schule immer schlecht bestellt ist und weil speziell die Hochschule nur wenig Gelegenheit hat, an die intime Person des einzelnen heranzukommen; andernteils aus dem Grunde, daß es bei dem Akademiker künftig nicht nur auf die schlichte Fähigkeit ankommt, selbst ein ordentliches Leben zu führen, sondern darauf, andere zu führen, und zwar mit klarem Bewußtsein über Ziel und Weg, über Umwelt und Mitwelt (und Überwelt!). Was dazu die Einsicht in die Einheit alles Wissens nützen soll – das bleibt mir unbegreiflich. Dieser Gedanke ist wohl nur dadurch aufgekommen, daß die Hochschule – wenigstens bei uns in Deutschland – alle Bildungsgehalte, die sie wirksam machen will – erst einmal in den Aggregatzustand des *Wissens* umgießen muß. Der härtere Aggregatzustand des *Lebens selbst* kommt in einer Schule, ihrer Natur nach, doch nur in begrenztem Umfang vor – und in sehr verkleinerten Modellen.[14] Die »Einheit« aber, die man

[14] Damit ist angedeutet, daß es grundsätzlich noch andere Erziehungsmöglichkeiten an der Hochschule gibt als das sog. Studium generale, selbst wenn es im Internat erfolgt. Vgl. S. 172 f.

im Grunde gemeint hat, ist die Einheit desjenigen Kulturzusammenhanges oder Lebenszusammenhanges, in der der Student schon drinsteht und in dem er später eine verantwortungsreiche Rolle spielen soll. Es ist eine Täuschung, wenn man glaubt, diese kulturelle Welt sei deshalb schon bewußt und bekannt, weil sie als Umwelt de facto da ist und wirkt. Mindestens muß ihr »Sinn« interpretiert werden.

Auch hier könnte ein Zweifel auftreten, ob denn die vorausgesetzte Einheit bestehe, d. h. ob die Kultur der Gegenwart noch ein geschlossener Lebenszusammenhang ist und wo sein Sinnzentrum liegt. Der Unterschied gegenüber der früheren Frage besteht darin: Wenn die Einheit der Wissenschaft verloren gegangen sein sollte, kann die Wissenschaft selbst noch erträglich weiterarbeiten. Hingegen wenn eine Kultur »zerfällt«, so geht das Zusammenleben im Dienste der Kulturgehalte entzwei – vielleicht langsam, aber unaufhaltbar.

Das gewaltige Problem geht uns hier nur soweit an, als die Hochschule den Auftrag hat, Menschen zu bilden, die um die Gefahr eines solchen Zerfalls wissen und den Willen haben sollen, ihm entgegenzuwirken. Was in dieser Richtung geschehen kann und geschehen sollte, deute ich unter drei Gesichtspunkten an:

1) Propädeutisch sollte eine Landkarte der gegenwärtigen Kultur entworfen werden, an der sichtbar wird, wie alles ineinander greift, wie die einzelnen Kulturleistungen von einander abhängig sind, sich gegenseitig Hilfe leisten, aber auch sich gegenseitig stören und bedrohen. Derartiges kann nicht durch bloße dialektische Denkkunst überwunden werden, sondern birgt Katastrophengefahr in sich. – Wie die moderne Wirtschaft funktioniert, wie eine Rechtsordnung den allgemeinen Lebensstrom kanalisiert, wie die staatliche Verwaltung eingreift, wie die Urzelle Familie all diesen Mächten ausgesetzt ist oder welchen Anteil Religion und Irreligion an dem Aufbau des vielverflochtenen Ganzen haben, – besitzt denn der junge Mensch hierüber schon ein ausreichendes Bewußtsein? Gewiß, die höhere Schule soll schon mancherlei Einblicke in diese Welt gewährt haben. Aber sie kann es nur etwa in der Art, wie sich einer der größten Meister des Kulturdenkens, nämlich Hegel, gegenüber ihrer verwirrenden Fülle geholfen hat: durch Ausdeutung einzelner geistiger Urphänomene (Antigone, Sokrates, Napoleon usw.), denen der Charakter von Modellen zukommt. Ohne eine solche Orientierung – ich habe sie mit einer Landkarte verglichen, in die man schon vor der Wanderung hineinsieht, – kommt heute niemand mehr durch. Man vergesse nicht: auch der Marxismus ist eine *Kulturtheorie*; seine Urheber haben es offenbar für nötig gehalten, daß selbst der einfachste Arbeiter ungefähr eine Vorstellung

von dem großen Wirkungszusammenhang habe, in dem er lebt und schafft. Erscheint uns die marxistische Landkarte als zu sehr vereinfacht, ja als grundsätzlich verzeichnet – nun wohl: man kann daraus nicht folgern, daß ein Orientierungsschema überflüssig wäre. Der akademisch Gebildete bedarf seiner erst recht, wie mindestens der Offizier eine Geländekarte haben muß.

Diese Karte herzustellen, ist nicht einfach. Allzuviel haben wir in der Richtung auf diese Art von Totalisierung noch nicht getan. Um ein Beispiel aus persönlicher Erinnerung zu nennen: Vorlesungen von Gustav Schmoller und Otto Hintze haben mir vor 50 Jahren den Blick für Zusammenhänge geöffnet, mit denen ich fachmäßig wenig zu tun hatte, mit denen ich es aber später in ungeahnter Vielfalt zu tun bekam. Eine Lebenslehre war schon damals recht kompliziert. –

Es versteht sich von selbst, daß eine solche Einführung ins Kulturleben auch pädagogisch gut sein muß. Hier geht es nicht um eine *Fach*vorlesung. Es muß immer zum Bewußtsein gebracht werden: Du erfährst das alles auch an deinem eigenen Leibe (der diesmal deine Seele und deinen Geist mit einschließt). Aber dabei im einzelnen zu verweilen, ist nicht meine Absicht. Manche Tagung zur Beratung des Studium generale scheint mir an solchen Erfordernissen ganz vorbeigegangen zu sein.[15]

2) Es wäre sinnlos, den Weg zeigen zu wollen, ohne das Ziel zu zeigen. Das ist nun nicht getan durch den leeren Titel einer »Kulturidee« oder durch die Darstellung einer dogmatischen Grundauffassung. Alles Akademische bietet sich dar in der Form des Problematischen, d. h. durch Erweckung des Problembewußtseins. Gelegentlich hat man gesagt, es müsse so etwas wie ein »Kulturplan« entworfen werden. Das ist natürlich nur eine abkürzende Formulierung für ein großes Desiderat. Wörtlich genommen, würde damit zu viel verlangt. Man muß an einer anderen Stelle ansetzen, nämlich zunächst das entschiedene Bewußtsein wecken: *Du bist an Deiner Stelle für dies große Ganze mitverantwortlich.* Mit konkretem Zeitbezug ausgedrückt: man muß dem gedankenlosen Schlendrian des »Ohne-mich-Standpunktes« energisch entgegenwirken. Sollte ich in zwei Worte zusammendrängen, worauf es bei dem Suchen nach dem wesentlichen Gehalt des Studium generale ankommt, so würden sie lauten: *»Kulturverantwortungsbewußtsein wecken!«* In ihrer Verzweigung geht die Forderung freilich noch weiter: wir alle müssen sehr viel tiefer, als wir es

---

[15] Viel Wertvolles enthält der Bericht ›Studium generale in Nordrhein-Westfalen‹, hg. von Joachim Konrad. Ratingen 1953. Besonders die Ausführungen des Juristen Hans Peters, Politische Wissenschaft im Studium generale, S. 16–23, gehen in der von mir befürworteten Richtung.

bisher getan haben, darüber nachdenken: »*woraus eine Kultur eigentlich lebt.*« Eine Philosophie, in der es keine Ethik gibt, ist zur Beantwortung dieser Frage grundsätzlich unfähig. Der Verlust des Problems der Normativität in weiten Bereichen der modernen Wissenschaft ist das eigentliche Symptom unserer Schwäche, und das ist nicht nur eine Verarmung der Wissenschaft; es ist, wie sich immer deutlicher gezeigt hat, ein *Kulturschaden.* Vermutlich ist die Legitimierung von Normen und Ordnungen des Lebens nicht möglich ohne Rückgriff ins Metaphysische und ins Religiöse. Nun wohl! Überwinden wir auch diese Scheu, zumal da es immer eine Selbsttäuschung gewesen ist, daß es irgend ein Wissen ohne verschwiegene metaphysische Grundentscheidungen gegeben habe und geben könne!

In der Wissenschaft, die aus katholischen Glaubenspositionen hervorgegangen ist, hat man das Bewußtsein für die Problematik der richtigen Lebensordnungen nie verloren; das bedeutet noch nicht, daß es innerhalb dieser Kreise bei dem bloßen »Glauben« an traditionell Giltiges geblieben sei. In den Sozialwissenschaften taucht heute wieder – nach der langen Entthronung der sog. »ethischen« Nationalökonomie – das Programm eines »allgemeinen deutschen Sozialplanes« auf. Und eigentlich ist es unverständlich, wie man auf diesem Gebiet weiterarbeiten könnte, ohne zu wissen, was werden *soll.* Wer das nicht weiß, ist nahe daran, die Rolle eines bloßen »Kulturfunktionärs« zu spielen. Ihm aber entspricht auf der anderen Seite der »Massenmensch«. Die Kultur wird dann unvermeidlich zu einer bloßen Maschine, die sich nur noch automatisch in den einmal angelaufenen Bewegungen weiter dreht. Sie ist aber ein *Lebens*zusammenhang, und es kommt darauf an, zu begreifen, »woraus eine Kultur eigentlich *lebt.*« Vielleicht ist es nur ein neuhumanistisches Dogma gewesen, daß die Griechen mit tiefem Verantwortungsbewußtsein für eine echte und hohe Kultur ihre Geisteswelt aufgebaut haben. Aber der Gedanke selbst ist schön. Noch schöner wäre es, wenn wir in später Stunde noch zu realisieren versuchten, was den Griechen angedichtet worden ist.

Auch hier wieder möchte ich keinen weltfremden Idealismus predigen. Es genügte schon, wenn jeder bewußte Mitarbeiter der Kultur an seiner kleinen Stelle ein *Gewissen* hätte, ein Gewissen freilich, das nicht beim privaten Leben stehen bleibt, sondern das sittliche Gedeihen des Ganzen mit einbezieht. Unter den vielen juristisch scharfsinnigen Definitionen der Demokratie vermisse ich die eine, sehr schlichte: »Demokratie ist diejenige Form staatlicher Willensbildung, bei der jeder ein Gewissen für das Ganze haben soll.« Freilich darf dann das Gewissen nicht bloß interpretiert werden als ein Organ für das Maximum des Sozial-Nützlichen. Wo echtes Gewissen ist, bedeutet es immer einen Anruf aus dem Metaphysischen und eine Bindung vor Gott. Gerecht ist z. B. nicht, was dem eigenen Volke nützt, sondern ein Maßstab, der vor dem echten Menschentum, vor Gott und der Ewigkeit bei tiefster Selbstprüfung zu rechtfertigen ist. –

Zurück zur Universität! Früher gab es im Lehrplan der Medizinischen Fakultät eine Vorlesung über »Ärztliche Ethik«. Sie ist mir seit langem nicht mehr begegnet. Aber wäre nicht etwas Ähnliches auch für den Juristen, für den Studienrat, für den künftigen Betriebsleiter und für den Techniker heilsam? Der Sinn des Studium generale bedarf durchaus nicht des großen Apparates, den man aufzuziehen gedenkt. Man ruft heute immer nach neuen Organisationen. Daß durch eine – allerdings tiefgehende – Änderung des Geistes allein schon etwas zu erreichen ist, scheint kaum in Betracht gezogen zu werden. Setzen wir uns damit nicht der Gefahr aus, ein »geistloses Zeitalter« genannt zu werden?

3) Es bleibt noch übrig, die zuletzt berührten Gedanken auch auf die Geisteswissenschaften anzuwenden, die bisher ausgeklammert worden sind. In der klassischen Zeit der deutschen Universität unterstützten sie durch ihr Hauptgebiet, die »Altertumsstudien«, die im neuhumanistischen Geist betrieben wurden, die Seite der Menschenbildung in der Hochschule. Jetzt hat sich der Umfang der Philologien gewaltig erweitert. Aber sie sind – wie erwähnt – positivistisch geworden. Roh gesagt, äußert sich das darin, daß für sie fast alle historisch-literarischen Gegebenheiten auf die gleiche Stufe der Wichtigkeit rücken. In der höheren Schule war dies praktisch unmöglich. Sie wird auch nicht zögern, sich offen unter den Bildungsgedanken zu stellen. Dieser »Beigeschmack« aber ist für die Universität unter der Herrschaft des Positivismus nebensächlich geworden, wenn nicht gar verpönt. Vielleicht hat dieser Sachverhalt Max Zollinger bei seinen wertvollen Beiträgen zur Frage des Studium generale veranlaßt, dessen Aufgabe wesentlich der höheren Schule anzuvertrauen: das Nötige für die Menschenbildung müsse schon auf ihrer Oberstufe geleistet werden; dann werde dieser Geist im Studium von selbst weiterwachsen.[16] Er hat recht, insofern eben die höhere Schule sich rückhaltlos zu humanistischen Bildungswerten bekennen darf, während die Universität sich mehr und mehr auf die rein wissenschaftlich-methodischen Bildungswerte beschränkt hat. »La science pour la science«, so heißt es – meist unausgesprochen – in den Hallen der Hochschule. Der alte Sinn der »belles lettres« ist großenteils vergessen.

---

[16] Max Zollinger, Universität, Gymnasium und »studium generale«, in der Festschrift zu Ehren von alt Rektor Dr. Hans Fischer, Biel 1952.

Ich sehe nicht ein, daß das so sein muß. Warum soll unter den Gegenständen des Wissens nicht das besonders betont werden, was gleichzeitig auch eine den Menschen innerlich fördernde Kraft besitzt? Man scheue sich nicht, zu bekennen: Es gibt ein Klassisches und ein Nichtklassisches in jeder Literatur! (Der etwas unbestimmt gewordene Ausdruck »klassisch« soll hier nicht nur die objektiv strenge Form der Werke, sondern auch ihre Eignung zur Menschenformung bedeuten.) Man nehme auch daran keinen Anstoß, daß der Bereich des Klassischen für die Sicht verschiedener Zeiten wechseln kann (wie die Geschichte der Bildungsgüter durchweg bestätigt). Auch der Hochschullehrer soll prüfen, was fruchtbar genug ist, in jungen Menschen noch Leben zu erwecken, und woran sie wachsen können. Die modernen Philologen haben dies für den Lehrplan der Schule tun müssen, hätten es vielleicht noch bewußter tun sollen. Ist etwas Ähnliches auf der Universität verboten?

Ich bin in der glücklichen Lage, auf eine Wendung in der klassischen Philologie hinweisen zu können, die symptomatischen Charakter hat. Der Wilamowitz-Schüler Werner Jaeger (jetzt an der Harvard-Universität) hat in seinem dreibändigen Werk »Paideia« (Berlin 1934, 1944, 1947) sich gerade dies zur Aufgabe gestellt, zu zeigen, woraus eine hohe Kultur eigentlich lebt. Der langsame Aufbau einer Volksmoral und des persönlichen Ethos ist hier Generalthema. Man kann ein solches Gemälde nicht betrachten, ohne dadurch an der eigenen ethischen Wurzel gepackt zu werden. Der neuhumanistische Bildungsgedanke erscheint hier erneuert, jedoch erweitert und vertieft gerade in der Richtung auf Gewinnung eines Kulturhorizontes. Ähnlichen Wert hat der – allerdings kurze – Abschnitt über »Volkscharakter« in dem Buch von Wilhelm Dibelius ›England‹ (Bd. 1, Leipzig 1924^{3}).

Sollten also die modernen Geisteswissenschaften an der Universität tatsächlich eine Abneigung haben, auf Bildungswerte und Bildungsmächte Rücksicht zu nehmen, so bin ich umgekehrt der Ansicht: darin liegt ihr Herz. Sie alle sollen mithelfen, die ethischen Kräfte aufzudecken, aus denen eine Kultur lebt, und so den geistigen Boden zu bereiten für den Ernst des Normativen in unserer eigenen Kultur. Denn der Blick dafür scheint uns heute in verhängnisvollem Grade abhanden gekommen zu sein. Wilhelm v. Humboldt studierte die griechische Kultur gewiß als eine Kulturindividualität, aber ausdrücklich auch die in ihr intendierte Kulturidealität. Macht man es anders, so verfällt eine Philologie unvermeidlich einem alexandrinisch-scholastischen Betrieb und wird leicht zu einer »Wissenschaft des Nicht-Wissenswerten«.

Die »Humanität« des Abendlandes ist kein Begriff, den man in einer

Definition erschöpfen oder aus philosophischen Voraussetzungen deduzieren könnte. Sie ist eine Schichtung von Lebensformen und Lebensnormen, von mühsamen Selbstüberwindungen und tapfer erkämpften metaphysischen Überzeugungen. Wer heute existiert und das abendländische Geistesgut zu verteidigen helfen will, der muß diese großen Errungenschaften von innen her verstanden haben. Ich zweifle, daß man mit den minutiösesten Textinterpretationen alles erfüllt, was hier zu leisten wäre. Bildende Wirkungen jedenfalls werden nur dann erzielt, wenn man in der Lage ist, das jeweils zugrunde liegende Kultur*ethos* zu erfassen, von diesem immanenten Ideal her zu interpretieren und an fremden Kulturen den Sinn für die Lebensbedingungen echter Kultur überhaupt zu entwickeln.

Die Philologien standen hier nur als Beispiel. Für Rechtsgeschichte, Kunstgeschichte, Religionsgeschichte usw. wird Ähnliches gelten. Auch auf diesen Gebieten ist das unbeteiligte Kenntnisnehmen der Stil eines Studiums, das in der Lebensführung keine Früchte trägt. Der junge Akademiker muß zu dem Bewußtsein kommen, daß er etwas treibt, was ihn beim inneren Aufbau seiner eigenen Wertwelt »angeht«.

Wo man die Leute für die Erfüllung der hier ins Auge gefaßten Totalaufgabe herbekommt, dürfte noch eine bedenkliche Schlußfrage sein. Ich glaube jedoch, daß es an Mitarbeitern von dem Augenblick an nicht fehlen wird, wo der Sinn der Aufgabe wirklich von der Mitte her verstanden worden ist. Auch über geeignete Organisationsformen wäre noch viel zu reden. Versuche, wie das seit vier Jahren in Tübingen bestehende »Leibnitianum«, werden dann besonders wertvoll sein, wenn man sie tatsächlich als »Versuche« betrachtet, bei denen man Erfahrungen sammelt und aus Fehlern lernt. In diesen Erwägungen ging es mir hauptsächlich darum, klarzulegen, welche Stelle unseres deutschen Universitätswesens die schwache Stelle ist, die im stillen gespürt wird, aber vielleicht noch nicht zu vollem Bewußtsein gekommen ist. Zu dem Bau unserer Hochschule im ganzen habe ich noch immer ein großes Vertrauen. Kann man sie vor dem Andrang der Vielzuvielen und vor der Zeitkrankheit der Vielbetriebsamkeit bewahren, so wird sie sich aus eigener ethischer Kraft erneuern. Die deutsche Geistesgeschichte lehrt nämlich eine auffallende Eigenschaft der Deutschen: Sie haben das Talent, gerade nach verlorenen Kriegen aufzuwachen und über alte Fehler hinauszuwachsen. Möge es auch diesmal so – werden! Denn: wo kein Ethos ist, da hilft auch der Logos nicht. Achten wir die Logik, aber opfern wir mit religiösem Ernst der Ethik! Eine echte Kultur lebt aus inneren Tiefen heraus, über deren Gehalte sich jeder einzelne immer von neuem besinnen muß.

TEIL II

Die humanistische Fakultät

1921

Der Gedanke der humanistischen Fakultät ist von Göttingen ausgegangen. Er hat aber noch nicht so feste Formen angenommen, daß man den Entwürfen des einen Vertreters folgen könnte, ohne von dem andern den Einwand zu hören, so sei es nicht gemeint. Einig ist man sich nur in der Begründung ihrer Notwendigkeit: der Spezialismus im Wissenschaftsbetrieb der deutschen Universitäten soll überwunden, ihre geistige Führerstellung im öffentlichen Leben soll zurückerobert werden. Zu diesem Zweck soll eine »Fakultät der Bildung« eingerichtet werden, die die *Rücksicht auf den Menschen und seine Formung, nicht die Sache* in den Vordergrund stellt. Aus der Beziehung auf den erlebenden und gestaltenden Menschen soll eine Synthese der Kultur geschaffen werden, die wieder Einheit in das heut auseinandersplitternde Geistesleben bringt.

Als Gegenstände der humanistischen Fakultät bezeichnet Götz von Selle: Bildung, Pädagogik, Politik. Dabei wird Gewicht darauf gelegt, daß sie zu einem einheitlichen Ganzen – einem vollständigen Lehrplan – zusammengefaßt werden. Dies scheint der wesentliche Unterschied von den bisher gebräuchlichen, aber als »überlebt« bezeichneten Publika. Brandi (Päd. Zentralblatt II., S. 10) stellt der humanistischen Fakultät die Aufgabe, »die Führung junger Leute zu unserer Kultur und ihrer Beherrschung planmäßig zu übernehmen«, dadurch, »daß ein vollkommener Lehrplan regelmäßig wiederkehrender, kurzer Vorlesungen aufgestellt wird, der etwa die folgenden Fächer umfassen müßte:

> Das Problem der Weltanschauung, individuelle und historische Weltanschauungen, die Systeme der großen Religionen und Kirchen. Ethik, Erkenntnistheorie und Psychologie, Staats- und Individualpädagogik. Allgemeine Rechtslehre, Staats- und Völkerrecht, Politik als Lehre von den im Staatsleben wirkenden Kräften, Volkswirtschaft und Finanzwesen. Neuere Ergebnisse physikalisch-chemischer Forschung, das Wesen naturwissenschaftlicher Bildung, Biologie, Sozialhygiene, Psychopathie. Das Wesen historischer Bildung, Weltgeschichte, deutsche Geschichte, Landesgeschichte, Staatenkunde. Das Problem

der Form und das Kunstwerk; ausgewählte Dichtwerke, ausgewählte Werke der bildenden Kunst als Anleitung zum Kunstverständnis. Zeichnen und Malen, Theorie der Musik und des Sprechens, Körperpflege. Alle diese Vorlesungen und Anleitungen sind gedacht als Erweiterung der besonderen Fachbildung aller Fakultäten, die in ihrer erprobten Methode nicht gestört werden darf«.

Wenn ich noch einen Satz über den organisatorischen Gedanken hinzufüge, so habe ich die Umrisse der humanistischen Fakultät, soweit sie bis heute erkennbar sind, wiedergegeben: »Als Hörer hat jeder Student der humanistischen Fakultät anzugehören. Es steht ihm frei, auch während seiner Fachstudienzeit Vorlesungen und Vorträge der humanistischen Fakultät zu belegen; aber im allgemeinen hat er zwei Semester zu Beginn seiner Studienzeit in der humanistischen Fakultät immatrikuliert zu sein.« (Götz von Selle.)

Meine Stellungnahme zu diesen Gedanken will ich gleich zu Anfang dahin aussprechen, daß ich die dahinterliegende geistige Sehnsucht ehre und verstehe, den organisatorischen Plan aber für gänzlich verfehlt halte.

Gewiß fühlt jeder von uns, daß in unserem geistigen Leben und besonders in unserer Wissenschaft etwas Neues kommen muß. Gewiß haben wir alle die Qualen der zu weit gehenden Spezialisierung erfahren und tragen in uns das Zukunftsbild jenes sehnlich Erwarteten, das man *die große Philosophie* oder *die erlösende Weltanschauung* oder *die schöpferische Kultursynthese* nennen mag. Ich fasse den Pulsschlag dieser Sehnsucht im täglichen Zusammenleben mit den Gefährten der wissenschaftlichen Arbeit, unter denen die Studenten die nächsten sind. Oft geht es durch unsere Gespräche wie eine heilige Ahnung, daß diese Zeit der Neugeburt unmittelbar bevorstehe. Es ist uns, als ob wirklich ein neuer Humanismus kommen müßte, mit ganz anderen Zeichen und viel metaphysischer als die früheren humanistischen Wellen; als ob es sich wirklich um eine Vertiefung des Menschentums handelte. So ist etwas still im Werden. Und da kommt das erlösende Wort in diese Erwartungsstimmung hinein: »Machen wir einen Lehrplan! Organisieren wir etwas!« – Das ist wieder echt »zeitgemäß«: Die Form vor der Sache, die Kanalisierung vor dem Strom!

Wer das Leben der Universitäten durch die Jahrhunderte verfolgt hat, der weiß, daß Universitätsreformen nicht dann entstehen, wenn sich ein paar Leute zusammensetzen und zu einander sagen: »Es muß etwas gemacht werden. Was wollen wir jetzt machen?« –, sondern daß dazu große Zeitwallungen gehören, daß das Wehen des Geistes vorher da sein muß, und daß dann in begeistertem Kampf junge Pioniere diese Flamme in das alte Gemäuer der Hochschule hineintragen, um zuletzt als Eroberer und Schöpfer von ihr Besitz zu ergreifen.

Wie steht es mit diesem Geist? – Vielleicht habe ich nicht an der rechten Stelle gelesen; bisher habe ich ihn bei den Vertretern der humanistischen Fakultät nicht finden können. Es genügt nicht, daß man aus dem letzten »faszinierenden Buch«, das man gerade gelesen hat, ein neues Kulturprogramm mache. Es genügt auch nicht, daß man drei zufällig vielverhandelte Gebiete – wie Bildung, Pädagogik, Politik – mit einem Griff zusammenpackt und dann seine Hoffnung gelassen in den Satz ausströmen läßt: »Die Humanisierung, d. i. letzten Endes Politisierung (!?) des heutigen akademischen Menschen.« Zum mindesten müßte man seine eigene Zeit schon etwas verstehen und ihre Zeichen zu deuten wissen. Und da fehlt es allerdings nicht an Symptomen einer geistigen Verschiebung, die in der Richtung auf das Humanistische liegt. Wir stehen, wie schon Lamprecht immer wieder hervorgehoben hat, in dem Fortschritt von der Herrschaft der Philologie im engeren Sinne zur Psychologie, d. h. zu einer Geisteswissenschaft, die die Einzelerscheinungen des Lebens aus den Sinnzusammenhängen der menschlichen Totalität ableitet und jedes einzelne Moment in seiner Lebensbedeutsamkeit versteht. Dieser Weg muß ganz von selbst in das Problem der Werte hineinführen und neue Wertsynthesen aus der Einheitssehnsucht unserer differenzierten Zeit hervorgehen lassen. Und von diesen neuen Wertsystemen aus werden auch die Ergebnisse der Naturwissenschaft, der Medizin, kurz aller Tatsachenwissenschaften in neue Sinnbeleuchtungen gerückt werden. Eine solche Entwicklung ist im Werke. Es gibt nur eins, was sie hindern kann: die vorzeitige Versteinerung in Lehrplänen, noch dazu mit Verpflichtung zum »Belegen«.

Denn wenn es sich wirklich um nichts weiter handeln sollte, als um die organisatorische Zusammenfassung der überall gebräuchlichen Publica und allgemeinbildenden Vorlesungen, so finde ich den Namen allzu glänzend und den Apparat zu groß. Aber nicht einmal dies wäre ratsam. Und damit komme ich auf den Grundfehler der ganzen Idee. Man will eine »Humanistische Fakultät«, eine Fakultät, die auf den *Menschen* berechnet ist. Gut! Aber wer ist dieser Mensch? Ist er ein Normalmensch, dessen Bedürfnisse eine Universitätsbehörde festsetzt? Ist er ein Sekundaner, der an Lehrpläne gewöhnt ist? Oder leidenschaftlicher gesagt: Ist die Humanität, die ihr da wollt, allgemeinverbindlich kodifizierbar?

Ich kenne die schöpferischen Geister unter den Dozenten noch nicht, die das, was sie an ihrem Gebiet für weithin befruchtend, für nicht bloße Fachangelegenheit halten, in halbjährlichen Besprechungen einem gebundenen Lehrplan einfügen würden. Es wäre das beste Mittel, das freie Fortwachsen gerade dieser Seite zu behindern. An Vorlesungen dieses Charakters fehlt es heute keinesfalls. Ich finde im Winterverzeichnis der

Berliner Universität, um nur zwei Beispiele herauszugreifen, bei der theologischen Fakultät unter rund 60 Vorlesungen 10, die unbedingt zu den allgemeinbildenden gezählt werden können; unter 90 Vorlesungen der Juristischen Fakultät rund 15. Das wird ein gesunder Prozentsatz sein; er kann vermehrt werden. Und unter diesen hoffentlich immer reicheren Darbietungen soll und kann nun jeder wählen *nach seiner Individualität*. Es wäre aber ganz falsch, das Ausleseverfahren umzukehren und zu sagen: eine Universitätsbehörde wählt aus den Wissenschaftsgebieten das aus, was gerade den Bedürfnissen des »Menschen« dient. Nicht der Mensch wählt dann, sondern es wird für ihn ein künstliches Kulturbild zurechtgemacht. Dabei ist der verdächtige Gedankenfehler schon der, daß eine vierstündige Vorlesung oder eine wirkliche Fachvorlesung diesen Bedürfnissen persönlicher Kultur nicht ebenso gut dienen könnte, wie eine ein- und zweistündige. Gott behüte uns vor dem System der Einstündigkeit!

Auf die Verwaltungsseite der Frage, auf die Frage nämlich, was eine Fakultät ist, will ich hier nicht eingehen. Eine Fakultät ist keine Lehrplankommission, sondern Träger eines in sich geschlossenen Ausschnittes geistiger Produktivität, mit allen Auswirkungen auf dem Gebiete der Lehre, der Verwaltung, der Prüfung usw., also eine vielseitige Geistesgemeinschaft. Deshalb kann kein Mensch zween Fakultäten dienen, wie man mehrere Aufsichtsratsstellen haben kann. Und auch der Student, der neben seiner Hauptfakultät in der humanistischen Fakultät eingeschrieben wäre, würde gewiß über den feinen Unterschied zwischen ihr und der philosophischen oder zwischen ihr und der theologischen (die doch wohl auch den Menschen betrifft?) vergebens nachdenken. Ich sehe den Einwand voraus, daß ich doch selbst in meinen ›Gedanken über Lehrerbildung‹ einen Unterschied zwischen Wissenschaft und Bildung aufgestellt hätte. Da ich die Hoffnung aufgegeben habe, daß diese meine Schrift in Deutschland verstanden wird, will ich nicht lange dabei verweilen. Nur zwei Gedanken seien nochmals betont: Volksbildung und früheste Jugendbildung ist etwas anderes als bloße Erkenntnisbildung. Sie ist auch Bildung des Leibes, der Hand, der Sinne; sie ist primitive technische Bildung, künstlerische Bildung, Heimatbildung, Gemeinschaftsbildung – lauter Dinge, die nicht notwendig über Wissenschaft führen. Und das andere: der Weg zur Bildung, der über Wissenschaft führt, – eine durchaus einseitige Form der Bildung – ist ungewöhnlich lang. Denn er ist eben nicht der Weg der einstündigen Vorlesungen und allgemeinen Orientierungen, sondern fordert methodische Vertiefung in eine Anzahl von Sonderproblemen, die erst *zuletzt* zur persönlichen und philosophisch geklärten Synthese führen kann. Der Hörer der Humanistischen Fakultät fängt mit diesen Synthesen im ersten Semester an. Das ist nicht mehr Wissenschaft, sondern geistige Schnellfütterung. Man mag uns tausendmal das Gegenteil versichern: dies allein, ohne Methode und eigne Forscherarbeit, führt zur Oberflächlichkeit. Man liebt jetzt die Parallelen mit dem ausgehenden Altertum. Dort lese man nach (z. B. bei P. Wendland, Die hellenistisch-römische Kultur), wie nach der alexandrinischen Epoche alles auf Exzerpieren, Popularisieren, Trivialisieren hinauslief, bis nichts mehr übrig blieb. Und sollte nicht ein wenig kritischer Student, wenn er die Wahl hat, einen Gegenstand gründlich oder allgemeinbildend zu hören, allmählich darauf verfallen, die Universität selbst mit dem Repetitor zu verwechseln? – Wir sind eben auch hier auf dem üblichen Wege: *Abbau* der höheren Geisteskultur.

Ich warne die deutsche Studentenschaft: gerade heut, wo Wissenschaft und höhere Bildung von den verschiedensten Seiten her einer ernsten Gefährdung ausgesetzt sind, gerade heut wäre die humanistische Fakultät als Organisation der erste Schritt, um unser Geistesleben von der bisherigen Höhe (und wäre sie nichts als Gründlichkeit und Selbstbewahrung vor dem Dilettantismus!) herabzuziehen und eine Tendenz zu stärken, die der Aufmerksame auf allen Stufen unseres Bildungswesens mit Entsetzen wachsen sieht.

Bleiben wir deshalb im Spezialismus stecken? – Ich weiß nicht, was öder ist, der Spezialismus oder der Enzyklopädismus. Das dritte aber, der Weg zur philosophischen Durchdringung, ist nicht der Weg durch die humanistische Fakultät. Philosophie ist auch Charaktersache. Ich bin überzeugt, daß die freie Geistesbewegung der Studentenschaft den philosophischen Geist mehr beleben wird, als eine neue Organisation. Es wundert mich aber, daß noch immer alles von der Universitätsverwaltung erwartet wird, und so wenig von der freien Gruppierung und Betätigung der Studierenden, die – schon nach Humboldt – die gleich wesentliche andere Seite des Hochschullebens ausmacht. Das hat man in Marburg richtiger erkannt als in Göttingen.

Werden die Hochschulen ohne humanistische Fakultäten die Führung im geistigen Leben verlieren? Eine weitgespannte Frage. Die Hochschulen, das muß vor allem gesagt sein, beanspruchen diese Führung nicht, wo sie vermöge ihrer Aufgabe und Bestimmung nicht hinreichen. Es ist z. B. *nicht* Sache der Universitäten, Politik zu machen. Sie sind *vorbereitende* Anstalten; sie wollen in Wesen und Charakter und Denken eingreifen; aber sie erreichen dies durch eine intensive Kultur des ganzen Geistes. *»Führerpressen« brächten uns erst recht in Verfall.* Wenn wir mit Ernst und bester Kraft das unsere treiben, so müssen wir es tragen, wenn man in weiten Kreisen des Volkes eine Zeitlang nicht auf uns hören sollte, wofür übrigens gänzlich die Beweise fehlen. Gewerkschaftsführer haben auch die Leitung der Arbeitermassen zeitweise aus der Hand verloren. Wo die Schuld liegt, entscheidet nicht der nächste Tag. Denn Führersein heißt nirgends »Nachlaufen«, sondern sich der Verantwortung großer Entscheidungen bewußt sein. *Führer werden daher nur gebildet, indem sie ganze Epochen der Vertiefung, Läuterung und Selbstprüfung durchmachen, nicht durch Belegen von Pflichtvorlesungen in einer lehrplanmäßig (!) gebundenen Fakultät.* Darauf beruht Englands Überlegenheit, daß es den *Persönlichkeiten freie Bahn* läßt, statt sie durch Organisationen zu erstikken.

Und so komme ich zum Schluß meiner Ablehnung der humanistischen Fakultät: *Ist der Geist da, so ist sie überflüssig. Ist der Geist nicht da, so ist sie unmöglich.*

Hochschule und Staat

1930

Von zwei Seiten her kann man an das Thema »Hochschule und Staat« herangehen. Entweder man betrachtet beide unter dem Gesichtspunkte, was sie sind, oder unter dem weitergehenden, was sie sein sollten und könnten. Im ersten Fall handelt es sich um eine realistische Erörterung der tatsächlichen Beziehungen zwischen beiden Kulturgebilden, des wirklich bestehenden Kräftespiels und der geltenden Bestimmungen des positiven Rechtes; im zweiten Fall um die Frage, wie beide, unter Berücksichtigung der historisch gegebenen Gesamtlage, zueinander stehen sollten, damit sich Sinn und Zweck ihrer Existenz so sehr wie möglich erfülle. Es ist derselbe Unterschied, der den Juristen als quaestio de lege lata und de lege ferenda, den Philosophen als Gegensatz der deskriptiven und der normativen Methode bekannt ist.

Schwerlich wird man die eine Einstellung ganz ohne die andere vollziehen können. Hinsichtlich der Hochschulen zweifelt niemand, daß sie verbesserungsfähig seien. Aber auch der jeweilige Staat ist nur ein Wurf nach dem Ideal. Er kann und muß veredelt werden. Wer den gegenwärtigen Staat kritisiert, ist deshalb noch nicht staatsfeindlich. Gerade eine Demokratie, noch mehr: eine von fortschrittlichen Parteien getragene Demokratie kann darin nichts Sträfliches finden. Es wäre ja unerhört, wenn ein noch unfertiger, innerlich uneiniger, seiner Souveränität und seiner wirtschaftlichen Freiheit beraubter Staat als so mustergültig hingestellt würde, daß keine ernste Kritik an ihm geübt werden dürfte. Jeder, der lebt, appelliert in jeder Minute von der Gegenwart an die Zukunft. So appelliert er auch von dem heutigen Staat an den besseren Staat. – Allerdings: bloß in die Luft konstruierte Forderungen und Ideale haben wenig Wert. Sie müssen ihr Fundament um so fester in der Erde haben, je mehr sie, bildlich gesprochen, in den Himmel streben.

Demgemäß werde ich meinen Gegenstand unter beiden Gesichtspunkten behandeln: nach dem gegebenen Zustand und nach den Zukunftsaufgaben. Im ersten Teil schildere ich zunächst das bestehende Verhältnis der

Hochschule zum Staat, dann die darin enthaltenen Hauptspannungen; im zweiten erst die nationale Aufgabe der Hochschule, dann ihre Mitarbeit am zukünftigen Staat.

I.

Das bestehende Verhältnis von Hochschule und Staat ist zunächst ein Rechtsverhältnis, und zwar ist das geschriebene Recht durch zwei Hauptsätze umgrenzt, die schon in eigentümlicher Spannung zueinander stehen. Der erste Satz findet sich für Preußen ausdrücklich kodifiziert im Allgemeinen Landrecht von 1794, Teil II, Titel 12, § 1: »Schulen und Universitäten sind Veranstaltungen des Staates, welche den Unterricht der Jugend in nützlichen Kenntnissen und Wissenschaften zur Absicht haben.« Er wird ergänzt durch § 2: »Dergleichen Anstalten sollen nur mit Vorwissen und Genehmigung des Staates errichtet werden.« – Der zweite Satz stand bereits in den Preußischen Verfassungen von 1848 und 1850 – in den Verfassungen einiger Einzelstaaten gab es dem Sinne nach verwandte Bestimmungen – und ist durch die Reichsverfassung von 1919 zum geltenden Reichsrecht erhoben worden. Es heißt dort in Artikel 142: »Die Wissenschaft und ihre Lehre sind frei.«

Der erste Satz ist ein wesentliches Resultat der absolutistischen Staatsbildung. Er drückt offenbar nicht etwa einen historischen Tatbestand aus – denn die alten Universitäten sind nur zum Teil staatliche Gründungen –, sondern eine Norm: sie sollen als Staatsanstalten angesehen werden und tragen nunmehr diesen juristischen Charakter. Es ist schon eine juristische Streitfrage, ob in Preußen überhaupt kein anderer als der Staat Universitäten *errichten* dürfe.[1] Aber das steht fest, daß dazu die staatliche Genehmigung erforderlich ist und daß heute alle deutschen Universitäten wirklich Staatsanstalten sind. Die übrigen Hochschulen, an denen irgeneine Berufsberechtigung oder ein anerkanntes Diplom gewonnen werden kann, stehen, wie die Mehrzahl der Schulen überhaupt, mindestens unter Staatsaufsicht. Über das Aufsichtsrecht hinaus hat sich der Staat eine Anzahl anderer wesentlicher Rechte beigelegt, unter denen das Recht, den Universitäten »Satzungen« zu verleihen, von entscheidender Bedeutung ist. Nennen wir jenen Satz des zunächst für Preußen gültigen Allgemeinen Landrechtes das *Prinzip der Staatlichkeit der Hochschule*, so ist diese

[1] Tatsächlich sind Schulen und Hochschulen, vor allem Handelshochschulen, von anderen Instanzen errichtet worden. – Zum Ganzen vgl. man die sehr bedeutsamen Ausführungen von Günther Holstein, Hochschule und Staat, in dem dritten Bande des demnächst erscheinenden Sammelwerkes: Das akademische Deutschland. Verlag Weller, Berlin 1929.

Art rechtlicher Regelung keineswegs selbstverständlich. Die Vereinigten Staaten von Amerika und die Niederlande kennen mindestens das gemischte System, d. h. sie haben Staatsuniversitäten und Privatuniversitäten.

Der zweite Satz ist ein wesentliches Resultat der liberalen Geistesbewegung, die seit der Aufklärung den absolutistischen Staat allmählich von innen her umgemodelt hat. Schon das Allgemeine Landrecht erkennt den althergebrachten Charakter der Universitäten als privilegierter Körperschaften an. Aber mit der Idee der Denkfreiheit, wie sie die Aufklärung herausgebildet hat, ist ein Bedeutungswandel in jener privilegierten Stellung vollzogen worden: die Freiheit der Wissenschaft, sich gemäß ihrem eignen inneren Gesetz zu bewegen, wird jetzt gleichsam nachträglich das Prinzip, das jene Vorzugsstellung legitimiert.

Auch der Satz von der Freiheit der Wissenschaft und »ihrer« Lehre ist heut geltendes Staatsrecht. Es steht hinter ihm die schützende und garantierende Staatsmacht. Aber was jener Satz inhaltlich bedeutet, ist nicht ohne weiteres klar. Schon »die Wissenschaft und ihre Lehre« ist nicht einfach identisch mit der Institution der Universität. Und sicherlich kann einer Staatsanstalt nicht zugleich unbedingte Freiheit zugeschrieben werden. Im Leben der Universität waltet somit die gleiche Antinomie, die Goethe einmal für das Leben überhaupt formuliert hat: »Es darf sich einer nur für frei erklären, so fühlt er sich im Augenblick als bedingt. Wagt er es, sich für bedingt zu erklären, so fühlt er sich frei.« Der nächstliegende Sinn des § 142 ist jedenfalls dieser: Forschung und *in der Absicht der Lehre* erfolgende Mitteilung von Forschungsergebnissen, – folglich auch das Lernen in solchem Zusammenhang – sollen von unmittelbaren (bestimmenden oder verhindernden) Eingriffen des Staates freibleiben. Die Freiheit der Wissenschaft – an sich betrachtet – bedeutet, wie jede echte Freiheit, Selbstbindung an ein inneres Gesetz und schließt somit unmittelbar eine sittliche Verpflichtung und Verantwortung ihrer Träger ein. Vom Staate aus könnte diese Freiheit zunächst als ein individualistisches Grundrecht der Person angesehen werden; dann würde sie in unmittelbare Nachbarschaft des § 118 der Reichsverfassung rücken: »Jeder Deutsche hat das Recht, innerhalb der Schranken der allgemeinen Gesetze seine Meinung durch Wort, Schrift, Druck, Bild und in sonstiger Weise frei zu äußern.« Aber der Sinn, aus dem heraus der Staat die Freiheit der Wissenschaft und der Lehre durch sein Grundgesetz garantiert, geht offenbar über die Reservatrechte von Einzelpersonen weit hinaus. Denn wie der Sinn der Wissenschaft von überindividueller Geltung ist, so auch der Sinn des Staates selbst. Es liegt darin also die Anerkennung der Wesensverwandtschaft beider in *einem* entscheidenden Punkte. Der moderne Rechtsstaat wäre ohne die Eigenbewegung des autonomen Denkens niemals entstanden. Er hat auch heute noch ein Interesse daran, daß diese Eigenbewegung allgemeingiltigen Denkens in seinem Innern nicht aufhöre. Und wie seine eigne Rechtsgestalt tiefgehend vom wissenschaftlichen Geist geformt ist, so ist auch seine Macht und seine Zukunftsgestalt durch die Freiheit der Wissenschaft mitbedingt.[2]

Gerade der Hinweis auf die Machtfunktion des Staates macht aber auch die Kehrseite verständlich: Es lassen sich sehr wohl Situationen denken, in denen es dem Staat nicht einfällt, politisch zu halten, was er juristisch versprochen hat, eben aus einem höheren oder aus einem anders gerichteten Machtinteresse heraus. Ja, es lassen sich *Epochen* der Staatsentwicklung denken, in denen diese Freiheit mit andern heut verfassungsmäßig garantierten Freiheiten wieder verschwindet. Wir lernen daraus die entscheidende Einsicht, daß 1. nur ein *Rechtsstaat* (d. h. auf starken Rechtsgarantien aufgebauter Staat) die Freiheit der Universitäten sicherstellen kann, und daß die Hochschulen daher ein wesentliches Interesse an der Geltung einer aus dem Geiste des Rechtes, nicht *nur* der Macht geborenen Verfassung haben; 2. daß nur ein *liberaler*[3] Staat, ein mindestens mit erheblichen liberalen Prinzipien durchsetzter Staat den Schutz der Wissenschaft in seine Verfassung aufnehmen und in ihr bewahren wird. Jeder Staat z. B., der auf einer schlechthin autoritativen politischen Grunddogmatik ruht, welcher Färbung sie auch sei, wird der Freiheit der Wissenschaft faktisch, vielleicht auch juristisch, Schranken setzen. –

Wenn man nach der tieferen philosophischen Rechtfertigung des Satzes

---

[2] Vgl. hierzu die Berichte von K. Rothenbücher und R. Smend über das Thema: »Das Recht der freien Meinungsäußerung« (Veröffentlichungen der Vereinigung der deutschen Staatsrechtslehrer Heft 4. Berlin 1928); die überindividualistische Deutung besonders bei Smend, S. 60 ff. – Wenn man sich den Sätzen von Smend anschließt, daß die verfassungsmäßigen Grundrechte jeweils ein politisches Gut aufstellen, in dessen Zeichen das deutsche Volk von Verfassungs wegen einig sein soll, daß aber die Verfassung selbst wesentliches Moment in dem Integrationsprozeß des Staates ist, so bedeutet dies für den vorliegenden Fall: in die Fundamente des gegenwärtigen deutschen Rechtsstaates ist das Prinzip der Eigengesetzlichkeit der Wissenschaft miteingebaut: es ist für ihn ein integrierendes Prinzip. – Freilich bemerkt Smend dazu – weniger vom Standpunkte der Rechtsidee als der Tatsachenfeststellung: »Die akademische Freiheit im deutschen Sinne ist keine Selbstverständlichkeit auch nur der heutigen europäischen Kultur. Sie ist ein geschichtlich bedingtes Institut, das es vielleicht in absehbarer Zeit nicht mehr geben wird.«

[3] Unter Liberalismus verstehe ich nicht nur das Prinzip des Individualismus im Staat, sondern allgemeiner das Prinzip der Anerkennung relativ autonomer Eigenbereiche und Wirkungssphären im Staat.

von der Freiheit der Wissenschaft im Staate sucht, so stößt man auf eine dem rational-konstruktiven Naturrecht verwandte Denkweise, die sich in dieser Gestalt erst im 19. Jahrhundert herausgebildet hat und wohl am reinsten bei Schleiermacher vorliegt. Man versucht nämlich, *zunächst* ohne Rücksicht auf historische Sonderkonstellationen, die Sozialgebilde je aus der *reinen Idee* zu konstruieren, die als ihr spezifisch sinngebendes Strukturprinzip angesehen werden kann. Dann ist der Staat die höchste Schutz-, d. h. Macht- und Rechtsorganisation im Ganzen einer Gesellschaftseinheit; die Kirche die Gemeinschaft, die rein aus dem Geiste der Frömmigkeit geboren ist oder besser sein sollte; analog konstruiert man den reinen Wissenschaftsverein aus der spezifischen Idee des durch andere Motive unbeirrten Wahrheitssuchens. In der Wirklichkeit findet man diesen Wissenschaftsverband vorzugsweise in der Universität dargestellt. Und nun versucht man, von solchen leitenden Prinzipien aus eine reinliche, gleichsam ewige Kompetenzregulierung zu vollziehen: Der Staat hat zwar für jene beiden von innerlichem Geist erfüllten Gesellschaftsgebilde durch Macht und Recht die äußeren Bedingungen ihrer Existenz und Wirkungsweise zu setzen. Er darf sich aber in die sog. inneren Angelegenheiten nicht einmischen. Konkreter: Man folgert aus der sachlichen Autonomie (= Eigengesetzlichkeit) der Wissenschaft auch ihre öffentlich-rechtliche (= Selbstverwaltung).

In diesem Gedankengang steckt gewiß eine tiefe und bleibende kulturphilosophische Einsicht. Aber man kann gegen ihn sagen: »Leicht beieinander wohnen die Gedanken; doch hart im Raume stoßen sich die Sachen.« Geht man von der reinen Wesenskonstruktion zur Wirklichkeit über, so ist zweierlei ebenso klar: 1. Das Machtinteresse des Staates kann in Dingen, die für ihn lebensnotwendig sind, nicht vor der Wissenschaft haltmachen. 2. Die Wissenschaft und ihre wichtigste Organisationsform: die Hochschule, sind selbst (ethische) Mächte, die fördernd oder hemmend auf die Staatsmacht zurückwirken. Lassen wir also jene Wesenskonstruktionen als richtig gelten, so ist mit ihnen doch als Wirklichkeitsfolge verbunden, daß zwischen dem Staat und der Hochschule (wie zwischen dem Staat und der Kirche) eine unaufhebbare Spannung besteht. Sie *müssen* miteinander kämpfen, und dieser Kampf mit seinen Krisen wie mit seinem zeitweise gelingenden Ausgleich hat etwas Heilsames, das man aus dem geistigen Leben nicht wegwünschen kann, ohne ihm fruchtbare Antriebe zu rauben; denn es ist nicht denkbar ohne innere dialektische Bewegung.

3. Die eben geschilderte relativ naturrechtliche und deshalb zeitlos gemeinte Gedankenkonstruktion ist aber auch wieder geboren als Produkt einer ganz bestimmten Zeitlage. Sie erwuchs in der Epoche, in der die

Auseinandersetzung zwischen dem absolutistischen Staat des 18. Jahrhunderts mit den von der Aufklärung erzeugten liberalen Ideen erfolgte. Entscheidende Züge verdankt gerade die deutsche Universität dem Einströmen dieser Ideen, das – in Göttingen vorbereitet – besonders an der Gründung der Universität Berlin 1810 deutlich zu verfolgen ist und von dort aus auf alle deutschen Universitäten weiterwirkte.[4] Die großen Liberalen, wie Humboldt und Schleiermacher, selbst der staatsbejahendere Fichte haben die unvergleichliche Freiheit der deutschen Universität zu einem geheiligten und anerkannten Prinzip erhoben. Schon damals bedeutete dies ja nicht ein völliges Auseinanderfallen beider Kulturmächte, des Staates und der Universität, sondern nur weitgehende Selbstgestaltungs- und Selbstverwaltungsrechte (= ideelle und öffentlich-rechtliche Autonomie) der Universität. Der Prozeß des geistigen Gesamtlebens im 19. Jahrhundert aber führt zu einer sichtlich fortschreitenden *Umklammerung der Universität durch den Staat.* Es hat sich da eine Bewegung vollendet, die schon im 16. Jahrhundert einsetzte und ihren ersten Gipfel im 18. Jahrhundert erreichte. Ich zähle nur einige Hauptsymptome auf, in denen sich das Resultat dieses Prozesses ausprägt: a) Die im 18. und 19. Jahrhundert nach und nach für viele Berufe eingeführten Staatsprüfungen bedeuten heute einen Abschluß der akademischen Bildung, der jedenfalls praktisch viel wichtiger ist als die Erwerbung der akademischen Grade. b) Dasselbe von einer anderen Seite her bezeichnet: die Hochschulen sind in weitem Umfang Stätten der Vorbereitung für staatliche oder doch staatlich approbierte und normierte Berufe. Die Philosophische Fakultät hat gegen diese Tendenz am längsten Widerstand geleistet, steht aber gerade jetzt sehr stark unter den Konfliktbedingungen ihrer Doppelnatur als einer allgemeinen wissenschaftlichen Forschungsstätte und einer praktisch differen-

[4] Die äußeren Formen der deutschen Universität sind natürlich viel älter und entstammen dem Mittelalter. Diese historische Würde hat dazu beigetragen, daß der moderne Staat sie als ein Institut, das er bei *seiner* Konsolidation seit dem 16. Jahrhundert schon vorfand, mit schonender Rücksicht behandelte. Die Universität Jena beruft sich in ihren Statuten noch heut auf das Kaiserliche Privileg von 1557. Es ist damit angedeutet, daß sie nicht vom Territorialstaat stammen oder in ihm aufgehen wolle. In den Kategorien des neueren Staatsrechtes kommt diese altüberlieferte Sonderstellung dadurch zum Ausdruck, daß die Universitäten – wie die Kirchen – als *privilegierte Korporationen des öffentlichen Rechtes* anerkannt werden. Über dem historischen Zusammenhang aber darf man nicht vergessen, daß alle äußeren Formen der Universität seit dem Mittelalter und der Reformationszeit (politisch besonders noch durch den Reichsdeputationshauptschluß) einen tiefgehenden Bedeutungswandel erfahren haben. Das entscheidende Ergebnis ist: Die Universität ist nirgends mehr eine rein auf genossenschaftlicher Grundlage ruhende Universitas docentium et discentium, sondern ebenso sehr eine *Staatsanstalt,* deren Hauptdozenten *Staatsbeamte* sind.

zierten Berufsbildungsanstalt. c) Die Hochschulprofessoren, mit Ausnahme der Privatdozenten, sind längst staatlich angestellte Beamte mit verpflichtenden Lehraufträgen. Sie unterstehen dem Beamtenrecht. Gerade jetzt beobachten wir die durch eine wohlgemeinte finanzielle Hilfsaktion bewirkte stärkere Hineinziehung auch der Privatdozenten in die Sphäre staatlicher Beauftragung. In Deutschland ist heut ein Gelehrtendasein ohne irgendwelche Anlehnung an den Staat schwer möglich. Als Beamte genießen die Professoren einige Sondervergünstigungen, zu denen aber kein Recht etwa von dem Charakter der parlamentarischen Immunität gehört. Die Studentenschaft steht dem Staat viel freier gegenüber. Und sicher ist auch jede Tendenz, die man als einen Schritt zu ihrer Verstaatlichung bezeichnen könnte, um des Staates selbst willen bedenklich. d) Endlich aber ist die innere Befruchtung, die die Arbeit der Hochschule vom Staatsleben her empfängt, heilsam und keinesfalls fortzuwünschen. Eine wesensmäßige Bindung besteht mindestens bei der juristischen Fakultät, insofern sie in erster Linie das geltende Recht des Reiches und des betreffenden Einzelstaates durch Forschung und Lehre weiterzubilden hat. Ganz spontan aber erfolgte die Rückwirkung von der Verflechtung des modernen Staates in Weltpolitik, Weltwirtschaft und geistigen Weltverkehr auch auf den Horizont und die Aufgabenbemessung der Hochschulen. Man denke an den nicht nur wirtschaftlich, sondern auch politisch bedingten Werdegang der Technischen Hochschulen, an die ungeheuer gestiegene Bedeutung der Staatswissenschaften oder der Auslandsstudien, an die mit öffentlichen Aufgaben verflochtene Pflege des Sozialrechtes, der Sozialhygiene, der Sozialpädagogik usw. Dies alles schießt sogar über die althergebrachte Fakultätsgliederung teilweise hinaus.

Es handelt sich also um einen notwendigen und fruchtbaren Wechselverkehr von Geben und Nehmen. Und dieser Verkehr vollzog sich mindestens seit der Reichsgründung in überwiegend friedlichen Formen. Die Hochschulen genossen ein hohes nationales Ansehen; ihre Dozenten übten einen großen kulturellen Einfluß und wurden mit staatlichen Ehren überhäuft. Das innere Leben der Hochschulen konnte sich *im allgemeinen* frei entfalten. Aber sie waren ganz sichtbar Veranstaltungen des Einzelstaates und fühlten sich mit dem Staatsschicksal selbst ganz tief verbunden.

Das *Reichs*recht hat bisher nur einen wesentlichen Rechtssatz gebracht, der möglicherweise einmal praktisch von großer Tragweite werden kann: Es heißt in Artikel 10 der *Reichsverfassung*: »Das Reich kann im Wege der Gesetzgebung Grundsätze aufstellen für ... (Ziffer 2:) das Schulwesen einschließlich des Hochschulwesens und das wissenschaftliche Büchereiwesen.« Noch tiefer würde die Durchführung der geplanten *Reichsreform* in das Leben der Hochschulen eingreifen: derjenigen vor allem, die einem später zum Reichsland gemachten Einzelstaat angehören würden. Die Zentralisierung, die heute gerade für das Hochschulwesen bewußt vermieden worden ist, würde dann ohne Zweifel auch auf diese Sphäre übergreifen.

Der Umfang des geschriebenen Universitätsrechtes ist also gering im Verhältnis zu dem Gewohnheitsrecht, das seit mehr als 100 Jahren für diese Sphäre gilt. Es wäre ein fundamentaler Irrtum, wenn man es auf solche Normen eingeschränkt dächte, die durch die Verwaltungspraxis erzeugt worden sind. Die Universitäten jedenfalls können diesen einseitigen Gesichtspunkt nicht anerkennen. Ein Gewohnheitsrecht aber lebt nur, solange es verteidigt wird. Es bedarf jedenfalls einer weit stärkeren Stütze im moralischen Bewußtsein der Beteiligten, als das kodifizierte Recht. Und die Vertreter der akademischen Korporationen haben es oft mindestens daran fehlen lassen, den entscheidenden Zeitpunkt zu erkennen und zu benutzen.

4. Fragen wir nunmehr nach den *Freiheiten der Universität im Staate*, so ruhen sie, in historischer Reihenfolge betrachtet, auf folgenden Grundlagen: Vom Mittelalter her genießen sie seitens des Staates und der Kirche weitgehende Privilegien, zu denen bis in die Mitte des 19. Jahrhunderts auch der eigene Gerichtsstand gehörte. Seit der Reformation sind dann der moderne Staat und die Universität *miteinander* gewachsen. Der aufgeklärte Absolutismus bringt, wie überall, auch hier ein starkes Übergewicht des Staates. Aber selbst das ALR. läßt die Universitäten als privilegierte Korporationen des öffentlichen Rechtes stehen. Mit dem Siege des Liberalismus setzt sich die Idee der freien Wissenschaftsproduktion und Wissenschaftskonkurrenz, der freien Lehre, der Lernfreiheit und akademischen Freizügigkeit der Studenten durch. Damals konnte W. v. Humboldt behaupten, daß es »einer konsequenten Theorie nach« ohne den Staat viel besser gehen würde, und konnte Schleiermacher seine Idee von der deutschen Universität als einem freien Wissenschaftsverein fassen. Aus dieser langen Geistesbewegung wurde endlich 1848 jener Verfassungsparagraph von der Freiheit der Wissenschaft geboren. Aber außer diesem Satz und einem bisher weitgehend geachteten *Gewohnheitsrecht* hat die Autonomie der Universität nicht viel mehr Palladien ihrer Freiheit als ihren Charakter als öffentlich-rechtliche Korporation und ihre – auf historischer Grundlage vom Staat *verliehenen* – freiheitlichen Statuten, die ihre innere Selbstverwaltung ordnen.[5] Das entscheidende sachliche Argument für die-

[5] Überzeugend nachgewiesen von Conrad Bornhak, Die Rechtsverhältnisse der Hochschullehrer in Preußen. Berlin 1901. S. 34 ff.

se Einrichtungen (wenn die historischen Argumente einmal hinfällig würden) liegt darin, daß über wissenschaftliche Angelegenheiten nur Sachverständige urteilen können.[6] Die Fakultäten sind zwar staatliche Behörden, sie sind aber zugleich Sachverständigenkammern, die mit guten Gründen den Stil der Zunftverfassung beibehalten haben; denn in der Zunft liegt Genossenschaftlichkeit, Niveaukontrolle, Erziehungsprinzip und Sicherung der Berufsmoral, – lauter Eigenschaften, die kein Staat verwaltungsmäßig zu erzeugen vermag. Noch immer aber werden die Grenzen der Schöpferkraft verkannt, die der »Verwaltung« ihrer Natur nach gesetzt sind.

Die Freiheitsrechte der Hochschulen haben also, *juristisch* genommen, eine sehr schmale Basis. *Sachlich* sind unter ihnen drei von besonderer Bedeutung: 1. Das Vorschlagsrecht der Fakultäten bzw. Senate bei Berufungen neuer Dozenten. Es ist im Reich nirgends gesetzlich, sondern nur statutenmäßig gewährleistet, während es in Österreich durch die vorläufige Ministerial-Verordnung vom 11. Dezember 1848 und durch das Organisationsgesetz vom 27. April 1873, § 14, 1, sichergestellt ist.[6a] Da das Vorschlagsrecht noch kein Berufungsrecht ist, so ist die Regierung an die Vorschläge nicht gebunden. Das entscheidende Berufungsrecht liegt bei ihr, die Berücksichtigung der Vorschläge ist also allenfalls freiwillige Beachtung eines nicht geschriebenen Gewohnheitsrechtes. Normale Umstände vorausgesetzt, kann diese Verteilung der Verantwortung auf zwei Stellen sehr segensreich wirken. In politisch-radikalen Zeiten aber wäre die wissenschaftlich motivierte Wahl durch die Universitätsinstanzen rechtlich ungeschützt. 2. Die Erteilung der venia legendi. Sie ist durch Universitätsstatut gewährleistet. Die Auswahl des akademischen Nachwuchses erfolgt hier auf Grund wissenschaftlicher Leistungen. Aber die Regierung ist bei der Erteilung staatlicher Lehraufträge bekanntlich nicht gebunden an die Wahl habilitierter Dozenten. 3. Die Erteilung der akademischen Grade und Würden, sowohl rite wie honoris causa, ebenfalls nach Maßgabe staatlich genehmigter Statuten und unter Staatsaufsicht. Die Fakultät könnte im Falle eines Konfliktes mit der Regierung hinsichtlich der zu stellenden Anforderungen nur dadurch einen Gegendruck üben, daß sie das Promotionsverfahren ganz einstellte.

Überblickt man das Ganze, so erweist sich die deutsche Universität als eng umklammert vom Staate. Sie ist heute wirklich zu mehr als drei Viertel Staatsinstitut. In normalen Zeiten ist das Verhältnis zwischen bei-

---

[6] So schon Kant, Der Streit der Fakultäten. Königsberg 1798. S. 3.

[6a] Vgl. Die österreichischen Universitätsgesetze. Hg. von Leo Ritter Beck von Mannagetta und Carl von Kelle. Wien 1904–1906. S. 87 und 26.

den Instanzen einigermaßen eingespielt. Politische Umwälzungen werden *immer* zu Konflikten führen, und je labiler die Staatsmacht selbst ist, um so unsicherer wird auch die Lage der Hochschulen sein. Sie hängt dann – auch bei fortdauernden Verfassungsgarantien – in einem Maße von den wechselnden Machtkonstellationen ab, das gerade für die Kontinuität und Ruhe ihrer inneren Arbeit verhängnisvoll werden muß. Staaten mit politischer Diktatur z. B. kennen gerade in den Gebieten, auf die es ankommt, keine Freiheit der Hochschule und Wissenschaft. Weder der Bolschewismus noch der Faschismus ruhen auf der Anerkennung freier Geistesbewegung. Wer also aus allgemein-politischen Erwägungen etwa eine Diktatur für heilsam hält, muß sich klar sein, daß mindestens für ihre Dauer die Freiheit von Forschung und Lehre aufhört. Aber man kann den Satz nicht dahin umkehren, daß mit der formalen Geltung einer Verfassung diese Gefahr schon beschworen wäre. Vielmehr ist es denkbar, daß diese Verfassung selbst eine allgemeine Form politischer Dynamik begründet, die das einzelne liberale Prinzip nicht zur vollen Auswirkung kommen läßt. Und noch näher liegt natürlich der Hinweis, daß immer und überall ein Unterschied ist zwischen dem formell geltenden Verfassungsrecht und dem politischen Geist, mit dem es innerhalb der realen Machtkämpfe zur Wirksamkeit gelangt oder auch am Wirken verhindert wird. Damit treten wir in die Erörterung der besonderen Spannungen ein, die sich aus der politischen und geistigen Gegenwartslage in den Beziehungen zwischen Staat und Hochschule herausgebildet haben.

II.

Gegensätze und Wertkonflikte gehören zum Geistesleben. Sie wirken nicht nur zerstörend, sondern bisweilen produktiv, unter der einen Voraussetzung, daß die gegensätzlich gerichteten Kräfte irgendwo in der Tiefe aus derselben Einheit stammen, also wesensverwandt sind. Das ist die reale Dialektik des Geisteslebens. Marquis Posa hat keinen Sinn ohne einen Philipp, der Protestantismus hat nur Bedeutung, wenn ihm etwas gegenübersteht, gegen das er protestiert. Aber irgendwo müssen die Gegensätze auch eine identische Sinnintention haben. Wissenschaftliche Polemik hat nur einen Sinn, wenn im Grunde beide Teile die Wahrheit suchen. Innerpolitische Gegensätze haben nur dann aufbauenden Sinn, wenn beide den Staat meinen. Meint aber der eine den Staat und der andere die Wahrheit, so hat auch diese Dialektik nur dann eine produktiv-synthetische Lösung, wenn Staat und Wahrheit irgendwie etwas miteinander zu tun haben. Ein Staat, der keine Wahrheit will, kann nur wissenschaftsfeindlich wirken. *Töten* freilich kann er die Wahrheit nicht. Eine Wissenschaft, die den Staat, wie er ist, bekämpft, kann sich selbst nicht einfach an die Stelle des Staates setzen: sie kann von sich aus nur den *»wahren«* Staat postulieren. Das entscheidende Problem liegt immer da, wo es um die höhere sittliche Gestalt einer Kultur geht. *Diesen* Kampf der geistigen Mächte aber sollte keine Epoche vermeiden. Denn nichts ist unheilvoller als ein fauler Friede.

Die heutigen Gegensätze zwischen Universität und Staat kommen überwiegend von der Seite des Staatslebens her. Denn nicht die Universität ist es, die sich wesentlich geändert hat, sondern seit 1918 der deutsche Staat. Er ist seit der gesellschaftlich-politischen Umschichtung durch die Revolution seinem verfassungsrechtlichen Charakter nach *eine parlamentarisch-demokratische Republik.*

Schon die soziale Umschichtung berührt die Universität. Nicht durch den Zuzug von Studenten aus unbemittelten Volkskreisen. Er ist nur willkommen und war auch früher rechtlich nicht behindert. Wichtiger ist die geistige Spannung der Universität zu denjenigen Volksteilen, die Träger der Revolution waren, also zum sog. Proletariat und seinen politischen Überzeugungen. Das ist psychologisch begreiflich. Wissenschaft als solche kann nicht die Tendenz zur Revolution haben. Sie soll die Tendenz zur Sachlichkeit haben. Revolutionen in der Wissenschaft entstehen nicht aus dem fordernden Antagonismus, sondern aus dem befreienden Zwang sachbegründeter Einsichten. Das aber ist so sehr zweierlei, daß nur das Wort Revolution gemeinsam ist. Nehmen wir als zugestanden an, daß der Sozialismus der industriellen Arbeiterschaft die Revolution, die ja im Grunde ein Zusammenbruch des Staates war, ins Aktive gewandt hat, so ist von dieser Seite zunächst keine Wissenschaftsfeindschaft gekommen. Denn die damals vorherrschende Theorie des Sozialismus, der Marxismus, will ausdrücklich *wissenschaftlicher* Sozialismus sein. Und dem Arbeiter fast bis zum letzten Mann stecken die positivistischen Sätze im Blut: »Wissen ist Macht« und »Wissen macht frei«. Aber er verstand vielfach diese Wissenschaft nur als »Ideologie«, d. h. im Sinne eines gedanklichen Systems, das nach seiner politischen Stoßkraft gewertet und als eine Art Eschatologie geglaubt wurde. Zurückhaltende Nachprüfung solcher Gedanken wurde als bürgerliche Befangenheit gedeutet. Man sprach sogar von zwei verschiedenen Wissenschaften: der bürgerlichen und der heraufziehenden proletarischen. Dahinter liegt das schwere Problem der Voraussetzungslosigkeit der Wissenschaft, das nicht in zwei Worten gelöst werden kann.[7]

[7] Vgl. meinen Vortrag: Der Sinn der Voraussetzungslosigkeit in den Geisteswissenschaften. In: Sitzungsberichte der Preußischen Akademie der Wissenschaften. Berlin 1929 (auch als Sonderdruck).

Das Entscheidende aber ist doch sehr einfach: kein lebender Forscher kann – zumal über das geistige Leben – ganz voraussetzungslos denken. Er soll jedoch bereit sein, über seine Voraussetzungen selbst nachzudenken. Dadurch entsteht erst die gemeinsame Ebene der Wissenschaft, die im Gegensatz zum Dogmatismus an der Idee der Wahrheit, d. h. der *Verständigung durch Gründe*, orientiert ist. Sofern beide Gruppen, die proletarische und die nichtproletarische, sich auf diesem Boden finden, entsteht dadurch kein Umbau der Universität, sondern allenfalls die Umstellung auf neue Tatsachen des politischen Lebens, die zum *Gegenstand* wissenschaftlicher Reflexion gemacht werden müssen. Es gibt so wenig eine bürgerliche oder proletarische Idee der Wahrheit wie zwei klassenmäßig verschiedene Wissenschaften. Das Mißverständnis konnte nur dadurch entstehen, daß man auf der einen oder der anderen Seite annahm, die Wissenschaft als solche könne das politische Aktionsprogramm für eine Partei liefern. Immer aber wird der Wille zur Macht etwas anderes sein als der Wille zur Wahrheit. Das Nachdenken über Machtkonstellationen und die Strukturgesetze ihres Wirkens gehört zu den Aufgaben der Wissenschaft; nicht die Aufstellung von Theorien aus einem Machtinstinkt heraus. Man kann von der Universität nicht verlangen, daß sie sich ohne Kritik auf den Boden des Marxismus stelle; Freiheit der Wissenschaft gestattet keine dogmatische Bindung im voraus. Hier also kämpft die Universität für die Reinerhaltung ihrer Idee, und sie wird daraus Anlaß nehmen, auch ältere Voraussetzungen noch einmal nachzuprüfen. Es ist nicht zu fürchten, daß einige Dozenten, die wegen ihrer marxistischen Einstellung berufen worden sind, die Universität umwerfen werden. Im Gegenteil: wenn sie nicht mit Gründen und Einsichten, sondern nur mit Dogmen operieren, so werden sie sich im Rahmen der wissenschaftlichen Hochschule selbst um ihre Wirkung bringen. Umgekehrt: kein sog. bürgerlicher Gelehrter würde berechtigt sein, einen Gefährten abzulehnen, weil er zu marxistischen *Resultaten* gelangt. Er dürfte ihn nur ablehnen, wenn er auf anderm Wege dazu gelangt als gemäß dem Gesetz unbefangenen und objektiven Wahrheitssuchens. – Aber das ist von der Wissenschaftsidee aus gedacht. Es ist – bewußt – *nicht* politisch gedacht. Politisch genommen bleibt die Tatsache allerdings bestehen, daß sich in wesentlichen Beziehungen ein starkes Mißtrauen herausbildete zwischen der proletarischen Volksschicht und den Universitätskreisen. Ich lasse bei dieser Feststellung unentschieden, wie weit man auf proletarisch-marxistischer Seite den Wissenschaftsgedanken mißverstand oder als politisch unbrauchbar verwarf, wie weit man auf bürgerlicher Seite tatsächlich befangen war und der reinen Wissenschaftsidee nur zu dienen vermeinte. Jedenfalls wäre die »Politisierung« der

Hochschule der schlechteste Weg, die Gegensätze zu mildern. Die Wissenschaft kennt nur ein Überzeugen und ein Überzeugtwerden. Die Politik sucht zu überreden und zuletzt zu zwingen. –

Das alles aber liegt noch vor und unter der entscheidenden Umbildung, die die Grundlagen der Staatsverfassung betraf. In Deutschland kam man nach 1918 nicht zur proletarischen Diktatur, wie in Rußland, sondern zur Umwandlung der konstitutionellen Monarchie in die parlamentarisch-demokratische Republik, d. h. die Revolution suchte einen neuen Rechtsboden, wennschon unter Ausnutzung der augenblicklichen Machtkonstellation, zu gewinnen. Jedes Wahl*recht* sanktioniert ja unvermeidlich auch irgendwelche *Macht*verhältnisse. Ich scheide für meine nachfolgenden Betrachtungen die Frage der *Regierungsform* (Monarchie oder Republik?) zunächst aus. Denn primärer ist die Frage nach der Veränderung der *Staatsform,* d. h. des Grundtypus der staatlichen Willensbildung, der ebenso für die Republik wie für die Monarchie entscheidend bleibt. – Was ist nun eine parlamentarische Demokratie?

Die erste oberflächliche Antwort lautet: Parlamentarische Demokratie ist Bildung der politischen Regierungsgewalt auf Grund des Prinzips der Volkssouveränität und der Repräsentantenwahl. Der technische Weg der Repräsentantenwahl und dann der Regierungsbildung ist das (verfassungsmäßig nirgends festgelegte) [8] Parteiensystem. Daraus aber folgt, abgesehen von gewissen Sicherungen durch den Rest monarchischer Befugnisse in der Hand des Reichspräsidenten, das System wechselnder Parteiregierung nach der jeweiligen Majorität im Repräsentantenhaus, dem Parlament. Bei diesem Verfahren staatlicher Willensbildung wird der Staatswille Resultat einer unaufhörlichen Dynamik politischer, jedoch nach der Stimmenzahl rein quantitativ gemessener Kräfte. Die Labilität wird zum Prinzip erklärt. Die ruhenden Faktoren der Staatsgewalt werden herabgedrückt. Die monarchische Spitze, der Idee nach der ruhende Pol in der Flucht politischer Bewegungen, fällt fort, da auch der Präsident aus der wechselnden Majorität der Volkswahl hervorgeht. Das fachlich geschulte Berufsbeamtentum ist in Gefahr – wohl oder übel – zu einem grundsätzlich überzeugungslosen Verwaltungsapparat heruntergedrückt zu werden. Dies alles ließe sich als politisches System noch rechtfertigen, wenn es gelänge, jederzeit eindeutig vorwaltende Willensrichtungen des Volkes auf diesem Wege herauszudividieren. Liegt es aber in der Struktur des betreffenden Volkes, seiner gesellschaftlichen Schichtung und seiner politi-

[8] Vgl. Heinrich Triepel, Die Staatsverfassung und die Parteien. Berliner Universitätsrede zum 3 8. 1927.

schen Machtverteilung, daß nicht einmal handlungsfähige Koalitionen zustande kommen, so ist an dieser Verfassung etwas nicht in Ordnung, und das sieht heute jeder, der die erschreckende Tatsache wieder und wieder miterlebt hat, daß auf Grund dieses technischen Kunstgriffes [9] eine schnelle und kräftige Regierungsbildung in Deutschland eben nicht gelingt. Die Zukunftslinie der deutschen Politik ist schlechtweg richtungslos. Es ist überhaupt keine feste Linie da. Das System der staatlichen Willensbildung versagt.

Die Hochschulen sind nur eine ganz kleine Provinz, in der sich dieser Mißstand auswirkt. Das hindert aber nicht, daß sie vielleicht ihrer Bestimmung nach am meisten und am unmittelbarsten darunter leiden.

Blicken wir auf das historische Verhältnis speziell der Universität zur Volksvertretung in Deutschland zurück. Man sagt nicht zuviel, wenn man behauptet, gerade die freie Meinungsäußerung der Wissenschaft habe in Deutschland dem Werden einer politischen Volksvertretung die Wege geebnet. Entsprechend war bis zum Jahre 1848 und darüber hinaus bis in die nationalliberale Ära hinein das Verhältnis der Universitäten zur politischen Volksvertretung freundlich und bejahend. Allmählich aber kam ein charakteristischer Umschwung. Das Parlament begann, wie Paulsen einmal sagt, voll Eifersucht auf die Universitäten als die älteren Vertreter der öffentlichen Meinung zu blicken. Der alte gemeinsame Zielpunkt: die Herstellung der nationalen deutschen Einheit, verlor nach 1870 an Bedeutung. Der Wesensgegensatz zwischen Partei und Hochschulidee mußte einmal zutage treten. Die Partei nämlich, als Machtwille, als Interessenverband, als Machtorganisation, ist naturgemäß heterogen zur Wissenschaft und zur freien Wahrheitsforschung.

Das alles blieb verdeckt, solange in der monarchischen Spitze des Staates die Idee einer überparteiischen Staatsinstanz wenigstens als Idee erhalten blieb. Aber mit dem Hinsinken der monarchischen Spitze schwand dieses überindividuelle Moment. Der Staat wurde der Rivalität der Parteien grundsätzlich ausgeliefert. Es erhob sich allenthalben die Gefahr der »Parlamentarisierung«.

Im Zusammenhang deutscher Staatsentwicklung und deutschen Staatsdenkens war dieses Vordringen der Partei – und Partei kommt von pars – zum *entscheidenden* Machtprinzip im Staate ein ungewohntes und zunächst mit großem Mißtrauen begrüßtes Phänomen. Die Parteien, die vor 1848 sichtbar wurden, trugen alle irgendwie den Reichsgedanken in

[9] Denn das ist der Parlamentarismus, nicht mehr, wie manche wähnen, eine Weltanschauung.

sich. Seit 1848 und erst recht nach 1870 fand aber sichtlich eine itio in partes statt, und Kaiser Wilhelm II. sprach nicht mit Unrecht schon 1890 von den »zentrifugalen Tendenzen«, die sich im neuen Reiche schnell gezeigt hätten. Noch heut sind wegen dieses zentrifugalen Charakters die Parteiorganisationen in Deutschland bei den eigentlichen Trägern der Bildung wie des verantwortungsbewußten Volksethos unpopulär: man vermißt an ihnen den Staatsgedanken; man fühlt an ihnen überall die Partikularität.

Die Schäden dieser Entwicklung zeigten sich zunächst in der Parlamentarisierung des Beamtentums. Die Sache begann an den politisch wichtigen Spitzenstellen, setzte sich aber schnell in Gestalt einer unerfreulichen Gesinnungsmacherei und Gesinnungskontrolle bis in die untergeordneten Instanzen fort. Die Schätzung der *sachkundigen* Persönlichkeiten ist ebenso gefährdet wie die Kontinuität der Verwaltung; ja selbst die Rechtsprechung blieb von diesen Konflikten nicht frei. Beschwerdestellen lähmen die Tätigkeit der Verwaltung; auf politische Querelen wird unnötig große Mühe und Zeit verwandt. Diese kritischen Feststellungen richten sich nicht etwa nur gegen die Linksparteien, deren Eroberungsansturm natürlich besonders in die Augen fallen mußte: sie richten sich gegen die Übergriffe der Parteiwirtschaft auf die Stellen, die nicht Anwälte einer Partei sein dürfen, *überhaupt*.[10]

Ein Parallelvorgang ist nun für die Hochschulen zu befürchten, ja in gewissem Grade schon jetzt zu bemerken. Die Hochschulen spüren instinktiv in den Parteien ein anderes Lebensprinzip als dasjenige, das die Geistesart des Hochschullehrers bestimmen soll. Er soll von Kollektiveinflüssen unabhängig sein in seinem Urteil und in seiner Stellungnahme – denn irgendwann muß natürlich auch er Stellung nehmen, dann aber nur gebunden durch das überindividuelle Gesetz der Wahrheit, das seine Einsicht in Tatsachen und Zusammenhänge geleitet hat. Er soll jedoch nicht deshalb berufen werden, weil er so oder so Stellung genommen hat, sondern weil er in strenger Selbstkritik und Sachkritik sich so objektiv wie möglich mit seinen Forschungs- und Lehrgegenständen auseinandersetzt und auseinandersetzen wird. Nichts sollte seinem Ethos ferner liegen als der Stil der Agitation, der Stimmungsmache, der Suggestion, zuletzt der Demagogie. Dieser Wesensgegensatz reicht bis in die Auseinandersetzungen des Gründers der Akademie mit den politischen Pragmatikern, den Sophisten, zurück. –

[10] Es ist vielleicht nicht überflüssig, daran zu erinnern, daß auch eine herrschende Koalition noch nicht der Staat selbst ist.

In Deutschland sind die Parteien selbstverständlich agitatorisch in der Form ihres Wirkens. Sie sind aber zugleich auch weltanschaulich fundiert. Und darin liegt vielleicht *ihr* tieferes ethisches Recht. Aber auch dies muß in den Hochschulen als Fremdkörper wirken, denn dem Prinzip nach sind die deutschen Hochschulen nicht weltanschaulich gebunden, sondern auch das Weltanschauliche soll an ihnen frei durchgearbeitet werden. Das bedeutet nicht, daß sie um Weltanschauungen herumgehen. Es bedeutet aber, daß für sie die Weltanschauung wie das Wissen etwas Gesuchtes ist, nicht etwas unbesehen Vorausgesetztes, das aus dem Blut und dem Kampfwillen emporsteigt. Wie demgemäß die deutschen Hochschulen sich gegen gebundene Weltanschauungsprofessuren außerhalb der theologischen Fakultäten gewehrt haben – gerade um der Echtheit der Weltanschauungen willen – so wehren sie sich jetzt gegen die parteimäßige Parlamentarisierung der Lehrstühle, mit der unvermeidlich auch weltanschauliche Bindung in die Hochschule einziehen würde.

Aus diesem Geiste ist es wohl zu verstehen, wenn der preußische Minister für Wissenschaft, Kunst und Volksbildung, Becker, einmal erklärt hat: »Gott schütze Deutschland vor dem Tag, an dem Berufungen auf Grund von Parteizugehörigkeit erfolgen.« [11]

Wenn man in Deutschland noch den Sinn für das Lebensgesetz der deutschen Universität verbreitet fände, so müßte auch ein Verständnis dafür zu finden sein, daß die Universitätsprofessoren wie die Studenten mit dieser Abneigung gegen die Parteien nicht gegen den »Staat in Not« frondieren, der ja ihres hingebenden Dienstes im höchsten Maß bedürfte, sondern gegen eine im neuen Staat herrschende und ihnen pflichtgemäß fremde Wesensart, ungefähr so, wie der Künstler sich gegen politische Bindungen wehren müßte. Koalitionen kommen und gehen, die Wissenschaft aber wird sinnlos, wenn sie nicht sub specie aeternitatis getrieben wird, was nicht ausschließt, daß auch sie immer menschliches Stückwerk bleibt. Und noch einmal: Bindungen von rechts sind dabei ebenso wesensfremd wie Bindungen von links. In der Wissenschaft gilt die Überzeugung, daß sich das Gewicht der echten Sache von selbst durchsetzt, wenn man sich dem Gesetz dieser Sache nur mit ganzer Treue hingibt. Aber *machen*, politisch machen kann man keine Wissenschaft, die diesen Namen verdient. Dozenten, die man um dieser Mache willen einsetzt, haben (wie alle Lügen) buchstäblich kurze Beine.

---

[11] Die Universitätsideale der Kulturvölker. Hg. von Reinhold Schairer und Conrad Hoffmann jr. Leipzig 1925. S. 17. (Schriftenreihe des Weltstudentenwerkes des christlichen Studentenweltbundes. Bd. 1.)

Vielleicht tut man jedoch dem Parlamentarismus damit unrecht, wenn man ihn einfach als das System der Parteiregierung betrachtet. Mag er dies auch der Oberflächenerscheinung nach oft genug sein, so liegt ihm doch mindestens geistesgeschichtlich ein anderes Prinzip zugrunde, nämlich dies, auf dem Wege der Diskussion der Meinungen und durch Ausbalancierung der Extreme die wahre volonté générale, die identische Substanz des Volkswillens zu finden.[12] In dem Streit der Parteien, so sagt man, gehe es eigentlich um dies letzte und würdige Ziel: den überindividuellen und gerechten Willen zur Geltung zu bringen, der der Idee nach in jedem gesunden Staat verborgen leben muß. Das Ganze sei nur eine Technik, um dieses überindividuelle Prinzip ans Licht zu fördern. Wie dieser Gedanke einer Zeit rationalistischer Denkweise entstammt, so müßte er eigentlich dem Wesen der Hochschularbeit verwandt sein, die ja auch durch Diskussion und Meinungsaustausch die Wahrheit zu finden bestrebt ist.

In der Tat liegt hier ein Moment der Verwandtschaft zwischen Parlamentarismus und Wissenschaftspflege. Ja selbst die historische Wurzel ist die gleiche. Und ohne Zweifel ist noch heute wissenschaftliche Bildung eine starke Waffe im parlamentarischen Kampf, die von den meisten politischen Gruppen auch gebührend geschätzt wird. Aber mag dies einmal richtige Umschreibung des Geistes einer politischen Epoche *gewesen* sein: Gegen die *Absolutsetzung* eines solchen Prinzips im Staate wendet sich wieder die wissenschaftliche Denkart, die bemüht ist, jedes Wirklichkeitsgebiet in seinem eigentümlichen Sinn zu erfassen. Gerade die akademische Jugend empfindet instinktiv richtig, daß Politik doch etwas anderes sein muß, als Produkt der Diskussion. Natürlich gehört Einsicht zum politischen Handeln. Aber nicht sie, sondern das Handeln ist die Seele der Politik (womit natürlich nicht der sog. Kuhhandel gemeint ist). Sie ist Sache der Charakterstärke, der Dienstbereitschaft, des Opferwillens und der ganz individuellen, dem Moment angepaßten Tatkraft. Dies verkannt zu sehen, ist der Schmerz der heutigen akademischen Welt. In der Politik kommt es wirklich nicht auf das Reden an, sondern auf das verantwortungsbewußte Handeln aus den Forderungen des sicher erfaßten Momentes heraus, folglich auch auf ein Verfassungssystem, das die politische Aktionskraft im höchsten Maß begünstigt, statt verhindert. Sähe man diesen Heroismus in der heutigen politischen Welt Deutschlands – ich glaube, die wissenschaftlichen Kreise würden auch neuen Bahnen folgen, wenn sie nur aus der Wesensart der Politik heraus gedacht wären. Und sie würden gern

[12] Vgl. Carl Schmitt, Die geistesgeschichtliche Lage des heutigen Parlamentarismus. 2. Aufl. München 1928.

zugeben, daß der Professor dafür nur sehr selten geschaffen sei. Kaum jemand würde heut einem Professorenparlament die Gabe zutrauen, die Welt wieder ins Gleichgewicht zu bringen. Dazu gehört viel mehr Lebenskenntnis und tatbereite Klugheit, als sie der Professor von berufswegen haben kann und zu haben braucht. Gerade die Abneigung gegen das Rechenhafte in der Politik ist es, die viele Akademiker mit dem Stil unseres gegenwärtigen Staatslebens unzufrieden macht. Man möchte wieder tatbereite und der Augenblickslage gewachsene Köpfe an der Spitze des Staates sehen, nicht Doktrinäre und nicht Parteifunktionäre; vor allem aber Menschen, in denen die überindividuelle Wucht und Würde des Staates zum Lebenselement geworden ist, und die sich in diesem sittlichen Dienst verzehren. In dieser Hinsicht besteht überall in Deutschland eine geradezu messianische Erwartung.

»So laßt uns endlich denn auch Taten sehn.« Und eben dies vermißt die Gesamtbürgerschaft der Hochschulen, daß man in der politischen Welt Deutschlands einsieht, mit dem Nachschub republikanischer Professoren in die *Hochschulen* sei für den Staat *nichts* getan, sondern es komme jetzt gerade auf Methoden an, Menschen an die Spitze des *Staates* zu bringen, die das Allgemeine leben, nicht nur wissen, die Verantwortung tragen, nicht nur diskutieren, die schöpferisch sind, nicht nur rational. Solange uns diese Persönlichkeiten fehlen, wird die Akademikerschaft unzufrieden sein, weil sie zu klar sieht, *was* unserm Staate eigentlich fehlt. –

Aber der letzte Zusammenhang zwischen Hochschule und Staat liegt noch tiefer. Wenn der Gelehrte als der Betrachtende und der Politiker als der verantwortlich Handelnde einander gegenübergestellt wurden, so bedeutet dies nicht, daß die Hochschulen dem Staatsleben völlig neutral zusehen. Vielmehr erinnert schon der Name »Akademie«, der von Plato herstammt, daran, daß es eine der vornehmsten Aufgaben der Hochschule ist, über *den wahren Staat* nachdenkend für seine Verwirklichung einzutreten. Der bestehende Staat ist niemals der wahre Staat, sondern nur ein Wurf nach ihm. Er ist das Material, aus dem ein Höheres herausgebildet werden soll. Er verdient Ehrfurcht, Treue und Hingabe, weil schon in ihm ein Maß aufbauender Sittlichkeit und gestalteter objektiver Volkskultur herrscht. Aber er muß sich zu seinem Heile gefallen lassen, unter höheren Maßstäben und Forderungen kritisiert zu werden. Und es wäre ein bedenkliches Zeichen seiner Schwäche und Unfertigkeit, wenn er dies mit Ängstlichkeit oder Verärgerung aufnähme. Anders ist es niemals vorangegangen, und man liebt doch den Fortschritt. Wäre die Universität eine Versammlung von Weltweisen, dann könnte sie den Kämpfen und Schicksalen der Staaten vielleicht wie einem Spiele zusehen, über das sie mit ihrem Ewigkeitsstandpunkte himmelweit überlegen ist.[13] Nun ist sie aber, wie wir gesehen haben, *Staatsanstalt*, und das nicht nur im Sinne eines lenksam-willigen Staatsbediententums ihrer Lehrer, sondern so, daß sie sich als verantwortliche Mitträgerin des Staates weiß und in jenen Machtkämpfen die sittliche Zukunft der Menschheit sich entscheiden sieht. Deshalb muß sie mit ihren Mitteln, d. h. mit philosophischer Besinnung und mit sittlich-ernster Lehre, dafür sorgen, daß aus dem dermaligen Staat der bessere Staat herausgemeißelt werde. Das ist ihre heilige Verpflichtung gegenüber der Zukunft der Kultur überhaupt, und es bleibt Wahrheit in Fichtes Wort von 1807: »Der Patriot will, daß der Zweck des Menschengeschlechtes zuerst in derjenigen Nation erreicht werde, deren Mitglied er selber ist. In unserer Zeit kann jener Zweck nur von der Wissenschaft aus befördert werden... Der deutsche Patriot insbesondere will, daß dieser Zweck zuerst unter den Deutschen erreicht werde, und daß von diesen aus der Erfolg sich über die übrige Menschheit verbreite.«

Der lebendige Träger aber des vorwärts- und aufwärtsdrängenden Macht-, Rechts- und Kulturstaates ist *das Volk*. Dieses Volk ist selbst eine historisch gewordene Gestalt des Geistes, in sich vielfach gegliedert nach Stämmen und Arbeitsleistungen und sittlicher Charakterprägung. Es hat in jahrhundertelanger Geschichte sich gemeinsame Lebensformen, moralische Anschauungen, Berufsgebiete und Arbeitsbereiche geschaffen, die einen reichverzweigten sinnvollen Wirkungszusammenhang ausmachen. Niemals wird man zugeben können, das über diesen reichen Lebensuntergrund gespannte rationale Netz von Parteiorganisation, Stimmenzählung und Majoritätsentscheidung sei das Volk oder der Volkswille selber. Hier klafft eine unsägliche Kluft zwischen dem Spiel der wirklichen politisch-gesellschaftlichen Kräfte und der rationalen Technik, durch die man ihm maßgebliche Willensäußerungen abzulauschen meint. Wir leben nicht mehr im Zeitalter der Newtonschen Gravitationstheorie, die für die damalige politische Denkweise das Muster abgab. Auch in der politischen Welt läßt sich das »Richtige« nicht mehr einfach mathematisch-mechanisch ausbalancieren. Sondern hier bedarf es der Fähigkeit, einem spannungsreichen geistigen Organismus die ihm innerlich gemäßen *Organe* zu geben und ihn zu wahren »Lebensäußerungen« zu bringen.[14]

---

[13] Selbst Fichte schloß noch 1805 seine 14. Vorlesung über die Grundzüge des gegenwärtigen Zeitalters mit den Worten: »Und in diesem Weltbürgersinne können wir denn über die Handlungen und Schicksale der Staaten uns völlig beruhigen, für uns selbst und für unsere Nachkommen, bis an das Ende der Tage.«

[14] Hierin sehe ich eine besonders wesentliche Seite des von Smend untersuchten staatlichen Integrierungsprozesses.

Das alles sind absolut neue Aufgaben, die so früher kaum gesehen worden sind und in einer einfacheren Kulturlage auch nicht gesehen werden konnten. Es wäre aber seltsam, wenn die akademische Jugend das Werden dieser neuen Zeit nicht in ihrem nationalen und politischen Pulsschlag vorausfühlte. Schilt man sie darum reaktionär, so beweist man nur, daß man nicht einmal ahnt, wie ringsum allenthalben Neues wächst und werden will.

Jeder Weg in die Zukunft bleibt Wagnis. Er bleibt es auch da, wo er durch die weite historische Überschau und die sorgsame Gegenwartsbetrachtung der Wissenschaft gesucht wird. Die Hochschulprofessoren werden sich nicht einbilden, daß sie die Verkörperung der absoluten Wahrheit selbst seien und die Wertgestalt der Zukunft nicht auch von einer menschlich begrenzten Perspektive sähen. Aber das Recht, ihre Wahrheit mit heiligem Ernst zu suchen und ihre Gesichte zu verkünden, wird man ihnen hoffentlich nicht deshalb nehmen, weil sie ja vom Staat bezahlte Beamte sind. Überzeugungen verkauft kein anständiger Mensch, weder für Gehalt noch für Diäten. Und traut man ihnen nicht zu, daß in ihnen wirklich eine höhere Objektivität lebe, wie sie aus dem Umgang mit der Wissenschaft folgen sollte, so wäre es schon viel, wenn man ihnen und der akademischen Jugend nur ungefähr die Freiheit ließe, die man heut jeder Partei, auch der ganz staatsverneinenden, gewährt. Aber auch darauf ließe sich verzichten. Denn was aus den wahren und echten Tiefen des suchenden Menschengeistes geboren wird, hat sich noch immer aus eigener Kraft Bahn gebrochen. Wir erbitten dazu nicht einmal die indirekte Hilfe, die das Märtyrertum den Verfolgten nach alter Erfahrung zu geben pflegt.

III.

Die letzten Erörterungen haben bereits an die Stelle herangeführt, an der die gemeinsame Wurzel des Staates und seiner Hochschulen zu suchen ist. Beide sind Erzeugnisse der nationalen Geistesart; beide dienen daher einem Volkstum, dessen sittlichen Gehalt sie sichern und bereichern sollen; beide sind Formungen der Kultur, hinter denen ein eigentümliches historisches Leben liegt. Aber dieses national bestimmte Geistesleben ist hier nicht in romantischer Rückschau gesehen, sondern als Träger von Zukunftsentscheidungen, in denen eine weltgeschichtliche Verantwortung liegt.

Deshalb legen wir auch nicht den Ton darauf, daß die Universität mit dem Wachstum des nationalen Gedankens und des Nationalstaates im

19. Jahrhundert besonders eng verbunden *war*. Schon Schleiermacher schrieb 1808 bewußt über »Universitäten im *deutschen* Sinne«, wie Charles de Villers dem napoleonischen Zeitalter die deutsche Universitätsidee nahezubringen versucht hatte. Es ist bekannt, wie sehr die national-freiheitliche Richtung bis 1848 gerade von Professoren und Studenten getragen wurde. Und es ist verständlich, daß sie sich in der Folgezeit bis heute wesentlich als Mitschöpfer und Mitträger des nationalen Bewußtseins fühlten. Erst unter der Fahne schwarz-rot-gold, dann schwarz-weiß-rot. Die deutsche nationale Einheitsbewegung hatte an den Universitäten die stärkste Stütze.

In der Tat: das ist unser altes Ethos und Pathos. Aber es wäre schlimm, wenn wir nur diese Besitztitel von ehemals vorzuzeigen hätten. Denn jeder Sehende sieht, daß eben dieses nationale Ethos heut zur Diskussion steht, auch wissenschaftlich also, nicht nur pragmatisch. Und in dieser Hinsicht gibt es die doppelte Front: gegen internationale Tendenzen und gegen neue Auffassungen oder Betonungen des Deutschtums.

1. Vor allem in der ersten Richtung bedarf es einer Neuprüfung. Es wird behauptet, die nationale Epoche des Kulturlebens, also auch des Staatslebens, sei vorüber, sie habe sich durch den letzten großen Krieg gleichsam ausgetobt und sei nun endgiltig überwunden. Zum Beweise dieser Behauptungen verweist man auf die zunehmende Bedeutung der Querverbindungen unter den Kulturvölkern: auf das internationale Kapital, das internationale Proletariat mit seinen Hoffnungen auf die allgemeine Weltrevolution, auf die internationalen kirchlichen Bewegungen, und zuletzt auf den Völkerbund, der die so vorbereitete Geisteslage nur mehr oder weniger deutlich als politischer Versuch spiegele. Niemand kann leugnen, daß internationale Mächte sehr stark geworden sind (das war übrigens schon vor dem Kriege deutlich zu sehen), und zwar in der doppelten Form internationaler Interessenverflechtungen und internationaler Ideologien.

Ein unbefangener Beobachter wird dazu bemerken, daß das entscheidend Neue weniger in den internationalen Gedankenbildungen liegt (denn die lagen im Imperium Romanum wie in der ursprünglichen christlichen Welt für ihre Reichweite auch schon drin), als vielmehr in den sehr realen Abhängigkeiten der Völker voneinander, die sich täglich vermehren. Gedanken sind leicht transportabel und wirken um so freier über nationalstaatliche Grenzen hinaus, als sie noch – gleichsam unverantwortlich – im luftigen Reich der Idee ohne volle Erdverbundenheit wirken. War doch und ist doch zum Teil noch heute eben die Idee der nationalen Kulturbesonderheit ein – internationales Evangelium.

Wo es sich aber um echte Gedanken handelt, das heißt um solche, die nicht ins Leere hinein konstruiert werden, sondern die aus der Bewegung der geistigen Wirklichkeit selbst erwachsen, da können sie sich von der Substanz nationaler Geistesbestimmtheit nicht völlig loslösen. Denn so viel wird man zugeben, daß in einer Kulturentwicklung die früheren Stufen durch die neue ebensowenig ausgelöscht werden können, wie etwa der Eintritt in eine neue Lebensepoche aus dem einzelnen Menschen etwas absolut anderes macht und alles Frühere ausstreicht. Das nationale Moment wird also in der sehr unbestimmt geahnten internationalen Periode des Abendlandes keineswegs untergehen, sondern umgekehrt: es wird diese ihrem ganzen Sinne nach erst möglich machen. Ist nämlich »national« die kurze Bezeichnung für jede individuelle Kulturgestaltung, die auf der Grundlage eines besonderen Volkstums ruht, so ist es klar, daß diese eigentümlichen Ausprägungen in einer künftigen Kultur nicht einfach fortgelöscht werden können. Dabei ist es sekundär, ob man eine solche mit dem Volkstum gegebene Kulturindividualität stärker auf die gemeinsame Abstammung (das Blut) oder auf die gemeinsame Geschichte oder speziell auf das staatliche Band zurückführt. Denn ganz am Tage liegt nur die eigentümliche Charakterprägung der betreffenden Kulturgruppe, wie sie heute ist; und das Geheimnis, welche gestaltgebende Entelechie oder Volksseele eigentlich dahinterstecke, hat bisher keine Spekulation auflösen können.

Genug: diese Eigenart ist da. Sie lebt auch in dem einzelnen Glied jeder Gruppe; vielleicht ganz unbewußt, womöglich gar von ihm bekämpft und verworfen. Aber er kann nicht gegen sich selbst revoltieren, ohne seine tiefste Lebenswurzel zu gefährden. Schon die Sprache, in der wir Wissenschaft treiben, ist eben eine eigentümliche Sprache und selbst ein Stück Kulturindividualität. Durch jeden Wortsinn leuchtet etwas davon hindurch; in einzelnen Wörtern hat sich die Eigenart ganzer Kulturepochen abgelagert. Niemand kehrt zu dem internationalen Wissenschaftslatein zurück, offenbar doch, weil er in dessen Formen und Vokabeln nicht ganz das sagen könnte, was er meint. Wie der Staat, die Gesellschaftsbildung, die Kunst, die Wissenschaft, sogar die Religion heut nationale Besonderungen zeigen, so auch die Wissenschaft, und sie vor allem dann, wenn sie etwa Wissenschaft *vom* Staat, *von* der Gesellschaft, *von* der Kunstentwicklung, der Wirtschaft und Religion in ihrer hier und so erreichten historischen Bestimmtheit sein will. In all diesen Beziehungen waltet auf rätselhafte Art eine überindividuelle geprägte Form, die lebend sich entwickelt. Nennt man diese differenzierte Kulturentelechie »Volksseele«, so ist sie doch kein transzendent Existierendes, sondern sie lebt, bildlich gesprochen, indem sie *durch* den Einzelnen hindurchlebt und ihn zum beseelten Organ ihres Wesens und Willens erwählt. Er aber kann da gar nicht wählen, wo es sich um letzte unbewußte Voraussetzungen seiner geistigen Existenz handelt.

In etwas anderer, an Hegel orientierter Sprache können wir diesen Gedanken auch so ausdrücken: der objektive Geist, der sich in der Gesamtkultur der abendländischen Völker darstellt, ist unwiderruflich in nationale Erscheinungsformen differenziert. Diese sind *vor* den einzelnen Menschen, aber sie walten auch *in* ihnen, und zwar als eine ethisch-geistige Formbestimmtheit, die bis in die Wurzeln des sinngestaltenden Lebens zurückreicht. In diesem geistigen Medium sind die einzelnen durch *Gemeinsamkeiten letzter Art* gebunden, nicht nur als freie, auswechselbare Atome nebeneinandergestellt oder durch kalte rechnende Vernunft aneinandergeleimt. Es ist sehr schwer, die feinen Besonderungen zu spüren, die selbst die allgemeingiltige Wissenschaft annimmt dadurch, daß sie von Menschen bestimmter Volksstruktur gestaltet wird. Aber eine vergleichende Volkscharakterologie würde auch national verschiedene Wissenschaftstypen unterscheiden müssen: das Allgemeine erscheint unvermeidlich in besonderer Form.

Natürlich wird nicht geleugnet, daß der objektive Geist auch übernationale Gehalte besitzt, die den Völkern des Abendlandes gemeinsam sind. Das hat schon Ranke stark betont, wenn er von den romanisch-germanischen Völkern als einer historischen Kultureinheit sprach. Aber das Übernationale ist etwas anderes als das Antinationale oder das Anationale. Es schließt die nationale Ausprägung als wertvolles, nicht als entstellendes Moment in sich. Eine *höhere* Bildung als das Nationale wird es nur dann sein, wenn es die individuellen Geistesgestalten dem kulturellen Gesamtgefüge miteinbaut. Auf dem Gebiete derjenigen Geistesschöpfungen, in die nur wenig mehr von dem bloß naturhaften Kampf ums Dasein hineinreicht, kann das Übernationale auftreten als *geistige Toleranz*, und zwar nicht im Sinne einer kahlen rationalistischen Reduktion auf das Neutrale, das allen auf gleiche Art eigen ist, sondern als *Verstehen* belebter Mannigfaltigkeit, die einen ethisch wertvollen Formenreichtum einschließt. Hingegen da, wo der nie aufhebbare vitale Kampf um Lebensraum und Lebensrecht hineinspielt, erscheint der übernationale Zusammenhang als allmähliche Herausbildung völkerrechtlicher Garantien. Sofern der Völkerbund dies ernsthaft anstrebt, liegt er in der Richtung auf Höherbildung der ethischen Stufe des Geistes. Sofern er eine neue Welle imperialistischer Machttendenzen bedeutet, ist er eine Gefahr für alle die nationalen Kulturindividualitäten, die diesem Imperialismus gegenüber politisch nicht zur

Geltung kommen, sondern sogar in ihrem rein geistigen Existenzanspruch verkürzt werden sollen. Und solange nicht entschieden ist, nach welcher dieser beiden Seiten hin der Völkerbund gravitiert, bleibt für die Stellungnahme zu ihm nur der eine feste Punkt, daß zu seinen ausdrücklichen Grundlagen nach der ursprünglichen Idee seines Schöpfers Wilson das Prinzip des nationalen Selbstbestimmungsrechtes der Völker gehört. Darin liegt die Anerkennung, daß die neue international gerichtete Institution die nationalen Bildungen nur zu überwölben versucht, nicht etwa auslöscht. Aber man muß sogleich hinzufügen, daß die Kraft, ihr kulturelles Existenzrecht geltend zu machen, doch nur diejenigen Völkerbundnationen haben werden, die zugleich als feste geschlossene Staaten in den Bund hineingehen. Der Glaube, daß sich in der kommenden Weltepoche national eigenartige Kulturen ohne feste schützende Staatsmacht erhalten werden, gehört zu den optimistischen Täuschungen, denen sich besonders die deutsche Ideologie nur allzu willig hingibt. Und auch das Umgekehrte gilt: Feste Staaten bilden können noch immer am besten große Nationen mit hohem sittlichem Kulturgehalt. Aus alledem folgt: das innere und äußere Recht des Nationalen muß in die Zukunft mit eingebaut werden. Es ist nicht überwunden; es wird nur auf neue und höhere Art gebunden. Denn nicht Uniformität der Kultur, sondern gegliederte Einheit höchst individueller Kulturformen liegt im Sinn der Entwicklung des abendländischen Geistes, der sich aus der mittelalterlichen Einheitskultur herausdifferenziert hat.

Kehren wir von diesem Ausblick in die Ferne zu den Aufgaben der Hochschule zurück. Sie ist nicht bloße kalte Wissenschaftsanstalt. Ihre Lehrer sind nicht bloße Hüter der formalen Logik. Sie ist auch *Kulturpflegerin* im weiteren Sinne. Freilich übt sie diese Kulturpflege überwiegend in der Form von Forschung und Lehre, also durch die Kraft des Wissens als einer wesentlichen Kulturmacht. Man könnte einwenden, daß die Betonung der nationalen Eigenart den großen Grundsatz von der Voraussetzungslosigkeit der Wissenschaft gefährde. Aber dieser Einwand entspringt aus einer falschen Auffassung vom Sinn der wissenschaftlichen Objektivität. Gewiß: es gibt Gegenstände der Wissenschaft, die in hohem Maße von der national bedingten Sehweise unabhängig gemacht werden können. Die sog. Naturwissenschaften haben ein in dieser Hinsicht ziemlich neutrales Sachgebiet. In der Sprache, in der Darstellung der Ergebnisse, in der Arbeitsweise und dem wissenschaftlichen Arbeitsethos bleibt auch ihnen nationale Besonderheit erhalten. Wo es aber die Wissenschaft mit geistigen Gegenständen zu tun hat, wo also der Geist ausdrücklich über sich selbst und seine Gestaltungen denkt, da ist der Erkennende selbst in den

Geistesprozeß mit eingefügt.[15] Und in diesem Sinne ist der Bezirk der Geisteswissenschaften keineswegs voraussetzungslos. Man muß etwas sein, um etwas zu sehen. Man kann und darf sein Selbst nicht auslöschen, wie es Ranke mißverständlich formuliert hat, sondern man muß es erweitern und erhöhen. Auch dann noch und gerade dann wirkt in dieser Arbeit die nationale Bestimmtheit des Geistes mit: sowohl im erkennenden *Subjekt*, wie hinsichtlich der *objektiven* Geisteslage, aus der heraus und über die es forscht und denkt. Das eigentümlich nationale Ethos kann hier nicht ausgeschaltet werden, ohne daß man stärkste Kräfte fesselt. Und es wird um so sicherer wirken, je mehr es sich von leidenschaftlicher Überhitzung und künstlicher Bewußtmachung fernhält. Nur die zugleich ethische und intellektuelle Selbstprüfung, der immer rege Wille, die Ergebnisse wie das eigne Sehen zu kritisieren, gewährleistet die Reinheit des wissenschaftlichen Strebens. Voraussetzungslosigkeit der Wissenschaft heißt also nicht, sich zum leeren Spiegel der Dinge zu machen, sondern gerade die unerläßlichen Voraussetzungen, die aller Selbsterkenntnis des Geistes zugrunde liegen, in den Bereich der Kritik hineinzuziehen, das erkennende Bewußtsein wie die Reinheit der wissenschaftlichen Gesinnung mehr und mehr zu läutern. Und gerade darin, daß die Grundlegung des Wissens bis in das *Gewissen* zurückverfolgt wird, liegt ein ganz wesentlicher Zug von deutscher Art.

2. Die deutsche Hochschule findet sich jedoch nicht nur den internationalen Gedankenrichtungen gegenüber, mit denen wir uns auseinandergesetzt haben, sondern auch erheblichen Umbildungen des Nationalbewußtseins, die ihrerseits auf Wandlungen im Nationalorganismus zurückgehen und mit Strukturwandlungen des Staates verbunden sind. Die Struktur des Volkes ist nicht mehr die gleiche wie 1848 und 1870. Die in rasendem Tempo erfolgende Industrialisierung, die technische Rationalisierung, die Verstädterung des Lebens für ungeheure Volksmassen hat jene tiefen Gegensätze gebracht, von denen schon die Rede war, als die Idee einer proletarischen Wissenschaft erwähnt wurde. Dadurch ist ein gewaltiger Teil des Volkes aus dem organischen Lebenszusammenhang herausgerissen. Es ist verständlich, daß seine Denkweise nicht organisch-national sein kann, wenn er die Verbindung mit Boden, Heimat, Familie, Tradition verloren hat. Westliche, ja amerikanisierende Methoden und Begriffe sind mit dieser Wendung in Deutschland weit über das eigentliche Proletariat hinaus zur Herrschaft gekommen. Unsere Kultur ist in dieser Hinsicht unfertig; vieles muß nachgeholt werden, um Schäden einer übereilten Ent-

[15] Karl Mannheim spricht hier von »seinsverbundenem Denken«.

wicklung zu heilen. Mag sie auch einst mit großen Hoffnungen begonnen haben: wir leiden unter dem Riß, der durch die Mitte unseres Volkes geht. Und es hat keinen Sinn, von der organischen Volkseinheit romantisierend zu reden, als ob sie noch überall da wäre. Wenn das Wort heute stark vorklingt, so ist es Ausdruck einer *Sehnsucht*, nicht eines Besitzes. Der erste sozialistische Kultusminister Preußens, Konrad Haenisch, hat in seiner Schrift: ›Staat und Hochschule‹ (Berlin 1920) nicht mit Unrecht darauf hingewiesen, daß in der industriellen Masse ein anderes Nationalbewußtsein lebe, daß es sich mindestens an anderen Inhalten deutlich werde, als in früheren Epochen. Das Deutschtum aber ist nicht Monopol für einen einzelnen Stand. Die künftigen Führer des Volkes, die aus den Hochschulen hervorgehen, müssen für die unfertige und zerrissene Gesamtsituation Verständnis, für dieses Volk selbst aber nicht nur Kritik, sondern Liebe haben. Vornehmheitsgefühle sind die schlechteste Ausstattung für den Dienst am Volke. Hier heißt es, nicht zu lebendiger Zeit unfruchtbaren Streit im Innern weiterzuführen, sondern die neuen Aufgaben zu erkennen, die jedem Deutschen, vor allem aber dem Hochschulbürger aus der Lage seines Volkes erwachsen. Dazu ist dreierlei nötig:

a) Das Volk selbst, in allen seinen Landschaften und Schichten, mit liebevollem Auge zu studieren. Wir haben durch unsere schmerzlichen Schicksale das Phänomen Volk in seiner Eigenart erst ganz entdeckt; es kommt darauf an, die Kräfte realistisch zu sehen und idealistisch zu stärken, die es in seinem Innern zusammenhalten.[16]

b) Es müssen Brücken zum Volke geschlagen werden; das Mißtrauen muß von der führenden Seite aus allmählich überwunden werden. Der Weg dazu ist nicht einfach Popularisierung der Wissenschaft; denn sehr vieles von ihr kann nie Gemeingut aller werden; weiß doch schon der nächste Kollege oft im Nachbargebiet nicht mehr Bescheid. Zudem: Ergebnisse lassen sich mitteilen; die Wege der Wissensfindung, die das eigentlich Lebenzeugende in der Wissenschaft sind, bedeuten eine Richtung des Könnens und der Berufsausstattung, die nicht jeder lernen kann, so wenig wie der Akademiker es mit dem tüchtigen Handwerker in seinem Fach aufnehmen kann. Aber darauf kommt es auch nicht oder erst in zweiter Linie an. Das Entscheidende ist, wie der Akademiker *als Persönlichkeit* zum Volke kommt. Die sittliche Lauterkeit seines Wesens, die Schlichtheit und Natürlichkeit seines Auftretens, die Offenheit für die Sorge und die Arbeitswelt

[16] Die bewußte Hinwendung zu solchen Aufgaben zeigt sich in dem Aufblühen des Vereins für das Deutschtum im Auslande, aber auch in Neugründungen, wie der Deutschen Akademie München, der Mittelstelle für Volks- und Kulturforschung, der Gesellschaft für Volkserforschung und Erwachsenenbildung usw.

des Volkes muß in die Erscheinung treten. Dann mag man bei festlichen Gelegenheiten auch geschmückt mit ehrwürdigen Fahnen aufziehen. Nur dürfen sie nicht das Symbol der Exklusivität werden. Tut hier jeder einzelne in seinem kleinen Kreise, was seine Pflicht ist, so muß die Kluft sich schließen. Aber das ist die ernste Mahnung der Stunde, daß man damit nun anfange und es nicht bei Reformprogrammen und Resolutionen bewenden lasse.

c) In der letzten fassen sich alle drei Forderungen zusammen: der Akademiker muß seine Zeit zu verstehen suchen: er muß das Kräftespiel, den dunklen Drang der Gegenwart erkennen, damit er ein Stück weiter in die Zukunft füren kann. Worin lag die massenbewegende Kraft der Lehre von Marx als darin, daß er auf seine Art die Zeichen der Zeit produktiv zu deuten suchte? Es ist die Aufgabe der Philosophie vor allem, die Hegel schon als ihre höchste Leistung gefeiert hat, die eigene Zeit »in Gedanken zu fassen«. Über jede Sachleistung hinaus kommt es für den Akademiker als Persönlichkeit darauf an, daß er, soweit es Menschen möglich ist, sein Volk versteht, seine Zeit versteht und damit die nächste sittliche Zukunftaufgabe erfaßt. Nur auf Grund solcher Kräfte wird es möglich sein, die herrschende Demagogie wieder in ernste, verantwortungsbewußte Volksführung zu verwandeln. Und ob dies gelingt, davon hängt die nationale Zukunft der Hochschule ab. Diese »beseelte Nationalgesinnung« haben uns große Männer der Vergangenheit, vor allem *Pestalozzi* und *Fichte*, vorgelebt. Man muß ihr Ethos in die besonderen und neuen Bedingungen unsrer Zeit übertragen. Die Jugendbewegung, der Kreis um Siegmund-Schultze, die ernsten Bemühungen der gesunden Volkshochschulbewegung haben einiges schon zum Leben erweckt. Aber der Strom muß noch viel tiefer und viel breiter werden. Die volkstreue Tradition der alten, hochangesehenen studentischen Verbindungen muß lebendig genug sein, um diesen neuen Wein in die alten Schläuche zu füllen. Denn hier ist das Rhodus des Akademikers von heute. Und dieses Ideal ist groß genug, um neben der strengen Wissenschaft das Leben der besten deutschen Jugend für Generationen auszufüllen.

IV.

Ob die deutschen Hochschulen im politischen Leben jemals wieder zur Führerstellung gelangen, hängt aber nicht nur von ihrer Dienstbereitschaft am Volk und von der Wiederbelebung des Vertrauens zu ihnen ab, sondern auch von ihrer Einsicht in die Sache. Es ist eine alte Wahrheit: wer sich »vorspannen« läßt, marschiert zwar noch an der Spitze und zieht die

Last hinter sich; aber die Direktion hat ein anderer. Man möchte heut die Hochschulen gern für allerhand Zwecke vorspannen und läßt sie oft genug die Geißel fühlen, die schon Metternich schwang. Aber die Tradition unabhängiger und fester Charaktere ist an den deutschen Hochschulen so stark, daß nicht viel Heroismus mehr dazu gehört, die Maßstäbe überindividueller Verantwortlichkeit anderwärts zu suchen, als nur bei der schwankenden öffentlichen Meinung. Und auch dies ist eine alte Wahrheit: der wirklich originale Führergeist ist immer daran zu erkennen, daß die große Menge ihm *nicht* nachfolgt, oder vielmehr: so widerstrebend nachfolgt, als ob Führung und Geführtwerden ebensosehr ein Abstoßungs- wie ein Anziehungsverhältnis bedeuten.

Gibt es im Bereiche der Politik Einsichten von zeitüberlegener Bedeutung, so gehört dazu unzweifelhaft der Satz, daß die äußere Politik primär für das Schicksal eines Staates entscheidend ist, erst in zweiter Linie die innere Politik kommt. Ich will hier nicht die große Gegenwartsfrage aufwerfen, ob der ganze Ton der äußeren Politik jemals aus dem Geiste der Völkerverständigung gestaltet sein kann. Die Demokratisierung des Staatslebens allein hat jedenfalls keine Gewähr gegen Kriege bedeutet, schon deshalb nicht, weil hier die Massenpsychose meist spontan entsteht, während sie in nichtdemokratischen Staaten erst gemacht werden muß. Ein wirksamer Schutz gegen Verlockungen zum Angriffskrieg ist vor allem das anschauliche Bewußtsein davon, was ein Krieg in menschlicher Hinsicht bedeutet. Man wird ihn dann schwerlich anders als im Lichte der *ultima* ratio sehen. *Dieser* Pazifismus ist selbstverständliches Resultat der höheren Kulturgesittung. Bis zu welcher äußersten Grenze die Verpflichtung eines Volkes zum Dulden von Unbill geht, das ist Sache der Weltanschauung und des Ethos. Die besten Theorien sind hierfür ebenso unsicher wie die Meinungen, die man sich persönlich darüber macht, ob man im gegebenen Moment Geistesgegenwart, Mut oder gar Charaktergröße beweisen werde. Je weniger darüber geredet, geschrieben und theoretisiert wird, um so mehr darf man glauben, daß kein gefährlicher Zündstoff für einen Krieg in der Luft liege. Aber die meisten großen Kriege sind bekanntlich durch lokale Selbstentzündung entstanden.

Die Theorie reicht also an die letzten großen Entscheidungen kaum heran. Aber ein anderes hat sie zu leisten: sie muß in der Politik darauf gerichtet sein, realistisch die Beziehungen der Völker und Staaten zueinander zu studieren, das Maß der wirtschaftlichen, nationalen, religiösweltanschaulichen Spannungen zwischen ihnen zu verfolgen, Annäherungen und Rivalitäten zu beobachten, und nicht zuletzt auf dem Hintergrund der Mentalität der Völker das Profil der zeitgenössischen Persönlichkeiten zu zeichnen, die geeignet sind, Träger der großen Politik zu werden. Denn solange es Politik gibt – und wir können uns heut ein Volk ohne sie nicht einmal vorstellen – wird sie ihrem Eigengesetz folgen und Machtgewinnung zum Ziel haben. In diesen Machtkämpfen rivalisieren schon längst nicht mehr die landgierigen Eroberer, die man gern als abschreckende Bilder malt, sondern zusammengeballte sittliche Kräfte der Völker:

Es ist kein Krieg, von dem die Kronen wissen,
Es ist ein Kreuzzug, 's ist ein heil'ger Krieg, –

mit diesem Gefühl des höheren sittlichen Rechtes werden immer wieder Mächte miteinander ringen, z. B. die vereinigten Hüter der Friedensidee gegen die Unfriedlichen oder die Vorkämpfer proletarischer Einigkeit gegen die Kapitalisten oder die Kulturträger gegen die sog. Barbaren und umgekehrt. Wir in Deutschland haben bekanntlich schon im Innern sehr verschiedene, feindlich gegeneinander gestellte Gruppen; jede davon hat ihre besondere Art des Militarismus, merkwürdigerweise auch – die pazifistischen. Das Leben ist ein Kampf – man kann das nicht ändern. Es heißt nur, diesem Kampf den höchstmöglichen Sinn zu geben, wenn man ihn so wendet, daß die höhere Sittlichkeit über die niederen Formen siege.

Eben deshalb wird der Staat *nicht* absterben. Es kommt darauf an, ihn mit einem so reinen Gehalt zu erfüllen, daß er es wagen darf, für den Fortbestand dieses Gehaltes mit zusammengefaßter Kraft einzutreten.

Die Hochschulen als Kulturverwalter können daher dem überindividuellen Sinn des Kulturstaates nicht gleichgiltig gegenüberstehen. Sie werden dies größte, schicksalvolle Geschehen mit aufmerksamem Auge als einen wesentlichen Teil der Welt, deren Zusammenhänge sie zu ergründen haben, zum Gegenstand sorgfältigster Erforschung machen. Es ist sehr zu begrüßen, daß die Studentenschaft spontan die Gelegenheiten zu dieser Orientierung, die an der Universität noch allzu spärlich sind, durch Arbeitsgemeinschaften und Schulungswochen zu ergänzen bemüht ist. Denn es handelt sich nicht bloß darum, fehlende Kenntnisse zu vermitteln, sondern das Staatsethos, das in einem extrem individualistischen Zeitalter unter der Sehnsucht nach Gemeinschaft zu versinken droht, lebendig zu erhalten, und damit den Geist der Dienstbereitschaft, des Opfers, der Hingabe und der Ehrfurcht vor dem, was über dem Individuum und seiner schöngeistigen Behaglichkeit ist.

Seit Plato und seit Hegel sind die *wahre* Hochschule und der *wahre* Staat der Idee nach eng aneinandergekoppelt. Denn die Schule des Wissens ist eine strenge Vorschule für den Dienst am »Allgemeinen« überhaupt, dies Wort in seiner vielsagenden Mehrdeutigkeit als gesellschaftliches Ganzes, als Gemeinsamkeit und als logisch-gesetzliche Allgemeingiltigkeit der Geistesrichtung genommen. Es bleibt bei dem Satze Hegels, daß dies Allgemeine nicht nur mit dem »substantiellen Willen«, der im Staat erscheinen soll, zusammenfällt, sondern auch mit der Substanz des Geistigen überhaupt, für die es das Letzte einzusetzen lohnt, in der Tiefe zusammenhängt. Wenn die Menschheit einmal nichts mehr hat, wofür es sich das Letzte einzusetzen lohnt, dann erst wird die Welt ohne Götter sein, und dann erst bricht die Götterdämmerung der Kultur herein. Davor aber muß sich die Hochschule als Wächter stellen – und für Plato waren die Wächter die, aus denen er die Wissenden gewann. – Einen solchen Dienst hat die Hochschule als ethisches Kulturinstitut auch an den Parteien zu leisten. Sind sie nur Interessenverbände, Stoßtrupps machthungriger Gruppen, Vertreter eines organisierten Individualismus, so sind sie nicht wert, daß über ihnen Gottes Sonne scheint. Sie müssen daran erinnert werden, daß jede von ihnen – denn Parteien werden im »Kampf« (!) der geistigen Mächte nie entbehrlich sein – in der Tiefe sich der Substanz des Sittlichen verpflichtet fühlen muß, die mehr ist, als partikularer Lebenshunger und Glücksanspruch. »Darin also, daß das persönliche Leben gesetzt werde an das der Gattung, oder daß man sich selber vergesse in anderen – haben wir das rechte und vernunftgemäße Leben gesetzt... Das Leben der Gattung aber ist ausgedrückt in den Ideen... Sein Leben an die Gattung setzen, läßt daher sich auch so ausdrücken: sein Leben an die Ideen setzen.« So sagt Fichte, der dem deutschen Volke erst seine höhere Bestimmung als Volk im Dienste der Menschheit gedeutet hat. Man mag das in zeitgemäßer Philosophie anders formulieren. Auf die Formel kommt nichts an, sondern darauf, daß die Sache selbst nicht untergehe, am wenigsten an den Hochschulen, der Wille nämlich, um wieder mit Fichte zu reden, um des höheren Lebens willen das niedere daran zu wagen. Andernfalls stehen wir zum zweiten oder n-ten Male da, wo er seine Zeit fand: im Kultus der bloßen Selbstsucht und Behaglichkeit und Eitelkeit, mit den begleitenden Schlagwörtern von »Humanität und Popularität und Liberalität«.

Der besondere Dienst der Hochschule an der Pflege des starken, verantwortungsbewußten Kulturgeistes ist ein bescheidener Beitrag zu dem, was ein Volk an sittlichem Lebenswillen aus seinen Tiefen aufbringen muß. Dieser Dienst am Volk und Staat muß mit der Ehrfurcht geleistet werden, mit der man sich an heilige Güter hingibt. Vielleicht hat die Jugend diesen geistigen Instinkt viel ursprünglicher als das Corpus der Lehrenden, die über irgendeiner speziellen Forschungsaufgabe leicht den Sinn für das Ganze verlieren, auf das es im tätigen Leben zuletzt ankommt. Wo aber

Hochschullehrer diesen Gedanken als Kern ihrer Erziehungsaufgabe bewahrt haben, wird man es am ganzen Ton fühlen, ob sie das ihre suchen, das immer ein Begrenztes ist, oder das große Gemeinsame, das zum freien Dienst *verpflichtet*.

Unter allen Umständen ist jede einseitige und leidenschaftliche Agitation aus den Hörsälen zu verbannen. Lehrfreiheit ist nicht Lärmfreiheit. Das besondere Element, wodurch der Hochschullehrer wirkt, ist unbefangene *Besinnung*. An ihr befestigt sich die ethisch durchgehaltene *Gesinnung*. Und niemand wird es tadeln, wenn das so mit treuem Sinn Erarbeitete in der Form der Ergriffenheit und Begeisterung ausgesprochen wird. Denn es *ist* ein Leben, und es *soll* neues Leben entzünden. An den Ausbrüchen des bloßen Hasses hat sich noch niemals in der Welt Leben entzündet. Aber wo wirklich Echtes ist, da wird der Zorn gegen das Unechte sich seinen Ausdruck suchen dürfen. Denn noch heute gilt das große Wort, das W. v. Humboldt über das Verhältnis von Staat und Hochschule gesprochen hat: »Nur die Wissenschaft, die aus dem Innern stammt und ins Innere gepflanzt werden kann, bildet auch den Charakter um, und dem Staat ist es ebenso wenig als der Menschheit um Wissen und Reden, sondern um Charakter und Handeln zu tun.«[17] Mit der *bloßen* Begeisterung, hinter der weder Besinnung noch gefestigte Gesinnung steckt, ist es in der Politik so wenig getan wie irgendwo sonst in der Welt. Schon Hegel hat davor gewarnt, den Staat, diese reiche Gliederung des Sittlichen, diese vernünftige Architektonik der Kreise und Kräfte, diesen gebildeten Bau, »in den Brei des Herzens, der Freundschaft und Begeisterung zusammenfließen zu lassen«. (Rechtsphilosophie, Vorrede.) Mit Recht hat Spengler bei der Tagung des Deutschen Hochschulringes 1924 gefordert, daß man sich den Blick schärfe für die Zeit realistischer Machtspannungen, in der wir leben.[18] Aber wenn er dabei jeden höheren Ideenstandpunkt für überwunden hält, so ist dies auch eine Selbsttäuschung. Man kann nicht bloß die rohe Materie des Politischen meißeln und formen, man muß ihr auch das Leben der Idee einhauchen; denn es sind lebendige Menschen, die die politische Welt tragen und rückwärts von ihr getragen werden. Deshalb kommt es darauf an, daß man in sich das echte Pathos des *»Allgemeinen«* lebendig halte, daß man das Wesen Staatlichkeit in seine Seele aufnehme und damit zum Organ eines höheren Lebens werde, das der Einzelseele einen würdigen, dem bloß empirischen Ich überlegenen Gehalt verleiht.[19]

---

[17] Wilhelm von Humboldt, Gesammelte Schriften. Hg. von der Preußischen Akademie der Wissenschaften. Berlin 1903 f. Bd. 10. S. 253.

[18] Oswald Spengler, Politische Pflichten der deutschen Jugend. München 1924.

[19] Vgl. Gerhardt Giese, Hegels Staatsidee und der Begriff der Staatserziehung. Halle 1926.

In *diesem* Sinne sagt Fichte: »Immer und ewig siegt der Begeisterte über den, der nicht begeistert ist.« Zur träumenden Romantik ist keine Zeit. Die Welt ist in Bewegung. Osten und Westen werden gegeneinander aufstehen. Erdteile sind zu Auseinandersetzungen von nie geahnten Dimensionen gerüstet. Die kommende Epoche fordert einen scharfen Blick für Wirklichkeiten und einen großen Glauben an die neue Stufe der Weltkultur, die vorzubereiten die Denkenden berufen und verpflichtet sind. –

Die *Studentenschaft* ist die Jugend, die in diese Epoche hineinwächst und sich für solche großen Verantwortungen bilden muß. Der Weg dahin führt zunächst durch Lernen und durch Dienen. *Durch Lernen*: denn die politische Welt von heut ist das verwickelte historische Produkt zahlloser Kräfte und Faktoren, die nur zu lenken sind, wenn man sie vorher zu verstehen gesucht hat. *Durch Dienen*: denn der Weg zur Führung ist immer nur durch die Vorstufe des Gehorchens und der sittlich-freien Unterordnung gegangen. Das Höchste zumal, was der deutsche Geist hervorgebracht hat, war das Ethos des freien Dienens. Das war der alte Ordensgedanke der Deutschritter, es war die Idee des echten Königtums und der Sinn jeder adligen Gefolgschaft, es war der gute Kern im alten Preußentum. Wenn es in Zukunft irgendeine Art von Adel gibt, so wird es wieder ein Dienstadel sein. Das bloße Abseitsstehen von der Gegenwart, als ob sie einer Hingabe der Kräfte nicht wert sei, kann nichts bessern. Unsere Gesamtlage erfordert vielmehr den Ruf: »Alle Mann an Deck!«

Diese positive Mitarbeit empfängt bei dem jungen Akademiker allerdings besondere Züge, die aus seinem Lebensalter und aus seiner künftigen Bestimmung hervorgehen. Sie lassen sich in drei Hauptpunkte zusammenfassen:

a) In dieser Werdezeit muß jeder an sich selbst und seinem Charakter schmieden. Aber das »sich selbst« bezieht sich hier nicht auf ein Selbst von individualistischer Prägung. Vielleicht hat die Universität des 19. Jahrhunderts den Stil der Absonderung und einer wissenschaftlich-ästhetischen Selbstkultur indirekt zu stark begünstigt. Die Korporationen haben diesem Einfluß ein Gegengewicht geboten. Ganz ohne Gruppenindividualismus ist es auch da nicht abgegangen. Man wird aber zugeben müssen, daß das Leben in kleineren Kreisen und die Disziplin in einer übersehbaren Gemeinschaft dem Lebensalter gemäß ist, in dem die entscheidenden Wesenszüge sich erst formen, ja daß dafür selbst ein Maß von Einsamkeit und stillster Sammlung unentbehrlich ist. Nur darf man nicht vergessen, daß das große Ganze früher durch den Militärdienst repräsentiert war, und daß uns heut diese eindrucksvolle Schulung im unmittelbaren Dienste des Staates versagt ist. Debatten in einem Studentenparlament sind dafür kein

Ersatz. Die Besseren werden sich freiwillig einen Dienst für größere Gemeinsamkeiten suchen. Immerhin: hier ist das meiste noch unfertig; es bedarf einer neuen schöpferischen Bewegung.

b) Man wird von der akademischen Jugend nicht erwarten dürfen, daß sie in politicis mit der gravitas und moderatio eines römischen Senators auftrete. Die Jugend hat immer einen Zug zum Revolutionären. Es ist eine traurige Psychologie, wenn man diesem Drang in die Zukunft künstliche Zügel anlegen möchte. Sie scheint jedoch nicht auszusterben. Wollen Staatsmänner und Professoren diesen Radikalismus lenken, so mögen sie ihm große Ziele und echte Werte zeigen, die die Fähigkeit haben, mitfortzureißen. Wo nichts Hinreißendes ist, wird nicht die Sprache der Jugend gesprochen. Denn die Jugend hat das politische Pathos und Ethos notwendig in einer anderen Form als die reife, realistisch denkende Generation. Sie hat den Geist der Zukunft zunächst in der Form eines ahnungsvoll vorfühlenden Lebenschwunges. Auf ihr spielt der vorwärtsdrängende Geist seine Zukunftsweise in stürmischerem Rhythmus, als es in die Symphonie der Realpolitik paßt, deren Hauptmotive in den langsameren Sätzen liegen. Aber das alte Studentenlied behält recht: »Der Geist lebt in uns allen.« Gottlob hat es in Deutschland zwischen Professoren und Studenten noch immer einen guten Klang gegeben. Es ist nicht die geringste Kraft der deutschen Hochschule, daß beide Teile sich gegenseitig beflügeln: Die Jugend lernt von der Besonnenheit und Überschau des Alters; das Alter aber bleibt frisch in der Berührung mit dem produktiven Eros zum Großen und Guten, der aus jeder gesunden Studentengeneration mit neuer, frischer Kraft herausschlägt. Leider gibt es auch Leute, die davor Angst haben. Wir werden ihnen den besten Gefallen tun, wenn wir von ihnen hier nicht reden.

c) Die Stellung der Studentenschaft im organisatorischen Ganzen der Hochschule hatte eine äußere Veränderung dadurch erfahren, daß der deutschen Studentenschaft, die sich bald nach dem Kriege spontan gebildet hatte, die staatliche Anerkennung zuteil wurde. Sie wurde dadurch mittragendes Glied der Hochschule als einer öffentlich-rechtlichen Korporation, nahm in verschiedener Hinsicht an deren Selbstverwaltungsgeschäften teil und konnte mit staatlicher Hilfe ein System von Wohlfahrtseinrichtungen ausbauen, das gerade in den wirtschaftlichen Nöten der Gegenwart willkommen, ja notwendig war. Unzweifelhaft lag in alledem manche Gelegenheit, sich für den Dienst an einem größeren Ganzen zu schulen: von den allgemeinen und örtlichen Studentenvertretungen bis zu den Einzelämtern. Wir teilen den Wunsch, daß das in irgendeiner Form wiederkomme, nachdem es in einigen Staaten den politischen Gegensätzen der letzten Jahre zum Opfer gefallen ist. In der Zwischenzeit wird sich Idealismus und Solidarität der Studentenschaft dahin erproben können, ob sie stark genug ist, auch aus eigener Kraft zusammenzuhalten. Die innere Einheit der Studentenschaft, die in der Nachkriegsgeneration einmal da war, muß ja gleichsam erst wieder neu geboren werden, wenn ein dauernder Gemeinschaftsgeist erzeugt werden soll. So etwas entsteht nur unter Kämpfen.

Aber auch das muß offen ausgesprochen werden: *die* Schule für den öffentlichen Dienst des Akademikers kann die Betätigung in der studentischen Selbstverwaltung niemals werden. Dazu sind die Gegenstände, um die es da im allgemeinen geht, nicht groß genug. Schon unsere offizielle Politik war vielleicht lange nur zu sehr an den Maßstäben der Kommunal- und Standespolitik orientiert. Für den akademischen Bürger bedeutet der Rahmen der Hochschule nicht die Welt, in deren Dimensionen er hineinwachsen soll. Sein Blick muß sehr viel weiter reichen. Deshalb kommt es vor allem auf die Reifung seiner Weltanschauung, auf das Schmieden des Charakters und auf die Erweiterung seines Horizontes an. Die akademische Freiheit gibt jedem Gelegenheit, diesem notwendigen inneren Wachstum auf seine besondere Art zu leben. Es kommt z. B. viel darauf an, daß der Student möglichst starke Berührung mit anderen Berufskreisen, mit den deutschen Stämmen, aber auch schon früh mit dem Ausland gewinne. Die innerstudentische Arbeit hat sich mit richtigem Instinkt sehr stark der Beschäftigung mit dem Grenz- und Auslandsdeutschtum zugewandt. Jugendbewegung, Jugendpflege, Jugendfürsorge sind ein weiteres Gebiet fruchtbarer Betätigung im Dienste des Volksganzen. Schließlich aber ist auch der, der nur ehrlich studiert und die Kraft der deutschen Wissenschaft an seinem Teil zu fördern bestrebt ist, Diener am nationalen Gesamtwerk. Student sein heißt jedenfalls nicht: das Leben für studentische Selbstverwaltung, sondern für Volk und Staat und geistige Kultur bereit halten.

Ein dreifacher Geist also wird der Hochschule helfen, ihren freien Dienst am Staate über die bloße augenblickliche Zeitkonstellation hinaus zu leisten: Der Geist der sittlichen Erneuerung, der aus den eigenen besten Tiefen kommt und unvermeidlich ins Volk ausstrahlen muß, der Geist der Wahrheit, der – recht verstanden – zugleich den Blick für die Wirklichkeit einschließt, und der Geist der Einigkeit im eigenen Volk, der darin besteht, daß man auf noch so verschiedenen Wegen dies Gemeinsame suchte: die Höherbildung seiner sittlichen Kultur im Dienst der Menschheit. Ich beschwöre diesen Geist an einem Ort, der für jeden Deutschen eine tief symbolische Bedeutung hat: in Weimar, wo die vollendeten Leistungen des deutschen Genius uns wie eine hilfreiche ewige Gegenwart umwehen; in Weimar, wo ein neuer Anfang gemacht wurde mit dem deutschen Staat, der uns Aufgabe bedeutet, nicht Vollendung. In diesem Willen zur Zukunft stehen wir hier. Als eine dreifache Mahnung will das Wort eines Großen von Weimar aufgefaßt werden, mit dem ich schließe:

als Mahnung an die deutsche Hochschule und ihre Lehrer,

als Mahnung an die Studentenschaft,

als Mahnung an die Regierenden:

Nietzsche[20] richtet an die Universitäten die Frage: »Was fördert ihr in ihnen? Die deutsche Gelehrsamkeit, die deutsche Erfindsamkeit, den ehrlichen deutschen Trieb zur Erkenntnis, den deutschen der Aufopferung fähigen Fleiß – schöne und herrliche Dinge, um die euch andre Nationen beneiden werden, ja die schönsten und herrlichsten Dinge der Welt, wenn über ihnen allen jener wahre deutsche Geist als dunkle, blitzende, befruchtende, segnende Wolke ausgebreitet läge. Vor diesem Geiste aber fürchtet ihr euch, und daher hat sich eine andere Dunstschicht, schwül und schwer, über euren Universitäten zusammengezogen, unter der eure edleren Jünglinge mühsam und belastet atmen, unter der die besten zugrunde gehen.

Es gab in diesem Jahrhundert einen tragisch ernsten und einzig belehrenden Versuch, jene Dunstschicht zu zerstreuen und den Ausblick nach dem hohen Wolkengange des deutschen Geistes weithin zu erschließen. Die Geschichte der Universitäten enthält keinen ähnlichen Versuch mehr, und wer das, was hier not tut, eindringlich demonstrieren will, wird nie ein deutlicheres Beispiel finden können. Dies ist das Phänomen der alten ursprünglichen »Burschenschaft« . . .

Damals hat der Student geahnt, in welchen Tiefen eine wahre Bildungsinstitution wurzeln muß: nämlich in einer innerlichen Erneuerung und Erregung der reinsten sittlichen Kräfte. Und dies soll dem Studenten immerdar zu seinem Ruhme nacherzählt werden. Auf den Schlachtfeldern mag er gelernt haben, was er am wenigsten in der Sphäre der »akademischen Freiheit« lernen konnte, daß man große Führer braucht, und daß alle Bildung mit dem Gehorsam beginnt. Und mitten in dem siegreichen Jubel, im Gedanken an sein befreites Vaterland, hatte er sich das Gelöbnis gegeben, deutsch zu bleiben. Deutsch! . . .

Alle Bildung fängt mit dem Gegenteile alles dessen an, was man jetzt als akademische Freiheit preist, mit dem Gehorsam, mit der Unterordnung, mit der Zucht, mit der Dienstbarkeit. Und wie die großen Führer

---

[20] Über die Zukunft unserer Bildungsanstalten. Werke. Taschenausgabe. Leipzig 1924. Bd. I, S. 390 ff.

der Geführten bedürfen, so bedürfen die zu Führenden der Führer: Hier herrscht in der Ordnung der Geister eine gegenseitige Prädisposition, ja eine Art von prästabilierter Harmonie. Dieser ewigen Ordnung, zu der mit naturgemäßem Schwergewichte die Dinge immer wieder hinstreben, will gerade jene Kultur störend und vernichtend entgegenarbeiten, jene Kultur, die jetzt auf dem Throne der Gegenwart sitzt. Sie will die Führer zu *ihrem* Frondienste erniedrigen oder sie zum Verschmachten bringen: sie lauert den zu Führenden auf, wenn sie nach ihrem prädestinierten Führer suchen, und übertäubt durch berauschende Mittel ihren suchenden Instinkt. Wenn aber trotzdem die füreinander Bestimmten sich kämpfend und verwundet zusammengefunden haben, dann gibt es ein tieferregtes, wonniges Gefühl, wie bei dem Erklingen eines ewigen Saitenspiels.«

Strebt jede der beteiligten Gruppen um die Wette, diesem Ideal zunächst für sich mit reinem Willen nachzueifern, so ist für die nächsten Jahrzehnte genug zu tun, und es bedarf nicht des unfruchtbaren Streites untereinander.

Über Gefährdung und Erneuerung der deutschen Universität

1930

I.

Die deutsche Universität ist von sehr vielen Seiten her gefährdet. Am meisten wird sie dadurch bedroht, daß man ihren Sinn in weiten Kreisen des Inlands nicht mehr versteht. Das ist an sich nicht verwunderlich. Denn die wesentliche Bestimmung der deutschen Universität liegt eben darin, den Sinn, d. h. das geistige Auge, für jenen ihren Sinn, d. h. ihre geistige Funktion und Leistung, in denen zu erwecken, die bereit sind, sich dieser Umwandlung ihres Wesens hinzugeben.[1] Wer sie nicht an sich selbst erfahren hat, *kann* die tiefere Absicht der Universität gar nicht verstehen. Wenn ihr dies aber mit den eigenen Jüngern einmal so wenig gelingen sollte, daß ihr nicht mehr genügend Verteidiger zur Verfügung stehen, so wäre das zwar keine Widerlegung ihrer Idee, gegen deren Ewigkeit allenfalls eine noch höhere Idee anzukämpfen vermöchte, wohl aber ein Anzeichen, daß es ihr nicht mehr in ausreichendem Maße glückt, diese Idee in der Wirklichkeit wirksam zu machen.

Dieses Wirksammachen aber besteht jedenfalls im Lehren und Bilden, im Eingreifen in die Tiefe persönlichen Lebens. Deshalb beschränken sich die folgenden Erwägungen bewußt auf die Universität als Lehranstalt. Sie betreffen den Punkt, an dem die vorausgesetzte Idee zünden soll, und werfen die Frage auf, infolge welcher Umstände das Überspringen des Funkens ausbleibt. Alte Klagelieder sollen dabei nicht wiederholt werden; es kommt vielmehr auf eine möglichst richtige Zeitdiagnose an.

Was der Organismus der deutschen Universität, der vor 120 Jahren Gestalt empfing, in seinem Kern bedeutete, muß für diesmal als bekannt

---

[1] »Hieraus erklärt sich die kürzere Zeit, welche jeder auf der Universität zubringt als auf der Schule; ... weil eigentlich, was auf der Universität [v]erlebt wird, nur *ein* Moment ist, nur *ein* Akt vollbracht wird, daß nämlich die Idee des Erkennens, das höchste Bewußtsein der Vernunft, als ein leitendes Prinzip in dem Menschen aufwacht.« (Schleiermacher, Gelegentliche Gedanken über Universitäten in deutschem Sinn. Berlin 1808. S. 34.)

vorausgesetzt werden.[2] Wir begnügen uns mit der kurzen Formel, daß die Universität als Lehranstalt damals überzeugt war, mit einer wissenschaftlichen Durchbildung zugleich persönliche Weltanschauungsbildung zu geben und die innere Bereitschaft der Persönlichkeit für höhere berufliche Kulturfunktionen zu erzeugen. Der Wissenschaftsgedanke der Universität war so beschaffen, daß er das Ganze der Persönlichkeit beleben und sie für ihre geistige Sonderfunktion erwecken konnte.

Wenn wir heute in der Universität an diesem unserem klassischen Gedanken festhalten, so bedeutet dies, daß wir der entstandenen Wirklichkeit gegenüber mit drei Fiktionen arbeiten, deren Undurchführbarkeit wir mit jedem Tage schärfer spüren.

Die erste besteht darin, daß die Zahl der Universitätsbesucher an ihrer Grundgestalt nichts Wesentliches habe ändern können. Und doch weiß jeder, daß in der geistigen Welt quantitative Verschiebungen notwendig mit qualitativen Wandlungen verbunden sind. Wir wollen keine ausführliche Statistik geben, obwohl sie für Verwaltungsmaßnahmen entscheidende Aufschlüsse gewähren würde. Schalten wir die Verhältnisse nach dem Kriege, die in jeder Hinsicht unnormal sind, aus, so ergibt ein Blick auf die Zahlen von 1840–1910, daß sich schon in diesem Zeitraum die Zahl der Studenten verfünffacht, die Zahl der ordentlichen Professoren nur verdoppelt hat. Die rein mathematische Berechnung, daß 1840 auf 1 Ordinarius 18 Studenten, 1910 43 Studenten kamen, hat praktisch wenig Wert. Denn es gibt viele Fächer, in denen die Studentenzahl nur unbedeutend gewachsen ist, während sie in anderen Gebieten das Zwanzig- und Vierzigfache beträgt. Diese Fächer aber sind es zugleich, denen sich das gesellschaftliche Interesse und also auch die öffentliche Kritik der Leistungen am stärksten zuwendet. Solche »Notstandsgebiete« müssen wir daher ausdrücklich ins Auge fassen.

Die Ursachen des erhöhten Andranges sind mannigfach und größtenteils bekannt. Abgesehen von der allgemeinen Bevölkerungsvermehrung, der doch eine größere Anzahl von Hochschulen einigermaßen entspricht, sind zu beachten: 1. Die veränderte Bedeutung des Abiturientenexamens: es ist heute nicht mehr Kennzeichen der Hochschulreife, sondern einer allgemeinen Lebensreife für höhere Kulturfunktionen, wirkt aber seiner

[2] Vgl. Fichte, Schleiermacher, Steffens über das Wesen der Universität. Hg. von Eduard Spranger. Leipzig 1910. (Philosophische Bibliothek Bd. 120.) – Eduard Spranger, Wandlungen im Wesen der Universität seit 100 Jahren. Leipzig 1913. – Das Sammelwerk: Das Akademische Deutschland. Hg. von M. Doeberl, O. Scheel, W. Schlink, H. Sperl, E. Spranger u. a. 3 Bde. Berlin 1930. Band 3 wird eröffnet durch einen Aufsatz von mir über das Wesen der deutschen Universität. [In diesem Band: S. 82 ff.]

Tradition nach immer noch als Saugapparat für die Hochschulbildung. 2. Ungünstige Wirtschaftslage hat immer eine Überfüllung der Universitäten zur Folge gehabt, weil man auf ihnen manche Erleichterungen findet und arm sein kann, ohne deklassiert zu werden. Sozialistische Beurteiler sprechen daher von einem letzten Rettungsweg vor dem Schicksal der Proletarisierung. 3. Von der Verwaltung wenig beachtet scheint der große Umfang der »Mitbenutzung« der Universität zu sein, die von seiten anderer Bildungsinstitute stattfindet. Die meisten Besucher von Sonderhochschulen, ja von Fachschulen, besitzen heute das Reifezeugnis; andere erwerben den Gasthörerschein. Ihre Absicht ist in jedem Falle ehrenwert: es treibt sie ein erhöhtes Bildungsbedürfnis. Aber sie rücken in ganzen Kolonnen in die Universität an, und da sie sie doch nur »passieren«, bringen sie unvermeidlich einen anderen Geist mit als den, der in der eigentlichen Universität heimisch war. Sie suchen anderes und finden folglich nur bedingt, was ihnen helfen könnte. – Das alles aber ist noch nicht das Entscheidende. Die wesentliche Umbildung liegt darin, daß eine Fülle von Berufen entstanden ist, für die niemand früher eine vollakademische Ausbildung gefordert hätte. Diese Berufe brauchen wohl eine höhere Bildung, aber sie brauchen nicht, ja sie ertragen kaum eine tiefere *wissenschaftliche* Bildung. Schon dadurch werden wir auf eine Feststellung geführt, die für das Folgende ein leitender Gesichtspunkt bleiben wird: Es enthüllt sich jetzt als ein Mangel die Tatsache, die in der Zeit des Aufblühens unserer deutschen Bildung ein Segen war: nämlich, daß es kein College in Deutschland gibt, sondern nur eine philosophische Fakultät, keine Stätte für die Entfaltung derjenigen Intellektbegabung, die allgemeineren Kulturbedürfnissen genügt. Für sie ist Fachschulung und Erweiterung des Geisteshorizontes erforderlich. Sie verlangt aber nach eigentlicher Wissenschaftlichkeit so wenig, wie die betreffenden Begabungen dafür zureichen.

Das führt unmittelbar auf eine zweite Fiktion, mit der die deutschen Universitäten notgedrungen arbeiten. Sie tun noch immer so, als ob ihre Schüler sämtlich ein eigentlich wissenschaftliches Bedürfnis hätten. Wer Menschen und Dinge sieht, wie sie sind, kann daran nicht mehr glauben. Ich gehöre zwar nicht zu denen, die von einer unbedingten Verschlechterung des Nachwuchses reden. Nach meinem Eindruck haben wir heute zahlreiche junge Leute mit viel erweckterer Geistigkeit, als sie vor 30 Jahren unter den Studenten vorkam; daneben freilich – entsprechend der absoluten quantitativen Vermehrung – eine 2. und 3. Garnitur, die damals überhaupt nicht an den Universitäten zu finden war. Aber in der geistigen Oberschicht haben sich die Qualitäten nicht unbedingt verschlechtert. Man könnte höchstens sagen, daß heute der bewegliche Geist, der esprit, mehr kultiviert wird als die Gründlichkeit selbständigen Denkens. Dadurch verschieben sich die Aufgaben der Universitätsbildung, aber sie sinken noch nicht.

Mit dieser Veränderung des Menschen»materials« ist jedoch eine ebenso tiefgreifende Veränderung der Wissenschaftslage verbunden. Es gibt heute eine große Zahl von Studiengebieten, die überhaupt nicht mehr in streng methodischer Weise aufgebaut sind, sondern nur die empirische Kenntnisnahme von komplexen Sachverhalten fordern. Ohne Zweifel liegt hierin ein Absinken gegenüber alten Idealen. Solche Fächer tragen den Charakter der »Kunde«, nicht der methodisch durchdachten Problematik und Systematik. Dahin gehört z. B. das Gebiet der Wohlfahrtspflege, der Sozialpädagogik, der Sprachen*kunde*, Auslands*kunde*, Volks*kunde*, Kultur*kunde* – lauter Namen, über die der Gelehrte alten Stiles die Nase rümpft. Aber man frage ihn, *wo* man bei uns in diese Dinge eingeweiht werden kann, es sei denn nebenbei irgendwie auf der Universität! Wie viele suchen heute, wenn sie Volkswirtschaftslehre studieren, die Gerüste einer strengen Theorie? Sie streben aber nach Wirtschafts*kunde* und Gesellschafts*kunde*. Und solange Deutschland keine eigenen Stellen hat, wo man diese »höhere Bildung« erwerben kann, müssen eben die Universitäten herhalten, mögen sie sich auch tausendmal aus ihrer Auffassung von eigentlicher Wissenschaft heraus gegen diese Zumutung sträuben.

Zum zweitenmal also finden wir uns in der bezeichnenden Lage, gestehen zu müssen, daß Deutschland kein College in amerikanischem Sinne hat und daß darunter seine angestammte Universitätsidee leiden muß. Denn was leistet jenes College? Es leistet zweierlei, was wir immer wieder aus den Vorwürfen der Gegenwart gegen die Universitäten heraushören: Es gibt eine tüchtige, auf praktische Fachbedürfnisse gerichtete Ausrüstung mit Sachkenntnissen (oder »Kunde«), und es gibt zweitens eine im mittleren Maß abgerundete allgemeine Kulturbildung, wie sie einen geistigen Halt zu bieten vermag für die vielen, die nicht aus dem letzten Quell der Wissenschaft schöpfen können und wollen, sondern die Zeitungskunde, Missionskunde, Gesellschaftskunde, ja wiederum Naturkunde, Bergwerkskunde, Landwirtschaftskunde treiben wollen.

Man lese die Kritiken gegen die deutsche Universität. In seltsamer, aber doch nicht zufälliger Gegensätzlichkeit behaupten sie zweierlei: den Mangel an zielgerichteter Berufsbildung und die Überherrschaft des Spezialismus – also durchaus Widersprechendes, wenn man es nicht so deuten dürfte: es fehle da eine mittlere Stufe, die von der Kulturlage gefordert wird, und diese müsse eben zugleich direkt zielgerichtet und doch totalitätsbezogen sein. Die letztere Forderung, die vor zehn Jahren in dem verfehlten, aber doch nicht grundlosen Plan einer humanistischen Fakultät zutage trat, enthielt ein achtbares Teil guter alter deutscher Geistestradition: man wollte sich im Ganzen orientieren. Aber ebenso will man im Einzelnen und im Bestimmten Kenner werden. Nicht mehr gibt man zu, daß dieses Ziel allein auf dem Höhenwege über eine methodisch streng gefaßte Wissenschaftlichkeit erreichbar sei. Man braucht heute wieder so etwas wie gesicherte und zusammenfassende Tradition, im ganzen wie im einzelnen, und man kann sich in der Durchschnittslage den Weg über die volle Spitzenbildung weder leisten noch die Kraft dazu zutrauen. Das ist der Sachverhalt, der zunächst einmal zur Kenntnis genommen werden muß. Hinter ihm liegen noch wesentlichere Verschiebungen, die das Verhältnis von Theorie und Praxis betreffen. Man erwartet heute eine nähere Verbindung zwischen beiden. Man hat – so scheint es – weder Kraft noch Willen – die methodisch-philosophische Durchreifung des Geistes anzustreben und abzuwarten, von der man früher die innere Freiheit der Person gegenüber der nie ganz voraussehbaren Mannigfaltigkeit und Problematik der konkreten Aufgaben erhoffte. Das ist einfach die selbstverständliche Folge der – Demokratisierung der Bildung. Kulturfunktionäre, Gesellschaftsfunktionäre sind etwas anderes als die philosophisch gebildeten »Regenten«, von denen Plato oder Fichte sprachen. –

Aus diesen Tatsachen ergibt sich die dritte Fiktion, mit der wir arbeiten, von selbst. Sie besteht in dem Glauben, daß wir, die Dozenten, bei alledem noch wissenschaftliche Persönlichkeiten bleiben könnten. An ganz kleinen Universitäten und in den »stilleren« Fächern mag dies der Fall sein. In den Hauptfächern des Lehrbetriebes zerreibt sich der Dozent zwischen der Fülle seiner Pflichten: Anfängervorlesung, Spezialkolleg, Proseminar, Oberseminar, Sprechstunde, Institutsverwaltung, Manuskriptlesen für Staatsprüfung und Doktorprüfung, Kulturverpflichtung gegenüber der Öffentlichkeit und – eigene wissenschaftliche Weiterarbeit, unter der noch gar nicht einmal die selbständige Forschung, sondern nur die Beschäftigung mit der neuen Forschung anderer verstanden werden soll. Man mag es anstellen, wie man will: auf irgendeiner Seite bleibt das Gewissen schlecht und ein berechtigter Anspruch an uns unerfüllt. Mit einem Wort: die Unterrichtsorganisation an den deutschen Universitäten ist in den *geisteswissenschaftlichen Fächern* – in den Naturwissenschaften hat der sichtbare Zwang der Sache längst reformierend gewirkt – primitiv und naiv. Ein Amerikaner würde nach seinen Vorstellungen von Wissenschaftsorganisation darüber lächeln.

II.

Nun tröstet man sich über diese Mißstände vielfach damit, daß sie nur aus ungesunden Augenblicksverhältnissen stammten, die wieder verschwinden würden. Eine besondere Rolle spielt in diesen Tröstungen der Hinweis auf die kommende Wirkung des Geburtenrückganges im Kriege. Es ist an sich ein trauriger Behelf, wenn man der Krankheit eines Organs durch die Erwartung abzuhelfen glaubt, daß sie unter den noch schlimmeren Symptomen einer Gesamterkrankung nicht mehr so fühlbar sein werde. Aber die Beurteilung der Sachlage ist überhaupt falsch. Es handelt sich nicht um eine vorübergehende Zeiterscheinung, sondern um eine Veränderung der Gesamtverhältnisse, die man nicht rechtzeitig erkannt hat. Jene Mittelschicht von Bildungsbedürfnissen, von der die Rede war, wird in der gegenwärtigen Kulturform dauernd bestehen bleiben. Und so lange es keine Anstalten gibt, an denen sie sachgemäß und – was in Deutschland sehr stark mitspricht: »standesgemäß« befriedigt werden, wird sich der Anspruch mit Recht auf die Universitäten richten, die nun einmal aus öffentlichen Mitteln erhalten werden. Es liegt in ihrem Wesen, den Charakter einer platonischen Akademie, die der reinen Wahrheit dient, mit einer Reihe staatlicher und gesellschaftlicher Bildungsfunktionen verbinden zu müssen, die durch die allgemeine Zeitlage bestimmt werden. Beide Aufgaben liegen nicht unmittelbar in einer Linie. Man könnte daraus folgern, daß nun endlich der notwendige Operationsschnitt geschehen und beides auch organisatorisch reinlich getrennt, d. h. auf verschiedene Anstalten verteilt werden müsse. Die Forderung nach der Trennung von Forschung und Lehre (gedacht ist an Berufslehre) wird immer lauter. Sie ist allerdings sehr auffällig in einer Zeit, die für die vorangehende Bildungsstufe den Arbeitsschulgedanken entschieden fordert und durchsetzt. Denn was bedeutet Verbindung von Forschung und Lehre anderes als das Arbeitsschulprinzip auf der Hochschulstufe? Manche scheinen zu glauben, in jedem Seminar würden von jedem geradezu wissenschaftliche Neuentdekkungen verlangt, während es sich doch im besten Falle so verhält, daß der Student neue Methoden, die meistens der Professor gefunden hat, *selbsttätig* auf einen kleinen Ausschnitt von Gegenständen anwenden soll. Der Name Forschung ist für diese Art zu arbeiten in der Regel etwas hoch. Aber was wir über Aufgaben und Möglichkeiten der Arbeit in der höheren Schule hören, ist relativ mindestens in gleichem Maße zu hoch gegriffen. Eine *bloße* Berufsbildung, die überall auf das unmittelbar für den Verbrauch Notwendige zugeschnitten ist, bliebe nicht nur ein passives Lernen, sondern würde auch bald zu einer erstarrten Dogmatik führen, die sich ein einigermaßen lebendiger Kopf im Studienalter einfach nicht gefallen läßt.

Die Isolierung der wirklichen Forschung andererseits von der Möglichkeit des Lehrens und der Nachwuchsschulung würde der Wissenschaft selbst den Lebensfaden abschneiden. Die Geldmittel für solche problematischen Studierstubenversuche würden vermutlich vom Staate her spärlicher und spärlicher fließen. Es würde in vielen Fällen heißen: »Zeigt regelmäßig eure Resultate vor.« Das wissenschaftliche Leben verläuft aber nur selten in einer unablässigen Folge von Neuschöpfungen. Aus der Berührung mit Menschen, aus dem befruchtenden Dialog des Unterrichts erwachsen neue Gedanken, und nur so behält die Wissenschaft jene Beziehungen zum Leben, die heute auch in der Öffentlichkeit entschieden gefordert werden.

Der Grundgedanke der deutschen Universität ist also nicht nur gesund, sondern er ist geradezu eine ewige Wahrheit, deren Recht manche andere Nation erst unter unserer Führung einzusehen gelernt hat. Wenn nunmehr Reformen notwendig werden, die die veränderte Gesamtlage der Kultur und der Gesellschaft fordert, so müssen sie so geleitet werden, daß jene Grundidee dabei erhalten bleibt, und zwar nicht nur, weil es nicht ratsam ist, die Tradition der vom Volk geschaffenen geistigen Formen einfach abzubrechen, sondern deshalb, weil das Wesen der Sache es so gebietet und immer gebieten wird.

Nach diesen Erwägungen hoffe ich nicht mehr mißverstanden zu werden, wenn ich um der Kürze willen das Verfahren, das mir vorschwebt, in die Formel kleide: *In die deutsche Universität muß eine College-artige Stufe so eingebaut werden, daß nicht nur im Oberbau das Zusammenströmen von Forschung und Lehre erhalten bleibt, sondern dieser befruchtende Strom auch die Unterstufe erreicht und sie dauernd mit Leben und Bewegung füllt.* Damit ist eine Aufgabe bezeichnet, die im wesentlichen auf didaktischem Gebiete liegt. –

Nur solche Reformen sind organisch und zukunftreich, die bewußt weiterführen, was sich aus der zwingenden Logik neuer Verhältnisse schon von selbst unmerklich angebahnt hat. In der Tat befindet sich die deutsche Universität längst ganz automatisch auf dem hier angedeuteten Wege. Sie hat Veranstaltungen in sich aufgenommen, die man mit dem College vergleichen darf. Denn drei Funktionen könnten in Deutschland diesem Gebilde zugeschrieben werden: Nachschulung, zielgerichtete Fachbildung und doch zugleich synoptische Kulturbetrachtung.

1. Daß das Abiturientenexamen heut nicht mehr für alle Studienfächer die notwendigen Vorbedingungen sichert, ist bekannt und soll hier nicht

noch einmal ausführlich beklagt werden. In der Hauptsache handelt es sich um Sprachen (die eben nicht durch allgemeine Denkbegabung ersetzt werden *können*), aber auch um andere Gegenstände. So hat sich eine neue »facultas artium« herausgebildet, deren Funktion je nach dem Gesichtspunkt, den man wählt, als nachschulend oder als für das eigentliche Studium propädeutisch bezeichnet werden kann. Griechisch, Lateinisch, Hebräisch, Englisch spielen als Vorstufe der geisteswissenschaftlichen Studien die Hauptrolle. Etwas Verwandtes könnte man in den Gegenständen der vorklinischen Semester bei den Medizinern und in den chemischen Studien, die vor dem Verbandsexamen liegen, erblicken. In all diesen Fällen hat sich die Stufenbildung in der Universität ganz automatisch eingestellt.

2. Die zweite Aufgabe besteht in der zweckmäßigen Gestaltung der *Anfänger*vorlesungen und -übungen im Fache selbst. Das Hineinkommen in sein Studiengebiet ist heut für den Mittelbegabten äußerst schwierig. Die Fülle sich widersprechender Standpunkte und Systeme muß den Anfänger erdrücken. Es gibt heut in keinem Fach mehr jene »summa«, wie sie das Mittelalter kannte. Ein weiterer Mangel unserer Einrichtungen besteht darin, daß die allgemein-notwendigen Einführungsvorlesungen nicht in jedem Semester wiederkehren. In manchen Fächern muß der Anfänger wie beim Puffspiel eine ganze Zeitlang warten, bis er »einsetzen« kann. Darin äußert sich die ungünstige Kehrseite unserer ganz freien Unterrichtsorganisation. Gewiß, dem führenden Gelehrten ist nicht zuzumuten, daß er immer wieder dasselbe liest. Sein Reichtum besteht in der immerwährenden Neugestaltung des Stoffes. Aber jene Feinheiten, die gerade er in die Einführungsvorlesungen hineinlegen möchte, werden von den Anfängern als solche weder bemerkt noch geschätzt. Sie brauchen für ihre Wanderung zunächst eine ganz einfache Landkarte. Nun haben wir in Deutschland bisher die Einrichtung der sog. »Kurse« nicht gekannt, wie sie in vielen ausländischen Hochschulsystemen gebräuchlich ist. Zu ihrem Wesen gehört, daß sie einen im ganzen feststehenden Stoff behandeln, daß sie ihn elementar behandeln, daß sie regelmäßig wiederkehren, und vielleicht auch, daß ihr Besuch pflichtmäßig ist. Wir brauchen die Bindungen nicht allzu fest zu machen; aber das Bedürfnis nach Darbietungen, die in solchem Sinne didaktisch gut sind, zugleich aber innerlich beleben und anregen, besteht bei weitaus den meisten Studenten. In manchen Studienfächern wird es heut bereits durch eine sorgfältig organisierte Unterstufe befriedigt. In anderen fehlt es daran noch ganz. Wir dürfen uns nicht schämen, auf diesem Wege weiterzugehen. Dabei taucht dann auch die vielverhandelte Frage der Studienpläne wieder auf. In Wissenschaften, die selbst eine strenge Systematik haben, ergeben sie sich von selbst (so z. B.

in den Anfängen des mathematischen und technischen, teilweise auch des juristischen Studiums), in anderen Fächern wird mindestens eine sinnvolle Beratung zu planmäßigem Aufbau des Studiums stattfinden müssen. Eine solche Planmäßigkeit aber ist nur möglich, wenn auch die Darbietung von Vorlesungen und Übungen planmäßiger erfolgt als bisher.

3. Die Aufgabe dieser einführenden Fachvorlesungen wäre aber nicht im deutschen Sinne erfüllt, wenn sie nicht zugleich in einem humanistischen Geiste den Blick weiten für die größeren Zusammenhänge, denen sich das begrenzte Fachgebiet und Berufsstudium einordnet. In früheren Zeiten hat man diese Leistung von der Philosophie erwartet. Der philosophische Gesamtrahmen alles Wissens war ja fast die Hauptidee der klassischen deutschen Universität. Später verengte sich die Philosophie zu einer allgemeinen Erkenntnis- und Methodenlehre. Das ist aber nicht mehr das Ganze, was heut gesucht und gebraucht wird. Vielleicht handelt es sich dabei überhaupt nicht um eigentliche Philosophie, sondern um eine allgemein gerichtete Kultur- und Lebenskunde. Die Brücken zum Gesamtleben, vor allem auch zum praktischen Leben, müssen sichtbarer gemacht werden. Der Plan der humanistischen Fakultät, den die studentische Generation von 1920 vertrat, lag wohl schon in dieser Richtung. Heut erwartet man etwas Ähnliches von der Soziologie. Wer ihr diese Kraft nicht zutraut, wird lieber von inhaltlich ausgemalter Kulturphilosophie reden. Irgendein Gegengewicht gegen das Fachbanausentum aber *muß* es geben. Ich habe den Eindruck, als ob sich die Ausstrahlungen ins Allgemeine, ins Methodische wie ins Weltanschauliche, heut mehr vom Zentrum eines jeden Faches selbst aus bildeten, als daß farblos neutrale philosophische Vorlesungen noch dieses Wunder wirken könnten. Der junge Mann sucht Orientierung in der Welt, Durchblicke ins Ethische und Metaphysische. Aber er steht an einer bestimmten Stelle, von der aus er seine Zukunft meistern will, und er versteht das Allgemeine am besten, wenn es zunächst in der Sprache vorgetragen wird, die man in seiner geistigen Provinz zu reden pflegt. –

Dies alles aber wäre unvollkommene Hilfe für das Leben wie die Wissenschaft, wenn nicht die ganze Unterstufe stets umweht würde von dem Hauch der vorwärtseilenden und produktiven Wissenschaft. *Deshalb* muß die geschilderte Unterstufe mit der Gesamtuniversität in organischer Verbindung bleiben. Es muß von Anfang an dem Lernenden fühlbar sein, daß es über diese elementaren Darbietungen hinaus ein Höheres gibt, zu dem er sich emporarbeiten kann, wenn er das Zeug dazu in sich hat. Er muß gleichsam aufgelockert werden, damit *ein geistiger Wille* in ihm wird. Nicht die Trennung der zielbewußten Berufsbildung von der wissenschaftlichen Universität würde dem deutschen Wesen gemäß sein, sondern nur der Organismus einer einheitlichen Anstalt. Sie hat, ganz im Geiste der ursprünglichen Universität, den Sinn für die Bedeutung der *Grade* wieder zu beleben. Es gibt ein Stufensystem von Weihen. Und es war verfehlt, daß wir im 19. Jahrhundert diese Abstufungen fallen ließen, unter der Fiktion, die Wissenschaft sei vom ersten bis zum letzten Schritt in der gleichen, ganz freien Weise, ohne eigentlich methodische Hilfeleistungen, zu erobern.

Die Durchführung dieser Stufenbildung aber ist für jedes Fach ganz individuell. Sie muß für jedes folglich neu und originell durchdacht werden. Ich weiß, daß sich da im einzelnen viele Schwierigkeiten entwickeln werden, die meine Ausführungen noch nicht umfassen. Die Hauptsache ist, daß der Aufbau und das Wachstum ständig von dem produktiven Kopf des Faches überwacht wird; der Idee nach soll es also der Ordinarius oder die Ordinarien des Gebietes sein. Deshalb vollzieht sich das Ganze im Rahmen der Institute oder Seminare; die Fakultät als Ganzes tritt nur ein, wo ihre Arbeitsbereiche sich berühren oder schneiden. Glückt ein solcher Aufbau, so muß er den wissenschaftlich führenden Hauptvertretern des Faches die Möglichkeit liefern, nun mit einer Elite zu arbeiten, d. h. mit denen, die aus der Unter- oder Mittelstufe als erprobte Talente herausgewachsen sind. Zu seinem eigenen Nutzen wird er von Zeit zu Zeit (falls er es versteht) auch mit den Anfängern arbeiten. Liegt aber die ganze Verantwortung für sie auf ihm, so muß notwendig seine Kraft für Pflichten draufgehen, die ihm die Freiheit zu schöpferischem Weiterstreben nehmen.

Damit berühren wir freilich den schwierigsten Punkt des ganzen Planes. Denn für diese Umstellung muß ein Dozententypus geschaffen werden, den es bis heut nicht gibt. Er müßte nämlich vom guten Assistenten, vom guten Studienrat, vom guten Repetitor, aber auch vom frei suchenden Gelehrten je eine Seite an sich haben. Und damit ist unendlich viel verlangt. Vor allem sei betont, daß der Privatdozent als solcher nicht der Mann ist, an den hier in erster Linie gedacht wird. Der Privatdozent als durchaus freie, im Forschen wie im Lehren ungebundene Person ist für das Gesamtgefüge der Universität zu wichtig, als daß man ihm die Bindungen zumuten könnte, die hier erwachsen. Er mag sich beteiligen, wenn ihm die Aufgabe liegt. Aber selbst der Lehrauftrag, den er etwa hat, darf nicht durch Fesselung an feste Linien des Lehrens beengt werden. Andernfalls würden die Kräfte schon an der Wurzel gehemmt, die wir für die Wipfelbildung immer brauchen werden. Gerade im Augenblick ist es besonders schwer, Lehrtalente, wie sie für die Unterstufe gebraucht werden, in genügender Zahl zu gewinnen; denn die zahlreich entstehenden Sonderhochschulen saugen gerade jetzt die Persönlichkeiten an sich, die durch besondere Gabe wissenschaftlichen Lehrens ausgezeichnet sind. Überhaupt wird das Ziel nicht mit einem Schlage erreicht werden können. Die neue Form muß sich *entwickeln.* Dibelius hat in seinem Aufsatz ›Die Überfüllung der Universität‹ (Deutsches Philologenblatt 1930. Nr. 18. S. 265 ff.) Vorschläge gemacht, die mir um so beachtlicher scheinen, als sie einen ständigen Wechsel des Personals und damit die innere Lebendigkeit und Fruchtbarkeit des Lehrbetriebes gewährleisten. Aufträge für Lebenszeit würden jedenfalls etwas Bedenkliches haben. Andererseits gehört zu erfolgreichem Lehren eine Beherrschung des Stoffes und durchgebildete Erfahrung, die der wissenschaftlich tüchtige, junge Doktor noch keineswegs hat. Um im fruchtbaren Sinne elementar zu sein, bedarf man der Kennerschaft.

III.

Unter den Reformvorschlägen taucht immer wieder die Forderung auf, die Vorlesungen abzuschaffen oder sie doch zugunsten der Übungen in die zweite Linie zu drängen. Es ist dies einer jener Gedanken, die jeder für vernünftig halten muß, bis ihn die Erfahrung über die Schwierigkeiten der Durchführung belehrt hat. Wir sprachen schon von dem fruchtbaren Prinzip der Arbeitsschule. Wenn es sich aber um wirkliches Arbeiten handelt, so ist es selbstverständlich, daß niemand mehr als *höchstens* drei Arbeitsgemeinschaften im Semester mitmachen kann. Mehr gibt die menschliche Natur einfach nicht her. Und diese Gemeinschaften dürften schwerlich mehr als 30 Teilnehmer haben, wenn jeder zur Aktivität herangezogen werden soll. Der Stab an Übungsleitern müßte also ungeheuer erweitert werden. Unsere heutigen Proseminare, die oft 300 und mehr Teilnehmer haben, gehören natürlich auch in den Bereich jener Fiktionen, mit denen die Universität sich trösten muß. Es zeigt sich bald, daß die Mehrzahl in die Passivität des Zuhörens versinkt.

Aber auch aus anderen Gründen ist die Vorlesung unentbehrlich. Sie soll – der Idee nach – den neuesten Stand der Wissenschaft in persönlicher Durchdringung zeigen. Sie enthält folglich, wenn sie dieser Forderung entspricht, etwas, das in keinem Buch zu finden ist. Vielmehr ist sie gleichsam das Buch im Prozeß seiner Entstehung, mit lebendiger Sprache vorgetragen. Schon der Lautsprecher setzt diesen *lebendigen* Kontakt herab. Von da ist nur ein Schritt bis zur Verbreitung durch den Rundfunk. Es ist eigenartig, daß viele, die sich nicht nur mit den Mängeln der Rundfunklehrvorträge abgefunden haben, sondern diese neue Form geradezu begeistert begrüßen, nicht genug gegen die Vorlesungen auf der Hochschule

Sturm laufen können, weil diese die Erfindung der Buchdruckerkunst ignorierten. Mit Recht kann gegen die Vorlesung gesagt werden, daß sie oft schlecht ist, d. h. schlecht gehalten wird; ebenso, daß sie schlecht gehört wird (die Mehrzahl der Studenten weiß gar nicht, *wie* man von einer guten Vorlesung Gebrauch macht und sich durch sie zur Aktivität anregen läßt). Schlecht ist die Stoffaufschwemmung in manchen Vorlesungen, die zur Ausdehnung auf immer mehr Stunden und gar Semester führt. Denn die Vorlesung bleibt Hilfsmittel zum Studium. Sie ist keineswegs schon selbst Studium. Für die Einführungsvorlesungen ist die Verbindung mit einem Kolloquium in besonderen Stunden zu empfehlen. Auch dies aber setzt eine mäßige Hörerzahl voraus. Und eine Täuschung wäre es, zu glauben, daß ein Kolloquium schon den Namen der Übung verdiente. Allerdings ist auch die heutige Schule bisweilen nicht ganz frei von der Gefahr, einen Debattierklub mit dem Prinzip der Arbeitsschule zu verwechseln. Diese beginnt doch erst da, wo in heißer eigener Mühe und in tätiger Berührung mit dem Stoff gerungen wird, der seine strengen *Forderungen* stellt.

Das Arbeitenkönnen in diesem Sinne muß *vorausgesetzt* werden, wenn die höhere wissenschaftliche Arbeit einsetzt. Nach unseren Erfahrungen wird diese Fähigkeit, ja schon die Fähigkeit verständnisvollen Lesens und *geordneter* schriftlicher Gedankenäußerung, nicht immer von der Schule mitgebracht. Es ist undenkbar, daß der Universitätsprofessor diese Dinge in seinem Hauptseminar erst lehren soll. Deshalb muß ihm eine »angelernte« Teilnehmerschaft zugeführt werden, die bereits in den Anfängerübungen die allgemeinsten Einstellungen und Handgriffe geübt hat. Ich gestehe, daß ich mich unter diesem Gesichtspunkt mit einem Gedanken zu befreunden beginne, den ich bisher aus der alten Universitätsidee heraus entschieden abgelehnt habe: nämlich mit der Einführung von Zwischenprüfungen. Sie haben nicht nur den Wert, die Tüchtigeren auszusieben und sie dem höheren »Grad« zuzuführen, sondern sie dienen auch der Selbstprüfung, zu der der Student bei dem heute herrschenden System während eines langen Studiums viel zu selten Gelegenheit erhält. Die Folge ist, daß auch die Abstoßung der Ungeeigneten viel zu spät erfolgt. Berufstragödien wie die, daß jemand erst am Schluß der praktischen Ausbildungszeit seine Unfähigkeit für den gewählten Beruf einsieht, haben hierin ihre Wurzel. Der alte Liberalismus unseres Verfahrens hatte Sinn bei einer übersehbaren Zahl. Handelt es sich um Massen, die die Berührung des Dozenten mit dem einzelnen nicht mehr gestatten, so muß organisiert werden.

Unter diesem Gesichtspunkt sind auch die sog. »großen Vorlesungen«

für Studierende sehr verschiedener Fächer zu verwerfen. Sie stammen aus einer Zeit, wo es dem Spezialisten noch möglich war, auch seine Hilfswissenschaften von einem rein wissenschaftlich-systematischen Standpunkt aus in sich aufzunehmen. Heute braucht der Mediziner, der Botaniker, der Apotheker einen Chemievortrag, der ihn auf die gerade für ihn wichtigen Methoden und Resultate hinleitet. Keine didaktische Kunst vermag selbst eine Philosophievorlesung für all die verschiedenen Mentalitäten, die sie treffen soll, gleichmäßig geeignet zu gestalten. Daher die viel bemerkte innere Unfruchtbarkeit der Beschäftigung von fachwissenschaftlich Interessierten mit der Philosophie.

Wenn alle hier geäußerten Vorschläge in der Richtung lagen, die Universität in einem guten und berechtigten Sinne pädagogischer zu machen, so wird freilich auch eine Abänderung der Staatsprüfungen damit verbunden sein müssen. In vielen Gebieten kommt es noch heute vor, daß über das Ergebnis eines vieljährigen Studiums, über den inneren Berufswert oder -unwert eines Menschen nur auf Grund einer einstündigen Berührung, ohne sonstige persönliche Kenntnis, entschieden wird. Das ist für ein Zeitalter, das sich seines psychologischen Verständnisses und seiner Auslesemethoden rühmt, ein »Skandal der reinen Vernunft«. Aber wir überschreiten damit die Grenze unseres Themas. –

Der Grundgedanke, von dem meine Anregungen getragen sind, stellt sich im Rückblick dar als ein entschiedenes Bekenntnis zu der Idee der deutschen Universität, die in deutschen Formen nichts anderes ist als die Idee der platonischen Akademie. Beide sind geboren aus der Überzeugung, daß Menschen von höherer Kulturverantwortung innerlich dazu erweckt sein müssen, *aus der Wahrheit zu leben*. Der Wahrheitssinn ist nicht eine der vielen möglichen Ideologien, d. h. der Gedankenbildungen, mit denen man *sich* in der Welt durchsetzen kann. Sondern die Wahrheit soll sich im Menschen und durch ihn in der Welt durchsetzen; mit ihr die Gerechtigkeit und das Gute überhaupt. Denn diese drei sind untrennbar. Mag diese Wahrheit uns im Ergebnis nie rein beschieden sein: wenn das Suchen nach ihr nicht an der Wurzel des Bemühens gesessen hat, so ist es nichts als Sophistik und geistige Klopffechterei, was herauskommt. Wenn wir also unter diese Idee eines sich selbstüberwindenden, der Sache und ihrem Gesetz dienenden Wahrheitssuchens herabsinken, so ist ein ewiges Licht erloschen, das der Menschheit schon einmal sichtbar geworden war. Schwerlich wird jemand sich gegen das Ziel der Wahrheit in den Naturwissenschaften verhärten. In den Geistes- und Gesellschaftswissenschaften aber möchte man wieder in die Übersetzung zurückfallen, die das griechische κρείττων mit »mächtiger« statt mit »besser« wiedergibt. Und damit wären wir wieder bei der Auseinandersetzung, die schon vor 2400 Jahren gespielt hat und zu deren Träger Plato damals Sokrates und Polos-Kallikles machte. Wohin wir in diesem Streit gehören, ist uns keinen Augenblick zweifelhaft.

Liegt also hier das Ewigkeitsmoment im deutschen Universitätsgedanken, so bedarf es doch immer neuer Formen, um die Erweckung dieser Idee dem Leben der wechselnden Geistesart der Menschen und den Besonderheiten der geschichtlich-gesellschaftlichen Lage anzupassen, zugleich aber auch den neuen *Anwendungs*bereichen gerecht zu werden. Dieses Wirksammachen der Idee auf den besten uns möglichen Wegen, die pädagogische Besinnung über unser Verfahren mit den Menschen gehört auch zu unseren Pflichten. Und in dieser Hinsicht dürfen die Formen nicht starr werden.

Vielleicht bedarf es ausdrücklicher Erwähnung, daß die Hüter der deutschen Universität nicht im entferntesten danach fragen, aus welchen gesellschaftlichen Schichten ihre Jünger herkommen. Ja es ist ihr beglükkendstes Erlebnis, wenn der Funke der echten Wissenschaft, die immer auch gestaltend ist, in solchen Seelen zündet, die einer bisher unerweckten geistigen Schicht angehören. Man sende uns so viele von ihnen, als nur kommen können. Freilich haben wir ihnen nichts anderes zu bieten, als unser eigenes Bemühen um Wahrheit und Erkenntnis. Wer da meint, dieser Geist der Wahrheit mache untauglich zum Leben, mit dem werden wir vergeblich Verständigung suchen. Denn wir deuten Goethes berühmten Satz so, daß das Wahre immer fruchtbar ist. Aber wir können nicht zugeben, daß das Fruchtbare, verstanden als das hier und jetzt Nützliche, deshalb auch schon immer im höheren Sinne wahr ist.

Probleme der Begabtenförderung*

1930

Ich habe den Auftrag, den Sie mir erteilt haben, so verstanden, daß ich über die allgemeinen Probleme reden soll, die sich aus der Idee und der Durchführung einer solchen Einrichtung wie der Studienstiftung ergeben, und daß ich dabei diejenigen Punkte in den Vordergrund stellen soll, die sich für die daran anknüpfende Diskussion eignen. Nicht aber habe ich geglaubt, daß es meine Aufgabe sei, die auftretenden Schwierigkeiten auch alle gleich zu lösen; ein großer Teil von ihnen ist derart, daß ich sie eigentlich im voraus für unlösbar erklären muß. Das ergibt sich schon aus der allgemeinsten Natur der Studienstiftung. In der Welt hat es auch früher Stiftungen gegeben, die für Begabte die volle Ausbildung auf einen Beruf möglich machen sollten. Aber wo das sonst geschehen ist, da war dieses Verfahren immer gerichtet auf einen ganz bestimmten Menschentypus, den man gleichsam züchten wollte. Die Ausbildung im Kloster, die Ausbildung der Stipendiaten, die die »reine Lehre« der Reformation tragen sollten, die Ausbildung für militärische oder beamtenmäßige Dienste im absolutistischen Staate, sie waren immer orientiert an einer ganz eindeutig festgelegten Leistung, die man auf ebenso eindeutig kontrollierbaren Wegen zu erzielen strebte. Nun ist aber die Studienstiftung insofern etwas völlig anderes, als sie keinen solchen Menschentypus angeben kann; vielmehr ist das Ideal, das sie mit den Stipendiaten erreichen will, zunächst ein außerordentlich weites und unbestimmtes. Man könnte diesen Gedanken auch etwas anders formulieren: wenn sonst Stipendien gegeben werden, etwa an einen Schüler, so hat er die Aufgabe, ein guter Schüler zu sein; und wenn der Kadett auf Staatskosten erzogen wird, wird nichts weiter von ihm erwartet, als daß er ein guter Kadett sei. Aber wir würden nicht in gleicher Weise sagen können, daß die Studienstiftung von ihren

* Referat, gehalten auf der ersten Zusammenkunft der Vertrauensdozenten der Studienstiftung des Deutschen Volkes und einzelner Mitglieder des zentralen Arbeitsausschusses der Studienstiftung, die am 30. und 31. Mai 1930 in Berlin im Harnackhaus stattfand.

Schützlingen nichts anderes fordere, als daß sie gute Studenten seien. Jedenfalls würde das wohl eine allzu enge und nicht im letzten Sinne der Stiftung liegende Aufgabe bedeuten. Diese Unbestimmtheit der Idealsetzung hat Gründe, auf die ich nur kurz hinzuweisen brauche. Wir kennen in unserer zersplitterten geistigen Lage keinen Menschentypus, der als absolut ideal bezeichnet werden könnte. Wir haben aber auch zweitens in der Universität als Ausbildungsstätte nicht ein so eindeutiges Ziel, daß jeder gleich wüßte, in welcher Weise er ihren eigentlichen Sinn am besten erfüllt. Denn diese Bildungsanstalt ist in erster Linie bestimmt zur Förderung der Wissenschaft und Forschung; sie ist ferner Stätte der Bildung für höhere Kulturberufe; sie soll endlich der Ort sein, an dem man seine Persönlichkeit zur Reife durchbildet, vielleicht auf dem Wege der Philosophie, jedenfalls in der Richtung auf eine feste persönliche Weltanschauung.

Die Studienstiftung ist im wesentlichen – ich bitte um Verzeihung, wenn ich auf die besonderen Verhältnisse der Technischen Hochschulen nicht eingehe – angewiesen auf die Einrichtungen der Universität. Sie betrachtet aber diese nur als Durchgangsstätte, in der Menschen gebildet werden sollen für ein Ziel in der Ferne. Mit anderen Worten: nicht der gute Examenskandidat, nicht der Mann, der gute Universitätszeugnisse erringt, ist das Ideal, sondern es handelt sich um ein wesentlich unbestimmteres. Ich versuche nun, zunächst dieses Ziel sozusagen in seinen Minimalbestandteilen zu umreißen.

I. Wenn die Studienstiftung keinen Normaltypus anstrebt, so zeigt sie sich darin beeinflußt von der deutschen Humanitätsidee, für die wertvolles Menschentum in einer Fülle von verschiedenen Ausprägungen zu denken ist. Aber zu diesem wertvollen Menschentum gehören gewisse Eigenschaften, die wir für unseren Fall etwas spezieller formulieren können. Wir stellen Anforderungen an die Gesinnungsqualitäten der Menschen, die zu uns kommen; dann auch an ihre Leistungen und ihre Leistungsfähigkeit; beides aber soll bei ihnen in einer so engen Beziehung stehen, daß die Leistung durchdrungen ist von der Gesinnung und eigentlich erst von ihr aus ihren tieferen Wert empfängt. Demgemäß beruht das Ziel, das wir uns hier setzen, auf drei Anforderungen.

Wir meinen erstens den sich verantwortlich fühlenden Menschen, zweitens einen geistig produktiven Menschen – ich sage absichtlich nicht nur einen »intellektuell« produktiven Menschen –, und wir erwarten drittens einen Menschen, der einen Beruf in sich fühlt, nicht nur vor sich oder gar außer sich fühlt. Ich darf diese drei Anforderungen mit wenigen Worten vielleicht noch schärfer bestimmen.

Wenn ich an die Spitze stellte, daß der Mensch, der nach unserem Ideal geartet ist, ein Mensch sein soll, der sich verantwortlich fühlt, so bedeutet das jene gebundene Freiheit, für die auch der deutsche Idealismus eintrat. Früher hätte man sagen können: der Mensch der Pflicht oder der Mensch, der »Welt in sich aufgenommen hat« und sich nun für die Gestaltung der Welt, in der er lebt, verantwortlich weiß. Heute wird stärker betont die soziale Gesinnung, und schon der Name »Studienstiftung des Deutschen *Volkes*« deutet darauf hin, daß wir an Menschen denken, die für ihr Volk künftig zu arbeiten und zu dienen bereit sind. Ich weiche vielleicht in meiner Auffassung insofern ein wenig von dieser Betonung des Sozialen ab, als es mir nicht das Höchste erscheint, sich gegenüber einer vorhandenen Gesellschaft oder Gemeinschaft verantwortlich zu fühlen; die eigentliche Verantwortung ist doch immer die Verantwortung vor dem Göttlichen oder Guten, und insofern ein Volk Gefäß dieser Werte ist, insofern besteht diese Verantwortung auch vor dem Volk. Aber die Bindungen liegen in einer höheren Schicht, sie erwachsen nicht nur aus der gegebenen Wirklichkeit. Oder anders gesagt: wir werden mit dem sozial gesinnten Menschen, der uns wünschenswert erscheint, nicht den bloßen Volksfreund meinen, sondern denjenigen, der aus höheren und höchsten Bindungen heraus für das sittliche Gedeihen des Volkes arbeitet, in diesem Sinne also ein sich verantwortlich fühlender Mensch ist; – ich könnte auch sagen: der wache Mensch, der jederzeit den Appell in sich empfindet, in die Situation, wie sie sich gestaltet hat, aus sittlichem Gewissen heraus einzugreifen.

Die zweite Forderung betraf den geistig produktiven Menschen. Da wir überhaupt an überdurchschnittliche Qualitäten denken, so wird derjenige, der bloß rezeptiv zu sein vermag, jedenfalls nicht unseren stillen Vorstellungen entsprechen. Aber wir meinen auch nicht – und das ist vielleicht ein Gegenstand, über den wir uns aussprechen müssen – einen Menschen, der nur in der Wissenschaft produktiv ist. Wir Professoren sind natürlich ganz besonders daran interessiert, daß die Wissenschaft als ein besonderes Arbeitsgebiet der Kultur gedeiht, und wir werden geneigt sein, diejenigen unter unseren Jüngern hochzuschätzen, die an unserem Werke dauernd produktiv mitarbeiten. Jedoch wäre es wohl im Sinne der gesamten Volkskultur eine zu enge Auffassung, wenn wir nur den künftigen *wissenschaftlichen* Arbeiter als geeignet für unsere Kreise ansehen wollten; vielmehr meinen wir einen Menschen, der auf Grund von Wissenschaft und auf Grund von gestaltender Denkkraft eingreift in das Leben, einen Menschen, von dem man im 17. und 18. Jahrhundert gesagt hätte, daß er jugement, daß er Urteilsfähigkeit besitze, der also seine erarbeitete Theorie auch hineinzulegen weiß in die Wirklichkeit.

Statt dessen wird nun manchmal auch gesagt, wir könnten nur Führernaturen brauchen, und die Auslese müsse sich auf solche Führernaturen erstrecken. Ich fürchte, daß das zu den Phrasen gehört, an denen unsere gegenwärtige Sprache nicht allzu arm ist. Denn Führer im wesentlichen Sinne wird man nur in der Auseinandersetzung mit dem Leben selber, und solange man sich auf der Stufe der Studien befindet, kann man im stillen die Sehnsucht haben, es zu werden; aber sich da schon als Führer auszugeben oder ausgeben zu lassen, scheint mir eine übertriebene Redeweise.

Endlich aber wird das Dritte zu fordern sein: nämlich daß derjenige, den wir für unsere Zwecke geeignet finden, einen *Beruf* in sich fühlt. Das mag noch ganz unbestimmt sein, so daß Veränderungen, Schwankungen, mindestens Nuancierungen nachträglich eintreten; aber es müssen Menschen sein, denen bereits deutlich geworden ist, daß sie eine Lebensaufgabe haben, und daß sie ihre sittliche Kraft für das einzusetzen haben, was sie wollen. Wenn einer nur mit allgemeiner Begabung kommt, ein sog. vielseitig interessierter junger Mann, so scheint er mir vermöge dieser Artung noch nicht geeignet, bei uns zu kandidieren. Es müßte sich schon andeuten, daß er weiß, was er will. Je mehr er dies auf Grund einiger Lebensoffenheit und Lebenskenntnis will, um so mehr wird er für unseren Kreis passen.

Diesen drei Anforderungen wäre nun freilich eine vierte hinzuzufügen, die zunächst mehr dem äußeren Gebiete angehört. Es gibt sehr viele mit den eben genannten Eigenschaften, die in der Lage sind, sich selbst zu helfen. Aber für uns kommen nur diejenigen in Frage, denen geholfen werden *muß*. Dies würde in der Formel lauten: es muß auch der Faktor der Bedürftigkeit hinzutreten. Wie nun innerhalb der Studienstiftung diese Bedürftigkeit zu verstehen ist, das unterliegt sehr weitgehendem Zweifel, wie er in konkreten Fällen schon aufgetreten ist. Ich möchte es so ausdrücken: ein Bewerber würde dann für uns in Frage kommen, wenn er jenen inneren Anforderungen genügt und außerdem niemand da ist, von dem er gemäß einem sittlichen Anspruch oder einer Vertrauensbeziehung die Mittel für sein Studium erwarten darf. Konkret könnte das etwa folgende Gestalt annehmen: der Sohn ist mit seinem Vater zerfallen aus Gründen, die ein anderer zu achten genötigt wäre. Dann würde er wahrscheinlich bei uns nicht deswegen abgelehnt werden, weil der Vater sich in günstigen Verhältnissen befindet. Die Absicht ist in jedem Falle, die so Bedachten aus der Notwendigkeit der Erwerbsarbeit für einige Jahre herauszuheben. Die früher viel gerühmten und aus Not viel unternommenen Versuche mit dem Werkstudententum halte ich für eine halbe Lösung. Es soll nicht verkannt werden, wieviel menschliche Werte aus der Tätigkeit im praktischen Beruf einem jungen Menschen zuwachsen können. Jedoch sind wir an der Universität überzeugt, daß die Jahre des Studiums Jahre eines stillen Reifens sein müssen, und daß die Ablenkungen, die sich durch die Notwendigkeit des Erwerbes ergeben, überwiegend auf der Minusseite gebucht werden müssen. –

Die Motive, aus denen sich die Öffentlichkeit der Fürsorg für solche Studenten zuwendet, sind wohl so zu deuten, daß ein Volk ein Interesse daran hat, ja geradezu auch eine sittliche Verantwortung dafür trägt, daß die Spitzen des Geistes in der Jugend eine möglichst hohe und volle Ausbildung genießen. Jedoch darf, glaube ich, aus dieser sittlichen Verpflichtung seitens der Öffentlichkeit oder des Volkes nicht das Umgekehrte abgeleitet werden, daß der einzelne deswegen, weil er begabt ist, einen *Anspruch* hätte. Der Anspruch liegt, wenn man einen solchen auf der anderen Seite überhaupt feststellen will, bei der Jugend als Gesamtheit. Die Jugend kann erwarten, daß ihr die ältere Generation hilft, aber der einzelne darf das nicht dahin deuten, als ob *er* von Natur so glücklich ausgestattet wäre, daß das Volk verpflichtet sei, für ihn einzutreten. Ich möchte sogar sagen: wer sich den Anschein gibt, diesen Anspruch zu vertreten, erweist sich damit allein schon als nicht geeignet für uns. Nun muß man bedenken, welch schwierige Situation für einen jungen Menschen entsteht, der auf der einen Seite keinen Anspruch hat, aber andererseits nach unserem Wunsch auch kein peinliches Empfinden haben soll; es bleibt für ihn nichts anderes, als durch ernstestes Bemühen den Beweis zu liefern, daß er wirklich unter den Erwählten der Berufene ist.

II. Nehmen wir die hier angedeuteten Idealforderungen als richtig an, so entsteht für die Praxis die wichtige Frage, wie wir aus der Fülle bloß schon der Bewerbungen die wahrhaft Geeigneten herausfinden. Es ist von vornherein nicht ausgeschlossen, daß gerade die Geeignetsten sich *nicht* beworben haben. Wir kommen also jetzt zu dem Thema: *Diagnostik und Prognostik*, zu den Gewissensnöten, die die Herren seit Jahren in ihrer vollen Individualität empfunden haben, die ich aber hier nur philosophisch und spekulierend entwickeln kann, in der Erwartung, daß man mich in der Aussprache korrigiert und belehrt.

Ein Teil dieser Schwierigkeiten ist *genereller* Art, d. h. sie bestehen für jeden einzelnen Fall. Es bedarf keiner Erwähnung, daß es eine *absolute* Sicherheit der Prognose nicht geben kann. Die einfache Tatsache, daß der Mann vor der Zeit stirbt, würde unsere Berechnungen außer Kraft setzen. Eine Hauptschwierigkeit liegt in der eigentümlichen Situation des Lebensalters, in dem die Auswahl erfolgen muß. Es ist nicht mehr das Lebensalter der eigentlichen Pubertät, obwohl es uns Älteren manchmal so vorkommt, als wären noch gewisse Reste davon da; sagen wir also: das Alter der Nachpubertät vom 20. bis 22. Jahre, eine Lebensstufe, auf der weitaus die Mehrzahl der Menschen sich über sich selbst noch nicht klar ist. Wenn wir das heute in besonders großem Umfange konstatieren, müssen wir uns erinnern, daß die Bedingungen, unter denen heut die Jugend aufwächst, ganz andere sind als je. Wir wuchsen in eine Welt hinein, die eine bestimmte Gestalt hatte. Man konnte, selbst wenn man gegen diese protestieren wollte, jedenfalls mit einem *bestimmten* Gegner ringen. Wenn man ihr zustimmte, wußte man, in welche Zusammenhänge man sich hineinzubilden hatte. Das fehlt nun in der gegenwärtigen Lage ganz, und wer die Studenten kennt, weiß, daß die ernstesten besonders darunter leiden. Malen wir uns aus, daß uns die Aufgabe gestellt worden wäre, im Jahre 1769 über Goethe eine durchaus sichere Prognose abzugeben oder im Jahre 1835 über Otto von Bismarck. Ich glaube, die Studienstiftung hätte sich trotz ihrer glänzenden Methoden irren müssen, vielleicht gerade deswegen, weil in diesen Naturen ein solcher Reichtum war, daß sie sich in kein Zensurenschema hineinfügen konnten. Dies möchte ich bitten, ganz generell im Auge zu behalten, damit uns nicht das Malheur passiert, immer nur an die Normalen zu kommen, die nicht ausschlagen.

Wenn wir die Geeigneten finden wollen, müssen jene vier Faktoren gegeneinander abgewogen werden, wobei schon fraglich ist, wie man so Verschiedenartiges auf einen Nenner der Berechnung bringen soll. An der Spitze steht die ethische Frage: ist es ein Mensch von der Gesinnung, von dem Ernst des Bewußtseins, wie wir ihn brauchen? Das ist ungeheuer schwer zu sagen, beinahe etwas Unmögliches. Wenn wir wiederum an Bismarck denken, so würde er die Probe nicht zu seinen Gunsten bestanden haben. Erkundung von Gesinnungen halte ich überhaupt für eine Sache, über deren Sicherheit man sich leicht Illusionen macht. Wir haben ja schon Gesinnungs*tests*; aber daß sie nicht Gesinnungen im höchsten Sinne treffen, brauche ich kaum zu erläutern.

Das Zweite ist das intellektuelle Moment, das Begabungsmoment, das in der Fassung meines Themas bezeichnenderweise den Hauptton erhalten hat. »Begabtenförderung« ist ein ungemein schwieriges Gebiet. Ich habe vor Jahren in meinem kleinen Heft ›Begabung und Studium‹ (Teubner, Leipzig 1917) den Versuch gemacht, wenigstens einige Grundtypen der wissenschaftlichen Begabung abzuleiten. Dabei ist mir aber klar geworden, wie wenig wir über die Geheimnisse wissenschaftlicher Begabung wissen. Auf welchen allgemeinen seelischen Qualitäten z. B. die Produktivität eines Physikers beruht, ist schwer zu sagen, obwohl uns in der Rede von Helmholtz, die er zum 70. Geburtstag gehalten hat, eine große Zahl höchst charakteristischer Andeutungen gegeben worden ist. Wir sind überhaupt noch nicht so weit, daß innerhalb der einzelnen Studienfächer die Fachvertreter theoretisch darüber nachgedacht hätten, *was* für Begabungen sie brauchen. Sie haben sowohl von ihrer eigenen Begabung praktischen Gebrauch gemacht, wie gehofft, daß die Begabung der Schüler sich in der Arbeit selbst kundgeben würde. Ob wir in Zukunft diese Probleme weiter theoretisieren können, ist fraglich. Ich würde nicht einmal dazu raten. Selbst wenn wir eindeutig feststellen könnten, was für Begabungen erforderlich sind, würden wir die ganze Fülle der konkret hemmenden oder fördernden Momente doch nicht berücksichtigen können. Es gibt gerade unter den bedeutenden Menschen solche, die sich langsam und schwerfällig entwickeln, weil sie mit besonderen Schwierigkeiten in sich zu ringen haben, die der Durchschnittliche gar nicht merkt. So besteht für uns die Gefahr, daß die Anpassungsfähigen den Vorzug vor denen erhalten, die aus einer dunklen Schwere des Temperaments und des Suchens heraus arbeiten.

Ostwald hat in seinem Buch über die großen Männer gerade dies als Kriterium für eine ungewöhnliche wissenschaftliche Begabung aufgestellt, daß der Betreffende nicht zufrieden sei mit dem, was in der Universität geboten wird. Ich empfehle, dies zum Maßstab für die Aufnahme in die Studienstiftung zu machen! Diejenigen, die sich gründlich *gegen* die Einrichtung der Universität und die Beschaffenheit der Universitätsprofessoren wenden, sind vielleicht die künftigen Genies. Aber ohne solche Übertreibung möchte ich betonen, daß wir bei der Prognose einer künftigen Entwicklung jedenfalls den Wert des produktiven Irrtums nicht unterschätzen sollen. Jeder Student weiß, daß die als verloren bezeichneten Semester diejenigen sind, in denen ihm aus ungeahnten Quellen Wertvolles zugewachsen ist. Das ist für uns eine Schwierigkeit – wir können verlorene Semester nicht extra honorieren. Es ergibt sich schon hier, daß die Methoden, mit denen wir arbeiten, notgedrungen ziemlich grob sind.

Noch mehr gilt das für das dritte Moment. Ob einer das, was er während der wissenschaftlichen Ausbildung erworben hat, in seinem inneren und äußeren Beruf produktiv verwerten könnte, ob er die nötige Baukraft, die nötige Lebensgestaltungskraft besitzt, dafür haben wir kaum ein ganz sicheres Vorgefühl. Und ob gerade die Professoren immer diejenigen sind, die über die künftige Lebensbewährung ihrer Schüler mit Sicherheit urteilen können, ist mir ebenfalls zweifelhaft.

Mit dem vierten Punkt, der bei dieser Diagnostik in Betracht zu ziehen ist, dem Bedürftigkeitsmoment, ergibt sich für die Studienstiftung die Aufgabe, mitzuhelfen zu einer gesunden *Aufstiegs*bewegung im Volke.

Wenn sie auch nicht einzelne Stände ausdrücklich zu bevorzugen hat, so muß sie doch ein Interesse daran haben, aus denjenigen Kreisen die Begabungen herauszuholen, die sonst ihrer allgemeinen sozialen Lage nach nicht so leicht mit der Universität und dem geistigen Leben in Verbindung kommen. Sie sucht zu ihrem Teil den Aufstieg zu organisieren. Nach liberaler Theorie sollte sich der Aufstieg von selbst machen; es entspricht einer mehr sozialistischen Auffassung, frei emporstrebenden Kräften durch ausdrückliche gesellschaftliche Maßnahmen zu Hilfe zu kommen. Soll dabei nicht das Durchschnittliche künstlich in die Höhe gefördert werden, so wird die Aufgabe der individuellen Diagnostik außerordentlich schwer.

Zusammengenommen: Wir stehen hier mit unseren Absichten eigentlich dauernd vor der Gefahr eines *providentiellen Rationalismus*. Mit unserer ziemlich schematischen Vernunft möchten wir Vorsehung spielen und sind über uns selbst oder die Mitarbeiter außerordentlich unzufrieden, wenn uns dies nicht gelingt. Schicksale zu machen ist im ganzen Leben immer eine höchst gefährliche Sache, die sich schlecht belohnt. Uns bleibt jedoch bei unserer Aufgabe nichts anderes übrig, als diesen Versuch zu unternehmen, freilich eingedenk all der Unvollkommenheiten, die notwendigerweise dabei bestehen müssen. Wir sind nicht so optimistisch wie die Amerikaner, über die ich vorhin gerade mit meinem Freunde *Litt* sprach. Er erzählte mir, daß ein amerikanischer Seminardirektor die Überzeugung geäußert hätte, es werde künftig durch die Fortschritte der Wissenschaft möglich sein, jeden Menschen zu dem zu erziehen, was man auf Grund psychologischer Diagnose mit ihm erreichen wolle, und wenn er davon nicht überzeugt wäre, würde er die ganze Pädagogik aufgeben und lieber Zigaretten verkaufen. Zu diesem Typus von Denkern gehören wir selbst, bei all unserer Anhänglichkeit an die Wissenschaft, wohl samt und sonders nicht. Auch in unserem Kreis ist zwar vermutlich schon der Gedanke aufgetaucht, man solle Tests anwenden, um gleichmäßig zu verfahren; aber alle Tests haben ja den Mangel, daß sie immer prüfen, wie weit ein Mensch sich als *Mittel* eignet für einen vorausgesetzten Zweck. Wir aber wollen Menschen fördern, die fähig sind, sich selber Ziele zu setzen, die persönliche Wertentscheidungen treffen, gerade auch über berechenbare Situationen hinaus. Mit dieser Psycho-Technik also können wir nichts anfangen. Wir sehen den Menschen zu sehr als ein Ganzes, wir sehen ihn zu sehr als Individualität; wir sehen aber auch einen Faktor, auf den ich noch aufmerksam machen möchte, weil er uns bei unserer Einstellung leicht entgehen könnte: die ungeheure Kraft der Energie-Kompensation. Wenn jemand merkt, daß er bestimmten Anforderungen nicht genügt, so ist nicht gesagt, daß es dabei bleiben muß, sondern es ist denkbar, daß sich aus diesem Mangel durch schärfste Anspannung des Willens eine ganz erstaunlich gesteigerte Fähigkeit entwickelt. Ich darf ein Beispiel erzählen, das mir bei einer Prüfung begegnet ist: Es handelte sich um einen Menschen, der so schwer hörte, daß er die Prüfung nur mit Hilfe des Taubstummenlehrers ablegen konnte. Dieser Mensch hatte sich autodidaktisch zu einem vergleichenden Sprachforscher entwickelt. Er beherrschte gerade die feineren phonetischen Probleme und hatte schon Dinge entdeckt, zu denen die Sprachwissenschaft eben erst vorzudringen begann. –

So viel über die generellen Schwierigkeiten der Diagnose und Prognose. Nun komme ich zu speziellen Schwierigkeiten, d. h. zu solchen Sonderfällen, die immerhin mit einer gewissen Häufigkeit auftreten können. Vielleicht darf ich zum Vergleich die Erfahrungen heranziehen, die ich bei der vor einigen Jahren eingerichteten Prüfungskommission für die Immatrikulation von »Hochbegabten« gemacht habe. Die Fälle sind ja in mancher Beziehung mit den unsrigen vergleichbar. Hochbegabtenprüfung freilich heißt das Examen schon nicht mehr, sondern offiziell »Begabtenprüfung«, und im Publikum »Kulturexamen«. Unter denjenigen, die bei dieser recht ernst und streng gehandhabten Prüfung Erfolg gehabt haben, gibt es außerordentlich verschiedene Typen. An erster Stelle stehen solche, an die man wohl besonders gedacht hat: Menschen, die sich aus einer ganz ungeistigen Sphäre emporringen in das Geistige, und die man infolgedessen anders wägen muß als solche, die, hindurchgegangen durch eine höhere Schule, schon seit Jahren mit der Geistigkeit dauernd in Berührung sind. Die Art, wie sich das Geistige bei solchen Proletariern andeutet, ist viel gehemmter und verhüllter im Vergleich dazu, wie die hoffnungsvolle Geistigkeit eines Abiturienten sich andeutet. Wir werden das auch für uns im Auge behalten müssen. – Eine zweite Kategorie sind die abnorm Einseitigen, die auf bestimmten Gebieten dauernd versagen, dafür aber Spitzenleistungen auf ihrem Gebiete erzielen. Mir ist der Fall eines jungen Mannes bekannt, der im Griechischen auf der Schule nicht mitkam, aber im Chinesischen dann erstaunlich schnelle Fortschritte machte. – Zur dritten Kategorie zähle ich die Berufserprobten, die sich im Leben als tüchtig erwiesen haben und die als zuverlässige Arbeiter auch noch weitere Stufen erklimmen werden. – Einen vierten Typus bilden die »Inkommensurablen«; so nenne ich diejenigen, die einfach nicht imstande sind, den normalen Weg zu gehen; sie können nur nach ihrer Natur leben, sie *müssen* einen Sonderweg gehen, könnten im Leben kein Abiturium machen. In diesem Kreis der Inkommensurablen findet sich dann gelegentlich auch einmal ein Genie. – Endlich die letzte Kategorie: die Psychopathen, die eine gesteigerte Leistungsfähigkeit in dieser oder jener Richtung aufweisen, die aber durch andere Eigenschaften ihrer Natur immer gefährdet sind und von denen man niemals sagen kann, ob sie eine fruchtbare Entwicklung haben werden. –

Wenn ich diese flüchtige Klassifizierung mutatis mutandis auf die Situation der Studienstiftung anwende, dann, glaube ich, müssen wir bei der ersten Kategorie uns das Auge dafür schärfen, daß die Kriterien für den zukunftreichen Arbeitersohn andere sind als für den zukunftreichen Sohn aus unseren Kreisen, daß aber auch der Bauernsohn wieder seine ganz eigentümliche Note hat. Für beide ist ja der Weg der Vergeistigung keineswegs ein reines Glück, sondern auch verbunden mit einer unsäglichen Not. Sie müssen gegen etwas in sich arbeiten, was zu ihrem zentralsten Besitz gehört. Dem Bauern gelingt das leichter, weil er immerhin auf dem Boden der Tradition weiterbauen kann. Bei dem Arbeiter ist die Gefahr größer, daß die einseitige Weiterentwicklung seiner Intelligenz ihn auseinanderspaltet, so daß die Errungenschaften seines Kopfes nicht in seine gesamte sonstige Natur hineinwachsen. Er fühlt sich dann dauernd als ein dualistischer Mensch, der nicht zu einem festen Mittelpunkt gekommen ist. Man hat schon jetzt in der Universität Beobachtungen ähnlicher Art machen können. Wir haben viele seminaristisch ausgebildete Volksschullehrer gehabt, die weiterstudierten. Darunter sind uns zwei Qualitäten begegnet: solche, die, ursprünglich reich veranlagt, mit Leichtigkeit das Universitätsstudium absolviert haben, andere aber, denen das Studium zum Verhängnis wurde; denn das Wenige, was sie mit großem Fleiß erlernt hatten und was mit Note I zensiert worden war, das wurde ihnen durch eine nachträglich darübergebaute neue Begriffswelt derartig in Unordnung gebracht, daß sie nichts mehr an den richtigen Platz bringen konnten; all die komplizierten Termini und Kategorien wurden ihnen niemals zu persönlichem Besitz. Hier zeigt sich schon, daß bei geringer Begabung die Herkunft aus einer nichtgeistigen Zone größere Schwierigkeiten macht und daß das Hineinarbeiten der Wissenschaft in die persönliche Selbständigkeit des Geistes vielfach überhaupt mißlingt. Aber auch die wirklich Begabten haben es im Anfang viel schwerer. Man darf diese Schwerfälligkeit, die oft gerade auf starkem Eigenleben beruht, nicht mit dem gleichen Maße messen wie die leichte Beweglichkeit von früh Geschulten.

Die zweite Kategorie waren die Spezialisten. Es ist eine praktische Frage, über die wir vielleicht diskutieren werden, ob die durchaus einseitig gerichteten Begabungen bei uns berücksichtigt werden sollen, oder ob der Name *Studienstiftung des Deutschen Volkes* eben doch die Forderung einer breiteren Aktionsfläche in sich schließt als der spezifisch wissenschaftlichen Begabung für ein ganz enges Sonderfach. – Was die fleißigen und zielbewußten Arbeiter der dritten Kategorie betrifft, so werden wir sie am allerleichtesten zu fassen bekommen. Große innere Gefahren sind in ihrer Konstitution nicht enthalten; sie sind diejenigen, deren Leistungen man ohne jeden Schaden vierteljährlich kontrollieren kann; sie gehen in der Tat kontinuierlich weiter. – Anders die Inkommensurablen; diese zu finden, ist Sache eines besonderen Blickes. Stellt man sie anderen vor, findet man vielleicht keinen Glauben; hat man selbst diesen Glauben, so hat man doch keinerlei Gewähr, ob das Wagnis gelingt. Diese Art wird bei uns wahrscheinlich ausscheiden. Nicht so sicher sind wir vor dem letzten Typus, den Psychopathen. Ich habe in meiner ganzen akademischen Praxis nur einen jungen Menschen kennengelernt, von dem ich sagen konnte, daß sich an ihm geniale Züge fänden; aber er war gleichzeitig ausgesprochener Psychopath, und alles, was sich hätte entwickeln können, wurde immer wieder durch eine Heftigkeit seines Wesens zerstört, die nichts zur vollen Reifung gedeihen ließ.

Dies mag genügen, um die Schwierigkeiten der Diagnostik an einigen Sonderfällen zu charakterisieren. Die Prognose ist noch viel schwerer und vielleicht dem besten Menschenkenner unmöglich. Denn das wissen wir alle, die wir lange durchs Leben gegangen sind: mag auch von innen her alles erfüllt sein, äußere Schicksale brechen oft die frühen Blüten ab, und wir ahnen vor allem nie, wie weit die Gefährdung durch sexuelle Stürme einen hoffnungsvollen jungen Menschen zu Fall bringt.

Noch etwas anderes müssen wir berücksichtigen, wenn wir die Entwicklungskurve unserer Studenten beurteilen. Man weiß, daß in jedem normalen Studium ein toter Punkt kommt, so ungefähr im 4. oder 5. Semester, wenn der Reiz der ersten Eindrücke vorbei ist, wenn sich zeigt, daß die Last der Literatur gar nicht zu bewältigen ist, und wenn die wachsende Nähe des Examens den Ernst deutlicher macht. Dann ist mancher geneigt, den ganzen Kram hinzuwerfen. Für manche pflegt das der Punkt des Scheiterns zu sein, für andere der fruchtbare Punkt, aus dessen Nöten heraus sie nun überhaupt erst den Weg finden, der für sie bestimmt ist. Ich möchte deshalb darauf aufmerksam machen, daß wir in diese Zeit nicht gerade die entscheidenden Prüfungen für die Weiterversorgung setzen dürfen. Es könnte dadurch etwas an der normalen Gestaltung dieser Entwicklungskurve zerstört werden. –

III. Zuletzt will ich von der *Kontrolle* reden, die wir für die endgültige Aufnahme üben und die in der Folgezeit fortgesetzt wird. Zunächst die eigentliche Aufnahmekontrolle: Wie ich hörte, ist darüber bei dieser Tagung schon verschiedentlich geredet worden. Über die Frage, wie weit Schulzeugnisse ein eindeutiges Symptom sind, wird schwer Einigkeit zu erzielen sein. *Dibelius* hat in diesem Jahr im ›Deutschen Philologenblatt‹ gerade die neuen Abiturientenzeugnisse einer ziemlich herben Kritik unterworfen: es sei aus ihnen für die Eignung zum Studium nichts Genügendes zu gewinnen. Man sagt, daß die künftigen Abiturientenzeugnisse etwas ausführlicher gehalten sein sollen. Ob das ein Segen sein wird, hängt davon ab, *wer* charakterisiert und welche Kategorien psychologischen Sehens den Betreffenden zur Verfügung stehen. Jedenfalls sind wir nicht durchweg davon überzeugt, daß ein günstiges Abiturientenzeugnis auch schon das Gedeihen auf der weiteren Linie gewährleistet. Was die anderen Hilfen betrifft, z. B. die Empfehlungen von seiten zuverlässiger Männer, so weiß ich nicht, wie es bei der Studienstiftung gewesen ist. Bei der Begabtenprüfung hat man nicht genug darüber staunen können, daß oft von durchaus urteilsfähigen Persönlichkeiten Menschen empfohlen wurden, deren Durchschnittlichkeit klar zu erkennen war. Mit den Empfehlungen also scheint es recht unsicher zu sein.

Die fortlaufende Kontrolle während des Studiums ist mir, wie ich gestehe, eine höchst unsympathische Sache. Man versetze sich in diese Jahre zurück. Wir, die wir größtenteils mit innerer Anteilnahme studiert haben, hätten am Schluß jedes Semesters immer etwas in der Hand haben sollen, was uns über den Erfolg dieses Semesters ausweisen konnte. Ich wäre dazu nicht in der Lage gewesen, und diejenigen Semester, wo ich es gekonnt hätte, waren die monotonsten, Semester, in denen man tat, was man *mußte*, und innerlich nicht viel weiterkam. Immerhin: ich sehe nicht, wie eine Stiftung, die über die Verwendung ihrer Mittel selbst Rechenschaft ablegen muß, ohne solche Semesterzeugnisse auskommen will. Deshalb sprach ich von unlösbaren Schwierigkeiten. Wir stützen uns dabei wesentlich auf das Zeugnis der Professoren. Diese Professoren, wenn sie etwas sehen können – wozu Gott ihnen helfe –, sehen nur das wissenschaftliche Fortschreiten. Aber wenn man wissen will: wie steht es mit diesem *Menschen*, wie lebt er privat, wie sieht es z. B. mit seiner Sexualität aus? dann können sie naturgemäß nichts sagen. So oft ich einen Hauslehrer empfehle, füge ich hinzu, daß ich nur beurteilen kann, was ich von dem Manne gesehen habe; vielleicht hat er Seiten, die ich vermöge meiner Stellung zu ihm nie zu sehen bekommen konnte.

Endlich, am Schluß der Studienzeit, erscheint jenes Problem, das heute schon berührt wurde und das offenbar ein sehr wesentliches Problem ist: nämlich ob die Wahl der Examensart den von der Studienstiftung Geförderten offenstehen soll. Ich war aufs äußerste erstaunt, als ich zum ersten

Male den konkreten Fall erlebte, daß die Studienstiftung das *nicht* tut; sie macht einen Unterschied zwischen dem Doktor- und dem Staatsexamen. Ich habe mir sagen lassen, daß das gute realistische Gründe habe; aber für die innere Entwicklung des Menschen ist es doch eine schwere Schädigung, wenn das Wissenschaftliche, das im Werden ist, sich nicht ganz frei nach der wissenschaftlichen Seite hin auswirken darf. Wenn nur gefragt wird nach dem Examen, das der Betreffende unbedingt für den Aufbau seiner Zukunft *braucht*, dann müssen wir deutlich erklären, daß wir nichts anderes im Auge haben als Berufsmenschen: Menschen, die sich im Berufe durch eigenen Erwerb erhalten können. – Bekanntlich wird in den letzten Semestern die Gewährung der Mittel auf die Darlehnskasse übernommen; auch dies scheint mir ein psychologisch ungünstiger Faktor. Denn das sieht so aus, als wenn die Studienstiftung die Geduld verloren hätte und man sich sehr beeilen müßte, aus diesen Zusammenhängen herauszukommen. Mit einem Wort: auch hier zeigt sich, daß wir dem Menschen, den wir zu innerer Freiheit bringen wollen, eine Fessel anlegen, daß wir seine Freiheit binden; und es wird gar nicht anders möglich sein, als daß wir auf diese Weise nur einen guten Durchschnitt bekommen. Die anderen, entweder weil sie drunter sind oder drüber sind, gehen durch die Maschen unseres Netzes hindurch. Trotz allem muß ich, im Gegensatz zu verschiedenen anderen Herren, bekennen, daß diejenigen, die mir als Mitglieder der Studienstiftung bekannt geworden sind, mit ganz wenigen Ausnahmen den Eindruck gemacht haben, daß sie sich von den anderen vorteilhaft unterscheiden und daß sie eine durchaus sorgsam gewählte Qualität darstellen. Nur was aus ihnen geworden ist, habe ich nicht bei allen feststellen können, weil bei vielen Studienstiftlern die Gewohnheit besteht, sich beim Übergang auf eine andere Universität ohne Abschied zu empfehlen und auf Nimmerwiedersehen zu verschwinden. Das möchte ich hervorheben, weil man als Vertrauensdozent doch gern wenigstens hörte, wann dieses Vertrauen praktisch nicht mehr gewünscht wird.

Ein letzter Gesichtspunkt, der mich in Berlin beschäftigt hat, ist die Frage, ob die Studienstiftler sich unter sich als Gemeinschaft fühlen sollen. Ich neige zu der Antwort: nein! oder jedenfalls nur in mäßigem Grade. Denn ich frage: *worin sollen* sie sich eigentlich als Gemeinschaft fühlen? Dabei ist mir schon verdächtig das »sollen«; denn wenn sich ein Kreis als Gemeinschaft fühlen *soll*, so ist das eine gefährliche Sache. Entweder können sie sich als Gemeinschaft fühlen in ihrer Eigenschaft als pueri oblati, Opferknaben, die ein gemeinsames Schicksal haben; sie können sich aber auch gemeinsam fühlen als Elite. Das ist manchmal allzusehr unterstützt worden. Es war sehr freundlich von einem Herrn Unterrichtsminister gedacht, daß er einmal die Studienstiftler seiner Stadt in die Räume des Ministeriums lud und bewirtete. Aber wie muß sich ein junger Mensch fühlen, wenn links ein Ministerialrat sitzt und rechts eine gnädige Frau! Das ist keine Situation, in der er eine gute Figur machen *kann*. Ich habe damals recht fatale Eindrücke empfunden. Es sind im Grunde doch alles noch werdende Menschen. Man darf von ihnen nicht erwarten, daß sie immer nur einen günstigen Eindruck machen. So soll es in einer Gemeinschaft der Studienstiftler einmal vorgekommen sein, daß sie sich sehr skeptisch über die Frage unterhalten haben, warum es notwendig sei, daß man überhaupt Wissenschaft treibe. Es wäre gewiß nicht gut, dieses Thema gerade vor die Ohren der Regierung der Studienstiftung zu bringen; aber solche innere Bewegung muß auch da sein. Soll die Gemeinschaft immer unter der Kritik der Öffentlichkeit stehen, die unausgesetzt Besonderes von ihr erwartet? Das einzige, was man für die geschlossene Gemeinschaft der Studienstiftler sagen könnte, wäre, daß von ihrem Geiste eine Veredelung des studentischen Geistes überhaupt ausgehen sollte. Das wäre, weiß Gott, sehr notwendig. Aber gerade deshalb sollten sie nicht so als »die Eigentlichen« herausgehoben werden aus der Gesamtheit; vielmehr: wenn sie die Richtigen sind, werden sie schon in dem ihnen zugänglichen Kreis günstig wirken, und es wird für die Studienstiftung eine Freude sein, wenn es gerade Angehörige der Studienstiftung sind, die unter den übrigen Studenten die Führung übernehmen. –

Alles in allem: vollkommen ist die Einrichtung, die hier aus bestem Wollen geschaffen wurde, nicht; aber sie hat ihre großen Vorzüge; sie hat in ihrem Rahmen bereits ganz ausgezeichnete Methoden entwickelt, und wir können sie in der gegenwärtigen Situation eigentlich nicht mehr entbehren. Für einen wesentlichen Vorzug halte ich es, daß überhaupt einmal in Deutschland durch eine solche Institution das Bewußtsein dafür geweckt wird, ein Volk habe eine Verantwortung für die Fortpflanzung der geistigen Güter, die es besitzt. Wir hatten bisher die Vorstellung, dafür sorge der Staat, der ja sonst für alles sorge. Eine restlose Verstaatlichung der Studienstiftung würde ich für einen Schaden an ihrem Geiste halten. Im Gegenteil, es ist wünschenswert, daß neben der Studienstiftung auch andere Stellen mitwirken, wie privates Mäzenatentum, Heimatverbände und – schon etwas bedenklicher – berufsständische Verbände. Sie können das ihrige tun, um nach dem Muster unserer Einrichtung auch andere Studenten zu fördern; vielleicht wäre dies sogar eine sehr erfreuliche Nebenwirkung, wenn der Weg, den die Studienstiftung vorangegangen ist, anderen Kreisen allmählich zum Vorbild würde. –

Zum Schluß ein Selbstbekenntnis: Ein Vertrauensdozent, der so viele

Forderungen an die Studienstiftung stellt, muß wohl erwarten, daß ihm die Gegenfrage gestellt wird: »Was tust du, um den Forderungen der Studienstiftung gerecht zu werden?« Ich gestehe, daß es damit unter den Berliner Verhältnissen schlecht bestellt ist. Man hat kaum Zeit, sich wissenschaftlich um die Studenten des eigenen Faches zu bekümmern, geschweige denn menschlichen Verkehr mit einer Gruppe zu pflegen, zu der man keine unmittelbaren Beziehungen durch die Seminararbeit und andere fachliche Bänder hat. Vielleicht sind Kollegen mit geringerer direkt amtlicher Belastung besser daran. Aber es ist leider so: die Erwartungen, die man auf unsere individuelle Fürsorge für die Studienstiftler setzt, *können* wir an einer großen Universität nicht erfüllen. Ein Ideal, das unerfüllbar ist, läßt man besser fallen. Vielleicht bieten sich noch andere Wege, um den Mitgliedern der Stiftung irgendeine persönliche Betreuung zu sichern. Männer aus den Berufskreisen, in die die Studenten hineinstreben, stellen sich möglicherweise zur Verfügung. Auch ihnen könnte die Berührung mit der nachstrebenden Jugend fruchtbar werden.

Über Sinn und Grenzen einer Hochschulreform *

1932

Ew. Magnifizenz! Herr Senator!
Hochansehnliche Versammlung!

Wir alle ,die wir hier vereinigt sind, haben das Bewußtsein, mit der kurzen Spanne unseres Daseins in eine Epoche unerhörter Weltwandlungen hineingeworfen zu sein. Die größten Mächte sind zerbrochen; Gesellschafts- und Wirtschaftsformen werden revolutioniert. Es erscheint als selbstverständlich, daß die Stätten, an denen das Geschlecht der Zukunft seine höchste Bildung empfängt, ebenfalls ganz neue Formen empfängt. Die Pflicht der Hochschulen, Tradition und historischen Zusammenhang zu wahren, scheint zurückzutreten gegenüber dem Auftrag, Gefäß eines Neuen und ganz Anderen zu werden.

In der Tat: Hochschulreform ist seit der Revolution der Schlachtruf aller politischen Gruppen. Und sehr im Gegensatz zu den Stimmen des Auslandes, die im ganzen die deutsche Hochschule für gesund, ja nachahmenswert erklären, regt sich neuerdings auch innerhalb der Hochschulen allenthalben ein lebhafter Reformwille, seitdem die Überfüllung sowohl die Möglichkeit der Forschung wie die Höhenlage und den Erfolg der Lehre in Frage gestellt hat. Wenn ich die Ehre haben soll, diesen großen Problembereich vor dem Hochschultag auf einem Boden, der unseren Herzen teuer ist, aufs neue zu behandeln, so sind Beschränkungen des Themas erforderlich, von denen ich drei im voraus formulieren will.

Zunächst: wenn auch die übermäßige Steigerung der Studentenzahlen unser fühlbarstes akutes Leiden ist, so kann doch dieser Notstand heute nicht im Vordergrund der Betrachtung stehen. Es ist unwiderleglich klargestellt, daß seine Hauptursachen nicht innerhalb der Hochschule selbst, sondern in beklagenswerten Umständen unseres nationalen Daseins überhaupt zu suchen sind. Von der Hochschule aus sind diese Mißstände nur in

* Eröffnungsvortrag, gehalten am 5. Oktober 1932 auf dem VII. Deutschen Hochschultag in der Aula der Technischen Hochschule Danzig.

geringem Umfang zu bekämpfen, nämlich durch sinngemäße Auslesemethoden vor dem Studium und während des Studiums, von denen später die Rede sein wird. Maßnahmen auf Zeit zu empfehlen, ist immer bedenklich, weil solche Neuerungen nach dem Aufhören der Notzeit schwer wieder zu beseitigen sind. Wir haben, auch bei der erhofften Wiederkehr normaler Verhältnisse, dauernd mit höheren Besucherziffern zu rechnen, als sie aus einem geordneten Wachstum folgen würden. In allen Staaten hat die moderne Gestaltung der Kultur eine plötzliche Verbreiterung der höheren Bildungsbedürfnisse gezeitigt.

Zweitens: meine Ausführungen werden sich in erster Linie auf die Universität beziehen, weil mir ihre Verhältnisse allein aus langer Mitarbeit nahe vertraut sind. Sie vor allem ist dem Kreuzfeuer weltanschaulicher Gegensätze ausgesetzt. Die allgemeinsten Gesichtspunkte werden auch für die anderen wissenschaftlichen Hochschulen anwendbar sein. Der innere Lehrbetrieb aber steht überall unter besonderen Bedingungen. Von vornherein werden wir darüber einig sein, daß die deutsche Wissenschaft in sehr hohem Maße auf der Arbeit der hochschulmäßigen Lehranstalten beruht. Aber ihre Wissenschaftspflege ist nicht identisch mit dem Leben der Wissenschaft selbst. Sondern es handelt sich hier um den großen Sektor der Wissenschaft, der vom Staat gefördert wird, und zwar mit der wesentlichen Aufgabe der *Lehre*, im Gegensatz zu den Akademien und Forschungsinstituten. Nicht die Wissenschaft allein ist unser Problem, sondern immer die Zweiheit: Wissenschaft und Staat, also die staatlich geordnete Wissenschaftspflege. Schon damit ist die Lebensverbundenheit der Wissenschaft betont, während man sonst die Wendung »Wissenschaft und Leben« als harte Antithese zu empfinden pflegt.

Endlich: durch alle herbe Kritik der Gegenwart an den Leistungen der Hochschulen klingt ein Anspruch an sie und ein Vertrauen hindurch, die ehrenvoll sind, uns aber mit allzu großer Verantwortung belasten. Besonders die Jugend erwartet von der Universität vielfach die *ganze* Erneuerung Deutschlands, wenn nicht gar die Führung in eine völlig neue Weltepoche hinein. Jeder Professor soll nach ihr auch ein »Führer« sein, und jede Hochschule soll mindestens einen Fichte haben. Demgegenüber müssen wir erklären: Wir wollen das Unsrige mit ganzer Kraft zu leisten bemüht sein. Sollte einigen von uns darüber hinaus noch Größeres gelingen, so wollen wir es als Gnade dankbar preisen.

Dieses Unsrige nun hätte man früher einfach abgeleitet aus der »Idee der Hochschule«. Und als den festen Kern dieser Idee hätte man – im Anschluß an Plato und die deutschen Idealisten – die *Idee der Wissenschaft selbst* hingestellt: sie vor allem sei strukturgebend für Forschertum und Lehre. Gerade hiergegen aber richtet sich die Kritik der neuen Zeit. Von rechts wie von links ertönt die Behauptung: auch die Hochschule müsse zuerst einer soziologischen Beurteilung unterworfen werden; alle zu fordernden Wandlungen ergäben sich aus der veränderten Stellung der Hochschule in einer veränderten und künftig weiter zu revolutionierenden Gesellschaft. Diesen Hauptangriffen Rechnung tragend, beginne ich mit einer Erwägung der soziologischen Faktoren im weitesten Sinne; ich wende mich dann zu der inneren Problematik der gegenwärtigen Wissenschaftslage und gehe im dritten Teil von diesen Grundlagen aus auf die eigentlich hochschul*pädagogischen* Probleme: auf Lehre, Bildung und Nationalerziehung ein.

I. Soziologie ist das Zauberwort unserer Zeit. Sie gilt als die Grundwissenschaft, die überall das erste und entscheidende Wort zu sagen hat. Auch die Wissenschaft erscheint nur als eine Funktion gesellschaftlicher Gruppen und Mächte. An den Anfang stellen viele demgemäß nicht die reine ewige Wissenschaftstheorie, die aus der Idee der Wahrheit folgt, sondern die Wissenssoziologie. Es ist hier nicht der Ort, um an dem Wissenschaftscharakter der heutigen Soziologie Kritik zu üben. Genug: ein einfacher Blick auf den empirischen Befund zeigt, daß die Soziologie, die von den Kritikern der Hochschule gemeint ist, eine Aktualitäts- und Kampfwissenschaft ist. Als solche hat sie denn auch, mit einigen maßvollen Einschränkungen, *Hans Freyer* gekennzeichnet. Jede politisch aktive Gruppe hat *ihre* Soziologie, und sie folgert daraus, daß Wissenschaft nichts anderes sein könne als theoretisch unterbauter Gruppenwille, als *Ideologie*.

Die Soziologie der Wissenschaft tritt nicht nur in Gestalt der gemäßigten Behauptung auf, daß Richtung und Stärke des wissenschaftlichen Interesses von der gesellschaftlichen Lage her *mit*bedingt seien, und daß diese als Auslesefaktor den tatsächlichen wissenschaftlichen Betrieb bestimme. Sondern sie schreitet zu der entschiedeneren Behauptung fort, daß jedes Wissenschaftssystem zu verstehen sei als gesellschaftliche Stoßkraft, als gedanklich unterbauter Machtwille, und somit als »Ideologie«. Hochschulreform muß von hier aus bedeuten: »zeitgemäße« Umbildung der Ideologie, auf der die Hochschule beruht, und folglich auch der, die sie zu propagieren hat.

Wir haben solche Tendenzen zuerst erfahren von marxistischer Seite. Von ihr aus wurde die Universität kritisiert als Trägerin einer bürgerlichen Ideologie: man forderte die Umstellung auf marxistische Grundlagen des Denkens. Von diesem Standpunkt aus mußte den verschiedenen Hochschulen die veränderte Aufgabe zugewiesen werden, Gesellschaftsfunktionäre für die kommende klassenlose Gesellschaft auszubilden. Sowjetrußland gibt das reine Beispiel, wohin eine solche Hochschulreform führen müßte.

Eine große, aus den Tiefen der Volksseele kommende nationale Bewegung ist seit kurzem dem Marxismus entgegengetreten. Auch sie aber betrachtet die Wissenschaft nur als Funktion gesellschaftlicher Kräfte, nunmehr des blutsmäßig verbundenen Volkstums. Auch sie bekämpft den bürgerlichen Geist und wittert in den liberalen Formen der deutschen Universität einen Feind, den es zu bekämpfen gilt.

Man male sich den Gang der Dinge weiter aus! Mögen noch weitere politische Stoßwellen kommen oder nicht: aus solchen Grundanschauungen, aus dieser Ideologienlehre, muß folgen: einmal, daß der Sinn der Wissenschaft sich überhaupt auflöst. Sie ist ja immer nur maskierter Macht- und Kampfwille. Für alle Gruppen muß einmal die Stunde der Demaskierung kommen. Ferner folgt, daß von den Trägern der Hochschule ein ständiger Gesinnungswechsel verlangt wird, und zwar nicht nur in politischer Absicht, sondern als *die* Vorbedingung des Weges zur jeweils rechten Wissenschaft. Schon auf das Beamtentum mußte solche Abhängigkeit zerstörend wirken. Die staatlich bestellten Träger der Wissenschaft aber verlören vollends den sittlichen Boden unter den Füßen, wenn man ihnen verböte, allein aus dem heraus zu forschen und zu lehren, was den Sinn ihrer Hauptfunktion ausmacht, nämlich dem Gewissen, das die Wahrheit sucht, die Wahrheit über den Parteien. Gibt es das nicht, so schließe man die Hochschulen und ersetze sie durch parteipolitische Erziehungsschulen. Damit würde einer der größten Gedanken der abendländischen Neuzeit verlorengehen: die Überzeugung, daß kein Staat im sittlichen Sinne existieren kann, der nicht die Wahrheitsgesinnung in sich aufgenommen hat. Ohne sie ist schon eine Rechtsgesinnung unmöglich.

Solchen Reformen also müssen wir uns verschließen gerade deshalb, weil wir für Volk und Staat zu arbeiten verpflichtet sind. Es ist unsere *deutsche* Gesinnung, die uns hindert, ideologische Stoßkräfte mit der immer nur gesuchten, aber im tiefsten Gewissen verpflichtenden Wahrheit zu verwechseln.

Deshalb aber sind die Hochschulen nicht in den luftleeren Raum des reinen Ideenreiches hineingebaut. Sie empfangen Einflüsse und Aufgaben vom nationalen Staat; sie wirken auf ihn befruchtend zurück. Sie sind an seiner Not und der Volksnot aufs brennendste beteiligt. Jeder Hochschullehrer hat außer seiner Wissenschaft als lebendiger Mensch auch seine Willenschaft. Aber wie es die Tugend des Baumeisters bleibt, gute Häuser zu bauen, und die Tugend des Landwirts, für die Volksernährung tätig zu sein, so ist es die Tugend des Hochschullehrers, echte Wissenschaft zu suchen und zu lehren. Für diese seine Domäne muß er Freiheit fordern, auch der Staatsführung gegenüber.

Solche Gedankengänge werden in der Gegenwart gern als Zeichen von Liberalismus gebrandmarkt. Es gibt nur noch einen schwereren Vorwurf in unseren Tagen, nämlich den der »Objektivität«. Beide Sünden scheinen geradezu die Erbsünde der Hochschulen zu sein. In der Tat, es ist nicht zu leugnen, daß die klassische Blütezeit der deutschen Universität nicht nur äußerlich mit den Anfängen des politischen Liberalismus zusammenfiel. Aber es gibt sehr verschiedene Arten von Liberalismus. Es gibt den Liberalismus der sittlich-religiösen Gewissensfreiheit wie den der schrankenlosen Wirtschafts- und Erwerbsfreiheit. Es gibt den ständischen Liberalismus des heimatgebundenen, bodenständigen Eigenlebens wie den der unbeschränkten Eigengesetzlichkeit einzelner Sinngebiete der Kultur. Wir werden uns dem suggestiven Zwang oberflächlicher Schlagworte entziehen müssen. Manche Formen des sogenannten Liberalismus sind überlebt; andere werden wir aus sittlichen Gründen ewig verteidigen müssen.

Der sogenannte liberale Geist, der Freiheitsgeist der Hochschulen, meint kein Grundrecht des abstrakten Individuums gegen Staat und Volk, sondern er meint im Gegenteil die strengste Bindung des einzelnen an ein geistiges Eigengesetz, das Gesetz der Wahrheit, aus dem das Reich der Wissenschaft überhaupt erst geboren wird. Für diesen Teil der Volksarbeit hat der Gelehrte und der Lehrer zu sorgen. Er, als Individuum, verschwindet gerade hinter der überindividuellen Macht der Wahrheit, der er zu dienen hat. Es gibt keine stärkere weltliche Bindung des Individuums, als die Bindung des Gewissens an das Wahrheitsuchen. Diese Art von Freiheit eines Christenmenschen kann man nicht ausrotten, weil wider das Gewissen zu handeln gefährlich und beschwerlich ist.

Mag aber dies Wahrheitsgewissen eine einsame Insel sein, in die kein fremder Blick hineindringt; was dieses Gewissen produziert, das konkrete Wissen, steht in tausend lebendigen Verbindungen mit Volk und Staat und Gesellschaft. Schon die inhaltliche Richtung der Fragestellung ist von den Inhalten und Formen dieser größeren Gemeinsamkeiten her bestimmt. Und so zögern wir nicht zu sagen: Das an den staatlichen Hochschulen gepflegte Wissen bleibt keine Wissenschaft um der Wissenschaft willen, sondern es hat die lebendige Aufgabe, der Gegenwart des Volkes und des Staates zu *dienen*, in mannigfachen Beziehungen, vor allem in der Bildung ihrer Jugend.

Insofern gilt nun allerdings der Satz, daß die äußere Struktur der Hochschulen, ihre Einrichtungen und Funktionsweisen soziologisch und politisch bedingt seien. Dies Eigenreich Wissenschaft soll wieder Volk und

Staat zu eigen werden. Beide sind in starken Umbildungen begriffen. Die Hochschulen werden davon nicht unberührt bleiben. Ich folgere daraus für die Gegenwart Forderungen, die weniger unter den Titel Hochschulreform fallen, als eine Reformation ihres Geistes meinen, wo sie nötig ist:

1. Die Hochschulen haben die sozialen, politischen, wirtschaftlichen und weltanschaulichen Bewegungen der Gegenwart in ihrer Forschung aufmerksam zu verfolgen und sollen mit ihrer Lehre klärend, fördernd in sie eingreifen. Dabei versteht es sich, daß die Gegenwart nie aus sich allein heraus verstanden werden kann, sondern nur genetisch und vergleichend.

2. Die Hochschulen sind verpflichtet, mit ihrer Forschung und Lehre der Volkseinheit und der Macht des Staates, der sie geschaffen hat, zu dienen, vor allem dadurch, daß sie keiner einzelnen Volksschicht zur Verfügung stehen, sondern ausdrücklich bestrebt sind, auch diejenigen Begabten an sich heranzuziehen, die nach der bisherigen Sozialstruktur den Zugang zur Hochschule nicht fanden. –

Umgekehrt: in den gegenwärtigen tiefgehenden Umwälzungen des deutschen Volkes und Staates hat die Hochschule dafür zu sorgen, daß ihre eigentümliche Aufgabe, die eine sittliche Pflicht bedeutet, die notwendigen äußeren Bedingungen für ihre Erfüllung findet.

Wir stehen vor der Reichsreform. Es darf zur Zeit als wahrscheinlich gelten, daß das Hochschulwesen (und damit *selbstverständlich* auch die staatlichen Forschungsinstitute, Bibliotheken usw.) in der Verwaltung der Länder bleiben. Die Hochschulen haben ein Interesse hieran. Denn ihre Bedürfnisse sind gerade deshalb individuell, weil sie durch eine lange Geschichte in den Boden von Heimat und Stammestum eingewurzelt sind. Hätten sie diese tiefere Lebensverbindung nicht, so wäre gegen eine zentralistische Reichsorganisation nichts zu sagen: Die abstrakte Wissenschaft fragt nicht, wem sie dient; die lebendige Wissenschaft läßt sich aus dem historisch-volksmäßigen Gesamtleben nicht heraustrennen. Wissenschaft, wie alles Ethische, muß wurzelecht sein.

Solange Staats- und Verwaltungsformen elastisch sind – und dieser Zeitpunkt geht schnell vorüber –, kommt es darauf an, für die Zukunft die nötigen Sicherungen zu schaffen, ohne die weder Forschung noch Lehre sinngemäß funktionieren können. Die Garantien gegen den Einfluß schnell wechselnder politischer Strömungen müssen fester werden: Der blasse Verfassungssatz von der Freiheit der Wissenschaft vermag für die Zukunft nicht zu genügen. Niemand, auch der Hochschullehrer nicht, wird die heilsamen Spannungen, die zwischen dem Staat und der Hochschule wesensmäßig immer wieder entstehen, fortwünschen. Aber gegen verantwortungslose oder fahrlässige Oktroyierungen aus parteipolitischen Motiven muß es eine staatsrechtlich gesicherte Berufungsinstanz geben, wie sie *Günther Holstein* gefordert hat. Über ihre Ausgestaltung im einzelnen zu reden, ist hier nicht möglich, zumal das Thema auf unserer Tagung gesondert behandelt wird.

Auch die innere Organisation der Universität muß so weit umgebildet werden, daß die Hochschule in ihren Auseinandersetzungen mit der Staatsregierung aktionsfähiger wird. Das Schwergewicht der wissenschaftlichen Selbstverwaltung wird bei den Fakultäten und Abteilungen bleiben müssen; ebenso liegt es in der Natur der Dinge, daß den Fachvertretern im Bereich ihres Faches der überwiegende persönliche Einfluß bleibt; denn sie vor allem sind sachverständig. *Ludwig Bernhard*[1] hat jedoch überzeugend ausgeführt, daß der Konnex *zwischen* den Fakultäten unzulänglich ist, und daß vor allem der Selbstverwaltungsspitze, dem Rektor, heute die Möglichkeit fehlt, sich über Vorgänge von weittragender Bedeutung im Innern der Fakultäten zu orientieren. Diesem Übelstand ist durch entsprechende Maßnahmen leicht abzuhelfen. Schwerer ist der Mangel zu beseitigen, daß der Rektor meist nur ein Jahr im Amte ist. Ich halte es für zweckmäßig, daß ein auf fünf Jahre gewähltes und wieder wählbares Mitglied der Juristischen Fakultät dem Rektor und Prorektor als Rechtsberater in Selbstverwaltungsdingen ständig zur Seite stehe. Damit der Rektor zu seinen Hauptaufgaben komme, sind seine nebensächlicheren Repräsentationsverpflichtungen abzubauen und auf die Senatoren zu verteilen. – Ein weiterer Wunsch in der Richtung auf Stärkung der selbständigen Aktionsfähigkeit der Hochschule: die Bildung eines eigenen großen Selbstverwaltungsfonds, wird unter den gegenwärtigen Verhältnissen schwer zu erreichen sein. Doch sollte die Verfügung über Stiftungen, die der Hochschule zufallen, ausnahmslos ihr selbst verbleiben.

Die überkommenen Einteilungen in Fakultäten und Abteilungen haben ihre viel empfundenen Mängel. Man sollte dafür sorgen, daß sie nicht zu einem zunftmäßigen Hemmschuh für die Entwicklung der Wissenschaft werden. Der *gute* Sinn der Zunft, nämlich die gegenseitige Niveaukontrolle, darf nicht verlorengehen. Daß die Kollegialverfassung der Fakultät sinnlos wird, wenn die Mitgliederzahl zu sehr wächst, sollte keiner näheren Ausführung bedürfen.

II. Kürzer lassen sich die Reformwünsche hinsichtlich des Wissenschaftsbetriebes in den Hochschulen erörtern. Die Forderung, man solle die Universität als Forschungsanstalt (bzw. als humanistisch-philosophische Lehr-

---

[1] Ludwig Bernhard, Akademische Selbstverwaltung in Frankreich und Deutschland. Berlin 1930.

anstalt) und die Berufshochschulen voneinander trennen, wird nie verstummen. Man kann darauf immer wieder nur dasselbe sagen: Frankreich ist diesen Weg gegangen und hat damit sehr schlechte Erfahrungen gemacht. Der Schade besteht ja nicht nur darin, daß die Berufshochschulen subalternisiert werden, daß sie zu einem starren Lehrgut für den unmittelbaren Gebrauch kommen, sondern vor allem in einer weitergehenden Auflösung der Einheit der Wissenschaft und also der Kulturauffassung, auf deren Wiederherstellung gerade dieselben Kritiker meistens Gewicht legen. Wir brauchen, wenn man schon nur vom »Bedarf« ausgehen will, heute mehr als je umstellungsfähige Menschen, die nicht in der Enge eines bloß spezialistischen Lernens und Denkens groß geworden sind. Man male sich aus, wie sehr etwa eine »Rechtshochschule« vom Strom des allgemeinen Geisteslebens abgeschnürt werden würde! Ich wiederhole, was ich schon einmal öffentlich ausgesprochen habe: Die Auflösung der Universität in Fachhochschulen würde einen notwendigen organischen *Lebens*zusammenhang zerschneiden. Auch die Forschung würde natürlich dabei verlieren, nämlich die Möglichkeit, sich einen fähigen Nachwuchs auszulesen; am meisten aber würden die Berufshochschulen dabei einbüßen; denn durch sie würde ein eng utilitarischer Geist geradezu geheiligt werden, den man schon heute im Hinblick auf das Volksführertum als schädlich geißelt. Gewiß besteht innerhalb der Universität eine gewisse Spannung zwischen ihren rein wissenschaftlichen Absichten und den Bedürfnissen einer sachgemäßen Berufsbildung. Aber sie gehört zu den vielen heilsamen Spannungen, die die deutsche Universität geradezu lebendig halten [2]. Das Ausland beneidet uns um dieses System; Frankreich hat sich ihm angenähert, Amerika beginnt es nachzubilden – wahrlich ein schlecht gewählter Zeitpunkt, um es bei uns zu beseitigen!

Wenn in Deutschland die Stimmen, die eine solche Forderung aussprechen, auch innerhalb der Hochschulen zahlreicher werden, so ist der psychologische Grund darin zu suchen, daß die Vertreter gewisser Hauptfächer, denen bei den heutigen Studentenzahlen die Lehraufgaben über den Kopf wachsen, aus der inneren Not heraus, *nicht mehr forschen zu können*, zu solchen Gedanken getrieben werden. Hier liegt nun wirklich ein ganz dringender Anlaß zur Hochschulreform. Mit bereitwilligen Beurlaubungen ist nicht geholfen; denn die produktive Kraft läßt sich nicht für beliebige, seltene Zwischenpausen aufstauen. Wer neue Prüfungen einführt und die Ferien verkürzt, »der mehret das Übel« – daran kann

[2] Vgl. Eduard Spranger, Das Wesen der deutschen Universität. In: Das Akademische Deutschland. Bd. 3. Berlin 1930. [In diesem Bande S. 82 ff.]

niemand zweifeln. Alle Betonung der pädagogischen Aufgaben kostet Zeit. Auf der einen Seite sollen die hauptamtlichen Dozenten, die man ja hoffentlich aus den produktiven Köpfen genommen hat, entlastet werden; auf der anderen Seite verpflichtet man sie zu vermehrter pädagogischer Aufmerksamkeit und individuellstem Eingehen. Wer diese Antinomie einmal oder jahrelang als eigenste Seelennot empfunden hat, der wird nicht mit leichter Gebärde über sie hinweggehen. Schließlich ist nicht jeder Professor in physischer Hinsicht ein Herkules. Es hilft hier gar kein anderes Mittel, als daß man dem Professor die freie Verfügung über die Ferien – geradezu moralisch *und* gesetzlich – garantiert. Nicht nur die Behörden, auch die Studenten sollten sich gewöhnen, diese Lebensnotwendigkeit anzuerkennen, und zwar strikte vom 1. März bis zum (wiederherzustellenden) 30. April, und vom 1. August bis zum 31. Oktober. Schon der Aufbau einer neuen Vorlesung erfordert die ganze Ferienzeit: ohne *neue* Vorlesungen aber versandet der Lehrbetrieb. Dem Laien ist das schwer klarzumachen. Der Laie aber glaubt auch, daß der Minister nur Unterschriften zu geben habe, und daß die Geheimräte immer Zeit hätten. Wie wenig kümmert man sich heute überhaupt um die *inneren* Bedingungen einer Berufsausübung, die nicht mechanisiert werden darf! –

Reformwünsche werden aber laut nicht nur in solchen Fragen *circa* sacra, sondern auch *in* sacra der Wissenschaft. Es ist ja bis in die Zeitungen hinein bekannt, daß wir in einer »Krisis der Wissenschaft« stehen. Dazu bemerke ich: wehe der Wissenschaft, die nicht das Bewußtsein hat, *immer* in der Krisis zu stehen! Die spezielle Krisis, um die es sich im gegenwärtigen Zeitpunkt überall – von den Naturwissenchaften bis zu den Geisteswissenschaften – handelt, könnte man als das *Standortproblem* bezeichnen. Der Koordinatenausgangspunkt ist überall strittig geworden. Dahin gehört die Relativitätstheorie ebenso wie die Frage nach der Voraussetzungslosigkeit der Geisteswissenschaften, der moderne Existentialismus ebenso wie die Wissenssoziologie und die mit ihr zusammenhängende Ideologienlehre. Aber was soll hier Reform helfen? Ein gesunder Organismus erzeugt die Heilkräfte aus sich selbst. Es wäre z. B. ein schwerer Fehler, wenn die Feststellung, daß in jedem wissenschaftlichen Ausgangspunkt schon ein weltanschauliches Moment steckt, dahin führte, daß man zum System der Weltanschauungshochschulen überginge. Es bestehen heute in Deutschland mindestens vier große Weltanschauungslager; soll es keinen Boden mehr geben, auf dem sie ernsthaft voneinander Kenntnis nehmen und sich auseinandersetzen? Damit würde die geistige Volkseinheit noch mehr gesprengt werden, als es nach unseren historischen Schicksalen schon der Fall ist. Es wird geradezu zur *wesentlichen* Aufgabe der

Wissenschaft, ihre Voraussetzungen und Standorte zu klären: *wissenschaftlich* wird dadurch immer ein Überlegenes, Gemeinsames erzeugt werden, wenn wir auch nicht mehr die Meinung hegen, daß ethisch-religiöse Glaubensüberzeugungen in reine Wissenschaft aufgelöst werden können.

Hier ist also organisatorisch nichts zu reformieren. Vielmehr wird derjenige, der noch gezweifelt hat, ob die frei gegeneinander beweglichen Formen der Universität einen Wert haben, jetzt zugeben: sie *müssen* so sein, damit keine dogmatische Starre der Wissenschaft eintrete. Es kann auch der Fall vorkommen, daß einmal die Regierung durch Berücksichtigung einer Richtung nachhilft, zu der sich die Fakultät nicht entschließen konnte. Aber es hat keinen Sinn und wird nicht vorkommen, daß der Minister der Wissenschaft befiehlt, zur Synthese überzugehen, wenn sie die inneren Möglichkeiten dazu noch nicht in sich trägt. Deshalb eben bedarf es der Freiheit der Wissenschaft, weil sie ihrem eigenen inneren Gesetz folgen muß: es läßt sich da nichts treiben und nichts hemmen: mit dem einzigen Zusatz, daß das »Leben« (d. h. die hic et nunc gegebene Kultursituation der Menschen von heute) ganz von selbst hier treiben, dort hemmen, nämlich bald seine Arbeitsenergie hierhin werfen und sie von dort zurückziehen wird. Diesem verwickelten Selbstregulierungsprozeß von Wissenschaft *und* Leben werden die Fakultäten ebenso wie die Unterrichtsverwaltungen die sorgsamste Aufmerksamkeit schenken müssen. Sonst allerdings werden völlig abgelebte Wissenschaftsformen zu Unrecht konserviert werden und neue nicht zur Entfaltung kommen.

Trotz allem: Die Jugend ist mit der Wissenschaft, die wir ihr als Lehrgehalt bieten, unzufrieden. Man blicke in die studentische Reformliteratur: sie ist voll von leidenschaftlichen Angriffen gegen unfruchtbare Dinge, die man lernen soll, gegen die vom 30. Lebensjahre an verkalkten Professorengehirne und gegen die völlige Lebensferne der Hochschulen von heute.

Dazu ist dreierlei zu sagen:

1. Es liegt darin nur ein Spezialfall des allgemeinen Generationengegensatzes, der immer war und immer sein wird, heute aber durch bekannte Umstände verschärft ist. Man blicke in die Professorenliteratur; sie ist voll von Klagen über eine widerstrebende, unfähige Jugend. (Im stillsten glaubt doch keiner von uns daran.)

2. Wir können der Jugend natürlich kein Richteramt einräumen über den Sinn und Wert von Dingen, die sie gerade erst lernen soll. Schimpffreiheit aber bleibt ein allgemeines deutsches Menschenrecht, auch nach der Überwindung des Liberalismus.

3. Die tiefste psychologische Wurzel jener Unzufriedenheit der Jugend

ist sehr einfach zu erkennen, und in ihr liegt etwas, das unseren Reformwillen ernsthaft anstacheln muß: der deutsche Professor lebt oft nicht mit seiner Zeit; er ist zu oft wie ein Museumsbeamter, der alte Schätze hütet (z. B. seine Vorlesungen). Sobald die jungen Leute spüren, daß man sich mit den Angelegenheiten innerlich auseinandersetzt, die auch sie bewegen und bedrängen, schwindet der größte Teil jenes Mißtrauens und jener Ablehnung. *Diese Brücke* zwischen Leben und Wissenschaft will die Jugend mit Recht sehen. Sie folgt dann auch in Fernerliegendes, wenn sie bemerkt, daß ein lebendiger Mensch es für wert hält, sich darum zu bemühen. Denn ein gewisser Grad von Lebensferne gehört nun einmal zum unaufhebbaren Wesen der Wissenschaft: sie bleibt in alle Ewigkeiten Theorie und ist noch nicht die Praxis selbst.

Damit aber bin ich endlich bei dem dritten, hochschulpädagogischen Gesichtspunkt angelangt.

III. Ich glaube, den größten Teil belangvoller Reformliteratur aufmerksam verfolgt zu haben. Es ist erstaunlich, wie wenig greifbar Praktisches sich darin findet. Den Grund hiervon möchte ich in einem ganz allgemeinen Gedankengang an die Spitze stellen:

Es steht mit den Umbauplänen für die Universität ähnlich wie mit den geforderten Umwälzungen auf dem Gebiet der Wirtschaft: Die freie Wirtschaft hat unsagbar viele Schäden mit sich gebracht; eine sozialistisch gebundene scheint sich zu empfehlen; der Übergang zu ihr aber würde einschließen, daß man auf Freiheiten verzichtet, die man doch auch als positive Werte empfunden hat: auf den freien Arbeitsvertrag, freie Berufswahl, Freizügigkeit, Freiheit der Bildungswege usw.

Die deutsche Universität ist das System der Freiheit in Reinkultur. Jeder sieht, daß diese Freiheit vielen Schaden gebracht hat, daß sie in mancher Beziehung die Erreichung der Ziele hinderte, die erreicht werden sollten. Also soll man zu Bindungen übergehen? – In dem Augenblick, wo Vorschläge dieser Art gemacht werden, zeigt sich, daß es sich um ganz tiefgehende Eingriffe in Geist und Leben der deutschen Universität handelt, und – daß niemand ernsthaft an die Sache heran will. Über diese Gesamtperspektive muß man sich klar sein; sie wird mich nicht hindern, ein paar Fragen aufzuwerfen, die in der Richtung der strengeren Bindung liegen. –

Die hochschulpädagogischen Probleme beginnen schon mit der Normierung der Zulassungsbedingungen. Ich habe ebenfalls früher wiederholt betont: Die ungeheure Freiheit des Lebens und Arbeitens auf der deutschen Universität hat zur Voraussetzung eine gebundene Schulung vor dem Abiturientenexamen: man muß hier mindestens gelernt haben, auch solche Arbeiten zu bewältigen, die einem *nicht* liegen und die man *nicht* aus freier Neigung wählen würde. Auf der Universität tritt diese Anforderung nämlich Tag für Tag auf. Die erste für die Universität lebenswichtige Auslese liegt in einem Abiturium, bei dem strenge wissenschaftliche Anforderungen gestellt werden. Und zwar genügt es nicht, daß man zu arbeiten gelernt habe, obwohl dies das Wichtigste ist; sondern es muß auch ein gesichertes Maß von Kenntnissen erreicht sein.

Bekanntlich hat das Abiturientenexamen den Bedeutungswandel mitgemacht, der der Wandlung unserer höheren Schulen von Gelehrtenschulen zu Gebildetenschulen entspricht. Sollte es eine offizielle Auskunft sein, daß bei manchen Schularten die Reifeprüfung nur noch ganz nebenbei auf die Fähigkeit zum Hochschulstudium eingestellt ist, so wird man sich nicht wundern dürfen, wenn die Hochschulen (wie es in anderen Ländern bereits geschehen ist) zu Schutzmaßnahmen gedrängt werden. Als Norm ist unsererseits der Satz aufzustellen: Abituriumsanforderungen, die jede innere qualitative Beziehung zu den für ein Hochschulstudium notwendigen Voraussetzungen vermissen lassen, können von den Hochschulen nicht als Zulassungskriterien anerkannt werden. Daß wir außerdem heute mehr als je *hochwertige* Leistungen verlangen müssen, haben wir in unserer Schuldenkschrift erneut hervorgehoben.

Auslese heißt auf französisch »Elite«. Wir verstehen sie durchaus als eine Elite des Geistes und Charakters, nicht als eine des Besitzes und der Herkunft. Die Hochschulen haben ein spontanes Interesse daran, daß Maßnahmen durchgeführt werden, nicht nur als Verfassungsparagraphen formuliert werden, die den hervorragend Begabten der Arbeiterschicht, es mögen viele oder wenige sein, den akademischen Ausbildungsweg ermöglichen. Da es sich hier um finanzielle Hilfen handelt, können die Hochschulen leider selbst nur wenig eingreifen. Sie erheben jedoch dringend die Forderung, und zwar aus dem Bewußtsein ihrer Volksverbundenheit und Volksverantwortung heraus, daß man auch in Zeiten knappster Mittel dieses Ziel mit allem Ernst zu erreichen trachte.

Je besser die Auslese *vor* der Pforte der Hochschulen funktioniert, um so mehr dürfen diese selbst auf freies Arbeiten, auf Verständnis ihrer Einrichtungen und auf sinngemäße Benutzung seitens der Studenten rechnen.

A) Für eine Reihe von Universitätsstudienfächern bestehen, wie für die Studienzweige der Technischen Hochschulen, feste Studienpläne, die durch den fachlichen Aufbau der betreffenden Wissenschaft gefordert sind. In den Geisteswissenschaften wird dies nur selten der Fall sein, und auch dann wird es sich um verhältnismäßig lockere Anweisungen handeln. Man darf nicht vergessen, daß gebundene Studienpläne nicht nur den Weg des Studenten einschränken, sondern auch den Entwicklungsgang des betreffenden Wissenschaftszweiges. Produktivste Arbeit wird dann geleistet, wenn auch einmal ein Vorlesungstitel erscheint, den man bisher nicht gekannt hat.

Während die Technischen Hochschulen zu einer gewissen Auflockerung ihrer Studienpläne schreiten, zeigt sich bei den Universitäten die Neigung, ein bißchen mehr zu reglementieren. Ich weiß, daß bei sehr vielen unter uns von vornherein die stärkste Abneigung gegen solche Beschränkungen der Lernfreiheit besteht. Auch ich würde es für einen idealen Zustand halten, wenn jeder, selbständig suchend, sich auf seine Art durchbisse – aber mit Erfolg. Es sei zunächst daran erinnert, daß an verschiedenen Stellen heute schon Barrieren gezogen sind: durch *Zwischen*prüfungen für die Mediziner, Chemiker, und in Preußen neuerdings (wie in Österreich längst) auch für die Juristen; durch *Nach*prüfungen für diejenigen, die von der Schule her nicht die nötigen Vorbedingungen für ein erfolgreiches Studium mitbringen; durch *Seminar*prüfungen in einzelnen Studienfächern, deren Dozenten einen systematischeren Seminaraufbau durchführen mußten und konnten; zu schweigen von dem Massenelend der *Fleiß*prüfungen. – Sollte es nicht an der Zeit sein, etwas mehr Ordnung in diese Dinge hineinzubringen?

Ich stelle im folgenden, nur zur geneigten Erwägung, die *Haupt*gründe zusammen, die *für* eine festere Bindung des Studiums in den ersten drei Semestern sprechen. Die Gegengründe werden die meisten unter uns ohnehin gegenwärtig haben:

1. Der Anfänger findet sich in dem unübersehbaren Gewirr einer modernen Geisteswissenschaft von selbst doch nicht mehr zurecht. Er ist auf zufällige Ratschläge angewiesen, kommt von vornherein nicht in die rechte Weise des akademischen Arbeitens hinein und verliert Zeit, ohne daß heute noch der *produktive* Irrtum damit verbunden wäre, den man früher nicht ohne Grund schätzte.

2. Die Vorbedingungen eines erfolgreichen Studiums, die eine Ergänzung des Abiturientenexamens bedeuten, werden heute vielfach zu einer Zeit nachgeholt, wo sie für den inneren Aufbau des Studiums nichts mehr nützen.

3. Es gibt zwar keine artes und keine Scholastik mehr, die für jede Wissenschaft Fundament wären, aber es gibt in fast jedem Wissenschaftszweig propädeutische Gegenstände, notwendige Vorkenntnisse und Fertigkeiten, zu denen jeder ernsthafte Student sich in den ersten Semestern zwingen sollte. Kann es ihm schaden, wenn er nun tatsächlich gezwungen wird?

4. Ein wirklicher Zwang liegt allerdings nur dann vor, wenn nach diesem ersten Drittel des Studiums eine von der Fakultät durchgeführte Prü-

fung stattfindet, von deren Bestehen vielleicht nicht der weitere Vorlesungsbesuch, wohl aber die Aufnahme in weiterführende Seminare und *alle* wirtschaftlichen Beihilfen, die mit dem Hochschulstudium verbunden sind, abhängig sein sollten. Endlich müßte natürlich die Zulassung zum Staatsexamen an das Vorexamen gebunden sein. Es wäre, wie die bisher bestehenden Zwischenprüfungen, der einzige bescheidene Riegel innerhalb der Universität, der noch einmal eine Auslese nach den Leistungen ermöglichte. Anderenfalls zeigt sich das Versagen erst am Ende des ganzen Studiums, beim Staatsexamen. Darin liegt ohne Zweifel ein Konstruktionsfehler der heutigen Universität.

Eine solche Kontrolle, normalerweise nach dem dritten Semester, würde ich als *Vor*examen, weniger gern als Zwischenexamen bezeichnen. Denn ich denke mir diese Neuerung, falls sie Anklang finden sollte, nach dem Muster des »Sichfreischwimmens«. Hinter dieser Grenze, also für die weiteren zwei Drittel des Studiums, trete dann die bisherige volle Freiheit des Lernens unverkürzt ein.

Nun hat *Ernst Böhm* in Leipzig in einer überzeugenden Denkschrift nachgewiesen, daß die Einrichtung eines Zwischenexamens für die sogenannten Schulwissenschaften innerhalb der Philosophischen Fakultät – und diese kommen zunächst in Betracht – die allergrößten organisatorischen Schwierigkeiten verursacht. Ihnen gegenüber werde der zahlenmäßige Ausleseerfolg gering sein, zumal ein Ausweichen in andere Studienfächer wahrscheinlich möglich bleiben wird. Auch der Widerstand, den die Einführung des Diplomvolkswirtes bei namhaften Staatswissenschaftlern gefunden hat, ermutigt nicht gerade dazu, öffentlich ähnliche Vorschläge zu machen. Endlich ist der Erfolg, den verwandte Maßnahmen bei den juristischen Fakultäten in Preußen gehabt haben, mindestens noch problematisch.

Man muß sich jedoch darüber klar sein, daß der vorgeschlagene Weg beinahe der einzige ist, um hochschulpädagogisch etwas zu tun, ohne die alte, fruchtbare Studienzeit ganz zu zerstören. Wollte man solche fest normierten Zwangskontrollen etwa an die Leistungen in den Seminarstufen anknüpfen, so würde man dadurch den wertvollsten wissenschaftlichen Teil des Studiums »verschulen«. Und dazu wird niemand die Hand bieten wollen. Sollte man in die Erwägung eines solchen Vorexamens eintreten, so müßte es natürlich für jeden Studienzweig individuell gestaltet werden, und das ist ungeheuer schwer. Es könnte sich z. B. jemand als Germanist freigeschwommen haben, der als Historiker das nötige Elementare noch nicht bewältigt hätte. Mir graut etwas vor den Sitzungen, die der Beratung über zweckmäßige und gerechte Maßstäbe dienen würden; mir graut noch mehr vor den Prüfungen und Schreibereien, die dann kommen. Was ich ausgeführt habe, ist also ein »Problema« im Sinne des Klosterbruders. Vermutlich bleibt es bei der aufgezeigten Alternative: entweder völliger Umbau des Studiums zu einem gebundenen Weg nach französischem Muster und nach Art der amerikanischen College*kurse*, oder die alte Freiheit mit all ihren Fährnissen, Versäumnissen und mit der Unmöglichkeit, während des Studiums irgendeine offizielle Leistungskontrolle, geschweige denn Ausscheidung, durchzuführen.

B) Von den Fragen der wissenschaftlichen Lehre wende ich mich zu dem Problem der Bildung im Sinne der geistigen Totalformung der Persönlichkeit. Festzustellen ist zunächst, daß darüber geklagt wird: die deutsche Universität in ihrer heutigen Gestalt lasse die Gelegenheit zu einer solchen Förderung des ganzen Menschen vermissen. Ein Anzeichen für den Ernst dieser Klage ist die Fülle der Reformvorschläge, die in dieser Hinsicht gemacht worden sind. Man fordert eigene synthetische Bildungsanstalten nach dem Muster des Collège de France – ich denke an *Max Scheler* –, man fordert eine eigene humanistische Fakultät, über die schon vor zehn Jahren lebhaft diskutiert worden ist; oder man empfiehlt die Einrichtung von »Bildungslehrstühlen« und hofft, die vielfach abgestorbenen Publica für Hörer aller Fakultäten wieder zu beleben. Sofern mit solchen Anregungen nichts gemeint ist als die Überwindung des bloßen Spezialismus und der bloßen Mikrologie in den Wissenschaften, hat sich bereits ein Wandel zum Besseren vollzogen: Der philosophische Geist hat sich wieder vertieft, er hat wieder die Wendung zum Metaphysischen genommen, manche Philologien haben sich nach der Seite der Kulturkunde ausgebaut, eine Kulturphilosophie existiert wenigstens als Versuch, die theologischen Fragen interessieren wieder über den Kreis der Fachtheologen hinaus. Hier hat sich also die Universität durch eine innere geistige Bewegung geholfen, ohne viel organisatorische Maßnahmen. An den Technischen Hochschulen, besonders in Karlsruhe, hat man auch studienplanmäßig für eine freiere geistige Orientierung der ersten Semester Spielraum geschaffen. – Trotzdem verstummen die Klagen nicht. Wie ist das zu erklären?

Der Hauptgrund liegt darin, daß die akademische Jugend – in einer verständlichen, ja lobenswerten Ungeduld – verkennt, daß der Bildungsprozeß der Person ganz unmerklich in der Tiefe und sehr langsam verläuft. Man kann diese Bildungsresultate nicht bei einem Professor beziehen. Aber wenn jemand an der Universität – an den Technischen Hochschulen liegen die Verhältnisse anders – im rechten Geiste, d. h. nicht eng fachgerichtet, studiert, wenn er von ihren Persönlichkeiten, Einrichtungen und freien Möglichkeiten (auch hinsichtlich der Lebensgemeinschaft) einen sinngemäßen Gebrauch macht, so ist es eben das Geheimnis der Universität, daß sie den Menschen in seinem Innersten umformt, ohne daß er es merkt. Auch heute noch, das wird niemand leugnen, bildet das ernste Suchen nach Erkenntnis zur Freiheit und Selbständigkeit des Urteils; es lehrt die Dinge und Probleme in einem neuen vielseitigeren Bezug sehen. Nicht ganz so sicher bin ich, daß das Hören philosophischer Vorlesungen die Wunder tut, die man ihm nachsagt. Auch wenn sie gut sind (in dem hier gemeinten erweckenden Sinne), entfalten sie ihre Wirkung nur langsam, und nur dann, wenn man Philosophie nicht nur hört, sondern auch studiert. Eine ganz wesentliche Kraft der Bildung *können* hingegen die pädagogischen Vorlesungen und Übungen entfalten. Indem sie für ein Alter, das die Verantwortung der Fremdbildung nur in sehr entfernten Ahnungen versteht, pädagogische Fragen anschaulich entrollen, rufen sie eigentlich unablässig zur Selbstprüfung und Selbsterziehung auf.

Das hier in Rede stehende Problem wird dadurch verschärft, daß heute keine Einigkeit darüber besteht, wie die »Bildung« im Resultat auszusehen hat, d. h. welches Menschenbild da zuletzt herauskommen soll. Viele Zeitgenossen sind der Ansicht, das humanistische Ideal, auch in dem erweiterten Sinne der Selbständigkeit und totalen Kraftentfaltung der leiblich-seelisch-geistigen Person, sei überlebt: Bildung bestehe heut in soziologisch-politischer Gegenwartshaltung; noch andere schätzen das, was der Werkstudent, heute wieder ein Normaltyp, in seiner Berührung mit Volk und Lebensnot gewinnt, viel höher als alles, was die Universität aus ihren Mitteln zu bieten hat. Auch dies bestätigt den Satz, daß man diese höchste Stufe der Bildung, eben weil sie Selbstbildung ist, nicht einfach durch organisatorische Maßnahmen erzielen kann. Die Hochschullehrer mögen sich ihrer Pflicht bewußt sein, über den Lehrgehalt des Faches hinaus persönlich für ihre Studenten etwas zu bedeuten; sie mögen die bildenden Ausstrahlungen und Lebensbezüge ihres engeren Gegenstandes nach Kräften sichtbar machen. Theologen, Philosophen, Pädagogen, Historiker, Staatswissenschaftler mögen die besondere Kraft des Steines in ihrem Ringe leuchten lassen. Dann brauchen wir keine eigene humanistische Fakultät und keine Bildungslehrstühle. Denn bei diesen ist doch immer die Gefahr, daß das eigentlich bildungwirkende Element: das heiße, *arbeitende* Bemühen um die Gesamtschau, übersprungen wird. Deshalb sind solche Synthesen auch viel weniger zeugungskräftig, als man denkt. Große Synthetiker haben meist schwache Schüler. Der Weg zum Parnaß, welche Musen auch heute auf ihm wohnen mögen, geht eben über viele Stufen, und die Götter haben den Schweiß davor gesetzt.

Trotz dieser Einschränkungen soll jedoch die Forderung nicht unausgesprochen bleiben, daß jede Fakultät das ihrige tue, um das ihr entsprechende Berufsethos zu entbinden. Gerade weil die Universität aus technischen Gründen genötigt ist, die eigentliche Praxis noch auszuscheiden, sind solche Vorblicke unerläßlich. Auch die wissenschaftliche Durchbildung hat zum lebendigen Ziel einen Dienst am Ganzen, dessen treue Erfüllung erst der Person Wert verleiht. Es wird z. B. heute schwerlich noch Dozenten in der Philosophischen Fakultät geben, die es von sich weisen, künftige Lehrer auszubilden. Dies vornehme Mißverständnis, das übrigens immer auch ein Selbstmißverständnis war, ist längst überholt.

C) Was ich bisher über Bildung gesagt habe, wird dem Vorwurf ausgesetzt sein, es folge immer noch der alten individualistischen Linie, für die die Selbstvollendung der Person das höchste Ziel bedeutete, weshalb denn auch von Bildung die Rede sei, und nicht von Charaktererziehung, Gemeinschaftsgeist, Opfersinn und Dienst. Hierzu muß ich teminologisch zunächst bemerken, daß ich, ebenso wie *W. von Humboldt* in seiner Denkschrift über die Gründung der Universität Berlin, von einer bloß intellektuellen und ästhetischen Geistesbildung, die nicht den Charakter umformte und nicht die Feuerprobe der Tat bestünde, wenig halten würde. Aber das Problem der Erziehung des einzelnen für Volk und Staat ist offenbar für die Gegenwart entscheidend, weshalb ich es hervorhebend an den Schluß meiner Ausführungen gestellt habe.

Die deutschen Universitäten sind, nach *Schleiermachers* ausdrücklicher Wendung, durchweg gemeint »im deutschen Sinne«; sie haben dem deutschen Gedanken mehr als andere Körperschaften im 19. Jahrhundert zum Siege verholfen. Sie und die übrigen Hochschulen waren bis in die unmittelbare Gegenwart hinein durchaus vom gleichen Geist erfüllt. Obwohl die Wissenschaft im Ergebnis über die Grenzen der Nationalität hinausgreift, ist sie in ihrer Wurzel doch schon vermöge der Sprache, in der sie denkt und mitteilt, ein Erzeugnis des Volksgeistes. Auch das Leben der Wissenschaft ist, wie alles Leben, immer eigentümlich geartet. Nirgends kann man das deutlicher studieren als an den Umformungen, die die zunächst vom Westen her importierte Soziologie bei uns in den letzten vier Jahrzehnten unvermerkt erfahren hat: sie segelte bald durchaus im Fahrwasser der historischen Schule, des deutschen Idealismus, ja der Dialektik. Wenn wir nun der Überzeugung sind, daß an den deutschen Hochschulen deutsche Professoren durch den Geist deutscher Wissenschaft eine deutsch wollende Jugend erziehen, so scheint es die einfache Folge zu sein, daß die Hochschulen in dieser Notzeit auch *die neue deutsche Nationalerziehung* zu organisieren haben. Man verlangt dies von ihnen mit dem ausdrücklichen Zusatz: auch hier fordere die Gegenwart, daß man sich von dem alten Liberalismus lossage und im Dienst des nationalen Ganzen gleichsam in Kolonnen aufbreche. Es soll keinem Professor und keinem Studenten mehr frei stehen, seine abgesonderten Wege zu suchen. Heute heißt es: alle Kräfte gerichtet auf die eine Volksgemeinschaft, die als Notgemeinschaft um ihr Dasein kämpft!

Wir alle sagen hierzu ohne Zweifel *ja*. Eine Auseinandersetzung ist nur nötig über den Weg der Durchführung. Zwei Gesichtspunkte, die innerlich zusammenhängen, sind vorauszuschicken:

1. Es gehört zu den Vorzügen der Struktur der deutschen Hochschule, daß sie immer Raum gehabt hat für die Betätigung des jeweils lodernden Jugendgeistes. So sind die verschiedensten Studentengenerationen durch ihre Hallen gezogen: Die Freiheitskämpfer von 1813, die deutsche Burschenschaft, die Turnerschaften, die sozialwissenschaftlichen Studentenvereine, die Frontkämpfer von 1914, die freideutsche Jugendbewegung; und heute die nationalsozialistische Jugend.

2. Die deutsche Hochschule hat ihrer Jugend niemals eine *Gesinnung machen* wollen, sondern darauf vertraut, daß die Jugend selbst den neuen Weg gehen werde, und manchmal ist die Jugend es gewesen, die auch die Professoren mit sich fortgerissen hat. Jetzt wiederum heißt es »Flamme empor!«

Hüten wir uns aber auch heute davor, Gemeinschaftsgeist zu *machen*, Volksgemeinschaft zu *organisieren*. Die schlagwortartige Verwendung des Wortes »Gemeinschaft« beginnt schon jetzt eine Gefahr für ihre Echtheit zu werden. Es folgt daraus, daß die Universitäten und Hochschulen freudig die Hand bieten werden für Maßnahmen des Werkjahres, des freiwilligen Arbeitsdienstes, für Förderung der Leibesübungen, für die Wehrhaftmachung der Jugend, für alle Aufgaben, die die gefährdete Lage des deutschen Volkes und Staates in der Gegenwart gebieterisch stellt. Hingegen: zwangsmäßige Organisationen von oben zu schaffen, ist nicht die Aufgabe von Lehrkörpern. Soweit sie notwendig sind, sind sie Sache des Staates. Und soweit sie aus den echten Tiefen der Volksseele herauskommen, werden sich die Hochschulen frei zu ihrem Geist nicht nur bekennen, sondern sie als universitas, d. h. als Gemeinschaft der Lernenden und Lehrenden, tatbereit fördern. Aber eine von der Hochschule durchorganisierte, womöglich uniformierte Studentenschaft ist dem Geist der deutschen Universität fremd. Sie hat keinen Druck zu üben, sondern dem freien sittlichen Trieb zu folgen, der mit fortreißt.

Das große Wort der Gegenwart heißt auch nicht nur Gemeinschaft – daran haftet leicht etwas Sentimentales –, sondern *Dienst am Staat.* Und zwar ist damit gemeint ein freies, sich hingebendes Dienen, das eben deshalb, weil es aus der Freiheit kommt, ein übermächtiges Müssen ist. Zu diesem Dienst an Staat und Volk bekennen wir, d. h. die Gesamtheit der Hochschulangehörigen, uns mit um so tieferer Leidenschaft, als wir alle spüren: es geht ums Letzte, und es geht ums Ganze. Kleine Sonderrechte sind nichts gegenüber dieser Verpflichtung. Und wenn sich jetzt der alte deutsche Pflichtgedanke erneut regt, so ist daran zu erinnern, daß es keine Institutionen im deutschen Leben gibt, die nach ihrer ganzen Geistesart mehr zu überparteilicher Einstellung fähig und berufen sind, als die Stätten der Wissenschaft. Ihre heute viel geschmähte Objektivität gestattet, über den Parteien und Weltanschauungen das Gemeinsame zu sehen, gerecht zu sein nicht im unfruchtbaren, sondern im fördernden deutschen Sinne. Uns treibt der Geist eines neuen Ordensrittertums mit innerlichen Gelübden. Wir werden das nicht so ausdrücken, daß wir sagen: »Überparteilich im Innern, parteiisch für Deutschland.« Denn Deutschland ist uns keine Partei, sondern ein sittlicher Gedanke: eine Realität und eine Aufgabe, der wir zu unserem Teile mitverhelfen wollen, daß sie in der Welt kraftvolle Gestalt empfange. Wir arbeiten auf unsere bescheidene Weise mit für deutsche Kultur, für die Werte, die gerade Deutschland der Welt zu geben hat. Deshalb fordern wir für unser Land und Volk Gleichberechtigung, Freiheit, Lebensraum. Diesen Geist brauchen wir nicht als Hochschulreform zu organisieren: er lebt von selbst in allen unseren Pulsen.

Demgegenüber sind die anderen Fragen der studentischen Bewegungen von zweitem Range. Wir sind für staatlich anerkannte Selbstverwaltungskörper der Studentenschaft. Wir glauben, daß den Fachschaften darin noch eine große Aufgabe zu erfüllen bleibt. Aber für diesmal beschäftigt uns anderes mehr. Wir wünschen zu betonen, daß auch der Freiheitsgeist der deutschen Hochschulen Geist von deutschem Blut und Geist ist. Wir verlangen keine Reservatrechte, etwa für uns als eine Berufskörperschaft, sondern nur den Raum, der nötig ist, damit wir zu der Erneuerung unseres Volkes die sittlichen Kräfte beitragen können, die gerade unserer Pflege anvertraut sind. In diesem freien Dienst stehen wir neben Heer und Beamtenschaft mitten im Volk, schöpfend aus den tiefen Wundern seiner Kräfte, wachsam für seine Zukunft, und nicht nur aus Pflicht, sondern zuletzt aus ganzer heißer Liebe.

[Die Universität Berlin nach Kriegsende 1945 *]

Vorbemerkung

Die folgenden Blätter geben nicht nur einen Tatsachenbericht, sondern halten auch Stimmungsmomente, charakteristische Kleinigkeiten und ergebnislose Aktionen fest. Das Anekdotische gehört zur Geschichte wie das Beispiel zum Vortrag einer Theorie.

Sollte einmal erwogen werden, diese Darstellung zu veröffentlichen, bitte ich dabei auch in Betracht zu ziehen, ob der Zeitpunkt politisch und psychologisch geeignet ist. Solange ich noch lebe, darf ich mir die Zustimmung dazu vorbehalten.

Die Erzählung umfaßt den Zeitraum von Ende April 1945 bis 12. Oktober 1945. Ein kleiner Nachtrag ist geplant. Die aktenmäßigen Unterlagen und privaten Aufzeichnungen bleiben vorläufig in meinem Besitz. Geringfügige Irrtümer sind da, wo ich aus bloßer Erinnerung schöpfen mußte, nicht ausgeschlossen. Vor allem bin ich hinsichtlich der russischen Namen und ihrer Schreibung nicht sicher; denn Zeitungen standen im Anfang nicht zur Verfügung.

Herrn Professor Dr. h. c. Carl Diem und Herrn Oberstudiendirektor Dr. Wachsmuth danke ich für Berichtigungen und für Beiträge. Die letzteren beziehen sich überwiegend auf die Zeit vom 12. Oktober 1945 bis Juli 1946, kommen also für den hier behandelten Zeitraum noch nicht in Betracht.

Tübingen, den 12. Mai 1955.

Eduard Spranger

1.

In meinen Aufzeichnungen aus dem Frühjahr 1945 findet sich unter dem 24. April die Eintragung: »Gegen 10 Uhr sehe ich auf der Straße zwei Gestalten mit Stahlhelmen, sonst zivil. Der Ältere sieht gefährlich wie ein

* [Aufgrund von Aufzeichnungen aus dem Jahr 1945 geschrieben 1953–1955.]

Landsknecht aus. Beide kommen durch die Gartentür, mißtrauisch erwartet. Es ist – Grapow mit einem Nachbarjungen aus seinem Hause. Er hat versucht, bis zu Rodenwaldt in Lichterfelde durchzudringen, anscheinend um mit ihm die Zukunft der Akademie zu besprechen. Die Gegend liegt aber unter Granatenfeuer. Nun landet er bei mir, ziemlich herabgestimmt. Geeignet, die Philosophisch-historische Klasse zu führen, seien Rodenwaldt oder ich. Er entwickelt für sich ein tapferes Zukunftsprogramm, muß aber berichten, daß der Minister Rust, der auszuharren versprochen hatte, mit dem Staatssekretär Mentzel, Burmeister und einem vierten (?) sich nach Eutin in Sicherheit gebracht habe. In der Akademie seien ein paar Soldaten; ob das Universitätsbüro arbeite, wisse er nicht. Die S-Bahn gehe nicht.«

Der Ägyptologe Grapow, wegen seiner Umgänglichkeit geschätzt, ist Vizepräsident der Preußischen Akademie der Wissenschaften und zur Zeit, da Vahlen fort ist, amtierender Präsident. Er ist Prorektor der Universität, und da der Rektor Kreuz mit seinem verlagerten Krankenhause in der Gegend Teplitz-Schönau weilt, amtierender Rektor. Endlich ist er auch Dekan meiner, der Philosophischen Fakultät. In dem Gespräch, das am 24. April weiter stattfand, sondierte er mich, ob ich geneigt wäre, die Geschäfte der Akademie zu übernehmen. Dabei ging er von der Erwägung aus, noch sei das Führerprinzip rechtens, und er könne in der Stunde der Not die Präsidialgeschäfte ohne jeden Wahlakt aus eigenem Entschluß übertragen. Zu diesem Zweck hatte er sich trotz der heftigsten Tieffliegerangriffe auf den Weg gemacht, wohl zunächst zu Rodenwaldt. Wer hätte auch wählen sollen? Bei einer Sitzung der Philosophisch-historischen Klasse am 6. 1. 1944[1] (!), die im Luftschutzkeller Unter den Linden stattfand, waren noch etwa 8 Teilnehmer zugegen gewesen. Die Naturforscher aber waren größtenteils fern von Berlin bei ihren verlagerten Instituten. Ende April 1945 waren alle Verkehrsmittel durch Zerstörungen lahmgelegt.

Ich erwiderte Grapow, daß ich den Auftrag nicht übernehmen könne. Meine Organisationstalente seien gering. Wenn es aber einmal nötig würde, daß ich mich zu einer wiederherstellenden Funktion entschlösse, so würde ich lieber für die Universität wirksam sein, die mir als *Lehr*anstalt näher am Herzen liege. Zu dieser Episode ist hinzuzufügen, daß ich infolge meiner Gefängniszeit vom 8. September bis 14. November 1944 als Gegner des nationalsozialistischen Systems bekannt war und daß man annehmen konnte, auch die russische Besatzungsmacht würde auf solche Leute zurückgreifen.

[1] Das Datum ist gesichert, weil ich an diesem Tage selbst vorzutragen hatte.

Schon zwei Tage nach diesem Gespräch wurde Dahlem durch die Russen besetzt. Da die Ereignisse dieser Zeit mit dem Schicksal der Berliner Wissenschaftlichen Anstalten nicht unmittelbar zusammenhängen, bewahre ich die nächsten vierzehn Tage in einem streng verschlossenen Saal des Gedächtnisses. Jeder Berliner, der damals in der Stadt war, wird das verstehen. Professoren wurden von einigen Soldaten schonender behandelt. Jedoch sah ich, wie mein Nachbar, der Physiker Gustav Hertz, mit blutüberströmtem Kopf vor dem Kellereingang stand. Ein Russe hatte ihn mit dem Pistolenkolben mißhandelt. Sehr bald danach schloß er mit den Russen einen freiwilligen Vertrag ab, durch den er sich verpflichtete, ein Forschungsinstitut im Innern Rußlands zu übernehmen.

Die von dem Zehlendorfer Bürgermeister Dr. Wittgenstein weitergegebene Verfügung, daß alle Ortsbewohner sich an der Beseitigung des Schuttes auf den Straßen zu beteiligen hätten, beschäftigte uns einige Tage. Da wir alle infolge der Unterernährung nur schwache Kräfte hatten, ging die Arbeit sehr langsam vorwärts. – Erst am 26. Mai gab es wieder Wasser im Hause.

Eine andere Verfügung aber besagte, daß sich geistige Arbeiter und kulturell tätige Persönlichkeiten am 10. Mai in der Kaiserswerther Straße melden sollten, um eine Lebensmittelkarte höherer Stufe zu empfangen. Bei der Registrierung wurde natürlich die Frage gestellt, ob der Empfänger in der NSDAP gewesen wäre. Dabei ereignete sich ein für die damalige Denkweise der Bevölkerung bezeichnender Vorgang. Nachdem ich meine Angaben gemacht hatte, nahm mich ein mir unbekannter gut aussehender Mann beiseite und fragte mich: »Herr Professor, weshalb haben Sie eigentlich nicht angegeben, daß Sie in der Partei waren?« Auf meine Versicherung, daß es wirklich nicht der Fall gewesen sei, blieb er ungläubig: »Das ist doch bei Ihrer Stellung ganz unmöglich.«

Im Mai war man ohne jede Kenntnis, was in ferner gelegenen Stadtteilen Berlins vorgegangen war. Von der Provinz wußte man garnichts. Aber es wurde eines Tages bekannt gemacht, daß ein Stadtrat von Berlin gebildet sei. Berlin blieb bis etwa Anfang Oktober selbständiger Verwaltungskörper.

Dem neuen Stadtrat gehörten auch bürgerliche Persönlichkeiten an, z. B. für das Ernährungswesen der frühere Reichsminister Hermes. (Einer seiner Mitarbeiter war Dr. Steltzer, den ich im Gefängnis kennengelernt hatte.) Hermes versuchte anfangs, auch die Kaiser-Wilhelm-Institute in sein Ressort zu ziehen. Das Justizwesen wurde von dem alten Reichsminister Schiffer übernommen. Als Stadtrat für das Schulwesen wurde Winzer genannt.

Dieser besuchte mich schon am 21. Mai; er hinterließ, da er mich nicht antraf, den Wunsch, daß ich sein Berater für das Schulwesen werden solle. Am nächsten Tage kam er wieder. Er betonte, daß ich ihm empfohlen worden sei. Es ließ sich mit ihm ganz gut reden. Ich erwiderte ihm, daß ich mich für diese Aufgabe nicht genügend ausgerüstet fühle, nannte ihm aber den früheren sozialdemokratischen Schulrat aus dem Bezirk Magdeburg Dr. Gans. (Mit diesem hat er tatsächlich die Verbindung aufgenommen; er gefiel ihm recht gut; es stellte sich aber heraus, daß Gans mir verborgener Weise nominell in der Partei gewesen war.) Nach der Unterredung bat mich Winzer, ihm in der Nachbarschaft eine Luftpumpe für sein Auto zu beschaffen. Ich begleitete ihn längere Zeit. Dabei fiel mir auf, daß er sich auf Russisch in einem Au-pair-Ton an russische Posten wandte.

Wohl schon vorher – die chronologische Reihenfolge tut hier wenig zur Sache – hatte ich einen anderen Besuch gehabt. Johannes R. Becher kam mit einem jungen, stark jüdisch sprechenden Adlatus zu mir, redete in überzeugendem und gewinnendem Ton von der Notwendigkeit, die Freiheit des Geisteslebens wiederherzustellen. Er forderte mich auf, mich an der Gründung eines demokratischen Kulturbundes zu beteiligen. Ich erklärte mich bereit. Es geschah aus der Stimmung heraus: »Ich kenne keine Parteien mehr.« Man kämpfte noch gegen den gemeinsamen Gegner. Erst im Laufe der Zeit wurde mir klar, daß man bekannte bürgerliche Personen nur für den Anfang herausstellte, um sie dann nach und nach fallen zu lassen. In einem vornehmen Hause in der Cecilienallee, wo Becher einquartiert war, fand eine Art von Gründungsversammlung statt. Bei ihr erschien auch Winzer mit einem russischen Major, dem er mich vorstellte und den er stark hofierte. An ihm fiel mir zum ersten Mal der völlig erstorbene Gesichtsaudruck auf, den ich später bei anderen Funktionären immer wieder gesehen habe. Kurz nach dieser Versammlung, bei der ich bemerkte, daß auch mich die grassierende Ruhr befallen hatte, wurde in meinem Hause nach Eintrittskarten für meinen Eröffnungsvortrag gefragt. Daraus erfuhr ich, daß man einen Vortrag von mir öffentlich angekündigt hatte, ohne mich von dem Termin zu verständigen. Wie die Sache geschoben worden war, geht am besten aus dem Brief hervor, den ich an Becher zu schreiben genötigt war:

Dahlem, 2. Juli 1945

Sehr geehrter Herr Becher!

Seit Tagen höre ich von Besuchern und lese ich in Zuschriften über eine Veranstaltung des Kulturbundes, bei der ich eine Rolle spielen soll. Ich liege seit 8 Tagen im Bett und bin zu keinem öffentlichen Auftreten in der

Lage. Erlauben Sie mir aber, darauf hinzuweisen, daß ich selbst weder eine mündliche Nachricht erhalten noch ein gedrucktes Programm der Veranstaltung gesehen habe, *noch über irgend etwas befragt worden bin.* Vielleicht haben Sie die Güte, die Geschäftsführung in dieser Hinsicht einmal nachzuprüfen.

Mit verehrungsvollem Gruß

Ihr sehr ergebener

Spranger.

Aus einer Zuschrift von einer linksgerichteten Jugendgruppe in Bonn erfuhr ich, daß auch dort meine führende Beteiligung am Kulturbund bekannt geworden war.

2.

Die weitestgehenden Folgen für mich hatte der Besuch von drei Universitätskollegen bei mir am 23. Mai abends. Am Vormittag hatte ich noch Kierkegaards ›In vino veritas‹ gelesen. Die Besucher waren Grapow, der Jurist Gieseke und der Historiker Rörig. Sie baten mich, die Leitung der Geschäfte in der Universität zu übernehmen. Schon am Tage zuvor hatte Grapow[2] mir einen Brief geschrieben, worin er mitteilte, daß er seine sämtlichen Ämter niederlegte; ich erhielt ihn aber erst am 24. Mai. – Damit war ein akuter Notstand gegeben. Irgend jemand mußte jetzt handeln, wenn etwas von der Selbstverwaltung der Universität gerettet werden sollte.

Nach den Erfahrungen, die ich 1933 mit dem Verhalten deutscher Professoren in Krisenzeiten gemacht hatte, konnte bei mir nicht die Illusion bestehen, daß die mir zugedachte Aufgabe angenehm wäre.[3] Die drei Herren konnten sich auch garnicht auf eine vox populi von noch so bescheidenem Umfang berufen. Vielmehr lag die Sache so: wenn Grapow, der erheblich krank war, sein Amt niederlegte, dann hatte es entweder niemand oder derjenige, dem er es übertrug. Weshalb an Wahlen noch nicht zu denken war, wird sich sogleich zeigen. Niemand hatte bisher einen Finger gerührt, um wenigstens das zerstreute Personal der Universität zu sammeln. Die Institute waren z. T. herrenlos. Es ließ sich voraussehen, daß schon wegen des Ausbleibens der Gehaltszahlungen für die Kollegen sehr bald eine Notlage entstehen mußte. Die schwere Frage mit meiner Frau

[2] Seit dem erwähnten Besuch war er total ausgebombt und nach langem Umherirren völlig erschöpft aufgefunden worden.

[3] Vgl. meinen Aufsatz ›Mein Konflikt mit der Hitlerregierung 1933‹. In: ›Universitas‹. 10. Jg. 1955. 5. Heft. S. 457–473.

zu beraten, war mir nicht möglich, weil sie krank im Gemeindehaus Dahlem lag. Ich sagte schließlich aus einem inneren Verpflichtungsgefühl Ja. In den Schriftstücken, die ich von da an auszufertigen hatte, habe ich unter meinen Namen gesetzt: »Mit der Führung der Geschäfte beauftragt«. Als »kommissarischer Rektor« habe ich mich erst bezeichnet, als ich vom Berliner Magistrat anerkannt worden war und die Empfänger der Schriftstücke wissen mußten, daß sie amtlichen Charakter trugen. Gewählter Rektor bin ich nie gewesen. – Warum konnte keine Wahl stattfinden?

Ich begann meine Tätigkeit, ohne auch nur eine Hilfskraft zu haben – denn mit dem Hauptgebäude Unter den Linden bestand noch keine Fahrverbindung – als mein eigener Briefträger. Eine Anzahl von Kollegen, die für eine erste Sitzung in Betracht kamen, wohnten in Schlachtensee und in Nicolassee. »In Betracht kamen« nur solche, die nicht aktiv hervortretende Nationalsozialisten gewesen waren; denn andere hätten die Russen nicht anerkannt. Bloße Parteizugehörigkeit wurde damals noch nicht als Ausschließungsgrund angesehen. Grapow war natürlich Parteimitglied, Gieseke auch.

Es funktionierte damals in West-Berlin noch kein Verkehrsmittel. Ich mußte daher mit meinem Einladungsschreiben zu Fuß vom U-Bahnhof Dahlem-Dorf bis in die Gegend des S-Bahnhofs Nicolassee gehen und den Weg auch wieder zurück machen; zusammen drei Stunden. Bei dieser Gelegenheit füge ich gleich hinzu, daß ich ein paar Tage später zu Fuß nach Potsdam wandern mußte, um dort mit Kohlrausch zu sprechen, der für mich als einzig erreichbarer Ordinarius der Juristischen Fakultät besonders wichtig war. Dies Unternehmen dauerte anderthalb Tage.

In Schlachtensee und Nicolassee traf ich keinen Kollegen an. In diesen Vororten hatte sich eine freie Vereinigung gebildet, die sich von Zeit zu Zeit im Hause des Juristen Professor Glum über Fragen der Hochschulreform unterhielt. Sie gab sich den Namen: »Ausschuß zur Erneuerung der deutschen Hochschule«. Dazu gehörten u. a. Schirmer, Vasmer, Kühnel, Andrae, Brennecke (Technische Hochschule), Robert Tillmanns, der Journalist Podach und mir ganz Unbekannte. Die politische Einstellung des Vorsitzenden hat später zu einem schwierigen Briefwechsel und mannigfachen Erörterungen Anlaß gegeben. Mein Auftreten schien als unerwünscht empfunden zu werden. Aber es ergab sich bald, daß dieser Kreis im Berliner Rathaus keinerlei Beachtung fand. Das erste, was mir auf meine Einladung zu einer Sitzung entgegenklang, war eine persönliche Querele. Ich mußte einen Treffort wählen, der in der Mitte lag. Die Nicolasseer hätten bis zu meiner Wohnung je anderthalb Stunden hin und zurück gebraucht. Rörig stellte seine Wohnung zur Verfügung. Aber Vasmer weigerte sich, dort zu erscheinen, weil Rörig ein entschiedenes Mitglied der Partei gewesen sei. Ich wies darauf hin, daß Rörig *nicht* Parteigenosse gewesen wäre. Dies überraschte ihn. Aber trotzdem haben die Kollegen Vasmer, Schirmer, Paul Hofmann und Robert Holtzmann an der ersten, besonders wichtigen Sitzung nicht teilgenommen. Vielleicht erscheint *heute* diese Entscheidung in anderem Lichte. Damals stand Wichtigeres auf dem Spiele als kollegiale Antipathien. Von der 2. Sitzung an fanden die Zusammenkünfte in dem Zehlendorfer Gemeindehaus statt, das der Pfarrer Lic. Dilschneider zur Verfügung stellte. Meinerseits hatte ich bis dorthin einen Fußmarsch von 50 Minuten.

In der ersten Sitzung am 20. Mai waren anwesend die Herren Deubner, Dovifat, Gieseke, Grapow, Griewank, Hartung, Rörig, Spranger, Stroux, die Damen von Gabain und Lotte Möller. Dazu kamen als z. Z. nicht dem Lehrkörper angehörig die Pfarrer Dilschneider und Lic. Dreß. Ich begann mit einer Erwägung der grundsätzlichen Möglichkeiten einer Wiedereröffnung der Universität. Mit einer Denkschrift zu beginnen, sei nicht ratsam. Von dem Irrweg einer »politischen Universität« müsste man sich prinzipiell abwenden, wohl aber eine »erziehende Universität« entschieden ins Auge fassen. Ferner komme nur eine problematische, nicht eine dogmatische Hochschule in Betracht. Die Erneuerung solle auf genossenschaftlicher Grundlage erfolgen, ohne Unterstellung unter das ehemalige Reichsministerium für Wissenschaft etc., von dem noch einige unbelastete Beamte anwesend waren. Diese hatten unter Führung des Ministerialrats von Rottenburg eine kleine Geschäftsstelle in der Gertraudenschule in Dahlem.

In der Aussprache wurde auf die Notwendigkeit hingewiesen, mit dem russischen Stadtkommandanten General Bersarin Fühlung zu nehmen, der schon einen Kreis von Wissenschaftlern und Künstlern empfangen hatte und dabei geäußert haben sollte, daß er eine offizielle Vorstellung von maßgebenden Vertretern der Universität erwarte. Von einer Seite wurde empfohlen, diesem Besuch äußerlich eine feierliche Form zu geben, also etwa im Ornat zu erscheinen. Hierfür wäre die Beteiligung des Kollegen Vasmer als Dolmetscher erwünscht gewesen. Man wies darauf hin, daß auch Herr Deubner Russisch spräche. Erörtert wurde auch schon die Raumfrage. Professor Thiessen, der als aktives Parteimitglied galt, hatte der Universität die Institute der Kaiser-Wilhelm-Gesellschaft zur Verfügung gestellt, und ich hatte darüber mit ihm eine Unterredung gehabt. Aber man teilte meine Zweifel, ob er zu diesem Schritt ausreichend autorisiert sei. Endlich wurde im Hinblick auf die Einladung weiterer Mitglieder des Lehrkörpers zu künftigen Sitzungen eine Reihe von Namen durchgesprochen. Dabei galt noch die Ansicht, daß bloße Parteimitgliedschaft ohne agitatorische Betätigung nicht von der Möglichkeit weiterer Mitwirkung ausschlösse. Persönlichkeiten, bei denen Zweifel bestünden, sollten um ihrer eigenen Schonung willen vorläufig nicht aufgefordert werden. Die Gegensätze zwischen Herrn Vasmer und Herrn Rörig sollten in kleinerem Kreise besprochen werden, was dann geschehen ist.

Vorausblickend erwähne ich, daß im ganzen 6 solcher Sitzungen im Westen Berlins stattgefunden haben, die später von durchschnittlich 25 bis 30 Mitgliedern besucht wurden, nämlich am 26. Mai, 30. Mai, 6. Juni, 13. Juni, 20. Juni und 4. Juli. Die Protokolle sind sämtlich vorhanden. Ich nehme sie aber nicht zum Leitfaden der folgenden Darstellung, sondern berichte unter sachlichen Gesichtspunkten. Ich erwähne noch, daß bei der letzten Zusammenkunft (am 4. Juli) Ministerialrat von Rottenburg ein Referat über die Organisation der russischen Universitäten gehalten hat.

Eine wesentliche Veränderung der Lage trat dadurch ein, daß in der Sitzung vom 30. Mai bekannt wurde, sämtliche Beamtenverhältnisse würden von der Stadt als aufgelöst betrachtet. Jeder einzelne Beamte müsse sich neu bewerben. Als dann durch den sog. Shukow-Erlaß insbesondere die sofortige und engiltige Entlassung aller Parteimitglieder gefordert wurde, konnten die Kollegen, die diese Anordnung traf, nicht mehr zu den Sitzungen eingeladen werden.

3.

Die Lage in den einzelnen Fakultäten war noch schwer übersehbar. Viele Dozenten waren fern von Berlin und wußten nichts von den neuen Maßnahmen. Auch von den in Berlin Anwesenden meldeten sich nicht alle. Manche Stadtteile waren verkehrsmäßig noch vom Westen abgeschnitten. Im Laufe des Juni legten die Dekane Behm (Theologische Fakultät), Gieseke (Juristische Fakultät), Bieberbach (Naturwissenschaftliche Fakultät), Bülow (Landwirtschaftliche Fakultät) ihre Ämter nieder, ohne ihrerseits Nachfolger zu bestimmen.

In der Theologischen Fakultät war – wenigstens in Berlin – kein funktionsfähiger Ordinarius mehr vorhanden. Ich bildete aus den Nichtordinarien apl. ao. Professor Schneider, den Dozenten Dreß und Eltester eine Kommission, die sich mit der Reorganisation der Fakultät beschäftigen sollte. Dilschneider, obwohl noch nicht Dozent, wirkte mit. Die Gegensätze waren stark. Später trat der Oberhofprediger a. D. Doehring hinzu. Schneider übernahm die Geschäfte des kommissarischen Dekans.

Auch von den Juristen war zunächst kein Ordinarius erreichbar. Die Übersiedelung von Kohlrausch aus dem Neuen Palais in Potsdam nach

Nicolassee zog sich unliebsam lange hinaus. Der im »Dritten Reich« amtsenthobene Professor für Arbeitsrecht Dersch wurde ebenso wieder eingesetzt wie alle in gleicher Lage Befindlichen, z. B. Paul Hofmann (Philosophie), Hoetzsch (Geschichte), Dreß etc. Ohne juristischen Beistand auszukommen, war für den Rektor schwer. Deshalb war es ein höchst willkommenes Ereignis, als der Berliner Extraordinarius (Ordinarius in Jena) Walter Erbe plötzlich wiederauftauchte, dem Gefängnis und Krankenhaus entronnen. Er hat mir seitdem mit seinem Rat freundschaftlich zur Seite gestanden. Für die juristische Sparte seiner Fakultät (die aber kaum noch vorhanden war) wurde er kommissarischer Dekan; Professor Meerwarth für die Staatswissenschaftliche Abteilung.

Der Pflanzenphysiologe Kurt Noack (Ordinarius) und der Assistent des Mathematischen Instituts [Hermann Ludwig] Schmid erwiesen sich im Rahmen der Naturwissenschaftlichen Fakultät als sehr aktiv und hilfreich. Mehrere ihrer in Berlin anwesenden Ordinarien hatten zunächst wegen ihrer Parteizugehörigkeit erhebliche Schwierigkeiten. Noack wurde kommissarischer Dekan.

Die Landwirtschaftliche Fakultät begann erst ein wenig später mitzuwirken. Professor Opitz übernahm die Dekanatsgeschäfte. In der Veterinärmedizinischen Fakultät (Dekan Dobberstein) war alles parteigebunden.

Die Philosophische Fakultät bedeutete den Stamm der Sammlungsbemühungen. In ihr war eine ganze Anzahl von Ordinarien unbelastet. Das Wiedereintreten von Hoetzsch (Osthistoriker) und von Paul Hofmann (als Ordinarius für Philosophie) wurde bereits erwähnt. Anfangs führte ich den Vorsitz mit, bis Deubner das Dekanat übernahm.

Die Medizinische Fakultät hielt sich völlig abseits. Daran war nicht nur die räumliche Entfernung schuld (die Charitégegend blieb schwer erreichbar), sondern auch das Gefühl ihrer Mitglieder, in die Gesamtgefährdung der Universität nicht mit einbezogen zu sein. Erst ziemlich spät habe ich ein Gespräch mit dem Dekan Professor von Eicken haben können. Professor Müller-Hess in Dahlem hat sich in der Zeit nach der Eroberung Berlins die größten Verdienste um die ärztliche Betreuung der Bevölkerung des Bezirks Zehlendorf erworben. – Sauerbruch, von den Russen zum Chef des Gesundheitswesens ernannt, genoß damals in der Stadt fast den mythischen Ruf einer allmächtigen und hilfreichen Persönlichkeit. Ich war mit ihm befreundet. Als ich ihn bat, mich in den Angelegenheiten der Universität einmal dem Marschall Shukow vorzustellen, war er grundsätzlich lebhaft bereit, wies aber darauf hin, daß zur Zeit die Seuchengefahr die Aufmerksamkeit der russischen Stellen und seiner selbst ganz beanspruchten. Auch mache die Ernährungsfrage Sorgen. Ich habe mit ihm noch manches freundschaftliche Gespräch gehabt. Für die Gesamtuniversität hat er praktisch nichts getan, wohl auch die Lage gar nicht ganz begriffen. In der Akademie aber ist er später einmal scharf gegen Stroux aufgetreten.

Man dachte damals an ein »Übergangssemester«, das noch keinen vollständigen Lehrbetrieb entfaltet hätte, aber doch zur schnellen Eröffnung der Universität geführt hätte. Es war sogar die Rede davon, daß die vorklinischen Studien in den beiden Medizinischen Fakultäten schon am 1. Juli beginnen sollten. Tatsächlich hat es von der ersten Dozentensitzung bis zur formellen Wiedereröffnung der Hochschule am 29. 1. 1946 acht Monate gedauert. Für diese Wartezeit mußten in verwaisten Instituten stellvertretende Direktoren ernannt werden, damit sie nicht Usurpatoren zum Opfer fielen. Professor Baethgen erhielt den Auftrag, sich schon jetzt um die Kohlenversorgung für den Winter zu kümmern.

Die Studenten waren im Juni eine völlig amorphe Masse; Versuche zu einem spontanen Zusammenschluß sind mir nicht bekannt geworden. Wir stellten zunächst den Grundsatz auf: »Wer immatrikuliert ist, bleibt immatrikuliert.« Im Hauptgebäude lag eine Liste auf, in der Anwärter auf die Immatrikulation sich vormerken lassen konnten. Bis zum 4. Juli hatten sich 1428 eingetragen; darunter 775 Mediziner. Diese »ungesund« hohe Zahl wird wohl auch dadurch zustande gekommen sein, daß die Medizin als weltanschauungsimmunes Studium galt.

4.

Abgesehen von den wöchentlichen Sitzungen, die vorläufig noch nicht nach Falkultäten gegliedert waren, bestanden für mich nach meiner Auffassung folgende Aufgaben:

1. Klärung des Personalstandes der Universität. Noch hatte sich kaum ein Drittel der Dozentenschaft gemeldet. Man wußte nicht, wer tot war, wer Berlin wegen der Bombengefahr oder zur Leitung eines verlagerten Institutes verlassen hatte, wer sich in Berlin zurückhielt, um erst einmal abzuwarten, wie sich die Besatzungsmacht (es war bis Anfang Juli nur *eine*) gegenüber den Parteimitgliedern verhalten würde. Ich habe damals nicht für möglich gehalten, daß man gegen jeden, der in der Partei gewesen war, ein Verfahren eröffnen würde. Aber daß die Radikalen oder gar kriminell Belasteten ausgeschieden werden müßten, war selbstverständlich. Erst seit dem Shukow-Erlaß konnte ich keine Parteimitglieder mehr zulassen. Von früh an aber schwebte mir ein internes Spruchkollegium vor, zu dessen Gestaltung und Berufung ich die Ankunft von Kohlrausch ungeduldig erwartete. Natürlich war die Personalfrage auch ein Hauptpunkt für die von mir erbetene Unterredung mit Winzer.

2. Es schien mir notwendig – und der Auftrag kam auch bald von der Stadtfinanzverwaltung – einen Notetat für die Universität aufzustellen. Dabei ging ich von der Annahme aus, die erste Folge des Krieges werde eine ungeheure Verarmung sein; man müsse die große Universität mit ihren acht Fakultäten fürs erste so weit zurückschneiden, daß sie überhaupt anfangen könne zu funktionieren. Von der Technischen Hochschule hieß es, daß sie auf ein Drittel ihres bisherigen Volumens zurückzugehen entschlossen sei. Die Stadt Berlin mußte auf lange Zeit ein Verwaltungskörper für sich bleiben, gerade auch dann, wenn die drei anderen Siegermächte sich an der Besetzung noch beteiligen würden, was zunächst nur gerüchtweise verlautete. Berlin aber hatte noch andere Hochschulen und viele Kulturinstitute sonst zu erhalten. Mit der Überlegung, was »unbedingt notwendig« sei, habe ich mir viel Mühe gemacht, aber ich habe sie verschwendet. Denn erstens konnte ich – trotz der Unterlagen, die im alten Etat enthalten waren oder von den Fachvertretern auf Ersuchen geliefert wurden – die Verhältnisse gar nicht übersehen; zweitens aber hat sich zu meiner Überraschung herausgestellt, daß diese meine größte Sorge nachher der Verwaltung überhaupt keine Mühe gemacht hat. Geld war da – woher es kam, weiß ich bis heute nicht.

3. Obwohl ich persönlich nicht damit rechnete, daß die Universität schon im Jahre 1945 wieder eröffnet würde, ja obwohl ich eine jahrelange Schließung nicht für unmöglich hielt, war es doch meine Pflicht, sie so weit funktionsfähig zu machen, daß sie anfangen konnte, sobald die Erlaubnis gegeben würde. In dieser Hinsicht war nun die schlimmste Verlegenheit, in welchen Räumen dies geschehen könnte. In dem Komplex um das Hauptgebäude herum war kaum ein Hörsaal erhalten. In der Ruine Unter den Linden hatten gerade die nötigsten Verwaltungsstellen noch Platz. Mit ihnen hatte ich vorläufig nur spärliche Fühlung durch einzelne »Wanderer«, weil es immer noch keine Verkehrsmittel gab. Erst langsam kam es so weit, daß täglich ein Beamter zu Fuß nach Dahlem marschierte. Der Bürgermeister von Zehlendorf bot mir den großen Komplex des Luftschutzkommandos am Bahnhof Oskar-Helene-Heim an. Eine Besichtigung des russisch besetzten Gebäudes gelang erst um den 1. Juli, ergab aber, daß es kaum zu brauchen war, weil es lauter kleine Räume hatte, die sich für Hörsäle nicht eigneten, zu schweigen von der Unterbringung naturwissenschaftlicher Institute. Das erwähnte Angebot von Thiessen war fragwürdig. Im Juni und Juli wurden noch weitere Institute rücksichtslos und unter Schädigung der Einrichtungen von Besatzungstruppen belegt.

Unter diesen Umständen hielt ich es für verfrüht, ein Notprogramm von Vorlesungen zusammenzustellen, wozu mich einige Kollegen drängten.

Verdienstliches geschah ohne mein Zutun in den relativ gut erhaltenen Instituten in der Invalidenstraße. Dort richtete man Vorschulungskurse für Kriegsteilnehmer ein, die studieren wollten (sog. »Vorsemester«). Daran beteiligten sich u. a. Professor Gerthsen und der junge Chemiedozent Ueberreiter. Ich habe zwei dieser ausgezeichneten Stunden besucht und eine ermunternde Ansprache an die Zuhörer gerichtet. Dies war das einzige Mal in den viereinhalb Monaten meines kommissarischen Rektorats, daß ich an die Studentenschaft überhaupt herankam. Es gehörte dazu noch eine komplizierte Tagesreise.

Als ich meine Tätigkeit begann, hatte ich, wie erwähnt, nicht eine einzige Hilfskraft. Mein bisheriger Assistent Dr. Lieber half mir gefälligerweise bei einzelnen Aktionen, obwohl er noch gar keine Einkünfte bezog. Aber er wohnte in einer ganz entfernten Stadtgegend. Ein Büro einzurichten, ist im Jahre 1953 eine Kleinigkeit. Man kann sich kaum vorstellen, wie schwer es in einer Zeit war, in der völliger Mangel an Verkehrsmitteln bestand und es noch kein gesichertes Beamtentum bzw. Mittel für Anstellungen gab.

Zum Glück existierte damals noch jener kleine Rest des Ministeriums für Wissenschaft und Volksbildung (»Amt für Wissenschaft«) in der Getraudenschule. An der Spitze standen die politisch unbelasteten Ministerialräte von Rottenburg und ...* Freiwillig war in diese Behörde der im »Dritten Reich« ausgeschiedene Ministerialrat Dr. Leist zurückgekehrt. Diese Rumpfbehörde hatte aber sehr bald selbst um die Anerkennung ihrer Rechtmäßigkeit zu kämpfen. Für eine kurze Zeit konnte sie mir helfen. Ich erhielt durch ihre Vermittlung von den Rektoratssekretärinnen zuerteilt Frau ..., eine sehr fleißige, gutwillige, aber zu Zeiten völlig kopflose Mitarbeiterin, die in der Nähe wohnte. Ich erbat auch einen mittleren Verwaltungsbeamten. Man gab mir denjenigen Amtsrat ab, der offenbar im eigenen Hause der unbrauchbarste war. Ich habe von ihm wenig Hilfe, aber nachher vielen Ärger gehabt; denn er war Parteimitglied gewesen, und seine Entlassung wurde energisch verlangt.

Die Lage schien sich zu bessern, als der letzte Verwaltungsdirektor der Universität Regierungsrat Loock wieder auftauchte. Er konnte in der Woche 2 bis 3mal zu mir herauskommen, schaltete sich mit Sachkenntnis und Eifer ein, wollte keinen eigenen Kurs steuern und führte alles prompt aus. Aber es gingen über ihn bei den anderen Universitätsbeamten dunkle Gerüchte; er sei in der SS gewesen und in Uniform gesehen worden. Als

* [Wie ein Fragezeichen über dem ausgesparten Raum im Text zeigt, war Spranger der Name nicht mehr erinnerlich.]

diese Verdächtigungen anwuchsen, befragte ich ihn einmal über seine Vergangenheit und nahm seine ehrenwörtliche Erklärung, daß er mit der SS nichts zu tun gehabt hätte, zu den Akten. Unsere Arbeitsverbindung dauerte bis zu meiner Entlassung. Nachher aber soll er eines Tages abgeholt worden sein; man hat nie wieder etwas über sein weiteres Schicksal gehört. –

Nachdem es bekannt geworden war, daß ich die Geschäfte der Universität übernommen hatte, wurde mein Büro, d. h. meine Wohnung, von Besuchern verschiedenster Art geradezu überlaufen. Feste Sprechstunden anzusetzen, hätte keinen Sinn gehabt. Denn die Leute kamen oft auf langen Fußmärschen aus den entferntesten Stadtteilen oder gar von auswärts. Es waren Kollegen, Kollegenwitwen, Assistenten, Studenten. Eine eigene große Kategorie bildeten diejenigen, die an der Universität Lehraufträge haben wollten. Unter den letzteren befand sich auch Ernst Niekisch. Der Zustrom begann morgens um 9 und setzte sich bis abends 20 Uhr fort. Da es sich meistens um echte menschliche Notlagen handelte, war es meine Pflicht, Zeit zu haben. Aber ich glaube, daß ich infolgedessen zu viel von meinen Kräften auf Einzelschicksale verwandt habe. Dazwischen mischten sich Notrufe von Kollegen in fernen Stadtteilen, deren Institute militärisch besetzt und beschädigt wurden oder die von ihren Untergebenen eigenmächtig abgesetzt wurden und dergleichen.

Jedoch greife ich mit dieser allgemeinen Schilderung zum Teil vor. Wichtiger war die Tatsache, daß ich Ende Juni ein neues Amt erhielt, das mir noch ganz andere Aufgaben stellte und durch das ich erst die offizielle Anerkennung als geschäftsführender Rektor erhielt.

5.

Der Stadrat Winzer hatte sich am 29. Mai durch zwei Abgesandte bei mir nach der Universität erkundigen lassen (Bürgermeister Schulze und Oberschulrat Fischer). Ich verband mit der Auskunft über den Stand der Dinge die Bitte um eine Unterredung. Zum 8. Juni erhielt ich eine Einladung von ihm in das Verwaltungsgebäude der Stadtregierung, das sog. »Stadthaus« in der Parochialstraße. Man erhielt dort etwas schwer Eintritt. So traf ich auf der Straße Vertreter der Akademie der Wissenschaften, die im gegenüberliegenden Gebäude über die Finanzierung der Akademie verhandelten und damit anscheinend recht gut vorwärtskamen.

Beim Eintritt in das Amtszimmer von Winzer bemerkte ich, daß es sich nicht um eine Einzelunterredung handeln sollte, sondern um eine Sitzung. An ihr nahmen dann teil: Der Mediziner Professor Brugsch (Universität Halle) und der Chemiker Heinrich Franck (Technische Hochschule). Beide waren unter der Hitlerregierung aus ihren Ämtern entlassen worden. Ferner waren anwesend die kommissarischen Rektoren der Technischen Hochschule, Professor Schnadel, und der Wirtschaftshochschule, Professor Rogowsky; der Präsident des Gmelininstitutes Dr. Erich Pietsch; der Berliner Chirurg Professor Erwin Gohrbandt; der Professor der Statistik Meerwarth und der ehemalige Assistent am Pharmakologischen Institut Dr. Havemann (ein Kommunist, der zum Tode verurteilt worden war; die Vollstreckung aber war immer wieder aufgeschoben worden, weil man ihm erst ein wissenschaftliches Ergebnis abpressen wollte).[4] Ich vollende diese Teichoskopie: ich sah ferner den Studenten der Rechtswissenschaft Joachim Schwarz, der der Münchner Widerstandsbewegung um die Geschwister Scholl angehört hatte, zwei russische Offiziere, die Mitarbeiter von Winzer Dr. Naas (kommunistischer Physiker), Dr. Kauffeldt und wohl noch einen dritten.

Stadtrat Winzer hielt eine kurze Ansprache, deren Inhalt ich aus dem Protokoll der Universitätsversammlung vom 13. Juni rekonstruiere: der Magistrat sei z. Z. für Berlin die höchste deutsche Regierungsbehörde. Er habe Vertreter der Wissenschaft und der Hochschulen eingeladen, in der Absicht, einen Ausschuß berufener Persönlichkeiten einzusetzen. Es komme darauf an, zu erhalten, was die deutsche Wissenschaft geleistet habe. Politisch seien die Hochschulen allerdings Herde der Reaktion gewesen. Eine Neuorientierung sei nötig, um »die besten freiheitlichen Traditionen des deutschen Volkes fortzuentwickeln«. »Was wir tun können, werden wir tun.« Aber die Besatzungsbehörden würden mitreden, so daß man nicht allzuviel aus eigener Initiative werde tun können. Winzer wünschte dann ein kleines Notprogramm mit Unterlagen, gemäß den drei Hauptpunkten, die ich meinerseits vortrug: Personensichtung, Raumfrage, Minimalprogramm. Schnadel berichtete, daß die Technische Hochschule vorhabe, auf ein Drittel des Personenbestandes zurückzugehen (400 statt 1300 Angehörige). Sieben Leute würden sofort den blauen Brief erhalten. Ähnlich sprachen Rogowsky für die Wirtschaftshochschule, Pietsch für die Wissenschaftlichen Gesellschaften.

Stadtrat Winzer teilte ferner mit, es sollten *zwei* Ausschüsse eingerichtet werden. Der erste, unter dem Schauspieler Wegener, solle eine Kammer der Kunstschaffenden sein. Der andere solle für die Wissenschaft tätig sein. (Kompetenzen wurden nicht genau umrissen.) Als Mitglieder des letzteren wurden ohne Diskussion bestimmt: Brugsch, Franck, Meerwarth, Schna-

[4] In den beiden letzten Fällen bin ich nicht sicher, ob die Genannten schon am 8. Juni anwesend waren oder erst in den späteren Ausschußsitzungen erschienen.

del, Spranger. Den Vorsitz sollte der Rektor der Universität führen. – Alles ging in kurzer Zeit vor sich; es herrschte die beste Stimmung – das freudige Gefühl eines hoffnungsvollen Anfangs! Durch diese Wahl – es war allerdings höchstens eine »Wahlgeste« – wurde ich also von der damals maßgebenden Behörde am 8. Juni als kommissarischer Rektor der Universität anerkannt. Das ganze Gremium wurde »Fünferausschuß« genannt. Da aber von den ersten Sitzungen an offenbar als Beauftragte des Magistrats Dr. Naas und Dr. Havemann dabei waren, traf die Bezeichnung eigentlich nicht zu. Wenig später kam der schwerfällige Titel in Gebrauch: *»Leitender Ausschuß des Amtes für Wissenschaften beim Magistrat der Stadt Berlin (Abteilung Volksbildung)«*. Die von mir später beantragte Zuwahl von Professor Erbe, den ich als Juristen dringend brauchte, war nicht leicht durchzusetzen. Er war allerdings vor seiner Verhaftung nominell Parteimitglied gewesen. (Erst in der Zeit der Konflikte trat auch das betont demokratische Mitglied des Amtes Winzer, Dr. Werner, mit in den Kreis.) Die erste Sitzung sollte schon in knapp einer Woche stattfinden, und zwar – da im Westen kein anderer Raum verfügbar war, – in meiner Wohnung in Dahlem, Fabeckstraße 13. Wir schieden am 8. Juni voll von Hoffnungen. Winzer stellte mir seinen Wagen für die weite Rückfahrt zur Verfügung. Ich sagte beim Abschied: »Ich danke Ihnen auch für die Beförderung.« Er verstand das anders und erwiderte lachend: »Das ist doch keine ›Beförderung‹.«

Es sei schon hier eingeschaltet, daß diese freundliche Stimmung im Lauf der Zeit mehr und mehr absank. Bei späteren Besprechungen machte Winzer nicht nur einen müden, sondern einen fast abwesenden Eindruck. Sauerbruch sagte einmal, er habe den Verdacht, der Stadtrat sei ein Süchtiger. Heute würde ich es so ausdrücken: Auch er bekam jenes russische Gesicht. (Vgl. S. 276.)

Unter den Persönlichkeiten, die ich im Amtszimmer von Herrn Winzer antraf, habe ich den Oberstudiendirektor a. D. Wuessing, einen alten Sozialisten von echter Gesinnung aus der Zeit des Kultusministers Becker, nicht erwähnt. Ich kannte ihn seit langem und schätzte seine ehrlichen Bemühungen um die Hineinflechtung sozialistischer Gesichtspunkte in den Geschichtsunterricht, obwohl ich auf anderem Boden stand. Wuessing sollte als Abgesandter des Magistrats auch an den Sitzungen des Fünferausschusses teilnehmen. Er war nur einmal, vielleicht auch zweimal dabei. Dieses einzige oder zweite Mal nahm er mich beiseite und gestand mir, wie schwere Enttäuschungen er in der neuen Verwaltung schon erlebt hätte. Er schied aus ihr sofort wieder aus. Ich habe ihn nicht wiedergesehen. Die ganze düstere Bedeutung dieses Omens wurde mir erst später klar.

Die erste Sitzung (wohl am 12. Juni) verlief trotz der von mir aufgestellten Tagesordnung ziemlich planlos. Man mußte zuerst feststellen, welche Berliner Institute – außer den Hochschulen – in unseren Geschäftsbereich gehörten. Eigentlich auch die Akademie der Wissenschaften. Bei einer der Universitätssitzungen im Zehlendorfer Gemeindehaus hatten mich die Kollegen gebeten, auch das Amt des Präsidenten der Akademie zu übernehmen. Ich erwiderte: Die unsinnige Ämterkumulierung der nationalsozialistischen Zeit müsse aufhören, und schlug Stroux vor. Er erklärte sich bereit und ist mit seinem Ressort sehr viel reibungsloser vorwärtsgekommen als ich, der bald zu allerhand Protesten genötigt wurde.

Die dringlichste Frage für uns war, wer von den Professoren, Dozenten und Beamten seine Stellung behalten könnte. Es war damals noch nicht daran gedacht, im Bereich des Hochschulwesens alle Parteimitglieder automatisch auszuschalten. Was wäre dann von den Hochschulen übriggeblieben? Ich fand Zustimmung mit meinem Vorschlag, eine Klärungsstelle (eine Art von Ehrengericht) einzusetzen, die nun allerdings nicht nur für die Universitäten zuständig sein sollte, sondern für den ganzen Bereich des neu gegründeten »Fünferausschusses«. Über die einfach liegenden Fälle sollte dieser *allein* entscheiden, auf Grund von Fragebogen über die politische Vergangenheit. In einer der folgenden Sitzungen legte Brugsch einen Text des Fragebogens vor, der angenommen wurde, obwohl er alles andere als zweckmäßig war. Grundsatz war, daß eine Parteimitgliedschaft von 1933 und früher als völlig unverzeihbar gelten sollte. Das war sicher falsch.

Für mich erwuchs nun die Schwierigkeit, diese Bogen zu verteilen. Die Post funktionierte noch nicht ordentlich, viele der in Betracht Kommenden waren gar nicht in Berlin, und ihre Adressen waren unbekannt. Das Material, mit dem wir uns zu beschäftigen hatten, war also sehr zufällig. Die Entscheidungen wurden ebenso zufällig getroffen. Und das Schlimmste war, daß die ganze Arbeit bald durch die angeblich von Shukow geforderte Verfügung des Magistrats nutzlos wurde: *alle* Parteimitglieder seien als abgesetzt zu betrachten.

Auch sonst wurde die Arbeit des Ausschusses durch Zwischenfälle behindert. Eine Sitzung fand statt, während ich im Nebenzimmer ruhrkrank im Bett lag. An einer anderen konnte ich wegen meiner Verhaftung durch die Amerikaner, die gleich zu erwähnen sein wird, überhaupt nicht teilnehmen.

Zweimal erschien Herr Winzer persönlich – unangemeldet – in russischer Begleitung mitten in der Sitzung. Das erste Mal mit dem Obersten Professor Perkli, das zweite Mal mit dem Rektor der Universität Leningrad, Solotuchin. Dieser ergriff das Wort und forderte, daß jeder Hochschulprofessor über den Stadtrat eine Selbstcharakteristik von etwa 4 Seiten in Karlshorst (dem russischen Hauptquartier) einreichen sollte, ferner eine genaue auf Stunden verteilte Inhaltsangabe der Vorlesung, zu der er sich erbiete. Damit begann eine neue technische Unmöglichkeit. Die Frist betrug kaum 14 Tage. Nimmt man an, daß damals nur noch etwa hundert Dozenten aller Kategorien für eine Wiederverwendung in Betracht kamen, so war auch diese kleine Zahl schwer zu bewältigen. Die Post arbeitete unsicher, und die Kollegen verstanden nicht, was von ihnen verlangt wurde. Ein Philosoph legte sogar eine in freundlichem Ton gehaltene Mahnung bei, sich der Mängel des dialektischen Materialismus bewußt zu werden; ich behielt sie natürlich zurück.

Der ersten, noch sehr kleinen Sendung zum aufgegebenen Termin stellte ich eine Skizze von 3 Seiten über die eigenartige Struktur der deutschen Universität voran. Heute erscheint mir dies als ebenso naiv wie der philosophische Appell des Kollegen.

Immerhin wurde von russischer Seite eine Aussprache zwischen Petersburger und Berliner Professoren angeregt. Der Raum bei mir, in dem die Zusammenkunft stattfand, war überfüllt. Die sechs russischen Dozenten, die erschienen waren, machten einen gedrückten und gelähmten Eindruck. Deubner bezeichnete sie später als »ausgefranste Studienräte«. Es war aber eine Germanistin dabei, die ausgezeichnet deutsch sprach und schlagfertig diskutierte. Meinerseits betonte ich sehr stark, daß die deutsche Universität keine fixierten Studienpläne kenne. Der Mediziner Brugsch opponierte mir in dieser Hinsicht; Schnadel hat mir später gesagt, dieses Gefecht sei nicht glücklich abgelaufen. Ich widerspreche nicht, betone jedoch, daß es deutsche Professorenart ist, nicht einig zu sein und Gegensätze genau in *dem* Moment hervortreten zu lassen, wo die Innehaltung einer gemeinsamen Linie wichtig wäre.

Als nun noch der Fragebogen der *Stadt* für die Beamten und Angestellten der Universität kam – ob der unsrige für die *Professoren* und *Dozenten* einstweilen anerkannt werden sollte, war nicht klar –, ergaben sich Verhältnisse, die gänzlich unmöglich waren. Man male sich nur das Eine aus: Von den Klinikdirektoren wurde verlangt, daß alle Krankenschwestern, die in der Partei gewesen waren, sofort entlassen würden. Die davon betroffenen Mediziner, die diesen Ukas von mir empfingen, müssen natürlich angenommen haben, ich sei um den Verstand gekommen. Ein Besuch meiner beiden Freunde Sauerbruch und Munk hatte vielleicht den latenten Zweck, sich von meinem Geisteszustand zu überzeugen. Mir selbst blieb nichts anderes übrig, als die ganzen Pakete mit Fragebogen der großen

Kliniken einfach ins Rathaus zu senden und hinzuzufügen, die Auswertung und Vollziehung der praktischen Konsequenzen in so kurzer Zeit sei mir völlig unmöglich. Ich übte also – ohne mir über die damit verbundene Gefahr klar zu sein – die erste »Sabotage«.

6.

Die Gesamtlage erhielt ein anderes Gesicht, als gemäß dem Potsdamer Abkommen Amerikaner und Engländer die ihnen vorbehaltenen Sektoren von Berlin besetzten. Die Franzosen zogen erst später im Norden ein.

Dahlem wurde von den Amerikanern besetzt. Das Gefühl der Sicherheit erhöhte sich (meiner Wohnung gegenüber wurde eine Polizeistelle eingerichtet). Die Verkehrsmittel wurden schneller wiederhergestellt. Viele hatten das Gefühl, Bundesgenossen oder Befreier seien eingezogen. Jedoch entwickelte sich das Verhältnis anfangs nur bedingt günstig.

Zunächst wurde der ganze Compound des Luftschutzkommandos besetzt. Auf diese Räume war nicht mehr zu hoffen. Ich hatte auch schon andere Schritte getan. Als ich in dem erhaltenen Teil des Harnackhauses eine Sitzung des Universitätskollegiums abhalten wollte, waren gerade amerikanische Truppen dort eingetroffen. Sie gestatteten die Abhaltung der angesetzten Sitzung nicht. Wir fanden Aufnahme in dem Gemeindehaus der Dahlemer Jesus-Christus-Kirche. Später ist mir auch ein Raum im Pfarrhause der alten Annenkirche zur Verfügung gestellt worden. Der dreimaligen kirchlichen Hilfe gedenke ich dankbar.

In meinem Hause erschienen nach und nach Amerikaner mit mancherlei Fragen. Die erste Journalistin, die mit einigen Begleitern erschien und mich interviewte, war Erika Mann, mit der ich über die Lage überhaupt ernsthaft sprechen konnte. Ein Offizier, der auffallend eindringlich nach dem Aufenthalt des Historikers von Polen, Manfred Laubert, forschte, war voll Verständnis und berührte auch andere Fragen. Ein Quäker in Uniform brachte das erste Liebesgabenpaket aus Washington. Eine Kommission mit Damen besichtigte mein Haus auf seinen Zustand hin. Ich ahnte nicht, daß dies das erste Anzeichen für seine Beschlagnahme war. Erst später habe ich die Klugheit meines Nachbars begriffen, der ein beschädigtes Fenster total hatte zumauern lassen. – Für meine Funktion als Rektor äußerte keine offizielle amerikanische Stelle ein Interesse.

Eines Tages aber erschien eine Anzahl von Uniformierten – Offizieren? – fragten in gesellschaftlich verbindlicher Form nach diesem und jenem. Insbesondere interessierte sie, daß vor meinem Hause mehrfach russische Autos gehalten hatten. Zum Schluß teilten sie mir mit, man werde noch andere Fragen an mich zu richten haben. Aber man verzichte darauf, mich zu diesem Zweck in Wannsee einzuquartieren. Ich möge mich in meinem Hause zur Verfügung halten. Von 8 bis 9 Uhr und mittags könnte ich ausgehen. Mit anderen Worten: ich hatte Hausarrest, freilich ohne jede Kontrolle.

Etwa eine Woche später kam ein jüdischer Unteroffizier, um mich nach Wannsee abzuholen. Ich würde wohl über Nacht bleiben. In Erwartung der Befragung vor einem höheren Stabe zog ich einen besseren Anzug an. Es fiel mir allerdings auf, daß der freundliche Mann meiner Frau zuredete, sie möchte sich nicht aufregen: Die Amerikaner täten niemandem etwas zuleide.

Auf dem Jeep, der draußen wartete, saß ein alter Herr, den ich nicht kannte. Es war der Präsident des Amtes für Luft- und Wassergüte in Dahlem, Professor Dr. Konrich. Ich will gleich vorwegnehmen, daß der liebenswürdige alte Mann in der Haft – denn wir wurden in ein Lager geführt – gestorben ist. In Wannsee fuhren wir in ein von Stacheldraht umgebenes Gelände ein. An der »Reception« dieses »Hotels« wurden von einem Soldaten, der gut deutsch sprach, unsere Personalien aufgenommen, wobei ich angab, daß ich nicht Parteimitglied gewesen war. Man führte uns in einen gut gesäuberten Kohlenkeller, gab uns je ein Liegegestell und eine völlig neue Decke mit und bemerkte noch: vorläufig sei kein anderes Zimmer frei. Wir waren also gewöhnliche Gefangene. Die Posten zeigten sich durchaus nicht humaner als die SS-Leute, in deren Obhut ich dreiviertel Jahr vorher gewesen war. So brachten wir zwei Nächte zu. Dann wurden wir in eine leerstehende Villa im gleichen Compound überführt. Dort waren wir etwa zu sieben. Für die Nacht standen uns auch hier nur Drahtgestelle zur Verfügung, die mit großen Pappen überlegt waren. Der Kreis setzte sich zusammen aus dem letzten Rektor der Universität, Professor Kreuz, den ich hier zuerst kennen und schätzen lernte, einem Präsidenten eines Statistischen Zentralamtes, einem Direktor der AEG, dessen Söhne in der amerikanischen Armee dienten, einem amerikanischen (!) Geschäftsmann, einem jüdischen Händler, Professor Konrich und mir. Am vorletzten Tage meines Aufenthaltes kam noch mein Kollege Dovifat dazu. Abgetrennt von uns befand sich in dem Compound eine größere Zahl von Gefangenen, die wesentlich schlechter gehalten wurden als wir, arbeiten mußten und in fast lichtlosen Garagen schliefen. Es waren hohe Beamte darunter.

Unsere Unterhaltungen drehten sich im Anfang nur darum, unter welchem Gesichtspunkt wir Sieben hier zusammengebracht worden wären. Mehrere von uns waren notorisch nicht in der Partei gewesen. Die Vermutung, daß hier alles, was in irgendeinem Sinne »Präsident« hieß, eingesperrt worden sei, paßte auch nicht.

In angenehmem Unterschiede zu meiner Gefängniszeit in Moabit fand hier schon nach der zweiten Nacht das erste Verhör statt. Der sehr liebenswürdige Auskultator Professor Dessauer, Ägyptologe an einer amerikanischen Universität, begann mit der Frage: »Können Sie mir sagen, weshalb Sie hier inhaftiert worden sind?« Ich verneinte es mit ehrlicher Verwunderung; er wußte es aber in der Tat nicht. Ich erzählte ihm dann alles, was in Betracht kam, von meinem Konflikt mit der nationalsozialistischen Regierung im Jahr 1933 bis zu meiner Verhaftung im Zusammenhang mit dem 20. Juli 1944, verschwieg auch nicht die zwei oder drei Schönheitsflecken, die allenfalls zu Verdachtsmomenten hätten werden können. Nachdem ich geendet hatte, sagte Herr Dessauer: »Ich werde sehen, daß ich sie so schnell wie möglich wieder herausbringe. Das ist aber nicht leicht. Die Entscheidung liegt in Frankfurt/Main, und bei uns herrscht ein schrecklicher ›Bürokratismus‹!«

Inzwischen bemühte sich mein Kollege Erbe tatkräftig, mich aus meiner Haft zu befreien. Er fand hierbei wirksame Hilfe von dem berühmten deutsch-amerikanischen Journalisten Lochner, der mich später auch zu sich eingeladen hat.

In Wannsee hatte ich noch eine zweite Unterredung mit einem Herrn von Eckardt über die Männer des 20. Juli 1944, die nicht den Charakter eines Verhörs, sondern einer erbetenen Information trug.

Man erkundigte sich bei uns, ob die Verpflegung ausreichend wäre. Sie war qualitativ gut, aber quantitativ unzureichend. Darauf gab es einen Tag voll Üppigkeit. Dann sank es wieder herunter. Wer die großen Koffer der in der Küche beschäftigten deutschen Frauen gesehen hatte, konnte sich die Differenz zwischen dem angehefteten Speisezettel und dem, was an uns ausgegeben wurde, einigermaßen erklären.

Die Zeit in Wannsee wäre für mich nach angestrengtesten Wochen trotz der unvollkommenen Nachtlager eine Erholungszeit gewesen. Die Unterhaltung war stets anregend und hatte ein gutes Niveau. Aber was wurde in der Zwischenzeit aus meinen Geschäften als Leiter des Ausschusses und als beauftrager Rektor?

Ich war sehr froh, als mir nach acht Tagen meine Entlassung angekündigt wurde und ich mit dem kurz vorher eingelieferten Kollegen Dovifat in entgegenkommender Weise sogar mit dem Auto heimbefördert wurde.

7.

Nachdem die Restabteilung des Reichsministeriums für Wissenschaft und Volksbildung aufgelöst worden war, erhielt ich in der Gertraudenschule Im Gehege zwei Räume für die Rektoratsgeschäfte. Ministerialrat von Rottenburg, der in einem erstaunlichen Optimismus befangen gewesen war, starb leider bald darauf. Fräulein Kleisinger, die alte bewährte Rektoratssekretärin, nahm ihre Tätigkeit trotz der schlechten Verbindung mit ihrer Wohnung im Hansaviertel wieder auf. In meinem Rektoratszimmer fanden zunächst auch die Sitzungen des »Leitenden Ausschusses« noch statt. In ihm zeichneten sich immer deutlicher zwei Parteien ab: die kommunistisch Gesinnten und die, die den bürgerlichen Bildungsstand erhalten wollten. Zu einem ersten spürbaren Konflikt kam es bei der Debatte über die Anerkennung der Reifezeugnisse für die Immatrikulation an den Berliner Hochschulen. Dr. Naas, unterstützt von Brugsch, der sich immer deutlicher als kommunistenfreundlich enthüllte, erhob die Forderung, daß sie samt und sonders annulliert werden sollten. Ich vertrat den Standpunkt, daß dies gegenüber den Kriegsteilnehmern, die nun endlich ihr Studium anfangen wollten, eine ungeheure Härte wäre. Ich siegte bei der Abstimmung; aber der Vorfall war nur das Signal für kommende schärfere Konflikte.

Immer wieder kamen Nachrichten, daß der Magistrat von sich aus über Universitätsinstitute und ihre Angestellten Entscheidungen getroffen hatte. So z. B. in bezug auf den Botanischen Garten und später über das Botanische Museum. Ich klärte den Stadtrat darüber auf, daß sie in erster Linie den Lehrzwecken der Universität dienten und daß ich als Rektor vor allem die Verpflichtung hätte, den Besitz der Universität intakt zu erhalten. Im Anfang nützten diese Proteste auch etwas. Das Institut für Lautforschung versuchte sich selbständig zu machen. Auf meine Bitte übernahm Herr Vasmer die Leitung.

Außerhalb meines Amtsbereiches kamen merkwürdige Dinge bei der Hochschule für Musik vor. Eine Persönlichkeit, über die verschieden geurteilt wurde, usurpierte die Leitung. In den langen Verhandlungen, die ich aus diesem Anlaß zu führen hatte, hatte ich den Vorzug, bedeutende Künstler und liebenswürdige Menschen kennenzulernen. Mit Bezug auf ihre praktische Gewandtheit aber bestätigten sie das, was ich in den ›Lebensformen‹ über den ästhetischen Menschen antezipiert hatte.

Während meiner Haft in Wannsee hatte am 31. [Juli] eine Sitzung des Leitenden Ausschusses unter dem Vorsitz des (nominellen) Prorektors Professor Meerwarth stattgefunden. In ihr war ein wichtiger Beschluß über neue Maßnahmen getroffen worden, an dessen Inhalt ich mich nicht mehr genau erinnern kann. Er ist aber aus meiner Erklärung vom 29. 8. zum Protokoll dieser Sitzung, die ich später mitteilen werde, zu erschließen. Meerwarth, ein Mann besten Willens, unterließ es, mich über jene unter Benutzung meiner Abwesenheit erfolgte Schwenkung zu informieren. *Ich* wiederum unterließ es, ihn aufzusuchen. Denn er wohnte weit jenseits des Teltowkanals, der nur durch Notbrücken zu überqueren war, in Lankwitz. Es fehlte mir angesichts der liegengebliebenen Aktenmassen die Zeit zu einem so weiten Wege. Brugsch nahm die Nichtausführung der Beschlüsse in der nächsten Sitzung zum Anlaß für eine scharfe Kritik, deren Tonart auch von Franck als ungehörig bezeichnet wurde.

Das deutlichste Symptom für das Einsetzen der nunmehr folgenden ununterbrochenen Krisenperiode war das Verlangen der linken Gruppe, die Sitzungen des »Leitenden Ausschusses« in das Rathaus an der Parochialstraße zu verlegen. Man wollte die Körperschaft mehr unter Aufsicht halten. Der Weg in das Zentrum der Stadt nahm immer noch fast anderthalb Stunden in Anspruch. Erbe und ich haben die Fahrt in schrecklichem Gedränge wohl noch 6- bis 7mal gemacht. Den Herren vom Magistrat aber stand mit Leichtigkeit ein Auto zur Verfügung.

Mit den Angelegenheiten der Universität war ich inzwischen soweit vorwärtsgekommen, daß sich wenigstens Rumpffakultäten konstituieren konnten. Ich legte aus freien Stücken am 4. 7. den Vorsitz in meiner Fakultät nieder und schlug – wie erwähnt – zum kommissarischen Dekan Deubner vor. Er wurde gewählt und hat das Amt mit der größten Hingabe geführt, krank, unterernährt, zuletzt mit schweren Frostschäden an den Händen. Er hat wirklich die Treue bis zu seinem bald erfolgenden Tod bewährt (25. 3. 1946). Niemand hat ihm dafür ein bescheidenes Denkmal gesetzt.[5] Ich berichtete natürlich in den Sitzungen meiner Fakultät weiter über die Gesamtlage. Die vier Hinterbliebenen der Theologischen Fakultät kamen ebenfalls zusammen. Die Naturwissenschaftliche Fakultät unter dem Vorsitz von Noack und die Landwirtschaftliche unter dem von Opitz begannen zu funktionieren. Die Mediziner trieben ihre Sache in räumlicher und personaler Entfernung mit ihrem Dekan Professor von Eicken weiter. Lohmann trat ihm entlastend zur Seite. Mit Herrn von Eicken kam ich nur durch einen zeitraubenden Disziplinarfall zweimal in Verbindung. Es handelte sich um einen sehr unerfreulichen Konflikt des Anatomen Stieve mit einem jüdischen Medizinstudenten.

Den aus den kommissarischen Dekanen gebildeten vorläufigen Senat habe ich meiner Erinnerung nach nur einmal berufen.

---

[5] Hartung wurde dann sein Nachfolger.

8.

Mit zwei Fakultäten habe ich besondere Sorgen gehabt: der Auslandswissenschaftlichen und der Theologischen.

Die erstgenannte war ein Produkt nationalsozialistischer Gründersucht. Aus den zwei älteren Instituten, dem bewährten Orientalischen Seminar und der Hochschule für Politk, hatte man ein Gebilde gemacht, das vielleicht durch die herrschende politische Ideologie zusammengehalten sein konnte, aber noch lange nicht als wissenschaftliche, forschende Körperschaft eingespielt war. Dekan war Professor Karl Heinz Pfeffer. Ich habe ihn nie persönlich zu sehen bekommen.

Im Juni 1945 blieb mir nichts anderes übrig, als diese Fakultät, die sich auf keine Tradition berufen konnte, wieder aufzulösen. Die Besatzungsmächte hätten sie nie geduldet, Mittel für sie waren nicht da, – auf lange Sicht auch keine Studenten. Was als sachliche Maßnahme ohne alle Diskussion notwendig war, war einzelnen Persönlichkeiten gegenüber sehr schwer. Zunächst stellte sich heraus, daß unter den planmäßigen Professoren der prozentuale Anteil der Parteigenossen gegenüber den anderen Fakultäten am kleinsten war. Hier hatte man eben Spezialkenner nehmen müssen, die es nicht nötig hatten, sich um die Gunst der Partei zu bemühen. Allerdings waren dafür einige Nazis von ungewöhnlichem Format dabei.

Nur wenige Dozenten der Auslandswissenschaftlichen Fakultät eigneten sich zur Übernahme in eine der anderen Fakultäten. Die plötzlich Entlassenen gerieten in die größte Not. Dies galt z. B. von den beiden Vertretern des Chinesischen. Sie waren gute Sprachlehrer, aber nicht eigentliche Sinologen (für die z. Z. aber auch kein Bedarf gewesen wäre). Es gelang mir, eine Überbrückungssumme vom Magistrat zu erhalten, die für zeitweilige kleine Unterstützungen verwandt werden durfte. Aber die Notlage blieb natürlich groß. Daß totalitäre Systeme sich im Laufe der Zeit immer mehr ins Grausame steigern, zeigt sich auch in der Personalpolitik: Die Hitlerregierung hatte den »untragbaren« Beamten manchmal noch Pensionen bewilligt. Jetzt erfolgte fristlose Entlassung ohne jede Entschädigung. Dies galt für alle Fakultäten. Bereits emeritierte Professoren und Witwen, die sich im Genuß einer Pension befanden, erhielten lange Zeit gar nichts. Ein Kollege aus der ersten Kategorie führte das auf meine persönliche Schuld zurück und machte mir deshalb eine ungehörige Szene. Betrachtete man aber die Lage von der Behörde aus, so war es ein Wunder, wo das Geld überhaupt herkam. Wie sollte die Stadt Berlin für sich allein 4 bis 5 Hochschulen erhalten, von denen im Augenblick (1945) keine in

Betrieb war? Der Beschwerdeführer erreichte in seiner unfreundlichen Form doch, daß den emeritierten Nicht-Pg's eine Beihilfe gewährt wurde.

Die Theologische Fakultät bestand, wie erwähnt, im Anfang nur aus 4 Dozenten, unter denen sich kein Ordinarius befand. Ich hatte schon in der ersten Sitzung am 20. Mai betont, daß diese Fakultät nicht, wie die Auslandswissenschaftliche, eingehen dürfte, sondern daß sie so bald wie möglich restituiert werden müßte. In kirchlichen Kreisen war man aber darüber keineswegs einig. Der Bischof Dibelius, mit dem ich mehrere grundsätzliche Unterredungen hatte, nahm zwar selbst nicht gegen eine Universitätsfakultät Stellung, wies aber darauf hin, daß in seinen Kreisen keine Neigung bestünde, die staatlich gelenkte Ausbildung, die im 20. Jahrhundert sich zweimal als dem wahren religiösen Geist abträglich gezeigt hätte, im gegenwärtigen Moment zu erneuern. Er müsse zugeben, daß die eigentlich religiösen Kräfte nur in der Bekennenden Kirche zu finden seien. Diese hätte sich in Zehlendorf eine unterirdische Hochsule gegründet und verträte den Standpunkt, in der Form einer kirchlichen Hochschule sei ihre Unabhängigkeit besser gewährleistet als im Rahmen der Universität. Meinerseits erinnerte ich an die Schleiermachersche Tradition an der Universität Berlin und erklärte die Gefahr einer Abschnürung der Evangelischen Kirche von der Gegenwartskultur, die in ruhigeren Zeiten eintreten könnte, für bedrohlich. Im Resultat verschloß sich Dibelius meiner Absicht, sofort Neuberufungen vorzunehmen, nicht grundsätzlich. In diesem Zusammenhange wurde besonders der Name des Kirchenhistorikers Wolf in Halle genannt; ferner Vogel, Albertz, Harder, Iwand und andere.

Heinrich Vogel, damals Pfarrer in dem Flämingdorf Dobbrikow, besuchte mich einmal in Gemeinschaft mit dem Präses der Reformierten Gemeinden von Berlin-Brandenburg, Albertz. Bei dieser Unterredung hatte ich im ganzen den Eindruck, daß beide Herren der Berufung an eine Universität nicht radikal abgeneigt wären. Beide sind ja sehr bald danach vollamtliche Professoren an der Universität Unter den Linden, genauer gesagt: der Fakultät unter dem Dom, geworden. Andere Vertreter der Kirche – ich erinnere mich besonders an den Besuch des Oberkonsistorialrates Söhngen – traten ebenfalls für die Erhaltung der Fakultät ein.

An benachbarten Universitäten waren nicht zufällig gerade Theologen mit dem Rektoramt betraut worden. Eißfeldt aus Halle gab mir einmal Gelegenheit, die Gesamtsituation zu besprechen. Lohmeyer aus Greifswald erzählte mir, daß es ihm sogar mit russischer Einwilligung gelungen sei, den Lehrbetrieb der Universität ohne Unterbrechung weiterlaufen zu lassen. Der beklagenswerte Mann ist bald darauf spurlos verschwunden, angeblich, weil er infolge militärischer Tätigkeit als Ortskommandant in Rußland für belastet galt.

Das Beispiel der Theologischen Fakultät zeigt, daß schon 1945, obwohl der Zeitpunkt der Wiedereröffnung der Universität noch ganz ungewiß war, Berufungen erörtert und realisiert worden sind. Für einen seit langem freien Lehrstuhl der Philosophie schlugen Nicolai Hartmann und ich an erster Stelle Leisegang vor. Seine Kandidatur scheiterte aber an dem Widerspruch von Stroux. Jedoch greife ich mit diesen Einzelheiten wichtigeren Ereignissen vor.

9.

Von brennendster Bedeutung war die Raumfrage. Sie ist es auch, die den Bruch zwischen Winzer und mir besiegelt hat. Um die folgenden Ereignisse zu verstehen, muß man sich Verhältnisse in der Erinnerung rekonstruieren, die damals von wenigen beachtet wurden und heute ganz vergessen sind. Es ist eine raumtechnische und eine raumpolitische Frage zu unterscheiden.

Von der Ruine des Hauptgebäudes, in der die Kasse und die Verwaltungsstellen sich notdürftig gerade noch einrichten konnten, war nichts zu hoffen. Die benachbarten Seminargebäude lagen in Trümmern. Es mußte ein neues Zentrum geschaffen werden. Der Gedanke an Dahlem lag nahe. Schon Althoff hatte die Hinausverlegung der Universität dorthin ins Auge gefaßt. Der Bürgermeister von Zehlendorf, zu dem Dahlem verwaltungsmäßig gehörte, Dr. Wittgenstein, interessierte sich für den Plan. Eine große Anzahl naturwissenschaftlicher Institute lag in Dahlem; allerdings waren viele von ihnen beschädigt, andere von den Amerikanern beschlagnahmt. Die Landwirtschaftliche Fakultät befand sich ebenfalls auf dem Boden der alten Domäne. Das kommissarische Rektorat hatte – zwei Zimmer in der Gertraudenschule. Der erste Plan, das Luftgaukommando durch partiellen Umbau für die geisteswissenschaftlichen Fakultäten[6] nutzbar zu machen, war hinfällig geworden. Denn eben dort war das Zentrum der amerikanischen Militärverwaltung, das sich vorläufig noch immer mehr ausbreitete und immer mehr Gebäude öffentlichen und privaten Besitzes beschlagnahmte. Da Dahlem nicht mehr in Betracht kam, so mußte ich in ganz anderen Stadtteilen suchen. Zeitweise wurde an ein Barackenlager am Zoologischen Garten gedacht. Schließlich fand sich etwas im höchsten Grade Geeignetes.

[6] Es handelte sich im ganzen um dreieinhalb Fakultäten: die Theologische, die Juristische, die Philosophische und den rein theoretischen Teil der Naturwissenschaftlichen.

In raumpolitischer Hinsicht war ich anfangs naiv, – bis ich zu begreifen begann. Ich hegte nämlich die Meinung: nachdem die 4 Besatzungsmächte sich in Berlin eingerichtet hätten und eine Interalliierte Kommandantur zu funktionieren begonnen hätte, würden Anstalten wie die Universität Berlin oder die Technische Hochschule Charlottenburg nicht nach der zufälligen Lage ihres Hauptgebäudes verwaltet werden, sondern sie würden unter *Viermächtekontrolle* kommen. Die Universität lag mit ihren Instituten ebensowohl im amerikanischen und englichen wie im russischen Sektor; z. T. sogar außerhalb der Stadt. Hätte ich damals angenommen, daß sie eine rein russisch beeinflußte Hochschule werden sollte, so hätte ich mich nie soweit vorgewagt. Ich hätte trotz meines Wohnsitzes im amerikanischen Sektor befürchten müssen, eines Tages zu verschwinden. Allerdings mußte mir auffallen, daß von seiten Winzers ziemlich früh einmal die Anregung gegeben wurde, die Technische Hochschule in den Berliner Osten zu verlegen. Ich sah darin schon mehr als bloß die völlige Unkenntnis der Dinge, die zu einer Technischen Hochschule gehören. Es galt also, entschieden darauf hinzuarbeiten, daß die Universität Berlin unter Viermächtekontrolle käme. Der russisch beeinflußte Magistrat in der Parochialstraße hingegen mußte eben dies zu verhindern bemüht sein. Da ich nun, noch *vor* der Herausbildung dieser politischen Konstellation, Aussicht auf eine wundervoll geeignete Unterkunft für die Universität im englichen Sektor erhalten hatte, so war es unvermeidlich, daß ich gerade vom Raumproblem aus in den Konflikt mit dem Amt Winzer und indirekt mit seinen Befehlsgebern in Karlshorst geraten mußte.

Eines Tages besuchte mich Carl Diem, der Organisator der Olympiade von 1936, der Rektor der Reichssporthochschule und bewährte Goetheforscher.[7] Seit der Gründung der Reichssporthochschule – wesentlich durch August Bier – stand ich mit ihm in einem freundschaftlichen Verhältnis, das für mich geistig stets fruchtbar geworden ist. Er machte mich darauf aufmerksam, daß auf dem Reichssportfelde die Gebäude der Hochschule und das Friesenhaus vorläufig mit keiner Verwendung rechnen konnten. Im Augenblick lagen zwar britische Truppen in einigen Gebäuden; diese aber zogen bald ab, und es blieb nur ein Husarendetachement zurück, das die Räume nicht entfernt ausfüllte. Eine gemeinsame Besichtigung ergab, daß die Bombenschäden an den Gebäuden selbst verhältnismäßig gering waren; um so größer waren allerdings die Glasschäden, und Glas war damals außerordentlich schwer zu beschaffen. Ich entnehme dem Protokoll der

[7] Professor Diem hatte von 1930–33 an der Universität einen Lehrauftrag für die Ausbildung der sog. Turnphilologen gehabt. Jetzt konnte er wieder in den Lehrkörper der Universität eintreten.

6. Universitätsversammlung vom 4. Juli[8] die von mir gemachten Angaben: »›Haus des deutschen Sports‹. Hier sind insgesamt 34 Hörsäle zur Verfügung, der größte zu 1200 Plätzen. Dazu Senatssaal und sonstiges Zubehör, auch Verpflegungsmöglichkeit für 2000 Personen in 2 Gruppen. Hier sind auch sämtliche bisher an die Universität gebundenen (in der Nähe der ›Linden‹ gelegenen) Institute unterzubringen.« Was nicht für die Universität paßte, konnte für den Turn- und Sportunterricht verwertet werden, sobald er wieder genehmigt wurde. Es hätte sich ein Universitätskampus ergeben, wie er damals noch nirgends vorhanden war. Möglichkeit zur Erweiterung bestand nach allen Seiten. Ein unverkennbarer Mangel war freilich, daß kein großes Wohnviertel für Studenten ganz nahe lag und daß die Medizinischen wie die Naturwissenschaftlichen Institute noch weiter von den Zentralgebäuden entfernt gelegen hätten, als bisher von der Lindenuniversität. Aber an Verkehrsschwierigkeiten waren die Berliner seit 1943 in höchstem Maße gewöhnt, so daß man von dieser Seite her nicht entmutigt wurde.

Hitler hatte etwas weiter nach der Havel hin im Grunewald schon ein Gebäude für die »Wehrwissenschaftliche Fakultät« der Technischen Hochschule errichten lassen. Die Technische Hochschule wie die Universität sollten allmählich ganz dort hinaus verlegt werden. Ich hatte an der prunkvollen Grundsteinlegung der Universität dort an einem eisigen Novembertag teilgenommen. Dieser Grundstein soll allerdings – symbolisch genug – bald darauf in dem Fennboden versunken sein.

Jetzt bot sich die Aussicht, nicht nur eine Notunterkunft für die Universität zu erhalten, sondern einen Neuanfang in bescheidener Form zu machen, der für eine bessere Zukunft schon alle Möglichkeiten in sich barg. Andere sondierten für mich bei der englischen Besatzungsbehörde, ob man im Falle einer Bitte um Freigabe des Komplexes Entgegenkommen zeigen würde. Diese Frage ist von *den* Stellen, an die wir uns gewandt haben, so positiv beantwortet worden, wie es unter den durchweg noch unfertigen Verhältnissen nur zu hoffen war. Wäre es anders gewesen, so hätte ich nicht die Raumverteilung im einzelnen mit zwei städtischen Oberbauräten weiter erwogen. Diese Herren bewiesen lebhaftes Verständnis und Interesse und lieferten bald eingehende Pläne, bei denen allerdings eine einstweilige Zusammendrängung der Seminare aus Sparsamkeitsgründen in Aussicht genommen werden mußte.

Ich habe mich übrigens nicht einseitig auf dieses Projekt versteift. Als

[8] Die erste *offizielle* Besprechung des Plans hat am 26. Juni 1945 bei Herrn Ministerialrat von Rottenburg, in Gegenwart auch des Verwaltungsdirektors Loock stattgefunden.

mir das Hochhaus der Firma Siemens in Siemensstadt Ende September zur Miete angeboten wurde, habe ich es auch eingehend besichtigt und für ein Provisorium zur Not geeignet gefunden.

Am 9. Juli machte ich dem Stadtrat Winzer in einem Brief, der im Aktenteil wiedergegeben ist, Mitteilung von dem Projekt hinsichtlich des Reichssportfeldes.[6] Trotz mehrfacher Bitten um Erledigung erhielt ich eine Antwort erst am 3. Oktober! In ihr wurde behauptet, nach den eigenen Erkundigungen stehe es fest, daß mit der Freigabe des Geländes durch die Engländer nicht zu rechnen sei. Ob dies zutraf, ist mir zweifelhaft, während es mir nicht zweifelhaft ist, daß der sowjetisch beeinflußte Magistrat – er war damals noch der *Gesamt*magistrat von Berlin – die Universität nicht freigeben *wollte* und eben deshalb nicht antwortete.

Diese Auffassung bestätigte sich durch den Fortgang der Behandlung des Raumproblems, über den ich daher sogleich anschließend berichte, obwohl die betreffenden Vorgänge sich erst nach meinem Rücktritt von dem Vorsitz des »Leitenden Ausschusses« ereignet haben. Nach mancherlei Gerüchten über die geplante Unterbringung der Universität veranstaltete dieser Ausschuß am 17. September eine Besichtigungsfahrt nach dem alten Kurfürstenschloß in Köpenick, um festzustellen, ob es als künftiges Hauptgebäude der Universität geeignet sei. An dem hellen Herbsttage entzückte es durch seine träumerische Verfallenheit an dem Zusammenfluß von Spree und Dahme. Schon in seinen besseren Tagen hatte es nicht ausgereicht, um ein Volksschullehrerseminar alten Stiles zu beherbergen. Es lohnte gar nicht, die baufälligen Treppen emporzusteigen, um die »Klassenräume« anzusehen. Hier sollten dreieinhalb Fakultäten Unterkunft finden!? Zum Trost allerdings ging die Autofahrt noch eine Strecke weiter nach Adlershof, wo in dem Areal der DLV (Deutsche Luftwaffen-Versuchsanstalt) ein paar kahle Fabrikhallen gezeigt wurden, die nicht einmal in bequemer Nähe zu dem Schloß lagen. Das erstaunlichste an dem ganzen Unternehmen war mir, daß erfahrene Männer, die großenteils studiert hatten, von dem Angebot befriedigt, ja entzückt sein konnten. Es wurde auch noch in Aussicht gestellt, daß in den benachbarten Straßen Köpenicks Wohnungen für die Professoren beschafft werden würden. Niemand fragte mich, den damals schon »gestürzten Mann«, um meine Meinung. Angesichts der Lächerlichkeit des ganzen Planes verhielt ich mich völlig schweigend. Am nächsten Tag hielt ich es doch für richtig, Herrn Winzer, der nicht mitgefahren war, einen Brief zu schreiben, in dem ich den ganzen Gedanken für sinnlos erklärte und jede Verantwortung ab-

[6] Meine sämtlichen Briefe an Winzer sind im Anhang [S. 316 ff.] abschriftlich beigefügt.

lehnte. Als ich ihn persönlich sprach, fragte er mich mißmutig, warum ich das nicht gleich an Ort und Stelle gesagt hätte. Mit diesem Erstaunen hatte er gewiß recht. Aber *mein* Erstaunen war so groß gewesen, daß ich wohl das Recht in Anspruch nehmen durfte, sprachlos gewesen zu sein – übrigens auch aus Unmut.

Seit diesen Vorfällen habe ich mit der Raumfrage nicht wieder zu tun gehabt. Im Grunde ist sie bis heute (1953) nicht gelöst. Man behilft sich mit den Kasernen in der früheren Prinz-Louis-Ferdinand-Straße.

10.

In meiner Darstellung folgt wieder ein amerikanisches Kapitel. Es beginnt mit einem Vorfall, der im Grunde rein privater Natur war, aber sich doch – ebenso wie jene Verhaftungswoche – auf die Führung der Rektoratsgeschäfte sehr hinderlich auswirken mußte. Mein Haus, Dahlem, Fabeckstraße 13, wurde Anfang August von dem amerikanischen Quartieramt (Billeting Office) für Besatzungsoffiziere beschlagnahmt, und ich wurde aufgefordert, es innerhalb eines Tages zu verlassen. Die Russen hatten keine Professorenwohnungen requiriert. Jenen einen Tag verbrachte ich mit Fahrten zu allen möglichen Instanzen, um die Maßnahme rückgängig zu machen. Hierbei haben mir der Bürgermeister Dr. Wittgenstein, der amerikanische General Howley, ja selbst unbeteiligte amerikanische Offiziere der Nachbarschaft in freundlichster Weise geholfen. Vergeblich! Das Quartieramt unter der Leitung einer Dame war allmächtig.

Wir fanden zum Glück bei Freunden, den Hinterbliebenen des Professor Titze, in der Nachbarschaft sogleich ein Zimmer. Dorthin überführten wir das Nötigste zum Leben auf einem kleinen Handwagen; ebenso den Teil der Akten, den ich bei mir hatte und bei mir behalten mußte. Es war nicht angenehm, mit Sondergesprächen, die oft auch am späten Abend notwendig wurden, einen fremden Haushalt zu belasten. Ein solches fand gleich an einem der ersten Abende statt mit Professor Hartshorne von der Harvard University, einem Schüler und Freunde von Meinecke, der bald darauf dem Schuß eines amerikanischen Straßenpostens zum Opfer gefallen ist. Ich übergab ihm eine kurze Darstellung meines Konflikts mit der nationalsozialistischen Regierung vom Jahre 1933, die ich vorsorglich in den Tagen der Eroberung aufgeschrieben hatte. Eines besonderen Verständnisses habe ich mich auch von seiner Seite nicht erfreuen dürfen. Noch immer konnte ich mich des Eindruckes nicht erwehren, daß mich die Amerikaner für *den* Rektor hielten, der aus dem letzten Jahr der Naziregierung übrig geblieben wäre. Deshalb verfaßte ich etwas später (7. IX.) ein paar Seiten unter dem Titel »Private Darstellung meiner Tätigkeit als kommissarischer Rektor der Universität Berlin«. Ein weiteres Motiv dafür war, daß man mir auf amerikanischer Seite meine – notgedrungene – Verbindung mit den Russen und dem russisch beeinflußten Magistrat zu verübeln schien.

Die Rektoratsräume in der Gertraudenschule – übrigens schon seit Ende September oft von unerträglicher Kälte – lagen meiner neuen Behelfsunterskunft gegenüber. In diesem Dienstgebäude erschien eines Tages aus anderen Gründen der amerikanische Beauftragte für Erziehungsangelegenheiten Major Taylor, wohl von der Columbia-Universität. Ich war nicht im Hause. Er erwähnte aber, daß er in den 20er Jahren bei mir in Berlin eine Vorlesung gehört hätte, und stellte die Wiederholung seines Besuches in Aussicht. Dieser erfolgte jedoch nicht.

Statt dessen erschienen einmal plötzlich britische Offiziere, die sich nach dem Sitz des ehemaligen Großen Forschungsrates erkundigten (Steglitz, Grunewaldstraße, im sog. »Haus der Forschung«). Ich verließ eine Fakultätssitzung, die gerade in dem kleinen kellerartigen Raum des benachbarten Niemöllerpfarrhauses stattfand, und geleitete die Herren an ihr Ziel. Diese Episode mag als ein kleiner Beweis dafür gelten, wie verworren die Zuständigkeiten in West-Berlin damals noch waren, und wie schwer es für mich war, geordnete Sitzungen abzuhalten. In einem anderen Falle wurde ich plötzlich aus meiner Sprechstunde mit dem Auto nach Wannsee geholt, um über den Professor Bieberbach Auskunft zu geben. Wie ich wieder an meine Dienststelle kam, überließ man mir allein.

Die Hoffnung, bei der amerikanischen Besatzung für die Rekonstruktion des geistigen Lebens in Berlin Hilfe zu finden, erfüllte sich damals nicht. Man interessierte sich erheblich für die Schulen. An dem Problem Universität ging man vorüber. Es mußte mir aber daran gelegen sein, die neue »Regierung«, die sich in Zehlendorf und Dahlem weiträumig eingerichtet hatte, wenigstens zu informieren. Denn es lag in jenem Zeitpunkt keineswegs so, daß der Rektor der Universität Berlin ein russischer Angestellter gewesen wäre. Schon die Tatsache, daß Naturwissenschaftliche und Landwirtschaftliche Institute in dem Bereich lagen, den man heute den amerikanischen Sektor nennt, machte es notwendig, auch mit dieser Besatzungsmacht Fühlung zu gewinnen. Als z. B. das Pflanzenphysiologische Institut in Steglitz, Grunewaldstraße, als Soldatenküche beschlagnahmt wurde, hatte ich nach den Erfahrungen mit meiner eigenen Wohnung nicht einmal die Möglichkeit zu protestieren, weil ich noch nicht Gelegenheit gehabt hatte, mich vorzustellen.

Abgesehen von einer privaten Begegnung mit dem sehr liebenswürdigen alten Juristen Professor Rheinstein (in der Podbielski-Allee) kam nach meiner Erinnerung die erste Berührung folgendermaßen zustande. Mein Freund, der damalige Studienrat Dr. Wachsmuth am Arndtgymnasium in Dahlem, richtete auf Grund der Säulenplakate an einen hohen Offizier der Amerikaner die Frage, in welchem Grade es mit der Wiederherstellung des demokratischen Geistes in Deutschland ernst gemeint sei und ob z. B. eine sachliche Kritik zulässig sei. Dadurch gewann er Zugang zu der hinter Stacheldraht und Posten gelegenen Baracke des Education Centre im Compound des ehemaligen Luftgaukomandos. Er erwirkte mir dort eine Audienz. Zur festgesetzten Zeit wurde ich von einem Unteroffizier in das Büro des Majors Taylor, des Chefs der Educational Affairs, geleitet. Es erwies sich aber, daß er gerade eine Sitzung hatte. Ich wurde zu seinem Kollegen Major Professor Reinmuth von der Texas-University geführt. Mit ihm unterhielt ich mich einige Zeit ganz gut über »allerlei«, das heißt: ich gab Erläuterungen über Vergangenes und Gegenwärtiges. Endlich erschien auch Mr. Taylor, die Pfeife im Munde. Der Ton seiner Begrüßung ließ nichts von einer alten Bekanntschaft merken. Ich benutzte die wenigen Minuten, die mir zur Verfügung standen, um den wichtigsten Punkt zur Sprache zu bringen; nämlich: Die Universität Berlin sei ein Kulturinstitut von größter Bedeutung, dessen geistige Wirkungen sich früher auf die ganze zivilisierte Welt erstreckt hätten. Es sei für die Amerikaner nicht gleichgiltig, wer es künftig in den Händen habe. Sie möchten also aufmerksam darauf sein, daß die Universität, die sich durch fast alle Sektoren erstrecke, bei der nahe bevorstehenden Verteilung der Zuständigkeiten unter die gemeinsame Kontrolle aller Besatzungsmächte käme. Ich trug dies mit großem Nachdruck vor. Meine Kompetenzen überschritt ich damit in keiner Weise. Denn der Magistrat in Berlin C hatte niemals verlauten lassen, daß seine provisorischen Maßnahmen für die später eingerückten »Mitregenten« bindend wären. Es war also alles noch offen, und daß man die Regelung der Verwaltung nicht mit der Universität beginnen würde, war klar. Meine Ausführungen stießen, besonders bei Mr. Taylor, auf eine trockene Gleichgiltigkeit. Ich bemerkte nicht einmal, daß man sich auch nur theoretisch für das Thema interessierte. In deutscher Sprache hätte ich sagen müssen: man hatte offenbar keine Order und hütete sich, auch nur anzudeuten, daß man eine persönliche Meinung hätte.

Nicht mit Ungewißheit, sondern mit dem Gefühl völliger Resultatlosigkeit verließ ich den amerikanischen Bezirk.[10]

---

[10] Erst viel später, als ich schon in Tübingen war, ist mir der Gedanke gekommen, daß ein Mann, der damals (1945) wohl noch nicht in Berlin war, mir in der Abteilung Edu-

Natürlich gab ich mein Ziel nicht auf. Es bildete sich zwischen Wachsmuth, Diem und mir eine private, freundschaftliche Zusammenarbeit. Wir beschlossen, gemeinsam eine Denkschrift über eine Neuorganisation der Universität zu verfassen*, die die Wiedererrichtung auf dem Reichssportfeld zur Grundlage hatte. Dieser Ort schon hätte es möglich gemacht, einige Erziehungsgedanken aus den beiden angelsächsischen Hochschulsystemen mitzuverwirklichen, ohne den Kerngedanken der deutschen Universität aufzugeben. Für die »Erziehung« – reeducation – der deutschen Geistesschicht interessierten sich ja die Amerikaner brennend.

Wachsmuth hatte nähere Fühlung mit einem dritten Offizier der Abteilung Education gewonnen, dem Major Professor Alexander von der Columbia-Universität. Er verschaffte mir eine Abendeinladung zu Alexander in seine Wohnung am Falkenried. Wir haben dort einige Stunden ganz zwanglos mit ihm gesprochen. Aber es ging wesentlich um Eigentümlichkeiten und Vorzüge des amerikanischen Lebens. Mr. Alexander betonte wiederholt, eigentlich sei er ein Farmer. Auf die für mich brennenden Probleme des Momentes ging er nicht ein. Zum Schluß ließ er uns noch teilnehmen an einer Zusammenkunft junger Deutscher, zu der er im Namen und Geist der Quäker eingeladen hatte. Mr. Alexander hat später auch unsere Denkschrift erhalten. Wir haben aber nie ein Wort darüber gehört. Er selbst verließ bald Berlin überhaupt. Ich vermute, daß er mit dem damals gesteuerten (Morgenthau-)Kurs nicht einverstanden war.

Vorausgreifend will ich hier gleich eine private Angelegenheit einschalten: Mit vielen Mühen, besonders auch mit der wohlwollenden Hilfe von Alexander, wurde erreicht, daß wir um den 1. Oktober in die für den Portier bestimmte Kellerwohnung unseres Hauses einziehen konnten. Dort haben wir bis zu unserer Flucht nach Tübingen gewohnt. Ein Nachteil dieser Vergünstigung war es allerdings, daß ich dort streng genommen keine Besuche empfangen durfte. So habe ich manches wichtige Rektoratsgespräch auf der Fabeckstraße promenierend führen müssen, z. B. mit dem Geographen Troll aus Bonn, dessen Berufung nach Berlin schon lange schwebte.

---

cational Affairs den Kredit verdorben hätte. Es war der ehemalige Oberstudiendirektor Karsen, der dann als Mr. Carson in Dahlem Nachfolger von Taylor wurde. Er hegte gegen mich seit der Zeit vo[r] 1933 eine persönliche Feindschaft, deren Motiv sich kurz dahin formulieren läßt: Er hätte gern die Professur für Pädagogik in Berlin gehabt.

* [Zur Abfassung dieser Denkschrift bemerkt Spranger handschriftlich am Rande: »Es ist fraglich, ob dies nicht erst später war. Offen lassen!«]

11.

Ich konnte es nicht verhindern, daß immer mehr Maßnahmen getroffen wurden, die die kümmerlichen Reste der Berliner Universität nach dem Muster des russischen Hochschulwesens umgestalten sollten. Hinter mir stand keine legitime deutsche Staatsmacht. Vielmehr war ich eigentlich Beauftragter einer Gruppe kommunistischer Rückwanderer aus Rußland, die völlig im Sowjetgedankensystem lebten und offenbar auch gar nicht die Fähigkeit besaßen, darüber hinauszudenken. Immerhin: es gab im September noch bürgerliche Ressortchefs im Berliner Magistrat. Wie sie nach und nach verschwunden sind, müßte an anderem Ort dargestellt werden. – Ich habe in jenen Tagen die Berechtigung der nationalsozialistischen These erfahren, die uns 1933 bis zum Überdruß verkündet worden war, daß eine Hochschule auf die schützende *Macht* ihres Staates angewiesen ist. Das heißt durchaus noch nicht, daß der Geist und die Wahrheit nichts gegen den Staat vermögen. Aber eine Hochschule ist ihm gegenüber praktisch hilflos, schon weil er bei uns ihr Erhalter ist. Und ein Rektor ist erst recht ohnmächtig. Er kann bei einem Überzeugungsgegensatz zur Regierung nicht viel mehr, als auf seinem Posten fallen. Das wurde mir um die Wende vom August zum September klar.

Man erwäge auch dies, daß ich in jener Zeit nicht einmal das moralische Gewicht einer festen, großen Tradition hinter mir hatte. Ich konnte gegenüber den Besatzungsmächten nicht darauf hinweisen, daß die Universität Berlin (oder die anderen Universitäten) in den 12 Jahren der nationalsozialistischen Regierung unerschütterliche Burgen des Wahrheitssinnes und der Freiheit gewesen seien. Die noch vorhandenen Dozenten, durch Bombenkrieg und Unterernährung geschwächt, machten nicht den Eindruck, als ob sie sich mit mir auf dem Hügel der Geistesfreiheit zusammenhauen lassen würden.

Je mehr ich zur Einsicht in die Gesamtlage kam, um so mehr begriff ich auch, daß ich nicht auf dem Wege der strikten Legalität bleiben könnte. Es mußte etwas gewagt werden. Ich erhielt die Nachricht, daß an einem bestimmten Tage auf einer Sitzung der Interalliierten Kommandantur die Entscheidung über die Zuständigkeiten der einzelnen Besatzungsmächte fallen sollte. Die Universität konnte gegenüber den direkt politischen Objekten nur eine ganz nebensächliche Rolle spielen. Vielleicht wurde sie überhaupt durch die bloße Deklarierung des Territorialprinzip abgetan: jede Besatzungsmacht ist für diejenigen Institutionen zuständig, die auf ihrem Gebiet liegen. Ob, wann und wie darüber beschlossen worden ist, weiß ich noch heute nicht und weiß wohl niemand.

Jedenfalls: ich mußte *vor* diesem Termin noch persönlich an die Engländer heran. Mein Verkehr mit den Amerikanern war unbedenklich; denn sie waren die für mich persönlich und für die Dahlemer Institute zuständige Besatzungsmacht. In dem englischen Regierungsgebäude am Adolf-Hitler-Platz, der nun wieder Reichskanzlerplatz hieß, verkehrten, wie ich wußte, nicht nur manche Kollegen, sondern sogar Studenten auf einem gesellschaftlich guten Fuße. Ich erwirkte mir mit Hilfe des Assisstenten an der Technischen Hochschule Dr. Stark [11] einen Termin für eine Besprechung mit dem Chef der Abteilung für Erziehungswesen.

Mr. Creighton (von der Universität Cambridge) empfing mich formell höflich.[12] Ich kennzeichnete mein Anliegen etwa so, daß die Universität Berlin, für die ich die Geschäfte zu führen hätte, von russischer Seite etwas einseitig behandelt würde und daß ich ihn um sein Interesse für diese Anstalt bäte, die früher ja wohl auch in England Ansehen besessen hätte. Der erste Satz, mit dem er antwortete, lautete wörtlich: »Ich bin nicht in der Lage, eine Bitte entgegenzunehmen, die sich gegen die Russen richtet.« Der Ausspruch charakterisiert mit höchster Deutlichkeit das damals »offiziell« noch bestehende Verhältnis der Alliierten. Meine Antwort war dem Sinne nach: es fiele mir nicht ein, etwas *gegen* die Russen geltend zu machen. Ich sei nur gekommen, um etwas *für* die Engländer Bedeutsames vorzubringen. Denn das sei ja wohl im Empire besser bekannt als bei uns, daß eine Universität nicht bloß eine Unterrichtsanstalt sei, sondern ein politischer Faktor. – Von da an wurde die Stimmung gelockerter. Ich konnte auch meine Unterbringungspläne ausführen. Das Reichssportfeld lag ja im englischen Sektor. Mr. Creighton ließ spüren, daß er den Gedanken nicht ablehnte, ja daß die Überlassung der Gebäude wohl nicht auf unüberwindliche Schwierigkeiten stoßen würde. (Sie standen damals in der Tat leer.) Nun aber war ich es, der ihm erwidern mußte: zu Verhandlungen darüber sei ich nicht autorisiert, da ich auf ein Schreiben dieses Inhaltes vom 9. Juli an den Magistrat immer noch ohne Antwort sei. Wiederum war seine Antwort sehr charakteristisch: in seinem Lande halte man nicht so streng auf den Instanzenzug (vgl. im Aktenteil meinen Brief vom 3. 10. 1945 an Dr. Kauffeldt.)*

---

[11] Dr. Helmuth Stark ist mir in jener Zeit in vielfacher Hinsicht ein förderlicher Berater und Helfer gewesen. Er sah ein, daß wir eine vermittelnde Haltung einnehmen müßten. So schlug er z. B. vor, das unmögliche Köpenicker Projekt milde zu behandeln, indem man in dem Schloß ein neues großes slawistisches Kulturinstitut zu errichten in Aussicht nähme.

[12] Professor Diem glaubt sich zu erinnern, daß er bei dieser Unterredung dabei gewesen sei. Mir ist es nicht wahrscheinlich.

* [S. unten S. 320.]

Auch diese Unterredung hat den im stillen gewünschten Erfolg, den Beschluß einer Viermächtekontrolle über die Universität herbeizuführen, nicht gehabt. Die von Mr. Creighton geleitete Stelle ist mir persönlich Anfang Januar 1946 noch in der freundlichsten Weise entgegengekommen, – wohl ein Beweis, daß gegen meine Person hier keine Vorbehalte bestanden. Um die Lage näher zu beleuchten, erwähne ich hier einen Vorgang, der sich erst sehr viel später ereignet hat. Anfang Juli 1946 veranstaltete der Präsident der Zentralverwaltung für Volksbildung in der *Ostzonen*regierung Wandel, die seit Anfang Oktober 1945 die Verwaltung der Universität anstelle des Berliner Magistrats übernommen hatte, eine pädagogische Konferenz in der Charlottenstraße (Ecke Mittelstraße), die hauptsächlich Hochschulfragen betreffen sollte. Es waren nicht nur Vertreter anderer ostzonaler Universitäten eingeladen, sondern auch amerikanische und englische Besatzungsvertreter. Die drei Mächte arbeiteten also noch zusammen. Bei dieser Gelegenheit flüsterte ich dem von englischer Seite erschienenen Professor Middleton zu: »Ich gehe von Berlin fort.« Er verstand sofort: »Lassen Sie sich hier nicht mit mir zusammen sehen.«

Noch aber stehen wir im September 1945. Zu dieser Zeit mußte mein wesentliches Ziel als gescheitert gelten. Meine Stellung war längst erschüttert. Mein Schicksal konnte sich nur noch nach unten hin abwickeln.

12.

Die Tätigkeit des »Leitenden Ausschusses« (ursprünglich Fünferausschuß) ging im ganzen August und September noch weiter. Die Sitzungen fanden im Stadthause in der Parochialstraße statt. Die Stimmung war meistens gereizt. Die beiden Gruppen – die kommunistisch-russische und die bürgerliche – trennten sich immer deutlicher. Dr. Naas war von vornherein der Beauftragte des Magistrats. Havemann war alter Kommunist. Brugsch neigte zur gleichen Seite hin und hielt oft, milde gesagt, höchst sonderbare Reden. Heinrich Franck zeigte damals noch eine gerechte und sachlich abwägende Haltung. Für mich war es eine große Unterstützung, wenn der Jurist Erbe anwesend war. Meerwarth, eine stille Natur, war oft verhindert. Schnadel stand durchaus auf meiner Seite. Er ging aber bald nach Hamburg und England fort, wodurch er deutlich genug optierte.

Den ersten Vorstoß, mich zu stürzen, hatte Brugsch gemacht, als er nach meiner amerikanischen Verhaftung in brüsker Form die Nichtausführung der Beschlüsse tadelte. Ich sprach nicht mehr mit ihm. Aber dann versicherte er wieder, wie sehr er den Zwischenfall bedauere und wie hoch er mich schätze. Der Friede dauerte nicht lange. Es war wohl verabredet, mich lahmzulegen. Zu Beginn einer der Sitzungen, bei der wir immer noch mit der Siebung der Fragebogen und der Sonderung der Tragbaren von den Untragbaren zu tun hatten, fragte Brugsch gleich zu Beginn, wie es mit der Einrichtung einer Spruchkammer für Hochschullehrer stehe. Ich hatte Erbe gebeten, nach geeigneten Spruchrichtern Umschau zu halten. Er hatte wohl mit verschiedenen Herren verhandelt, wie auch ich es gelegentlich getan hatte, z. B. mit Dr. Ruge. Aber die Auswahl war klein, und niemand hatte Neigung, sich für die mühereiche und konfliktvolle Arbeit zur Verfügung zu stellen. Kurz, die Behörde war noch nicht konstituiert. Andere Arbeiten hatten mich an dieser Aufgabe verhindert. Die Sache hatte auch nicht mehr viel Bedeutung, seitdem wir mit den Fragebogen des Ausschusses, dem Magistratsfragebogen und dem sog. Russischen Fragebogen gesegnet waren. Die »unklaren Fälle« waren nicht sehr zahlreich. Trotzdem: Es war ein sachlich begründeter Vorwurf, den Brugsch erhob. Er tat es aber wieder in so scharfer und unkollegialer Form, daß ich sofort spürte: die Angelegenheit war vom Zaun gebrochen; vielleicht verrichtete er sogar bestellte Arbeit. Ich hatte keine Lust, mich so behandeln zu lassen, und wußte längst, daß ich bei der linken Gruppe dieses Kreises das Vertrauen verloren hatte. So erklärte ich, daß ich den Vorsitz niederlegte und ihn nur noch in dieser Sitzung weiterführen würde. Die Äußerung wurde ohne nennenswerte Gegenrede aufgenommen.

Über die Konfliktsitzung vom 28. August wünschte ich das Protokoll zu sehen. Wie es gefaßt war, ist mir nicht mehr ausreichend erinnerlich. Ich kann nur den Wortlaut meiner Erklärung dazu wiedergeben, die sich auch auf die erste Konfliktsitzung vom 31. Juli bezieht. Damals war sie völlig überflüssig; heute hilft sie, die Lage zu beleuchten:

»Erklärung zum Protokoll der Sitzung des Leitenden Ausschusses für Wissenschaften vom 28. August 1945.

1) Aus der Niederschrift über die Sitzung vom 31. Juli ist in keiner Weise zu entnehmen, daß ein tiefer Eingriff in die innere Struktur unserer Universität beschlossen worden war. ⟨Zusatz von 1953: während meiner Haft in Wannsee.⟩ Die Fassung deutet nur auf Aufforderung zur üblichen Vorlesungsanzeige hin. Eine mündliche Aufklärung ist mir nicht zuteil geworden. Hätte ich den Sinn des Beschlusses gekannt, so hätte ich längst Einspruch erhoben.

2) Der ›Leitende Ausschuß‹ hat niemals den Beschluß gefaßt, eine politische Klärungsstelle einzusetzen; es war infolgedessen kein Auftrag auszuführen. Der Plan stammt von mir; die Einrichtung war ausschließlich für die Universität gedacht, und mein Angebot wurde gebilligt, als Be-

schwerden gegen die Personalentscheidungen des Ausschusses sich häuften. Die Realisierung war nicht früher möglich, als Herr Professor Kohlrausch auf Berliner Gebiet übergesiedelt war. Dies ist vor 3 Tagen geschehen.

29. 8. 45.

Spranger.«

Der letzte Satz kann nur bedeuten, daß ich – wegen Mangels an Kenntnis juristischer Persönlichkeiten – des Rates von Kohlrausch bedurfte. Daß er selbst nicht geneigt wäre, den Vorsitz zu übernehmen, mußte mir schon seit dem 13. Juni bekannt sein.

Auch nach dem Vorfall vom 28. August bemühte ich mich noch, für die Einrichtung des Spruchkollegiums etwas zu tun. Zu diesem Zweck besuchte ich den Staatssekretär a. D. Dr. Wende, der nicht geradezu ablehnte; außerdem eine hohe, unter Hitler amtsenthobene richterliche Persönlichkeit, Paech in der Kirchstraße in Moabit, dessen Amtsbezeichnung ich nicht mehr angeben kann. (Er war auch für eine vorläufige Lehrtätigkeit in der Juristischen Fakultät vorgesehen.) – Solche Fahrten waren damals immer noch höchst zeitraubend, da die S-Bahn noch nicht vollständig funktionierte.

Die Spruchkammer ist nicht mehr zustande gekommen. Ebenso aber ist festzustellen, daß die ganze, liberaler gehaltene Sichtungsarbeit des Ausschusses für die Mitglieder der Lehrkörper hinfällig war, da die eigentlichen Entscheidungen vom Magistrat und von den Russen getroffen wurden. Der Ausschuß war nur eine Interimsbehörde mit niemals fest umrissenen Zuständigkeiten.

Ich teilte dem Stadtrat Winzer meinen Rücktritt vom Vorsitz mit. Er ernannte keinen anderen Vorsitzenden, sondern überließ es dem Kreise, ihn selbst zu wählen. Das neu ernannte Mitglied, der Demokrat Dr. Werner, ein Mitarbeiter des Berliner Amtes für Volksbildung, erklärte sich bereit, vorläufig zu präsidieren. Zu nennenswerter Arbeit ist es nicht mehr gekommen. Die Gegensätze wurden immer schärfer. Einmal kam es zu Auseinandersetzungen in heftigster Tonart zwischen Brugsch und Werner darüber, was Demokratie eigentlich sei. Wir andern saßen passiv dabei. Von welcher Art sonst die Leistungen des Ausschusses waren, illustriert jene Fahrt nach Köpenick und Adlershof am 17. September.

Wenn jemand im Bereich der Wissenschaftsverwaltung Anlaß hatte, über Verzögerungen zu klagen, so war ich es eigentlich. Am 9. Juli hatte ich den Vorschlag wegen des Reichssportfeldes abgesandt; am 4. August sandte ich den Durchschlag des Schreibens noch einmal an Winzer. Am 14. August kam eine Zwischennachricht: die Dinge seien für eine Entscheidung noch nicht reif. Am 18. September mußte ich brieflich gegen den Köpenicker Plan protestieren. Am 27. September habe ich noch einmal mit aller Entschiedenheit meinen Antrag bezüglich des Reichssportfeldes erneuert. (S. Aktenteil.)* Hierauf kam die Antwort vom 8. Oktober: man habe mit der Abteilung für Bauwesen – ⟨welcher, der deutschen oder der englischen?⟩ – verhandelt. Diese, vermutlich doch die deutsche, habe mitgeteilt, die englischen Behörden bestünden darauf, daß das Reichssportfeld seiner eigentlichen Bestimmung nicht entzogen werde. Der Magistrat habe bereits beschlossen, die Universität nach Köpenick und Adlershof zu verlegen. »Auch die entsprechenden Anträge an die russischen Behörden sind bereits eingereicht.«

Man wird mir nachfühlen, daß die Verschleppung der zeitlich dringendsten Frage und das Festhalten an einer sog. Lösung, die kein Kenner des Universitätswesens ernst nehmen konnte, meinen Unmut allmählich bis zum Kochen gesteigert hatte. Die in Berlin anwesenden amerikanischen und englischen Besatzungsoffiziere für das Erziehungswesen – die französische Besatzung trat während der Zeit meines Rektorates noch nicht in Erscheinung – werden hinsichtlich ihres Verhaltens zur Universität keine Instruktion gehabt haben. Eine Information von meiner Seite war ich nicht schuldig gelieben. Ob sie darüber an höherer Stelle berichtet haben, ist mir unbekannt geblieben. So viel darf man annehmen: wenn damals von der anderen Seite gehandelt worden wäre, so wäre 1948 die Gründung einer neuen Universität im amerikanischen Sektor nicht notwendig geworden, und die formelle Umbenennung der Technischen Hochschule zu Charlottenburg in »Technische Universität« wäre kaum erfolgt. Jetzt endlich wollte jeder der Ausgeschlossenen *seine* Universität in Berlin haben.

Es konnte mich nicht wundern, daß der russisch beeinflußte Magistrat – er war noch der Magistrat von *ganz* Berlin – auf meine Besprechungen mit den anderen Besatzungsbehörden aufmerksam geworden war. Um den 1. Oktober erhielt ich eine briefliche Anfrage von Dr. Kauffeldt, wie es damit stehe. Meine Antwort vom 3. Oktober befindet sich im Aktenteil.** Die Schlußwendung ist eine zarte Andeutung, daß ich über die Einstellung der Engländer anders unterrichtet war, als man mir an dem gleichen Tage vom Magistrat aus schrieb. Bei der völligen Ergebnislosigkeit meiner Besuche auf den anderen Besatzungsämtern durfte ich auch die persönliche Gefahr, die mit ihnen verbunden war, gering einschätzen.

---

* [S. unten S. 318.]

** [S. unten S. 320.]

13.

Nach der bedingungslosen Kapitulation am 8. Mai 1945 war die Befürchtung nicht unbegründet, daß die deutschen Universitäten für längere Zeit geschlossen bleiben könnten. Insofern war es eine erfreuliche Tatsache, daß die Russen überhaupt an eine baldige Wiedereröffnung der Universität Berlin dachten. Es hatte verlautet, daß die Genehmigung zum Studium für die vorklinischen Semester der Medizinischen Fakultät schon für den 1. Juli erteilt sei. Sie wurde aber wieder zurückgezogen. Auch das zeitweise geplante »Übergangssemester« kam nicht zustande. Jedoch sollte schon im Herbst ein Vorlesungsverzeichnis hergestellt werden, obwohl der Lehrkörper aufs äußerste dezimiert war. An Bewerbungen von Studierten und Unstudierten um Aufnahme in ihn fehlte es nicht. Das Vorlesungsverzeichnis sollte aber nach russischem Muster gestaltet werden. Das bedeutet, daß zunächst für jede Fakultät, auch für die Philosophische, genau fixierte *Studienpläne* für eine Folge von Semestern aufgestellt werden sollten und dann jeder Dozent den Inhalt seiner Vorlesung bis auf die Stunden genau festlegen sollte (»Stundenpläne«). Die Eröffnung einer solchen Universität wäre nach meinen Begriffen keine Wiedereröffnung der alten Friedrich-Wilhelms-Universität gewesen.

Um ein Beispiel zu nennen: die Weltgeschichte war in Einzelvorlesungen mit genau chronologischer Reihenfolge durchzugliedern. Der Lehrinhalt für jede war im voraus auf Stunde für Stunde festzulegen. In der erwähnten Zusammenkunft mit den Petersburger Professoren hatte einer von uns sehr schön geltend gemacht, wir betrachteten es nicht als akademisch, die historischen Tatsachen vollständig vorzutragen, sondern wir wollten an ausgewählten Abschnitten »historisch denken« lehren. Es komme uns auf einen geistigen Menschentyp an, nicht auf einen fertigen Wisser der Dinge. Über diese beiden Prinzipien akademischen Unterrichts hätte sich noch reden lassen. Die Aufteilung nach Stunden aber hätte den deutschen Professor zum Handwerker gemacht. Meinerseits hatte ich vor, mit einer Vorlesung über Kant zu beginnen. Natürlich war es mir möglich, sie mit Überschriften der einzelnen Kapitel zu schematisieren. Im Grunde macht das ja jeder von uns, nur nicht mit verantwortlicher Bindung vor der »Aufsichtsbehörde«. Eine genaue Aufsicht war angekündigt. – Jedoch war in jener Zeit von einer Bindung an den Lehrgehalt des dialektischen Materialismus »noch nicht die Rede«.

Den traurigen Auftrag, die Totengräberarbeit am echten akademischen Geist zu organisieren, anders gesagt, die deutsche Universität hinter den Stand des 18. Jahrhunderts zurückzuschrauben, konnte ich nicht übernehmen. Die Aufgabe des Rektors hätte jetzt wesentlich in der Verteilung der Fragebogen und Formulare bestanden. Im Volksbildungsamt war man sich über meinen Widerstand wohl auch schon klar. Deshalb überging man mich und wandte sich direkt an die Dekane der Veterinärmedizinischen, Naturwissenschaftlichen, Theologischen (!) und Landwirtschaftlichen Fakultät. In einem Schreiben von Dr. Kauffeldt vom 13. September hieß es: »Da die Angelegenheit äußerst dringend ist, haben wir aus Gründen der Zeitersparnis den direkten Weg in diesem Falle ausnahmsweise vorgezogen und bitten um Ihr Verständnis dafür.« Gegen die Methode, mit den Dekanen direkt zu verhandeln, protestierte ich anläßlich einer Sitzung, die in einem Kaiser-Wilhelm-Institut in Dahlem stattfand. Den Namen kann ich nicht mehr angeben. Ich erwähne dies aber, um zu zeigen, daß die Philosophische Fakultät noch immer kein festes Sitzungslokal hatte, sondern im Umherziehen existierte. In der gleichen Sitzung hatte ich auch das schöne Erlebnis, daß jemand, der eben noch für das Amt Rosenberg gewirkt und gegen die Juden geschrieben hatte, sich erbot, eine Vorlesung über den Marxismus zu halten.

Ich konnte mir nicht verbergen, daß ich gegen die angeordneten Maßnahmen machtlos war und immer mehr zur Schattenfigur herabsank. Gewiß stimmten manche Kollegen mit mir innerlich überein. Aber keineswegs empfanden alle die Lage als unwürdig. Praktisch stand ich völlig allein. Sollten Leser dieses Berichtes aus einer geborgenen Lage heraus geneigt sein, wiederum die Anklage gegen deutsche Professoren zu erheben, daß sie »wiederum« einem politischen System nachgaben, so bitte ich sie doch um der Gerechtigkeit willen, sich einmal die Frage zu überlegen, wovon die Leute mit ihren Familien denn hätten leben sollen, wenn sie der Magistrat (oder die Russen) nicht anstellten! Im totalitären Staat fällt die Schuld auf den Staat, nicht auf die einzelnen, die ohnmächtig sind.

Ich hatte die Gewohnheit, bei den Sitzungen meiner Fakultät weiterhin Berichte über die Gesamtlage zu erstatten. Anfang Oktober beschloß ich, der Philosophischen Fakultät rückhaltlos zu schildern, wie alles stand und wohin wir steuerten. Die Sitzung fand diesmal im Konferenzzimmer der Gertraudenschule statt. Sie war gut besucht. Meine Rede mußte viele Einzelheiten berühren, die heute nicht mehr von Interesse sind. Ich mußte auf die geplante Verlegung der Universität nach Köpenick hinweisen. Ich deutete auch leise an, daß ich die Verbindung mit den anderen Besatzungsmächten aufgenommen hätte. Zum Schluß stellte ich die Frage, ob die Kollegen in der Linie weitergehen wollten, die zur völligen Vernichtung der Tradition führen mußte, oder ob sie sich meiner Protesthaltung anschließen wollten. Sie müßten sich die Situation ganz klarmachen. Denn sie stünden jetzt an einem Wendepunkt von ähnlicher Bedeutung wie 1933.

Betroffenes Schweigen. – Nur allmählich kam eine kurze Aussprache in Gang. Die Einzelfragen, die gestellt wurden, waren belanglos. Der einzige, der mit großer Entschiedenheit meine Auffassung von der Lage bestätigte, war der Arabist Richard Hartmann. Schadewaldt äußerte sich vermittelnd: man solle doch noch abwarten und zusehen, ob die Dinge sich nicht noch milderten. Gegen diese Haltung erhob ich scharfen Einspruch: eben jetzt, in diesem Augenblick, müsse man sich entschließen. Auch Stroux ergriff das Wort. Ich habe nicht mehr in Erinnerung, was er sagte. Aber daran erinnere ich mich, daß ein Kollege später aus seiner Äußerung schließen zu dürfen glaubte, daß Stroux schon wußte, was wenige Tage darauf geschah.

Ich selbst wußte keinen Ausweg, als den Vorschlag, daß ich noch einmal um eine Unterredung mit Winzer bäte, um über alles eine Aussprache zu haben, die wieder einem vertrauensvollen Zusammenarbeiten den Weg öffnen sollte. Hierfür erbat ich mir den Auftrag der Fakultät und Zustimmung zu einigen Gesichtspunkten, die ich vorbringen würde. Die Reaktion auf diesen letzten Appell formuliere ich wohl angemessen so: man hatte nichts dagegen. Eine eigentliche moralische Unterstützung nahm ich nicht mit.

Die Unterredung mit Winzer hat am 11. Oktober stattgefunden, in Gegenwart der sogleich zu nennenden Herren. Viele Einzelheiten wurden berührt, und ich fragte meinerseits, welche Vorwürfe man mir machte, damit ich künftig bei meiner Geschäftsführung darauf Rücksicht nehmen könnte. Dr. Kauffeldt wußte nur das eine zu erwähnen, daß es schwer gewesen sei, geäußerte Wünsche von mir schnell erfüllt zu erhalten. Herr Winzer verhielt sich nicht nur einsilbig, sondern wie abwesend. Weder er noch ein anderer vom Magistrat wagte, den Kern der Sache zu berühren oder auch nur anzudeuten, was man über die wirkliche Lage selbstverständlich wußte. Wie die Lage war, geht am besten aus dem Schreiben hervor, das ich 2 Tage darauf über die Erfüllung meines sog. Auftrages gerichtet habe:

»*An die Philosophische Fakultät.*

Am Donnerstag, dem 11. Oktober hatte ich auf dem Stadthause eine eingehende Unterredung mit Herrn Stadtrat *Winzer*. In meiner Begleitung befand sich Herr Kollege *Erbe*, der an der Erörterung teilnahm und über Einzelheiten befragt werden kann. Von seiten des Magistrats waren anwesend und beteiligt die Herrn Dr. *Kauffeldt* und Dr. *Werner*. Es wurde eine Verabredung erzielt, die eine bessere Verständigung über die schwebenden Fragen und ein engeres Zusammenarbeiten ermöglicht hätte.

Diese Ereignisse sind überholt. Gestern vormittag hat mir Herr Dr. *Naas* mitgeteilt, daß die Universität Berlin der zentralen Landesverwaltung unterstellt worden sei. An meiner Stelle werde Herr Professor *Stroux* das Rekorat führen, bis wieder eine Rektoratswahl stattfinden könne.

Dahlem, den 13. Oktober 1945.

Spranger.«

Es ist wohl kaum anzunehmen, daß die Herren Winzer, Kauffeldt und Werner am 11. Oktober noch nicht gewußt haben sollten, was am 12. Oktober früh ausgeführt wurde.

14.

Am Morgen des [12.] Oktober um 8 Uhr wurde mir in meinem Amtszimmer der unmittelbar bevorstehende Besuch des Herrn Dr. Naas angekündigt, der als reiner Exponent des Kommunismus im Volksbildungsamt gelten mußte. Er erschien und begann: es tue ihm leid, daß er, als der so viel Jüngere, dem Älteren diese Botschaft überbringen müsse: Die Universität Berlin sei aus der Verwaltung durch den Magistrat auf die neue Landesregierung übergegangen und sei nunmehr dem Amt für Volksbildung bei der Zentralverwaltung unterstellt, deren Präsident Herr Paul Wandel sei. Aus diesem Anlaß sei auch ein Wechsel im Rektorat beschlossen worden. Herr Professor Stroux werde von jetzt an die Geschäfte der Universität führen, bis . . . usw.

Ich stellte die Frage, ob er mir die Gründe für diese Maßnahmen nennen könne. Die Antwort lautete: Die veränderten Umstände hätten sie nötig gemacht.

Nach den Vorgängen der letzten Fakultätssitzung habe ich es nicht über mich bringen können, die Geschäfte Herrn Stroux persönlich zu übergeben. Die Sekretärinnen verfügten über alle Akten. Herr Stroux war durch das, was ich in jener Sitzung gesagt hatte, mehr als zur Genüge informiert.

An der nächsten Fakultätssitzung nahm ich nicht teil, sondern sandte nur den bereits wiedergegebenen Brief. In der übernächsten wurde zu Beginn, wie üblich, das Protokoll der vorangegangenen Zusammenkunft verlesen. Darin hieß es dem Sinne nach: »Herr Stroux teilt mit, daß Herr Spranger von dem Amt des Rektors zurückgetreten sei.« Ich verlangte die Änderung dieses Satzes: ich sei entlassen worden und nicht zurückgetreten. Herr Stroux versuchte, diese Auslegung der Vorgänge in Zweifel zu ziehen. Ich verharrte bei meiner Erklärung. – In den Zeitungen stand ebenfalls zu lesen, ich hätte das Amt des Rektors niedergelegt.

Zur Beleuchtung der Situation, wie sie damals noch war, füge ich hinzu: Bei der ersten persönlichen Begegnung behandelte mich der Präsident Wandel mit betonter Hochachtung und äußerte: »Wir legen großes Gewicht auf Ihre Mitarbeit.« Ich bestätige, daß diese Haltung bis in den Sommer 1946 immer spürbar geblieben ist. Auf der anderen Seite: Während bis dahin der Andrang zu meinen Sprechstunden, die oft mehr als den halben Tag in Anspruch nahmen, ungeheuer gewesen war, erschien von diesem Zeitpunkt an niemand mehr. Nur von Herrn Meerwarth erhielt ich am 17. 10. folgenden Brief: »Die Nachricht von Ihrer Verabschiedung hat mich sehr betrübt. Die Maßnahme hat offenbar keinerlei sachlichen, sondern nur einen politischen Hintergrund, was schon daraus hervorgeht, daß keines der schwebenden Probleme inzwischen einer vernünftigen Lösung näher gebracht worden ist. Die Zukunft wird uns wohl erst die Möglichkeit an die Hand geben, die Bedeutung dieses politischen Griffes oder Mißgriffes besser zu erkennen. In jedem Fall werde ich mich immer gern der zahlreichen und wertvollen Anregungen erinnern, die von Ihnen während der letzten Monate ausgegangen sind, und nicht zuletzt auch der Tatsache, daß Sie schon durch Ihre Anwesenheit viel Unfug verhindert haben. Wenn ich an die vielen verlorenen Stunden denke, die Sie gerade in der jüngst vergangenen Zeit vor allem dem Ausschuß und der Behandlung des Magistrats widmen mußten, so erfaßt mich unwillkürlich das Gefühl einer Genugtuung darüber, daß Sie jetzt in Ruhe und Freiheit Ihrer eigentlichen Arbeit nachgehen können.«

Meerwarth starb bald darauf. Der unermüdliche Dekan der Philosophischen Fakultät Ludwig Deubner starb am 25. März 1946. Der Rektor der Technischen Hochschule Schnadel übernahm, wie erwähnt, ganz plötzlich einen Auftrag in Hamburg. Wohl als erster meiner Fakultätskollegen ging Nicolai Hartmann mit dem Rucksack über die Grenze nach Göttingen.

[Anhang]

Abschrift

Friedrich-Wilhelms-Universität

Berlin N.W. 7, 9. 7. 1945
Universitätsstraße 3b

Herrn Stadtrat Winzer
etc.

Betrifft: Gebäude für die Universität.

Sehr geehrter Herr Stadtrat!

Das Universitätsgebäude und etwa 5 der Universität gehörige Nachbarhäuser sind so stark zerstört, daß an ihre Wiederherstellung in absehbarer Zeit nicht gedacht werden kann. Es ist daher mit Ihrer Zustimmung eine Verlegung ins Auge gefaßt worden. Das zuerst in Betracht gezogene Luftgaukommando in Dahlem hat sich leider für unsere Zwecke als ungeeignet erwiesen, da größere Hörsäle nur durch beträchtliche Umbauten gewonnen werden könnten. Hingegen sind die Gebäude auf dem Reichssportfeld – zunächst das Haus des deutschen Sports und das Friesenhaus – das Beste, was in Berlin überhaupt gefunden werden könnte. 32 Fakultäten mit ihren Instituten und die allgemeine Universitätsverwaltung lassen sich dort ohne nennenswerte bauliche Veränderungen, allerdings nur nach den erforderlichen Reparaturen, – fürs erste unterbringen. Spätere Ausdehnung in der Nachbarschaft ist möglich. Der Mißstand, daß die Universität noch auf eine dritte Stadtgegend ausgedehnt werden muß, ist leider nicht zu vermeiden.

Von deutscher Seite bestehen keine Schwierigkeiten, da Herr Dr. h. c. Diem uns das Gelände selbst angeboten hat. Wenn Sie, sehr geehrter Herr Stadtrat, dem Plan zustimmen, bitte ich um eine Unterredung in der Angelegenheit. Den Antrag an die Besatzungsmächte wegen der Genehmigung müßten wir gemeinsam möglichst bald stellen. Das Gelände ist gegenwärtig von Engländern besetzt.

Eine weitere Frage ist die Bewilligung der erforderlichen Materialien und Geldmittel für die Herrichtungsarbeiten (besonders Beschaffung von *Glas*!) und für den Transport der erhaltenen Restbestände nach Westend.

In vorzüglicher Hochachtung

Sp.

Abschrift

Herrn Stadtrat Winzer 4. August 1945
Magistrat der Stadt Berlin
(Abteilung Volksbildung)
Berlin C 2
Parochialstraße I/3

Sehr verehrter Herr Stadtrat!

Einige dienstliche Schreiben von mir sind in der letzten Zeit unbeantwortet geblieben. Bei der unsicheren Beförderung halte ich es für denkbar, daß sie verloren gegangen sind. Ich erlaube mir daher, Durchschläge eines Briefes vom 9. Juli und zweier Anträge vom 20. Juli zu übersenden. Die Klärung der Raumfrage ist Voraussetzung für alle weiteren Maßnahmen zur Wiedereröffnung der Universität. – Die annamitischen Studenten befinden sich in einer Notlage und werden an einer baldigen Entscheidung sehr interessiert sein.

Mit hochachtungsvollem Gruß
Ihr sehr ergebener

Sp.

Anlagen:
drei Durchschläge.

Abschrift

Magistrat der Stadt Berlin Berlin, den 14. 8. 45*
Abteilung für Volksbildung, Wissenschaften
einschl. Hochschulen und Universität

Sehr verehrter Herr Professor!

Bei dem derzeitigen Stand der Vorbereitungsarbeiten für die Wiedereröffnung der Berliner Universität war es uns bis heute nicht möglich, zu Ihrem Schreiben vom 9. Juli 1945 Stellung zu nehmen. Sobald die Verhältnisse es gestatten, d. h. sobald wir klarer sehen, was in der nächsten Zeit werden wird, werden wir auch zwangsläufig die Frage der Räumlich-

* [Auf dem Blatt der Abschrift befindet sich unterhalb dieses Datums noch ein zweites: »Berlin, den 10. Oktober 1945«. Dazu bemerkt Spranger handschriftlich: »Dieses zweite sinnlose Datum steht in der mir vorliegenden Abschrift. Es wird wohl dadurch hineingekommen sein, daß die *Abschrift* am 10. Oktober gemacht ist. Sinn kann nur das erste Datum haben.«]

keiten lösen. Zu diesem Zeitpunkt werden Sie in der Angelegenheit von uns hören. ... (sonst Inhalt anderer Art).

Mit vorzüglicher Hochachtung!

gez. i. A. Naas.

Abschrift

18. September 1945

Herrn Stadtrat Winzer
Magistrat der Stadt Berlin
Berlin C 2

Sehr verehrter Herr Stadtrat!

Im Anschluß an die Besichtigung des Schlosses in Köpenick, die gestern stattgefunden hat, erlaube ich mir, folgendes mitzuteilen:

Es könnte später in der Öffentlichkeit und in Universitätskreisen die Ansicht aufkommen, daß ich bei dieser Gelegenheit befragt worden sei, ob die Räume in Köpenick nach meiner Meinung für die Universität Berlin ausreichend und geeignet seien. Da diese Frage nicht gestellt worden ist, bin ich wohl von der Verantwortung für diese Maßnahme entbunden. Ich halte es aber doch für meine Pflicht, auszusprechen, daß ich gegen die Wahl Bedenken habe, die auf langer und eingehender Beschäftigung mit dem Raumproblem der Universität beruhen. Sollte es gewünscht werden, bin ich bereit, dies näher zu begründen.

Mit vorzüglicher Hochachtung
Ihr sehr ergebener
gez. Spranger

Abschrift

Einschreiben
Prof. Spranger / Kl. 27. September 1945

Herrn Stadtrat Winzer
Abt. Volksbildung beim Magistrat
Berlin C 2, Parochialstr. 1–3

Es verlautet mit zunehmender Bestimmtheit, daß die englische Besatzungsbehörde und die maßgebenden Stellen der englischen Zivilverwaltung geneigt sind, der Universität Berlin das für ihre Zwecke hervorragend geeignete Haus des Deutschen Sportes und den erhalten gebliebenen Teil des Friesenhauses auf dem früheren Reichssportfeld zur

Verfügung zu stellen. Ich erneuere daher meinen Antrag vom 9. Juli, daß der Magistrat der Stadt Berlin eine diesbezügliche Eingabe macht.

Nach der bisherigen Verteilung der Universitätsinstitute über das Berliner Stadtgebiet wird unsere Hochschule in jedem Falle auch künftig durch die russische, amerikanische und englische Besatzungszone hindurchgreifen. Der Anteil des russischen Sektors würde noch verstärkt werden, wenn man den ausgezeichneten Gedanken des Herrn Dr. Stark ausführte und etwa im Schlosse Köpenick ein großes neues Slavistisches Institut begründete, an das die besten verfügbaren Kräfte zu berufen wären.

Falls die Universität sehr bald wiedereröffnet wird, können die – relativ unerheblichen – Instandsetzungen und Umbauten am Haus des Deutschen Sports noch nicht sogleich vollendet sein. Es müßte dann für den Anfang ein aufs äußerste beschränkter Notbetrieb im Innern der Stadt, allerdings mit Zersplitterung der Vorlesungsräume über den Bereich zwischen der alten Universität und der Invalidenstraße, durchgeführt werden. Auch hierzu wären provisorische Ausbesserungen besonders an Decken, Fenstern und Heizungen erforderlich. Ich bitte höflichst, mich bei Anträgen in dieser Richtung an das Stadtbauamt zu unterstützen und die ersten Schritte *bald* zu tun.

Pflichtgemäß empfehle ich die vorstehenden sehr wichtigen und dringenden Gesuche Ihrer wohlwollenden, tatkräftigen Förderung.

Empfangen Sie, sehr verehrter Herr Stadtrat, den Ausdruck meiner vorzüglichsten Hochachtung.

Ihr sehr ergebner
gez. Spranger
Kommissarischer Rektor der Universität Berlin.

Abschrift

Magistrat der Stadt Berlin
Abteilung Volksbildung

Berlin, den 3. Oktober 1945

Herrn Prof. Spranger
Berlin-Dahlem

Sehr geehrter Herr Professor!

Ihrer Meinung, daß die englischen Behörden geneigt seien, das Reichssportfeld für die Universität freizugeben, steht eine ganz konkret ausgesprochene Aussage der Abteilung für Bauwesen entgegen, mit der wir über mögliche Objekte für die Universität verhandelt haben. Danach bestehen die englischen Behörden darauf, daß das Reichssportfeld seiner eigentlichen Bestimmung nicht entzogen wird, so daß es gar keinen Zweck hat, sich weiter mit diesem Projekt zu befassen.

Da andere zentral gelegene Objekte, z. B. Haus der Flieger und Reichsbankneubau z. T. schon vergeben, z. T. ungeeignet sind, haben wir keine andere Wahl als das Schloß Köpenick und die DLV, zumal die Zeit drängt.

Vor allem besteht hier die Möglichkeit, aus dem Zustand des reinen Projektierens herauszukommen. Es ist bereits gelungen, einen auf Schloß Köpenick und die DLV gerichteten Magistratsbeschluß zu erreichen. Auch die entsprechenden Anträge an die russischen Behörden sind bereits eingereicht.

Drüber hinaus werden wir gemäß einem Vorschlag der Abteilung für Bauwesen untersuchen, ob nicht im alten Universitätsgebäude einige Hörsäle für einen Notbetrieb in Ihrem Sinne hergestellt werden können.

gez. Magistrat der Stadt Berlin, Abteilung für Volksbildung.

gez. Winzer.

Abschrift

Herrn Dr. Kauffeldt 3. Oktober 1945
Abteilung für Volksbildung
beim Magistrat der Stadt Berlin
Berlin C 2, Parochialstraße 1–3

Betr.: Meine Besprechungen mit Vertretern von Besatzungsbehörden.

Sehr geehrter Herr Doktor!

Die Unterredungen, die ich bisher mit Vertretern von Besatzungsbehörden gehabt habe, waren für das Thema »Universität Berlin« von geringer Tragweite. Sonst hätte ich darüber schon Bericht erstattet. Ich werde gelegentlich von Mitgliedern des Interrogation Service über einzelne Mitglieder des Lehrkörpers befragt; andere Stellen aller 3 Mächte haben wissenschaftliche Auskünfte gewünscht.

Ein Beauftragter für die Universitäten des amerikanisch besetzten Gebietes, Herr Hartshorne, Professor an der Harvard-Universität, hat mich eines Abends privatim aufgesucht und mich befragt, was bisher für die Wiedereröffnung der Universität Berlin geschehen sei. Dabei lag das Hauptinteresse auf der Fassung unserer Fragebogen. Die beiden anderen Herren des Educational Bureau beim Control Council, Major Reinmuth und Major Taylor, haben mich einmal nach dem Luftgaukommando kommen lassen. Der erstere verglich unseren Studentischen Fragebogen mit dem amerikanischen. Sonst betraf das Gespräch vorwiegend den deutschen Nationalcharakter und die Ursachen der Naziverirrung. Auf die besonderen Angelegenheiten der Universität Berlin gingen die Herren nur flüchtig ein, weil die Zuständigkeitsfrage noch nicht geklärt wäre.

Der englische Beauftragte für Erziehungsfragen, Herr Creighton, ist mehrfach von einzelnen Professoren und Studenten der Universität besucht worden. Ich habe mich daraufhin bei ihm einführen lassen. Er erkundigte sich nach den Gebäuden auf dem Reichssportfeld, da er von den schwebenden Plänen unterrichtet war. Ich gab Auskunft, erklärte aber, daß ich nicht bevollmächtigt sei, in dieser Richtung mit ihm Verhandlungen zu pflegen. Er nahm das zur Kenntnis, fügte jedoch hinzu, daß man in seinem Lande nicht so streng auf den Instanzenzug halte.

Im übrigen trete ich mit den ausländischen Besatzungsbehörden nur dann in Verbindung, wenn sie mich zur Auskunftserteilung auffordern.

Mit hochachtungsvollem Gruß

Ihr sehr ergebener

gez. Spranger.

Gehalt und Gestalt der deutschen Universität im Wandel von 1810 bis 1950 *

1951

I.

Fürchten Sie nicht, daß ich die beiden Stunden, die Ihre Gastfreundschaft mir gewährt, dazu mißbrauchen werde, ein Stück Universitätsgeschichte Jahrzehnt für Jahrzehnt zu erzählen. Es geht mir heute nur um *die* Art von Geschichte, die unmittelbar Selbsterkenntnis der Gegenwart sein will. In jedem Lande muß die Katastrophe, die ganz Europa betroffen hat, die sorgenvolle Frage hervortreiben: Was ist und was leistet unser Universitätswesen? Eine Hochschule ist ja nicht nur Lehranstalt für eine Elite der Jugend; sie ist ein Zentrum geistigen Lebens überhaupt; infolgedessen – ob sie es will oder nicht – ist sie auch eine kulturpolitische Macht. Alle Kulturpolitik der Gegenwart muß darauf gerichtet sein, die wahrhaft wertvollen Geistesgüter Europas zu neuer Kraft zu erwecken. Das beste kulturpolitische Instrument aber kann im Laufe von Jahrzehnten stumpf geworden sein. Mein eigentliches Thema ist also: Die Rolle der Universität in der gegenwärtigen europäischen Situation. Wenn ich dabei von den Verwandlungen der deutschen Universität ausgehe, so geschieht es deshalb, weil ich sie am nächsten kenne, weil sie einen sehr eigenartigen Hochschultypus darstellt, und weil sich heute an ihr ein Schicksal vollzieht, das in analoger Form die Universitätssysteme aller Kulturländer trifft.

Das Jahr 1810, das ich als terminus a quo gewählt habe, ist das Gründungsjahr der Universität Berlin. Mit ihrer Errichtung durch W. v. Humboldt, Schleiermacher und Fichte ist *die* Gestalt der deutschen Universität ins Leben getreten, die sich im Grundriß bis heute erhalten hat. Berlin hat im deutschen Geistesleben nie die absolute Stellung eingenommen wie Paris im französischen. Aber das Modell der Universität Berlin ist im 19. Jahrhundert für alle deutschen Universitäten maßgebend geworden, wie im hohen Mittelalter die Pariser Hochschule für alle europäischen »Generalstudien« Vorbild geworden war. Man redet auch von der »klas-

* Vortrag, gehalten auf Einladung der Universität des Saarlandes am 31. Mai 1951 in Saarbrücken.

sischen Idee der deutschen Universität«, nicht nur deshalb, weil um 1810 ein Muster aufgestellt worden ist, sondern weil es das Gedankengut unserer klassischen Literatur und des sog. deutschen Idealismus war, das damals einen neuen eigenartigen Hochschultypus geformt hat.

Einen Typus zu definieren, ist immer eine unmögliche Aufgabe. Man kann ihn eigentlich nur denkend schauen. Trotzdem stelle ich drei Prinzipien voran, die die allgemeinsten Umrisse festlegen. Es sind die folgenden:

1) Der Glaube an die Einheit der Wissenschaft im Rahmen eines geschlossenen philosophischen Systems.

2) Die Freiheit der Forschung, der Lehre und des Lernens im Rahmen einer staatlichen Anstalt.

3) Die Verlegung der wesentlichen Wissensproduktion in die Hochschule – also Untrennbarkeit von Forschung und Lehre.

Keines dieser Prinzipien ist selbstverständlich. Jedes von ihnen hat in der Folgezeit zu inneren Schwierigkeiten geführt oder ist von außen gefährdet worden.

Aber ich muß nun das Bild der klassischen deutschen Universität ein wenig näher ausmalen, wobei mir gestattet sei, diejenigen Züge zu betonen, die in unserer Gegenwart zu kritischen Spannungen geführt haben.

1) Der *Wissenschaftsgedanke* der deutschen Universität von 1810 war durchaus zeitbedingt. Das Gebäude der Berliner Hochschule Unter den Linden erhielt die Inschrift »Universitati literarum«, »Der Gesamtheit der Wissenschaften«. Dem Franzosen mußte dabei auffallen, daß die lettres mit dem Ganzen der Wissenschaft gleichgesetzt wurden, von den sciences aber nicht die Rede war. Die Formel war eine bewußte oder fahrlässige Umdeutung der alten Bezeichnung Universitas, die ursprünglich gemeint hatte »Die Gesamtheit der Lehrenden und Lernenden (docentium et discentium)«. Das Jahrhundert der Aufklärung hatte den Glauben an die ratio (die Vernunft) als das allumfassende Organ der Wissenschaft und Weltgestaltung zur Herrschaft gebracht. Während aber in Frankreich und England seit der großen Revolution von 1789 der Aufklärungsgeist sich immer mehr nach der Seite des *Erfahrungsstoffes* hin ausdehnte, während der französische Rationalismus in den Positivismus (das System der Einzelwissenschaften) überging, entstand in Deutschland um 1794 eine spekulative Philosophie, deren Schöpfer vor allem Fichte, Schelling und Hegel wurden. Fichtes »Wissenschaftslehre« wurde in *dem* Sinne führend, daß man von der Idee des absoluten Wissens ausging. Alles Einzelwissen sei nur insoweit *wahr*, als es auf die Idee der Totalität des Wissens bezogen bleibe oder gar aus dem absoluten Wissen abgeleitet werden könnte.

Schelling ging noch weiter: er versuchte in seinen damals stark wirksamen Jenaer ›Vorlesungen über die Methode des akademischen Studiums‹ (gedruckt 1803), die vier herkömmlichen Fakultäten aus dem Gesamtorganismus des Wissens apriori zu deduzieren, obwohl sie doch ihre Entstehung teils einer besonderen Tradition, teils praktischen Bedürfnissen verdankten. Der vielgegliederten Einheit des Weltorganismus auf der Seite des *Realen* sollte auf der Seite des *Idealen* der Gesamtorganismus des spekulativen Wissens entsprechen; beide seien nur *Darstellungen des Einen göttlichen Weltgeistes*, der sich in Objekt und Subjekt, in Sein und Wissen auseinandergelegt hätte.

Es ist unmöglich, die sehr komplizierten spekulativen Systeme von Fichte, Schelling und Hegel in ihrem Aufbau auch nur zu skizzieren. Wichtiger für unseren Zweck ist es, ihren tieferliegenden eigentlichen Sinn aufzudecken. Ihnen allen ist eine *theologische Wurzel* gemeinsam. Man wollte nach der Auflösung der Religion in der Aufklärungszeit das Christentum gleichsam retten, indem man seine historischen Heilstatsachen auf ewige Gedankenformen brachte; die überzeitliche Wahrheit des Mythus sollte philosophisch erfaßt werden. Dabei knüpfte man vorwiegend an das Evangelium Johannis an. Die spekulative Philosophie wollte in das Geheimnis des göttlichen *Logos* denkend eindringen. Der zum Bewußtsein seiner selbst kommende Gott, der zuletzt sich selbst wissende Gott – an diesem Maße maß man das menschliche Wissen. Höher konnte man die Bestimmung der Universität nicht nehmen: sie sollte die Einheit und Gliederung der göttlichen Ideen in der Form des Wissens *spiegeln* (daher *speculari*).

Die klassische deutsche Universität vollzog also einen Rückgriff ins Theologische, stärker gesagt: ins Theosophische. Während in Frankreich die radikale Verweltlichung der Wissenschaft energisch fortschritt und schließlich Auguste Comte sein berühmtes Dreistadiengesetz formulierte, nach welchem nicht nur religiöse Dogmen, sondern auch jeder Versuch einer Metaphysik völlig veraltet wären, blühte in Deutschland das Umdenken des christlichen Glaubens in die Form philosophischer Gedankenbauten. –

Diese spekulativen Systeme sind nicht, wie man etwas leichtfertig sagt, zusammengebrochen. Aber der lebendige Geist der Zeit zog sich aus ihnen allmählich zurück. Man verstand sie bald nicht mehr, ja man spottete über sie. Ein Grundgedanke von ihnen ist aber in der deutschen Universität stehengeblieben, nämlich, daß echtes Wissen *nur im festen Rahmen einer Philosophie* zu gewinnen sei. Deshalb blieb das Studium der Philosophie obligatorisch. Bis in unser Jahrhundert hinein wurden selbst Mediziner und Vertreter der exakten Naturwissenschaften bei ihren Examina in der

Philosophie als einem Pflichtfach geprüft. Darin dokumentierte sich ein wesentlicher *Erziehungsgedanke* der deutschen Universität. Die Motive freilich wurden immer blasser; schließlich handelte es sich nur noch darum, einem geistlosen Spezialistentum entgegenzuarbeiten; man wollte zur Beschäftigung mit weltanschaulichen Problemen nötigen, oder man schätzte auch nur die allgemeine Denkschulung, die die Philosophie verleihen könnte. Irgendeine *Wunderwirkung* traute man ihr jedenfalls zu. Aber dieser Glaube mußte im späteren 19. Jahrhundert schwach werden, als die Philosophie selbst sich in zahllose, völlig verschiedene Richtungen aufsplitterte. Nun wurde das Pflichtfach Philosophie für viele zu einer unfruchtbaren Last. Und hinter diesem Absinken des philosophischen Geistes mußte die beunruhigende Frage auftauchen, ob es denn die vorausgesetzte Einheit der Wissenschaft, die von der positiven Theologie über die positive Jurisprudenz bis zur exakten Physik reichen sollte, überhaupt gäbe. Gab es sie aber nicht – worin hatte dann die deutsche Universität noch ihren einheitlichen, *erziehenden* Grundgedanken: sie, die ursprünglich geglaubt hatte, alles Wissen sei nur Spiegelung des göttlichen Allgeistes? –

2) Der leitende Wissenschaftsgedanke macht den *Gehalt* einer Universität aus. Ihre *Gestalt*, d. h. ihre äußere Organisation, wird immer durch die jeweils maßgebenden staatlichen und gesellschaftlichen Verhältnisse mitbedingt sein. Nun ist kein Zweifel, daß die klassische deutsche Universität aus dem Geiste des Liberalismus geboren ist. Aber der Liberalismus ist nicht mit einem Satze zu definieren. Er ist eine vielstrahlige Kulturbewegung, die ihr Zentrum in den mannigfachen Freiheitsforderungen der Zeit hatte. Die Vorrechte einer privilegierten Korporation, die die Hochschule seit dem Mittelalter besaß, hatte sie auch durch die Epoche der konfessionellen Bindung und dann des staatlichen Absolutismus hindurchgerettet. Aber etwas völlig Neues war doch das Prinzip der *libertas philosophandi*, der Denkfreiheit, das sich schon im Jahrhundert der Emanzipation der Vernunft – besonders in Halle und Göttingen – langsam durchgesetzt hatte. Seit der französischen Revolution erhielt das Prinzip Unterstützung von der Erklärung der Menschenrechte her. Denkfreiheit, freie Meinungsäußerung gehörten mit zum Kern der unveräußerlichen Rechte der Person. Die Autonomie der sittlichen Persönlichkeit war aber zugleich der Kern der Philosophie von Kant und Fichte, Schiller, Goethe, Humboldt. Wieder eine andere Nuance des Liberalismus lag vor, wenn man die *Eigengesetzlichkeit* der Wissenschaft und des Wahrheitssuchens betonte. Der Gedanke, daß jedes Kultur*gebiet* in diesem Sinne Autonomie beanspruchen dürfe, kam damals nicht nur der Wirtschaft zugute, sondern auch der For-

schung und der Wissenschaft. Laissez faire, laissez aller – nur die Freiheit führt zur Harmonie des Ganzen.

Der Kampf gegen das überlebte Ancien régime führte auch in Deutschland im letzten Jahrzehnt des 18. Jahrhunderts zu einem allgemeinen Mißtrauen gegen den Staat, insbesondere gegen seinen Beruf zur Kulturpflege. Daß der Staat sich eigentlich um die öffentliche Erziehung gar nicht zu kümmern habe, hatte der spätere Begründer der Universität Berlin, W. v. Humboldt, schon 1792 in einer Jugendschrift ›Ideen zu einem Versuch, die Grenzen der Wirksamkeit des Staates zu bestimmen‹, radikal ausgesprochen. Seit 1807 trat der Freiherr vom Stein für Dezentralisierung der Staatstätigkeit, also für Selbstverwaltung als Schule der Bürger zur Mitverantwortung am Staate ein. Es verstand sich von selbst, daß der wissenschaftlichen Korporation ein Höchstmaß von Selbstverwaltung eingeräumt werden müßte. Denn nur Gelehrte können über Gelehrte urteilen.

In der Wirklichkeit aber stieß man damit auf Grenzen. Auch in der französischen Revolution konnte sich das Programm der liberté d'enseignement nicht unbeschränkt durchsetzen. Immer wurde die Antithese laut, daß ein starker Staat die Erziehung seiner Bürger nicht ganz aus der Hand geben könne. In Preußen hatte das Allgemeine Landrecht von 1794 den Grundsatz, daß der Staat das *Monopol* der Universitätsgründung besitze, ausdrücklich aufgestellt. Er gilt auch heute noch für ganz Deutschland unangefochten. Dort hat es, im Gegensatz zu Frankreich, niemals eine »Freie Universität« gegeben. Auch die so benannte Universität Berlin vom Jahre 1948 ist es im staatsrechtlichen Sinne nicht.

Das ganze 19. Jahrhundert hindurch geht dieses dialektische Verhältnis zwischen Freiheit der Wissenschaft und staatlicher Gebundenheit, zwischen Selbstverwaltung der Universität und Aufsichtsrecht des Staates. Erst in einigen Verfassungsurkunden seit 1848 erscheint ein ausdrückliches Grundrecht des Sinnes »die Wissenschaft und ihre Lehre sind frei«. Wie aber diese Freiheit zu verstehen sei und welche Grenzen sie habe, darüber ist viel diskutiert worden, noch zuletzt auf der Münchener Tagung der deutschen Staatsrechtslehrer von 1927.

Es ist vielleicht nicht genug bekannt, daß die Universität Berlin in bewußtem Gegensatz zu der Université Impériale Napoleons I. gegründet worden ist. Jedoch geht es aus der Programmschrift von Schleiermacher ›Gelegentliche Gedanken über Universitäten in deutschem Sinn‹ von 1808 klar genug hervor. Die Université Impériale, die durch Gesetze von 1806 und 1808 errichtet wurde, war ebensowenig wie ihre Fortsetzung, die Université de France, eine Hochschule im engeren Sinne. Vielmehr bedeutete sie eine scharfe Zentralisierung des gesamten nationalen Bildungswesens. Sie sollte das ganze Corps enseignant des Landes zu *einem* großen Verwaltungssystem zusammenfassen: die Fakultäten – denn die Universitäten waren 1793 aufgehoben worden – bildeten nur ein Glied oder eine Stufe in dem durchorganisierten Ganzen. Das Vorbild war ohne Zweifel die Hierarchie des katholischen Klerus. Aber dieses Muster wurde *säkularisiert*, gemäß dem aus der Aufklärung stammenden Gedanken: Wissenschaft tritt allmählich an die Stelle der Religion. Andrerseits lag in der Université doch auch die Anerkennung, daß das Unterrichtswesen ein selbständiger Zweig am Stamme der Staatsverwaltung sei.

Der französische Emigrant Charles de Villers erkannte bereits 1808, daß das Modell eines katholischen Landes auf das überwiegend protestantische Norddeutschland nicht paßte und daß die deutsche Vielstaaterei eine sehr mannigfaltige Gestaltung der Landeshochschulen zur Folge haben müßte. In diesem Sinne verteidigte er die liberale Hochschultradition Göttingens bei der Eingliederung in das Königreich Westfalen.

Bis heute ist das französische Bildungswesen einschließlich der Universitäten in engerer Bedeutung zentralistisch geblieben, während das deutsche System dezentralisiert blieb. Jedoch kommt man mit diesem schematischen Gegensatz allein nicht aus. Gesetze von 1833, 1850 und 1875 brachten in Frankreich z. T. ein Wiederaufleben des Prinzips der liberté d'enseignement, mindestens für Religionsgemeinschaften. In Deutschland aber verschärfte sich die Staatsaufsicht über die Hochschulen unter dem Zeichen der Heiligen Allianz und des Systems Metternich immer mehr. Die Universitäten galten doch in der 1. Hälfte des 19. Jahrhunderts ganz besonders als Vorbereitungsstätten der künftigen Staats*beamten*. Inwiefern seit der 2. Hälfte des Jahrhunderts sich ein noch stärkerer Staatseinfluß geltend gemacht hat, wird später erörtert werden.

3) Die bisher behandelten Gesichtspunkte: der Wissenschaftsgedanke und der liberale Ursprung, genügen noch nicht, um die Eigentümlichkeit der klassischen deutschen Universität sichtbar zu machen. Diese wird am deutlichsten, wenn man die Verwandlungen der *Philosophischen Fakultät* gesondert verfolgt.

Die Philosophische Fakultät führte im Mittelalter und noch lange darüber hinaus den Namen facultas artium. Sie war die unterste Fakultät, weil jeder erst durch sie hindurchgehen mußte, ehe er in einer der drei oberen: der Theologischen, Juristischen oder Medizinischen eingeschrieben werden konnte. Sie hatte also eine propädeutische Aufgabe. In ihrem Lehrgehalt stand allerdings schon im Mittelalter die Philosophie (damals also die scholastische Philosophie) *an der Spitze*. Dieser Unterstufencharakter hat sich in den USA unter dem Namen College noch deutlich erhalten. Das College bildet dort den Unterbau der eigentlichen Universität, auf ihm können die Grade eines bachelor of arts (baccalaureus artium) und eines master of arts (magister artium) erworben werden. Es gibt also in Amerika sozusagen eine untere und eine obere Hochschule (postgraduate study). Wenn man die Frage aufwirft, weshalb diese *Zweistufigkeit* sich in Deutschland nicht erhalten hat, so trifft man auf den Kern der Besonderheit des deutschen Universitätswesens.

In Deutschland ist die Artistenfakultät immer mehr mit den oberen Fakultäten *gleichwertig* geworden, ja sie ist schließlich der Leistung nach in die erste Stelle gerückt, obwohl sie noch heute bei festlichen Einzügen an 4. Stelle marschiert. Die Ursache dafür liegt in dem starken philosophischen Interesse, das der deutsche Geist immer bewiesen hat, aber auch in seiner allgemeinen Hinneigung zur *Theorie* als solcher. Der Sieg der philosophischen Fakultät ist eigentlich schon mit der Herrschaft der Leibniz-Wolffschen Philosophie entschieden. Er vervollständigte sich, als jene großen Systeme zur Herrschaft gelangten: Kant, Fichte, Schelling, Hegel, Schleiermacher. Außerdem aber lieferte die Fakultät das eigentlich wissenschaftliche Rüstzeug für die andern drei, die Fachfakultäten. Die Trennung der Wissenschaften in sciences und lettres hatte sich in Deutschland nicht durchgesetzt. Man trieb auch die belles lettres rein wissenschaftlich-methodisch, um nicht zu sagen: pedantisch. Es blieben also in der Philosophischen Fakultät Naturwissenschaften und Geisteswissenschaften im ganzen 19. Jahrhundert vereint. Ja manchmal gehörten auch noch die wirtschaftlichen Staatswissenschaften, die Pharmazie, selbst die Zahnheilkunde hinein. Jedoch hat von 1810 bis etwa 1890 unzweifelhaft *eine* Wissenschaft in ihr den Vorrang gehabt – nämlich die Klassische Philologie. Das hängt mit dem Griechenkultus unserer klassischen Zeit zusammen. Der deutsche Idealismus schloß den Neuhumanismus mit ein. W. v. Humboldt selbst war ja ein Matador unter den Humanisten. Die klassische Philologie lieferte außerdem die maßgebenden Methoden für alle Sprachstudien, Literaturstudien und für die Geschichtswissenschaften.

Bei dem ungeheuren Maß individueller Freiheit, das die deutsche Universität gab, hat man nicht mit Unrecht gefragt, worin denn ihre Erziehungsidee und ihre Erziehungskraft gelegen habe. Die Hälfte der Antwort ist schon gegeben: die Philosophie mit ihrer starken religiösen Basis sollte die Persönlichkeit formen. Die andere Hälfte tritt nun hinzu: das Humanitätsideal, das aus der Antike herkam und in der Goethe-Schillerzeit wie in der idealistischen Philosophie vertieft und zeitgemäß ausgestaltet worden war, leuchtete besonders hell über der ganzen Hochschule. Sie hatte also an den beiden Hauptfundamenten des europäischen Geistes, am Humanismus und am Christentum, entschiedenen Anteil. Und es ist interessant, zu verfolgen, wie sie sich bemüht hat, eine Synthese dieser beiden Elemente herbeizuführen, die ja vom gegenwärtigen Protestantismus scharf bekämpft wird.

Dieser Erziehungsgedanke hatte aber noch eine besondere Note: man betonte mit einer Einseitigkeit, die bei anderen Kulturnationen nicht möglich gewesen wäre, die Erziehung der Persönlichkeit durch den Wahrheitsgeist der Wissenschaft. Hier ist nun der Ort, des dritten Merkmals der deutschen Hochschule zu gedenken, unter den dreien, die ich im Anfang aufgeführt habe: *Untrennbarkeit von Forschung und Lehre*. Ein Kernsatz, der von Kant, Fichte und Pestalozzi herrührte, wirkt sich hier aus: der menschliche Geist baut sich die Welt in spontanen Akten auf. Wissenschaft ist daher niemals bloßes Lernen fester überlieferter Resultate, sondern sie beruht von Anfang an auf innerer Produktivität, auf Selbstdenken und Mitforschen. Schon der Student *empfängt* nicht nur Wissenschaft: er arbeitet von vornherein mit, und zwar sogleich bei den ersten lebenden Meistern seines Faches. Wer das nicht will oder nicht kann, gehört nicht auf die Universität. Man sieht ohne weiteres, daß dieser ihr höchst aristokratischer Charakter nur bewahrt werden konnte, solange die Zahl der Besucher klein war und entschieden zur Geisteselite gehörte. Mit dem quantitativen Anwachsen der Studenten mußte unentrinnbar eine große qualitative Veränderung des ganzen Institutes eintreten. Die deutsche Universität ist diesem Schicksal nicht entgangen; es wurde durch die zunehmende Demokratisierung aller Lebensverhältnisse natürlich noch verstärkt.

Die Zweistufigkeit des Hochschulwesens in Amerika fehlte bei uns. In Frankreich war sie gegeben durch eine Art von Überuniversität. Denn die sog. Grandes Écoles, vorwiegend in Paris, waren erst der Ort der qualifizierten Forschung. (In England gab es wenigstens den Unterschied eines Studiums for honour and for pass.) In Deutschland aber sollte die *eine* Normalanstalt alles leisten: Einfache wissenschaftliche Kenntnisse für die sog. akademischen Berufe vermitteln, zugleich aber Spitzenpersönlichkeiten für die Forschung erziehen. An dieser Überforderung leidet die deutsche Universität noch heute. In dem erwähnten Prinzip lag ursprünglich ihre Haupttugend. Sie wurde aber, wie noch auszuführen sein wird, schließlich zu einem Strukturmangel.

Schematisch zusammenfassend, kann man von der Philosophischen Fakultät sagen: sie war bis etwa 1700 propädeutische Unterstufe. Sie wurde dann philosophisch-humanistische Bildungsstätte mit Forschungsaufgaben. Seit der Mitte des 19. Jahrhunderts aber wurde sie immer deutlicher die allgemeine Forschungsfakultät, die das Entscheidende der Wissenschaften überhaupt produzierte. Schon Schleiermacher nennt *sie* 1808 »die eigentliche Universität«. Kant hatte noch überwiegend in seinen Vorlesungen fremde Lehrbücher interpretiert. Wo aber die Ankündigung auftritt: »Professor NN liest nach eigenen Heften«, da meldet sich deutlich die *selbständige Forschungsleistung* der akademischen Lehrer.

Mit dem Gedanken, daß die Universität rein wissenschaftliche, zweckfreie Forschung zu fördern habe, hängt aber auch das Prinzip der *Lernfreiheit* zusammen. Denn wenn der Hochschullehrer selbst Wissenschaft produziert und der Student mitforschen soll, dann läßt sich der Lehrstoff nicht in einer bindenden Folge festlegen. Es wird wohl orientierende Hauptvorlesungen geben. Aber ihr Inhalt kann nicht in Semesterprüfungen regelmäßig abgefragt werden. Der Anfänger muß sich ohne vorgeschriebenen Lehrplan durchkämpfen. Bis heute gibt es in einem Studium von acht Semestern allenfalls *eine* Zwischenprüfung. Auch diese ist erst in späterer Zeit eingeführt worden. Der junge deutsche Akademiker genießt im übrigen eine Studienfreiheit und eine Freiheit der Lebensgestaltung, die auf der ganzen Welt kaum ihresgleichen hat. Er mag sich manchmal als ein irrender Odysseus auf dem weiten Meer der Wissenschaft fühlen; aber ein »vielgeprüfter« Odysseus ist er nicht.

II.

Gestaltung – Umgestaltung
Des ewigen Sinnes ewige Unterhaltung.

Da mir eine geistesgeschichtliche Darstellung durch die Kürze der Zeit versagt ist, behandle ich die Verwandlungen der deutschen Universität von 1830 bis zum 1. Weltkriege nur mit wenigen Stichworten als *Übergangszeit*, um bei der Gegenwart dann wieder ausführlicher zu werden. Die deutsche Universität bewahrt noch heute im wesentlichen die *äußere Gestalt*, die sie in ihrer klassischen Zeit empfangen hat. Ihr *Gehalt* hat sich aber allmählich so tiefgehend verwandelt, daß Gehalt und Gestalt eigentlich nicht mehr zueinander passen.

Am sichtbarsten ist das Eindringen eines ganz anderen *Wissenschaftsgedankens*. Der Positivismus verdrängt den spekulativen Idealismus, vor allem beseitigt er die Vorherrschaft des Hegelschen Systems.

Was heißt Positivismus? Für ihn ist charakteristisch die Wendung zu den sog. *Tatsachen der Erfahrung*, zu den Einzelwissenschaften und besonders zu denjenigen Spezialwissenschaften, die eine Voraussage künftigen Geschehens gestatten. (Prognosewissenschaft: savoir pour prévoir.)

Religiöse Motive der Wissenschaft verfallen der Vergessenheit und Ablehnung; Metaphysik gilt als wissenschaftsfremd: sie ist unfruchtbare Begriffsdichtung. Echte Wissenschaft muß wertfrei sein: sie konstatiert Zusammenhänge; aber *sie kümmert sich nicht um das Wertproblem*, nicht um Gut und Böse, Gerecht und Ungerecht, jene Leitsterne der Lebensführung, von denen der Begründer der abendländischen Wissenschaft, *Plato*, ausgegangen war.

Hinter diesem veränderten Wissenschaftsprogramm liegt eine sehr tiefgreifende Kulturwandlung, von der es eigentlich nur theoretischer Reflex ist. Der Ingenieurgeist übernimmt mehr und mehr die Kulturführung. Es ist kein Zufall, daß Aug. Comte (1798–1857), der Klassiker des Positivismus, Zögling der École Polytechnique in Paris gewesen war. Die Wissenschaft soll jetzt dazu dienen, daß man auf Grund erkannter Kausalgesetzlichkeit etwas vorausberechnen, also auch etwas *machen* kann. Die Wissenschaft empfängt in doppeltem Sinne eine technische Ausrichtung: 1. Sie soll als Naturwissenschaft *die* Technik ermöglichen, die zur Naturbeherrschung führt. 2. Sie soll als Soziologie – der Name stammt von Comte – eine *soziale* Technik begründen, die eine Lenkung der gesellschaftlichen Bewegungen gestattet. Die Gesellschaft hatte sich 1789 gegen den Staat des ancien régime empört. Sie war in eine Bewegung geraten, die weitere Revolutionen zur Folge hatte. Diese sind immer auch Massenbewegungen, Kollektiverscheinungen, die Hegel noch vom überindividuellen *Geist* her zu begreifen versucht hatte. Jetzt dreht es sich wesentlich um »Ordnungen«, um die bestehende Ordnung der Natur, um die zu bewirkende Ordnung der Gesellschaft. Und zwar einer Gesellschaft, die wirtschaftlich in großem Umfang zur Industrie vorrückte; die Industrie aber bedurfte auch wieder der Technik als maschineller Produktion und als Massenproduktion. In den Ausdrücken der Soziologie des Wissens von Max Scheler gesagt: Nicht mehr Heilswissen, nicht mehr Bildungswissen wurde gesucht, sondern *Arbeitswissen*. Mit der Industrieentwicklung verschärften sich endlich die sozialen Probleme. Aber noch verharrte man bei dem Fortschrittsglauben und Kulturoptimismus, von dem das Zeitalter der Aufklärung getragen war.

England und Frankreich waren in der technischen und industriellen Entwicklung um 1840 Deutschland voran. Deshalb kam die Infiltration des Positivismus zunächst von Westen her. Er hat aber auch seine einheimischen Wurzeln, z. B. bei Feuerbach und als populärer Materialismus. Auf deutschem Boden entstand jene seltsame Verschlingung von Hegelianismus und Positivismus, die *Marx* und *Engels* zuwege brachten, eine Umstülpung der Hegelschen Spekulation ins Materialistische. Damit ist eine Geistesmacht genannt, die in der Gegenwart noch immer im Zentrum der Auseinandersetzungen steht.

Wenn man die Weiterbildung der deutschen Universität nicht einseitig vereinfachen will, wird man allerdings auch die Bedeutung der nationalen Idee hervorheben müssen. Sie kommt, ähnlich wie in Frankreich, vor allem in der großen Geschichtsschreibung zur Geltung. Von der Burschenschaftsbewegung bis zur Paulskirche, von Bismarck bis 1914 ist sie ein beflügelndes Wertmotiv in der deutschen Hochschule. Mit der späten Nationalstaatsbildung ist die Wirkung verbunden, daß der Staat dann positiver in die Universität hineinwirkt als in der Blütezeit des Liberalismus. Politische Probleme behielten lange den Vorrang vor Sozialproblemen – übrigens *auch* ein Erbe Hegels. Schließlich bildet sich in Deutschland wie in allen Kulturländern die neue Situation heraus, daß der Staat als Großbetrieb eine realistischer gerichtete Wissenschaft braucht als zur Zeit der Ideenpolitik von 1789 bis 1830. Der Staat wird der wichtigste Wissenschaftskonsument. Und, um im Bilde zu bleiben: er ergreift oft die Initiative als Wissenschaftsbesteller. In Preußen zeigt sich das ganz deutlich an einer Gestalt wie dem Ministerialdirektor Althoff (1839–1908). Ja, in der Zeit des dritten Reiches bestellte sich der Staat bei den Hochschulen geradezu eine nationale Ideologie. Doch soll dies unheilvolle Zwischenspiel hier sonst außer Betracht bleiben.

Die völlig veränderte Gesamtlage wird weiter darin sichtbar, daß die Monopolstellung der Universität als einziger Hochschulform in Deutschland aufhört. Unter wirtschaftlichem und politischem Antrieb entfalten sich zunächst die Polytechnika – seit rund 1850 – zu Technischen Hochschulen; Handelshochschulen, Landwirtschaftliche Hochschulen usw. folgen. Man hat diesen Prozeß oft mit Vorwürfen gegen die Universität, die angebliche Universitas literarum, so gedeutet, als ob sie höchst wichtige Fächer ausgesperrt oder mindestens vernachlässigt hätte. In Wahrheit handelte es sich um ganz neue Bedürfnisse, deren Umfang niemand hätte voraussehen können und deren Erfüllung im alten Hause gar nicht mehr unterzubringen war.

III.

Alles Geschichtliche über die deutsche Universität ist nur skizziert worden, um zur Hauptfrage zu kommen: Ist dieser Hochschultypus heute noch in der Lage, in echtem Sinne kulturführend zu wirken? Denn eine Universität, so sagte ich im Anfang, ist nicht nur wissenschaftliche Lehranstalt, sondern *Bildungsstätte* für echte Kulturträger und Kulturführer. Es liegt mir fern, dem akademischen System, durch das ich alle meine Bildung empfangen und dem ich 42 Jahre als Lehrer gedient habe, mit unziemlicher Kritik zu begegnen. Es hat heute noch seine bewundernswerten Vorzüge, die auch im Ausland willig anerkannt werden. Aber die Aufforderung zu ernster Selbstbesinnung kann einem Institut nicht schaden, das sich grundsätzlich unter die Idee der Wahrheit gestellt hat. Ich werde durch einfache Schilderung der Lage den Nachweis liefern, daß die früher heilsamen Spannungen der deutschen Universität zu einem *Überdruck* geführt haben. Die Gefahr einer Sprengung von innen her liegt nahe. Dabei handelt es sich nicht ausschließlich um deutsche Probleme, sondern um allgemein-europäische Schicksalsfragen.

1) Ich beginne wieder mit dem Wissenschaftsgedanken. Um 1900 ist das Prinzip der Aufspaltung alles Forschens und Wissens in Einzeldisziplinen, also der Positivismus, schon so stark durchgedrungen, daß an der Universität eigentlich nur noch *Spezialisten* ausgebildet werden. Keine Philosophie ist mehr in der Lage, diese unübersehbare Fülle von Fächern – und Methoden – einigermaßen zusammenzufassen. Damit schwindet aber auch der Glaube, daß alle Wissenschaft aus einer einheitlichen Wurzel erwachse. Die sog. exakten Naturwissenschaften entfernen sich immer weiter von den Wissenschaften, die man in Deutschland seit den 80er Jahren des 19. Jahrhunderts unter dem Namen Geisteswissenschaften zusammenfaßt. Die ersteren versuchten eine Zeitlang, ihre Methoden und Grundbegriffe den letzteren aufzuzwingen. Die Geisteswissenschaften revoltierten schließlich gegen die Fremdherrschaft. Hier waltete also eher ein nie endender Grenzkampf statt der Überzeugung von einer inneren Gleichsinnigkeit alles wissenschaftlichen Bemühens. Die Studenten empfanden diese und ähnliche Brüche nicht immer. Im Gegenteil: der Drang, bald in einen Beruf hineinzukommen, veranlaßte viele, sich ganz eng auf die späteren Examensforderungen einzustellen. Das galt nicht nur von den drei Fachfakultäten, sondern auch in der Philosophischen, die zwar – ihrem Namen gemäß – an dem Pflichtfach Philosophie für jede Promotion festhielt, jedoch mit immer geringerem Bildungserfolg. Auch sie wurde mehr und mehr berufsbezogen.

Daß der wissenschaftliche Spezialist oder der Brotstudent eigentlich kein voller Mensch sei, daß er noch mehr als ein guter Praktiker die Linie zur Humanität verfehle, hatten schon Friedrich Schiller und seine Zeitgenossen wiederholt ausgesprochen. Die Sehnsucht nach Totalität des Menschentums lebte auch im stillen noch immer als wertvolle Tradition im deutschen Volke. Aber wie sollte man es machen, da Jahr für Jahr der Stoff nötigen Wissens immer mehr anwuchs?

Nachkriegszeiten sind für diejenigen, die sich für die Zukunft der Kultur verantwortlich fühlen, immer Besinnungszeiten. So kam um 1920 aus den Kreisen der Jugendbewegung die Forderung, daß die Universität auch *Persönlichkeitsbildung* (nicht bloß theoretischer Art) geben solle. Götz von Selle schrieb eine Broschüre über das Projekt einer gesonderten »humanistischen Fakultät« – implicite die schwerste Anklage gegen den Geist der Philosophischen Fakultät, wie er geworden war. Der Preußische Kultusminister Carl Heinrich Becker mahnte in ähnlicher Richtung und erhob die Forderung nach *Synthese* in der Wissenschaft. Aber die Synthese, die das positivistische Wissenschaftssystem von sich aus geben konnte, war nicht mehr als eine Buchbindersynthese, und auch die war nicht durch bloßen guten Willen herbeizuführen.

Am Ende des 2. Weltkrieges erhoben sich in anderen Ländern ähnliche Stimmen. Der englische, aber in Amerika lehrende Chemiker und Nationalökonom Arnold S. Nash führte in seinem 1943 erschienenen Buch ›The university and the modern world‹ deutlich aus, daß in den wissenschaftlichen Voraussetzungen des wertfreien Positivismus überhaupt keine Erziehungs- und Bildungskräfte enthalten seien. Er empfahl als Gegenmittel christliche Universitäten. In Deutschland regte sich nach 1945 sogleich ein kräftiger Wille zum Besserwerden und Bessermachen. Man erinnerte sich der großen Aufgabe, die akademische Jugend nicht nur mit Wissen auszustatten, sondern sie zum *Bewußtsein ihrer Kulturverantwortung* zu erwecken. Ein allgemeinbildender dies universitatis, ein studium generale, die vielberufene Philosophie sollten in dieser Richtung helfen. Aber der Stand der Wissenschaft gab das nicht her, und eifrige Fachvertreter antworteten mit der Warnung, daß man in der strengen Wissenschaft zurückbleiben würde, wenn man von der Fülle des Stoffes etwas abstriche. Dieses Dilemma kennzeichnet den Kernpunkt der Situation.

2) Auch äußerlich fiel die Philosophische Fakultät allmählich auseinander. Als ich im Jahre 1923 in Berlin ihr Dekan war, gehörten zu ihr noch 66 Ordinarien – dazu kamen Extraordinarien und Dozentenvertreter. Die Teilung vollzog sich an den einzelnen Hochschulen verschieden. Aber in der Hauptsache handelte es sich um das Auseinandergehen der lettres und der sciences. Nach der Abspaltung eigener Naturwissenschaftlicher Fakultäten und dem Übergang der Wirtschaftlichen Staatswissenschaften in die Juristische Fakultät blieben also die Geisteswissenschaften unter dem alten Namen Philosophische Fakultät zurück.

Da aber an manchen Hochschulen auch ganz neue Fakultäten gegründet wurden, ist die ursprüngliche Normalgestalt jetzt ziemlich verdeckt. Berlin hatte 1944/45 nicht weniger als acht Fakultäten. Tübingen hat z. Z.

sechs: die Evangelisch-Theologische, Katholisch-Theologische, Juristische, Medizinische, Philosophische und Mathematisch-Naturwissenschaftliche.

Man sollte annehmen, daß das Wachstum der naturwissenschaftlichen Sparte sogleich mit dem ungeheuren Aufschwung von Physik und Biologie in der 2. Hälfte des 19. Jahrhunderts zusammenfiel. Aber ihre Emanzipation ist erst im 2. Jahrzehnt des 20. Jahrhunderts erfolgt. Noch 1909 betrug die Zahl der eindeutig geisteswissenschaftlichen Studenten in Berlin erheblich mehr als das Doppelte der Naturwissenschaftler. Das ist nicht unwichtig. Denn vermutlich war es damals noch so, daß diejenigen, die entschieden physikalisch oder chemisch interessiert waren, auf die Technische Hochschule gingen. Seit Einstein, Planck u. a. wurden aber die Grundlagen von Physik und Chemie derart revolutioniert, daß man die mehr theoretisch gerichtete Universität bevorzugen mußte, um die Fundamente beherrschen zu lernen. Dementsprechend ist auch der Ausdruck »Grundlagenforschung« neuen Ursprungs. Er deutet darauf hin, daß die Universität selbst schon sehr stark für die *Anwendung*, nämlich Technik und Wirtschaft arbeitete, allerdings von den theoretischen Grundlagen aus.

Ich brauche kaum zu erwähnen, daß mit der stürmischen Entwicklung der Naturwissenschaften, auch der Biologie, die Zahl der Laboratorien und Forschungsinstitute innerhalb der Universität ebenfalls anwuchs, viel stärker als die geisteswissenschaftlichen Seminare und Institute. Oft handelte es sich um eigene Gebäudekomplexe mit einem Riesenpersonal. Auch dadurch wurde sichtbar, daß etwas im Begriff war, die Universität von innen her zu sprengen.

3) Es zeigte sich nämlich, daß das die deutschen Universitäten beherrschende *Prinzip der Untrennbarkeit von Forschung und Lehre* in der Praxis problematisch geworden war. Die Lage war um die Wende des 19./20. Jahrhunderts folgende: Die Akademien der Wissenschaften – es gab damals in Deutschland nur vier – waren seit alters reine Institute für produktive Wissenschaftsförderung, ohne jede Lehrfunktion. Ihnen waren vorwiegend solche Forschungsunternehmungen anvertraut, die sachlich die Leistungsfähigkeit einer Einzelpersönlichkeit und zeitlich die Dauer eines Menschenlebens überstiegen. Im übrigen aber war die Forschung oder Wissensproduktion ganz überwiegend Sache der Hochschullehrer. Sie hatten, neben ihrer elementaren Lehrverpflichtung, auch den ganzen wissenschaftlichen Nachwuchs heranzubilden. Selbständige Forschungsinstitute von Belang gab es nur wenig; ich erwähne als eines der ältesten die 1887 von Werner v. Siemens gegründete Physikalisch-Technische Reichsanstalt in Charlottenburg.

Nun aber ereignete sich 1910 ein Vorgang von symbolischer Bedeutung. Bei der Jahrhundertfeier der Universität Berlin verkündete Kaiser Wilhelm II. gleichsam als Jubiläumsgabe die Errichtung selbständiger Forschungsinstitute *außerhalb* der Universität. Der führende wissenschaftliche Geist jener Epoche, Adolf v. Harnack, hatte diesen Gedanken in ihm angeregt. Für die Neugründungen waren aus Kreisen der Wirtschaft bereits 9–10 Millionen gesammelt. Eigentlich war es ein seltsames Geschenk. Denn es kam wohl der deutschen Wissenschaft im ganzen zu gute. Der Universität aber bezeugte es, daß ihre Forschungsleistungen den Anforderungen und Bedürfnissen der Zeit nicht mehr genügten. Auch die Preußische Akademie der Wissenschaften hätte sich wegen Übergehung beklagen dürfen. Jedoch: es wehte eben im Reich der Wissenschaft jetzt ein ganz neuer Wind. Die an den Hochschulen vorhandenen Institute betrafen nur *Grund*fächer; es waren aber neue Zwischengebiete entstanden, für die ein besonderer Lehrstuhl nicht erforderlich gewesen wäre. Die neuen Bedürfnisse kamen überwiegend von der Industrie und Technik her. Die Gefahr, daß die Hochschulen von diesen Mächten abhängig werden könnten, lag nicht ganz fern. Die neue Gesellschaft von Gelehrten und Stiftern erhielt den Namen Kaiser-Wilhelm-Gesellschaft (erst in diesem Jahr endgültig umgetauft in Max-Planck-Gesellschaft); die von ihr gegründeten Institute hießen Kaiser-Wilhelm-Institute; der erste Präsident wurde Adolf v. Harnack. Dieser bemühte sich, den alten deutschen Gedanken, daß die Wissenschaft nicht auf unmittelbar nützliche Arbeiten beschränkt bleiben dürfe, festzuhalten und berief sich dabei auf das Wort W. v. Humboldts »Die Wissenschaft gießt oft dann ihren größten Segen über das Leben aus, wenn sie sich am weitesten von ihm zu entfernen scheint«.

Um 1930 bestanden bereits 34 Kaiser-Wilhelm-Institute. Im gleichen Jahr erschien ein Riesenwerk über Forschungsinstitute im Umfang von fast 1000 Seiten. Der Bruch mit der alten Hochschultradition wurde dadurch gemildert, daß ihre Direktoren überwiegend auch Inhaber eines Lehrstuhls an einer Universität oder Technischen Hochschule waren. Sie selbst wünschten es; denn ein Mangel des neuen Systems lag darin, daß es bei absoluter Trennung nicht möglich gewesen wäre, den geeigneten wissenschaftlichen Nachwuchs zu finden und auszubilden. Die Zahl der naturwissenschaftlichen Forschungsinstitute *überwog* – aus naheliegenden Gründen. Sie waren doch Kinder der rapiden wirtschaftlich-technischen Entwicklung. Man gründete allerdings auch geisteswissenschaftliche Institute, teils um der Aufrechterhaltung der Parität willen, teils aus politischen Rücksichten, z. B. zur Pflege der Weltwirtschaft und der Auslandsbeziehungen. Trieb man in beiden Zweigen ausdrücklich strenge Wissenschaft, so war doch nicht ganz zu verkennen, daß im 20. Jahrhundert alle Wissenschaft wieder sehr zweckbezogen geworden war, wie im 18. Jahrhundert, gegen dessen Utilitarismus W. v. Humboldt leidenschaftlich gekämpft hatte. Dieser Sachverhalt mußte sich zwangsläufig während des 2. Weltkrieges noch steigern. Denn jeder moderne Krieg ist ein ungeheurer Wissenschaftsankurbler, ausgenommen die humanistischen Wissenschaften.

Bei weiteren Einzelheiten kann ich nicht verweilen. Ich füge nur noch hinzu, daß nach dem 1. Weltkriege 1920 auf Anregung des preußischen Staatsministers Friedrich Schmidt-Ott die Notgemeinschaft der deutschen Wissenschaft gegründet worden war. Sie machte es sich zur Hauptaufgabe, einzelne bewährte Forscher und aussichtsreiche junge Gelehrte zu fördern (nicht also Institute). Aber sie ergriff auch die Initiative und führte eigene große Forschungsunternehmungen durch, z. B. die sehr ertragreiche Atlantische Expedition.

Hier breche ich meine Erzählung ab. Sie hat hoffentlich den Eindruck deutlich gemacht: Die deutsche Universität war seit mindestens 1910 in eine ganz andere Kulturlage geraten, als sie 1810 bestanden hatte, und sie hatte – ich sage: großenteils unvermerkt – einen gewaltigen inneren Strukturwandel durchgemacht. Denn die neue Zeit stand unter dem Leitwort:

»Forschung tut not!«

Die Lehre aber geriet ganz in Abhängigkeit von der naturgemäß weit spezialisierten Forschung. War angesichts dieser Notwendigkeiten noch genug übrig geblieben von der *dritten Bestimmung* der Universität (bzw. der anderen Forschungshochschulen): die Erziehung von wahrhaften Kulturträgern, von Persönlichkeiten mit vollem Kulturverantwortungsbewußtsein zu gewährleisten? Wie es damit stand, bezeichnet wohl schon ein kleines Erlebnis, das ich um 1930 hatte: Als ich die hergebrachte philosophische Pflichtprüfung bei der Promotion der Chemiker verteidigte, antwortete mir ein hochberühmter Physiker: »Wir haben der Industrie tüchtige Chemiker zu liefern. Philosophie nimmt nur Zeit weg.«

Widmen wir die letzten Betrachtungen der paradoxen Spannung, die sich in der deutschen Universität, aber vielleicht nicht nur in der *deutschen* Universität, herausgebildet hat. Man erwartet von der Hochschule auf der einen Seite, daß sie Wissenschaft produziert und Wissenschaft lehrt. Auf der anderen, daß sie Persönlichkeiten bildet, die nicht nur Inhaber eines speziellen Wissens, sondern *berufene Kulturführer* sind. Beide Aufgaben weisen durchaus nicht mehr, wie zur Zeit des deutschen Idealismus, in die gleiche Richtung. Der Positivismus ist nun einmal wertfrei eingestellt. Er ist es nicht nur in den Naturwissenschaften, sondern hat es mindestens eine Zeitlang auch in den historischen, sozialen und philologischen Wissenschaften zu sein versucht. Dieses Programm hat der große Soziologe *Max Weber* mit großartiger Einseitigkeit in seinem berühmten Vortrag ›Wissenschaft als Beruf‹ (1919) entwickelt: Wissenschaft hat mit Weltanschauung nichts zu tun; sie kann auch nichts Wesentliches zur Weltanschauungsbildung beitragen. Sondern sie lehrt nur die kausalgesetzlich geeigneten Mittel kennen, die diesem oder jenem Standpunkt des Lebens zur Durchführung verhelfen. Das ist nicht nur ausgesprochen technologische Wissenschaftsauffassung, sondern eine *Wertneutralität*, die uns heute erstarren macht. Soll Wissenschaft wirklich nur die Waffe sein, deren sich jedermann bedienen kann, jede Machtgruppe, jede Tyrannis des Geistes?

Was die Geisteswissenschaften, insbesondere die Sozialwissenschaften betrifft, so sind wir in den 30 Jahren seit Max Webers Vortrag doch zu wesentlich tieferen Ansätzen gekommen. Hinsichtlich der modernen Naturwissenschaften aber müssen wir uns ganz nüchtern eingestehen: sie sind längst unserer freien Steuerung entwachsen. Deshalb nämlich, weil unsere abendländische Kultur auf dieser Bahn fortschreiten *muß*, wenn sie nicht auf ihre geistige Hegemoniestellung in der Welt verzichten will. Die Technik ist auf weitere Entdeckungen angewiesen. Industrie und Landwirtschaft können nicht gedeihen ohne täglich fortschreitende Verfeinerung der Produktionsmethoden, Verbesserung der Verkehrsmittel, genauere Kenntnis der Stoffe und Energien. Und *was noch schwerwiegender ist*: die ständig drohende Möglichkeit eines neuen Krieges zwingt zur Rüstung in der ganzen Welt. Der heutige Krieg ist durch und durch verwissenschaftlicht. Er ist – man kann es leider nicht leugnen – der stärkste Beflügler des Erfinder- und Entdeckergeistes. Und wie bisher von den nationalen Kriegs*wirtschaften* immer einiges als Dauereinrichtung bestehen geblieben ist, so bleibt auch von der im Krieg erzeugten *Wissenschaft* immer etwas zurück, das dann in beschleunigtem Tempo weiter treibt, weil man im vierten und fünften Kriege nicht in Rückstand geraten darf.

Das ganze Getriebe ist vergleichbar einem mit zunehmender Geschwindigkeit fahrenden Zuge. Aus diesem Zug kann man nicht aussteigen »bei Strafe des Unterganges«. Die wirtschaftswichtige und rüstungswichtige Forschung muß immer weiter getrieben werden. *Sonst bricht der künstliche Bau unserer technischen Kultur zusammen.*

Aber wohin fährt jener Zug? Platon hatte sich die Funktion der Wissenschaft in der Gesamtkultur ganz anders gedacht. Er faßte sie nicht als *Vorausberechnung künftigen Geschehens* auf und nicht als Bereitstellung rein kausal geordneter Mittel, um – je nach Wunsch Beliebiges zu machen.

Er verstand unter Wissen die Besinnung auf das wahrhaft wertvolle Ziel, und dieses knüpfte er an die Ewigkeit an, nicht an den jagenden Wagen der Zeit. Modern gesagt: für ihn sollte Wissenschaft zur Lebensführung und zur Kulturführung befähigen, Persönlichkeiten von ihrem Inneren aus *bilden*, Werte in ihrem Bewußtsein wecken und nicht bloß wertneutrale Kenntnisse darbieten, die ebenso der Zerstörung wie dem Aufbau dienen können. Kant, Fichte, Schleiermacher, Humboldt dachten noch ebenso. Sie waren alle Humanisten, nicht Pragmatisten.

Das ist die Krisis, in die wir geraten sind, nicht nur die deutschen, sondern ebenso sehr z. B. die amerikanischen Universitäten. In bezug auf das Erste, den Fortgang der Forschung, sind wir *nicht* frei. Besteht noch irgendeine Freiheit hinsichtlich der Gestaltung des Menschen selbst in einer weithin versachlichten und demgemäß entseelten Welt?

Diese brennendste Grundfrage unserer Gegenwart, die ihren stärksten Ausdruck findet *im Gegensatz der Weltanschauungen von Ost und West*, beleuchten wir hier nur von den Hochschulen aus. Es hat sich schon gezeigt, daß die Hochschullehrer nicht mehr wie früher die volle Last der Forschung tragen können. Dazu sind sie viel zu sehr in Anspruch genommen durch Lehraufgaben, Verwaltungsaufgaben, Volksbildungsaufgaben und – notabene – das heute gewaltig grassierende Kongreßfieber.

Wie sollten *sie* Zeit finden, nun auch noch nennenswerte Kraft aufzuwenden für das, was ich hier kurz »allgemeine Kulturbesinnung« nennen will, für ein grundsätzliches Nachdenken über die ethischen Zusammenhänge innerhalb des Ganzen der Kultur? Jeder leistet an seiner Stelle treu das Seine. Es besteht auch einiger Konnex zwischen den Wissenschaften, die der Sache nach einander bedürfen. Ich möchte das ein gegenseitiges Borg- und Leihverhältnis nennen. Von wirklicher Einheit aller Wissenschaften aber sind wir weiter entfernt als je.

Ich bin auch nach langem Schwanken zu der Überzeugung gekommen, daß es diese wurzelhafte Verbindung aller Wissenschaften gar nicht gibt. Die Einzeldisziplinen müssen schon so verschiedene *Ansätze* machen, daß sie im weiteren Verlauf ihrer Arbeit gar nicht mehr zusammenkommen können. Wo soll die Geschichte (als ein Weg zur Selbsterkenntnis des Menschen) der exakten Physik der Gegenwart, die sich auf das Quantitative, das Messen, Zählen und Wiegen, einstellt, jemals in fruchtbarer Weise begegnen?

Die Einheit muß an ganz anderer Stelle gesucht werden, ziemlich weit oberhalb der Wissenschaften als solcher. Sie liegt in dem unaufhebbaren Lebenszusammenhang aller menschlichen Geistesbetätigungen, den wir Kultur nennen. Die so oft geforderte Synthese der Wissenschaften kann nur darin liegen, daß alle theoretischen Bemühungen an irgendeiner Stelle des Kulturganzen entsprungen und einzuordnen sind. Dieses Ganze selbst ist mehr als Theorie. Es ist praktisch-geistiger Lebenszusammenhang. Ihn muß man »verstanden« haben, diese Verknüpfung von Sachwelt und Seele, von überindividuellem Geist und sittlichen Ordnungen muß man »verstanden« haben, ehe man sich irgendeinem Sonderzweig der Wissenschaft fürs ganze Leben verschreibt.

Daraus folgere ich, daß an jeder Hochschule dieser Lebenszusammenhang und seine sittlichen Normen zur Geltung kommen müssen. *Wie* dies geschehen soll, wäre ein Gegenstand weiterer Überlegungen. Von allen Seiten drängen die neuesten Reformbestrebungen in diese Richtung. Die Amerikaner empfehlen die eingehende Beschäftigung mit der Soziologie. In ihrem Lande hat sie sich als Weckerin der Bürgertugend bewährt. Nach der deutschen Tradition würde man den Namen Kulturphilosophie bevorzugen, die nicht nur ein anderer *Name* ist, sondern etwas Umfassenderes meint, von dem die Soziologie nur ein Teil ist: gleichsam eine Landkarte aller Geisteszusammenhänge vom Wirtschaftlichen und Gesellschaftlichen über Wissenschaft und Kunst bis empor zu den sittlichen Normen und den höchsten religiösen Bindungen, in denen alles Normative der menschlichen Kultur seine letzte Legitimierung empfängt. Wieder in anderer Richtung liegen die Vorschläge, von neuem eine propädeutische Institution zu schaffen, wie es die facultas artium war. Diese würde allerdings nur in das akademische *Studium* einführen. Ein solches studium generale besteht schon in Tübingen unter dem Namen Leibnitianum – als ein entwicklungsfähiger Versuch. Auch an den Technischen Hochschulen regen sich ähnliche Bestrebungen. Man will die allgemeinwissenschaftliche Fakultät ausbauen in der Richtung auf kulturwissenschaftliche und humanistischche Horizonterweiterung. So besonders in Karlsruhe.

Es ist durchaus nicht in unser Belieben gestellt, ob wir solche Maßnahmen treffen wollen oder nicht. Bedenken wir die Weltlage um das Jahr 1950. Überall ertönt der Ruf »Rettet Europa!« Rettet es gegenüber dem Massenmenschentum, das uns im Innern bedroht, und gegenüber einem System der Unfreiheit, das sich allmählich überall durchfrißt. Soll der europäische Geist weiterleben, so müssen seine lebenden Träger, besonders die Geistesführer, wissen, was Europa ist. Sie müssen es nicht nur wissen, es muß ihnen als glühende Verpflichtung ins Herz wachsen, sich dafür in ihrem Leben und Wirken einzusetzen. Sie müssen überzeugt sein, daß ihre Spezialwissenschaft im Dienste einer sittlich-religiösen Aufgabe, nicht nur einer wert-neutralen Technik steht.

Eine neue Universität, die aus dem Geiste der Gegenwart geboren ist und sich den Namen »Europäische Universität« gegeben hat, ist in erster Linie berufen, sich der entscheidenden Aufgaben anzunehmen, die diese Gegenwart ihr stellt. Sie liegt in einem Gebiet, das ein Zentrum der Industrie und Technik ist. Sie wird diese großen Realitäten nicht übersehen. Aber sie wird sie einbauen in die Idealität eines echten Kulturwollens. Wenn die Freiheit der Persönlichkeit, demokratische Menschenrechte und soziale Gesinnung unser Ziel sind, so sind noch manche Reformen zu leisten. Wollen wir den Kampf mit einem entgegengesetzten Kulturgeist bestehen, so müssen wir, an höchsten ethischen Maßstäben gemessen, die *Besseren* sein.

Ein Professorenleben im 20. Jahrhundert*

1953

Bei der Gestaltung dieses Vortrages hat mir die Frage die schwerste Not bereitet: »Wie macht man es, von sich selbst zu reden, ohne unbescheiden zu reden?« Mit ihr bin ich schließlich so fertig geworden, daß ich mir tröstend vorgehalten habe: »Das Thema ist Dir nun einmal gestellt worden; Du hast nicht rechtzeitig nein gesagt. Also sündige tapfer! Sei kräftig unbescheiden!« Die zweite Schwierigkeit lag darin: Man kann nicht von den inneren Resultaten des eigenen Daseins reden, wenn die verehrten Hörer von dem äußeren Lebensgang noch nichts wissen. Und diese Erzählung kann nicht ganz kurz sein, weil Epochen und Ereignisse berührt werden, von denen die jüngeren Zeitgenossen kaum noch Kunde haben. Ich muß also historische Hintergründe mit wenigen Strichen skizzieren. Sie werden erwarten, daß ich dann am Schluß das Fazit ziehe. Aber so ist es nicht. Über Sinn und Wert des Menschenlebens entscheidet ein Höherer als der Mensch selbst. Der Rückblickende versucht natürlich *auch* eine Sinndeutung, wie er sich sein Leben lang bemüht hat, seinem Tun und Leiden einen Sinn aufzuprägen. Aber was der Mensch selbst als den Sinn seines Lebens betrachtet, das ist aus einer sehr menschlichen und sehr begrenzten Perspektive erwachsen. Dabei wird in der Regel der wichtigste Faktor übersehen, von dem ich zum Schluß mit Ihnen reden möchte. Hier aber, am Anfang, will ich noch bemerken: Ich werde nur ganz nebenbei andeuten können, was ich in meiner Wissenschaft, nämlich der Philosophie samt ihren Ausstrahlungen, angestrebt habe. Heute kommt es mir mehr darauf an, ein *Menschenleben* in seinen Verflechtungen mit den großen Zeitereignissen vorzuführen. Am besten würden wir das Ganze nennen: »Ein Professorenleben im 20. Jahrhundert.« Es wird die Rede sein von jemand, der nur ein Lehrer und ein Gelehrter sein wollte, dann aber in die großen Strudel unserer Epoche hineingerissen wurde und ler-

---

* Vortrag, gehalten in Stuttgart am 23. 11. 1953 im Rahmen der Volkshochschule des Evangelischen Gemeindedienstes.

nen mußte, in einem Element zu schwimmen, mit dem er gar nicht gerechnet hatte. Es ist nämlich eine unsichere Sache mit dem Wort, das ich so sehr geliebt habe: »Geprägte Form, die lebend sich entwickelt.« Wir begegnen Gott am fühlbarsten da, wo er uns anders führt, als wir gewollt und geahnt haben. Wählen wir also lieber das Motto: *Entwicklung, umgeprägt von Gottes Hand.*

Ich bin geboren 1882 als ein absolutes Stadtkind. Das damalige Stadtzentrum von Berlin war 17 Jahre lang meine Lebensluft. Die Natur habe ich mir aus der Sehnsucht heraus erobern müssen. Ich habe später viel von der Welt gesehen: die märkische Landschaft hat für mich den Sehnsuchtston der eigentlichen Heimat behalten. – Ich bin hineingeboren in das deutsche Kaiserreich Bismarcks. Ich erinnere mich genau an den Todestag des alten Kaisers, den ich als Kind oft gegrüßt hatte. Der Gegensatz zwischen dem jungen Kaiser und dem greisen Kanzler war mein erster politischer Eindruck; ich erfuhr ihn an der gleichen Schule, an der auch Bismarck das Abiturium gemacht hat. Ich bin erzogen worden im preußischen Geist nüchterner Pflichterfüllung. Dieses Preußentum habe ich später durch Studien im Bereich der Verfassungs- und Verwaltungsgeschichte in mir selbst zum bewußten Ethos durchgearbeitet. Mein erster Weltanschauungskampf war der zwischen der ästhetischen Weltanschauung der Jugend und dem Ideal eines tätigen Lebens für die Sache, wie ich es viel später im Wilhelm Meister dargestellt fand. Mein erster Berufsplan war, Musiker zu werden. Diesen Pubertätswunsch habe ich ebenso hart abstoßen müssen wie die ästhetische Weltanschauung. Noch heute miniert etwas davon in mir. Ich möchte es das ungelebte Leben nennen.

Der Konfirmationsunterricht und englische Stunden bei einem indirekten Abkömmling von Fichte haben meinen frühen Hang zur Philosophie genährt. Verschwiegenen Jugendkämpfen und den eigenen Schulerfahrungen schreibe ich das Erwachen der pädagogischen Leidenschaft in mir zu. Denn Menschen zu bilden, das war stets meine eigentliche Leidenschaft, und die Philosophie bedeutete für mich vor allem die Auseinandersetzung der sich formenden Persönlichkeit mit der Welt.

I. Ich lasse die erste Epoche meines Lebens – im ganzen zähle ich vier – mit meinem Studium an der Universität Berlin seit 1900 beginnen. Friedrich Paulsen wurde mir erster akademischer Führer und menschliches Vorbild. Um Wilhelm Dilthey, dieses höchst eigenartige Phänomen in der Geschichte der deutschen Philosophie, habe ich lange ringen müssen. Er, der Philosoph des »Erlebnisses«, schien mir auf dem Wege zu einer Psychologie, die – im Gegensatz zu der herrschenden naturwissenschaftlich-experimentellen Psychologie – den Namen einer Kunde vom menschlichen

Seelenleben wirklich verdiente. In dieser Richtung ist dann ein großer Teil meiner Lebensarbeit gegangen: der geisteswissenschaftlichen Psychologie glaube ich wesentliche Anstöße gegeben zu haben. Aber Dilthey band mich in meinem dritten Semester, d. h. den 19jährigen, an eine rein historische Aufgabe, die Entwicklungsgeschichte von F. H. Jacobi, Goethes Jugendfreund. Sie mußte scheitern, und aus diesem Scheitern, das zum nervösen Zusammenbruch wurde, erwuchs in mir das eigene Problem: was haben wir eigentlich von der Geschichte? Mit dem selbstgewählten Thema: ›Die Grundlagen der Geschichtswissenschaft‹ promovierte ich 1905 bei Paulsen. Die Dissertation erschien auch als Buch. Man merkt ihm kaum an, daß es aus schweren *Leiden* an der Geschichte hervorgegangen ist. Diese Umsetzung des Erlebten in das Gedankliche ist vielleicht auch sonst für meine Art zu arbeiten charakteristisch.

Als Habilitationsschrift wählte ich das Thema: ›Wilhelm v. Humboldt und die Humanitätsidee‹. Hier war alles beieinander, was mir lieb war: das Klassische, das Ästhetische, das Pädagogische, das Märkische. Es beglückt mich, daß 45 Jahre nach dem Erscheinen dieses Buches die Humanitätsidee allgemeines europäisches Gesprächsthema geworden ist. Ob sonst etwas Heilsames daraus wird, wollen wir abwarten. Ein weiteres Humboldtbuch schloß sich sogleich an: ›Wilhelm v. Humboldt und die Reform des Bildungswesens.‹ Es beruhte auf Studien und Funden im Preußischen Geheimen Staatsarchiv. Die Archivatmosphäre kennenzulernen, war für mich bereichernd. Die Brücke, die von der Politik und Verwaltung auf der einen zum Schulwesen auf der anderen Seite führt, hat mich seitdem dauernd interessiert.

Für einen jungen Gelehrten besteht im allgemeinen wenig Aussicht, eine Mannigfaltigkeit von Lebenskreisen kennenzulernen. Damals eröffneten sich mir drei Bereiche: Bei Dilthey durfte ich noch eine späte Meisterlehre durchmachen. Er zog mich für die zweite Auflage seiner unvergleichlichen Schleiermacherbiographie als Mitarbeiter heran. Leider gibt es heute in den Geisteswissenschaften nur noch selten solche unbezahlten und unbezahlbaren Arbeitsverbindungen zwischen dem großen Meister und dem habilitierten Anfänger. Meine Habilitation verschaffte mir auch die Aufnahme in das Haus von Diltheys Nachfolger Alois Riehl. Hier genoß ich – wie ein Sohn betrachtet – die höhere Schule des *Lebens*. Frau Sofie Riehl war eine von den hochgeistigen und leiderfahrenen Frauen, die es verstehen, einen jungen Mann in seinen Tiefen aufzuschließen und ihn in seiner eigenen Natur weiterzuführen. Alois Riehl war der edelste Mensch, den ich kennengelernt habe. – Daneben aber spielte noch etwas ganz anderes: Ich erteilte fünf Jahre lang an damals sog. höheren Töchterschulen einige Stunden deutschen Unterricht. Als einziges Kind sehr einsam aufgewachsen, lernte ich nun erst eine Gestalt des Menschentums kennen, die den anderen in den eigenen Schwestern früh begegnet. Das Ewig-Weibliche in seiner reifsten wie in seiner noch naiven Ausprägung hat mich innerlich tief gefördert, und obwohl ich damals meine über alles geliebte Mutter verlor, zögere ich nicht zu sagen: diese Zeit in der Schule ist eigentlich meine glücklichste Zeit gewesen.

Über äußere Glücksgüter verfügte ich allerdings als Privatdozent nicht mehr. Aus den verschiedensten Quellen mußte das Geld zusammengescharrt werden. Ich überarbeitete mich und mußte ein Semester, das den Privatdozenten bereits mit seiner Vorlesung in das Auditorium maximum geführt hatte, wegen Krankheit abbrechen. Es war für mich eine Krisis auf der ganzen Linie. Aber das Jahr 1911 brachte eine völlig unerwartete Errettung: Ich erhielt – bald nach meinem 29. Geburtstag – einen Ruf auf das Ordinariat für Philosophie und Pädagogik in Leipzig.

Meine nächsten Fachkollegen in Leipzig waren Wilhelm Wundt, der letzte Polyhistor, und Johannes Volkelt, ein klarer Denker und aufrechter Mann. Zählte ich ihre Lebensjahre zusammen, so ergab sich fast die fünffache Zahl der meinigen. Aber der Vorsprung im geistigen Sinne war noch viel größer. Ich mußte ungeheuer viel von dem, was ich zu lehren hatte, selbst erst lernen. Die ersten Leipziger Jahre haben mich durch ihre Arbeitsfülle fast erdrückt. Unmittelbar vor meiner Tür befand sich das Gewandhaus, wo Nikisch dirigierte. Ich bin fast nie hineingekommen. Mein Lehrauftrag lautete auf Philosophie und Pädagogik. In der Pädagogik hatte ich eine besondere Aufgabe. Sächsische Volksschullehrer, die ihre Prüfungen besonders gut bestanden hatten, wurden zum Studium der Pädagogik an der Universität zugelassen und konnten – unter bestimmten Bedingungen – sogar promovieren. Diese Studenten waren meiner besonderen Fürsorge anvertraut. Es waren, wie man sich denken kann, ausgezeichnete Köpfe darunter, meistens stark rationalistisch angehaucht. Ihre Kenntnisse in der Pädagogik waren anfangs breiter als die meinigen. Ich half mir vorwärts, indem ich zunächst die ansehnliche Bibliothek meines Philosophisch-pädagogischen Seminars nach einer neuen Systematik umgruppierte. Dabei lernte ich alle Bücher von *außen* kennen, nach und nach auch von *innen*. Mein stilles Programm, die verachtete Pädagogik zu einer voll universitätsfähigen Wissenschaft zu machen, konnte ich in meiner Stellung gut fördern. Später, in den zwanziger Jahren, fand ich die Gefährten, die für das gleiche Ziel arbeiteten und mit mir die Zeitschrift ›Die Erziehung‹ gründeten, ich nenne Kerschensteiner, Litt, Aloys Fischer, Nohl, Flitner, noch später traten Blättner und Wenke hinzu. Wir hatten schließlich den Berg erklommen. Die Wendung von 1933 zerstörte wieder, was wir aufgebaut hatten, und im gegenwärtigen Augenblick ist die ganze Herrlichkeit anscheinend vorbei: der Nachwuchs in der akademischen Pädagogik fehlt so gut wie ganz.

In jener Leipziger Frühzeit, 1911–1914, entwickelten sich um mich herum die hoffnungsvollsten Talente. Einen großen Teil von ihnen hat der erste Weltkrieg dahingerafft.

Der Ausbruch dieses Krieges löste in Leipzig wie in ganz Deutschland eine ungeheure nationale Begeisterung aus. Niemand von uns wußte, was ein moderner Krieg ist, niemand ahnte, welches Elend über uns hereinbrechen würde. Die Hörsäle leerten sich allmählich von Männern; ich hatte Zeit, Studien über die Geschichte des Verhältnisses von Staat und Erziehung in Deutschland bis 1848 durchzuführen und zu veröffentlichen. Aber es lastete auf mir ein schwerer seelischer Druck: Obwohl für unabkömmlich erklärt, fühlte ich mich, wie meine Altersgenossen, zum Dienst mit der Waffe verpflichtet. Ebenso gut aber wußte ich, daß meine physische Konstitution dazu nicht ausreichte. Diese inneren Konflikte, mehr noch als die unzureichende Ernährung, führten 1916 wieder zum Ausbruch einer schweren Krankheit. Ich war genötigt, für ein volles Jahr Urlaub zu nehmen. Obwohl mir das damals unsagbar schwer wurde, hat es mich in meinem Inneren entscheidend gefördert: Es ist für den Menschen unter keinen Umständen gut, sein ganzes Leben nur unter dem Gesichtspunkt der sachlichen Leistung zu betrachten. Damit werden schließlich alle Wertakzente verkehrt gesetzt.

Im Frühjahr 1917 nach Leipzig zurückgekehrt, erlebte ich nun die qualvollen Monate des Wartens und des allmählichen Zusammenbruches mit. Am 9. XI. 1918 sah ich auf der Südstraße in Leipzig einen Trupp von Revolutionären hinter der Roten Fahne einhermaschieren. Es war das Symbol für das Ende des Kaiserreiches. – Allmählich füllten sich wieder die Hörsäle mit Männern – jeder einzelne ein schweres Problem. Oft aber mußten diese Hörsäle erst von roten Eindringlingen befreit werden. Der Rektor Kittel, ein tapferer Schwabe, drängte einmal drei schußbereite Rotgardisten aus der Wandelhalle heraus. Erst nach Monaten wurde die Ordnung in der Stadt wieder hergestellt durch das Einrücken der Zeitfreiwilligen. Ich werde nie die ernsten Gesichter dieser jungen Kämpfer vergessen, die – aus einem aussichtslosen Kriege heimgekehrt – noch einmal in die schwerste Form des Krieges, den Bürgerkrieg, zurückgerufen wurden, und zwar durch ein Manifest des sozialdemokratischen Wehrministers Noske.

Im Auftrage der Universität und in Zusammenarbeit mit den Gewerkschaften organisierte ich 1919 eine Volkshochschule, wobei ich zum ersten

Male praktisch auf die Differenz zwischen marxistisch-politischer Wissenschaft und der Universitätswissenschaft stieß. Aber noch einmal wurde die Ruhe in der Stadt gestört im Frühjahr 1920 durch die Auswirkungen des mißglückten rechtsradikalen Kapputsches. Der Generalstreik wurde ausgerufen; die Bürgerlichen, vor allem die Ärzte, inszenierten einen Gegenstreik. Schließlich wußte niemand mehr, wofür und gegen wen er streikte. Diesmal rückte Reichswehr, die »Räterepublik Taucha« passierend, heran. Der erste Kanonenschuß schlug 3 Häuser von meiner Wohnung ein. Meinen Abschiedsbesuch bei Wundt machte ich, an den Häuserwänden entlang und durch Barrikaden hindurch; aus den verschiedensten Winkeln her wurde scharf geschossen.

II. »Meinen Abschiedsbesuch bei Wundt« – denn ich hatte schon im Oktober 1919 einen Ruf nach Berlin angenommen, auf den Lehrstuhl von Dilthey und Alois Riehl, der aber für mich die neue Bezeichnung »Philosophie *und Pädagogik*« erhielt. Anfang April 1920 verließ ich die Stadt Leipzig, während von Halle her Kanonendonner rollte. Damit beginne ich den Bericht über die zweite Periode meines Lebens *1920–1933*.

Meine Berufung war mit der Absicht verbunden, mich als Berater in Schulfragen und besonders Lehrerbildungsfragen beim Preußischen Kultusministerium heranzuziehen, in welchem mein Fachkollege und Freund Ernst Troeltsch bereits parlamentarischer Staatssekretär war. Die Zusammenarbeit ist nicht recht zustandegekommen, da ich mit dem bald darauf ernannten neuen Minister Becker politisch nicht harmonierte. Ich stand damals auf der Seite der Deutschnationalen – einer Partei habe ich übrigens niemals angehört – weil ich anfangs glaubte, es sei noch möglich, das Reich aus den Kräften des alten politischen Ethos, besonders auch vom Berufsbeamtentum her, zu erneuern. Durch die Philosophische Fakultät ging ein tiefer politischer Riß. Der Historiker Friedrich Meinecke, mit dem ich wissenschaftlich immer nahe verbunden war und zu dem sich im Laufe der Jahre die engste Herzens- und Überzeugungsgemeinschaft herausgebildet hat, stand mit Delbrück und meinem alten Lehrer Hintze auf der anderen Seite. Man sprach damals in politischen Dingen noch ganz offen miteinander, und von der Leidenschaft, mit der die Gegensätze aufeinander prallten, kann man sich schwer eine Vorstellung machen.

Gleich in mein erstes Berliner Semester fiel die größte pädagogische Schlacht aller Zeiten: die Reichsschulkonferenz vom Juni 1920. Der sozialdemokratische Staatssekretär im Reichsministerium des Innern Heinrich Schulz hatte dazu annähernd 700 Persönlichkeiten einberufen. Kein Wunder, daß so ziemlich jeder Standpunkt vertreten war und die großen Linien verloren gingen. Ich hatte auf einem Hauptabschnitt zu kämpfen: in der

Lehrerbildung, wo ich diejenige Form vertrat, die bald darauf in Preußen und in den meisten Bundesstaaten eingeführt wurde: die gesonderte Pädagogische Hochschule. Auf einem anderen Heeresflügel fochten zwei zu Präsidenten prädestinierte Stuttgarter, Hermann Binder und Eugen Löffler, die ich jetzt zu meinen verehrten Freunden zählen darf. Die Protokolle sind gedruckt und füllen einen Band von 1 095 Seiten.

Um gleich die äußeren Dinge weiter zu verfolgen, erwähne ich, daß ich mitten im Amtsjahr – nach dem plötzlichen Tode von Ernst Troeltsch – zum Dekan meiner Fakultät gewählt wurde, zu der damals noch die Naturwissenschaftler und Staatswissenschaftler gehörten. Sie umfaßte 66 Ordinarien. Ich hatte die nicht leichte Aufgabe, die Beckersche Universitätsreform durchzuführen. Viel andere Neuerungen konnte ich nicht versuchen. Denn wir standen mitten in der Inflation. Als ich am Ende des Dekanats über meine Kasse abzurechnen hatte, befanden sich zwar viele Millionen darin. Sie reichten gerade, um den Pedell noch zweimal mit der Elektrischen fahren zu lassen.

Das erste Semester an einer Universität, die noch kein eigentliches Studium der Pädagogik kannte, war verhältnismäßig ruhig. So konnte ich 1920 den Entwurf meiner ›Lebensformen‹, der schon 6 Jahre alt war, zu einem großen Buch ausgestalten. Es sollte ein Paradigma für die von mir im stillen dauernd angestrebte geisteswissenschaftliche Psychologie sein.

Die Psychologie hatte lange Zeit fast ausschließlich die Beziehungen der seelischen Vorgänge zum Leib untersucht. Dabei waren die Sinngehalte, die von den seelischen Funktionen getragen werden, außer Sicht geraten. Meinerseits verfolgte ich die Verwebungen des individuellen Seelenlebens in die überindividuellen *Geistes*zusammenhänge. Was zum *Geistes*leben gehört, ist als sinnvoll »verstehbar«. Die Methode des *Verstehens* trat also in den Vordergrund. Ich entwarf zunächst nur ein allgemeinstes einfachstes Gerüst oder Schema des Verstehens, indem ich jedem Kulturgebiet oder Wertgebiet einen Idealtypus der Persönlichkeit methodisch zuordnete, so ergab sich: der ökonomische Mensch, der ästhetische, der theoretische, der politische, der soziale und der religiöse Mensch. Es war ein erster Vorstoß in ein Land, auf dem gleichzeitig Scheler und Jaspers sich ansiedelten. Heute würde ich das Thema ganz anders behandeln. Das Buch hat bei seinem Erscheinen 1921 viel Beachtung gefunden und ist bis heute in etwa 30 000 Exemplaren verbreitet. Aber ich habe nicht den Eindruck, daß man schon ganz verstanden hat, was die geisteswissenschaftliche Psychologie eigentlich will, trotz des ausgezeichneten Buches von Waldemar Oelrich unter diesem Titel.

Drei Jahre danach arbeitete ich meine Vorlesung über Jugendpsychologie zu einem Buch aus. Ihm lagen auch Eindrücke aus meinem vielseitigen Verkehr mit der damaligen Jugendbewegung zugrunde, besonders mit Neupfadfindern. Das erste Kapitel über »Aufgabe und Methode« ist ebenfalls fast nie verstanden worden. Trotz ihrer Zeitbedingtheit wird die ›Psychologie des Jugendalters‹ immer noch viel gelesen. Die Auflagenhöhe nähert sich den Hunderttausend.

1925 wurde ich zum ordentlichen Mitglied der Preußischen Akademie der Wissenschaften gewählt. Über die wissenschaftliche Bedeutung der Akademie Friedrichs des Großen kann ich mich hier nicht verbreiten. Menschlich hatte sie den Vorzug, auch die Persönlichkeiten einander etwas näher zu bringen als es in der Berliner Riesenuniversität der Fall sein konnte. Manche schätzten die inoffizielle Kaffeestunde höher als die offiziellen Sitzungen. In der Philosophisch-Historischen Klasse dominierten stark Adolf v. Harnack, mit dessen Haus ich seit 20 Jahren verbunden war, U. v. Wilamowitz, Eduard Meyer, Roethe, der große Geograph Penck. Aus der anderen Abteilung nenne ich den menschlich so unsagbar bescheidenen und wissenschaftlich Jahrhunderte überragenden Max Planck, neben ihm Max v. Laue und Otto Hahn, der gleichzeitig mit mir aufgenommen wurde. Mit Einstein habe ich einen sehr merkwürdigen Tag auf einer Fahrt nach Wörlitz verlebt; es war zufällig der des verhängnisvollen Bankkraches im Jahre 1931.

Dieser Tag war das Alarmsignal für neu heraufziehende schwere Krisen. Von 1921–1931 konnte trotz aller finanziellen Enge in der Wissenschaft unbehindert gearbeitet werden. Man beginnt jetzt zu erkennen, daß dieses Jahrzehnt im deutschen Geistesleben besonders produktiv gewesen ist. Es war wenig da, was zum Leichtsinn verführte. Das Schicksal der Nation veranlaßte, wenn nicht zum Tiefsinn, so doch vielerorts zu tiefer Besinnung. Im philosophischen Bereich wirkten so antipodische Geister wie Max Weber, der allerdings schon 1920 gestorben war, und Max Scheler äußerst befruchtend. Dies Bild kann ich nicht weiter ausmalen.

Wer den Sieg des Nationalsozialismus von 1933 verstehen will, muß sich der katastrophalen Arbeitslosigkeit erinnern, die von 1931 bis 1933 herrschte und zur Proletarisierung weiter Schichten der deutschen Intelligenz führte. Ich half damals, von der Universität aus eine sog. Notuniversität ins Leben zu rufen. Sie sollte auch Altakademikern über die Leere und das Elend ihres Daseins hinweghelfen. Das war das Letzte, was ich als pädagogischer Organisator für meine Friedrich-Wilhelms-Universität, der ich alles verdankte, tun konnte. Denn mit dem Jahr 1933 sank mein Einfluß fast auf den Nullpunkt herab.

III. Ich trete damit in die dritte Periode meines Lebens ein, der ich die

Überschrift geben könnte: »Unter der Fremdherrschaft Hitlers«. Beim Beginn der größten Krisenzeit, die die deutschen Hochschulen je erlebt haben, war ich im Vorstande des Verbandes der deutschen Hochschulen. Dieser freiwillig gebildete Spitzenverband kümmerte sich damals nicht nur um Standesangelegenheiten der Dozentenschaft, sondern auch um die *geistige Steuerung*, machte also Kulturpolitik vom Boden der Hochschulen aus. Schon im April 1933 erklärte der Vorsitzende bei einer Zusammenkunft unseres Kreises in Rhöndorf, er wisse nicht mehr, was er machen solle; eine Hochschule nach der anderen entgleite ihm, mehr und mehr würden ohne Wahl nationalsozialistische Rektoren einfach eingesetzt. Die Öffentlichkeit erwartete von uns eine Kundgebung. Kurz danach, in Würzburg, war die Ratlosigkeit noch größer. Ich entwarf in einem Nebenzimmer eine Erklärung, die zwar die nationalen Tendenzen der neuen Regierung bejahte, aber ebenso scharfen Einspruch erhob gegen »Lüge und Gesinnungsdruck«. Das waren die entscheidenden Worte. Der Text wurde nach einigen Korrekturen einstimmig angenommen, alle gaben ihre Unterschrift, und diese Würzburger Erklärung, wie wir sie nennen wollen, ging in den Druck.

Im gleichen Monat April ereignete sich in Berlin folgendes: Auf Anregung von Rudolf Smend begaben sich 4 Berliner Professoren, darunter auch ich, zu dem Vizekanzler v. Papen, um wegen der Mißstände an den Hochschulen und der völligen Disziplinlosigkeit der nationalsozialistischen Studenten vorstellig zu werden. Herr v. Papen hörte sich alles verständnisvoll an, hatte aber wenig Zeit, weil er gleich in eine Kabinettssitzung gehen mußte. Kurz danach war in der Universität Berlin eine schamlose Erklärung gegen jüdische Dozenten angeschlagen: der Jude könne auch in der Wissenschaft nicht anders als lügen. Bei einem Gespräch mit dem Rektor gestand dieser, er habe nicht die Macht, die Plakate zu entfernen. In mir kochte es. Meine Empörung wurde durch den neuen Umstand verstärkt, daß über den Kopf der Fakultät und meinen hinweg ein Professor für *politische* Pädagogik eingesetzt wurde. Nunmehr reichte ich – mit Angabe der Gründe – ein Gesuch um Entbindung von den amtlichen Pflichten gemäß den geltenden gesetzlichen Bestimmungen bei dem Minister Rust ein. Unmittelbar danach interviewte mich ein Mitarbeiter der Deutschen Allgemeinen Zeitung, und eine scharfe Erklärung von mir kam in die Öffentlichkeit. Meinerseits rechnete ich damit, daß nun ein großer Teil der deutschen Hochschullehrer mir folgen würden. Die ausländische Presse nahm von den Vorgängen weithin Kenntnis. Ich bewarb mich um eine Audienz bei Rust. Als ich aber zur festgesetzten Zeit erschien, erklärte mir der Staatssekretär, der Minister lehne es ab, mich zu empfangen, er schäume vor Wut. Inzwischen war ihm nämlich die Würzburger Erklärung zu Gesicht gekommen. Jetzt wäre für die deutschen Hochschulen der Augenblick dagewesen, zu handeln. Der Vorstand des Verbandes trat in Frankfurt zusammen und beschloß – öffentlich zu erklären, das Manifest sei meine persönliche Äußerung; sie billigten es nicht und zögen ihre Unterschrift zurück.

Ich stand ganz allein, natürlich, gemäß der damaligen manischen Bewußtseinsverfassung weitester Kreise, als unnational Denkender, ja als Vaterlandsfeind gebrandmarkt.

Mehrere Wochen geschah gar nichts. Der Minister bediente sich der Zermürbungstaktik. In dieser Zeit bemühte ich mich, wieder durch Vermittlung von Herrn v. Papen, um einen Empfang bei Hitler selbst. Damals konnte man noch glauben, es fehle ihm an der vollständigen Kenntnis der Lage. Das Gesuch wurde bewilligt und ein Termin festgesetzt. Zwei Stunden vorher aber erhielt ich eine Rohrpostkarte von Herrn v. Papen, der Kanzler sei verhindert.

Es geschah also gar nichts. Wenn *mir* nichts geschah, war es auf meine Bekanntheit im Auslande zurückzuführen. Ich hörte aber, daß der Minister entschlossen sei, mich ohne Pension zu entlassen, wenn ich das Rücktrittsgesuch nicht zurücknähme.

In diesen Tagen sank mein täglicher Posteingang, der sonst höchst umfangreich war, auf ein Minimum herab. Ich mußte mich fragen, ob ich nicht alles in der Welt verkehrt sähe. Höchstens drei Kollegen bezeugten mir im stillen ihre Sympathie. Die Möglichkeit zum Auswandern bestand für mich aus vielen Gründen nicht. So war ich zur Kapitulation gezwungen. Der Minister empfing mich mit finsterer Miene. Als ich aber erklärte, ich hätte mich wohl in der Beurteilung der Dinge geirrt, hörte man geradezu einen Stein fallen, und er begrüßte mich mit fast genau den gleichen Worten wie 12½ Jahre später in dem gleichen Hause Herr Wandel, der Präsident des entsprechenden Ostzonenministeriums: »Herr Professor, ich lege das größte Gewicht auf Ihre Mitarbeit.«

Man wird verstehen, daß ich nach diesem Rückzug innerlich wie zerbrochen war. So ist es eigentlich volle 12 Jahre lang geblieben. 1934 schwebte ein Ruf für mich an die Universität Zürich. Ich war entschlossen, zu gehen. Aber die Schweiz wollte sich nicht ernsthaft mit politischen Konflikten belasten, und in Deutschland schadete mir die Absicht, als sie bekannt wurde, aufs neue. Im Sommer 1934 kam es zu Störungsversuchen durch Studenten in meinem Seminar. Der Besuch meiner Vorlesungen, der vor 1933 so groß war, daß ich in der Neuen Aula lesen oder – schreien mußte, ging beträchtlich zurück. Es blieb ein fauler Friede. Pädagogische und weltanschaulich betonte Vorlesungen vermied ich fortan und zog mich auf das historische Gebiet zurück.

Vielleicht hätte man auch meine wissenschaftlichen Veröffentlichungen unterdrückt. Aber ich half mir, indem ich nur noch in den Schriften der Akademie der Wissenschaften publizierte, die allerdings fast niemand las. Die 8 Abhandlungen, die dort zwischen 1935 und 1944 erschienen sind, erwähne ich hier, um dem Verdacht zu entgehen, daß ich wissenschaftlich untätig gewesen wäre. Die Zeitschrift ›Die Erziehung‹, die von 1926 bis 1933 eine führende Rolle gespielt hatte, wurde nach und nach aller Persönlichkeiten beraubt, die sie getragen hatten: Flitner, Fischer, Nohl, Litt. Die Leser hielten ihr nicht die Treue. 1937 rettete Wenke sie noch einmal. Wir führten sie mühsam fort, bis sie 1942 endgültig starb, natürlich am Papiermangel.

Völlig unerwartet kam im Frühling 1936 die Frage an mich heran, ob ich bereit sei, als erster deutscher Austauschprofessor nach Japan zu gehen. Der ehemalige Botschafter Solf hatte mich dafür vorgeschlagen; das Ministerium Rust mag zugestimmt haben, um mich für eine Weile loszuwerden. Auch ich hatte den Eindruck, daß ich in Deutschland nicht viel versäumte, erkundigte mich aber bei dem von mir sehr verehrten General v. Haeften, der der Akademie angehörte, ob er glaube, daß von der Generalität her in nächster Zeit eine Änderung des politischen Systems zu erwarten wäre. Dies verneinte er mit Entschiedenheit. So entschloß ich mich zur Annahme des Auftrages, obwohl völlig unvorbereitet auf die japanische Kultur. Meine Frau begleitete mich. Wir machten beide Male die Reise mit dem Schiff durch den Indischen Ozean und lernten dabei in jedem der großen Welthäfen eine neue Kulturprobe kennen.

In Tokio war die öffentliche Aufnahme begeistert, aber von seiten gerade einiger ernsthafter Gelehrten zunächst reserviert. Man hielt mich für einen Abgesandten Hitlers. Als man bemerkt hatte, daß ich rein sachliche Vorträge hielt und jede Propaganda unterließ, wandelte sich die Stimmung, und ich gewann viele neue Freunde zu den alten. Im Laufe der Zeit von Herbst 1936 bis Herbst 1937 habe ich über 70 Vorträge gehalten, an den verschiedensten Orten und Hochschulen, auch mit sehr verschiedenen Themen, – nicht etwa nur ein paar stereotype Reisevorträge. Zwei Bände kamen in japanischer Sprache heraus. Wir lernten so die wichtigsten Städte des Inselreiches kennen. Auch in Korea sind wir gewesen, sowohl in der neuen wie in der alten Hauptstadt, die damals noch japanische Namen trugen. Die alten Hauptstädte in Japan selbst: Nara, Kyoto, Kamakura waren traumhaft schön. Sie zogen uns um so mehr an, als wir in Tokio immer nationalsozialistisch bespitzelt wurden.

Das japanische Volk bietet dem Pädagogen das Bild einer musterhaften

Erziehung. Ihr Geheimnis liegt wohl im Zusammenschmelzen von Konfuzianismus und alter Lehnsrittermoral (Bushido). Für den Philosophen ist jedoch der vielverzweigte Buddhismus das interessanteste Phänomen. Aber ein Jahr ist viel zu kurz, um hinter sein inneres Geheimnis zu kommen. Nur seine herrliche Kunst spricht eine Sprache, die jeder versteht.

Mitten in unserem Aufenthalt brach der ostasiatische Teil des 2. Weltkrieges aus. In Shanghai konnten wir auf der Rückfahrt schon nicht mehr anlegen.

Ende 1937 nahm ich meine Vorlesungen an der Universität Berlin wieder auf. Ich muß von da an irgendeinen unsichtbaren Protektor gehabt haben, wahrscheinlich in der SS, die ja durchaus zweiseitig war. Noch hat sich die eifrige Soziologie dieses höchst rätselhaften Gebildes nicht angenommen. Den Namen des Beschützers habe ich nie erfahren. Etwas Unrechtes wurde von mir nicht verlangt. Ich hatte aber die Möglichkeit, den Studenten sachliche Vorlesungen zu bieten. Die Zahl der Zuhörer war im Begriff, wieder zu wachsen; da brach Anfang September 1939 der zweite große Krieg aus. Zu meiner Überraschung wurde ich gleich am ersten Tage eingezogen, und zwar als Heerespsychologe. Die Dienststelle der Wehrmacht, der die Personalprüfungen oblagen, brachte mir längst ein freundschaftliches Interesse entgegen. Sie erwies mir auch jetzt eine Freundlichkeit. Denn die Zugehörigkeit zur Wehrmacht verlieh einen weiteren Schutz gegen die Partei, der ich nie angehört habe. Ich habe nur drei Monate Dienst getan, die sehr interessanten Auslesemethoden kennengelernt und bin schließlich zu der Höhe eines »Regierungsrates der Reserve« aufgestiegen. Eine Uniform habe ich mir auch machen lassen müssen, aber niemals getragen. Als die Russen sie 1945 auf dem Speicher meines Hauses fanden, hätte sie mir beinahe das Leben gekostet.

Ein Zweig meines Privatlebens, der anfangs ganz harmlos war, verwickelte mich schließlich in die große Politik. Deshalb muß hier davon die Rede sein. Nach dem Tode meines lieben schwäbischen Freundes Heinrich Maier wurde ich 1934 in die Berliner Mittwochsgesellschaft gewählt. Es war ein Kreis von 15 Männern des öffentlichen Lebens, hohen Beamten, Professoren, Generälen etc., der monatlich einmal im Hause eines Mitgliedes zusammenkam. Dort wurde ein Vortrag gehalten, an den sich keine Diskussion, sondern ein einfaches Essen und Geselligkeit anschloß. Als ich hinzugewählt wurde, waren Mitglieder u. a. der ehemalige Reichswehrminister Groener, Sauerbruch, der preußische Finanzminister Popitz, der Archäologe Wiegand. Während des Krieges wurden neu aufgenommen u. a. der Botschafter v. Hassell, der Nationalökonom Jessen, der Generaloberst Beck, der sich seit der Affäre Fritsch im Ruhestande befand,

Paul Fechter und ganz spät noch Heisenberg. Die Gesellschaft hatte gar keine politischen Ziele; es waren auch Hitleranhänger darin. Aber es war unvermeidlich, daß nach Ausbruch des Krieges der Generaloberst Beck bei den Gesprächen als militärischer Fachmann im Mittelpunkt stand und darüber hinaus in den Fragen der hohen Politik interpelliert wurde. So unendlich bescheiden sein persönliches Auftreten war, der trostlosen Lage Deutschlands stand er mit einem *hohen Ethos* gegenüber und verkörperte die Würde des aufrechten deutschen Mannes. Ja, man fühlte, daß alles bei ihm aus einer tiefen Religiosität kam. – Ich habe einmal mit ihm in seiner Wohnung eine ganz intime Unterredung gehabt. Ich bewahre diese Vertraulichkeit auch heute.

Als Goebbels Anfang August 1943 plötzlich die Räumung von Berlin empfahl, waren wir noch naiv genug, zu glauben, es werde sich um eine zeitlich begrenzte Reihe von Fliegerangriffen auf die Hauptstadt handeln. Wir sahen uns also nach einer Ausweichstelle um und fanden freundliche Aufnahme bei dem Grafen v. Hardenberg in dem historisch und kunsthistorisch gleich interessanten Schloß Neuhardenberg. Das gräfliche Paar wiederholte die Einladung zu Ostern 1944. In dieser Zeit kam dort auch Graf Stauffenberg mit seinem Adjutanten, dem jüngeren von Haeften zu Besuch, so daß nachher der SD im Gästebuch unsere Namen dicht beieinander fand. Wir verlebten einen inhaltreichen Tag mit dem Grafen Stauffenberg. Auf dem Spaziergang sprach ich mit ihm von der Schwäbischen Alb und dem Bodensee. Abends vereinigten sich die Schloßbewohner zu ernsteren Erörterungen in dem Raum, in dem die herrliche Bibliothek des preußischen Staatskanzlers Fürst Hardenberg stand. Von der Rolle, die der Graf einmal spielen sollte, ahnten wir Mitgäste noch nichts.

Noch zu einem andern Mann gewann ich damals nähere Beziehungen, dem sog. »christlichen General« v. Rabenau, dem Biographen von Seeckt, der nach seinem Abschied den Licentiaten der Theologie machte. Er hörte auch bei mir Vorlesungen; politisch harmonierten wir völlig. Er hat das Unternehmen vom 20. Juli 1944 nicht gebilligt, wurde aber auch sein Opfer. Niemand in Deutschland hat ihm bisher das bescheidenste Denkmal gesetzt.

Die Ereignisse vom 20. Juli 1944 sind bekannt. Was sie bedeuten, kann weder vor dem juristisch-staatlichen noch vor dem ethischen Forum entschieden werden, sondern nur unmittelbar vor Gott. So haben es auch die Männer der Mittwochsgesellschaft aufgefaßt, die am Tage selbst oder in der Folge ihr Leben hingeben mußten: der Generaloberst Beck, der Botschafter v. Hassell, mein Kollege Jessen und der Minister Popitz. Sauerbruch schwebte einen Moment auch in der Gefahr der Verhaftung.

Als sich alles schon beruhigt zu haben schien, am 8. September 1944, kamen 2 Kriminalbeamte in mein Haus, fragten nach Briefen von Goerdeler, zu dem ich nie Beziehungen gehabt hatte, und verhafteten mich auf der Stelle. Ich wurde in das Gefängnis Moabit eingeliefert, das damals von hohen Offizieren und hohem Adel, von Widerstandskämpfern der linken wie der rechten Seite überquoll. Der General v. Rabenau, die Söhne von Harnack und von Planck, der Präsident Steltzer, der Pädagoge Reichwein und viele andere befanden sich in den Einzelzellen des gleichen Hauses. Die Behandlung, die ich erfuhr, war anfangs brutal, milderte sich aber zunehmend. Die äußeren Leiden, besonders bei nächtlichen Luftangriffen, trug man leicht. Unsagbar aber lastete die ganze blutgeschwängerte Atmosphäre. Erst nach Wochen quälenden Wartens hatte ich das erste der zwei Verhöre in der Prinz-Albrecht-Straße. Sie bezogen sich fast ausschließlich auf mein Verhältnis zum Generalobersten Beck.

Es ist mir die Gnade zuteil geworden, lebend aus dem Gefängnis herauszukommen. Meine Frau, die keinen Weg unversucht ließ, erreichte das Eingreifen des japanischen Botschafters zu meinen Gunsten. Im Rückblick bekenne ich: Niemals habe ich so viel gelernt und so in die Tiefe des Lebens geblickt, wie in diesen zehn Wochen. Ich eigne mir noch heute das tröstende Wort des edlen kommunistischen Freundes an, der mir wie ein guter Engel an die Tür meiner Zelle gesandt wurde: »Herr Professor, etwas müssen Sie doch auch für die Sache tun!«

Freigelassen, nahm ich sogleich meine Vorlesungen wieder auf. Sie handelten von Sokrates und Plato. Ungehindert konnte ich den Inhalt der Dialoge darstellen, die vom Guten, von der Gerechtigkeit und von dem wahren Staatsmann handelten. Ergreifend war die Treue meiner Studenten: ein Hörsaalgebäude nach dem anderen wurde zerstört. Bis zum 31. Januar 1945 ging es so fort. Dann wurde auch das letzte Auditorium ein Opfer der Bomben. An diesem Tage habe ich meine Tätigkeit an der Friedrich-Wilhelms-Universität, soweit sie auf dem Katheder lag, abgeschlossen; genau 25 Jahre hatte ich ihr gedient. Ungefähr bis zum gleichen Zeitpunkt wurden die Sitzungen der Akademie der Wissenschaften fortgesetzt. Sie fanden schon längst nur im Luftschutzkeller statt.

Was dann noch folgte, ist bald erzählt: 60 Nächte brachten wir bis zum Beginn der Eroberung im Bunker eines Nachbargartens zu. Bei Tage verfaßte ich einen Teil der Schriften, die erst in der neuen Ära erschienen sind, so vom 17. bis 21. April die kleine, Sauerbruch gewidmete Meditation ›Lebenserfahrung‹. Die Tage der Eroberung der Stadt durch die Russen waren das Furchtbarste in meinem Leben überhaupt. Man gestatte mir, davon zu schweigen. Nur die eine Kleinigkeit ist vielleicht erwähnenswert, daß ich der Gabe, Klavier spielen zu können, vermutlich die Rettung unseres Lebens verdanke.

IV. Alles Äußere, was bis dahin das Fundament meiner Arbeit bedeutet hatte, war zerstört, als ich im Mai 1945, fast 63jährig, in die vierte Periode meines Lebens eintrat. Hausgenossen und Haus freilich waren gnädig behütet worden. Tiefe Dankbarkeit erfüllte mich, und mein Gottvertrauen war nur stärker geworden. Auf welchem anderen Fundament hätte ich fortan weiterbauen können – aber auch müssen?!

Berlin ist im Mai und Juni 1945 ausschließlich von den Russen besetzt gewesen. Ein russisch beeinflußter, aber nicht rein kommunistisch gerichteter Magistrat wurde eines Tages eingesetzt. *In diese Zeit fiel ein wichtiger Entschluß für mich.* Wie viele aus meinem Arbeitsbereich Berlin verlassen hatten, ergibt sich schon daraus, daß *ein* Mann, der Ägyptologe Grapow, alle führenden Stellen zu verwalten hatte: Er war stellvertretender Präsident der Akademie der Wissenschaften und Sekretär ihrer Philosophisch-Historischen Klasse, faktisch amtierender Prorektor der Universität und Dekan der Philosophischen Fakultät. Der Minister Rust war geflohen. Schon kurz vor der Eroberung hatte Grapow die Geschäfte des Präsidenten der Akademie der Wissenschaften in meine Hände legen wollen. Ich hatte abgelehnt. Jetzt kam er mit zwei Kollegen wieder und bat mich, als kommissarischer Rektor die notdürftige Rekonstruktion der Universität auf demokratischer Basis durchzuführen. An normale Wahlen war nicht zu denken. Die Post funktionierte nicht, die Verkehrsmittel waren sämtlich zerstört. Die Kollegen waren z. T. unerreichbar, z. T. politisch stark belastet, mußten also ausscheiden. Der Rest, auf viele Stadtgegenden verteilt, war gänzlich ohne Fühlung miteinander. Die Mediziner freuten sich ihrer unantastbaren Unentbehrlichkeit und kümmerten sich den Teufel um das Ganze der Universität. Grapow konnte nach dem Führerprinzip die Ämter delegieren, an wen er wollte. Ich ließ mich mehr durch die innere Verpflichtung gegenüber meiner alten Universität motivieren und *nahm an.* Da mir im Anfang kein einziger Beamter zur Verfügung stand, mußte ich damit beginnen, die Einladungen zu den ersten Sitzungen selbst auszutragen, eineinhalb Stunden Fußweg hin und ebenso viel zurück.

Schon kurz vorher hatte mich der kommunistische Stadtrat für die Volksbildung, Herr Winzer, besucht und mich gefragt, ob ich sein Berater für das Berliner Schulwesen werden wollte. Dazu fühlte ich mich nicht berufen. Er wurde aber in Universitäts- und Akademiedingen sozusagen mein Minister. Denn Berlin bildete damals einen Verwaltungskörper ganz für sich; es mußte natürlich unerhörte finanzielle Lasten aufbringen. Eines Tages rief Herr Winzer mich auf das Rathaus; ich fand eine ganze Anzahl von Vertretern anderer Berliner Hochschulen und sonstiger Persönlichkeiten. Im Fluge wurde ein *Ausschuß für Wissenschaften und Hochschulen* eingesetzt, der zunächst nur aus fünf Personen bestehen sollte. Den Vorsitz erhielt der kommissarische Rektor der Universität. Durch diesen Verwaltungsakt wurde nicht nur meine Stellung als Rektor legalisiert. Ich war für einige Zeit oberster Berater für das gesamte Wissenschaftswesen der Stadt Berlin. Zu den Sitzungen jenes Ausschusses erschienen häufig auch Russen und gaben maßgebliche Anordnungen, so besonders der Rektor der Universität Petersburg. Die weitere Entwicklung mußte zu zahllosen Konflikten führen: man wollte sich der Bürgerlichen wohl nur für den ersten Anfang bedienen. Die leidvolle Geschichte meiner Maßnahmen und Erlebnisse als letzter Rektor der Friedrich-Wilhelms-Universität habe ich aufgeschrieben und archivalisch hinterlegt. Hier kann ich nur ein paar charakteristische Streiflichter fallen lassen. Eine erste Störung in meiner Amtsführung, die, wie man sich vorstellen kann, höchst vielseitige Anforderungen stellte, war ein Anfall von Ruhr, die damals in der Stadt epidemisch herrschte. Die zweite Störung wurde dadurch hervorgerufen, daß die Amerikaner, die inzwischen Dahlem besetzt hatten, mich völlig unmotiviert verhafteten. Ich wurde acht Tage in einem Stacheldraht-Compound in Wannsee festgehalten. Dort lernte ich den letzten Rektor der Universität, den berühmten Orthopäden Kreuz, kennen, und es war auch sonst eine ganz vergnügte Zeit. Aber inzwischen wand mir ein anderer Mediziner, Brugsch, die Führung in jenem Ausschuß aus der Hand. Der dritte Zwischenfall – acht Tage später – war die Beschlagnahme meines Hauses durch die Amerikaner. Wir mußten mit allen Akten Hals über Kopf in ein einziges Zimmer bei Freunden ziehen. Trotz alledem gelang es mir in einiger Zeit, die erreichbaren Kollegen zu sammeln, wenigstens sechs Fakultäten meiner Hochschule wieder notdürftig funktionsfähig zu machen, die politischen Fragebogen und die russischen Fragebogen herumzuschicken, die Institute vor fremden Eingriffen einigermaßen zu bewahren und – sinnlose Anordnungen zu sabotieren. So sollten z. B. an den Kliniken sämtliche Schwestern, die in der Partei gewesen waren, Knall und Fall entlassen werden. Im einzelnen war viel persönliche Hilfe zu leisten. Aber ich beschränke mich hier darauf, die Hauptlinien meiner Politik als Rektor zu erwähnen: Ein Sparsamkeitsetat wurde aufgestellt, völlig überflüssig. Denn Geld war da, Gott weiß, woher. Es mußte für neue Universitätsgebäude gesorgt werden. Dafür fand ich, durch das Entgegenkommen des mir befreundeten Olympia-Diem ein herrlich geeignetes Gelände: die gut erhaltene Sporthochschule in Westend. Der kommunistische Magistrat wollte das Zentrum der Universität nach Ostberlin in das verfallene Schloß Köpenick verlegen, das schon für ein Volksschullehrerseminar nicht mehr gereicht hätte. Ihm kam es darauf an, die Universität Berlin, die mit ihren zahlreichen Instituten durch drei Besatzungssektoren reichte, völlig unter russischen Einfluß zu bringen. Auch ihre gesamte innere Struktur sollte nach dem Muster der unfreien russischen Hochschulen umgebaut werden. Dazu meine Hand *nicht* zu bieten, betrachtete ich als meine erste ethische und deutsche Pflicht. Es gab gar keinen anderen Weg, etwas von dem wohlbegründeten echten Wesen der deutschen Universität zu erhalten, als die Bemühung, sie *unter Viermächtekontrolle zu bringen*. Demgemäß verhandelte ich aufs intensivste mit den zuständigen amerikanischen, dann auch mit englischen Education-Offizieren. Darin lag nicht die Spur von Illoyalität. Denn gerade damals bildete sich in Berlin erst die Interalliierte Kommandantur, und der Magistrat in der Parochialstraße war noch nicht restlos russenhörig. Nirgends fand ich volles Verständnis, geschweige denn Aktionsbereitschaft. Hätte man mich damals gehört, so wäre die Begründung einer neuen Universität im Amerikanischen Sektor nicht notwendig geworden, und die Engländer hätten die Technische Hochschule in Charlottenburg nicht in eine Technische Universität umzutaufen brauchen. Die Franzosen hatten damals ihren Sektor noch nicht besetzt. Aber als sie kamen, begriffen sie die Situation sofort.

Sabotage war damals noch nicht so lebensgefährlich wie später. Mir blieb nichts als passiver Widerstand. Die Hoffnung, daß meine Kollegen auf diesem Wege mitgehen würden, erfüllte sich so wenig wie 1933. Wer hätte auch von ihnen erwarten dürfen, daß sie – schon hungernd – sich um Amt und Brot bringen sollten?

Anfang Oktober 1945 ging die Universität aus der Verwaltung des Magistrats in die der Ostzonenregierung über. An der Spitze des Volksbildungsministeriums stand der Präsident Wandel, ein Mann von Urteil. Am 12. Oktober wurde mir angekündigt, daß das Rektorat nunmehr dem Latinisten Stroux übertragen sei. Er trug kein Bedenken, die fragwürdige Nachfolge anzutreten. Ich lege noch heute Gewicht auf die Feststellung, daß ich entlassen worden bin, nicht, wie in den Zeitungen stand, zurückgetreten bin.

Kurz danach ging mein Fachkollege Nicolai Hartmann, der in Rußland geboren war, mit dem Rucksack stillschweigend über die Grenze nach Göttingen. Ich wurde noch dem allgemeinen politischen Verhör unterworfen, bei dem *ich* die Gegenfrage stellte: Was verstehen Sie unter Demokratie? Aber ich erhielt dann doch die Bestallung als sowjetdeutscher Professor an der Hochschule, die man sich nicht scheute, gerade jetzt in

Humboldt-Universität umzutaufen. Ich machte auch noch die feierliche Eröffnung im Januar 1946 mit, für die man die Talare aus Jena gepumpt hatte. Aber mein Entschluß war im stillen schon gefaßt.

Nach und nach erhielt ich etwa fünf Rufe an westdeutsche Universitäten und einen an eine Pädagogische Hochschule. Den ersten, nach Hamburg, nahm ich sogleich an. Es ergab sich aber keine Möglichkeit, meinen Hausstand dorthin zu transportieren. Meine Person allein zu befördern, waren die Engländer in der liebenswürdigsten Weise bereit. Drei Tage hintereinander kam ein engliches Auto zu mir nach Dahlem, um mich auf den Flugplatz in Gatow zu bringen. Dreimal ergaben sich Hindernisse für den Flug. *Es sollte nicht sein.* Bald danach wiederholte unser früherer Dahlemer Nachbar Theodor Heuss die von mir unter Hinweis auf Hamburg schon abgelehnte Berufung nach *Tübingen* mündlich. Da erinnerte ich mich meiner alten Liebe zum deutschen Süden. Eine erste Fühlungnahme mit den französischen Stellen in Berlin verlief günstig. In großzügiger Weise wurden meine Frau und ich im Militärzuge bis Frankfurt befördert, ein buntgerändertes Papierchen in der Hand, das gottlob niemand an der Grenze angesehen hat. Meine große Bibliothek und die nötigsten Möbel folgten sofort in zwei Eisenbahnwagen. Man wird verstehen, daß ich nicht aufhören werde, der französischen Besatzungsmacht dafür dankbar zu sein; denn sie ermöglichte mir damit ein neues freies Leben und ein neues pflichtgebundenes Wirken in der Studienstadt des Philosophen, der mir als der größte unter den Neueren gilt: *Hegel.* Dort in Tübingen haben wir vom Juli 1946 an eine wahre neue Heimat gefunden.

Ich breche hier ab und erwähne nichts mehr von den sieben Jahren, die seitdem vergangen sind, auch nichts von den Schriften, die ich noch verfaßt habe. Was habe ich Ihnen nun erzählt? Es konnte nur von meinem *äußeren* Gang die Rede sein, nicht von den stillen Momenten der Einkehr, den eigentlich fruchtbaren Momenten; nicht von den Landschaften, die mir immer die schönste Kraftquelle gewesen sind, nicht von den Frauen, die mein Leben gehegt und mitgetragen haben. Fürwahr, es fehlt mehr als die Hälfte.

Aber wenn Sie das alles *auch* noch wüßten, wenn Sie die vier Faktoren vollständig kennten, aus denen das wunderliche Gewebe eines Menschenlebens zusammengeflochten ist: den Menschen mit seinen Anlagen und seinem Streben, das zeitbedingte Milieu, die von außen kommenden Schicksale und die teils freundlich fördernden, teils hemmenden *Mitmenschen* – wäre dann alles beisammen, was ein Menschenleben gestaltet?

Manchem scheint es so. Es ist da aber noch ein Letztes beteiligt, was tief im Innern wirkt und das Zusammenspiel jener Faktoren erst sinnvoll macht. Wer sich ganz aufmerksam beobachtet, weiß auch, daß er von Zeit zu Zeit einsame Gespräche in seiner Seele belauschen kann, die nicht bloß Selbstgespräche sind, aber ebensowenig Gespräche mit Menschen. Mit wem redet man da eigentlich?

Man glaubt eine Stimme zu hören, die berät und warnt und stärkt, die zürnend klingen kann und liebevoll, die Reue wachruft und tröstet. Aus ihr spricht noch etwas ganz anderes als die Klugheit und die Leistungsforderung, etwas anderes als menschenähnlicher Rat, selbst etwas anderes als die gängige Moral. Ein Neuling auf diesem Gebiet meint vielleicht, er höre da die Stimme seiner verstorbenen Mutter oder das Wort eines verehrten Lehrers aus der Jugendzeit. Er wird aber lernen, daß auch diese Menschen nur Medien gewesen sind, durch die ein anderes »Höheres, Reines, Unbekanntes« hindurchtönte. Diese Macht, die ganz anders steuert, als Menschen werten, nennen wir in stiller Andacht Gott.

Und nun bitte ich Sie, fassen Sie das Folgende nicht als eine fromme Schlußwendung auf, die traditionell üblich ist und in einer Evangelischen Vortragsreihe erst recht nicht fehlen darf. Sondern prüfen Sie einmal mit selbstverantwortlicher Sorgfalt, ob nicht ein Recht besteht zu der Behauptung: *das Eigentliche* am Menschenleben sei ein leise fortgehendes Zwiegespräch mit Gott. Man spürt nämlich jenseits des eigenen Wollens und unabhängig von der Aufbietung der besten eigenen Kraft etwas, das man *Führung* nennen muß. Dieses Dritte über dem Menschen selbst und über der Welt (möge sie uns als Natur oder als Kultur begegnen) gibt dem Dasein erst seinen letzten und eigentlichen Bezug. Er ist *da*, wenn wir zu zerbrechen drohen; er ist da im höchsten Glück des Gelingens; er ist da, wenn das Schicksal uns hart anfaßt und wenn es uns beseligend beschenkt. Wenn man alt geworden ist, beginnt man zu ahnen, daß in diesem *Dritten* sich der eigentliche Sinn des Lebens andeutet. Man »versteht« ihn deshalb noch nicht, aber man ist erfüllt von einem Gefühl des Getragenseins, der Dankbarkeit für beides, Liebes oder Leides. So meinte ich es im Anfang, als ich sagte: Das Dasein sei nicht geprägte Form, die lebend sich entwickelt, sondern *»Entwicklung, umgeprägt von Gottes Hand.«* Und wenn ein anderer Ausspruch von Goethe lautet: »Was man in der Jugend wünscht, hat man im Alter die Fülle«, so würde ich auch *ihn* umformen: Die Vollendung wäre, daß wir im Alter nichts wünschten, als daß wir von Gottes Gnade liebevoll geführt werden. Denn das ist es doch, worauf es im Dasein allein ankommt, daß es uns zur Begegnung mit Gott führt und zu jenem stillen Zwiegespräch, in dem der ewige Gott der Liebe uns umfängt, trägt und mit Seinem Geist emporhebt – einem höheren Leben entgegen.

Studium und Lebensführung*

1954

Meine lieben Studenten und Studentinnen!

In früheren Zeiten wurde an den deutschen Universitäten fast regelmäßig eine einstündige Vorlesung gehalten: mit dem Titel ›Über die Methode des akademischen Studiums‹ oder ›Über Universitäten und Universitätsstudium‹. Manche dieser Vortragsreihen sind gedruckt worden und haben großen Ruf erlangt. Seit einigen Jahrzehnten ist der Brauch abgekommen, offenbar, weil das Angebot keine Gegenliebe mehr fand. Und doch habe ich den Eindruck, daß sich unter den Jüngern der deutschen Universität sehr viele befinden, die ihr Wesen, ihren Aufbau und ihre Absicht gar nicht mehr verstehen. Damit sind keineswegs nur die ersten Semester gemeint. Wer aber mit dem Geist der Anstalt, die er besucht, nicht vertraut ist, muß sich notwendigerweise in ihren Gängen verirren und zu falsch angesetzter Kritik kommen. Ich bin der Meinung, daß wohl vieles bei uns zu kritisieren und zu reformieren wäre. Will man das aber richtig anfangen, so muß man wissen: der Typus von Universität, den wir noch heute haben, ist in der Zeit des klassischen deutschen Liberalismus, eines ethischen Liberalismus, entstanden; genauer gesagt: die 1810 von Wilhelm v. Humboldt gegründete Universität Berlin hat das Muster abgegeben. Demgemäß besteht an der deutschen Universität ein Maß von persönlicher Freiheit, wie in keinem anderen Hochschulsystem. Ein Amerikaner soll einmal gesagt haben: »Der deutsche Student genießt mehr Freiheit, als irgend ein Mensch in der Welt hat und haben sollte.« Da sind wir gleich bei dem springenden Punkt. Wollt ihr Freiheit, so müßt ihr sehen, wie ihr die deutsche akademische Lebensordnung aus diesem ihrem Geiste reformiert! Wollt ihr Gebundenheit, so ahmt das amerikanische System nach! Wollt ihr Unfreiheit, – die Universitäten in der deutschen Ostzone zeigen euch, wie das aussieht!

Jede menschliche Einrichtung hat ihre Grundidee. Bei jeder muß man

* Rede, gehalten am Dies Universitatis der Universität Tübingen 1954.

die unvermeidlichen Schattenseiten ihrer Vorzüge mit in den Kauf nehmen. Die große Frage, die sich in unserem Falle sofort erhebt, geht dahin, ob die jungen Menschen, die heute in die deutsche Universität eintreten, die ihnen gewährte Freiheit als ein besonders hohes Gut verstehen und bejahen, oder ob sie darüber klagen, man gebe ihnen nicht genug Anweisungen und führe sie nicht »mit Vorsicht des ebenen Pfads«. Es ist dieselbe große Frage, vor der jetzt die ganze europäische Menschheit steht: Rettung der freien Persönlichkeit und damit Setzung schwerer Verantwortungen; oder Aufrichtung einer äußeren staatlichen Autorität, die den Menschen zu einem bloßen Funktionär in einem Kollektiv macht; das letztere erleichtert manchem vielleicht das Leben; es dispensiert ihn von einem persönlichen Gewissen. – Wie die Antwort in diesem Kreise lautet, ist mir nicht zweifelhaft.

Dann aber müssen Sie es auf sich nehmen, daß Sie im Anfang ein wenig ratlos umherirren. Sie müssen bereit sein, in die Schule des produktiven Irrtums zu gehen, wie Wilhelm Meister. Früher gehörte es zu den Hauptfreuden einer Reise, sie ganz nach eigenem Geschmack zu planen. Heute ziehen manche es vor, sich nach dem Programm eines Reisebüros von Sehenswürdigkeit zu Sehenswürdigkeit – natürlich in der Herde – schleppen zu lassen. Das ist ein Symptom. *Sie* können sich die Sehenswürdigkeiten oder »Hörenswürdigkeiten« an Ihrer Hochschule selbst aussuchen. *Sie* werden nicht am Schluß jedes Semesters mit Zwischenprüfungen geplagt. Es kontrolliert Sie buchstäblich niemand, weder in ihrem Studium noch in ihrer Lebensführung. Sie existieren in der Atmosphäre – hier sage ich nun nicht: der absoluten Freiheit, sondern der ernsten Selbstverantwortung. Wir wollen uns nicht darüber täuschen, daß das in seiner Art viel schwerer ist als der Genuß vorher zubereiteter und abgeteilter Speisen in der Schule. Χαλεπὸν τὸ καλὸν: das Edle ist schwer – und soll es sein.

Es ist nicht meine Absicht, heute von der sinnvollen Gestaltung des wissenschaftlichen *Studiums* zu sprechen. Sie ist ohnehin für jede Fakultät eine andere. Wie man z. B. eine Vorlesung mit Gewinn hört, habe ich in dem Tübinger Hochschulführer für das Sommersemester 1948 dargestellt. Vielleicht schlagen Sie da nach; man kann das nicht jedes Jahr aufs neue sagen. Mein heutiges Thema klingt zwar doppelpolig – Studium *und* Lebensführung. Gemeint ist aber eigentlich nur: die Lebensführung während des Studiums, die persönliche Daseinsgestaltung des Studierenden. Wenn an der Universität davon geredet wird, so kann es nicht im Ton des Moralisierens geschehen. In der Schülersprache ausgedrückt: es soll hier nicht zu Beginn des Semesters eine »große Pauke« gehalten werden. Wir können auch Derartiges nur auf akademische Weise miteinander erwägen.

Bitte also *überlegen* Sie mit mir auch da, wo ich der Kürze halber gleich in Thesen spreche.

Im Anfang verweile ich ganz nahe bei dem, was das Studium selbst betrifft. Im zweiten Teil erörtere ich drei besonders schwere Probleme der Lebensgestaltung des heutigen Studenten. Zuletzt werfe ich die Frage auf, wie viel oder wie wenig der Student für eine Neuprägung des Menschentums unserer Zeit überhaupt tun kann und wie weit sich seine mittragende Verantwortung für unsere Gesamtkultur erstreckt.

I.

Zum Studium selbst. – *Es gibt einen falschen Fleiß.* Er ist die Ursache mancher Entmutigung, die durch Einsicht leicht zu beheben wäre. Man muß nämlich wissen, daß die Überspannung der Quantität der Arbeit notwendig ihre Qualität herabsetzt. Geistige Arbeit läßt sich nicht mit der Elle messen. Wenn man sie über ein gewisses Maß von Stunden am Tage – das Maß ist individuell verschieden – fortsetzt, so widerstrebt zunächst das Gedächtnis. Die Dinge haften nicht mehr, man mag sich quälen, wie man will. Man kann sich selbst keinen größeren Schaden tun, als daß man sich schon während des Studiums überarbeitet. Ich spreche da aus Erfahrung. Nachdem mich diese Erfahrung zwei volle Semester gekostet hatte, mußte ich – zu spät – die richtige Hygiene der wissenschaftlichen Arbeit erlernen. Niemals, auch später nicht, habe ich die eigentliche Nacht zu Hilfe genommen. Acht Stunden, qualitativ hochwertig gearbeitet, bringen weiter vorwärts als zwölf Stunden mit zunehmender Abstumpfung. Die Überspannung schädigt nicht nur die Nerven und das Gedächtnis. Sie verhindert auch die lebendige innere Assimilierung dessen, was man treibt. Damit bin ich bei einem für die Gegenwart wichtigen Thema.

Wenn man, wie ich, 45 Jahre Dozent gewesen ist und mit seinen Hörern einigen Kontakt gehabt hat, so bemerkt man, daß die Studentengenerationen innerlich sehr verschieden organisiert sind. Jede hat ihre auffallenden Vorzüge, jede ihre spürbaren Grenzen. Das ist ein Thema für sich. Wenn ich die gegenwärtige Generation zu charakterisieren versuche – es ist etwa die sechste in meiner Reihe – so stütze ich mich dabei nicht nur auf meine persönlichen, natürlich z. T. zufälligen Eindrücke. Viele stimmen darin überein, daß der Hauptzug des gegenwärtigen akademischen Geschlechtes seine *Verschlossenheit* ist. Hinter der Verschlossenheit kann sehr Wertvolles liegen: ein gediegener Ernst, ein stilles kritisches Verarbeiten, ehe man stellungnehmend aus sich herausgeht, eine abwehrende Haltung gegenüber jeder Art von Sentimentalität und rauschhaftem Ergriffenwerden. Aber die häufige Kehrseite der Verschlossenheit ist *das Unaufgeschlossensein* gegenüber Gehalten, von denen man sich ergreifen lassen *sollte*. Das erschwert jenes Assimilieren der Stoffe, an denen man lernt. So entsteht der Eindruck, daß der gegenwärtige Student vielfach an dem Geist seiner Gegenstände innerlich gar nicht beteiligt ist. Man muß viel Mühe darauf verwenden, um das Erlebnis aufleuchten zu lassen: »Tua res agitur: das geht auch dich an; es gehört mit zu demselben großen Leben, in das auch du verwoben bist.« Fehlt diese Einstellung, so zerfällt die jeweils in Betracht kommende Wissenschaft in lauter gegeneinander gleichgültige Einzelheiten, mit denen man dann natürlich rein gedächtnismäßig zu kämpfen hat. Das liegt nicht an der Sache selbst, sondern an dem Aufnahmeorgan; dieses muß daher zuerst reformiert werden. Wer eine innerlich reiche Pubertätszeit durchgemacht und dabei in der Pflege einer guten Schule gestanden hat, in dem müßte eine Vorahnung des ganzen Lebens und seiner organischen Zusammenhänge liegen. Die Intuition,

Wie alles sich zum Ganzen webt,
Eins in dem andern wirkt und lebt,

müßte eigentlich schon da sein. Sonst bleibt es bei lauter sinnfernen Stükken, die man sich ohne Interesse anquält. Bei der Geschichte in ihren unendlichen Verzweigungen z. B. müßte die Empfindung vorangehen: Das alles ist Schicksal und Ausfluß des Einen Menschentums, nur in tausend Variationen und Verkleidungen. »Und wo man's packt, da ist es interessant.« *So* sollte es denn freilich auch von der Seite des Lehrenden vorgeführt werden. Wenn für meinen Vortrag mehr Zeit zur Verfügung stünde, müßte sehr stark auch an die eigene sündige Brust geklopft werden. Wie gut, daß die Zeit so knapp ist!

Aber sehen wir zu, ob jener Unaufgeschlossenheit, die ich auch eine innere Trockenheit nennen könnte, vielleicht noch von anderen Seiten her beizukommen ist. Die Entstehungsursache erblicke ich darin, daß weder das magische Kindesalter noch das hochbeschwingte Pubertätsalter in normaler Weise durchlebt worden ist. Deshalb fehlt die Einfühlungskraft und die Ausweitung der Seele über die unmittelbar bindende Realität hinaus. Es fehlt, kurz gesagt, die elastische Phantasie. Und wenn ich der heutigen Jugend zurufen möchte: »Mehr Freudigkeit!«, so könnte ich ebenso gut rufen: »Mehr Phantasie!« Es ist ein gefährlicher Irrglaube, daß Phantasie für den modernen Menschen ein Luxus sei. Alle nachfühlenden und alle schöpferischen Kräfte des Geistes, alle innere Beweglichkeit und Ausdehnungsfähigkeit wurzeln in ihr. Betrachten Sie es daher nicht als eine Verlockung zur Fahnenflucht, wenn ich Sie bitte: Fangen Sie wieder an zu wandern, suchen Sie wieder die echten, Seele und Geist beflügelnden Heilkräfte der Natur – sei es einsam, wobei aus dem Zwiegespräch mit der Natur immer ein fruchtbares Selbstgespräch wird, sei es mit Gefährten, die auch verstehen, gelegentlich still miteinander zu sein. Wer wandert heute noch? Ganz alte Leute, ein paar übriggebliebene Freideutsche. Alles will sich mit dem Rade fortbewegen, am liebsten motorisiert. Das leere Ideal der Geschwindigkeit ist nur ein Drang, der Begegnung mit dem eigenen Selbst zu entfliehen, und wer Benzin einatmet, atmet eben den heiligen Hauch der Natur *nicht* ein und wird niemals den Waldgottheiten, den Quellnymphen, den Genien der Tageszeiten begegnen, die den Geist der Griechen so reich gemacht haben.

Ist es nötig, daß ich auch auf den Umgang mit der Kunst hier zu sprechen komme? Mir scheint: er ist lebendiger geblieben als der mit der Natur, die gerade um unser Tübingen herum ihren mannigfaltigsten Reichtum ausgebreitet hat. Aber es kommt noch darauf an, was man denn bei der Kunst *sucht*. Geht es nur um Kennerschaft alter und moderner »Richtungen«, nur um gedichtete oder gemalte Theorien, so tritt man in dies Heiligtum nur von Hinterpforten aus ein. Denn der eigentliche Sinn der Kunst ist das sonderbare Schweben zwischen Gott und Mensch, durch das man auf einen ganz anderen Standort entrückt wird und die Welt einmal gleichsam von oben her zu sehen bekommt. Diese selige Selbstvergessenheit schließt eben den Verschlossenen auf. Sie lockert in ihm etwas, das in ihm »spielen« muß, auch damit er wissenschaftlich zu sehen und zu denken lerne. Denn das wissenschaftliche und das ästhetische Organ sind enger mit einander verschwistert, als unsere Tatsachenwissenschaft noch zugeben will. Wie arm ist sie dadurch seit der Goethezeit geworden!

Den Gipfel der Unaufgeschlossenheit aber würde es bedeuten, wenn es zuträfe, was mir neulich bei der Vertretertagung der Schülerausschüsse von Baden-Württemberg gesagt wurde: es soll an der Bereitschaft fehlen, sich für Jugendfreundschaften zu öffnen; jeder gehe seines Weges und sei nur mit seiner Sache beschäftigt. Solche Behauptungen sind schwer nachzuprüfen. Der nächste, den man trifft, versichert das Gegenteil. Aber es handelte sich damals in Reutlingen um sehr ernsthafte und gut beobachtende Leute. Nicht ich also bin es, der die Sage aufgebracht hat. Natürlich kann man weder sich noch andere zur Freundschaft »bereden«. Was mangelt aber dem, der keine Freunde braucht und findet? Es fehlt ihm die Mitteilungsgabe wie die Teilnahme an der abweichenden Erlebnisweise Gleichaltriger und Gleichstrebender. Es fehlt ihm das Mitklingen und Mitschwingen mit der seelischen Atmosphäre um ihn her. Wenn jemand nicht spürt, wie die Morgenluft die Brust weitet, hat er kein Organ für Gesundheit. Wenn einer als junger Mensch unter jungen Menschen keinen Freund findet, ist etwas an ihm nicht in Ordnung. Die Arten der Freundschaft sind zahlreich. Mindestens die eine pflegt da zu sein: im andern ein Echo seiner selbst zu spüren. Viel höher steht der Wunsch, vom anderen eine Korrektur und Läuterung des eigenen Wesens zu empfangen. Freundschaft pflegt über zwei realen Menschen so etwas wie einen idealen Menschen aufleuchten zu lassen. »Für deinen Freund kannst du dich nicht schön genug schmücken«, sagt Nietzsche. Sollte heute das Zeitalter der echten und fortdauernden Jugendfreundschaften abgeblüht sein, so wüßte ich nicht zu helfen. Aber von dem hier maßgebenden Gesichtspunkt aus, nämlich der persönlichen Lebensentfaltung während der Studienzeit, müßte ich bekennen: schon ein Studium solcher Art bliebe ohne Seele. Der Mensch aber, der so durch die Universität geht – nun, ein »Mensch« würde er eben *nicht* werden. Er mag nachher leisten, was er will; eine wahrhaft edle Produktivität traue ich ihm nicht zu. Hierfür rufe ich die Manen Hölderlins, Hegels und Schellings zu Zeugen auf.

Ich schließe diesen Teil kurz ab mit dem Gleichnis: wer keinen offenen Horizont hat, hat auch nie ein Morgenrot gesehen.

II.

Was ich bisher erörtert habe, gehört in den freieren Bereich, in dem sich der persönliche Lebensstil, gleichsam die akademische Lebenskunst, entfalten mag. Im zweiten Teil behandle ich drei Probleme, die bis in die Tiefe des Ethos zurückführen und mit ernsten Verpflichtungen verbunden sind: Werkstudententum, Liebe und Ehe, Politik.

A. Der Werkstudent, so könnte ich definieren, ist derjenige unter uns, der den Tatbeweis liefert, daß er aus innerer Verpflichtung studiert. In den Vereinigten Staaten ist die Verbindung von Studium und Selbsterwerb des Lebensunterhaltes alt. Die deutsche Universität ist ursprünglich nicht auf sie eingerichtet. Wer um 1900 die Hochschule bezog, hatte Geld, oder er durfte auf eine Familienzuwendung hoffen, oder er rechnete auf die Hilfe der sehr spärlichen Stipendien. Die nichtbesitzende Volksschicht war dadurch eigentlich vom Studieren ausgeschlossen. Durch zwei unglückliche Kriege ist es gekommen, daß auch das Bürgertum verarmt ist. Der Sohn des gut verdienenden Arbeiters, wenn er nur das Abiturium gemacht hat, steht heute vielfach besser da als der des heimatvertriebenen Unternehmers. Es gehört Idealismus dazu, um sich für den Weg des Studiums mit selbstverdientem Gelde zu entscheiden. Denn es ist längst nicht mehr so, daß nachher in den akademischen Berufen eine glänzende finanzielle

Lage winkt. Nur diejenigen Fächer, die sozusagen einen Abfluß nach der Industrie hin haben, sind in dieser Hinsicht vielversprechend. Ich weiß sehr wohl, daß beim Entschluß zum Studium nicht nur die künftigen Erwerbsverhältnisse eine Rolle spielen. Aber auch denjenigen, der nur das soziale Niveau seiner Familie bewahren oder für seine Person in die akademische Schicht aufsteigen will, würde ich nicht tadeln. Der Besitz des Reifezeugnisses schließt doch im stillen die Verpflichtung ein, sich zur Elite unserer demokratischen Gesellschaft emporzuarbeiten. Dazu aber gehört auch das Erklimmen der höchsten Stufe unseres Bildungswesens.

Wer diesen Weg ganz aus eigener Kraft geht, bringt sicherlich ein Opfer. Er verzichtet auf einen großen Teil der akademischen Freiheit; er muß mit einer dauernd unsicheren Lebenslage rechnen. Die Zeit seines Studiums wird sich unvermeidlich verlängern. Seine Kräfte werden doppelt beansprucht werden, also auch seine Gesundheit.

Wenn ich sagte, das System der deutschen Universität sei auf diesen Fall eigentlich noch nicht eingerichtet, so setzte ich dabei als unsere gemeinsame Überzeugung voraus, daß die Ferien, eine angemessene Erholungszeit abgerechnet, ganz entschieden für selbständige wissenschaftliche Arbeit bestimmt sind. Andernfalls kämen wir ja dahin, daß das Studium sich auf das Anhören von Vorlesungen beschränkt und daß der Geistesbesitz über die Reproduktion des so Empfangenen nicht hinausgelangt.

Kein Zweifel also, daß auf die Kategorie der Werkstudenten mehr als bisher Rücksicht genommen werden muß. Vorläufig bemerken wir das fast nur an der unerfreulichen Tatsache, daß die Vorlesungen nicht vor dem 1. Mai und nicht vor dem 1. November beginnen, weil dann erst die Arbeitsverpflichtungen in wirtschaftlichen Betrieben enden. Dies Zusammenschrumpfen der Semester – es handelt sich seit etwa 1900 um reichlich drei Wochen – ist um so mehr ein schwerer Schaden, als der unerläßliche Wissensstoff sich inzwischen ungeheuer ausgedehnt hat.

Wir wollen und dürfen unter keinen Umständen auf die Studenten, die sich die Mittel für den Universitätsbesuch selbst erwerben, verzichten. Es kann aber leider nur mit Notmaßnahmen geholfen werden. Die Arbeitsvermittlung durch planmäßiges Zusammenwirken der Hochschule mit Wirtschaftskreisen, die schon besteht, sollte weiter ausgebaut werden. Öffentliche und private Stipendien müßten so vermehrt werden, daß vom fünften Semester an die finanzielle Existenzmöglichkeit einigermaßen gesichert ist. Auch die Studienstiftung wäre zu erweitern. Die Assistenten sollten auch solche Übungen veranstalten, die das Versäumte überbrücken und das Gehörte fruchtbar weiterentwickeln.

Auf der anderen Seite aber müssen sich die Betreffenden ernsthaft prüfen, ob sie für die Durchführung eines so erschwerten Studiums auch begabt genug sind. Denn wenn mit vieler Anstrengung doch nur die Hälfte des normalen Bildungserfolges erreicht wird, lohnt die ganze Bemühung nicht. Die Universität kann ihre Ansprüche nicht aus sozialen Gesichtspunkten senken. Sie ist selbst verpflichtet, unsere Nation wissenschaftlich und kulturell mit an der Spitze zu halten. Es ist heute nun einmal so, daß die Wissenschaft in alle kulturellen Leistungen tief hineingeflochten ist. Ein Volk, das nicht in gutem Tempo mitmarschieren kann, legt die Mittel, die es für seine Hochschulen ausgibt, unvorteilhaft an.

B. Das nächste Problem, von dem ich zu sprechen habe, scheint wieder die Sphäre des ganz intimen Lebens zu betreffen. Aber es scheint nur so. Jeder junge Mensch, auch nach dem 20. Jahre, hat noch mit Entwicklungsschwierigkeiten sexuell-erotischer Art zu tun. Unter dem Sexuellen verstehe ich den Bezirk naturhaft gegebener Begierden, die auf libido gerichtet sind. Unter dem Erotischen das ganze Spiel seelischer Wallungen, die damit verflochten sind, vor allem die Phantasie, die – im Gegensatz zu anderen physischen Bedürfnissen – dem geschlechtlichen Trieb seine eigentümliche Glut, ja seine Beziehung auf das Metaphysisch-Mystische gibt. Vor zwei Irrtümern möchte ich zunächst warnen: der erste, früher mehr verbreitet als heute: daß der junge Akademiker Anspruch auf eine Sexualmoral freieren Charakters habe als andere Leute. Das Gegenteil ist der Fall, weil er entsprechend seiner höheren Bildung auch höhere Verantwortungen vor sich und anderen trägt. Der zweite: daß der Bereich sexuellen Verlangens und Verhaltens abgetrennt sei von der eigentlichen Substanz des geistigen Menschen, daß er also im Sexuellen ungeordnet existieren könne, ohne daß davon sein eigentlich ethischer Kern und Wert mitbetroffen werde. Gerade weil die Phantasie die noch weiche Hülle der sich bildenden Persönlichkeit ist, kann sie mit ihrer Begehrlichkeit allmählich den ganzen Menschen vergiften.

Mit diesen Dingen muß nun jeder nach bestem Vermögen selbst fertig werden, in unablässigem Kampf, der auch nach Niederlagen nicht eingestellt werden darf. Ich habe den Eindruck, daß es heutzutage als nobel gelte, irgendwelche Sexualkomplexe zu haben, die man sich weganalysieren lassen muß. Junge Menschen früherer Zeiten haben Derartiges auch verspürt. Sie haben es aber für eine Ehrensache gehalten, damit selbst fertig zu werden, durch Selbsterkenntnis und Selbstüberwindung. Es wird nicht glücken, wenn man nicht Gegenkräfte aufbietet: geordnete Arbeit, einen ernsten Lebensplan, vor allem aber das Gefühl der eigenen Menschenwürde, das ohne das Bewußtsein metaphysisch-religiöser Bindungen schwerlich zu einer hilfreichen Energie wird.

Mir geht es hier wesentlich um die besondere Lage derer, die im Rahmen der Hochschule leben. Kein Zweifel: ihre ungemessene äußere Freiheit und Unkontrolliertheit kann sie auch besonders gefährden. Dies gilt auch für die Begegnung von Student und Studentin. Ich stamme noch aus so uralten Beständen der Menschheit, daß ich zu einer Zeit studiert habe, in der die Frauen nicht zur Hochschule zugelassen waren. Das geschah erst seit 1908. Es gab vorher nur ganz wenige »Konzessionsdamen«. An der großen Universität Berlin kannten wir sie alle, die Jungfrauen wie die Altfrauen. Und natürlich umschwärmten wir die ersteren, verehrten wir die anderen nach Gebühr. Es ist nämlich ein Gesetz der großen bildenden Natur, das wir nicht geringschätzen wollen: Ehe der Mensch sich prüft und ewig bindet, verwickelt sie ihn in ein Liebesspiel, für das wir nur so unerfreuliche Namen wir Flirt, Kokettieren, Poussieren usw. haben. Es handelt sich aber um ein Stadium der Selbstentfaltung, dem schwerlich einer oder eine ganz entgeht, er wäre denn ein ganz unschmelzbarer Eisblock, den die Musen dann so wenig lieben wie die Grazien. Der Sinn dieser Natureinrichtung (denn das ist es wirklich) liegt darin, daß man Erfahrungen macht mit der Seele des anderen Geschlechts. Im gesunden Falle kommt nach vielem Experimentieren der Augenblick, in dem sich wahrhaft Herz zum Herzen findet. Hoffen wir, daß es dann die richtigen sind, die sich miteinander verloben!

Dieses bunte Stück *außer*wissenschaftlichen Lebens – denn Liebe ist noch immer keine Wissenschaft – ist nun seit fast einem halben Jahrhundert mit in die Hallen der Hochschule hineinverlegt worden. Ich kann nicht leugnen, daß der mehr klösterliche Geist der alten Zeit einen größeren Ernst über das Studium verbreitete. Ebenso wenig kann ich leugnen, daß auch manches Förderliche aus dem Einzug des anderen Geschlechtes aufgeblüht ist. Denn der Geist der echten Frau assimiliert den Stoff anders als der Mann, und wenn sie keine andere Tugend hat, so ist sie vorbildlich fleißig. Zu bedauern, ja zu verwerfen ist es freilich, wenn junge Damen die Universität nur aufsuchen, weil sie in ihr eine aussichtsreiche Verlobungsbasis erblicken. Ich würde das hier nicht anprangern, wenn es nicht ausgesprochenermaßen häufig vorkäme.

Aber wie es auch sei: wenn schon einmal das naturgewollte Liebesspiel bei uns seinen Einzug gehalten hat, dann soll es auch auf eine edle Art gespielt werden. Ich meine damit nicht nur das Ritterliche. Heute ist es zur bloßen Kameradschaft abgeblaßt, weil wir mehr Fußvolk haben als Ritter. Das Wesentliche liegt vielmehr an folgender Stelle: viel Unglück in der Welt entsteht daraus, daß auf beiden Seiten, d.h. bei beiden Geschlechtern, oft das sichere Gefühl dafür noch nicht reif ist, was eine wahre

Liebe ist und was nur Reiz, Neigung, flüchtige Anziehung. Es ist ein großer Unterschied zwischen Sympathie und der großen Leidenschaft, die echt und stark genug ist, eine wahre Ehe zu tragen, und die den Keim abgibt für all die tiefen, reichen Verwandlungen, wie sie sich im ehelichen Bund hervortun werden; dazu gehört vor allem: das Miteinander-Leiden-Können.

Erheblich viel häufiger als nach dem ersten Kriege sind heute die Studentenehen. Die Motive sind mannigfach. Ein früher Bund ist besser als die Laxheit des freien Verkehrs. Ferner: man sehnt sich nach häuslicher Versorgung; auch das ist nicht zu tadeln. Man sieht einen gemeinsamen Beruf vor sich, oder man hofft, durch einen Doppelberuf die wirtschaftliche Grundlage sicherer zu legen. Alles *kann* gut sein. Bedenklich ist es nur, wenn dabei die strenge Selbstprüfung fehlt, ob man auch mit voller Verantwortung vor sich selbst und den künftigen Kindern handelt. Wir dürfen nicht nach ehemals Lindseyschem Rezept in die Form der Versuchsehe hineinschlittern. Das brauche ich wohl nicht weiter auszuführen. Denn wer nicht fühlt, *warum* das ein Abweg ist, dem wäre es auch durch viele Worte nicht nahezubringen. Gerade der Akademiker sollte der Scheidungsfreudigkeit entgegenwirken, die allmählich unser Volksleben untergräbt. Die feste treue Ehe ist das Fundament aller Sittlichkeit überhaupt. Keine Tugenden des Geistes können eine verlotterte Sexualität oder eine sinnentleerte Ehe ausgleichen.

C. Das dritte Hauptproblem, das ich herausgreife, gehört noch stärker dem Bereich der öffentlichen Verantwortungen an, die dem Akademiker selbstverständlich zuzumuten sind. Es ist dem deutschen Volke zum Verhängnis geworden, daß es in seinen weiten Kreisen politisch unbegabt, uninteresisert und unerzogen war. Wenn es dann einmal in die große Politik hineinwirkte, geschah es ohne volles Bewußtsein dessen, was es tat. Bei den anderen Völkern aber verblieb der Eindruck, daß man uns nicht trauen könne, weil wir unberechenbar seien. Da unsere militärische Tüchtigkeit unbestreitbar zutage trat, kamen wir weiter in den Ruf, der Krieg bedeute uns ein ganz besonderes Vergnügen.

Jeder, der sich als Deutscher für den guten Namen seiner Nation mitverantwortlich fühlt, sollte den Drang empfinden, dieses Mißverhältnis zwischen der Achtung, die wir von anderen Völkern fordern, und unsrer politischen Naivität endlich einmal in Ordnung zu bringen. Die tödliche Wunde, die der letzte Krieg an unserem Volkskörper hinterlassen hat, macht es eigentlich unmöglich, daß jemand bei uns sich unpolitisch verhält. War es früher unbegreiflicher Leichtsinn, so ist es heute fast Vaterlandsverrat. Die anderen Nationen trauen uns noch nicht zu, daß wir uns selbst in Ordnung bringen können. Vor neun Jahren kamen sie zu uns mit dem Programm »reeducation« – Umerziehung der Deutschen. Ich muß gestehen, daß mir das die Schamröte ins Gesicht getrieben hat. Einen Krieg fahrlässig hervorzurufen, ist Schuld, ihn zu verlieren, Schicksal. Aber nach der Belehrung durch Schuld und Schicksal noch fremder Erziehung zu bedürfen, wäre verächtlich.

Liefern wir also den Beweis, daß wir durch Schuld und Schicksal gelernt haben, uns fortan selbst zu leiten! Was folgt für unser Problem daraus? Die studierende Generation ist es nicht, die eigentlich den politischen Kurs bestimmt. Aber vorbereiten auf die künftige Mitarbeit, die ein demokratischer Staat gewährt und fordert, sollte man sich in der Zeit des eigenen Ausreifens. Gewiß, diejenigen haben nicht unrecht, die es schon als politische Areté anrechnen, wenn man ein ordentlicher Mensch und schließlich auch ein ordentlicher Familienvater werde. Aber für den studierten Mann scheint mir das doch allzu wenig. Mindestens sollte er bemüht sein, sich frühzeitig eine Urteilsbasis zu schaffen, sowohl für Fragen der Innenpolitik wie der Außenpolitik. Das Rankewort vom Vorrang der äußeren Politik sollte dabei nicht vergessen werden.

Nun heißt es: die heutige Universität biete dafür nicht genug. Sie bietet ganz erheblich mehr als etwa noch vor 30 Jahren. Aber die Universität kann nicht die Rolle übernehmen, Pressereferent bei den Studierenden zu werden und ihnen ein selbständiges kritisches Zeitungslesen zu ersparen. Man verzeihe mir, daß ich hier ein bißchen ungeduldig werde. Es scheint mir nämlich ein untergeordneter Standpunkt zu sein, daß man das, was wirklich in keiner Vorlesung behandelt würde, nicht lernen könne. Das wäre schülerhaft. Ich glaube auch nicht, daß es heute an politischem Anschauungsmaterial fehlt. Der gegenwärtig Studierende hat mehr Gelegenheit, seinen Horizont durch Reisen und Auslandfahrten zu erweitern, als sie irgendeine frühere akademische Generation gehabt hat. Und wer nicht brennend daran teilnimmt, was denn einmal aus unseren Brüdern in der Ostzone werden soll, den kann ich nur als einen traurigen Schläfer bezeichnen. Am wenigsten ist es möglich, Europa zu bejahen und dabei zu vergessen, daß die Hälfte unseres eigenen Volkes noch von den Geistesgütern und den Menschenrechten europäischer Herkunft ausgeschlossen ist.

Ich würde sagen: »Wir verstehen uns schon, und ich kann meine Worte sparen«, wenn ich bei dieser Gelegenheit nicht auf etwas Trübes, Zähes stieße, das wir aus der Universität herausbefördern müssen, die Einstellung nämlich: »Mich geht mein Fach an, und sonst nichts.« Haben wir das schon herausbefördert? Ich fürchte, daß es nicht der Fall ist. Das aber kommt mir so vor, als ob einer, auf einem Pferde reitend, sagte: »Die Hauptsache ist, daß ich oben bleibe«; das Pferd unter ihm ist aber schon längst auf Nimmerwiedersehen davongelaufen.

III.

Alle Politik ist Zukunftsgestaltung, auf Grund von Sacheinsicht und – wie wir hoffen – aus sittlichem Verantwortungsbewußtsein heraus. Lassen Sie mich zum Schluß ein wenig davon träumen, ob für den geistig lebendigen Akademiker nicht noch weitere Möglichkeiten der Zukunftsbeeinflussung bestehen!

Ich gehe dabei von dem geschichtsphilosophischen Satz aus, daß sich im gesamten Abendland ein Menschentypus herausgebildet hat, der ein Spezialfall des Menschentums ist und keineswegs *der* Mensch, wie er seinem Grundwesen nach immer gewesen ist und für alle Zukunft sein soll. Schon Herder wußte, daß jeder Plusseite des Menschentums in einem Volk oder einer Epoche eine Minusseite entspricht. Anders ausgedrückt: Jeder partielle Fortschritt wird durch einen Verlust auf anderen Seiten erkauft. Der rationale Mensch des industriell-technischen Zeitalters ist *in seiner Art* ein Spitzenprodukt der kulturellen Entwicklung. Aber doch nur in seiner Art. Manche wertvollen menschlichen Eigenschaften hat er nicht in sich entwickeln können; sie sind ihm verloren gegangen. Wir wollen hoffen, daß sich diejenigen noch irren, die behaupten, der moderne abendländische Mensch sei überhaupt eine Sackgasse, aus der kein Weg mehr herausführe. Ein wenig wird diese Befürchtung dadurch verstärkt, daß Toynbees Deutung sich bestätigt: wir befinden uns in der Epoche des *Rückstoßes* der fremden Erdteile, die einst beim Abendland kulturelle Anleihen gemacht haben, und wir benehmen uns bei der Behandlung dieses Rückstoßes vorläufig recht ungeschickt.

Wenn nun unsere Art des Menschentums, weit davon entfernt, ideale Humanität zu sein, vielmehr sehr einseitig, trocken und seelenlos geworden ist, so geht es doch weder an, uns ganz zurückzubilden noch uns so *universal* auszubilden, wie es wohlmeinend, aber wirklichkeitsblind immer wieder gefordert wird. Was wir leisten können, ist allenfalls eine gewisse *Umprägung und Neuprägung* unseres geistigen Lebensstiles. Und ich kann mir nicht helfen: es scheint mir so, als ob gerade der deutsche Akademiker berufen und verpflichtet wäre, in der Richtung auf diese Neuprägung einige fruchtbare Entdeckungen zu machen.

Wo steuern wir nämlich hin? Auf diese Frage wird in der Regel mit zwei Schlagworten geantwortet: Wir steuern gar nicht, sondern wir rutschen mehr und mehr hinein in das *Massenmenschentum* und in das *Managertum*. Was das Massenmenschentum ist, gilt als bekannt, obwohl es trotz Ortega y Gasset noch keineswegs ausreichend studiert worden ist. Nennen wir aber kurz den Massenmenschen den Mitläufer, der kein eigenes Zentrum, vor allem kein persönliches Gewissen und keinen Entscheidungswillen mehr hat! Er folgt den lois d'imitation, deren Bedeutung Gabriel Tarde schon vor 64 Jahren entwickelt hat. Er ist das gefügige Objekt aller totalitären Systeme. Ob der Akademiker vor der Gefahr von dieser Seite her ganz gefeit ist, will ich nicht untersuchen. Jedes bloße Routinestudium muß in solche Verflachung hineinführen.

Was aber ist der andere moderne Typus, der Manager? Auch hier fehlt noch die Definition. Übersetze ich das Wort ins Lateinische, so ist er der Procurator, derjenige, der alles besorgt und alles beschafft. Er ist, mit anderen Worten, der weitblickende und energiegeladene Organisator. Das Organisieren großen Stiles ist heutzutage eine Notwendigkeit; denn alle Kulturarbeit geht in gewaltige Dimensionen und erfordert die mannigfachsten Hilfsmittel. Niemand wird dem Manager seine Hochachtung versagen. Er ist weder einseitig noch weltfremd. Er muß Menschenkenner sein und Sachkenner, Gesetzeskenner und ein politischer Kopf zugleich. Aber es macht doch oft den Eindruck, daß er alles im Leben nach dem Modell der Maschine behandelt. Indem er sein besonderes maschinelles System steuert, ist er selbst noch einem größeren Getriebe eingefügt, das ihn unerbittlich vorwärtstreibt. Bei all seiner Geistesgröße fehlt diesem Typus doch die Berührung mit dem Ursprünglichen, die allein schöpferisch macht: dies Schauenkönnen in den reinen Himmel von Gottes Urgedanken, aus dem der Mensch sich immer wieder erneuern muß, wenn er nicht lahm werden soll unter der Forderung des Tages und dem Druck der Arbeitslast.

Ich tröste mich damit, daß die Gefahren unserer Kulturlage schon heute in Deutschland besser erkannt worden sind, als irgendwo anders. Es ist bewundernswert, was z. B. der »Bundesverband der deutschen Industrie« für die soziale Verständigung, für die Wissenschaft und für die Kunst leistet. Da wünschte ich nun, daß die Universität, die in der Hauptsache für andere Kulturgebiete vorbereitet, hinter diesem Verständnis für das Gebot der Stunde nicht zurückbliebe.

Der Universitätsstudent sollte auch für die vertiefende Neuprägung des modernen Menschentums bewußt seinen Beitrag leisten. Er sollte von früh an sein Leben so gestalten, daß der Mensch einen *Mittelpunkt* behält, aus dem heraus er existiert und sich entscheidet, statt sich von den vielgestaltigen Forderungen der Zeit nur dahintreiben zu lassen. Man nennt das kurz: die Rettung der Freiheit. Es fragt sich nur, was man darunter versteht und wie man das anfängt.

Alle Freiheit beginnt, wie Sokrates gezeigt hat, mit der Selbstbesinnung und mit der Selbstkritik. Dazu muß man Zeit haben. Man muß sie sich nehmen, in dem Bewußtsein, daß für den Menschen, der seinem Dasein eine sittliche Gestalt geben will, nichts wichtiger ist. Deshalb habe ich das zeitweilige Alleinsein gefordert; deshalb aber auch das Leben in der Freundschaft. Denn der Freund deutet dem Freunde die tieferen, noch halb verborgenen Gesichte, die aus ihm empordrängen. Aber auch für die Phantasie muß Raum bleiben. Sie allein ermöglicht es, den vielverschlungenen Zusammenhang der Kultur als ein Ganzes aufzunehmen und sie durch schöpferische Vorentwürfe zu veredeln. Man muß den Staub der Studierstube auch einmal von sich werfen können. Man muß darum ringen, daß man *darübersteht*. Wer sich erdrücken läßt, kommt nicht vorwärts, weil die *Sache* über ihn Herr wird, nicht *er* täglich mehr über die Sache. Das letztere aber gehört zur Freiheit.

Ich denke mir, daß derjenige, der sich entschließt, in eine studentische Verbindung einzutreten, von ihr in diesen Richtungen Förderung erwartet: in der Freundschaft, in der Freude, in jugendlicher Phantasiebeschwingtheit. Aber auch eine Schule der größeren Verantwortung soll jede akademische Korporation, wie sie auch heiße, werden; endlich eine Gemeinschaft, in der man seinen Kulturhorizont erweitert. Denn gerade darauf kommt es an. Falls existentielles Denken bedeuten sollte, sich auf die Punktualität des eigenen Inneren zurückzuziehen, führt es in den schlechtesten und unfruchtbarsten Subjektivismus. Wo aber, von der *Mitte* einer verantwortlichen Person her, sich ein weiter Horizont aufbaut, da mag es wohl eines Tages glücken, daß eine Veredlung des Menschentums beginnt, die aus dem Gerede über die Verzweiflung und das Nichts und den nahenden Untergang heraushebt. Denn das alles ist unjugendlich und zum Teil nur Affektation. Halten wir es lieber mit Fichte, der in seinen herrlichen ›Vorlesungen über das Wesen des Gelehrten‹ von 1806 dem Studenten folgenden Glauben zumutet: »Der Gedanke: Ich, wie ich nun heißen mag, diese bestimmte und ausdrücklich bestimmte Person, bin dazu da und deswegen in das Dasein gekommen, damit in mir Gottes ewiger Ratschluß über die Welt von einer anderen, bisher völlig verborgenen Seite in der Zeit gedacht werde und Klarheit gewinne, und in die Welt eingreife, so daß er nie wieder ausgetilgt werden könne.«

»Gottes ewiger Ratschluß in mir.« Dieses Wort setzt voraus, daß man die Wurzeln der eigenen Existenz schon in das Metaphysische gesenkt habe. Die Zeit, in der Nietzsche vor dem Gedanken einer Hinterwelt warnen zu müssen glaubte, ist vorbei. Sie wissen wohl, was es bedeutet, wenn man von einer Sache sagt: »Es ist nichts dahinter.« Soll diese Welt etwas wert sein, so *muß* noch etwas dahinter sein, und zwar das, was man mit Recht »das Eigentliche« nennt. Die Begegnung mit diesem Dahinter oder besser: diesem »Darüber« kann uns erst ganz in den Besitz unserer selbst versetzen. Man studiert in letzter Betrachtung nicht, um etwas zu lernen, sondern um etwas zu *werden*. Wer nicht eine Person mit Gewissen und Weitblick und Liebe geworden ist, in dem bleibt das Auge der Wissenschaft blind. Wir brauchen dieses hellste der Augen an unserem Wesen, um an Deutschlands Zukunft getreu mitzuleiden und mitzuwirken. *Denn wir sind noch nicht hindurch.* Wir brauchen es, um der ganzen Welt möglichst ebenso viel Heil zurückzugeben, wie wir Unheil über sie gebracht haben. Wir brauchen dieses Auge, das aus Gott ist, um das Göttliche im Abglanz zu erschchauen und es, soviel an uns ist, und so weit wir es vermögen, in den stumpfen Stoff dieser Welt hineinzuarbeiten.

Gedenkrede zur 150-Jahrfeier der Gründung der Friedrich-Wilhelms-Universität in Berlin*

1960

Seit ihrem Emporkommen im Mittelalter herrscht an den europäischen Universitäten der Drang nach Freiheit. Was man unter Freiheit verstand und wofür man Freiheit forderte, hat sich allerdings mit den Zeiten gewandelt. Das Prinzip der Denkfreiheit gelangte erst in der Aufklärungsepoche langsam zum Durchbruch; damit war auch die Freiheit der Forschung anerkannt. Für die Gewährung der Lehrfreiheit und Lernfreiheit aber war der Staat zuständig, denn *in Deutschland* wenigstens sind die Universitäten Veranstaltungen des Staates; dieses Resultat eines eigentümlichen historischen Prozesses hat das Preußische Allgemeine Landrecht von 1794 ausdrücklich zum Gesetz erhoben. In Deutschland gibt es bis heute keine Privatuniversitäten. Wo also und insoweit Lehrfreiheit und Lernfreiheit gelten, hat sie der Staat eingeräumt. Man kann für die Anerkennung dieses Grundsatzes kein bestimmtes Datum angeben. Er wurde mühsam erkämpft und blieb zu allen Zeiten gefährdet.

Wohl aber kann man eine deutsche Universität nennen, in deren Fundamente alle sittlichen Freiheiten gleichsam mit eingemauert worden sind: die Friedrich-Wilhelms-Universität in Berlin. Unter diesem Gesichtspunkt gedenken wir heute ihrer Gründung im Jahre 1810. Sie ist ein Stück der sogenannten Stein-Hardenbergschen Reform in Preußen. Diese, das Werk fortschrittlich gesinnter Beamten einer aufgeklärten Monarchie, führt mitten in der Bedrängnis durch den korsischen Eroberer, beflügelt durch die Gedanken großer deutscher Philosophen, auf friedlichem Wege wichtige Errungenschaften der französischen Revolution von 1789 durch. Sie vollzieht die Nivellierung der alten ständisch gegliederten Gesellschaft und sichert das Grundrecht der Freiheit der Person. Die Gesamtlage, in der dies geschah, forderte aber zugleich, daß die Freiheit der deutschen Nation wiederhergestellt würde. 1810 konnte dafür nur eine rein geistige Vorarbeit geleistet werden. Die zündenden Ideen hatte Fichte im Winter

* Rede bei der feierlichen Immatrikulation der Universität Tübingen am 31. Mai 1960.

1807/08 in seinen ›Reden an die deutsche Nation‹ vor einem kleinen Kreis von Hörern enthusiastisch verkündet. Der zweite Schritt war die schon im Frieden geplante Errichtung der Berliner Universität. Sie empfing ihr Gepräge wesentlich durch den Geheimen Staatsrat Wilhelm v. Humboldt. An dritter Stelle folgte die kriegerische Erhebung des Volkes und die Einführung der allgemeinen Wehrpflicht durch Scharnhorst. Wenn ich gesagt habe: die Gründung der Universität sei ein Teil der Stein-Hardenbergschen Reform, so müßte ich den Namen eigentlich erweitern: Es war die Reform Stein-Hardenberg-Humboldt-Scharnhorst. Und wenn ich hinzugefügt habe, in die Fundamente der neuen Universität sei gleichsam eine Urkunde der Freiheit miteingemauert worden, so umfaßte diese Charta die Freiheit der Nation, die sittlich-politische Freiheit der Person, Denkfreiheit, Freiheit der Forschung und schon ein gewisses Maß von Freiheit der Lehre.

Alle deutschen Universitäten gedenken in diesem Jahr der Tatsache, daß vor 150 Jahren eine deutsche Hochschule eröffnet worden ist, die für die anderen im Lauf des 19. Jahrhunderts zum Vorbild geworden ist. Aber eine Gedenkfeier, die nur an Vergangenes erinnert, wäre ohne Schwung. Die lebendige Blüte der Jubilarin zu rühmen, ist uns aus tragischen Gründen versagt. Was tun wir also eigentlich heute? Wir versammeln uns im Geiste um ein großes Phänomen. Keine menschliche Schöpfung ist der historischen Umgestaltung, ja Verunstaltung enthoben. Mitten in der Geschichte aber gibt es Augenblicke, in denen das Schöpfertum des Geistes sich zu ungewöhnlicher Höhe erhebt. Auf sie richten sich dann auch in veränderter Zeit die Blicke der Nachfahren. Das Große der Vergangenheit wird Mahnung und Kraftquelle für die Gegenwart.

I.

Es gehört zum Wesen der Geschichte, daß auch längst Bekanntes immer wieder erzählt werden muß, weil es immer eine neue Generation ist, die zuhört. Berühmt ist die Antwort, die König Friedrich Wilhelm III. in Memel 1807 einer Deputation von Professoren aus Halle gegeben hat, als sie ihm die Bitte vortrug, zum Ersatz für die an Westfalen abgetretene Universität Halle in Berlin eine neue zu errichten: »Das ist recht, das ist brav! Der Staat muß durch geistige Kräfte ersetzen, was er an physischen verloren hat.«

Die Hannoverische Universität Göttingen stand damals sogar vor der Gefahr der Aufhebung. Napoleon wollte das z. T. überalterte deutsche Universitätswesen rationalisieren. In Frankreich hatte er durch eine Verordnung von 1806 unter dem Namen: Université Impériale eine streng zentralistische Organisation der Hochschulen und höheren Schulen durchgeführt. Das war freilich keine Universität in unserem Sinne, sondern eine Hierarchie aller Lehrenden, deren Geist man heute als Gleichschaltung bezeichnen würde. Auch blieb es in Frankreich bei der Auflösung der alten Universitäten in rein fachschulmäßig arbeitende Fakultäten. Es war ein französischer Revolutionsemigrant, Charles de Villers, der der bedrohten Universität Göttingen 1808 mit einer Verteidigungsschrift für die protestantischen deutschen Universitäten zu Hilfe kam. Er suchte darin ihre historischen und nationalen Eigentümlichkeiten verständlich zu machen. Der Kontrast gegen das französische System bleibt fortan im Bewußtsein aller zeitgenössischen Universitätsreformer.

Denn eine »Reform« von innen her sollte auch auf deutscher Seite stattfinden. Erörterungen darüber spielten schon seit dem Ende des 18. Jahrhunderts. Entscheidend wurde schließlich der Einfluß der neuen idealistischen Philosophie in Deutschland. Die nachkantischen spekulativen Denker waren sich einig in dem Grundsatz, daß alle Wissenschaften ihre Einheit und ihr Fundament in der Philosophie hätten. Schon damit war der Vorrang der philosophischen Fakultät, die längst aufgehört hatte, die unterste zu sein, eindeutig gefordert. Schelling ging mit seinen Jenaer Vorlesungen von 1802 ›Über die Methode des akademischen Studiums‹ voran. Er konstruierte sogar die herkömmlichen Fakultäten in kühnem Gedankenflug aus der absolut einheitlichen Idee des Wissens. Die Universität sollte in ihrer Organisation den in sich zusammenhängenden Ideenorganismus spiegeln.

Etwas wirklichkeitsnäher waren die Schriften, die unmittelbar auf die Berliner Neugründung Einfluß übten; ja man kann sogar von einem abnehmenden Maße des spekulativen Einschlages sprechen, wenn man der zeitlichen Linie dieser geistigen Patengeschenke für Berlin folgt: Fichte 1807, Schleiermacher 1808, W. v. Humboldt 1809.

Zu einem Gutachten aufgefordert, legte Fichte, dieser ebenso tiefe wie gewaltsam konstruierende Denker, 1807 einen Entwurf unter dem Titel vor: ›Deduzierter Plan einer zu Berlin zu errichtenden höheren Lehranstalt‹; gedruckt wurde er erst 1817. Der Philosoph hatte 1800 in seiner Schrift ›Der geschlossene Handelsstaat‹ aus naturrechtlichen Prinzipien eine Wirtschaftsordnung konstruiert, die halb noch merkantilistisch, halb schon sozialistisch genannt werden kann. Die *neue* Abhandlung hätte wohl auch den Titel: ›Der geschlossene Wissenschaftsstaat‹ tragen können. Sie entwarf das Bild einer durchorganisierten Wissensproduktion. Die regulären Mitglieder der gelehrten Zunft sollten sogar Uniform tragen. Diese

»Kunstschule des wissenschaftlichen Verstandesgebrauchs« war als Staatsanstalt gedacht, darüber hinaus als eine ausgesprochen preußische *Landes*universität. Wer die tiefsinnige Transzendentalphilosophie, die dahinter liegt, die Idee von dem einheitlichen Ursprung alles Wissens aus Tathandlungen des Ur-Ich, nicht kennt, meint, hier ein »Königlich Preußisches Exerzierreglement des Verstandes« vor sich zu haben. Die Denkschrift war ausschließlich auf Fichte selbst als den Feldherrn der wissenschaftlichen Truppen zugeschnitten. Sie hat wenig Einfluß geübt. Beflügelnder wirkten die ›Reden an die deutsche Nation‹, die der Philosoph unmittelbar darauf, im Winter 1807, im runden Saal der Akademie der Wissenschaften begann. *Dort* – denn eine Universität bestand ja noch nicht! Die Hochschule, an die er dann berufen wurde, war nicht eine dritte preußische Landesuniversität, sondern eine Stätte, an der der produktive Geist der Nation, der Geist der *ganzen* deutschen Nation, seine durchaus freie Entfaltung finden konnte.

Der große Theolog und Philosoph Schleiermacher veröffentlichte sein Gutachten 1808 unter der Benennung ›Gelegentliche Gedanken über Universitäten in deutschem Sinn‹. Der Zusatz »in deutschem Sinn« bezieht sich auf den Gegensatz zur französischen Zentralisierung. Bei Schleiermacher atmet alles den Geist beseelter Freiheit. Er hatte die Kultur der Individualität in den gleichen Berliner Salons gepflegt wie vor ihm W. v. Humboldt. Sie wurzelte schon in seiner herrnhutischen Frömmigkeit, die sich durch alle späteren Verwandlungen wie ein glühender Punkt erhielt. 1808 stand sein spekulatives System noch nicht fest, aber man spürt bereits die spätere Konzeption, daß jedes Gebiet der Sittlichkeit – wir würden vielleicht sagen: der sittlichen Kulturgestaltung – sein eigentümliches Aufbau- und Wirkungsgesetz habe. Der Staat ist von absolut anderer Art als die Wissenschaft. Da der Staat keine Wissenschaft produzieren kann, muß er dem wissenschaftlichen Verein volle Freiheit lassen. Für Schleiermacher bleiben Wissen und Sprache, also auch Nationalität, aufs tiefste verbunden. Das ist ein romantischer Zug in seiner reichen Natur.

Das wissenschaftliche Gesamtwesen gliedert er in drei Stufen: Schulen, Universitäten, Akademien. Im Gegensatz zu Fichte und Humboldt erteilt er der Stufe der Universität eigentlich nicht die Aufgabe der Wissensproduktion. Sie soll nur ein einziges Erlebnis bewirken, das *»Lernen des Lernens«*. Und nun folgen die unvergeßlichen Worte: »Weil eigentlich, was auf der Universität verlebt wird, nur *Ein* Moment ist, nur Ein Akt vollbracht wird, daß nämlich die Idee des Erkennens, das höchste Bewußtsein der Vernunft, als ein leitendes Prinzip in dem Menschen aufwacht.«

Schon daraus erklärt sich, daß für Schleiermacher die Philosophische Fakultät, die rein theoretische, als die *eigentliche* Universität gilt.

Mit solchen Gedanken stimmte der Staatsmann, der nun mit Bewilligung des Königs die Universität ins Leben rief, grundsätzlich weithin überein. Als junger Mann hatte er mit fast religiösem Eifer seiner Selbstbildung gelebt. Eine Zeitlang hatte er sich ganz dem Studium der griechischen Nation hingegeben. Er hatte, abgestoßen von dem reaktionären Geist unter Friedrich Wilhelm II., mit 25 Jahren eine Schrift über die Grenzen der Staatswirksamkeit verfaßt, die Programmschrift des deutschen Persönlichkeitsliberalismus. Schon damals forderte er das Erwachen der Nation zur geistigen Selbsttätigkeit – ganz im Sinne des Freiherrn vom Stein. Siebzehn Jahre später, 1809, traf ihn das seltsame Schicksal, im Auftrage des Staates das zu tun, was nach seiner Überzeugung *ohne* den Staat viel besser gehen müßte: das preußische Schulwesen zu reorganisieren und eine neue Pflegestätte der Wissenschaft zu eröffnen. Nur widerstrebend entschloß er sich, die Leitung der Sektionen für den öffentlichen Unterricht und den Kultus zu übernehmen – als Geheimer Staatsrat, nicht als Minister. In seiner Amtszeit, die nur 16 Monate dauern sollte, mußte er einsehen, daß der Staat als Vormund der Nation und als äußerer Verwalter der Hochschule noch nicht entbehrlich sei. So hat er getan, was alle führenden Köpfe der Stein-Hardenbergschen Reform tun mußten: er hat zugleich zentralisiert und dezentralisiert.

Die Universität Berlin wurde 1810 vom preußischen König gegründet. Sie *blieb* eine Veranstaltung des Staates und hat alle seine Geschicke geteilt, wie es ihr genialer Historiker, mein verewigter Freund Max Lenz, in seinem glänzenden Werk geschildert hat. Die Denkschriften und Organisationspläne aus den Jahren 1809 und 1810, die der Staatsmann W. v. Humboldt dem König unterbreitet hat, dürfen wir als das dritte geistige Patengeschenk für die neue Hochschule bezeichnen. Aus diesen Äußerungen sei hier nur ein einziges Wort angeführt, das jeder deutsche Student noch heute im Herzen tragen sollte: »Nur *die* Wissenschaft, die aus dem Innern stammt und ins Innere gepflanzt werden kann, bildet auch den Charakter um; und dem Staat ist es ebensowenig als der Menschheit um Wissen und Reden, sondern um Charakter und Handeln zu tun.«

Im Begriff, von der Gründungsepoche Abschied zu nehmen, prägen wir uns das heute nicht Selbstverständliche ein: Die neue Universität ist *aus einer Weltanschauung* geboren worden: aus dem Geist und Ethos der deutschen idealistischen Philosophie: Freiheit der Nation, sittliche Freiheit der Person, Freiheit der Wissenschaft waren die Sterne, die über ihrer Geburtsstunde leuchteten. –

Nur noch eine Episode aus dem Jahr der Eröffnung: Der neuen Universität wurde großzügig das Palais des Prinzen Heinrich, Unter den Linden, unmittelbar neben der Académie des Sciences et Belles-Lettres, zur Verfügung gestellt. Die Inschrift, die nunmehr am Architrav des Palais in goldenen Buchstaben angebracht wurde, stammt vermutlich von Humboldt selbst. Ihr entscheidender Wortlaut wird in der Regel falsch zitiert. Es steht da nicht universitati litterarum. Ob diese Wendung als Name einer Universität vor 1810 überhaupt vorkommt, ist höchst zweifelhaft. Die Inschrift heißt: Universitati litterariae, und es ist ziemlich sicher, daß sie nur eine lokale, auf Berlin beschränkte Bedeutung hatte. Sie meinte *das Ganze*, gebildet aus Akademie der Wissenschaften, Universität und Wissenschaftlichen Instituten, die Humboldt planmäßig zur Einheit zusammenfaßte. Aber Clemens Brentano deutete sie in seinem Festgedicht schon tiefer. Seine ›Kantate auf den 15ten Oktober 1810‹ schloß mit der Strophe:

Der Ganzheit, Allheit, Einheit,
Der Allgemeinheit
Gelehrter Weisheit,
Des Wissens Freiheit
Gehört dies königliche Haus!
So leg' ich euch die goldnen Worte aus:
Universitati Litterariae.

Allerdings: Zu singen gab es bei der Eröffnung eigentlich nichts. Die Feier bestand darin, daß die bereits ernannten 16 Professoren sich am 15. Oktober 1810 zu der ersten Senatssitzung zusammenfanden. So bestätigt sich das allgemeine Wort des größten Historikers, den die Universität Berlin später gehabt hat, das Wort von Leopold von Ranke:

Die Anfänge sind unscheinbar.

II.

Der Versuch, das unendlich reiche Leben der Berliner Universität während der 123 Jahre von 1810 bis 1933 in wenige Bilder einzufangen, ist mehr Sache der Kunst als der Wissenschaft. Zwei Linien sind zu verfolgen: ihr Verhältnis zum Staat und der Wandel ihres Wissenschaftsgedankens.

Drei Jahre vor dem Ausbruch des ersten Weltkrieges hat Max Lenz in der Antrittsrede als Rektor sagen können: »Fester als je erscheint uns unter dem Schirm der Macht unsere Burg der Freiheit.« Das war der Ausdruck des Gefühls der Sicherheit auf hohem Gipfel. Im Zeitraum von 1810 bis 1911 hat es an Spannungen zwischen der Universität und dem Staat nicht gefehlt. Soweit sie den täglichen Geschäftsgang, Statuten und Kompetenzen betreffen, interessieren sie uns heute nicht. Aber wenn Schleiermacher das Leben der Wissenschaft und die Entfaltung des Nationalen ganz nahe aneinandergerückt hatte, so lag das entscheidende Problem darin, wie die Nation sich in dem Hause einrichtete, das der König und sein Beamtentum ihr in der Stunde nationaler Not und Freiheitssehnsucht gebaut hatten. Unter Friedrich Wilhelms III. landesväterlicher Regierung wie unter dem philosophisch interessierten Minister Altenstein, der selbst zu den Reformern gehört hatte, blieben Konflikte noch beherrscht, die sich aus der Fortdauer des ancien régime in Preußen und dem ungestümen Drängen des Bürgertums nach der Erneuerung des Reiches ergaben. Auch in Preußen wurden die Gruppen wieder stärker, die für den Thron fürchteten, wenn er sich zu sehr auf den »Brei des Herzens« verließe, wie Hegel die studentische Begeisterung von 1817 genannt hat. Die Reaktionäre rieten dem Thron, sich lieber den Altar als Stütze zu wählen. Monarchie und Beamtentum, nationale Sehnsucht nach Freiheit und nach dem Reich, frommes Festhalten am Gottgewollten, Bewährten: das waren die drei rivalisierenden Mächte der Zeit bis 1871. Auch die Universität Berlin hat ihren Weg zwischen ihnen suchen müssen.

Schon 1822 vereinigten sich vier Demagogenverfolger in einer Denkschrift anklagend und warnend gegen vier Träger der Reform: gegen den verstorbenen Fichte, gegen Schleiermacher, Pestalozzi und Jahn. Aber zunächst fügte es für Berlin der Weltgeist so günstig, daß der größte philosophische Genius, den Deutschland seit Nicolaus Cusanus und Leibniz gehabt hat, jene philosophische Mitte bestimmte, aus der heraus die Universität leben wollte. Es war Georg Friedrich Wilhelm *Hegel*, der Sohn Schwabens. Er erst verwirklichte, was Fichte angestrebt hatte: den gewaltigen Bau einer spekulativen Philosophie, in der jedem Grundmotiv des Lebenszusammenhanges sein Recht, jeder Wissenschaft ihr Ort bereitet war. Dieses System war zugleich ein Werk der Restauration und der Zukunftserwartung. Es wollte bewußt Vollendung der Reformation sein und erhob doch zugleich den Staat zum Statthalter Gottes auf Erden. Die Volksgeister (Nationen) stellte es um den Thron des Weltgeistes als Zeugen und Zierarten seiner Herrlichkeit. Die Monarchie baute es in konstitutionellem Sinne aus. Die Unruhe der ungeheuren Dialektik aller Kräfte fand ihre Synthese doch in der ewigen Ruhe des absoluten göttlichen Geistes.

Auf Erden aber herrscht der Staat. Das war eine entscheidende Setzung, und auch die gelegentliche Äußerung: »Die Universität ist unsere Kirche«, läßt aufhorchen. Mit imperatorischer Faust hält dieser Denker alle auseinanderstrebenden Kräfte zusammen, auch in dem kleinen Lebensgefüge der Universität. Sein Geist erobert alle Fakultäten und darüber hinaus den Minister Altenstein und manche Beamten.

Nach Hegels Tod (1831) ist es, als ob jeder der nun freigelassenen Geister doch wieder in seine Sonderrichtung strebte. Von heute aus gesehen, erscheinen Marx und Kierkegaard wie Emanzipationsbewegungen aus dem Hegelschen Geisterreiche. Zunächst jedoch stehen die beiden politischen Tendenzen, die Ranke in den 50er Jahren in seinen Vorlesungen für König Max v. Bayern als Leitlinien des Jahrhunderts bezeichnet hat, im Vordergrund der Kämpfe: *Legitimität* und *Volkssouveränität*. Die Revolutionsfurcht der Regierung verstärkt auch in Preußen den politischen Einfluß der Kirche. In der Theologischen Fakultät Berlin tritt Hengstenbergs Orthodoxie an die Stelle der Nachwirkungen von Schleiermacher und Hegel. Reaktionäre Minister regieren. Das Jahr 1848 erzeugt in der Berliner Universität nur maßvolle Unruhe. Der Paulskirche hat von den damaligen Berliner Professoren nur der Historiker Friedrich von Raumer angehört.

Im öffentlichen Leben wirkt die Universität seit etwa 1860 am stärksten durch ihre großen Historiker. Sie sind teils Propheten des Kommenden, wie Droysen, der Verfasser der vielbändigen ›Geschichte der preußischen Politik‹; teils Verkünder der neuen Herrlichkeit des Reiches, wie Heinrich v. Treitschke. Ihn könnte man den zweiten Redner an die deutsche Nation nennen. Auch bei den Juristen des Neuen Reiches fehlt eine merkliche Inspiration von der politischen Seite her nicht.

Neben ihnen allen aber wirkt mit der Ruhe des weitüberschauenden historischen Geistes fast 60 Jahre lang Leopold v. Ranke, der Einzigartige. Stärker entrückt von dem politischen Geschehen des Jahrhunderts, sinnt er, von Werk zu Werk schreitend, über die wandelbaren Schicksale der Menschheit nach. Er will nicht Universalgeschichte konstruieren wie Hegel, sondern die Mär der Weltgeschichte erzählen. Dabei forscht er nach den leitenden Ideen der Zeitalter. Andachtsvoll glaubt doch auch er, in ihnen die Geschicke Gottes in der Welt zu erfassen. Dieses mystisch vertiefte Betrachten der Verwandlungen des Menschen gibt dem Wesen Rankes eine eigentümliche Weihe. Er hat ganze Generationen hervorragender Historiker, auch außerhalb Berlins, herangebildet.

Die letzten beiden Jahrzehnte des 19. Jahrhunderts brachten noch eine bemerkenswerte Wendung. Die soziale Problematik im Neuen Reich löste auch an der Universität Berlin ein Echo aus. Es waren vor allem Adolph Wagner und Gustav Schmoller, die die sozialistischen Theorien ernsthaft durchdachten. Sie knüpften dabei an die planwirtschaftliche Politik des alten Wohlfahrtstaates an. Man nannte sie »Kathedersozialisten«. Besser entspräche ihrem Verdienst der Name »ethische Sozialisten«. Der Ruhm Schmollers, des großen Schwaben, wurde dadurch verstärkt, daß er nächst Gneist der Begründer der preußischen Verfassungs-, Verwaltungs- und Wirtschaftsgeschichte wurde. Als ich zu studieren begann – 1900 – galt Nationalökonomie als allgemeines Bildungsfach. Ich halte diese Stunde für angemessen, meinen Lehrern Adolph Wagner, Gustav Schmoller und Otto Hintze zu danken, daß sie meinen Horizont ins Konkrete hinein erweitert haben. Denn wenn man keinen konkreten Stoff vom wirklichen Leben her empfangen hat, kommt beim Philosophieren nichts heraus.

Die Universität Berlin nahm an dem Aufblühen des Bismarckschen Reiches teil, in den Jahren 1897 bis 1907 gepflegt von dem weitblickenden Ministerialdirektor Friedrich Althoff, der freilich die Professoren nicht immer mit sanfter Hand anfaßte. Beim Antritt seines Rektorates 1896 konnte Adolph Wagner ihr Aufblühen an statistischen Tabellen beleuchten. Ich nenne lieber die Zahlen für das W.S. 1900/01. Damals hatte die Universität rund 400 Lehrkräfte und 12 000 Studenten.

Der klassische Philologe Hermann Diels sprach 1906 bereits über ihre weitgespannten Auslandsbeziehungen, angeregt vor allem durch die Begründung einer Austauschprofessur mit den Vereinigten Staaten. Ihre Inauguration durch eine Rede des Präsidenten Theodor Roosevelt in Gegenwart des Kaisers ist in meinem empfänglichen Studentenbewußtsein haften geblieben. Das Auslandsamt, wie Remme es organisiert hatte, kann noch heute als vorbildlich gelten.

Die Universität nahm aber auch an den tragischen Schicksalen der Nation teil. Nach dem ersten Weltkriege konnte sie den beiden Gedenktafeln in der Aula für die gefallenen Studenten von 1813 und 1870/71 nicht einfach eine dritte hinzufügen. Das im Garten des Erweiterungsbaues 1926 enthüllte Denkmal verzeichnete auf vielen Steintafeln 1000 weniger drei Namen.

Die äußere Blüte hielt wohl bis etwa 1930 noch an. Aber in der Professorenschaft machte sich ein schwerer Riß bemerkbar. An der nationalen Aufgabe, auch unter der Republik, zweifelte kaum jemand. Der Streit aber ging darum, was denn in der neuen Republik und Demokratie als national zu gelten habe. Die allgemeine preußische Universitätsreform, die der Kultusminister Becker 1923 durchführte, fand in Berlin bei den Hütern der Tradition wenig Beifall; sie genügte wohl den Demokraten, aber nicht den Sozialdemokraten. In der allgemeinen Orientierungslosigkeit geschah, was in der Geschichte nicht selten ist: Der sich krampfhaft wehrende Geist der Tradition überschlug sich. Das Nationale wurde zum hitzigen Fieber, die Reden zu Fieberphantasien. Das Dritte Reich begrub

1945 auch die stolze Universität Berlin unter den Trümmern, die es äußerlich wie moralisch hinterließ. Die Hochschule, gegen die Fremdherrschaft errichtet, verfiel der Fremdherrschaft.

III.

Die politischen Schicksale der Universität Berlin sind ein Teil der nationalen Geschichte, also weithin sichtbar. Nicht so deutlich am Tage liegt die zweite Linie, die ich verfolgen wollte. Auch im *Wissenschaftsgedanken und Wissenschaftsbetrieb* haben sich große Wandlungen vollzogen seit den Anfängen, in denen der spekulative Idealismus, der Neuhumanismus und die Sprachforschung die Führung hatten. Wie stark bis 1860 der Anteil der Klassischen Philologie war, zeigt äußerlich auch die Tatsache, daß August Boeckh fünfmal das Rektoramt geführt hat.

Zunächst: Wie erging es dem Prinzip der untrennbaren Einheit von Forschung und Lehre? Um hier deutlich zu sehen, ist es ratsam, einen Standort in der Spätzeit der Universität zu wählen. Wir wollen – nachdem wir von Patengeschenken um 1810 gesprochen haben – das vornehmste Geburtstagsgeschenk zur Säkularfeier im Jahre 1910 betrachten.

Ich versetze mich an diesen Jubiläumstag zurück, den ich als junger Privatdozent, vorbelastet durch die Autorschaft an zwei Büchern über Wilhelm v. Humboldt, mitgemacht habe. Noch einmal entfaltete sich der volle Glanz der kaiserlichen Zeit. Die Feier am 11. Oktober sollte zugleich der Einweihung der großen Neuen Aula der Universität gelten, die sich ungefähr an *der* Stelle des ehemaligen Bibliotheksgebäudes befand, wo ich manchmal noch den greisen Mommsen in seine Bücher vergraben gesehen hatte. Zum Rektor des Festjahres hatte man den Germanisten Erich Schmidt gewählt, den Wiederentdecker des ›Urfaust‹. Er war der schönste Mann, den ich in meinem Leben gesehen habe. Sein Rektorat begann mit einem Choc für uns alle. Mitten in der Antrittsrede erlitt er einen leichten Schlaganfall. Er mußte abbrechen. Wir waren in Sorge, ob er das besonders schwere Jahr an der Spitze der Universität durchhalten würde.

Der große Tag kam. Für den Tag vorher war eine Generalprobe angeordnet, bei der sich jeder seinen Platz und seinen Nebenmann merken mußte. Denn der Kaiser hatte sein persönliches Erscheinen zugesagt. Am Haupttage hielt der Rektor seine Festansprache ohne Zwischenfall, vom oberen Katheder. Man nahm an, daß Seine Majestät vom bequemer erreichbaren unteren Katheder sprechen würde. Der Kaiser aber erhob sich, stürmte auf das obere Katheder und schlug den Rektor in die Flucht. Er konnte gerade noch sein Manuskript, das Barett und die weißen Handschuhe retten. Der Monarch aber las von einer Charta, die er in der Hand hielt, seine Glückwünsche, mit denen er die Ankündigung eines Jubiläumsgeschenkes verband.

Worin bestand es? – Der Kaiser hob hervor, daß von dem dreigliedrigen Bau: Akademie, Universität, Wissenschaftliche Institute, den Humboldt geplant hatte, das dritte Glied noch nicht ausreichend entfaltet sei. So »ist es mein Wunsch, unter meinem Protektorat und Namen eine Gesellschaft zu begründen, die sich die Errichtung und Erhaltung von *Forschungsinstituten* zur Aufgabe stellt«. Am Jubiläumstag wurde also die Begründung der Kaiser-Wilhelm-Gesellschaft verkündert, die nach dem zweiten Weltkrieg den Namen Max-Planck-Gesellschaft erhalten hat.

Wir alle wissen, zu welcher reichen Entwicklung diese weitblickende Tat geführt hat. Aber es ist doch nicht zu verkennen: In dem Geburtstagsgeschenk kommt auch zum Ausdruck, daß die bisherigen Träger die Aufgabe nicht mehr allein weiterführen konnten, auch nicht die reich ausgestatteten Akademien und die große Universität in Berlin. Zwar blieb es zunächst noch überwiegend bei der Betrauung der Direktoren mit einem Ordinariat. Aber das Prinzip der Einheit von Forschung und Lehre hatte einen Stoß erhalten. Wir heute entfernen uns von ihm leider immer mehr.

Das andere Prinzip: »Einheit der Wissenschaft«, wurde in den 123 Jahren, von denen wir reden, noch schwereren Anfechtungen ausgesetzt. Die Wege der Naturwissenschaften und der erst lange nach Hegels Tode so genannten »Geisteswissenschaften« mußten immer entschiedener auseinandergehen, je mehr die spekulative Naturphilosophie zurücktrat. Schon in der ersten Hälfte des 19. Jahrhunderts hat die Universität Berlin große Naturforscher ihr eigen nennen dürfen. Den Namen Alexander v. Humboldts, der 1827 nach Berlin zurückgekehrt war, dürfen wir hier streng genommen nicht anführen. Denn er ist nie Professor an der Universität gewesen. Als man ihm nach seinem Tode vor der Universität ein Standbild errichten wollte, sah man ein, daß Wilhelm ein größeres Anrecht darauf hätte, und setzte beide hin. Aber schon in der erwähnten frühen Epoche leuchteten helle Sterne wie die Mediziner Hufeland und Reil, der Physiologe Johannes Müller und der Physiker Gustav Magnus. Seit 1856 durfte die Medizinische Fakultät den Begründer der Cellularpathologie Rudolf Virchow ihr eigen nennen – bis 1902. Er selbst hat als Rektor beim Stiftungsfest am 3. August 1893 den Wandel der Dinge, nicht ohne Stolz über den Triumph, beleuchtet in seiner Rede: ›Die Gründung der Berliner Universität und der Übergang aus dem philosophischen in das naturwissenschaftliche Zeitalter.‹ Als symbolisch darf man es ansehen, daß Hermann v. Helmholtz im Jahre der Reichsgründung in den Lehrkörper der Universität eintrat. Auch mit *ihm* begann eine neue Ära! Der Kausalismus der mechanistischen Naturauffassung und die Evolutionstheorie beeinflußten fortan sogar die Weltanschauung. Das Herrschaftsgebiet der mächtig voranschreitenden Naturwissenschaft steckte der geistvolle Berliner Physiologe Du Bois-Reymond in seiner lange nachwirkenden Rede ›Die Grenzen des Naturerkennens‹ (1872) mit den Stichworten »Ignoramus« und »Ignorabimus« ab. Das lange und an Rückfällen reiche Bemühen Wilhelm Diltheys, die Geisteswissenschaften wieder mit dem Bewußtsein ihrer Eigenart und Selbständigkeit zu erfüllen, fand erst um 1900 weitergreifende Beachtung. Der Glaube an die Einheit der Wissenschaft mußte jedoch dadurch einen schweren Stoß erhalten.

Aber für den Geist der Universität entscheidend war gar nicht die Akzentverlagerung von einem *Sach*gebiet auf das andere. Der Gegensatz von Natur und Geist war altbekannt, mochte man auch über Benennungen und Grenzen im einzelnen streiten. Entscheidend war der Wandel in der grundsätzlichen Wissenschaftsauffassung, oder – gleich konkret gesagt – *das Eindringen des Wissenschaftspositivismus* in das vom spekulativen Idealismus gebaute Haus. Jener Idealismus konnte seine Herrkunft aus theologisch-mystischem Geist nicht verleugnen. Was seit den 50er Jahren an die Tür klopfte, war – als solcher meist nicht erkannt – der moderne, aus Frankreich und England stammende Ingenieurgeist. Der Klassiker des Positivismus, Auguste Comte, hatte das berühmte Drei-Stadiengesetz formuliert. Es besagt: Wissen war zuerst theologisch-mythischer Art, dann Metaphysik. Beide Stufen sind überwunden durch den Sieg der weltanschauungsfreien, rein empirischen Einzelforschung. Diese aber steht unter dem Zeichen einer zweiten Formel: voir pour savoir, savoir pour prévoir, prévoir pour régler. Das Vorausberechnenkönnen von Erscheinungen galt nun als Triumph der Wissenschaft. Selbst die Geschichtswissenschaft hat sich vielfach von diesem Ideal bezaubern lassen; in Berlin allerdings erkannte Droysen früh die Gefahr. Kommendes mit wissenschaftlicher Sicherheit voraussagen zu wollen, dieser Zug von Positivismus findet sich auch hineingemischt in die Dialektik von Karl Marx und Engels, wie Sombart gezeigt hat.

Der Positivismus ist dem Interesse der Naturwissenschaften gewiß förderlich. In Berlin haben sich ihm die Vertreter der Physik nicht restlos verschrieben. Der größte, Helmholtz, griff bereits wieder auf Kant zurück. *Jedoch:* Ein großes System der Philosophie, das alle Wissenschaften zusammenhalten konnte, ist in Berlin seit Lotzes kurzem Zwischenspiel nicht mehr aufgekommen. Die Philosophie schrumpfte nach 1900 zur Erkenntnistheorie zusammen. Als solche hat sie der methodischen Besinnung, vor allem der Naturwissenschaften, große Dienste geleistet.

Anders und viel komplizierter lag es auf der Seite der Geisteswissenschaften. Ihr großer Befreier, Wilhelm Dilthey, der von dem Idealisten Schleiermacher emphatisch übertreibend gesagt hat: »Er ist doch mein Gott«, ging nach 1870 unverkennbar durch eine positivistische Phase hindurch. In ihm war der historische Sinn so stark, wie vielleicht nur noch bei Ranke. Er bemühte sich aus einer zarten Tiefe religiösen Erlebens heraus, alle historischen Phänomene zu *verstehen*. Aber trotz später Ansätze ist es ihm nicht gelungen, die gefährliche Seite des historischen Bewußtseins, das Versinken in einen standpunktlosen Relativismus, zu verhüten.

Es kann hier nicht ausführlich gezeigt werden, wie die Universität Berlin im 20. Jahrhundert mit dem Historismusproblem gerungen hat. Das Jahrhundert beginnt sogleich mit einer Rektoratsrede von Adolf von Harnack, die hierfür bezeichnend ist. Sie führt den Titel: ›Die Aufgabe der Theologischen Fakultäten und die allgemeine Religionsgeschichte‹. *Selbst* ein Historiker höchsten Ranges, wandte sich Harnack gegen zeitgenössische Tendenzen, die alte, glaubensgebundene Theologische Fakultät im Verbande der Hochschule durch eine allgemeine religionswissenschaftliche Fakultät zu ersetzen. Ernst Troeltsch, 1915 von dem Heidelberger Theologischen Lehrstuhl auf ein philosophisches Ordinariat nach Berlin berufen, rang sein ganzes Leben lang mit dem Problem, wie man in Religion, Sittlichkeit und Kulturgestaltung absolute, oder doch zeitüberlegene Maßstäbe gegenüber der Relativität des Historischen gewinnen könne.

Ich betrachte es als ein Verhängnis, daß unmittelbar nach dem ersten Weltkriege, wo es der entschiedenen weltanschaulichen Festigung bedurft hätte, ein Gelegenheitsvortrag von Max Weber, vielleicht dem größten deutschen Kulturwissenschaftler jener Tage, weithin Einfluß gewann: ›Wissenschaft als Beruf‹, 1919. Hier führte Weber, in sichtbarstem Gegensatz zu seiner eigenen Praxis, aus, daß Wissenschaft mit Weltanschauung nichts zu tun habe, sondern nur die Chancen gesellschaftlichen Handelns rein kausalistisch vorauszukalkulieren habe. Die Rede ist zwar in München gehalten worden. Aber sie fand ein weites Echo. Auf die kürzeste Fassung zusammengedrängt, besagte sie: Wissenschaft ist weltanschaulich durchaus neutral; sie steht jedem zu Diensten. Man vergleiche damit kritisch Humboldts Wort aus den Anfängen: »Die Wissenschaft, die aus dem Innern stammt, bildet auch den Charakter um.«

Ich stelle die These auf: jede deutsche Hochschule ist gefährdet, wenn ihre Träger vergessen, 1. daß echte Wissenschaft immer ein Werk der Freiheit ist; 2. daß sie mindestens das Ethos des Wahrheitsuchens zur Voraussetzung hat; 3. aber, daß sie sich der Kulturverantwortung in ihrem Volk und zu ihrer Zeit bewußt sein muß. Es gibt eine wissenschaftliche

Neutralität, ein Über-den-Wassern-Schweben des Geistes, das in der entscheidenden Stunde zum Handeln unfähig macht.

Ist es richtig, daß die Wissenschaft wirklich jedem zu Diensten steht, welche weltanschauliche Gruppe sich auch ihrer bemächtigen mag? Diese Frage ist heute dringlicher als je. Und das Schicksal der Friedrich-Wilhelms-Universität nötigt uns, sie mit höchstem Ernst zu durchdenken, ja *in* uns durchzufechten. Dabei wird sich ergeben: Schon zu den Voraussetzungen, die vor aller Wissenschaft anerkannt werden müssen, gehören die Freiheit, die Gewissensbindung, das Verantwortungsbewußtsein dessen, der die Wahrheit sucht. Es ist ein himmelweiter Unterschied zwischen dem Wahren und bestellter Ware. Der Forscher und der Lehrer können überhaupt nur in einem politischen Klima aufkommen, das in Freiheit zu atmen gestattet.

Aber auch bei der Verwertung des Wissens, das bereits gewonnen ist, muß geprüft werden, welchen Zwecken es zur Verfügung gestellt werden darf, welchen nicht. Denn der Wissensbestand einer Epoche ist ein Stück sittlichen Geistes und soll zum Aufbau einer Kultur dienen, in der der Mensch freier Mensch bleiben kann. Eine Hochschule muß von einem Kulturgedanken getragen sein.

Relativismus, standpunktloser Historismus, Degradierung des Wissens zum Dienst für beliebige Zwecke sind Verirrungen der Kultur. Das hat die Universität Berlin erfahren müssen, als 1933 die Versuchung, sich zur Verfügung zu stellen, auch an sie herantrat.

Um die gleiche Zeit arbeitete in der Stille einer der edelsten Männer, die die Berliner Hochschule besessen hat, an einem großen Werk über die ›Entstehung des Historismus‹. *Friedrich Meinecke* verstand jedoch unter Historismus, wie er selbst ausgeführt hat, etwas ganz anderes als sein Freund Troeltsch: Er zog aus dem historischen Bewußtsein aufbauende Kräfte für die Gegenwart und ihre ganz einzigartigen Aufgaben. Die Hochschule ist berufen, die Tradition ihres Volkes in *dem* Sinne zu bewahren, daß sie das Ererbte jederzeit vor ein ethisches Gericht stellt, nicht etwa das Gericht der zufälligen Gegenwart, sondern vor das Gericht des Gewissens, das *deshalb* überzeitlich ist, weil es aus Gott stammt. Dies ist – so fügen wir hinzu – der wichtigste Dienst den die Geisteswissenschaftler jederzeit auch ihren Kollegen von der Naturwissenschaft zu leisten haben.

Das letzte Werk, das Meinecke geschrieben hat, trägt den düsteren Titel: ›Die deutsche Katastrophe‹. Die deutsche Katastrophe hat auch der Friedrich-Wilhelms-Universität ein Ende gesetzt. Wenn wir heute ihrer nicht ohne Wehmut gedacht haben, so ist doch ein Zug hervorgetreten, auf den wir uneingeschränkt stolz sein dürfen. Diese Universität der Freiheit hat eine Fülle von *Persönlichkeiten* ihr eigen genannt, wie sie eben nur in dem Klima politischer Freiheit gedeihen. Es wäre reizvoll, durch die weite Galerie ihrer Bilder hindurchzuwandern. Dann würden auch die großen Juristen, von Savigny bis zu Gierke und Brunner hin, besser zur Geltung kommen. Für sie war das Format meiner Gedenkrede von Anfang an zu klein.

Wenn ich aber als dankbarer Schüler der Universität Berlin mich in mein erstes Semester zurückversetze, so leuchteten damals zwei Gestalten in hellem Glanz, und sie strahlen noch heute in gleichem Licht, *Adolf von Harnack* und *Max Planck*.

Adolf v. Harnack, aus dem Herrenstamme der Balten, durch eine noch unkomplizierte Frömmigkeit der evangelischen Theologie verhaftet, nahm im ersten Drittel des 20. Jahrhunderts eine ähnliche Stellung ein wie Alexander v. Humboldt in der Mitte des vorangegangenen. Schöpfer unvergeßbarer wissenschaftlicher Werke, ein Meister der Organisation, wirkte er, wo er auftrat, als eine gebieterische Persönlichkeit, durch Klarheit, Sicherheit und Willensstärke. Und doch hatte der Mann recht, der mir einmal sagte, in tiefstem Grunde sei Harnack eine ganz zarte Natur.

Max Planck, aus schwäbischem Stamme, bis an sein Ende von schlichter Gläubigkeit erfüllt, leitete die große Revolution im physikalischen Weltbild ein, unter deren Nachwirkungen unser Jahrhundert steht. Aber wenn man ihm begegnete, so spürte man nur die äußerste Bescheidenheit, die Herzenswärme, die zuhörende Aufgeschlossenheit, den feinen künstlerischen Sinn. In Göttingen ist er als Flüchtling, dürftig und beengt, dahingegangen. Die Welt aber feiert ihn mit Recht als einen König des Geistes. Wenn irgend jemand, so hat er nach dem Wort von Moltke gelebt: »Mehr sein als scheinen.«

Solche Männer standen, wenn ich jenen Ausspruch von Hegel in ein anderes Gebiet übertragen darf, an der Universität Berlin um den Thron der Wahrheit als Zeugen und Zieraten ihrer Herrlichkeit.

Meine lieben Studenten und Studentinnen! Sie wissen, in welcher kritischen Gesamtlage sich auch die westlichen deutschen Universitäten heute befinden. In dieser Stunde der Besinnung habe ich bewußt darauf verzichtet, zu polemisieren. Zum Schluß gelangt, verzichte ich ebenso darauf, zu moralisieren. Aber in meinem Ohr klingt, indem ich Abschied nehme, der Titel einer Predigt von Schleiermacher.

›Von der rechten Verehrung des einheimischen Großen.‹

Mögen Sie, von solcher Verehrung beflügelt, in Ihrem Innersten wachsen und stark werden für den Kampf der Gegenwart!

Der Universitätslehrer als Erzieher

1961

Ob die Lehrverpflichtung der deutschen Universität auch einen Erziehungsauftrag einschließe, wird nicht von allen bejaht. Die Frage ist sogar kürzlich in einem, allerdings etwas politisch gefärbten, Falle vor Gericht gebracht worden. Zum Teil ist sie schon durch die gesetzliche Festlegung des Mündigkeitsalters entschieden. Wer es erreicht hat, braucht sich nicht gefallen zu lassen, daß andere in seine Lebensgestaltung eingreifen.

Aber es könnte ja sein, daß in jeder Form des Lehrens schon ein Einfluß auf den Charakter mitgegeben ist und daß jemand, der freiwillig eine Lehranstalt aufsucht, sich auch freiwillig derartigen Einwirkungen eröffnet. Als wünschenswert wird man – bei der Kompliziertheit der abendländischen Kultur – die Verlängerung von Lebensbedingungen, die die sittliche Selbstformung unterstützen, bezeichnen müssen. Der geeignete Weg der Führung liegt nicht so klar vor Augen.

Die deutsche Universität hält trotz der großen Umwälzungen, die sich nach dem Ende des zweiten Weltkrieges begeben haben, in bezug auf den Grundstil des Zusammenlebens von Lehrern und Schülern immer noch den Geist des ethischen Liberalismus fest, der ihr mit der Erneuerung im zweiten Jahrzehnt des 19. Jahrhunderts aufgeprägt worden ist. Der Student wird zwar zur sittlichen Lebensführung verpflichtet und zum Fleiß ermahnt, aber er wird in keiner Hinsicht beaufsichtigt, geschweige denn zu irgendeinem Verhalten genötigt. Für den strengen Liberalismus war der Wille, zu erziehen, allenfalls Unmündigen gegenüber gerechtfertigt. Welcher Student aber hätte es sich gefallen lassen, als Unmündiger betrachtet zu werden? Allerdings kam wenig später eine Philosophie zur Geltung, die das *Recht* des Kindes (und des Jugendlichen?) auf Erziehung in den Vordergrund stellte.

Man sollte meinen, daß die höchste Bildungsstätte einer so gern theoretisierenden Nation wie der deutschen sich über solche Grundsatzfragen längst Gedanken gemacht habe und daher nicht in die Lage zu kommen brauche, ein gerichtliches Urteil abzuwarten. Im 19. Jahrhundert wurde herkömmlich im Rahmen der Philosophischen Fakultät eine öffentliche (einstündige) Vorlesung gehalten, die der Besinnung über das Universitätswesen dienen sollte. Wann sie zuerst aufgekommen ist, vermag ich nicht zu sagen. Vielleicht stammen solche Betrachtungen de ratione studiorum schon aus dem Renaissancehumanismus. In der Erneuerungsepoche am Anfang des 19. Jahrhunderts wurden Schellings hochspekulative ›Vorlesungen über die Methode des akademischen Studiums‹ berühmt, die 1803 im Druck erschienen. Von Fichte besitzen wir drei Fassungen solcher Betrachtungen über das Wesen und die Bestimmung des Gelehrten aus den Jahren 1794, 1806 und 1811. Es wäre lehrreich, weitere Beispiele dieser Vorlesungsgattung aus dem 19. Jahrhundert einmal geistesgeschichtlich zu verfolgen. Friedrich Paulsens Buch von 1902: ›Die deutschen Universitäten und das Universitätsstudium‹ hatte ein derartiges öffentliches Kolleg zum Vorläufer. Ich habe es selbst gehört. Die Hörerzahl fiel, wie bei allen Publica, schnell ab. Bei meinem eigenen Versuch in Berlin, etwa 20 Jahre später, zeigte sich noch deutlicher, daß der deutsche Student an dem Sinn der Bildungsanstalt, der er sich anvertraut hat, wenig interessiert ist. Besondere Erwähnung als Vorspiel zu seiner bedeutsamen Theorie des Wissens verdient Max Schelers Aufsatz aus dem Jahre 1921: ›Universität und Volkshochschule‹.[1] Aber hier handelte es sich schon um mehr als um die Selbstbesinnung der Universität; der Ton lag auf dem zweiten Teil des Titels.

Als der Greifswalder Privatdozent H. Schmidkunz eine »Gesellschaft für Hochschulpädagogik« gründete, wurde das Unternehmen mehr belächelt als gefördert. Es kam nur zu *einer* größeren Kundgebung, in Leipzig 1913, für die der Historiker Bernheim und der Jurist Franz v. Liszt durch persönliche Teilnahme Interesse bekundeten. Die Gesellschaft hat die Kriegszeit nicht überstanden, obwohl gerade dann Probleme auftauchten, die eines gründlichen und geistvollen Durchdenkens wert gewesen wären. – Alois Riehls Berliner akademische Festrede von 1910: ›Fichtes Universitätsplan‹, die in Anknüpfung an die Fondation Thiers in Paris den Gedanken eines Dozentenseminars aufwarf, stieß auf erhebliche Anfeindungen.

Da ein Zusammenleben von Dozenten und Studenten in Deutschland wenigstens nicht der Normalfall ist, kann unter Beibehaltung des bisherigen Systems an Erziehungseinflüsse nach Art der englischen oder amerikanischen Colleges nicht gedacht werden. Die folgenden Betrachtungen sehen bewußt von Reformvorschlägen ab, die mit einer tiefgreifenden Umwälzung verbunden wären. Sie erwägen nur, was im gegebenen Rahmen

[1] In: Soziologie des Volksbildungswesens. Hg. von Leopold von Wiese. München 1921.

geschieht und etwa noch geschehen kann, mag es nun viel oder wenig sein. Es ist im voraus zu vermuten, daß auch hier die für Deutschland charakteristische Erscheinung überwiegen wird: Erziehung durch Lehre.

I.

Ausländer, die dem deutschen Universitätswesen Hochachtung zollten, haben sich doch oft gefragt, ob in ihm genügend für die Charakterbildung gesorgt sei. Den Lehrerfolg konnte man nicht bestreiten. Um die Lebensführung der jungen Leute aber kümmerte sich fast niemand. Das ganze System ruhte auf dem Vertrauen, daß der Student, der das »Zeugnis der Reife« in der Tasche trug, es an der richtigen Selbsterziehung nicht fehlen lassen werde. Ja es schien sogar zum Programm dieser Hochschule zu gehören: Wer die ethische Kraft zur Selbstbeherrschung nicht aufbringe, an dem sei nicht viel verloren, und es sei gut, wenn sich das Versagen möglichst früh herausstelle.

Der Betrachter bemerkte allerdings auch, daß der frei gelassene Raum von einer Fülle studentischer Verbindungen eingenommen wurde. Nur die kleinere Zahl von ihnen pflegte eine besondere Wissenschaft oder Kunst oder Leibesübungen. Andere dienten nur der Geselligkeit und dem freien Austausch. Kaum eine aber versäumte, zu erwähnen, daß das aktive Mitglied auch erzogen werden solle. Das geschah nach mehr oder weniger deutlich hervortretenden konfessionellen, weltanschaulichen und politischen Gesichtspunkten. Notfalls genügte das Bekenntnis zum hergebrachten Geist der Korporation, den man kannte. Wer Alleingänger bleiben wollte, brauchte sich nicht zu binden. Wer Anschluß suchte, fand in irgendeiner dieser studentischen Gruppen irgendeine, gerade ihm zusagende Gesinnungsgemeinschaft. Gelegentlich ging der Lebensstil der Korporationen auch bis an die Grenzen des Entschuldbaren. Die großen Weltereignisse haben diese Erscheinung nicht zum Verschwinden bringen können. Die Alma mater als solche bejahte bis zum Ende des Kaiserreichs mit Entschiedenheit die nationale Idee. Aber auch in dieser Hinsicht übte sie dem einzelnen gegenüber keinerlei Nötigung.

Es versteht sich von selbst, daß trotzdem *ein* durchgehender Erziehungsgedanke maßgebend sein mußte. Man kann ihn für die Epoche, in der die deutsche Universität noch aus ihrem klassischen Prinzip heraus lebte, etwa so kennzeichnen:

Es gibt nichts, was so reinigend auf die Gesinnung wirken muß wie das Suchen nach Wahrheit. Die Jugend mit diesem Geiste zu erfüllen, heißt sie auf den besten Weg zu bringen, der sich denken läßt. Die klassischen

Idealisten hatten gelehrt, daß man der Wahrheit nicht in rein passiver, hinnehmender Haltung dienen könne. Sie bedarf durchweg innerer geistiger Akte, in denen sie – mindestens für das Bewußtsein des einzelnen – erzeugt wird. Sie hatten ferner gelehrt, daß eine vereinzelte Wissenschaft noch gar keine echte Wissenschaft sein könne. »Die Wahrheit ist das Ganze«, hatte Hegel gesagt. Natürlich kann niemand das Ganze selbst umfassen. Aber die Philosophie zeichnet den Rahmen vor, in dem jede Disziplin ihren bestimmten Platz hat. Jede findet ihre volle Beglaubigung erst von der Philosophie her. Eigentlich sollte also jeder Philosophie treiben, mindestens aber sein Fach in philosophischem Geiste treiben. Also war eigentlich die Philosophie die große Erziehungsmacht, auf deren Wirkung man vertraute.

In der klassischen Zeit selbst argumentierte man weiter: Das Wissen, wie es sich im Bewußtsein der Menschen allmählich aufbaut, ist ein Abglanz des göttlichen Denkens und daher immer von schöpferischem Geist erfüllt. Es fordert einen Aufschwung der ganzen Persönlichkeit zur Idee. Vermöge der ihm innewohnenden Kraft ist es mehr als bloßes Abbilden einer äußerlich vorhandenen Welt. Wissen im Sinne Fichtes ist immer ein Tatwissen, das die Gesamtheit der menschlichen Natur umbildet. So ist auch die vielzitierte Wendung bei Wilhelm v. Humboldt zu verstehen: »Nur *die* Wissenschaft, die aus dem Innern stammt und ins Innere gepflanzt werden kann, bildet auch den Charakter um; und dem Staat ist es ebensowenig als der Menschheit um Wissen und Reden, sondern um Charakter und Handeln zu tun.«

Eigentlich lebt in solchen Ansichten nur ein uralter platonischer Gedanke fort, daß es nämlich zum echten Wissen einer inneren Umwälzung der ganzen Person bedürfe, daß die innere Bereitschaft dazu durch ein Zusammenleben im ständigen sokratischen Suchen geweckt werde und daß schließlich der geheimnisvolle Funke überspringe, der die *innere* Erleuchtung bewirkt.[2] Auch bei Schleiermacher ist es eine Erinnerung an dieses platonische Urwort, wenn er in seiner Universitätsschrift sagt, was auf der Universität erlebt wird, sei eigentlich nur ein Moment, es werde dort nur ein Akt vollbracht, »daß nämlich die Idee des Erkennens, das höchste Bewußtsein der Vernunft, als ein leitendes Prinzip in dem Menschen aufwacht.«[3]

Solange solche Anschauungen die Hochschule tragen, solange eine solche Philosophie in den Beteiligten lebendig ist und Leben zeugt, braucht

[2] Plato, Brief VII. 341 St.

[3] Friedrich Schleiermacher, Gelegentliche Gedanken über Universitäten in deutschem Sinn. Berlin 1808. S. 34.

man um die erziehliche Wirkung des Studiums nicht in Sorge zu sein. Eine Elite wenigstens schwingt sich zu dieser Höhe empor und befruchtet den Geist der Nation. In diesem Wahrheitssuchen ist das Ethische unmittelbar mitenthalten. »Die Wahrheit wird euch frei machen« (Joh. 8, 23). Besondere erziehliche Veranstaltungen müßten an einer Stätte, wo die Wissenschaft in solchem Sinne getrieben wird, als überflüssig, ja als kleinlich erscheinen. Jeder Jünger schließt sich dem großen »wissenschaftlichen Verein« ganz frei an und verläßt ihn ebenso frei, falls er nicht von seiner aufwühlenden Wirkung ergriffen wird.

Es ist zu erwarten, daß der Lehrer an einer so verstandenen Universität die Kraft in seinem Stein zu vollem Leuchten bringen wird. Er braucht das Pathos nicht zu vermeiden. Von hohen Dingen muß man in begeisterter Sprache reden, wie besonders Fichte es immer getan hat. Der Begriff der Idee als einer beflügelnden Kraft hat sich über die Herrschaft der spekulativen Philosophie hinaus noch lange in der historischen Ideenlehre von Ranke, Droysen und ihren Schülern lebendig erhalten. Vor allem die nationale Idee blieb ethischer und politischer Leitstern bis mindestens zum Ende des ersten Weltkrieges. –

Das Gesamtgefüge der deutschen Universität mußte sich von Grund auf verändern in dem Maße, wie der geschilderte Wissenschaftsgedanke seine Herrschaft verlor. Dieses Verblassen beginnt schon in der Mitte des 19. Jahrhunderts. Der Übergang vom spekulativen Idealismus zum Wissenschaftspositivismus ist so oft dargestellt worden, daß es hier keines erneuten Eingehens auf das Dreistadiengesetz, das »savoir pour prévoir« und den inneren Zusammenhang beider mit dem Siege des kausalistisch-technischen Denkens mehr bedarf. Es genügt die Feststellung: Wo das Kausalgesetz in der Wissenschaft das Monopol erhält, da schwindet nicht nur das Interesse am Metaphysischen und der Glaube an die Möglichkeit einer Metaphysik, die als Wissenschaft auftreten könnte; es verschwindet auch die Neigung, sich wissenschaftlich um die Legitimierung ethischer Normen zu bemühen. Man macht nunmehr einen scharfen Unterschied zwischen Wissenschaft und Weltanschauung. Letztere ist ohne eine wertende Einstellung nicht denkbar. Wenn das Prinzip der Wertfreiheit alles Erkennens so weit getrieben wird, daß auch die Reflexion *über* Werte, Wertungen und Wertzusammenhänge aus der wissenschaftlichen Provinz hinausverwiesen wird, dann kann die Universität wohl noch strenges methodisches Denken lehren, aber zu der Methode der richtigen Lebensführung kann sie als Lehranstalt keine Anweisungen mehr geben. Allenfalls vermag die hier gelehrte Wissenschaft noch die kausal notwendigen Folgen »vorauszuberechnen«, die sich ergeben, wenn man gemäß dieser oder jener weltanschaulichen Einstellung in das Spiel der Kräfte hinein handelt. Was der jeweils maßgebende Wertstandpunkt selbst wert ist, fällt nicht mehr unter die Zuständigkeit wissenschaftlicher Erörterung.

Einen derartigen Standpunkt gestaltete 1919 Max Weber in seiner impulsiven, seinen eigenen früheren Reflexionen widersprechenden Rede ›Wissenschaft als Beruf‹ zu einer programmatischen Kundgebung aus. Sie bedeutete den Gipfel des Positivismus. Jede Art von weltanschaulicher Haltung wurde nun zugunsten einer kahlen Neutralität aus der Hochschule verbannt. Aber wie es oft geschieht: Fast gleichzeitig (1920) kündigte Max Scheler, der soeben eine apriorische Theorie der Werte ausgearbeitet hatte, seine später näher entwickelte Lehre an, daß es drei Arten von Wissenschaft gäbe, die ungeachtet ihrer Förderung oder Verdrängung durch den Zeitgeist in *jeder* Epoche nebeneinander ihre grundsätzliche Berechtigung behielten. Damit bestritt er die Geltung des Dreistadiengesetzes. Wurde hierdurch die Möglichkeit einer tiefgreifenden Bildung des Menschen *durch Wissenschaft* gerettet, so wurde andererseits doch die alte Überzeugung von der Einheit der Wissenschaft erschüttert. Denn die drei Arten des Wissens: das religiöse, das metaphysische und das positive, weit aufgespaltene »Arbeitswissen«, ließen sich schwerlich auf eine einzige Grundintention zurückführen. Die klassischen Vertreter der Erziehung am Wahrheitssuchen hatten sich gerade auf die Einheit alles Wissens im Schoße der Philosophie berufen. Schelers Wissenschaftslehre aber zwang geistige Leistungen zusammen, die der Gleichsetzung aufs schärfste widerstrebten. Die neue Theorie hat sich denn auch nicht durchsetzen können, weder an der Universität noch an der Volkshochschule.

Wenn es bei der positivistischen Aufsplitterung der Wissenschaften bleibt, so kann auch die Veredlung des Menschen durch die Wahrheit nur ein Nebenerfolg, ein gelegentlicher Zusatz zur Hauptsache sein. Gleichviel, ob man an die beschreibenden, klassifizierenden und gesetzesbildenden Naturwissenschaften denkt, oder an die erzählenden und verstehenden Geisteswissenschaften: sie alle beschäftigen sich mit dem, was ist oder gewesen ist, halten sich aber bewußt fern von Geboten, was der Mensch denn nun auf Grund der gewonnenen Einsicht im ethischen Sinne tun soll. Die sittliche Problematik hat die positivistisch denkende Wissenschaft von vornherein ausgeklammert, und weltanschaulich vertritt sie – denn natürlich ist ja auch sie eine Art von Weltanschauung – den Grundsatz, daß man auf dem Wege der Wissenschaft weder zu Wertsetzungen noch zur Kritik von Wertsetzungen gelangen könne. Gewiß, auch eine sich so verstehende Wissenschaft erzieht noch zu selbstloser Hingabe an die Sache, zu sorgfältigem Denken, zu stetem Fleiß, zu gerechter Abwägung von

Ansichten und Richtungen. Wer selbst wieder akademischer Forscher und Lehrer werden will, wird in seinem Berufsethos gefördert werden. Aber eine Antwort auf die weitgreifende Frage »Was sollen wir denn tun? Welche Art von Kultur sollen wir aufbauen?« wird von diesem Wissenschaftstypus kaum zu erwarten sein. Der Positivismus sieht geradezu ein ethisches Verdienst darin, sich nicht mit Aufgaben zu befassen, die in subjektiv bedingte Standpunkte hineinführen könnten. Er beobachtet, er registriert, er sammelt, er generalisiert. Aber die Begründung von Normen und Wertstandpunkten lehnt er a limine ab.

Infolgedessen kann auch die Philosophie nicht mehr die zusammenhaltende Kraft wie früher entfalten. Es ist sehr fraglich geworden, ob der alte Glaube an die *Einheit* der Wissenschaft noch berechtigt ist.[4] Die in den zwanziger Jahren mit Sehnsucht erwarteten »Synthesen« blieben schwächliche Produkte. Natürlich besteht zwischen den einzelnen Wissenschaften mannigfacher Leihverkehr und gegenseitige Hilfe. Aber ein eigentliches »Ganzes« von weltanschaulicher Bedeutung kommt dabei nicht zustande. Es muß also festgestellt werden: ein tiefgreifender Erziehungseinfluß geht im Zeitalter der Aufspaltung des Wahrheitsuchens in eine Fülle fachwissenschaftlicher Richtungen vom Wissenschaftsbetrieb als solchem nicht mehr aus. Wo kein Ganzes der Weltansicht geahnt wird, kann auch das Ganze der Person nicht gefördert werden.

II.

Wenn man den ethisierenden Einfluß der deutschen Universität wieder verstärken will, ohne umstürzende Veränderungen in ihrem Gesamtbau vorzunehmen, scheint dies schon deshalb wenig aussichtsreich, weil ja der radikale Umbau längst im Gange ist. Der schnelle Fortschritt der Wissenschaften selbst, der gewaltig gestiegene Wissenschaftsbedarf der Gesellschaft, der daraus wieder folgende Massenandrang zu den Universitäten haben vieles verändert, ohne daß die Universität selbst es eigentlich gewollt hätte. Der Zwang der Verhältnisse hat dazu geführt. Dabei ist ein Grundgedanke der deutschen Universität verlorengegangen, der einen ihrer größten Vorzüge ausmachte: Die frühe Heranführung des bescheidensten Anfängers an die produktiven Meister seiner Zeit und die daraufolgende Zulassung zu seiner Werkstatt. Mit einer Rückbildung der Überflutung ist kaum zu rechnen. Jeder sieht ein: die größte Personalvermeh-

[4] Vgl. Eduard Spranger, Die Einheit der Wissenschaft. Ein Problem. In: Archiv für Rechts- und Sozialphilosophie. XL. Jg. 1952. Heft 1. S. 1 ff.

rung kann zwar dahin führen, daß jeder wieder »seinen« Lehrer findet; aber es ist dann nicht jener Lehrer, der ursprünglich gemeint war. Eine restitutio in integrum ist also nicht möglich.

Vielleicht aber hat man »das Ganze«, das im Bewußtsein der Lernenden gegenwärtig sein muß, wenn eine persönliche Wesensformung bewirkt werden soll, an der falschen Stelle gesucht. Vielleicht liegt es gar nicht in der Einheit der Wissenschaft, an der doch niemand mehr teil gewinnen kann, auch nicht durch das Experiment des Studium generale. Der Gedanke, der im folgenden entwickelt wird, ist durchführbar ohne großen Aufwand für Personal und Apparate, einfach durch die Blickdrehung des akademischen Lehrers selbst um einige Winkelgrade. Mag man nämlich noch so sehr bezweifeln, daß die Fülle von Forschungszweigen, Halbwissenschaften und »Kunden« auf ein *System* zu bringen sei, das von der Gegenstandsordnung oder von der Methode her als theoretisch geschlossen betrachtet werden könnte, sicher ist, daß jedes dieser Unternehmen an irgendeiner Stelle des *Lebens*zusammenhanges, den wir Kultur nennen, seinen Ursprung hat, von dort seinen Auftrag, von dort seinen Sinn empfängt. Der letzte Sinn freilich weist in religiöse Tiefen. Aber der Weg zu ihnen führt durch die Mühsal der Welt. Wer am Bau der Wissenschaften mitarbeitet, muß im Kulturgefüge das Motiv dafür und in diesem Gefüge auch die ethische Verpflichtung finden, die gerade mit *dieser* Aufgabe für die rechte Förderung des Ganzen gestellt ist. Der Vertreter eines Faches ist nicht nur Theoretiker, sondern auch Kulturgestalter. Er muß also außer seiner Wissenschaft auch eine sinnvolle Leistung für das Leben im Auge haben. Er *hat* diesen inneren Auftrag von Anfang an, ohne philosophische Reflexion. Also wird er mit seiner Wissenschaft zugleich auch diese seine ethische Intention pädagogisch fruchtbar machen können und müssen. Vermutlich hat Fichte an diese untrennbare Zweiheit gedacht, wenn er Vernunftwissenschaft und Vernunftkunst (als zwei Stadien *eines* Weges) unterschied.

Theodor Litt hat in einem Vortrag aus dem Jahre 1952 unter dem Titel ›Der Bildungsauftrag der deutschen Hochschule‹ [5] die gleichen Probleme erörtert, die uns hier beschäftigen. Er spricht von der Gefahr eines zu engen Spezialistentums und hofft es dadurch zu bekämpfen, daß jeder Dozent und Student zum Bewußtsein darüber gelangt, an welchem Ort des vielgegliederten Wissenschaftsganzen *seine* besondere Disziplin sachlich und methodisch ihren Platz hat. Dabei hat er selbst die Gliederung der Wissenschaften im Auge, die er in seinem Buch ›Denken und Sein‹ am

[5] Göttingen 1952. (Schriften des Hochschulverbandes 2.)

vollständigsten entwickelt hat. Mir scheint aber, als ob bei der Durchführung des Gedankens manchmal weniger das Gefüge der Wissenschaft als das Gefüge des Lebens und der Kultur maßgebend wäre. Der Unterschied ist nicht nur terminologisch, sondern von entschiedenem sachlichem Gewicht.

Es ist hoffnungslos, ein »System« der Wissenschaften zu konstruieren, das in sich einen rein theoretischen Zusammenhang hätte und in dem für jede bestehende, vielleicht sogar für jede künftig auftretende Disziplin ein Ort bestimmbar wäre. Notdürftig gelingt dies noch bei Wissenschaften von der materiellen Außenwelt. Wissenschaften vom Geistesleben und der Gesellschaft entstehen oft an einem akuten Gegenwartsproblem, und es ist nicht möglich, sie nachträglich so zurechtzustutzen, daß ihr Gegenstand und ihre Methode streng logisch gerechtfertigt wären. Wohl aber übt jede Theorie im Lebensganzen eine sinnvolle Funktion, diese wieder unterliegt auch sittlichen Maßstäben, und irgendwo hängt jede Einzelheit mit dem Gesamtsinn der Kultur zusammen, für die man gemeinsam arbeitet. Die Wege in diesem Bereich können auch falsch angelegt werden, sei es nur zweckwidrig oder sogar ethisch verfehlt.

Jeder Universitätslehrer ist diesem Wirkungszusammenhang eingegliedert. Er weiß um ihn, auch ohne sich eine Philosophie aufbauen zu müssen. Daraus erwächst sein spezifisches Berufsethos. Für diese Überzeugung muß er unter Umständen auch kämpfen. Er tut es gewiß im Sinne strengen Dienstes an der Wahrheit. Aber er treibt »seine« Wissenschaft deshalb doch nicht nur für »seine« Universität. Ja, der Satz »Die Wissenschaft um der Wissenschaft willen« ist eine Übertreibung des 19. Jahrhunderts, das auch auf anderen Gebieten eine distanzierte Neutralität anstrebte. Sie war nicht erreichbar und ist nicht wünschenswert. Schon um die Wahrheit muß gekämpft werden. Noch mehr aber um den Aufbau einer Kultur, die der Messung an sittlichen Maßstäben standhält. Das Wissen hat wohl sein Eigengesetz. Aber wenn es Selbstzweck ist, so ist es – paradoxerweise – doch nur ein vorläufiger Endzweck. »Die Wahrheit ist das Ganze«, lautet ein berühmtes Wort von Hegel. Das eigentliche Ganze ist jedoch nicht das bloße Erkennen. Gestaltung muß hinzukommen. Auch die Wissenschaft ist eingegliedert in *die* Seite des Menschenlebens, die als *Kulturgestaltung* bezeichnet werden darf. Hier also eröffnet sich ein ethischer Totalbezug.

Etwas von diesem Geist der Mitarbeit an einem Bau, der der Verwirklichung von Werten und Geistesgütern dienen soll, muß von Anfang an auch in dem Jünger erweckt werden. Dadurch erst geht die Lehre unmittelbar in Erziehung über. Die Universität als Lehranstalt ist geradezu gezwungen, sich mit *diesem* Erziehungsgeist zu erfüllen.

Mit einem solchen Minimum müssen wir uns so lange begnügen, wie der überlieferte Lebensstil in den Universitäten erhalten bleibt. Es wäre wünschenswert, daß man die Landkarte der abendländisch-deutschen Kultur unter solchen Gesichtspunkten reliefartig ausmalte, und es könnte nichts schaden, wenn auch die Philosophie sich einer solchen Aufgabe wieder annähme wie zu Hegels Tagen. Damit ist aber nicht gesagt, daß das einigende Band wieder von einem *System* der Philosophie herkommen müßte. Was im Bewußtsein der Studierenden entstehen sollte, wird am besten als *Kulturhorizont* bezeichnet. Vom Spezialistentum kommen wir heute noch weniger los als die Zeitgenossen Schillers. Aber wer auf einem »Standort« steht, hat notwendig einen Horizont. Er ist für jeden Standort ein etwas anderer. Im Laufe des Lebens soll er sich erweitern. Universal kann er nicht werden. Gerade wegen seiner Besonderheit aber erteilt er jedem seine eigentümliche sittliche Aufgabe. Es liegt im Wesen einer Aufgabe, daß ihr mit Pflichtbewußtsein und Verantwortungsbewußtsein gedient werden muß. Je weiter die Arbeitsteilung fortschreitet, um so mehr muß sich die Gesamtheit auf den einzelnen Mitarbeiter verlassen können. Es ist den Beteiligten vielleicht nicht mehr genug in Erinnerung, daß eine Fakultät eine Verantwortungsgemeinschaft ist, der die ständige Kontrolle ihres Leistungsniveaus und ihres Charakterpotentials obliegt.

Eine Universität muß einen schöpferischen Kulturgedanken vertreten. In früheren Epochen war man sich auch darüber klar. Für das Mittelalter bedarf es keines Beweises. Für die Epoche der Landesuniversitäten ist es trotz territorialer und konfessioneller Enge ebenfalls greifbar. Die Universität des spekulativen Idealismus glaubte kühn genug, im Auftrage des absoluten Geistes zu arbeiten. Erst dann kam die Nivellierung auf der Ebene des vielverstreuten Tatsachenwissens und des vorwiegenden Interesses an Ablaufgesetzen. Eine solche kühle Wertneutralität kann leicht zum Leerlauf führen. In der Hauptsache ist ja aber auch heute noch der »Kulturbedarf« für den Ausbau der Hochschule maßgebend. Und Kultur ist nicht nur ein Betrieb zur Beschaffung von Existenzmitteln, sondern eine sittliche Leistung.

Gleichwohl ist der angedeutete Weg, wie alles Ethische, nicht ohne Unsicherheiten und Konflikte. Er führt immer zwischen Scylla und Charybdis hindurch. Die Wissenschaft, besonders wenn sie zur Geisteswissenschaft gehört, kann nicht völlig weltanschauungsfrei getrieben werden. Sie darf aber auch nicht zur Dienerin irgendeiner begrenzten Kulturtendenz oder gar einer politischen Partei werden. Zur richtigen Orientierung über den Kurs muß zunächst an die *Voraussetzung* erinnert werden, die mit jeder echten Forschung und Denkarbeit verbunden ist: Der Gelehrte darf nicht von vornherein auf Resultate seines Suchens verpflichtet sein, die herauskommen *sollen*. Dann nämlich befindet er sich unter einem Machtdruck, der ihm nicht gestattet, der Eigengesetzlichkeit der Wissenschaft frei zu gehorchen. Diese Eigengesetzlichkeit ist nicht auf eine kurze Formel zu bringen. Sie wird erst in und mit der Arbeit für jeden Zweig des Wissens gefunden und bleibt immer umkämpft. Jedoch eben für diesen Kampf muß der Gelehrte freigesetzt sein, sowohl vom Staat wie von der Kirche wie von anderen Machtinstanzen. Der Lernende muß vor allen Dingen *dazu* erzogen werden, den Sinn und die Verantwortung dieser Freiheit zu verstehen und sie sinngemäß zu betätigen.

Da aber nicht nur von außen her Druck zu befürchten ist, sondern auch der Wissenschaftler selbst immer schon auf einem Standort steht, von einer Weltanschauung getragen ist und seine wertenden Einstellungen zur Geltung kommen läßt, muß auch er selbst ständig an seiner eigenen Freisetzung arbeiten. Das heißt: er darf nicht völlig naiv an die zu erforschende Sache herangehen, sondern er muß auch die von ihm mitgebrachten Voraussetzungen noch der Prüfung unterziehen. Diese »Selbstreinigung« gelingt niemals restlos. Es gilt da, ein methodisches Apriori und eine weltanschauliche Vorentscheidung zu sondern. Auch das muß dem Lernenden von Anfang an zur Pflicht gemacht werden. Es bedeutet nichts anderes als den Aufruf zur ständigen Prüfung des Gewissens, das hier in der besonderen Rolle des Wahrheitsgewissens auftritt.[6]

Das Dritte aber, der Wille zur Zukunft, ist mehr als reine Wissenschaft. In jenen Kulturgedanken, der eine Universität leiten soll, ist Wissenschaft überall mit eingebaut. Er selbst jedoch ist mehr als bloße Theorie. Er ist ein Entwurf, an dem unzählige Köpfe verantwortlich beteiligt sind. Er muß in doppeltem Sinne kontrolliert werden: erstens daraufhin, ob er einen echten sittlichen Gehalt hat, der vor der letzten Instanz bestehen kann; zweitens, ob die Wissenschaft, die an den verschiedensten Stellen in das Kulturganze hineingeflochten ist, echte Wissenschaft ist. Ja neuerdings tritt auf der Seite der Naturwissenschaften noch die weitere Pflicht hinzu: ernsthaft zu erwägen, wieviel von den Ergebnissen echter Forschung praktisch zur Anwendung gelangen darf. Insbesondere die rationale Technik kann zu einem gefährlichen Instrument werden.

Alle diese Probleme begegnen dem Universitätslehrer als *ethische Anrufe*. Er selbst muß sich dauernd mit ihnen auseinandersetzen. In diese seine innere Arbeit soll er den Jünger mit hineinsehen lassen. Die innere

[6] Vgl. meine Akademieabhandlung: Der Sinn der Voraussetzungslosigkeit in den Geisteswissenschaften. In: Sitzungsberichte der Preußischen Akademie der Wissenschaften. Phil.-hist. Klasse 1929, I.

Beunruhigung muß mit einer Entscheidung enden. Aber die Reihenfolge darf nicht umgekehrt sein: die Stellungnahme darf nicht im voraus festliegen und dann noch eine Scheinerörterung stattfinden, bei der nur herauskommen könnte, daß alle, die sich anders entscheiden, unrecht haben und verdammt werden müssen.

Die gewissenhafte Weckung des Problembewußtseins ist die älteste Wurzel des akademischen Geistes. Von der rein ethischen Problemstellung des Sokrates aus hat Plato den Gedanken des echten Wissens überhaupt erst entdeckt (Menon). Diese Aufwühlung und die daraus erwachsende theoretische wie ethische Kraft darf an unseren Hochschulen nicht verlorengehen.

Es gibt Wissenschaften, in denen absolute Allgemeingültigkeit nicht erreichbar ist, sondern zwischen dialektischen Alternativen gewählt werden muß. Dem Denker und Lehrer ist es nicht verboten, auch seinerseits Stellung zu nehmen. Aber dieser Akt sollte ohne leidenschaftliche Parteinahme erfolgen und immer mit dem unüberhörbaren Signal verbunden sein »Jetzt schalte ich um!« – nämlich vom Durchdenken zur Entscheidung, und zwar zur ethisch motivierten Entscheidung, die eine tiefere Verpflichtung hat als den bloßen Willen zur Macht. Am meisten Verwandtschaft hat sie mit dem Willen zur Gerechtigkeit, der auch erst nach ernstester Abwägung zur Herrschaft gelangen kann.

Der Hochschullehrer, der das innere Ringen seiner Seele mit dem Problem und der ethischen Entscheidung fühlbar werden läßt, schreitet damit vom bloßen Belehren zum Erziehen fort. Er leitet zu dem Maximum objektiver Einstellung an, breitet die möglichen Theorien vor dem Blick des Lernenden aus und wählt da, wo sich sogleich Alternativen für praktisches Verhalten anschließen, unter dem Gesichtspunkt des sittlich Verpflichtenden, nicht nach dem Prinzip des bloßen Nutzens oder des Machtzuwachses für eine Gruppe. Das ist es, was er als Erzieher vom Katheder aus leisten kann und soll. Wenn er aber seinerseits in die Arena des *Handelns* hineinschreitet, auf welchem Kulturgebiet auch immer, so tut er es nicht mehr in seiner Eigenschaft als Universitätslehrer. Da er jedoch dieses Amt einmal übernommen hat, wird er sich auch im politischen und kulturpolitischen Kampf immer noch besonnene Zurückhaltung auferlegen. Anderenfalls würde er den Geist, in dem er seinen Hauptberuf ausübt, verleugnen und verdächtig machen.

III.

Es besteht die Gefahr, daß die hier entwickelten Anschauungen in einer bestimmten Richtung mißverstanden werden, nämlich so, als ob die bestehende Kultur zum höchsten Maßstab aller Erziehungsaufgaben erhoben werden sollte. Dieser Irrtum wäre verhängnisvoll, gleichviel, in welchem Umfang man die Kultur nähme, ob man sie als deutsche oder europäische, als abendländische oder sogar als die überall vorwärtsdrängende industriell-technische Arbeitswelt auffaßte. Auch in anderen Erziehungsbereichen findet man nicht selten die Irrmeinung, der Sinn der Aufgabe bestehe darin, junge Menschen einigermaßen gebildet und ausgebildet an die reife Kultur »abzuliefern«. Wenn im vorigen Abschnitt die Wendung gebraucht wurde, der Universitätslehrer solle die Rolle des »Kulturgestalters« bewußt übernehmen, so sollte damit keineswegs eine ständige Dienstbereitschaft zum Ausdruck kommen, vielmehr eine immer wachsende »gewissenhafte« Kontrolle. Der wahre Kulturgestalter ist stets zugleich Kulturkritiker. Ja er ist – unter sogleich folgenden Vorbehalten – auch moralischer Widerstandskämpfer.

Wer an irgendeiner Stelle für den Gang der Kultur verantwortlich ist, bemüht sich auch, sie zu steuern, so begrenzt die Kräfte des einzelnen sein mögen. Der Fall kann eintreten, daß er es für nötig hält, sie zu bremsen oder ihre Dynamik in eine andere Richtung zu lenken. Handelt es sich um den Hochschullehrer, so kann er es nur unter der Beachtung wichtiger Vorbehalte wagen; welche Schranken dem Beamten durch die Verfassung gesetzt sind, mag in einer mehr ethisch als juristisch gerichteten Betrachtung übergangen werden. Unter ethischem Aspekt ist zu betonen: 1. Er muß um seiner eigenen Glaubwürdigkeit willen sich vorher geprüft haben, ob der Gesichtskreis, über den er verfügt, zu einem solchen Unternehmen ausreicht. 2. Er muß sich an das problematisierende Verfahren binden, das allein dem akademischen Unterricht angemessen ist. Der Stil der Propaganda oder – was noch schlimmer wäre – der Schulungskurse ist ihm nicht verstattet.

Jeder ernsthafte Kulturkritiker muß Bestehendes in Frage stellen. Aber das Fragen muß sokratisch sein: gemeinsam mit den ihm Anvertrauten muß er unter totalethischen Gesichtspunkten besonnen wiegen und erwägen, was zum Guten hinführt, was zum Bösen. Kann er dabei auch philosophische Gründe ins Feld führen, so wird die Philosophie in noch würdigerer Rolle auftreten, als wenn sie nur Beiträge zur Logik und Wissenschaftslehre zu leisten vermöchte. Die Frage nach dem Guten und nach dem echten Heil der Menschen war Ausgangspunkt für Sokrates und Plato. Beide setzten sich entschieden von den Sophisten und solchen Rhetoren ab, die die Gemüter nur aufhetzen wollten, statt sie zu reinigen und zu vertiefen.

Jeder Staat und jede Nation bedarf der Stätten, an denen eine solche

Kulturkontrolle geleistet wird. Sie ist, ob man es gern höre oder nicht, viel wesentlicher als Einzelforschung oder Berufsausbildung. Im Grunde ist überall in der freien Welt die Sehnsucht danach lebendig, daß sich die Hochschule von der Vielfalt ihrer Einzelaufgaben wieder auf die Zentralfunktion zurückbesinne, die die Akademie Platos sich gesetzt hatte. Ein Schimmer dieses Lichtes sollte daher bis in die Verzweigungen noch hineinleuchten.

Nicht jeder freilich, der an einer Universität wirkt, ist in vollem Maße zur Besinnung über die Totalkultur berufen. Ein Fichte sah gerade darin seine höchste Bestimmung, den Studenten klarzumachen, was echte Freiheit ist und wozu sie verpflichtet – nicht nur im akademischen Leben, sondern auch in der großen Welt draußen. Wenn wir seine begeisterte Philosophie des Ergreifens der Idee in die Sprache übersetzen, die der heutigen Geistesart gemäß ist, werden wir noch heute keinen schlechten Führer an ihm haben. Denn auch wir sind auf die Stimme des Gewissens zurückverwiesen, durch das Gott in den Situationen unseres Lebens zu uns redet. Daß damit immer die noch schwerere Prüfung verbunden sein muß, was echtes und eigentliches Gewissen ist oder was sich nur in dieser Gestalt in uns einschmeichelt, sei mit vollem Bewußtsein der Schwierigkeit der Frage flüchtig angedeutet.

Es gehört zu den verhängnisvollen Einstellungen *unserer* Zeit, daß man einer vorhandenen Kulturtendenz nur deshalb Berechtigung zuspricht, weil sie sich mit großer Kraft auswirkt und die Masse mit sich reißt. Oft mag es sich dabei um Bewegungen handeln, denen wirklich sehr schwer Widerstand zu leisten ist. Aber gerade darin besteht der Sinn der ethischen Freiheit, durch die sich der Mensch auszeichnet, daß er sich nicht dem bloßen Getriebe überläßt. Maschinen »laufen«, wenn man sie angestellt hat, bis zum Verbrauch der antreibenden Energie. Der Mensch muß den Mut haben, umzuschalten, wenn der Lauf nicht mehr heilsam ist. Dem Universitätslehrer ist es darüber hinaus aufgetragen, die Gründe abzuwägen, aus denen eine vorhandene Tendenz als verderblich zu werten ist.

Er ist dabei gegenüber dem politischen Forum in der günstigen Lage, daß er seine Stimme als einzelner geltend machen kann, wenn er dabei nur der Forderung eingedenk bleibt, daß er als Lehrer in leidenschaftsloser Form Rechenschaft abzulegen hat. Er wird mit seinem Wort höchst vorsichtig sein. Je mehr seine Studenten den Eindruck gewinnen, hier werde nur nach ernstester Besinnung geurteilt, um so stärker wird seine Rede den Hörer ebenfalls zur Besinnung aufrufen.

Allerdings müßten die so Angesprochenen in die Stimmung versetzt werden, *gemeinsam* zu erwägen. Die bloße Masse urteilt »aus« Leidenschaft, und die Jugend, wofern sie nur als Masse denkt, ganz besonders. Sie liebt es, einerseits gegen das Bestehende Opposition zu machen, damit das Leben nicht erstarre; ist aber andererseits wieder geneigt, mit der Majorität zu laufen, weil ja *so* viele nicht unrecht haben können. In der Sphäre der Wissenschaft aber darf das Prinzip der Majorität nicht gelten. Dies dem Bewußtsein einzupflanzen, ist eine der wesentlichsten Aufgaben der akademischen Erziehung. Abstimmungen sind bei politischen Körperschaften ein Notbehelf, der durch gute Gründe gerechtfertigt ist. Von denen aber, die aus weitestgehender Einsicht urteilen sollen, muß gemäß der alten sokratischen Weisheit zweierlei geleistet werden: die strenge Prüfung der Sache und ihrer Forderungen; gleichzeitig die strenge Selbstprüfung. ob man nicht etwa fremdartigen Motiven erliege (Plato, Gorgias).

Wer sich zur Persönlichkeit bilden will, muß sich zunächst mit dem Geist der Sachlichkeit erfüllen. Dieses große Erziehungsmittel kann an der Universität zur Wirkung gelangen wie an keiner anderen Stätte. Zur erkannten Sache muß schließlich auch Stellung genommen werden. Die dann notwendigen »Wertungen« dürfen nicht Ausfluß von Vorlieben und Abneigungen sein, sondern finden ihr Maß an einem sittlich gereinigten, gewissenhaften und verantwortungsbewußten Kulturwillen.

Man hat lange geglaubt, kulturethische Erwägungen aus dem Pflichtenkreis des Hochschullehrers ausscheiden zu können: es genüge, wenn er ergründe, wie alles ist, nach welchen Gesetzen alles abläuft und wie vorhandene Gebilde zu interpretieren sind. Eine solche Ausklammerung des Ethischen aus dem Bereich der Wissenschaftspflege gehört in eine überwundene Phase des Denkens. Sogar bei den Vertretern der exakten Wissenschaften beginnt sich die Auffassung zu verbreiten, daß der Forscher sich um die praktische Anwendung seiner Ergebnisse verantwortlich zu kümmern habe.[7] Natürlich erwachsen daraus ganz neue Probleme, und es wird noch manche schwierige Grenzregulierung notwendig sein. Aber das ist gewiß: Eine stille Insel bloßer Betrachtung kann die Universität in unserer gefährdeten Gesamtlage nicht bleiben. Darüber soll man nicht klagen, sondern die neue Verpflichtung willig zu den alten mitübernehmen.

Es kann kein Zweifel daran sein, daß die Universitäten auch einen Erziehungsauftrag haben; ja er liegt an der Spitze aller Erziehungsverantwortungen im Volke überhaupt. Wie er auch ohne tiefgreifende Umbauten in der Gesamtorganisation der Hochschule erfüllt werden kann, war das bewußt begrenzte Thema der vorstehenden Überlegungen.

---

[7] Man denke an die von den Pugwash-Konferenzen angeregten Bestrebungen.

Akademische Lehrfreiheit

1961

Die abendländische Kultur ist von Ergebnissen der wissenschaftlichen Forschung so feinspurig durchzogen, wie sich das Nervensystem durch den ganzen menschlichen Organismus hindurch verzweigt. Eine frühe Anerkennung dieser Tatsache war es, daß der Staat der forschenden Vernunft schon ein erhebliches Maß von Freiheit einräumte, als es mit anderen Freiheiten noch schlecht bestellt war. Aber erst seit der Revolution von 1848 taucht der ausdrückliche Grundsatz: »Die Wissenschaft und ihre Lehre ist frei« in einigen deutschen Verfassungsurkunden auf. In dem »Bonner Grundgesetz« der Bundesrepublik von 1949 finden wir die Formulierung: »Kunst und Wissenschaft, Forschung und Lehre sind frei.« (Artikel 5, Absatz 3.) Die Stelle, an der die erwähnte Bestimmung eingeordnet ist, legt die Auffassung nahe, daß dieser Freiheitsschutz (dieses Grundrecht) als ein eigenartiger Spezialfall der freien Meinungsäußerung angesehen wird. Jedes Gesetz bedarf vor seiner Anwendung der Interpretation: Was ist mit jenem Satz gemeint? Da jeder, der im Geltungsbereich der Bonner Verfassung lebt, das Recht der freien Meinungsäußerung hat, so darf sich auch ein Nichtjurist an den Deutungsversuchen beteiligen.

Es muß auffallen, daß im Text keine Beschränkung auf die Wissenschaftspflege an den Hochschulen stattfindet, die der Forschung und Theorienbildung gewidmet sind. Noch auffälliger ist, daß von der Freiheit der Lehre ganz allgemein die Rede ist, obwohl es unverkennbar Unterrichtsanstalten gibt, deren Lehrer an die Übermittlung von festgelegten Wissensstoffen gebunden sind. Die Koppelung des Wortes »Lehre« mit dem vorangehenden »Forschung« schien wohl eindeutig genug. Die ältere Formulierung: »Die Wissenschaft und *ihre* Lehre ist frei« war schärfer.

Daß die Hochschule als Hauptstätte der Lehre nicht ausdrücklich erwähnt wird, überrascht um so mehr, als in Deutschland die wissenschaftlichen Hochschulen sämtlich Veranstaltungen des Staates sind, gleichviel, ob nur auf Grund von Gewohnheitsrecht oder altem kodifiziertem Recht (z. B. dem Preußischen Allgemeinen Landrecht von 1794). Gerade für den vom Staat angestellten Lehrer als einen »Beamten« können sich erhebliche Konflikte ergeben. Man darf vermuten, daß in dem Artikel des Bonner Grundgesetzes, um dessen Auslegung es geht, nicht nur Rechte einer bestimmten Institution (der Hochschule) garantiert werden sollen. (Vgl. Köttgen, Das Grundrecht der deutschen Universität, Göttingen 1959.) Die Absicht des Gesetzes scheint sehr viel weiter zu gehen. Man kann sie, wie bei Rechtssätzen so oft, besser verstehen, wenn man hinzudenkt, wogegen hier polemisiert wird. Soweit die Dreiheit Wissenschaft, Forschung und Lehre für den Staat von Belang ist, soll *keine Staatsdogmatik* bestehen. Das bedeutet: Der Staat selbst steht so grundsätzlich auf dem Boden der Freiheit, daß er sich selbst der Beurteilung durch Forschung und Wissenschaft öffnet und keine Lehre, die auf diesem Boden erwächst, im voraus für staatsfeindlich erklärt. Er selbst vertritt kein starres Dogma, ausgenommen das eine: – die sittliche Freiheit im Staate selbst.

Die mögliche Tragweite des Bundesverfassungsartikels 5, 3 ist damit vorweggenommen. Keineswegs weggenommen aber sind die ungeheuren Schwierigkeiten der Auslegung im einzelnen und der möglichen Folgen bei der Anwendung. Die Behörde, die gemäß den nun einmal geltenden gesetzlichen Anweisungen zu handeln hat, steht vor Aufgaben, über deren Last der Fernstehende sich kaum eine ausreichende Vorstellung machen kann. Die übliche Arbeitshypothese, ein einmal erlassenes Gesetz habe einen eindeutigen Sinn, ist für den Verantwortlichen ein schwacher Trost.

I.

Auch der entsprechende Artikel in der Baden-Württembergischen Verfassung, dem einzigen Landesgesetz, auf das wir hier eingehen wollen, weicht von der klassischen Formel: »Die Wissenschaft und ihre Lehre ist frei« ab. Man fragt, ob in Artikel 20, 1: »Die Hochschule ist frei in Forschung und Lehre« der Zusatz: »die *wissenschaftliche* Hochschule« ganz entbehrlich war.

Allerdings, wenn man nun von der Sicherheit Gebrauch machen wollte, die durch die Allgemeingiltigkeit, mindestens [durch] die *Intention* der Wissenschaft auf allgemein verbindliche Resultate gegeben sein sollte, kommt man heute in eine Problematik hinein, an die der Gesetzgeber kaum gedacht hat. Die erhoffte Eindeutigkeit der Wissenschaft ist nicht vorfindbar. Keiner der heutigen Wissenschaftsbetriebe ist in der Lage, ein Kriterium für die Echtheit der Wissensintention anzugeben, das alle Forscher als verpflichtend anerkennen müßten. In den Zeiten, als die sog. exakten Wissenschaften den Maßstab für alle Theorie abgaben, war es noch relativ leicht, zu sagen, was Wissenschaft sei und was nicht. Der

Hinweis, in der Wissenschaft sei eben alles immer im Werden, hilft nicht. Die Differenzen beginnen schon ganz an der Wurzel. Da die Frage unendlich schwer ist, muß hier der Hinweis genügen, daß um 1920, als Max Scheler eine apriorische, also durchaus evidente und verbindliche Theorie der Wertwesenheiten ausarbeitete, Max Weber alle Werte und Wertungen überhaupt aus dem Zuständigkeitsbereich der Wissenschaft ausschließen wollte. Für ihn waren Weltanschauungen und Wertstandpunkte theoretisch weder begründbar noch widerlegbar.

Am schwankendsten muß natürlich der Boden derjenigen Wissenschaft sein, der es unter anderem obliegt, erst auszumachen, worin die Forderungen an echte Wissenschaftlichkeit bestehen. Das ist die Philosophie. Der eben genannte Philosoph Max Scheler unterschied drei Arten des Wissens: das religiöse, das metaphysische und das der Einzelforschung, das er nach dem Hauptmodell auch als Arbeitswissen (vorausberechnendes Wissen) bezeichnete. Wenn das alles als Wissenschaft gelten soll, so hat diese eben einen sehr verschiedenen Sinn. Aber nehmen wir an: Der Gesetzgeber hat sich entschlossen, das Treiben der Wissenschaftler und die Ansprüche der unablässig wechselnden Philosophien trotz ihrer nie endenden gegenseitigen Anfeindung doch unkontrolliert zu lassen, so war er sich über das Wagnis, das darin lag, nicht im unklaren. Er bejahte jedoch dieses Wagnis, weil er in den schmerzlichen Geburtswehen des Geistes doch schon das fruchtbare Wehen des Geistes ahnte und die Tiefen einer solchen Produktivität nicht von vornherein zuschütten wollte. Er lebte vielleicht in dem »Glauben«:

> Ist's Menschenwerk, wird's untergehn;
> Ist's Gottes Werk, so wird's bestehn.

Blicken wir von hier aus auf die Aufgaben des Unterrichtsministers zurück, so kann man ihm nicht zumuten, daß *er* es sei, der in den geschilderten Streitigkeiten die Entscheidung trifft. Und wenn es sich um einen einzelnen Dozenten handelt, dessen wissenschaftlicher Wert in Frage gestellt wird, muß er sich darauf verlassen können, daß die zuständige Körperschaft vor der Erteilung der venia legendi mit aller Sorgfalt und allem Verantwortungsbewußtsein für die Folgen geprüft hat, ob der Bewerber als zuverlässiger Mitarbeiter der Wissenschaft genügend ausgewiesen sei und ob er es mit ihr ganz ernst nehme. An die große Verantwortung, die mit dieser Zunftapprobation verbunden ist, kann nicht oft genug erinnert werden. Sie sollte auch eine Charakterprüfung einschließen. So schwer es ist, für ihre Richtigkeit gutzusagen: eines sollte gewährleistet sein: des Bewerbers »Treue zur Wissenschaft«.

Dies Stichwort aber führt auf eine Eigentümlichkeit in der Fassung des uns beschäftigenden Artikels im Bonner Grundgesetz. An den Haupttext ist – nach eingehenden Erwägungen – der Satz angefügt worden: »Die Freiheit der Lehre entbindet nicht von der Treue zur Verfassung.« Da diese Neuerung ungewöhnlich ist, bedarf es besonderer Überlegung, jenseits welcher Grenzen Untreue an der Verfassung beginnt. Kann sie überhaupt in bloßen Worten bekundet werden, dann offenbar nur – da ja Freiheit der Meinungsäußerung auch ihr gegenüber besteht – in der Verächtlichmachung ihres Inhaltes oder in der Aufwiegelung der Zuhörer, d. h. in der erkennbaren Absicht, *sie* zu tätiger Auflehnung zu veranlassen. Die Gefahr, die sich hier abzeichnet, legt die Frage nahe, ob nicht dem Hochschullehrer als einem vom *Staat* angestellten Beamten, der einen Diensteid geleistet hat, hinsichtlich der Meinungsäußerung sogar größere Zurückhaltung auferlegt ist, als dem schlichten Staatsbürger sonst.

II.

Der Wandel, der in Deutschland durch den Übergang zur Demokratie eingetreten ist, äußert sich kaum auf einem anderen Gebiet so deutlich, wie in den »Fällen« der akademischen Lehrfreiheit. Unter der Monarchie mußte immer wieder darum gekämpft werden, daß sie nicht durch staatliche Eingriffe verkürzt würde. Heute aber kommt der Staat gelegentlich schon in die Lage, sich gegen einen Gebrauch der Lehrfreiheit schützen zu müssen, der ihm selbst gefährlich werden könnte. Gibt es dann andere Grenzziehungen als die erwähnten Paragraphen der Verfassungen?

In dieser Hinsicht sind drei Gedankenrichtungen zu verfolgen:

1) Die Berufung auf den »Geist« der Verfassung. – Man darf wohl von den meisten gegenwärtigen deutschen Verfassungen behaupten, daß sie den Kern der Staatsgesinnung in eine ethisch verstandene Freiheit der Person legen, zugleich aber christentumsfreundlich und tolerant sind. Schon diese drei Stichworte bestätigen, daß in jeder Verfassung auch divergierende Tendenzen zusammengekoppelt sind. Das berühmteste Beispiel solcher Kompromisse war der Schulparagraph der Weimarer Reichsverfassung (146), mit dem in der Praxis nicht zu arbeiten war. In der Bonner Verfassung macht es schon Artikel 7, Absatz 3: »Niemand darf wegen seiner ... religiösen oder politischen Anschauungen benachteiligt oder bevorzugt werden« schwer, gegen einen Hochschullehrer nicht-christlicher oder politisch-oppositioneller Grundeinstellung vorzugehen, zumal, da ihm außerdem das Berufsprivileg der Lehrfreiheit zur Seite steht. Aber – so wird man erwidern – das letztere steht ihm doch nur zu, wenn er auf streng wissenschaftliche Weise argumentiert? Da das Kriterium echter

Wissenschaftlichkeit von der Rechtsprechung nicht festzustellen ist, wird man sich mit dem Hinweis auf die guten Sitten oder auf den durch das Herkommen sanktionierten Stil der akademischen Lehre zurückziehen müssen.

2) Die Berufung auf den akademischen Stil. – Seit den Tagen von Sokrates und Plato ist der Wissenschaft das problematisierende Verfahren so wesenseigen, daß man sagen darf: Wo keine Probleme entdeckt werden und wo nicht pro und contra abgewogen wird, da ist keine Hochschule. Das *sollte* zum guten Ton gehören. Erst werden die möglichen Auffassungen unparteiisch dargestellt; dann folgt die persönliche Stellungnahme, und diese nicht ohne Angabe von Gründen. Ich bin aber nicht in der Lage, aus eigener langer Erfahrung zu bestätigen, daß es tatsächlich immer so gewesen ist und heute immer so ist. Selbst hervorragende Gelehrte tragen manchmal rein dogmatisch vor. Ja, sie enthalten sich nicht durchweg einer Polemik, die an Verunglimpfung grenzt. Ein Verwaltungsbeamter, der von solchen Mißbräuchen hört, also von beleidigenden Angriffen aus der Schutzburg des Katheders her, wird darüber unter Umständen einen kräftigen Ärger empfinden. Auch *er* macht dann von dem Recht der freien Meinungsäußerung Gebrauch. Die Verfassung wird dadurch nicht verletzt; eher schon das Interesse des Dienstes. Dies alles ist menschlich. Aber gegen schlechte Manieren, wenn sie nicht gegen ein Gesetz verstoßen, kann die Hochschulverwaltung kaum einschreiten; sie kann es erst dann, wenn Mißbrauch des Amtes einwandfrei festgestellt ist. Und diese Feststellung ist nicht leicht; mindestens kostet sie viel Zeit.

3) Die Berufung auf den inneren ethischen Widerspruch. – Damit ist ein sehr einleuchtendes moralisches Argument gemeint, das vor allem Theodor Litt immer wieder ins Feld geführt hat: es sei eine Ungeheuerlichkeit, wenn jemand die Freiheit, die ihm die Verfassung des Staates gewährt, dazu benutzt, eben diesen Staat herunterzumachen, oder gar ihn zu stürzen. Der Gedanke ist zugkräftig, wenn es dabei bis zu aktiver Untreue gegen die Verfassung kommt. Aber Kritik an der geltenden Verfassung, zumal in abwägender Form, hat der Staat durch Gewährung der Lehrfreiheit ja gerade möglich machen wollen. Verbesserungen im einzelnen sind immer wünschenswert und notwendig. Der flagrante Widerspruch tritt erst ein, wenn die Einführung einer unfreien Staatsordnung (eines totalitären Systems) befürwortet wird. Dagegen hat die Bonner Verfassung sich mit allen Kräften schützen wollen (vgl. Artikel 141, 2). Ein Hochschulprofessor, der eindeutig in dieser Richtung arbeitet, kann auf einem Katheder der Deutschen Bundesrepublik nicht geduldet werden. Aber der Minister, der Maßnahmen gegen ihn ergreift, kommt in der Öffentlich-

keit leicht in den Ruf, *er* sei es, der die Freiheit verkürze. Jener innere Widerspruch ist dann ihm zugewälzt. Wo ein »Fall« entsteht, pflegt auf die, die *laut* reden, mehr hingehört zu werden als auf diejenigen, die gute Gründe vorbringen.

III.

Die Anerkennung der Freiheit von Forschung und Lehre durch den Staat ändert nichts daran, daß die Hochschule ein Politikum ist. Dessen ist man sich auch immer bewußt gewesen. Verdunkelt wurde der Sachverhalt nur in einer kurzen Periode deutschen Geisteslebens, in der man weltanschauliche Neutralität für eine Tugend des Gelehrten hielt. Wenn Neutralität so viel bedeutet wie: »auf keinem ethisch erkämpften Standpunkt stehen«, dann ist sie das Unfruchtbarste, was sich denken läßt.

Manche glauben, nach dem hitzigen Fieber des Nationalsozialismus könne man sich nicht sorgfältig genug vor jeder Stellungnahme hüten. Wozu aber dann der entschiedene Freiheitsgeist der deutschen Universität, wenn es eine »Freiheit zu nichts« ist? Hinter einem Hochschulsystem muß ein aufbauender Kulturgedanke liegen. Andernfalls hätten die hohen Schulen keine andere Erziehungskraft als die des Grundsatzes: »Die Wissenschaft für die Wissenschaft«.

Die Universität in ihrer merkwürdigen Zwischenstellung zwischen dem Dienst an der Theorie und dem Dienst am Staat (vgl. Ludwig Raiser, Die Universität im Staat, Heidelberg 1958) muß auch von der politischen Seite her gesehen werden. Wenn die Parteien oder die Presse oder Einzelpersonen von ihrem Recht der freien Meinungsäußerung Gebrauch machen, so treten sie seltener für die freie Entfaltung dieser oder jener Einzelwissenschaft ein. Mehr liegt ihnen die Wirkung der Gesamtanstalt am Herzen. Das Herz ist nun entschieden kein wissenschaftliches Organ. Aber mich treibt es, der höchsten Unterrichtsanstalt auch einen Erziehungsauftrag zuzuschreiben, obwohl ein Gerichtsurteil, das nur eine Einzelfrage und einen Einzelparagraphen im Auge hatte, das Grundrecht der Vereinsfreiheit über die Notwendigkeit einer tiefgreifenden Staatserziehung gestellt hat. In der Tat, es wäre aufs höchste zu beklagen, wenn von der Hochschule nicht auch Formung der Persönlichkeit und überparteiliche politische Erziehung ausginge.

Der besondere Kulturgedanke der Deutschen Bundesrepublik ist es, jedem die Freiheit zur Entfaltung seiner Persönlichkeit zu gewähren (BGG Art. 2, 1). Das heißt aber, um es noch einmal entschieden zu betonen: *es besteht kein Staatsdogma*, das jeder zu seiner Weltanschauung zu erheben gezwungen wäre. Auch der Wille des Staates soll immer neu erzeugt werden im Kampf der Geister, bei dem hoffentlich nicht vergessen wird, daß zum Wesen des Geistes das Sittengesetz und Ehrfurcht vor den letzten Tiefen gehören. Die Hochschule ist deshalb eine so einzigartige Erziehungsstätte, weil sie nicht nur in Parteidoktrinen erzieht, sondern *das Allgemeine* zu suchen lehrt, das zugleich verbindet und verpflichtet. Dieses mühsam zu erkämpfende Allgemeine ist etwas ganz anderes als Neutralität. Es wird gewonnen in Entscheidungen, bei denen die Ehrfurcht vor dem Ganzen mitgewirkt hat, da ja das Ganze selbst zu sein, keiner Gruppe und keiner Person beschieden sein kann. Das Ringen um das Allgemeine und Ganze ist in der Wurzel schon tief verwandt mit dem Geist der Gerechtigkeit, die auch in Freiheit immer neu angestrebt werden muß.

In welchem Sinne das akademische Studium schon heute fähig wäre, zu ethischer Freiheit, verantwortlicher sozialer Gesinnung und sittlicher Kulturgestaltung zu erziehen, wird an anderer Stelle ausgeführt werden.

Ein so kostbares Institut, wie die deutsche Hochschule, intakt zu erhalten, wird gewiß das Anliegen aller Professoren sein, denen mit ihrer Berufung ins Amt zugleich Anteil an ihrer Selbstverwaltung gegeben ist – als eine Pflicht, durchaus nicht nur als Recht. Das Aufsichtsrecht des Staates umgekehrt bedeutet nicht nur ein Kontrollrecht, sondern auch eine Förderungsverpflichtung. Dieses System hat sich seit mehr als eineinhalb Jahrhunderten bewährt. Aber es wäre ein Wunder, wenn es dabei ohne Konfliktfälle abgegangen wäre. In jeder Behörde, in jeder Lehranstalt, in jedem Betrieb gibt es Reibungsstellen. Und es gibt auch in jeder Körperschaft Mitglieder, die in die Rolle von Außenseitern geraten, sei es aus Mißverständnis der Institution oder aus zu leidenschaftlichem Reformeifer, wohl selten nur aus Störungsabsicht. Das große Ganze wird durch solche Einzelgänger noch nicht gefährdet. Die schlechteste Methode wäre es, auf Vorkommnisse dieser Art mit »Angst« zu reagieren.

Der zuständige Unterrichtsminister hat harmlose Abhilfsmittel in der Hand. Ohne mit dem Recht der Lehrfreiheit in Widerspruch zu geraten, kann er durch Errichtung einer Parallelprofessur zunächst ein Gegengewicht schaffen. In der Geschichte der Hochschulen ist von diesem Recht oft Gebrauch gemacht worden. Damit aber sollen Vorfälle, bei denen es sich um wirkliche Pflichtwidrigkeiten handelt, nicht etwa stillschweigend »zugedeckt« werden. Dann vielmehr muß eine Untersuchung stattfinden, für die das geltende Gesetz die Richtschnur abgibt. Wenn aber die Grenzen des Gesetzmäßigen noch nicht überschritten sind, gilt wohl noch heute das Wort von Friedrich Paulsen, mit dem er (1898) zu dem »Fall« des politisch angefeindeten Privatdozenten Arons Stellung nahm: »Die Entfernung eines politisch mißliebigen Privatdozenten durch die Staatsgewalt wird meines Erachtens immer nachteiliger wirken, als es seine Wirksamkeit innerhalb der Universität vermöchte.«[1]

[1] Zum ganzen Thema sind noch heute wertvoll die Verhandlungen der Vereinigung der deutschen Staatsrechtslehrer über ›Das Recht der freien Meinungsäußerung‹ mit den Referaten von K. Rothenbücher und Rudolf Smend, Berlin 1928.

Gestalt und Problematik der deutschen Universität

1962

Der ausländische Student bemerkt an dem Universitätssytems seines Gastlandes zunächst die Seiten, die ihm unbequem sind; in seinen Geist dringt er nur langsam ein. Die deutsche Universität insbesondere kommt dem Anfänger so wenig entgegen, daß er gar nicht versteht, was dieser »veraltete« Stil eigentlich bedeuten soll. Ja selbst ein sehr großer Prozentsatz deutscher Akademiker geht durch die Hochschule hindurch, ohne zu begreifen, welcher Bildungsgedanke ihr zugrunde liegt. Daraus erwächst eine viel größere Gefahr für das Fortwirken des deutschen Universitätssystems, als in der bloßen Überflutung durch die Masse.

Ein situationsbedingtes Erlebnis ist oft beweiskräftiger als die tiefste »Wesensschau«. Ich hatte einmal – um 1954 – fast unüberwindliche Schwierigkeiten bei dem Bemühen, einen jungen Perser, der zum Studium der Philosophie nach der Bundesrepublik entsandt war, in die Lehr- und Lernweisen der deutschen Universität einzuführen. Ein persischer Professor, der mit der Betreuung der Studenten seiner Heimat in Deutschland beauftragt war, ein hochkultivierter Weltmann, kam zu einem Gespräch mit dem Neuling und mir nach Tübingen. Am Schluß der Unterredung drückte er sich etwa so aus: »Wir wissen, daß unsere jungen Leute an den europäischen Hochschulen viel lernen können, was für unser Heimatland förderlich ist. Besonders gern schicken wir sie nach Deutschland. Es scheint uns nämlich, als ob in den deutschen Universitäten ein Geheimnis verborgen wäre, vermöge dessen sie eine besondere Wirkung ausüben.« Und zu dem hilflos Dreinblickenden gewandt, fuhr er fort: »Dies Geheimnis sollen Sie ergründen.«

Echt orientalisch war also von einem Stein der Weisen die Rede, den man eben finden müßte. Ich bekenne, daß ich seit jenem Tage dauernd damit beschäftigt bin, herauszubekommen, welche Eigenschaft der deutschen Universität der hervorragende Mann aus dem Osten wohl gemeint haben mochte.

Vor mehr als 30 Jahren hatte ich mich mit dem Rätsel auf eine dialektische Weise abgefunden, indem ich den Satz formulierte: »Man würde die richtige Antwort völlig verfehlen, wenn man in rationaler Erklärung *eine* Wissenschaftsauffassung oder *einen* Organisationsgedanken heraushöbe. Vielmehr liegt das Geheimnis der deutschen Universität in den absichtlich ungelösten Spannungen, in den scheinbaren Widersprüchen, die sie enthält. Denn was lebt, trägt immer Spannungen in sich, und was sich entwickelt, geht immer durch Kampf und Wagnis hindurch. So ist auch die Universität bei uns zu kennzeichnen als ein labiles System von Kräften, das immer wieder neue Selbststeuerungen und Selbstregulierungen gestattet. Oder konkret gesprochen: Nicht ihr Alter und ihre Tradition machen ihren Vorzug, aber auch nicht bloß ihr moderner Geist. Sie blüht nicht deshalb, weil sie Staatsanstalt ist, aber auch nicht deshalb, weil sie freie Korporation ist. Sie lebt nicht durch ihre produktive Forschung allein, ebensowenig aber ganz durch ihre Lehrwirksamkeit. Sie beruht nicht ausschließlich auf den Vorlesungen, aber auch nicht auf den Seminaren. Weder ihre Zurückgezogenheit noch ihre Weltoffenheit; weder ihre zweckfreie noch ihre nützliche Arbeit; weder ihre Philosophie noch ihre Einzelforschung sind der Schlüssel zu ihrem Geheimnis. Sondern daß sie dies alles zugleich ist und tut, daß sie zu jeder dieser Thesen immer auch die Antithese bereit hält und betont, das macht ihr Leben aus. Und man könnte keines jener Glieder aus ihrem so frei beweglichen Organismus herausnehmen, ohne daß man sofort ihre Kraft ja ihr Dasein gefährdete.«[1]

Aber ich fühle: wenn ich jenem ratlosen Studenten aus Iran diesen Satz vorgelesen hätte, so wäre ihm damit nicht viel weitergeholfen worden, obwohl alle Merkmale, die zur Wesensbestimmung der deutschen Universität notwendig sind, in antithetischer Anordnung darin vorkommen. Sollte ich heute gezwungen werden, unter Fortlassung aller Kriterien zweiten Ranges mit entschiedener Kürze zu sagen, worin die Eigentümlichkeit des Universitätssystems der deutschsprachigen Länder besteht, so müßte ich mich zu der These entschließen: *Diese Anstalt lehrt eine Wissenschaft, die noch nicht fertig und immer noch in Bewegung ist.* Darauf beruht ihre Lebendigkeit. Prüfungen spielen in ihr eine so nebensächliche Rolle, weil es auf das »Tradieren« fertigen Wissens nur in zweiter Linie ankommt. Fragt man weiter, was das für eine merkwürdige Idee von *Lehr*anstalt ist, so müßte man im Sinne des echten, jetzt erheblich gefährdeten deutschen Universitätsgedankens antworten: Das Entscheidende liegt darin, daß wis-

[1] Eduard Spranger, Das Wesen der deutschen Universität. In: Das Akademische Deutschland. Hg. von M. Doeberl, O. Scheel, W. Schlink, H. Sperl, E. Spranger u. a. Bd. 3: Die deutschen Hochschulen in ihrer Beziehung zur Gegenwartskultur. Berlin 1930. S. 1 f. [In diesem Band S. 82 ff.]

senschaftliche *Probleme* begriffen werden und *neue* Probleme schon in den Lernenden aufbrechen. Dieser geistige Prozeß kann nie enden, weder im Einzelleben noch in ganzen Gelehrtengenerationen. Angefangen aber hat er sehr früh: nämlich bei Sokrates, der das ethische Problem entdeckt hat, und bei seinem Schüler Plato, der es zur universalen wissenschaftlichen Problematik erweitert hat: Theorie erwächst nur aus der richtigen, d. h. methodischen Frage.

Der hier ausgesprochene Gedanke erwacht nach Jahrhunderten bloßen Tradierens und Interpretierens auf den deutschen Universitäten schon im frühen 18. Jahrhundert. Die *ratio* erobert sich im ganzen Kulturleben so stark die Herrschaft, daß diejenige Fakultät, die lange Zeit nur die Pflicht hatte, unter dem Namen *facultas artium* propädeutische Arbeit zu leisten, sich nun langsam in die »Philosophische Fakultät« verwandelt, die die Prinzipien *aller* Wissenschaften entwickelt. Sie rückt de facto an die erste Stelle im Rahmen der Hochschule, obwohl sie bei festlichen akademischen Aufzügen bis heute den drei oberen Fakultäten (Theologie, Jurisprudenz, Medizin) den Vortritt zu lassen hat.

Wenn der im 19. Jahrhundert voll ausgereifte Gedanke der unablässigen Erzeugung von Wissenschaft an den Universitäten und der dauernden Verbindung von Forschung und Lehre wirklich das Geheimnis des deutschen Hochschulsystems ausmacht, so wird er schon bei *dem* Manne auftauchen, der den neuen deutschen Universitätstypus durch die Gründung in Berlin (1810) fast wie ein Modell aufgerichtet hat, bei Wilhelm von Humboldt. In der Tat hat er in einer seiner Denkschriften die Norm aufgestellt: »Die Wissenschaft als etwas noch nicht ganz Gefundenes und nie ganz Aufzufindendes zu betrachten und unablässig sie als solche zu suchen.«[2] Damit wurde eine einzigartige Dynamik in die deutsche Universität hineingelegt. Im Laufe von eineinhalb Jahrhunderten hat sie eine Wucht angenommen, die der große Staatsmann noch nicht ahnen konnte. Sie droht jetzt, den Rahmen des alten Systems zu sprengen. Der kritische Augenblick ist da, wenn die Mehrzahl der Studierenden nur noch lernen, nicht mehr Probleme durchdenken und an der Forschung produktiv mitarbeiten will – oder kann. Dann wäre es mit dem »Geheimnis« zu Ende.

I.

Die hervorstechendste Eigentümlichkeit der deutschen Universität, die Verbindung von Forschung und Lehre auf der Grundlage der Weckung des

[2] Wilhelm von Humboldt, Gesammelte Schriften. Hg. von der Preußischen Akademie der Wissenschaften. Berlin 1903 ff. Bd. 10. S. 251.

Problembewußtseins, ist stichwortartig vorweggenommen worden. Sie kann erst dann in ihrer Tragweite verstanden werden, wenn weitere Kennzeichen hinzugenommen worden sind. Tragweite heißt hier: *ursprüngliche Fruchtbarkeit* und *gegenwärtige Bedrohtheit.*

In bezug auf die äußere Organisation des deutschen Hochschulwesens gilt der Satz: *»Die deutsche Universität ist grundsätzlich Staatsanstalt.«* Oder negativ ausgedrückt: Es gibt in der Bundesrepublik keine wissenschaftliche Hochschule, die von der Kirche gegründet wäre und ihrer Aufsicht unterstünde, auch keine eigentlichen Stiftungsuniversitäten privaten Charakters, wie es auf der mittleren Stufe (Gymnasien) Privatschulen gibt. Ausnahmen von diesem Prinzip erweisen sich bei näherer Prüfung, die hier nicht durchgeführt werden kann, als Anstalten stark eingeschränkten Rechtes. Die wichtigsten äußeren Kriterien der echten Universität sind das Promotionsrecht und das Vorbildungsmonopol für eine bestimmte Gruppe von höheren (akademischen) Berufen.

Historisch gesehen sind die Universitäten weder Gründungen der Kirche noch des Staates. Im Mittelalter bedurften sie allerdings der Privilegien von beiden Seiten. Die Frage, seit wann in Deutschland die Staatsuniversität zum Normalfall geworden ist, läßt sich nicht mit einer genauen Jahreszahl beantworten. Allenfalls bedeutet die Neugründung von Halle (1694) einen markanten Einschnitt. Man könnte mit Bezug auf den Geist der Hochschulen von einer abnehmenden Kirchlichkeit und einer wachsenden Staatlichkeit reden. Die Wandlung geht parallel der Entstehung von geschlossenen Territorialstaaten mit Berufsbeamtentum, merkantilistischer Wirtschaftspolitik und Aufklärungstendenzen im Regierungsstil. Der Prozeß beginnt mit der Entstehung von Landeskirchen in protestantischen Gebieten und gipfelt in der Säkularisierung von 1803. Das Staatsmonopol ist noch heute nicht überall durch Gesetz festgelegt (wie in Preußen durch das Allgemeine Landrecht von 1794). Es findet sich auch nicht in den neuesten Verfassungen seit 1946 ausdrücklich erwähnt. Reste der Konfessionalität erhalten sich in den Theologischen Fakultäten; Konkordatsprofessuren greifen auf sie zurück.

Die Tatsache, daß der seit Anfang des 19. Jahrhunderts maßgebende Universitätstypus in der Zeit der Hochblüte des Liberalismus entstanden ist, mildert den politischen Druck, der mit dem Staatsmonopol verbunden sein könnte. Der liberale Geist macht sich vor allem in der Anerkennung der Eigengesetzlichkeit der verschiedenen Kulturgebiete bemerkbar: Wie die Wirtschaft und die Kunst je ihre eigentümlichen Gestaltungsprinzipien haben, so auch das Erkennen und Forschen. Der liberale Staat gibt diese Provinz des Geistes frei; er *garantiert* sogar die Rechte der Institution, die der Pflege der Wissenschaft dient. Die Auseinandersetzung ist nicht ohne lange Kämpfe abgegangen. Erst seit 1848 erscheint der Verfassungsartikel »Die Wissenschaft und ihre Lehre sind frei«. Das uralte Recht der akademischen Selbstverwaltung bleibt – in diesem liberalen Sinn umgefärbt – erhalten und wird vom Staate anerkannt. Die Forschungsfreiheit, Lehrfreiheit und Lernfreiheit erweitern sich um so leichter, je mehr auch Grundrechte der Person gewährleistet werden. Jene akademischen Forderungen werden beinahe zu Spezialfällen des Rechtes der freien Meinungsäußerung. Die Erweiterung des Vorschlagsrechtes der Fakultäten bei Neubesetzung von Lehrstühlen zu dem ausdrücklichen Recht auf Berücksichtigung der Vorschäge bleibt zu allen Zeiten umstritten.

Da der (liberale) Rechtsstaat stets gefährdet ist, sind auch die Freiheiten der Universität im Staate nie voll gesichert. Autoritäre Regierungen gehen über sie hinweg. Sieht man von den unvermeidlichen Änderungen des politischen Klimas ab und fragt man zunächst nach den Vorzügen des Staatsmonopols, so liegen sie schon äußerlich darin, daß durch die Finanzierung der Universität von seiten des Staates der Einfluß partikulärer Finanzmächte und Interessengruppen eingedämmt wird. Ebenso wird die Rivalität der Konfessionen und Weltanschauungen gemildert. Der Staat muß seinem Wesen nach zu einem übergreifenden »Allgemeinen« hindrängen. Er erreicht allerdings nur Gemeingültigkeit, nicht die strenge unbedingt verpflichtende Allgemeingültigkeit, um deren Herausarbeitung die Wissenschaft bemüht ist. Zum Beispiel: Der Staat erzeugt immer nur eine bestimmte Form von Rechtsordnung. Die Idee der Gerechtigkeit selbst muß von der Wissenschaft durchdacht und konkretisiert werden.

Die Kehrseite des Staatsmonopols ist, daß die Universität vor jenen Veränderungen des politischen Klimas nicht voll geschützt werden kann. In der monarchischen Zeit herrschte auch an der deutschen Hochschule die Idee der nationalen Einigung. Sie wurde zum ethischen Palladium. Mit Republik und Demokratie verstärkte sich der Kampf der Parteien um die Universität. Der Einparteienstaat griff rücksichtslos durch und wollte sogar normieren, was Wissenschaft ist. Der zweite Weltkrieg hat die Vorherrschaft des Nationalgedankens stark in Frage gestellt. Ob nun der Europagedanke an diese Stelle treten wird, ist noch nicht zu entscheiden. Vorläufig liefert noch der Gegensatz gegen die Sowjetideologie und das daraus folgende freiheitliche System den Geist, aus dem heraus die Universität der Bundesrepublik lebt.

Konflikte zwischen dem Staat und der von ihm getragenen Universität sind nie zu vermeiden. *Der Wille zur Macht und der Wille zur Wahrheit laufen eben nicht immer in der gleichen Richtung.* Eine Ursprungsstelle für Spannungen liegt schon in der Tatsache, daß bei dem geschilderten System der Universitätslehrer immer zugleich Staatsbeamter ist. Als solcher hat er noch andere Pflichten als den gewissenhaften Dienst an der Wahrheit. Das schwierige Thema der Grenzen der Lehrfreiheit kann hier nur angedeutet, nicht ausgeführt werden. Im ganzen darf man behaupten, daß es auch für den Staat heilsam ist, Lehrfreiheit zu gewähren, wie es für den einzelnen Gelehrten heilsam ist, um seines Wahrheitsgewissens willen unter Umständen auch zu leiden. Für die ganze Korporation ist es ein Gesundheitskriterium, ob derartiges noch vorkommt.

Wo die Hochschule Staatsanstalt ist, wird sie in äußerer Hinsicht nur mit bescheidenen Mitteln zu rechnen haben, verglichen mit Ländern, in denen Stiftungsuniversitäten mit glänzender Dotierung bestehen. Wenn es in der Bundesrepublik gemäß den Plänen, die der »Wissenschaftsrat« 1960 über den Ausbau der wissenschaftlichen Lehranstalten veröffentlicht hat, im Augenblick anders aussieht, so wird man nicht vergessen, daß »Empfehlungen« noch keine gesicherten Einkünfte bedeuten. Und Platzregen sind bekanntlich nicht die günstigste Art der Fruchtbarmachung des Bodens.

II.

Der Staat der »freien Welt«, so wurde gesagt, erkennt die Freiheit der Person an, die sich vor ihrem Gewissen verantwortlich fühlt. Er räumt Selbstverwaltungsrechte ein. Er überläßt Sondergebiete der Kultur ihrem Eigengesetz, – nicht freilich bis zur Grenze seiner Selbstgefährdung. Angewandt auf unser Thema: der Staat bewilligt einem Teil seiner Beamten, den Universitätslehrern, den Spielraum, gemäß ihrem Wahrheitsgewissen zu forschen und zu lehren. Der Korporation, die dies in seinem Auftrag tut, verleiht er Selbstverwaltungsrechte, unbeschadet seines Aufsichtsrechtes. Er tut beides, weil er sich für die Provinz der Wissenschaft und das in ihr maßgebende Gestaltungsgesetz nicht für zuständig halten kann. – Aber welcher Art ist nun dieses Eigengesetz der Wissenschaft?

Nichts müßte so eindeutig sein wie die Prinzipien des wissenschaftlichen Erkennens. Denn es gehört zum Wesen der (gesuchten) Wahrheit, für alle mit Sacheinsicht Urteilenden zu gelten, d. h. sie alle zur Anerkennung zu verpflichten. – Leider liegt es heut nicht mehr so einfach. Diese Tatsache ist für die deutsche Universität von größter Tragweite. Denn ihre Freilassung ist ja im Vertrauen auf die unbedingte Sicherheit ihrer Arbeit erfolgt, und sie selbst ist es, die diesen Anspruch unter feierlicher Berufung auf das Wahrheitsgewissen erhebt. Zur Milderung sei hinzugefügt: sie erhebt diesen Anspruch für den Fachmann; er muß natürlich die strengste Ausbildung in der Wissenschaft erfahren haben.

Die Geschichte lehrt, daß zwar nicht die Wahrheit, aber die Art, wie man sich der Wahrheit im Forschen und Wissen annähert, erheblichen historischen Wandlungen unterliegt. Nennen wir diese verschiedenen Stile mit Max Scheler »Wissensarten«, so ist sofort ersichtlich, daß es noch mehr Wissensarten gegeben hat und gibt, als er in Anlehnung an das Dreistadiengesetz aufgeführt hat: Religiöses Wissen, Metaphysisches Wissen, Arbeitswissen. Damit wird aber auch die Einheit der Wissenschaft in Frage gestellt. Denn es ist möglich, daß in einer Epoche verschiedene Stile von Wissenschaft (z. B. in bezug auf verschiedene Gegenstandsgebiete) nebeneinander existieren. Und drittens wird auch der Leitgedanke, von dem wir ausgingen, mitberührt. Denn »Forschung« kann nun ebenfalls Verschiedenes bedeuten, z. B. im Zeitalter der Spekulation und im Zeitalter empirischer Einzelforschung.

Das Charakteristische der deutschen Wissenshochschule – eine weitere Seite jenes ihres »Geheimnisses« – besteht darin, daß sie so lange wie irgend möglich an der beherrschenden Stellung der Philosophie festgehalten hat. Diese bedeutete an der deutschen Universität länger als anderwärts gleichsam das Quellgebiet, das Berieselungsnetz und die Kläranlage für die Wissenschaften überhaupt. Bis zum Aufklärungsjahrhundert war dies eigentlich in ganz Europa so. Der Sonderweg in Deutschland begann erst nach Kant und nach der Französischen Revolution. Das Bemerkenswerte ist, daß hier die Entthronung der Metaphysik – summarisch gesagt – erst zwei Menschenalter später stattgefunden hat als in England und Frankreich.

Für das *Studium generale* des Mittelalters (d. h. für seine Universität) bedeutete die scholastische Philosophie den tragenden Grund aller Einzelwissenschaften. Als der Nominalismus sich durchzusetzen begann, geschah es doch in fortdauernder Antithese gegen jenes System. Auch die protestantischen Universitäten haben vom 16. Jahrhundert bis in die Mitte des 17. Jahrhunderts noch ihre Scholastik und ihren Aristotelismus gepflegt. Freilich sanken sie dann zur Bedeutungslosigkeit herab und räumten beinahe die wissenschaftliche Provinz zugunsten der neu aufkommenden Akademien, die *keine* Lehranstalten waren. Gleichzeitig beginnt eine nationale Differenzierung des Wissenschaftsgeistes. Cartesische Metaphysik, induktive Tatsachenforschung, neuplatonisches Harmoniesystem prävalieren, je nach vorherrschender Anlage der Nation. Aber erst um 1700 schalten sich die deutschen Universitäten wieder in die Wissensproduktion ein.

Mit Christian Wolff in Halle (1706–1723) beginnt ein neuer Kurs. Die rationalistisch-mathematische Metaphysik herrscht; der Zusatz des Empirismus wird allmählich stärker. Während in Frankreich die *Grande Encyclopédie* die Resultate des Aufklärungsdenkens zusammenfaßt, setzt Kant der Metaphysik als Wissenschaft Grenzen. Er rettet aber ihre Reste im Sinne eines ethischen Vernunftglaubens. Sofort nach Kant ereignet sich in Deutschland eine merkwürdige Umkehr. Die zurückgedrängte Metaphysik erhebt sich in neuer Gestalt. Die Ursprünge in der volkstümlichen Mystik, wie sie in Schlesien und Schwaben fortwirkt, sind immer noch nicht genügend aufgedeckt. Es entsteht eine spekulative Philosophie, die es wieder wagt, Theosophie zu sein. Kants Transzendentalphilosophie führt zum Ur-Ich, das Ur-Ich zum Welt*geist*. In protestantischen Ländern spielt der alte theologische Hang eine große Rolle. Man spricht von einer »Vollendung der Reformation«. Jedenfalls: diese Philosophie der Fichte, Schelling, Schleiermacher, Hegel versucht, die Selbstexplikation Gottes nachzukonstruieren.

Der spekulative Wissenschaftsstil hatte in Deutschland die Führung, als der neue Universitätstypus sich um 1810 herausbildete. In den westlichen Ländern vollendet man gleichzeitig die Aufklärung; sie geht in die Form des Wissenschaftspositivismus über, der seine innere Verbindung mit der *École Polytechnique* (1795) nicht verleugnen kann. Dort werden christliche Religion und Metaphysik nicht mehr als wissenschaftlich belangvoll anerkannt. Das ist der Sinn des schließlich von Comte formulierten Dreistadiengesetzes. In Deutschland aber strebt man, wenn man ein spätes Wort von Ranke erweitern darf, »die Geschicke Gottes in der Welt« zu ergründen. Fichte, Schelling, Hegel tun es je auf ihre Weise.

Wenn eine Unterbrechung des historischen Gedankenganges erlaubt ist, so darf hier noch einmal erwähnt werden, daß *die Verwurzelung des klassischen deutschen Universitätsgedankens im Religiösen* ein Zug jenes »Geheimnisses« ist, das der feinsinnige Orientale trotz der gegenwärtigen weiten Entfernung von solchem Geist noch herausgespürt hat.

Seit den 40er Jahren des vorigen Jahrhunderts ist die positivistische Wissenschaftsauffassung auch in Deutschland durchgedrungen, also der Geist der Einzelforschung, des Sammelns und Beschreibens, der Einzelinterpretation. Am entschiedensten wirkte der Kausalismus, der das Ingenieurdenken gefördert hat. Seinem Programm nach hat der Positivismus keinen Raum für die Begründung von Normen. Also nicht nur die Metaphysik, sondern auch die Ethik tritt zurück. Damit bahnt sich der Verzicht auf »Sinnforschung« an.

Wenn man näher hinblickt, fehlt es daneben nicht an stiller Gegenwehr.

Diese äußert sich in den starken erkenntnistheoretischen Bemühungen, mit denen die Philosophie um 1900 noch weiterwirkt. Dabei spielt die Hauptrolle der Neukantianismus, der von Fr. Albert Lange und Eduard Zeller über die Marburger und die Südwestdeutschen bis zu Alois Riehl und Ernst Cassirer mannigfaltige Gestalten durchläuft. Diese Erkenntniskritik ist oft eine verschämte Metaphysik. Und insofern sie versucht, jeder Disziplin ihren Ort im ganzen der Wissenschaften anzuweisen, wirkt der Glaube an die Einheit der Wissenschaft in ihr noch fort.

Die berühmte 1919 gehaltene Rede von Max Weber »Wissenschaft als Beruf« bedeutet für Deutschland den *Gipfelpunkt des Positivismus.* Sie gab zwar nur – in parteizerklüfteter Zeit – ein schnell hingeworfenes Programm. Aber sie war doch das unüberhörbare »Bekenntnis« eines großen Forschers zu der These, *daß Wertungen und Weltanschauungen vor der Tür der wissenschaftlichen Werkstätte bleiben müßten. Ob man sie auch als Gegenstände wissenschaftlichen Erkennens und Verstehens ausschließen könne, kam in der Eile nicht ganz deutlich heraus. Natürlich würde dieser Versuch das Ende der Geisteswissenschaften überhaupt bedeuten.* Wenn aber der Wissenschaftler aus der Hingabe an solche Objekte überhaupt etwas »lernt«, so wird sich wohl auch sein eigenes wertendes Bewußtsein dadurch umbilden. *Die Meinung, sein Erkenntniswille sei völlig wertneutral, ist völlig unfruchtbar und läßt sich nicht aufrecht erhalten.* In welchem Sinne muß man also Objektivität (nicht Neutralität) vom geisteswissenschaftlichen Forscher verlangen?

Um fast die gleiche Zeit vollendet Max Scheler seine apriorische Theorie der Wertwesenheiten.[3] Schon der Titel zeigt die Polemik gegen die von Kant beeinflußten Wert- und Normentheorien. Unmittelbar danach läßt Scheler jene Lehre von den Wissensarten, als einen Beitrag zur Wissenssoziologie (!), erscheinen. Seitdem kann man nicht mehr von einem beherrschenden Wissenschaftsgedanken an den deutschen Universitäten sprechen. Will man nicht von einem Kampf aller gegen alle reden, so muß man mindestens zugeben: »Alles ist im Fließen.«

Die lange durchgehaltene Gleichgültigkeit gegen das Problem des Normativen (in Rechtswissenschaft, Wirtschaftswissenschaft und allen auf das Gesellschaftsleben bezogenen Theorien) war wohl *ein* Grund dafür, daß die gesamte deutsche Universitätswissenschaft von einer autoritären politischen Bewegung überrannt werden konnte, die ihr grobes Normensystem

---

[3] Max Scheler, Der Formalismus in der Ethik und die materiale Wertethik (mit besonderer Berücksichtigung der Ethik Immanuel Kants). In: Jahrbuch für Philosophie und phänomenologische Forschung. Hg. von E. Husserl. Halle a. d. S. Bd. I, 2. 1913. Bd. II. 1916. Sonderdruck. Halle 1921.

einfach oktroyierte. *Denn nicht ungestraft konnte das Thema, das für die Begründer der abendländischen Wissenschaft Sokrates und Plato das Zentralproblem bedeutete, die Frage der richtigen Lebensführung, aus Wissenschaft und Hochschule verbannt bleiben.*

Man mache sich den Gegensatz ganz deutlich! Auf der einen Seite steht eine Wissenschaft, die ihren Triumph in der Auffindung von Ablaufsgesetzen und im Vorausberechnen eines an sich sinnfreien Geschehens erblickt. Auf der anderen Seite dringt eine Theorie empor, die wieder nach den Werten des Menschenlebens, nach verpflichtenden Normen, also nach den Sinn*gehalten* statt nach den sie tragenden physischen, seelischen und gesellschaftlichen Prozessen fragt. Schon die einfachste Geisteswissenschaft, die den Sinn eines literarischen Werkes auslegt oder nach dem Sinn eines historischen Handelns fragt, ist ein Stück Sinnforschung. Sie schwebt völlig in der Luft, wenn man grundsätzlich überzeugt ist, mit solchen Problemen habe sich die Wissenschaft nicht zu befassen. Der erste, der gegen eine solche Auffassung protestiert hätte, wäre Max Weber, der große »verstehende« Soziologe, gewesen!

Es besteht die Gefahr, daß die deutsche Universität ihren »geheimen« Kern verliert, wenn sie ihren Wissenschaftsgedanken nicht wieder so erweitert, daß er der Totalität unserer Gegenwartsproblematik entspricht. Wiederholt habe ich betont: *Eine Hochschule muß einen Kulturgedanken haben. Dann muß sie aber auch eine Kulturphilosophie entwickeln, und diese muß lehren, wie ein Menschentum, das auf dem Fundament der Freiheit ruht, sich der Steuerungskraft der Wissenschaft bedient.*

III.

Die deutsche Universität ist vor der Gefahr nicht unbedingt geschützt, daß der Staat, der sie unterhält, zu stark dirigierend in die Wissenschaft eingreift. Sie kann ferner, seitdem der Positivismus zur Herrschaft gelangt ist, leicht einer weltanschauungslosen Neutralität verfallen. Jede Interessentengruppe wird von ihr mit ihren Erkenntnisgütern versorgt; denn nach den *Zielen*, in deren Dienste diese Erkenntnisse gestellt werden, hat sie in den meisten »Fächern« zu fragen verlernt. Daraus ergibt sich unvermeidlich eine dritte Schwierigkeit, die die Universität als *Bildungsstätte* betrifft. Auch hier besteht seit alters eine Spannung, die sich in unserem Jahrhundert verschärft hat. »Akademische Bildung« bedeutet überwiegend nur noch Vorbereitung für eine Fülle sich verzweigender Berufe. Sie sollte aber darüber hinaus zu einem erhöhten Menschentum hinführen, das sich nicht am bloßen eigenen »Lebenkönnen« orientiert und nicht in wirtschaftlicher Nützlichkeit erschöpft. Was »Humanität« gegenwärtig bedeutet, wird niemand auf eine Formel bringen können. Gewiß ist nur: Die Beschaulichkeit eines ästhetischen Genießens der Welt, das Ruhen im Bewußtsein der eigenen harmonischen Wesensfülle, ist kaum noch jemandem vergönnt. Statt dessen bedürften wir eines Kulturführertums, um so mehr, als eine Demokratie leicht steuerlos werden kann. Dieses Kulturführertum mag seinen Schwerpunkt an sehr verschiedenen Stellen des Gesamtlebens haben. Immer gehört dazu ein weiter Horizont und eine innere Geschlossenheit der Person: Sie muß wissen, wozu sie da ist und welchen Werten das Kulturgebäude, an dem sie mitarbeitet, dienen *soll.*

Schon im Mittelalter hat die abendländische Universität ihre Wissenschaft für theoretische *Berufsvorbildung* zur Verfügung gestellt. Die Einteilung in Fakultäten siegte über die in Nationen. Die Theologische Fakultät konnte sich des Dienstes an der höchsten Berufung rühmen. Daß gerade die Rechtspflege und die Gesundheitspflege akademisch unterbaut wurden, hängt gewiß damit zusammen, daß auf beiden Gebieten ein sehr altes Wissensgut tradiert werden mußte. Der Geist des Tradierens bestimmte anfangs das Schulwesen der neueren Völker in *allen* seinen Stufen: die *septem artes liberales* mußten erst einmal angeeignet werden. Später aber empfing die *facultas artium* den Charakter nicht nur einer propädeutischen, sondern einer alle anderen Fakultäten mit dem Geist der Philosophie erfüllenden allgemeinen Fakultät, die jeder durchlaufen haben mußte. Der *magister artium* wurde wieder Student in einer der oberen Fakultäten. Diese also hatten einen unverkennbaren Fachcharakter.

Erst der Einfluß des Renaissancehumanismus brachte auch in den Universitäten den Geist der weltbezogenen *humanitas* zur Geltung. Die Wandlungen dieses Begriffs machen den Kern der neueren europäischen Geistesgeschichte aus. Über vier Jahrhunderte lang (1450–1850) kann man sich keine Humanität denken, die nicht beim griechisch-römischen Altertum in die Lehre gegangen wäre. Christlicher und antiker Geist vereint geben auch den akademischen Studien die feste Orientierung. Zu Beginn des 19. Jahrhunderts, zur Zeit der klassischen deutschen Universitätsidee, war dieser Bund noch fest. Gegen Ende des 19. Jahrhunderts bröckelte die Herrschaft der Antike sichtlich ab. Mit der Kierkegaardrenaissance nach dem ersten Weltkrieg sank in protestantisch beeinflußten Gebieten auch der Bund zwischen dem Christentum und dem – schon weithin modernisierten – Humanitätsideal dahin. Die Vorherrschaft des theologischen Geistes an den Universitäten stellte sich aber doch nicht wieder her. *Die Diastase von Frömmigkeit und Weltlichkeit bedeutet eine Katastrophe der*

Geistesgeschichte, über die man sich noch bei weitem nicht klar genug geworden ist.

Die Humanität »veraltete«. Die Fakultäten aber hatten Bestand. Ja sie verstärkten zunehmend das Gewicht ihres Berufsgedankens durch mannigfache innere Differenzierung. Ferner kamen ganz neue akademische Studiengänge hinzu, gleichviel, ob man für sie eigene Fachhochschulen gründete oder sie in den alten Bau der Universitäten mit hineinnahm.

Man kann nicht leugnen, daß die veränderte Berufswelt und das Vier-Fakultäten-System längst nicht mehr zueinander passen. Wenige denken heute daran, daß die Philosophische Fakultät in Berlin um 1933 noch die Naturforscher und die Vertreter der Wirtschaftlichen Staatswissenschaften mit umschloß. Die Gliederung der Fakultäten war im 20. Jahrhundert von Hochschule zu Hochschule ein wenig verschieden. Viele Disziplinen, die kulturell wichtig wurden, empfingen eigene Fachhochschulen. Die Selbständigkeit der Technischen Hochschulen blieb im allgemeinen unbestritten. In der verworrenen Epoche von 1933–1945 wurden die meisten Fachhochschulen, die in Berlin bestanden, in die Universität »zurück«-geholt, wie man meinte. Die Friedrich-Wilhelms-Universität hatte 1945 acht Fakultäten. Tübingen z. B. besitzt gegenwärtig sechs, jede der *beiden* Theologischen Fakultäten natürlich einzeln gezählt. Der Prozeß der Differenzierung wird unzweifelhaft weitergehen, wiederum gleichviel, ob man neue selbständige Fachhochschulen gründet oder der Universität neue Berufsbildungswege zuerteilt.

Diese Veränderungen sind erwähnt worden, weil die verbreitete Rede, die gegenwärtige deutsche Universität sei auch nur eine Fachhochschule, in solchem Zusammenhang erst ihr volles Gewicht empfängt. Manchmal ist sie als Klage, manchmal als Ausdruck eines befriedigten Realismus zu verstehen. *Die klassische deutsche Universität besaß in der alles umrahmenden Philosophie noch einen Schutz gegen bloßen Fachgeist.* Diese Bedeutung hat die Philosophie seit 1900 mehr und mehr verloren. Wilhelm Wundt war wohl der letzte, dem – obwohl er schon stark vom Positivismus beeinflußt war – noch eine erstaunliche Wissenschaftssynthese gelang. Später kam Nicolai Hartmann einem solchen Ideal nahe. Im ganzen aber liegt es doch heute so: *die Wissenschaft verlangt nicht mehr nach der Hilfe der Philosophie, und die neueste Philosophie kann sie nicht mehr leisten.* Es liegt im Wesen des Positivismus, daß er keine ethischen Richtlinien zur Verfügung stellen will und kann. Die gegenwärtige Soziologie, die vielfach an die Stelle der Philosophie getreten ist, begnügt sich damit, vorhandene Kulturtendenzen zu diagnostizieren und die Anpassung an sie zu empfehlen. Wir wissen aber, welcher Doktrin man sich nähert, wenn man im Gange befindliche Massenbewegungen einfach heilig spricht. Die so eingestellte »Soziologie des Wissens«, die eine echte Selbstkritik der Erkenntnis gern ersetzen möchte, führt vollends zur Politisierung der Wissenschaft und der Lehre.

Eine Folge der geschilderten Lage ist es, daß die Erziehungskraft der deutschen Universität gering geworden ist.[4] Sie war immer erheblich schwächer als der charakterbildende Einfluß ihrer Schwesteranstalten in England und in den Vereinigten Staaten. Das war historisch schon in der Herkunft des deutschen Universitätsgedankens aus der Hochblütezeit des Liberalismus begründet. Der deutsche Student blieb auch unter der demokratischen Staatsform ein Individualist. Von ihm soll ein Amerikaner gesagt haben: er genieße mehr Freiheit, als irgendein Mensch auf der Welt zu irgendeiner Zeit seines Lebens habe und haben dürfe.

Natürlich blieb der Mangel nach dem zweiten Weltkriege, als so unendlich viel in Deutschland zurechtzurücken war, nicht unbemerkt. Der erste Schritt, den »Geist des Allgemeinen« wiederzugewinnen, war ein verfehlter Versuch, das Spezialistentum zu bekämpfen. Man hatte dabei immer noch Schillers akademische Antrittsrede von 1789 im Ohr. Man glaubte, durch möglichst viele Blicke in Nachbarwissenschaften hinein die Enge des Fachgeistes mildern zu können. Der alte Name *studium generale* wurde in dieser Richtung gebraucht – oder mißbraucht. Gewiß ist jede Horizonterweiterung zu begrüßen. Aber von dem Spezialisten befreit uns heute keine Macht der Welt mehr. *Eine – naturgemäß dilletantische – Kenntnisnahme von anderen Wissenschaften ist aber wieder nur eine Auffüllung des Wissens, keine Erweckung ethischer Aktivität.* Wenn Fichte von einem »Tatwissen« gesprochen hatte, so begreift heute niemand mehr, was das ist. Gleichwohl: auch heute noch muß dafür gesorgt werden, daß ein ethischer Impuls in die deutsche Universität hineinkommt. Er kann nur ausgehen von dem entschiedenen Willen, den eigenen begrenzten Beruf verantwortlich in eine *Kultur* hineinzustellen, die als ein *höherer Auftrag und als Weg zur Sinnerfüllung des Menschentums* verstanden wird. Also wieder geht es um »Humanität«, aber um eine Humanität, deren Gestalt und Sinn sich die moderne Menschheit erst erarbeiten muß. Davon ist – wohl nicht nur bei uns in Deutschland – leider nur wenig zu merken.

»Eine Hochschule muß einen Kulturgedanken haben.« Das mindeste also, was sie über die Berufserziehung hinaus leisten muß, ist die Er-

[4] Dieses Thema wird ausführlicher behandelt in meinem Friedrich Schneider zum 80. Geburtstag gewidmeten Aufsatz: Der Universitätslehrer als Erzieher. In: Weltweite Erziehung. Festgabe für Friedrich Schneider zum 80. Geburtstag. Hg. von W. Brezinka. Freiburg, Basel, Wien 1961. S. 81–96. [In diesem Band: S. 391 f.]

weckung des Verständnisses für das Gesamtgefüge unserer gegenwärtigen, durch Industrie und Technik bestimmten, in Weltpolitik und Weltwirtschaft verflochtenen Kultur. Ist diese eine Kultur der Freiheit, so muß die Einzelpersönlichkeit lernen, für sie die Mitverantwortung zu tragen. Ist sie eine Kultur der Freiheit, so muß die Universität auch darauf bedacht sein, die ethischen Normen zu durchdenken und den Gemütern einzupflanzen, denen jeder einzelne sich unterstellen muß. Diese Ordnungen zu bewahren, neue zu schaffen und in ernster Besinnung zu legitimieren, hat man in der Eile des Fortschritts seit 1900 beinahe vergessen. Mit Bezug hierauf besteht auch bei der deutschen Universität ein empfindlicher Nachholbedarf. Ob auch eine schöpferische Kulturphilosophie mithelfen wird, ihn zu decken, bleibe dahingestellt. *Im Kern geht es um Belebung des Ethos.* Wo man sich darum nicht ernsthaft bemüht hat, ist die Kultur noch nicht fertig. Alles verfällt dann dem bloßen Genuß von Kulturgütern. Einer Stätte echter Menschenbildung kann dieser Mangel nicht gleichgültig sein.

[Rückblick]

o. J.

Der Lebensplan, den ich in jungen Jahren faßte, war es, ein Gelehrtenleben zu führen, zugleich aber bildend auf die Gesamthaltung des deutschen Volkes einzuwirken. Erst spät ergab sich aus dem Schicksal meiner Generation, daß ich stärker in politische Zusammenhänge verflochten wurde, als es sonst beim deutschen Professor der Fall war.

Meine historische und psychologische Grundeinstellung wurde durch meinen Lehrer Dilthey geformt und vertieft. Das pädagogische Interesse fand bei Friedrich Paulsen ebenso reiche Nahrung, wie seine Persönlichkeit mir zum Vorbilde wurde. Seit meiner Privatdozentenzeit hatte ich das hohe Glück, im Hause von Alois Riehl eine Atmosphäre einzuatmen, der ich nächst meinen Eltern menschlich das Beste verdanke.

Alles, was ich wissenschaftlich angestrebt habe, ist ein wenig in der Richtung vorwärtsgekommen, zu der ich mich innerlich verpflichtet fühlte. Nichts ist vollendet worden. Ich fühle mich als Glied in einem Geistesprozeß des Abendlandes, der erst jetzt in seine kritische Stunde eingetreten ist. Dies bewußt zu machen, betrachte ich heute als meine wesentlichste Aufgabe. Es ist die Überbrückungsfunktion, die die Altgewordenen heute haben, bis aus einer enttäuschten und irregeleiteten Jugend die neue produktive Idee hervorbricht, die sich zur Stunde noch verbirgt.

Wissenschaftlich – meine Interessenrichtungen spiegeln sich am besten in der Liste meiner Akademieabhandlungen 1926–1944 – habe ich von früh auf eine andere Psychologie mitbegründen wollen, als die war, die ich vorfand. Die »geisteswissenschaftliche Psychologie« hat sich langsam einigen Boden erarbeitet, steht aber (*halb*verstanden) in immer noch gefährdeten Anfängen. (Meine ›Psychologie des Jugendalters‹ nähert sich dem 100 000. Exemplar.)

Methode der *Geschichtswissenschaft* und das Sinnproblem der Geschichte hat mich zeitlebens beschäftigt. Dabei wurde mir immer wichtiger der Anteil, den die gelebte Gegenwart an dem Versuch einer Sinndeutung der Geschichte hat.

Mein erstes großes Buch (1908 entstanden) enthielt im Titel das Stichwort *Humanität.* Wie zentral dieses Thema ist und welche Problematik damit verbunden ist, hat mich erst ein Zeitalter antihumanen Geistes ganz gelehrt.

Geschichte der Erziehung und der Pädagogik habe ich zu einem Zweig der Geistesgeschichte machen wollen, jedoch unter starker Betonung der Beziehungen zwischen Staat und Bildungswesen (Bildungsideen). Dies nicht ohne Erfolg!

Goethe hat mich von früh auf begleitet. Zu *Hegel* bin ich langsam und mühsam durchgedrungen. Dies betrachte ich als reichsten Gewinn neben der Orientierung an Sokrates und Plato, Kant und Pestalozzi.

Religiös komme ich her aus einem *nicht* äußerlichen Verhältnis zu Schleiermachers und Ritschls Erben. Von der heute herrschenden evangelischen Theologie weicht meine Überzeugung weit ab, weil ich die Reformation nicht als eine Kulturnegation verstehe, sondern als religiöse Kulturvertiefung.

An der *Schulreform*, die vielen Selbstzweck geworden ist, hat mich stärker nur die »innere Schulreform« (diesen Namen glaube ich ausgebreitet zu haben) interessieren können, vor allem aber die Seite der Lehrerbildung (*auch* von innen gesehen).

Als Hochschullehrer glaube ich, hier ein wenig gewirkt zu haben. Im großen organisatorischen Bereich bin ich *bisher* damit gescheitert.

Meine *Vorlesungen*, auch die, die nicht von Pädagogik handelten, habe ich immer bewußt so gestaltet, daß in sie etwas Menschenbildendes eingewickelt war. Aber echter Wissenschaft wollte ich, soweit es möglich war, dabei nichts schuldig bleiben.

Die *Idee der deutschen Universität* und ihre sinngemäße Weiterentwicklung bedeutet mir noch heute Anliegen und Sorge (schwere Sorge!) wie schon 1910.

Mein Berufsleben nahm eine unruhigere Wendung durch meinen Konflikt mit dem nationalsozialistischen System 1933.

Das Jahr, das ich als Austauschprofessor in Japan verbracht habe (auf Anregung von Solf), war *keine* Flucht und keine Verbannung aus Deutschland. Es hat für mich den Segen ungeheuer erweiterter Vergleichsmöglichkeiten gebracht. (1936/37.)

Wie das 3. Reich für mich mit persönlichem Kampf begonnen hatte, endete es gefährlich mit meiner Gefangensetzung 1944.

Als freiwilliger Verwalter der Berliner Universität (Mai bis Oktober 1945) habe ich seit Mai 1945 auch noch mit einem anderen totalitären

System fruchtbare Bekanntschaft gemacht (bis zur *Flucht* nach Tübingen Juli 1946).

In Tübingen mußte ich mit 64 Jahren noch einmal von vorn anfangen. Dort habe ich die dritte Universität, einen anderen deutschen Stamm, eine völlig neue Zeitlage kennengelernt. Zum Altwerden blieb keine Zeit.

Zur eigentlichen Demokratie habe ich mich spät, aber mit Einsicht bekehrt. Eben deshalb sehe ich manche Entwicklungen *mit schwerster Sorge*, auf der *demokratischen*, nicht auf der antidemokratischen Seite.

Ich liebe mein Volk von ganzer Seele, wie es natürlich ist. Ich sehe seine ungewöhnlichen Vorzüge, vor allem seine dritte (oder wievielte?) *Bewährung gerade nach einem verlorenen Kriege*. Aber ich erschrecke vor seinen unverbesserlichen Blindheiten. Und so lange noch irgendein Funke von Kraft in mir ist, werde ich mich bemühen, ihm diese seine Grenzen immer wieder vorzuhalten. Aber ich bilde mir nicht ein, daß ein einzelner ein Volk erziehen könnte. Was Vater und Mutter tun, ist auch nicht regelhaftes Bessermachenwollen, sondern einfach – Lieben.

Zu den Texten

Vorbemerkung. Die Aufgabe des Herausgebers dieses Bandes war gestellt durch die Anlage der ›Gesammelten Schriften‹, in der er erscheint, und die zahlreichen veröffentlichten und unveröffentlichten Abhandlungen, Vorträge, Aufsätze, Artikel, Voten, die thematisch einschlägig aus einem Zeitraum von mehr als fünfzig Jahren (1909–1962) im Werk Eduard Sprangers vorliegen. Daraus war eine Auswahl zu treffen, die kennzeichnend ist für seine Auffassung von Idee und Gestalt, Sinn und Aufgabe, Gefährdung und Erneuerung der deutschen Universität. Lebenslang festgehaltene Positionen sollten ebenso hervortreten wie Stellungnahmen, die aus gewandelter Situation sich ergaben. Die Einführungen des Herausgebers zu den ausgewählten Texten begründen die Auswahl. Sie stellen in Vor- und Rückblick die Texte in den Gesamtzusammenhang von Eduard Sprangers Hochschulschrifttum; sie weisen auf die nicht aufgenommenen Schriften und Vorträge hin, die teils veröffentlicht, teils unveröffentlicht vorliegen. Die ergänzenden Nachweise zu den gebotenen Texten beschränken sich auf vorkommende Zitate und Bezugnahmen auf Personen und Vorgänge. E. Sprangers Hochschulschriften sind aufs engste mit der Entfaltung seines philosophischen, pädagogischen, politischen Denkens und mit seinem Wirken als Universitätslehrer verknüpft. Drei autobiographische Texte, die unter diesem Gesichtspunkt in den Band aufgenommen sind, geben davon Zeugnis. Soweit der verfügbare Raum es ermöglichte, sind diese Verbindungen auch bibliographisch aufgewiesen. Verkürzung auf das Nötigste war hier aus Raumgründen gefordert.

Der Wiedergabe liegen zugrunde: Bei von E. Spranger selbst veröffentlichten Schriften die Erstdrucke bzw. bei mehreren Auflagen der letzte von ihm durchgesehene Druck, bei Veröffentlichungen aus dem Nachlaß die jeweils letzte Textgestalt. Eine Berücksichtigung der Textgenese liegt – von besonderen Ausnahmen abgesehen – nicht im Rahmen dieser Edition. Auf Manuskripte, Entwürfe und Vorarbeiten, die im Nachlaß zu den gebotenen Texten vorliegen, wurde hingewiesen.

Abkürzungen in den Texten wurden aufgelöst, Rechtschreibung und Zeichensetzung der heutigen angeglichen. Besondere Eigentümlichkeiten E. Sprangers sind dabei bewahrt. (Vgl. Ges. Schr. I.430.) Offensichtliche Versehen (Schreib- und Druckfehler) wurden ohne Vermerk berichtigt. Zusätze des Herausgebers stehen in eckigen Klammern. (Ergänzungen der bibliographischen Angaben sind nicht als Zusätze des Herausgebers gekennzeichnet.) Um Verwechslungen zu vermeiden, wurden die von E. Spranger in eckigen Klammern gegebenen Zusätze in spitzen Klammern wiedergegeben.

Die bibliographischen Angaben (B. + Nummer) beziehen sich auf die folgenden Bibliographien: Theodor Neu, Bibliographie Eduard Spranger. Tübingen 1958. Sie umfaßt die Nummern 1–777. Ludwig Englert und Siegfried Mursch, Bibliographie Eduard Spranger 1957–1962. In: Pädagogische Rundschau. Jg. 16. 1962, S. 630–644; auch separat 1962. Sie enthält die Nummern 778–887. Diese Nummern gelten auch für die Gesamtbibliographie Eduard Spranger, die nach Erscheinen der Gesammelten Schriften vorgelegt wird. (Vgl. Ges. Schr. I. 430.)

Folgende Abkürzungen wurden verwendet:

Briefwechsel = Georg Kerschensteiner, Eduard Spranger. Briefwechsel 1912–1931. Hg. und eingeleitet von Ludwig Englert. München, Wien 1966. – Briefwechsel Meinecke = Friedrich Meinecke. Ausgewählter Briefwechsel. Hg. und eingeleitet von Ludwig Dehio und Peter Classen. Stuttgart 1962. – E. Sp. Berl. Geist = Eduard Spranger, Berliner Geist. Aufsätze, Reden, Aufzeichnungen. Tübingen 1966. – E. Sp. Bildnis = Eduard Spranger. Bildnis eines geistigen Menschen unserer Zeit. Zum 75. Geburtstag dargebracht von Freunden und Weggenossen. Hg. von Hans Wenke. Heidelberg 1957. – E. Sp. Päd. Gen. = Eduard Spranger, Vom pädagogischen Genius. Lebensbilder und Grundgedanken großer Erzieher. Hg. von Hans Walter Bähr. Heidelberg 1965. – E. Sp. WL = Eduard Spranger. Sein Werk und sein Leben. Hg. von H. W. Bähr und H. Wenke. Heidelberg 1964. – Ges. Schr. I und ff. = Eduard Spranger, Gesammelte Schriften. Hg. von H. W. Bähr, O. F. Bollnow u. a. Heidelberg, Tübingen, Band I und ff. 1969 ff. Zahlen in runden Klammern ohne weitere Angabe bezeichnen Seiten des vorliegenden Bandes.

Teil I

Begabung und Studium (1917)

Die Untersuchung erschien 1917 bei B. G. Teubner, Leipzig-Berlin, als die 2. Veröffentlichung des Deutschen Ausschusses für Erziehung und Unterricht. Sie liegt nur in dieser Ausgabe (B. 104) vor, die hier wiedergegeben ist. Die Anmerkungen, die in der Vorlage hinter dem Text stehen und für jedes Kapitel besonders gezählt werden, sind in unserer Edition mit durchlaufender Numerierung unter den

Text gesetzt. Weder Manuskript noch Entwürfe sind im Nachlaß vorhanden; über eine Vorstufe der Schrift wird unten berichtet.

Der Themenkreis »Hochschule und Gesellschaft« wird auf den ersten Seiten in einem wichtigen Teilproblem angeschlagen: Die politische Relevanz des »Aufstiegs der Begabten« wird (8 f.) aufgezeigt an der unterschiedlichen Einstellung der »Grundstandpunkte« des Konservativismus, Liberalismus und Sozialismus zum Begabtenaufstieg als gesellschaftlicher Erscheinung.

Den Einsatz mit gerade diesem Thema erklärt die Entstehung der Schrift:

Die Beschäftigung mit dem Fragenkomplex »Begabung und Studium« ergab sich für Spranger aus der Übernahme des Vorsitzes im ersten Sonderausschuß des Deutschen Ausschusses für Erziehung und Unterricht, der sich am 28. 12. 1915 in Berlin konstituiert hatte. Die Geschichte dieser Gründung gehört nicht hierher: Spranger zählte nicht zu den Initiatoren. Gegen seinen Willen wurde er als »Vertreter der Hochschulen« in den Vorstand gewählt, nur mit Vorbehalt entschloß er sich zur Mitarbeit. (Vgl. die Briefe an K. Hadlich vom 3. 1. und an Kerschensteiner vom 16. 1. 1916; Briefwechsel, 48).

Das Thema des Sonderausschusses, dessen Leitung Spranger übernahm, war »Der Aufstieg der Begabten«. Seine vielverzweigten Aspekte sollten in Einzelbeiträgen von Vertretern aus allen Bereichen des Erziehungs- und Ausbildungswesens erarbeitet werden vor allem im Hinblick auf neue, nötige Einrichtungen der Begabtenförderung. Die Schrift ›Begabung und Studium‹ ist Sprangers Beitrag zum »Aufstieg der Begabten«. Das geht hervor aus der Sammlung der übrigen Beiträge, die 1916 bei. B. G. Teubner als die 1. Veröffentlichung des Deutschen Ausschusses für Erziehung und Unterricht herauskam: ›Der Aufstieg der Begabten. Vorfragen. Herausgegeben und eingeleitet von Peter Petersen‹. Hier heißt es im Vorwort nach einem »besonderen Dank« an Eduard Spranger, den Vorsitzenden des Sonderausschusses: »Leider hat Krankheit ihn daran gehindert, selbst herauszugeben, was er so entscheidend gefördert hat. Aus demselben Grunde mußte in dieser Veröffentlichung sein Beitrag ausfallen, der für den Bereich der Universitäten die Frage der Begabung im weitesten Sinne behandelt. Er wird aber, beträchtlich erweitert, in den nächsten Monaten als Sonderheft erscheinen.« Die Ausarbeitung zur selbständigen Schrift fällt in die Zeit der Erkrankung, die Spranger am 16. 4. 1916 zwang, die Lehrtätigkeit für ein Jahr zu unterbrechen. (Briefw., 57.331[27].) Das Vorwort schrieb er am 10. 11. 1916 während der Kur in Partenkirchen. Die Schrift erschien im Februar 1917.

Ihre *Vorstufe* war das Referat, das Spranger am 15. 4. 1916 unter den ungünstigen Umständen der beginnenden Krankheit auf der Vorstandssitzung des Deutschen Ausschusses in Berlin gehalten hat, in Verbindung mit einem Bericht über die Arbeiten des Sonderausschusses. (Briefw., 55–57.331[27]. 332[28].) Das vollausgearbeitete, undatierte Manuskript des Referats, das mehrmals auf den Deutschen Ausschuß Bezug nimmt, liegt im Tübinger Nachlaß vor. Es umfaßt ein Titelblatt mit der Aufschrift *›Referat Spranger (Universitäten.)‹* und 29 durchlaufend numerierte, einseitig beschriebene Blätter im Format 21 × 16,5 cm.

Nach einleitenden Thesen über Begabungserkenntnis und Begabtenförderung überhaupt behandelt der als »Einzelreferat« bezeichnete Hauptteil »die Auslese der Begabten auf der Universität«. Ausführlich erörtert werden nur »die Begabung für wissenschaftliche Arbeit« (hinsichtl. ihrer allgemeinen und für bestimmte Wissenschaftsgruppen nötigen Erfordernisse) sowie die bestehenden und zu schaffenden Einrichtungen, die Auslese und Aufstieg der wissenschaftlich Tüchtigsten an der Universität fördern können. Erst zum Schluß wird kurz auf die »Begabung zum höheren Lehramt« als eine Berufsbegabung eingegangen, die durch wissenschaftliche Begabung allein nicht erfüllt wird: Begabung zum Studium und Berufsbegabung können auseinanderfallen. »Hier jedoch verwandelt sich das Problem ›Aufstieg der Begabten‹ in das umgekehrte: ›Abstoßen der Untüchtigen‹«. (Referat, 27.)

In ›Begabung und Studium‹ ist erkannt, daß »Abstoßen der Untüchtigen« nach dem Studium nicht das letzte Wort bleiben kann angesichts der Problematik, die das Auseinanderfallen von Begabung zum Studium und Begabung für den Beruf aufwirft: »An diesem Punkte liegt die Spannung, aus der das Problem ›Begabung und Studium‹ für unsere Zeit eigentlich erst erwächst, und hierüber gilt es, sich ganz klar zu werden« (15). Diese Einsicht bringt gegenüber dem Referat nicht bloß die Erweiterung um die Probleme der Förderung der »Berufs- oder Anwendungsbegabung«, sondern eine Verlagerung des Schwergewichts der Erörterungen von dem Fragenkreis »Wissenschaftliche Begabung und Studium« auf den von »Berufsbegabung und Studium« und damit auf die für die Gesamtgestalt der Universität entscheidende Frage der *Stellung der Praxis* in Forschung, Lehre und Studium. Diese Gewichtsverschiebung in der Thematik ist es, die die Schrift ›Begabung und Studium‹ über eine Spezialuntersuchung der Begabtenförderung zu einer grundlegenden Universitätsschrift Sprangers erhebt: Sie bietet an Hand der Fragen der Förderung der Berufsbegabung eine Darlegung der grundsätzlichen und praktischen Lösung der Spannung von »Theorie und Praxis«, d. h. von reiner und praxisbezogener Wissenschaft an der Universität.

Gemeint ist hier ausdrücklich (10 f.) immer die *deutsche* Universität als ein Universitätstypus eigener »Verfassung« und eigener struktureller Problematik.

Bereits die Exposition der Untersuchung (12–18) legt das klar: Die deutsche Universität ist der Erkenntnis und Entfaltung wissenschaftlicher Begabungen in idealer Weise günstig, so, »daß kein glücklicheres System erdacht werden kann« (11.12): Sie »ist wesentlich organisiert aus dem inneren Gesetz des reinen Wahrheitssuchens« (14), die reine Wissenschaft hat in Forschung, Lehre und Studium das Primat. Fragen der Förderung der wissenschaftlichen Begabung stellen sie vor kein prinzipielles organisatorisches Problem. Anders die der Berufsbegabung: Hier sieht sich die deutsche Universität vor die Entscheidung über das Prinzip ihrer Organisation gestellt durch die Gegnerschaft eines verbreiteten *Pragmatismus*, der ihre Organisation im ganzen angreift: Sie ist praxisfern, lebensfremd, unzeitgemäß. Diesem »Angriff« liegt das Gegenbild der deutschen Universität zugrunde: die aus einem »pragmatischen Geist« organisierte Hochschule (z. B.

Amerikas), wo »kaum etwas gelernt wird, was nicht morgen schon seinen Nutzen in der Anwendung entfalten kann« (16).

Der Angriff zielt auf die Grundlagen der deutschen Universität: Anstelle der reinen, von Rücksicht auf Nutzen freien Wissenschaft erhebt er die Nützlichkeit für Beruf und Leben zum Prinzip der Hochschulorganisation, verneint die Einheit von Forschung und Berufsausbildung und damit die genuine Bildungsidee der deutschen Universität. Durch ihn erhält die Frage der Förderung der Berufsbegabung die prinzipielle Zuspitzung auf die Entscheidungsfrage: Vorrang von reiner *oder* praxisgebundener Wissenschaft an der Universität. »Daher ist die Frage, von der alles Folgende abhängt, ob und wie die Universität der Anwendungsbegabung und der praktischen Lebenbestimmung ihrer Schüler Rechnung tragen soll« (16).

Die Antwort auf die Frage der Stellung der Praxis an der Universität gibt Spranger mit den folgenden Positionen: 1) Grundsätzlicher Vorrang der reinen Wissenschaft in Forschung, Lehre und Studium (17.47). 2) Heranführung an die Praxis während des Studiums, und zwar grundsätzlich im Medium der Theorie (46) mit dem Ziel, daß an der Universität »die *ganze Theorie der Praxis* zur Geltung komme, nicht bloß eine Theorie, die an den Beruf selber noch gar nicht heranreicht« (47). Diesem Ziel soll der Ausbau der »Kulturkunde(n)« dienen (51). Gemeint ist, wie auch die Beispiele zeigen, die theoretische Erfassung der besonderen »Kulturlage« der Menschen in den Lebenskreisen, mit denen es die Berufe zu tun haben, auf die die Universität wissenschaftlich vorbereitet (51.54 f.).

Der oberste, entscheidende Gesichtspunkt für den Vorrang der Theorie vor der Praxis ist die für die deutsche Universität konstitutive Auffassung vom selbständigen und überlegenen Wert des von Rücksicht auf Anwendung (Nutzen) freien, »reinen« wissenschaftlichen Forschens (17.47.107). In ihr sind die spezifische Bildungs- oder Erziehungsidee der deutschen Universität wie auch die Untrennbarkeit von Forschung und Lehre (Berufslehre) als das Prinzip ihrer Wissenschaftsorganisation verankert.

Die Auffassung vom eigenständigen Wert des reinen wissenschaftlichen Forschens wird in ›Begabung und Studium‹ nach den Hauptmomenten entfaltet, die Spranger in seinem Universitätsschrifttum stets festgehalten und je nach Zusammenhang akzentuiert hat: Das Wahrheitsuchen der reinen Wissenschaft ist 1) eine durch keine Praxis ersetzbare »Schule des Charakters überhaupt, gleichsam ein Übungsfeld für *jede* Art des selbständigen Urteilens« (17); es ist 2) schon im Stande des Lernens kein bloßes Aneignen fremder, fertiger Lehren, sondern ein selbständiges Suchen, Finden, Schaffen (19). Vgl. bes. 107, 111/112, 237, 329 u. ö.

Gemäß dieser Auffassung ist die Vertrautheit mit dem reinen wissenschaftlichen Denken das erste Ziel des Studiums und die Voraussetzung jedes akademischen Berufs. Die spezielle Berufsausbildung steht an der deutschen Universität grundsätzlich zurück. (Vgl. 16.18.111 f.151.) Diese Ordnung kann nicht ohne Eingriff in das Wesen der deutschen Universität geändert werden.

Damit ist der Gesichtspunkt aufgezeigt, der nicht nur in ›Begabung und Studium‹, sondern in Sprangers Universitätsschriften überhaupt in der Zeit vor dem 1. Weltkrieg (und noch während desselben bis zur Revolution 1918) der beherrschende ist: *Die Abwehr des Pragmatismus (Utilitarismus) als der Hauptgefahr der Universität.* »Denn die Wissenschaft hat das mit der Kunst gemein, daß sie ihre Kraft verliert, sobald sie nach ihrer Leistung für die Zwecke von hier und heute bewertet wird« (64). Daher ist nicht nur der prinzipielle Pragmatismus abzuwehren, der den Nutzen der reinen Wissenschaft überordnen will, sondern ebensosehr der okkasionelle, der durch faktische Einflußnahme das reine Wahrheitsforschen an der Universität zugunsten wissenschaftsfremder Zwecke zurücksetzt. Von dieser Art ist die Einwirkung des Staates auf die Universität, von der Spranger in den 2 Schriften handelt, die ›Begabung und Studium‹ vorausgehen und akute Universitätsfragen erörtern: *Wandlungen im Wesen der Universität seit 100 Jahren.* Leipzig 1913, 35 S. B. 80, und *Über den Beruf unserer Zeit zur Universitätsgründung. (Mit Bezug auf den Hamburger Universitätsplan.)* In: Die Geisteswissenschaften. Jg. 1. 1913. S. 8–12, B. 84, und separat: Leipzig 1913. 16 S. Mit ihnen setzte Spranger sein der deutschen Universität gewidmetes Schrifttum fort, das er 1910 mit der Edition eröffnete: *Fichte, Schleiermacher, Steffens über das Wesen der Universität. Mit einer Einleitung hg. von Eduard Spranger.* Leipzig 1910. (Philos. Bibl. 120.) B. 60. (Zur »Einleitung« dieser Edition s. unten 442.)

Kennzeichnend für die Situation der Universität, wie sie sich Spranger in der Zeit von 1910–1918 darstellte, ist die Feststellung in ›Wandlungen im Wesen der Universität seit 100 Jahren‹, S.13: »Im allgemeinen dürfen wir sagen, daß die Lehrfreiheit ein anerkannter Besitztitel ist ... Und trotzdem ist das Verhältnis von Universität und Staat noch immer der wichtigste Diskussionspunkt nur in einem anderen Sinne«: Durch die heutige Universität geht »eine Spannung, die zwar naturgemäß schon vor 100 Jahren bestand, die aber durch die ungeheure Verstärkung des politischen Lebens ebenfalls stärker geworden ist: die Spannung zwischen dem reinen Wissenschaftsstreben und der Vorbereitung auf Staatsberufe« (a. a. O. 16). Durch Vorschriften für die Berufsausbildung, bes. der Beamten, durch Einrichtung von Fächern unter dem Gesichtspunkt der Staatspraxis bestimmt der Staat in steigendem Maß Lehrziele und Lehrgehalte an der Universität (a. a. O. 18). Der damit gegebenen Gefahr der Zurückdrängung der freien Wahrheitsforschung zugunsten berufsbezogener Lehre muß die Universität durch eine »Stufenbildung« unter Wahrung der Untrennbarkeit von Forschung und Lehre begegnen. In der Richtung dieses Vorschlags, der von ihm erstmals hier (ebd. 17) entwickelt wird, hat Spranger stets die wesensgerechte Weiterentwicklung des deutschen Universitätssystems zur Bewältigung der Spannung von Wissenschaft und Praxis im Bereich der Berufsausbildung gesehen. Vgl. in diesem Band bes. 231 f.

Gegen die Indienstnahme der Universität seitens des Staates für wirtschaftspolitische Zwecke war der Protest gerichtet, mit dem Spranger 1913 dem Hamburger

Universitätsplan entgegentrat, der das Kolonialinstitut und das Allgemeine Vorlesungswesen der Stadt zur Universität mit einer Kolonialfakultät ausbauen wollte: »Das hat nichts zu tun mit dem Wesen der deutschen Universität...; das ist geboren aus dem Geist derjenigen Nützlichkeit, die dem Geist der Wissenschaft von Grund aus fremd ist. – Die Kolonialfakultät ist das Produkt der gegenwärtigen weltwirtschaftlichen Lage und der imperialistischen Politik. – Die wahre Wissenschaft läßt sich nicht nach politischen Bedürfnissen organisieren: sie hat ihre eigenen Forderungen und ihr eigenes Gesetz ...«. (E. Spranger, Über den Beruf unserer Zeit zur Universitätsgründung. B. 84 Sep. Ausg. 11,15.) – Zur Hamburger Diskussion dieser Schrift: Werner v. Melle, Dreißig Jahre Hamburger Wissenschaft. 1891–1921. 2 Bde. Hamburg 1924. Bd. 2. S. 200 f. –

Grundsätzliche *politische und gesellschaftspolitische* Positionen Sprangers treten in ›Begabung und Studium‹ bei der Erörterung der Organisation des Begabtenaufstiegs hervor: »Es ist ein irreführendes Wort: man solle den Fortschritt organisieren: das eigentlich Produktive läßt sich nicht in vorgebildete Formen fassen; es gedeiht allein in unbehinderter Freiheit« (12; 50 u. ö.). Dem entspricht die Verfassung der deutschen Universität, die in ihrem Wesen »die klassische Ausprägung liberaler Geistesart« ist (79): »Das Unorganisierte gehört zu ihrem Grundcharakter« (ebd.). Sie stellt die Wissenschaftsproduktion wie den Wissenschaftserwerb in die Freiheit der selbstverantwortlichen Persönlichkeit (10 f. 73.79.81 u. ö.). Andererseits: »Falsch wäre es, wollte die Universität die gesellschaftlichen Stufen, die das Zeitalter industrieller Produktion geschaffen hat, einfach hinnehmen ... *Hier* bedarf es der Organisation, weil sie erst ermöglicht, daß jene Freiheit überhaupt zur Wirkung komme, weil so erst jedem die Entwicklungs*möglichkeit* gesichert wird« (81; vgl. über die falsche Auslese durch Herkunft und Besitz bes. auch 31 f. 36. 59 f.).

Die in diesen Fällen differente Stellungnahme zur gesellschaftlichen Organisation weist auf Sprangers Auffassung von der zeitnotwendigen Vereinigung des liberalen Prinzips der freien Persönlichkeit mit dem sozialistischen Prinzip der Organisation in einem *»individualisierten oder organischen Sozialismus«*, dessen »Organisation den lebendigen Reichtum individualisierten Lebens in sich aufzunehmen (sucht), um jedes an seiner Stelle dem Ganzen nutzbar zu machen, zugleich aber auch das Ganze jedem Einzelnen« (79; s. bes. auch 9 ff.).

Von Anfang an hat Spranger das Thema des Begabtenaufstiegs in den Zusammenhang von Überlegungen gestellt über die durch das Ereignis des (1.) Weltkriegs sichtbar gewandelte Stellung und Aufgabe des Einzelnen im sozialen Ganzen. Vgl. den Brief an Kerschensteiner vom 16. 1. 1916; Briefw. 49. Rechenschaft von den Tatsachen und Tendenzen, die ihm diesen Wandel anzeigten, gab Spranger im Dezember 1915 und Januar 1916 in drei rasch aufeinander folgenden Veröffentlichungen: *›Fünfundzwanzig Jahre deutscher Erziehungspolitik‹* (B. 94.99), *›Die Idee einer Hochschule für Frauen und die Frauenbewegung‹* (B. 101), *›Das humanistische und das politische Bildungsideal im heutigen Deutschland‹* (B. 100.330). Zusammen bieten diese Schriften eine Darlegung des allgemeinen politischen Problems, wie es sich ihm damals stellte: Als die Frage der Verwirklichung eines »Sozialismus«, in dessen Ethos der kollektiven Verantwortung und der Solidarität das individualistische Ideal der Selbstvollendung ethisch »überboten«, und in dessen Aufbau ein Maximum des Ausgleichs zwischen dem modernen Individuum und der Machtorganisation des Staates erreicht wird. Die 2. und die 3. der gen. Schriften sind vor allem aufschlußreich für Sprangers primär am Gegensatz von Organisation und Individualität orientierten Begriff des Politischen sowie für seine Auffassung, daß die gesellschaftliche Entwicklung in der Wende vom Individualismus und Liberalismus zu einem »Staatssozialismus« stehe, – eine Wendung, die, vom Weltkrieg vorangetrieben, bereits erkennbar auf verschiedenen Gebieten hervortrete. Auf diese Schriften muß zum vollen Verständnis der gesellschaftspolitischen Ausführungen verwiesen werden, die ›Begabung und Studium‹ eröffnen (S. 8–10) und beschließen (79–81).

Eine wesentliche Ergänzung hinsichtl. der gesellschafts- und kulturpolitischen Seite der Begabtenförderung bietet außerdem die 1918 erschienene, noch vor der Revolution verfaßte Abhandlung Sprangers *›Das Problem des Aufstiegs‹* (B. 116.119). Daß sie bei der 1. Ausgabe (B. 116) den Titel ›Der Aufstieg der Begabten‹ trug, zeigt die enge Verbindung ihrer Entstehung mit seiner Tätigkeit im Sonderausschuß. Spranger erörtert in ihr den sozialen Aufstieg als solchen nach seinen kulturellen Licht- und Schattenseiten. Höchster Maßstab der Bewertung des Aufstiegs – sowohl Einzelner innerhalb einer Klasse als auch von einer Klasse zur höheren sowie ganzer Klassen – kann allein die innere Kultur, d. h. die Bildung des Individuums zu seiner Totalität sein. Erst mit ihr wird beim sozialen Aufstieg mit dem privaten Wohl des Einzelnen auch der sittliche und kulturelle Wert des Ganzen gehoben. Zum Tenor der Schrift gehört daher die Warnung, nicht durch falsche organisierende Maßnahmen einseitig die intellektuelle Ausbildung zum Hebel des Aufstiegs zu machen. Die Abhandlung liegt vor in: Ges. Schr. VIII, 125–140; vgl. hier bes. 127 ff. sowie 135 f.: ›Läßt sich der Aufstieg organisieren?‹ –

Aus Sprangers Arbeit im Sonderausschuß ging weiter hervor der Aufsatz ›Der Aufstieg der Begabten zur Universität‹. In: Reclams Universum. Jg. 33. Hlbbd. I. 1917. Die Weltrundschau S. 385–388. B. 107. Nimmt man den auf die Studiensituation der ersten Kriegsjahre (1914/15) bezogenen Artikel ›Welchen Sinn hat es, jetzt zu studieren?‹, B. 96, hinzu, so sind die Veröffentlichungen Sprangers überblickt, die er in der Zeit von 1910–1918 Universitätsfragen gewidmet hat.

Aus diesen Schriften wird ›Begabung und Studium‹ hier als diejenige Abhandlung geboten, die die Spannung von Theorie und Praxis prinzipiell und in der Breite der Probleme erörtert, und zwar in bezug auf die Verhältnisse der deutschen Universität vor dem 1. Weltkrieg. Sie vermittelt so die Ausgangslage einer Problematik, die in weiteren Schriften dieses Bandes zunehmend verschärft als ein Hauptkrisenmoment der Universität hervortritt. Sie ist ferner die einzige seiner Universitätsschriften aus dem genannten Zeitraum, in der Sprangers Konzeption des individualisierten oder organischen Sozialismus zur Sprache kommt.

Damit weist sie, wie gezeigt, auf die Ausbildung seiner politischen und gesellschaftspolitischen Anschauungen unter dem Eindruck des 1. Weltkriegs hin.

Unter diesen Gesichtspunkten ausgewählt, eröffnet ›Begabung und Studium‹ die Grundschriften dieses Bandes.

Zur Abhandlung sei angemerkt:

Die Untersuchung berührt grundsätzliche Stellungnahmen Sprangers zu Fragen der Bildungspolitik, Einheitsschule, Lehrerbildung usw.; dafür sei auf die Bde. I und III der Ges. Schriften verwiesen. Zu den Fragen der Begabungserkenntnis, -auslese und -förderung siehe in ds. Bd. S. 239 f. und dazu die Nachweise S. 454 f.

Zu den Hinweisen und Zitaten im Text:

S. 10: *Der Deutsche Ausschuß ...:* Über Reformziele innerhalb dieses Kreises unterrichtet: ›Der Aufstieg der Begabten. Vorfragen‹. Hg. von P. Petersen. 1916. Hier: S. 205, 207 der Plan einer zentralen Organisation des Begabtenaufstiegs durch eine »Nationalstiftung«, die über sämtliche Förderungsmittel selbständig verfügen sollte. Im Vorwort des Sammelbandes sind außer den Mitgliedern des Sonderausschusses auch die von Spranger gewonnenen »Mitarbeiter und Berater« aufgeführt. – S. 27: *Pierre Duhem,* La théorie physique, son objet et sa structure. 1906. Dt. Ausgabe: Ziel und Struktur physikalischer Theorien. Leipzig 1908. – S. 36: *Mein Kollege Franz Eulenburg:* F. Eulenburg, 1867–1943 (in Gestapohaft), war 1905–1917 a. o. Prof. (Nat. Ökonomie und Statistik) in Leipzig, wo Spranger 1912–1920 eine Professur für Philosophie und Pädagogik innehatte. Vgl. E. Spranger, Franz Eulenburg zum Gedächtnis. 1955 (B. 703). – S. 37: *»Dann kann man ihn mit Freuden andern zeigen ...«:* Goethe. Die Geheimnisse. Strophe 23. – S. 39: *F. A. Wolfs* Kritik am Reglement von 1812 in: E. Spranger, Wilhelm von Humboldt und die Reform des Bildungswesens. 1910. S. 240 f. (B. 58). – S. 44: *Mein Freund Muthesius:* Vgl. E. Spranger, Karl Muthesius †. In: Die Erziehung. Jg. 4. 1929. 401 f. (B. 280). Ders., Karl Muthesius. 1859–1929. In: Thüringer Erzieher. Köln-Graz 1966. 344 ff. – S. 49: *Meines Kollegen Sievers:* Eduard Sievers (1850–1932), Begründer der schallanalytischen Methode in der Sprachforschung, war 1892–1922 o. Prof. in Leipzig. – S. 53: *Ich hoffe Gelegenheit zu haben ...:* Hinweis auf: E. Spranger, Denkschrift über die Einrichtung der Auslandsstudien an den deutschen Universitäten. 1917. (B. 108.128.) – S. 53: *Rede des Abg. Stresemann:* In: Verhandlungen des Reichtstags. Stenogr. Berichte. Bd. 308.1916. (67. Sitzg.) S. 1822 D–1823 A. – S. 55: *Aus Denkschriften, die ich unterbreitet habe ...:* Vgl. Ges. Schr. III. 426 f. – S. 61 Anmerkung 26: *Alois Riehl, Ein Dozentenhaus:* Dieser Aufsatz war nicht zu ermitteln. Vgl. F. Dietrich, Bibliographie d. dt. Zeitschriften-Literatur etc. Bd. XXIV–XXXIII, (1909–1914), und Erg. Bd. XXXa (Nachtr. 1912–1913). Für wiederholte Hilfe bei der Durchsicht der Vossischen Zeitung ist der Hg. der Universitätsbibliothek Bonn zu Dank verbunden. – S. 62: *In schönen Jahren im Hause des Meisters:* Zur Schilderung des Kreises um A. Riehl s. die Beiträge von Werner Jaeger und Heinrich Scholz in: Eduard Spranger. Bildnis eines geistigen Menschen unserer Zeit. 1957. S. 24 f. bzw. 147 f. *Hans Lindau* (1875–1963), der ebenfalls dem Kreis angehörte, war 1909–1933 an der Preuß. Staatsbibliothek, zuletzt als Bibliotheksrat, tätig. Nach 1945 kehrte er aus der Emigration nach Berlin zurück und blieb mit Spranger bis zuletzt in Verbindung. Die Worte »theodizetisch versöhnte« spielen auf Lindaus Werk ›Die Theodizee im 18. Jahrhundert‹, Leipzig 1911, an. In diesem Kreis entstand der Plan, von dem Spranger anschließend spricht: Gemeint ist die »Riehl-Stiftung«: Eine Ehrengabe zum 70. Geburtstag des Meisters (24. 4. 1914), die ihm die Verwirklichung seines Plans eines »Dozentenhauses« ermöglichen sollte. Aufgrund eines Aufrufs, der von W. Wundt, Viscount Haldane of Cloan und E. Boutroux sowie 25 weiteren in- und ausländischen Förderern unterzeichnet wurde, war es möglich, Riehl an seinem Geburtstag 17 300 M zu überreichen. Dies geht hervor aus einer im Juni 1914 den Spendern zugesandten Danksagung, die, von Jaeger, Lindau, Scholz, Spranger unterschrieben, zeigt, daß diese die Initiatoren der Riehl-Stiftung waren.

Das Wesen der deutschen Universität (1930)

Die Abhandlung erschien im 3. Band, S. 1–38, des Sammelwerks ›Das Akademische Deutschland‹ hg. von Michael Doeberl, Otto Scheel, Wilhelm Schlink, Hans Sperl, Eduard Spranger u. a. Berlin: C. A. Weller 1930. Ein 4., heraldischer Band und ein Registerband schlossen 1931 das repräsentative Werk ab, zu dessen 1. Band Spranger auch das Vorwort schrieb. (B. 308.) Die Abhandlung liegt nur in dieser Ausgabe (B. 305) vor. In unserer Wiedergabe erscheinen die Nachweise aus dem Schrifttum, die im Original im Text stehen, als Anmerkungen unter dem Text. Manuskripte, Entwürfe und sicher zuzuordnende Vorarbeiten fanden sich im Nachlaß nicht.

Die Schrift, deren Erscheinen Spranger schon für das Jahr 1929 erwartete, wurde 1928/29 geschrieben. (Vgl. dazu S. 152, 154 und 190 Anmerkung.)

In innerem Zusammenhang mit ihrer Abfassung dürften Kolleg und Übungen stehen, die Spranger im SS 1929 an der Berliner Universität gehalten hat. Er las über ›Die deutschen Universitäten im 19. Jahrhundert und in der Gegenwart‹ und hielt ›Übungen im Anschluß an Schriften zur Idee der deutschen Universität‹, – das einzige Mal in seiner Lehrtätigkeit (1910–1958), daß er die Universität allein zum Thema machte, wie aus der Aufstellung der Vorlesungen und Übungen Eduard Sprangers hervorgeht, die Otto Mair zu danken ist. Die handschriftliche Disposition der Übungen befindet sich im Nachlaß.

Die Stellung der Schrift ›Das Wesen der deutschen Universität‹ im ganzen von Sprangers Universitätsschrifttum bestimmt sich aus folgenden Gesichtspunkten:

Die Abhandlung, die auch Themenkreise durchmißt, die in seinen übrigen Hochschulschriften nur unter Teilaspekten betrachtet werden, ist Sprangers umfassendste Darstellung des deutschen Universitätswesens. Sie bietet aufgrund ausgebreiteter Forschungen, eigener lebendiger Anschauung, persönlichem Erfülltsein von der Idee der deutschen Universität ein Bild dieser Universität in ihrer geschichtlich gewordenen Gestalt mit ihrem genuinen Ideengehalt, in ihrer inneren produktiven Antithetik und vielfältigen schöpferischen Leistung, aber auch in ihrer Gefährdung durch die Labilität des gesellschaftlichen Kräftesystems, in dessen Spannungen sie steht. Sie faßt ihr Thema am Beginn in die Vorfrage nach dem »eigentlichen Geheimnis« der deutschen Universität zusammen (83). In der Folgezeit hat Spranger immer wieder auf diese seine großangelegte Darstellung der deutschen Universität zurückgegriffen und noch in der letzten von ihm veröffentlichten Universitätsschrift die Frage nach ihrem »Geheimnis« wiederaufgenommen. (In diesem Bd. S. 414 ff.)

Die Abhandlung legt ferner (148 f.) die Gefahrenlage der Universität dar, die sich innerhalb eines Jahrzehnts nach dem 1. Weltkrieg entwickelt hat. Die Universität ist bedroht: in ihrer Einheit als Forschungs- und Ausbildungsstätte durch die krisenhafte Spannung zwischen Wissenschaft und Berufsausbildung, in der Wirkungskraft ihrer Bildungsidee durch die Demokratisierung der Bildung, in der Freiheit ihrer Forschung und Lehre durch die bei Staat und Parteien wachsende Tendenz zur Politisierung der Universität. Hinzukommt im Bereich der Wissenschaft selbst der eingreifende Streit um die weltanschaulichen Voraussetzungen der Wissenschaft, der die Einheit des Wissenschaftsgedankens der Universität in Frage stellt (117 f.).

Diese vielfältige Gefahrensituation muß in Rück- und Vorblick auf die Lage der Universität gesehen werden, wie sie sich in Sprangers übrigen Hochschulschriften darstellt.

In der Zeit von 1910–1918 ist – wie sich aus ›Begabung und Studium‹ und den anderen aus dieser Zeit vorliegenden Schriften ergab – ein aktueller Sorgenpunkt allein die *Gefahr des Pragmatismus* in der Form der Zurückdrängung der reinen Forschung zugunsten praxisbezogener Lehre, vornehmlich durch Einwirkung des Staates. Eine akute Gefahr der Sprengung der Einheit von Forschung und Lehre liegt noch außerhalb des Horizonts. Nach dem 1. Weltkrieg wird und bleibt sie bis 1933 ein Hauptkrisenmoment der Universität.

In der Zeit nach dem 2. Weltkrieg, in der – nach der »Fremdherrschaft Hitlers« (350) – Sprangers Veröffentlichungen zu Universitätsfragen wieder einsetzen, erkennt er eine grundlegend veränderte Lage: Nicht nur Fundamente der Universität sind problematisch geworden, die Kulturidee selbst, die ihr zugrunde liegt, ist in ihrer Wirkungskraft tiefgreifend erschüttert. Daher wird jetzt die Weckung und Stärkung der *Kulturverantwortung* der Universität das Hauptthema seiner Hochschulschriften. (Vgl. in ds. Bd. 337, 445, 465.)

Nach diesem Überblick gehört die Abhandlung ›Das Wesen der deutschen Universität‹ der mittleren Periode von Sprangers Universitätsschrifttum an und steht daher in diesem Band in der Mitte seiner grundlegenden Schriften, deren jede die Gesamtlage der Universität in einem bestimmten Zeitraum widerspiegelt.

In die zusammenfassende Darstellung des Wesens der deutschen Universität sind die geistes- und bildungsgeschichtlichen Forschungen Eduard Sprangers eingegangen, aus denen er seine Auffassung von »Gehalt und Gestalt« der deutschen Universität gewonnen hat. Sie galten den geistigen Schöpfern der deutschen Universität: Fichte, Wilhelm von Humboldt, Schelling, Schleiermacher, Steffens, auf deren einschlägige Schriften – als das »klassische« deutsche Universitätsschrifttum – er immer wieder zurückverweist, wie auch der allgemeinen ideengeschichtlichen und politischen Konstellation, der die deutsche Universität ihre Neuschöpfung im Anfang des 19. Jahrhunderts und ihre Gestalt als ein Universitätstypus eigener Prägung verdankt. Seine für die Universitätsgeschichte hauptsächlichen Veröffentlichungen, in denen diese Forschungen ihren Niederschlag fanden, hat er selbst im Verzeichnis der Literatur zur vorliegenden Abhandlung S. 158 genannt. Hier seien ergänzend – wenigstens mit den Nummern der Bibliographie – auch seine kleineren Schriften aufgeführt, die bis 1928 auf diesem Forschungsgebiet vorlagen: B. 7, B. 32, B. 33, B. 59, B. 92, B. 180, B. 234, B. 259.

Die erste der deutschen Universität gewidmete Veröffentlichung Sprangers, die Edition der drei Universitätsschriften von Fichte, Schleiermacher und Steffens, die er 1910 zum 100jährigen Jubiläum der Universität Berlin herausgab (B. 60), bietet in ihrer ›Einleitung‹ (S. VII–XLIII) ausführlich, was die übrigen Universitätsschriften nur im Resultat vermitteln: Die Herausarbeitung des Kerngehalts der idealistischen Wissenschaftsidee aus den individuell nuancierten »Beiträgen« von Fichte, Schleiermacher, Steffens und vor allem Schellings, der den ganzen Kristallisationsprozeß um diese Idee in Gang bringt. Sie zeigt, wie bei W. v. Humboldt dieser spekulativen Wissenschaftsidee eine gleichgerichtete Auffassung von der organischen Einheit des Wissens entgegenkommt. Auf diese Einleitung, die wegen der engen Verbindung mit den edierten Texten in unseren Band nicht aufgenommen werden konnte, muß zurückgehen, wer Sprangers Bild vom Zusammenwirken der verschiedenen geistesgeschichtlichen Faktoren zur Konzeption der deutschen Universitätsidee in seiner sich unmittelbar an die Quellen anschließenden Darstellung kennen will. Schon hier hat Spranger ausgesprochen, daß ihm Schleiermachers ›Gelegentliche Gedanken über Universitäten in deutschem Sinn‹ (1808) als das Grundbuch der deutschen Universität gelten (S. XXXII); er hat diese »eigentliche Gründungsurkunde der deutschen Universität« nach dem 2. Weltkrieg noch einmal (etwas verkürzt) mit einer Einleitung herausgegeben in der ›Stifterbibliothek‹, Salzburg 1953.

Rückblickend ist Spranger in den 50er Jahren auf seine 1910 erschienene erste Veröffentlichung über die deutsche Universität zurückgekommen in dem Bekenntnis: »Die Idee der deutschen Universität und ihre sinngemäße Weiterentwicklung bedeutet mir noch heute Anliegen und Sorge (schwere Sorge!) wie schon 1910« (429). Der Gegenstand der Sorge der schon 1910 gemeint war, ist das Verhältnis von Staat und Universität. Die Einleitung arbeitet (S. XIX ff.) scharf ihren Wesensgegensatz heraus und weist von der glücklichen Ausgangslage bei der Gründung der Berliner Universität voraussehend auf die stets mögliche Aktualisierung ihrer Gegensätze hin. Als 1919, im Zeichen solcher Gegensätze, die 2., unveränderte Ausgabe herauskam, hat Spranger die Edition ganz unter den politischen

Gesichtspunkt gestellt durch den neuen Titel seiner Einleitung: ›Über Staat und Universität‹ (B. 139).

Gedanken für eine »sinngemäße Weiterentwicklung« des deutschen Universitätssystems treten erst in dem 1912 gehaltenen Vortrag ›*Wandlungen im Wesen der Universität seit 100 Jahren*‹ hervor, der 1913 veröffentlicht wurde (B. 80). Die ihn leitende Intention, die Auswirkungen des Staatspragmatismus auf die Universität abzuwehren, wurde oben S. 436 gekennzeichnet und Sprangers Vorschlag einer »*Stufenbildung*« hervorgehoben, die die Einheit von Forschung und Lehre für alle Stufen in der Universität erhalten soll. Die Abhandlung ›Das Wesen der deutschen Universität‹ nimmt ihn wieder auf unter Betonung seiner didaktischen Ausgestaltung (S. 154/155). In dieser Art *innerer* Gliederung der Universität hat Spranger lebenslang die allein mögliche Lösung der Spannung von Forschung und Berufsausbildung gesehen, während er die Trennung beider gleich verderblich für Forschung wie Lehre und für das Ende der Universität in deutschem Sinne hielt. Vgl. 111–113, 151 f., 237, 261 u. ö.

Eine weitere durchgehende Thematik der Universitätsschriften Sprangers wird bereits in diesem Vortrag von 1912 aufgenommen: Die Gefahren des Positivismus für die Universität, und zwar sowohl die der Wissenschaftszersplitterung als die der Wertneutralität (B. 80, 23 f.). Schon hier erwägt Spranger, was die *Philosophie* »heute noch« zur Erhaltung der Einheit der Wissenschaften und damit der Universität leisten kann, – genau die Frage, die er 40 Jahre später in ›Forschung, Berufsbildung und Menschenbildung an der gegenwärtigen deutschen Universität‹ (1953) als endgültig in negativem Sinn entschieden erkennt (172 f.).

In der hier vorliegenden Abhandlung ›Das Wesen der deutschen Universität‹ wird S. 113 f. die »klassische Auffassung« noch zustimmend hervorgehoben, »daß die philosophische Fakultät eigentlich den Zusammenhang der reinen Wissenschaften in ganzem Umfange darstellen soll«, jedoch sind die Schwierigkeiten erkannt, die ihr von der Wissenschaftslage her heute entgegenstehen (116 f.). Auch in dieser Hinsicht zeigt sich die mittlere Stellung, die diese Abhandlung in Sprangers Universitätsschrifttum einnimmt. Vgl. in ds. Bd. S. 323 f., 466 f.

Idee und Gestalt des deutschen Universitätswesens werden in dieser Abhandlung nicht nur aus ihren historischen Voraussetzungen begriffen, sondern als Ausdruck der sittlichen Idee einer Kultur, in der die freie, eigengesetzliche Entfaltung der Wissenschaft und die Freiheit des Wahrheitsgewissens der Person konstitutiv zusammengehören: »Die freie Fortbewegung der Wissenschaft – und das heißt Forschung – ist überhaupt nur eine Seite oder Äußerungsform des sittlichen Geistes, für den man auch sagen kann: Echtheit der Gesinnung. Und ohne sie mag man sich die Zukunft der Menschheit nicht denken« (156). Unter diesem höchsten Wertgesichtspunkt konnte Spranger die Idee der deutschen Universität als »die Idee der platonische Akademie in deutschen Formen« begreifen: »Beide sind geboren aus der Überzeugung, daß Menschen von höherer Kulturverantwortung innerlich dazu erweckt sein müssen, *aus der Wahrheit zu leben*. Der Wahrheitssinn ist nicht eine der vielen möglichen Ideologien, d. h. der Gedankenbildungen, mit denen man *sich* in der Welt durchsetzen kann. Sondern die Wahrheit soll sich im Menschen und durch ihn in der Welt durchsetzen; mit ihr die Gerechtigkeit und das Gute überhaupt.« (237.)

Aus dem Zeitraum 1918–1932 – dem mittleren seines Universitätsschrifttums – werden in diesem Bande noch 5 weitere Schriften Sprangers geboten. (S. 183, 189, 225, 239, 254.) Mit ihnen ist die Lage der deutschen Universität, wie sie sich in der Sicht und Stellungnahme Sprangers darstellt, vollständig repräsentiert.

Zum Text der Abhandlung sei angemerkt:

S. 82: »*Bewundert viel*...« Goethe, Faust II. 3. Akt. Vor dem Palast des Menelas..., Vers 1 (= 8488). – S. 84: *Otto Scheel hat dargestellt:* Gemeint ist Otto Scheels Beitrag im 1. Bd. von ›Das Akademische Deutschland‹, 1930, 1–67: Die deutschen Universitäten von ihren Anfängen bis zur Gegenwart. Spranger las diese Darstellung, die die Universitätsgeschichte bis an den Zeitpunkt heranführt, mit dem sein eigener Beitrag einsetzt, schon in den Revisionsbogen, die noch im Nachlaß vorliegen und Bemerkungen von seiner Hand tragen. – S. 89: »*daß die Sache*...«: W. v. Humboldt, Ges. Schriften. Hg. v. der Preuß. Akademie der Wissenschaften. Berlin 1903 ff. Bd. 10. 252. – S. 89: »*Schulen und Universitäten leiden*...«: Fr. Schleiermacher, Gelegentliche Gedanken über Universitäten in deutschem Sinn. Berlin 1808. 46 f. – S. 93: *bisher nur an einer Universität eingetroffen:* An der Universität Jena unter dem Ministerium Greil (1923–24), s. Mitteilungen des Verbands der Deutschen Hochschulen. Jg. IV. 1924, Heft 2. 26–33. – S. 95: »*Si quis dixerit*...«: Conc. Vatican. I. Canones: II. De revelatione 1. – S. 120: »*Omnia sponte fluant*...«: Das Zitat ist in der antiken Literatur nicht nachzuweisen. (Lt. freundlicher Mitteilung des Thesaurus Linguae Latinae, München.) – S. 127: *Schleiermacher* zum Übergehen der Privatdozenten: Gelegentliche Gedanken über Universitäten in deutschem Sinn. 1808. 95 f. – S. 131: »*Über Gelehrte*...«: Im. Kant's gesammelte Schriften. Hg. v. d. Preuß. Akad. d. Wiss. Bln. 1903 ff. Bd. VII, 17. 9. – S. 151: *Waentig befürwortet:* Heinrich Waentig (1870–1943), SPD, 1927–1930 Oberpräsident der Prov. Sachsen; Februar bis Oktober 1930 preuß. Minister des Innern. Welche Äußerung Waentigs gemeint ist, war nicht festzustellen. In seinem Buch ›Zusammenbruch und Wiederaufbau‹, 1920, findet sich die gen. Ansicht noch nicht. –

Forschung, Berufsbildung und Menschenbildung an der gegenwärtigen deutschen Universität (1953)

Der Text erschien zuerst in: Eduard Spranger, Kulturfragen der Gegenwart. Heidelberg: Quelle & Meyer 1953. (B. 641), S. 87–115. Er blieb in den weiteren Auflagen unverändert: ^{2}1956 (B. 720); ^{3}1961 (B. 853); ^{4}1964.

Eine Übersetzung liegt in der japanischen Ausgabe der ›Kulturfragen der Gegenwart‹, Tokyo 1959 (B. 804) vor.

Die Anmerkungen, die in den genannten 4 Auflagen am Schluß des Bandes gebracht werden, gibt unsere Edition unter dem Text wieder.

Der Band, in dem die Abhandlung als 4. Beitrag steht, vereinigte in der 1. und 2. Auflage fünf, seit der 3. Auflage sechs Beiträge zum Themenkreis: Kulturverfall-Kultursteuerung-Kulturverantwortung.

Im Nachlaß sind das Manuskript der Abhandlung und ein danach hergestelltes Typoskript vorhanden.

Die leitende Fragestellung, mit der sich Eduard Spranger in der Zeit nach dem 2. Weltkrieg den Hochschulproblemen zuwendet, richtet sich auf die *Kulturverantwortung der Hochschule,* auf ihre kulturpolitische Wirksamkeit als ein Zentrum geistigen Lebens, vor allem auf die Erziehungskraft der deutschen Universität in der Heranbildung kulturverantwortungsbewußter Menschen, wie sie »die gegenwärtige europäische Situation« fordert. (Vgl. u. a. 177, 322, 338 f.) Zu der ihn schon früher bewegenden Sorge, die deutsche Universität vor strukturändernden Eingriffen zu bewahren, um sie in ihrer eigentümlichen Leistungskraft als höchste Bildungsstätte zu erhalten, ist jetzt vordringlich die Frage getreten, ob sie heute noch ihrer kulturführenden Aufgabe gewachsen ist.

Die Abhandlung ›Forschung, Berufsbildung und Menschenbildung an der gegenwärtigen deutschen Universität‹ ist die erste Schrift, die das Resultat der unter diesem Gesichtspunkt gezogenen Bilanz aufnimmt, die Spranger erstmals 1951 an der Universität Saarbrücken öffentlich vorgetragen hat. Hier fand in den Darlegungen über ›Gehalt und Gestalt der deutschen Universität im Wandel von 1810 bis 1950‹ nach seinem eigenen Zeugnis eine Wendung seines Denkens über die deutsche Universität ihren Niederschlag. Über ihre Motive gibt Sprangers Brief an Fr. Meinecke vom 26. 5. 1951 Aufschluß, geschrieben im Vorblick auf den wenige Tage später gehaltenen Vortrag. Brief und Vortrag sind in diesem Band S. 465 bzw. S. 322 ff. wiedergegeben. (Hierauf beziehen sich die folgenden Nachweise.) Beide zeigen die Einbruchstelle, von der aus für Spranger die Grundlagen der klassischen deutschen Universität wankend wurden: Die Einsicht, daß es die in der Wissenschaftsidee der deutschen Universität vorausgesetzte Einheit und Ganzheit der Wissenschaft nicht gibt (465, 323 f.). Beide vollziehen entschieden die Wendung von der (als irrtümlich erkannten) Einheit und Ganzheit der Wissenschaft zur Einheit und Ganzheit der *Kultur* als dem geistig-praktischen Lebenszusammenhang, dem die Wissenschaften selbst entspringen: *Diesen* Zusammenhang bewußt zu machen, ihn verstehen zu lehren, zum verantwortlichen Mittragen und Mitgestalten desselben hinzuführen, wird jetzt als die erzieherische Hauptaufgabe der Universität erkannt. (465, 339 f.)

In der Bilanz, die der Saarbrücker Vortrag von 1951 bietet, stehen die ursprünglichen Vorzüge der deutschen Universität in der Gegenwart auf der Verlustseite. Unter der Herrschaft des Positivismus (330 f.) gingen die wesentlichen Momente der erziehenden und kulturpädagogischen Wirksamkeit der klassischen deutschen Universität teils unwiederherstellbar verloren, teils wurden sie in ihrer Wirkungskraft entscheidend reduziert. (Vgl. bes. 323, 327, 329.) Vor allem ist der Forschungsgeist im Zeichen der modernen Wissenschaftsentwicklung nicht mehr der Geist reiner, von unmittelbarer Zweckgebundenheit freier Wissenschaft, auf dessen bildende Kraft die klassische deutsche Universität vertraute (337). Die Summe ist: Die Faktoren, die in der klassischen deutschen Universität zur Erfüllung ihrer erziehenden, persönlichkeitsformenden Leistung zusammenwirkten, fehlen heute oder arbeiten nicht mehr in der gleichen Richtung. Es gilt, in neuen Überlegungen, neue Wege zu finden, damit die Universität ihre kulturführende Aufgabe in der Gegenwart erfüllen kann (339 f.).

An diesem Punkt schließt die Abhandlung ›Forschung, Berufsbildung und Menschenbildung an der gegenwärtigen deutschen Universität‹ an die Bilanz des Vortrags an. Sie erörtert, was im Vortrag »als Gegenstand weiterer Überlegungen« offen blieb: *Wie* an jeder Hochschule heute der Lebenszusammenhang der Kultur und seine sittlichen Normen zur Geltung kommen können (340). Vom Ansatz dieser neuen Fragestellung aus ergreifen auch die weiteren in diesem Band gebotenen Schriften ›Studium und Lebensführung‹ (1954), ›Der Universitätslehrer als Erzieher‹ (1961), ›Gehalt und Problematik der deutschen Universität‹ (1962) je ein besonders Thema; als die umfassendste von ihnen steht die Abhandlung ›Forschung, Berufsbildung und Menschenbildung an der gegenwärtigen deutschen Universität‹ unter den Grundschriften dieses Bandes.

Die Stellung dieser Abhandlung im Zusammenhang seines Denkens der 50er Jahre hat Spranger selbst gekennzeichnet, sowohl durch ihre Aufnahme in den Sammelband ›Kulturfragen der Gegenwart‹ als durch eine spezielle Charakterisierung im Vorwort der 1. Auflage des gen. Bandes: Hier wird sie (S. 9) als »Anwendung von grundsätzlichen Überlegungen« bestimmt, die er in der Untersuchung ›Die Einheit der Wissenschaft. Ein Problem.‹ im Archiv für Rechts- und Sozialphilosophie, Bd. XL, 1952, Heft 1, S. 1–36, angestellt hat.

Diese Untersuchung über die Einheit der Wissenschaft ist für Sprangers Denken über die Universität von grundlegender Bedeutung. Sie begründet die (oben angeführte) in Brief und Vortrag thetisch-vorgreifend ausgesprochene Auffassung, daß eine Einheit der Wissenschaften als solchen nicht besteht: Über die Wahrheitsintention, die Funktion des Wahrheitsgewissens beim Erkennen und das ganz formal zu fassende begründende Verfahren hinaus läßt sich kein allen Wissenschaften gemeinsames Moment aufweisen, das für ihren Wissenschaftscharakter kontituitiv ist.

Entscheidend ist ferner, daß für das Erfassen von Werten und Normierungen sowie für das Verstehen von Sinnzusammenhängen auf der Subjektseite Bedingungen des Niveaus erfüllt sein müssen, um das zu Erkennende überhaupt zu Gesicht zu bekommen: »Man bemerkt, daß hier zugleich das Thema: Einheit der Wissenschaft als *Bildungs*problem beginnt«. (A. a. O. 25) Daraus folgt, daß das einheitstiftende Moment der Universität nicht in einem – wie immer zu bestimmenden – theoretischen Wissenschaftsgedanken liegen kann. Damit fällt die die klassische deutsche Universität tragende »Wissenschaftsidee«, wonach die Philosophie die »wurzelhafte Einheit« der Wissenschaften erfassen könne, endgültig dahin. Das Gesamtergebnis der Untersuchung: »Der Zusammenhang der Wissenschaften hat seine Wurzel nicht in einem reinen Denkgefüge oder Methodengefüge, sondern in einem menschlich-geistigen Lebensgefüge« (a. a. O. 33) besagt »in Anwendung« auf die Universität, daß auch diese ihre Wurzel in dem menschlich-geistigen Lebensgefüge hat, dem die Wissenschaften angehören, d. h. in der Kultur als einem überindividuellen Wert- und Sinnzusammenhang.

Eine Kultur aber lebt nur durch die Menschen, die diesen Wert- und Sinnzusammenhang verstehen und ergreifen: Daher liegt in der Abhandlung ›Forschung, Berufsbildung und Menschenbildung an der gegenwärtigen deutschen Universität‹ der Schwerpunkt auf der *Menschenbildung*. Die Untersuchung konzentriert sich unter dem Aspekt der kulturellen Verantwortung der Universität auf die noch gegebenen Möglichkeiten an der Universität, »Menschen zu bilden, die um die Gefahr des Kulturverfalls wissen und den Willen haben, ihm entgegenzutreten« (177). Die Universität muß wieder begreifen, »woraus eine Kultur eigentlich *lebt*« (179). Mit diesen Überlegungen steht die Abhandlung in dem großen Zusammenhang von Untersuchungen, die Spranger in der Nachkriegszeit des 2. Weltkriegs dem Themenkreis: Kulturverfall und Kulturerneuerung gewidmet hat. Vgl. außer den o. a. ›Kulturfragen der Gegenwart‹ bes. die in Bd. V der Ges. Schr. S. 475 f. gegebenen bibliographischen Nachweise. –

Neben den in diesem Band gebotenen und genannten Schriften und Vorträgen liegen aus der Zeit von 1946–1963 noch weitere Veröffentlichungen und nachgelassene Vorträge Sprangers vor, die unter dem leitenden Gesichtspunkt der Kulturverantwortung der Universität zu aktuellen Hochschulproblemen Stellung nehmen. Diese Schriften und Vorträge können hier nicht einzeln genannt und gekennzeichnet werden; nur ein großer Artikel sei beispielhaft herausgehoben: ›Innere Notstände der Hochschulen‹ in: Deutsche Zeitung und Wirtschaftszeitung. Nr. 18 v. 28. 8. 1950, B. 592. Hier will Spranger eine breitere Öffentlichkeit auf »Gefahrenpunkte der deutschen Wissenschaft« (so der Titel im Manuskript) aufmerksam machen, die im Zuge des Neuaufbaus der Hochschulen übersehen werden. Der Geist der deutschen Universität lebt in der Verbindung von Forschung und Lehre. Diese Organisationsform ist beim Neuaufbau der Universitäten festgehalten. Aber: Dem Universitätslehrer wird eine solche Fülle neuer Aufgaben zugeteilt, daß der Forscher in ihm erdrückt wird.

Nicht anders liegt es beim Massenandrang der Studierenden. Die Idee der deutschen Universität, daß jeder Student vom Geist der Forschung berührt werden soll, ist durchführbar nur bei strengster Auslese. Die deutsche Universität ist elitär nicht im sozialen, sondern im geistigen Sinn. Die junge deutsche Demokratie hat bisher den Mut zur Elitebildung in diesem Sinne nicht aufgebracht. –

Zum Text der Abhandlung sei angemerkt:

S. 162: *Mitarbeit in der Deutschen Forschungsgemeinschaft:* Spranger gehörte ihrem Präsidium 1951–1954 an. Vgl. Ludwig Raiser, In der Deutschen Forschungsgemeinschaft. In: Eduard Spranger. Bildnis eines geistigen Menschen unserer Zeit. 1957. 326 f. – S. 165: *»Denn alle Kraft ... Dagegen engt ...«:* Goethe, Die Geheimnisse. 24. Strophe. – S. 169: *Theorie-echte Lebensführung:* Vgl. E. Spranger, Theorie und Ethos. In: Die Erziehung. Jg. 11. 1936. 449 f. (B. 395.) –

S. 170: *Naturrecht:* E. Spranger, Zur Frage der Erneuerung des Naturrechts. In: Ges. Schr. VIII. 290 ff. und 443. – S. 170: *W. Diltheys Rede am 70. Geburtstag:* Vgl. E. Spranger, Das Historismusproblem an der Universität Berlin seit 1900. 1960. In : Ges. Schriften V. 432/433. – S. 171: *»Das Menschliche ist immer wissenswürdig«:* L. v. Ranke, Weltgeschichte. Hg. von A. Dove. Berlin 1888. Bd. IX. 2. S. XV. S. 172: *Was die Philosophie heute noch leistet ...:* Vgl. dazu folgende Schriften E. Sprangers: Zwei Auffassungen vom Wesen der Philosophie. 1942. In: Ges. Schr. V. 265 ff. Aufgaben der Philosophie in der Gegenwart. 1953. Ebd. 320 ff. Das Leben bildet. Eine geistesphilosophische Analyse. In: Pädagogische Wahrheiten und Halbwahrheiten kritisch beleuchtet. Festgabe f. Wilh. Flitner zum 70. Geburtstag. Hg. von E. Spranger u. a. 1959. 69 ff. (B. 813). S. 173: *Schleiermacher über die Vorlesung:* Gelegentliche Gedanken über Universitäten in deutschem Sinn. 1808. 60. – S. 175: *»In der Beschränkung ...«:* Goethe. Natur und Kunst. (Sonett.) – S. 178: *Landkarte der Kultur:* Vgl. in ds. Bd. 232; auch sonst vielfach von Spranger erörtert, z. B. in: Die Erziehungsaufgabe der deutschen Berufsschule. In: Ges. Schr. III. 330, 331. – S. 179: *Demokratie – Gewissen:* Vgl. Ges. Schr. VIII. 345 ff. bes. 348, 378 ff., 389. –

Teil II

Die humanistische Fakultät (1921)

Der Aufsatz erschien Mitte Mai 1921 in: Berliner Hochschul-Nachrichten. 5. Semester. 1921. Heft 3. S. 25–27. (B. 157.) Auf eine Replik von Walter Hagemann ›Zur Frage der humanistischen Fakultät‹ in Heft 5, S. 51–52, desselben Semesters schloß Spranger hier die Diskussion mit einem Schlußwort S. 52 ab. (B. 164.) Noch einmal ging er in den Berliner Hochschul-Nachrichten (6. Semester. 1921. Heft 3. S. 39) auf den Fragenkreis um die humanistische Fakultät ein in der Besprechung der Schrift von Werner Mahrholz und Hans Roeseler ›Neuer Humanismus. Aufsätze und Reden an die deutsche Jugend‹. Berlin 1921. Die Diskussionen über den Plan einer humanistischen Fakultät erreichten ihren Höhepunkt auf der »Hanstein-Tagung« der Deutschen Studentenschaft vom 22.–23. Mai 1921. Vgl. ›Humanismus, Hochschule und Student. Die erste Aussprache in der Deutschen Studentenschaft über den Plan einer humanistischen Fakultät‹. Göttingen: Verlag »Die Deutsche Studentenschaft«. o. J. [1921]. (84 S.; hier: Bibliographie S. 82 bis 84. 39 Nrn.) Spranger war der Tagung ferngeblieben. Ihr Ergebnis war ein Erfolg seines Standpunktes: Der Plan der humanistischen Fakultät als selbständiger Organisation wurde aufgegeben. Vielgestaltig waren die Vorschläge über die Art, wie das dem Gedanken der humanistischen Fakultät zugrunde liegende Bedürfnis nach »Humanisierung der Wissenschaft« (so W. Mahrholz im Schlußwort) an den Hochschulen zur Geltung kommen sollte. Bereits zum Nachhall gehörte Götz v. Selles Auseinandersetzung mit Sprangers Ablehnung der humanistischen Fakultät: G. v. Selle, Humanismus und Gemeinschaft. In: Die Deutsche Studentenschaft. Jg. 5. Heft 12 (v. 25. 7. 1921).

Der Aufsatz ›Die humanistische Fakultät‹ vom Mai und die Rede ›*Der gegenwärtige Stand der Geisteswissenschaften und die Schule*‹ vom September 1921 gehören zusammen. Der Aufsatz steht im Zeichen der hochgespannten Erwartung eines *neuen Humanismus* in der Wissenschaft unter Sprangers wesentlichem Anteil: »Oft geht es durch unsere Gespräche wie eine heilige Ahnung, daß diese Zeit der Neugeburt unmittelbar bevorstehe. Es ist uns, als ob wirklich ein neuer Humanismus kommen müßte, mit ganz anderen Zeichen und viel metaphysischer als die früheren humanistischen Wellen ... So ist etwas still im Werden.« (184). Die Rede will eine Erfüllung dieser Erwartung einleiten. Spranger publizierte sie 1922 mit dem ›*Aufruf an die Philologie. An Stelle der Vorrede*‹. (B. 167.) Der ›Aufruf‹ ist Proklamation und Programm des neuen, von der Zeitlage geforderten Humanismus. Er richtet sich an die Geisteswissenschaften, die hier in einem neuen, erweiterten Sinn als »humanistische Philologie« begriffen werden.

Der ›Aufruf‹, der im Schrifttum Sprangers an Ausdruck von Engagement und Enthusiasmus kaum seinesgleichen hat, ist getragen von dem Hochgefühl des Autors, eher als andere die Zeichen der Zeit erkannt zu haben und jetzt – im Anbruch einer »neuen Weltepoche« – das entscheidende Wort zu sprechen: »Man hat mich vor Jahren nicht gehört, als ich von der ›ewigen Renaissance‹ sprach. Man hat auch die hier folgende Rede vielfach nicht verstanden, obwohl sie selbst ganz aus der gegebenen Lage der Wissenschaft heraus gedacht und formuliert ist. Aber man muß mich heut verstehen, wenn man ringsum in das Leben blickt«. Wie in der Renaissance und im Neuhumanismus aus dem Zusammenstimmen von echter Wiedergeburtssehnsucht und bewußter Bildungsarbeit eine Erneuerung aus den »unversieglichen Lebensquellen ewigen Menschentums« hervorging, so ist jetzt die Stunde »unseres Humanismus« gekommen, »den man den dritten nennen könnte«: Der jungen Generation, die »gläubig wie den Messias eine innerste Wiedergeburt« erwartet, muß an Hochschule und Schule die entschiedene Konzentration auf die menschen*bildenden* Gehalte in Forschung und Lehre entgegenkommen: »Alles also kommt darauf an, daß der fruchtbare Punkt wieder gesucht werde, an dem die Wertsehnsucht der Jugend zusammenstimmt mit der Wertfülle eines gestalteten Menschentums ... ohne diese besonnene Führung würde der Lebensdrang der Jugend in ziellosem Enthusiasmus verpuffen«. (Die Zitate nach der 1. Ausgabe, 1922, B. 167, S. 5.7.5.10.11/12.) Die folgende Rede – großangelegt, Sprangers Akademiereden vergleichbar – weist am gegenwärtigen Stand der Geisteswissenschaften auf, daß die objektiven Voraussetzungen gegeben sind, die im ›Aufruf‹ umrissene Aufgabe zu erfüllen. Nochmals – im Dezember 1921 – griff Spranger den Impuls der »jugendlichen Bewegung« auf, »der ich die Kraft einer dritten Epoche des Humanismus zutrauen möchte«, in dem Vortrag ›*Humanismus und Jugendpsychologie*‹ (B. 168; bes. 20.35), mit dem er die oben genannte Rede durch eine Erörterung der subjektiven Voraussetzungen: der Aufnahmefähigkeit und -bereitschaft der gegenwärtigen Jugend für die Darbietung humanistischer Gehalte auf dem Gymnasium kritisch ergänzte.

Gleichgerichtet mit Spranger »im Zeichen eines neuen Humanismus« und fast in einem Dialog mit ihm gingen *Werner Jaegers* Bestrebungen in der Nachkriegszeit des 1. Weltkrieges. Dazu: Werner Jaeger, Im Zeichen eines neuen Humanismus. In: Ed. Spranger. Bildnis eines geistigen Menschen unserer Zeit. Heidelberg 1957. S. 24 ff., ferner die Briefe W. Jaegers an E. Spranger (im Spranger-Nachlaß).

Der Aufsatz ›Die humanistische Fakultät‹ und die anschließenden Hinweise sind hier geboten, um aus der Sicht Sprangers die Verschiedenheit der geistigen Situation an der deutschen Universität nach dem 1. und dem 2. Weltkrieg hervortreten zu lassen: Die »Menschenbildung«, die auch nach 1945 im Mittelpunkt seiner Überlegungen über die Aufgaben der Universität steht, kann nicht anknüpfen an eine Bewegung in der jungen Generation, die der vergleichbar wäre, die nach 1918 den Ruf nach der humanistischen Fakultät erhob. Vgl. in diesem Bd.: ›Forschung, Berufsbildung und Menschenbildung an der gegenwärtigen deutschen Universität‹ (1953), 159 ff. und ›Gibt es heute in Westdeutschland eine Jugendideologie?‹ (1953) in: ›Kulturfragen der Gegenwart‹. ^{1}1953, ^{2}1956, ^{3}1961, ^{4}1964. (B. 641. 720. 853.)

Der Plan der humanistischen Fakultät war nur einer von vielen Reformgedanken, die in der Zeit nach dem 1. Weltkrieg an die Universität herangetragen wurden. Soweit es sich um allgemeine (nicht um besondere Fragen, wie z. B. die Lehrerbildung) handelt, ist Spranger öffentlich nur in 2 Artikeln darauf eingegangen: ›Die Erneuerung der Hochschule‹. In: Voss. Zeitung. I. Beil. 1919. Nr. 213. (B. 131.) und: ›Zur Universitätsreform‹. In: Leipziger Neueste Nachrichten und Handelszeitung. 1919. Nr. 184: 18. Juli. Abendausg. (B. 137.) Besonders dieser letzte, große Artikel ist wichtig.

Den Nachweisen im Text seien die folgenden hinzugefügt:

S. 183: *Götz von Selles* Schrift ›Die humanistische Fakultät‹ erschien 1920 in Göttingen im Selbstverlag der Dt. Studentenschaft (= Schr. d. Dt. Studentenschaft 1–3). Hier die von Spranger angezogenen Stellen S. 44, 46, 50. – Der Aufsatz von *Karl Brandi* (Päd. Zentralblatt. 2. Jg. 1921. 7–13) hat den Titel ›Hochschule und Lehrerbildung‹. – S. 186: *E. Spranger,* Gedanken über Lehrerbildung. Lpzg. 1920. B. 143. 268. 289, jetzt in: Ges. Schr. III. 27 ff. Hier: 429 f. reiche Nachweise über ihre Wirkung. – S. 187: *Paul Wendland,* Die hellenistisch-römische Kultur in ihren Beziehungen zu Judentum und Christentum. Tübingen 1912. (Handb. z. N. T. hg. v. H. Lietzmann. 2. Abt. 2. Bd.) –

Hochschule und Staat (1930)

Der Wiedergabe zugrunde liegt die Veröffentlichung in: Der Staat. Eine Schulungswoche der Deutschen Studentenschaft. Hg. vom Vorstand der Deutschen Studentenschaft. Berlin-Zehlendorf: Kranich-Verlag 1930. S. 1–39. (B. 297.) Eine weitere Ausgabe liegt vor in: Der Staat. Eine Schulungswoche usw. (wie oben) ohne Orts-, Verlags- und Jahresangabe; hier: Spranger, Hochschule und Staat, S. 131–169. –

Im Nachlaß sind dazu vorhanden:

1. Bruchstücke eines vollständig ausgearbeiteten Manuskripts, die mit geringfügigen stilistischen Abweichungen den hier S. 190–192, Zeile 10 v. o. wiedergegebenen Text sowie einen Teil der Anmerkung 2 der S. 192 enthalten: Im ganzen 6 Blätter im Format 20,8 × 16,4 cm, einseitig mit Tinte beschrieben, mit vielen Korrekturen, z. T. mit Bleistift im Text und am Rand. Die Blätter sind, vielleicht von fremder Hand, als S. 3–8 gezählt.

2. Ein unbetiteltes Manuskript, das das Thema Hochschule und Staat behandelt, von 56 unpaginierten Blättern im Format wie bei 1. einseitig mit Tinte beschrieben, von Spranger am Rand der 1. Seite mit Tintenstift als »alte Form« bezeichnet; darunter steht mit Bleistift die Jahreszahl 1927. Die Handschrift bricht auf Blatt 56 nach zwei Zeilen über die studentische Selbstverwaltung ohne Schluß ab.

Diesen Abbruch erklärt Sprangers Brief an Susanne Conrad vom 30. 10. 1927 aus Weimar, wo tags zuvor die Schulungswoche der Deutschen Studentenschaft eröffnet worden war: »Meine wohlausgearbeitete Rede habe ich vorgestern völlig verworfen, habe mir ein paar Blätter gemacht und bin erst gestern ... [von Berlin nach Weimar] abgereist«. Die fast 1½stündige Rede hielt Spranger (lt. Brief) am 30. 10. 1927.

Die hier wiedergegebenen Ausführungen sind demnach eine nachträgliche Ausarbeitung der Weimarer Rede für den Druck, der sich bis 1930 hinzog. Außer Sprangers Rede enthält der Band ›Der Staat‹ Beiträge von Paul Althaus, Paul Bang, Julius Binder, Josef Löhr, Walter Merk, Martin Spahn.

Zum Verständnis der Rede ist die hochschulpolitische Situation des Jahres 1927 zu erinnern: In diesem Jahr entschied sich die Deutsche Studentenschaft, die – vor allem in Preußen durch den Kultusminister Becker – vor die Wahl zwischen dem Fortbestand ihrer staatlichen Anerkennung und der Aufrechterhaltung ihrer Verbindung mit den österreichischen auf dem Rassenprinzip aufgebauten Einzelstudentenschaften gestellt war, um des großdeutsch-völkischen Gedankens willen, für die Preisgabe ihrer Staatlichkeit. Die Auseinandersetzungen wurden mit Heftigkeit geführt. Die Weimarer Tagung stand im Zeichen dieser Kämpfe. In dieser Situation ist die Absicht der Rede, die »Hochschulbürgerschaft« von unfruchtbarem Streit, leerer Begeisterung und verdrossenem Beiseitestehen zum Verstehen und Ergreifen ihrer überparteilichen nationalen Aufgabe im Dienst am gegenwärtigen und zukünftigen deutschen Staat zu führen. (Vgl. 190. 214. 219. 220. 224 u. ö.) Die Verwahrung gegen politische Bindungen der Hochschule von rechts und links, das in diesem Zusammenhang betont aufgenommene Zitat einer gleichsinnigen Äußerung des Kultusministers Becker, der Hinweis auf den SPD-Minister Haenisch, der den Studenten eine echte Aufgabe sozialen Verstehens gewiesen habe, – das sind bewußt gesetzte Momente, um die Studentenschaft aus verblendeter Einseitigkeit herauszuleiten (204, 214).

Die Rede legt grundsätzliche politische Positionen Sprangers dar. Dazu seien unter generellem Hinweis auf Bd. VIII der Ges. Schr. im einzelnen hervorgehoben:

1. Zur Idee des Staates und zum Staatsethos des freien Dienstes und Opfers: Der 1916 gehaltene Vortrag ›Das humanistische und das politische Bildungsideal im heutigen Deutschland‹ (B. 100). Spranger hat ihn als Dokument der eigenen Hinwendung vom ethischen Ideal der Selbstvollendung zu dem des Dienstes am überindividuellen Staatsganzen 1932 wieder aufgenommen in die Sammlung ›Volk, Staat, Erziehung‹ (B. 330); hier: 212 f. einige beachtliche Retraktationen. Ferner im selben Band: ›Wohlfahrtethik und Opferethik in den Weltentscheidungen der Gegenwart‹ (1930), hier: 108–110 eine Würdigung Stresemanns. Außerdem: ›Von der deutschen Staatsphilosophie der Gegenwart‹ (1928) in: Ges. Schr. V. 107 f., hier: 122 f. die Auseinandersetzung mit Radbruch-Kelsens These: Der Relativismus die Weltanschauung der Demokratie. Das in diesen Schriften mitbedachte Problem der Erziehung *für* den Staat ist ausführlich erwogen in: ›Probleme der politischen Volkserziehung‹ (1928) und ›Gegenwart‹ (1932). Beide in: ›Volk. Staat. Erziehung‹, 77 ff. bzw. 176 ff. bes. 193 f. –

2. Sprangers Stellungnahmen zur parlamentarischen Demokratie, die im Licht einer Entwicklung zu sehen sind, die er selbst gekennzeichnet hat: »Zur eigentlichen Demokratie habe ich mich spät, aber mit Einsicht bekehrt«. (430; ca. 1954.) Von den Stationen dieser Entwicklung seien herausgehoben: a) als Einsatzpunkt: E. Spranger, Staat und Hochschule. Betrachtungen zu dem Buche des preuß. Ministers für Wissenschaft, Kunst und Volksbildung [Konrad Haenisch]. In: Berliner Hochschul-Nachrichten. Semester 4. 1920. S. 17–19. (B. 149); – b) als vergleichende Abwägung der Demokratie unter den Verhältnissen der Weimarer und der Bonner Republik: Der Vortrag vom 14. 3.1951 ›Was der Mensch von heute an dem demokratischen System nicht versteht‹. Im Nachlaß: 27 Bl. DIN A 6; voll ausformuliert. Ferner: Die Bonner Festrede z. 2. Jahrestag der Bundesrepublik Deutschland am 12. 9. 1951. In: Ges. Schr. VIII, 345 ff. bes. 347 f.; – c) als abschließend: ›Parteien und Weltanschauung‹. 1956/57. In: Ges. Schr. VIII, 387 ff. –

3. Zu den besonderen politischen Themen im Vortrag: ›Volk‹ und ›Völkerbund‹ (207 f. bzw. 209 f.) vgl. bes. ›Über Erziehung zum deutschen Volksbewußtsein‹. (1924.) In: ›Volk, Staat, Erziehung‹. 1932. 57 ff. und ›Völkerbund und Rechtsgedanke‹. 1919. In: Ges. Schr. VIII. 141 ff. 423 f. –

Zum Text seien die folgenden Nachweise gebracht:

S. 191: *»Es darf sich einer ...«:* Goethe, Die Wahlverwandtschaften. 2. Buch. 5. Kapitel. (Aus Ottiliens Tagebuch.) – S. 193: *»Leicht beieinander ...«:* Fr. Schiller, Wallensteins Tod. II. 2. – S. 199: *»Ideologie«:* Zu Sprangers Auseinandersetzung mit dem Ideologiebegriff s. Ges. Schr. Bd. V die S. 478–480 angegebenen Schriften. – S. 202: *Fr. Paulsen:* Die Universitäten und die Volksvertretung. Preuß. Jahrbücher. Bd. 89. 1897. 45 ff., – S. 207: *»Der Patriot will ...«:* J. G. Fichtes nachgelassene Werke. Hg. v. I. H. Fichte. 3 Bde. Berlin 1834–1835. Bd. 3.

233 ff. S. 213: *wie Ranke ... formuliert:* Vgl. Sprangers Stellung zum Ranke-Wort vom Auslöschen des Selbst in: Der Sinn der Voraussetzungslosigkeit in den Geisteswissenschaften. Sitzgsber. d. Preuß. Akad. d. Wiss. Phil.-hist. Kl. 1929. I. S. 10. (B. 284.) – S. 217: *»Es ist kein Krieg ...«:* Theodor Körner, Leyer und Schwert. Aufruf. Strophe 2. – S. 218: *»Darin also ...«:* J. G. Fichtes sämtliche Werke. Hg. von I. H. Fichte. 8 Bde. Berlin 1845–1846. Bd. 7. 36. – S. 220: *»Immer und ewig siegt ...«:* Vgl. J. G. Fichte's sämtl. Werke (wie oben) Bd. 7. 390. – S. 221: *»Der Geist lebt ...«:* Aug. Daniel von Binzer, Wir hatten gebauet ... Lied bei der Aufhebung der Burschenschaft. Jena 1819. Schlußstrophe. –

Über Gefährdung und Erneuerung der deutschen Universität (1930)

Der Aufsatz erschien in: Die Erziehung. Monatsschrift für den Zusammenhang von Kultur und Erziehung in Wissenschaft und Leben. Hg. von A. Fischer, W. Flitner, Th. Litt, H. Nohl, E. Spranger. Jg. 5. 1930. Heft 9. S. 513–526; sowie als selbständige Schrift: Leipzig 1930. 29 S. (B. 294.) Das Manuskript liegt nicht vor.

Die Schrift analysiert die *Krisenlage* der Universität, wie sie sich rund ein Jahrzehnt nach der in ›Begabung und Studium‹ (1917) entwickelten Lösung der Spannung zwischen Wissenschaft und Berufsausbildung darstellt. (Vgl. in ds. Bd. S. 46 f., 51 f.) Der dort empfohlene Ausbau der »Kulturkunde(n)« sollte unter Voraussetzung des Vorrangs der reinen Wissenschaft beim Studium ergänzend an die Berufspraxis heranführen. (Vgl. oben 435.) Die hier aufgezeigte neue, krisenhafte Erscheinung von Fächern, die den Charakter von »Kunden« tragen, ist dadurch gekennzeichnet, daß es sich um Studienfächer an der Universität handelt, die weit vom systematischen Wissenschaftsforschen entfernt sind, das der Idee nach alle Studiengebiete der Universität durchdringen soll. Es sind Fächer, die, aus dem Bedürfnis bestimmter Berufe entstanden, in ihrer Lehre nach Maßgabe der Praxis dieser Berufe zugeschnitten sind (»Berufskunden«). Im Zusammenhang mit diesen Fächern tritt eine andere Art der Diskrepanz von Wissenschaft und Berufsausbildung auf, als sie in ›Begabung und Studium‹ zur Erörterung stand: Dort reichte die wissenschaftliche Ausbildung nicht an die Berufspraxis heran; jetzt reicht die Berufsausbildung nicht mehr an die Wissenschaft heran. »Das Entscheidende ... liegt darin, daß eine Fülle von Berufen entstanden ist, die ... wohl eine höhere Bildung (brauchen), aber sie brauchen nicht, ja sie ertragen kaum eine tiefere *wissenschaftliche* Bildung« (227). Die »Intellektbegabung«, die diese Berufe erfordern, genügt »allgemeinen Kulturbedürfnissen«. Ihr sind Fachausbildung und Erweiterung des Geisteshorizontes angemessen. Aber: »Sie verlangt nach eigentlicher Wissenschaftlichkeit so wenig, wie die betreffenden Begabungen dafür zureichen« (ebd.).

Es ist die Absicht der Schrift, die Universität zu der Einsicht zu führen, daß das Aufkommen und die Frequenz dieser Fächer nicht einer vorübergehenden, sondern einer *bleibenden Veränderung ihrer gesellschaftlichen Basis* entspringen. Sie besteht in der »Demokratisierung der Bildung«, in der fortschreitenden Verbreiterung allgemeiner Bildungsbedürfnisse in immer mehr Berufszweigen, für deren Befriedigung nach dem gegebenen Aufbau des deutschen Bildungswesens nur die Universität zur Verfügung steht (228. 229. 230). Diese wird also auch künftig »den Charakter einer platonischen Akademie, die der reinen Wahrheit dient, mit einer Reihe staatlicher und gesellschaftlicher Bildungsfunktionen verbinden müssen«, somit Aufgaben zu erfüllen haben, »die nicht unmittelbar in einer Linie liegen« (230).

Auf diese Lage soll die Universität – statt wie bisher mit Fiktionen zu arbeiten (226–228) – mit dem entschiedenen Bekenntnis zu ihrer Idee und mit dem klaren Willen zur Weiterentwicklung ihrer Unterrichtsformen im Rahmen dieser Idee antworten. Die Idee der deutschen Universität schließt eine Trennung von Forschung und Berufslehre aus (230 f.), aber ihrem Sinn entspricht der Einbau einer *»College-artigen Stufe«* in der Weise, daß der Zusammenhang mit der produktiven Wissenschaft auch für die Unterstufe wirksam bleibt (231). Spranger hat seine Vorschläge zur Ausgestaltung einer solchen »Stufenbildung« innerhalb der Universität in der vorliegenden Schrift bis ins Detail entwickelt. (Vgl. in ds. Bd. 154, 436.)

Noch unter einem dritten Gesichtspunkt wird diese Schrift hier geboten: Sie stellt im Hinblick auf die Richtung, die Sprangers Denken über die *Aufgabe der Universität* in der Nachkriegszeit des 2. Weltkriegs einschlägt, einen interessanten Übergang dar: In der Einsicht, daß die Philosophie »nicht mehr das Ganze« geben kann, »was heut gesucht und gebraucht wird« (233), und daß es sich bei dem Gesuchten vielleicht »überhaupt nicht um eigentliche Philosophie, sondern um eine allgemein gerichtete Kultur- und Lebenskunde« (ebd.) handelt, die »die Brücken zum Gesamtleben« und zur Praxis sichtbarer macht, zeichnet sich die Abwendung von der Philosophie als dem einheitstiftenden Moment, in der Universität und die Hinwendung zur bewußten Pflege der »Einheit der Kultur« vor, die Spranger in den 50er Jahren entschieden vollzieht. Vgl. in ds. Bd. S. 446. –

Probleme der Begabtenförderung (1930)

Zugrundegelegt ist die Veröffentlichung des Vortrags in: Studentenwerk. Zeitschrift der studentischen Selbsthilfearbeit. Jg. 4. 1930. Heft 5. S. 165–181. (B. 302.) Das Manuskript liegt nicht vor.

Die in ›Begabung und Studium‹ in diesem Band S. 7–81 grundsätzlich und praktisch erwogenen Fragen der Begabungserkenntnis, -auslese und -förderung sind in diesem Vortrag wiederaufgenommen, potenziert um die Frage nach dem Menschentypus, der eigentlich gefördert werden soll. Auf zwei thematisch und zeitlich nahe Aufsätze Sprangers ist zur Ergänzung hinzuweisen: ›Gedanken zur Umgestaltung der Reifeprüfung‹. In: Monatsschrift f. höhere Schulen. Bd. 29. 1930. S. 713 ff. B. 297. und ›Die Maßnahmen in Sachsen zur Sicherung eines vollwertigen Hochschulnachwuchses‹ in: Die Erziehung. Jg. 10. 1935. S. 241 ff. B. 376. Weiterhin sind einschlägig die Artikel: ›Der Aufstieg der Begabten zur Universität‹. In: Reclams Universum. Jg. 33. Halbbd. I. 1917. Die Weltrundschau. S. 385 f. B. 107; ›Begabung und Studium‹. In: Leipziger Neueste Nachrichten. 1942. Nr. 178. B. 485; sowie die Rezension: Max Zollinger, Hochschulreife. Zürich, Leipzig 1939. In: Die Erziehung. Jg. 14. 1939. 402 f. B. 439.

Für die prinzipiellen Fragen der Menschenkenntnis, der verstehenden Psychologie und Entwicklungspsychologie sowie der Psychotechnik und der Erkennbarkeit der Begabungen aus der spezifischen Leistung vgl. außer in diesem Bd. S. 29 f., 69 f., vor allem den 1. Abschnitt ›Aufgabe und Methode‹ in: Psychologie des Jugendalters. [1]1924 (B. 190), [24]1966. Ferner den Abschnitt IV (Begabung) in: Innere Schulreform. In: Pädagogische Perspektiven. [1]1951 (B. 602), [5]1958 (B. 789), [7]1962, auch in: Ges. Schr. III. 177 ff., hier bes. 441 ff. – Im ganzen ist auf die verschiedenen Auflagen der ›Lebensformen‹ (seit 1921) und auf die Akademieabhandlung ›Die Frage nach der Einheit der Psychologie‹, 1926, B. 226, zu verweisen.

Im einzelnen sei angemerkt:

Zum Thema: Reifeprüfung und Prüfung überhaupt: Vgl. in diesem Bd. S. 31 f., 41, 65 f., bes. S. 237: »Skandal der reinen Vernunft«. – S. 224: *Helmholtz, H. von:* Vorträge und Reden. [4]1896. Bd. I. 1–21. – S. 245: *Wilh. Ostwald,* Große Männer, 1909 s. in diesem Bd. S. 27 und 73 Anmerkung. – S. 245: *Aufstiegsbewegung:* E. Spranger, Das Problem des Aufstiegs. 1918. In: Ges. Schr. VIII. 125 ff. und in diesem Bd. S. 438. – S. 250: *Wilh. Dibelius,* Die Überfüllung der Universität. In: Deutsches Philologen-Blatt. Jg. 38. 1930. Nr. 18. S. 265–272.

Über Sinn und Grenzen einer Hochschulreform (1932)

Der am 5. Oktober 1932 in Danzig auf dem VII. Deutschen Hochschultag des Verbandes der Deutschen Hochschulen gehaltene Vortrag erschien in: Mitteilungen des Verbandes der Deutschen Hochschulen. Hg. vom Verband der Deutschen Hochschulen. Jg. XII. 1932. Heft 9/10. (November 1932) S. 151–167. (B. 339.) Diese Veröffentlichung ist hier wiedergegeben.

Das Manuskript: 1 Titelblatt und 47 Blätter (17 × 21 cm) diente, wie ein Druckereivermerk auf der 1. Seite zeigt, als Druckvorlage. Das Titelblatt enthält den in unserer Ausgabe in der Anmerkung S. 254 wiedergegebenen Vermerk als Untertitel. Das Manuskript weist zahlreiche Textänderungen und Zusätze am Rand auf.

Nicht ein veränderter Standpunkt, die veränderte Situation kennzeichnet den Vortrag, den Spranger 1932 auf dem Danziger Hochschultag am Vorabend des nationalsozialistischen Ansturms auf die Hochschulen gehalten hat. Was er 1927 auf der studentischen Schulungswoche in Weimar vorwiegend gegen Regierungen und Parteien von links verteidigte: die Freiheit von Wissenschaft und Hochschule und die Liberalität ihrer Verfassung – das muß er jetzt gegen die »nationale

Bewegung« in der Studentenschaft behaupten, der er noch mit einem Zutrauen in ihren »gesunden Kern« entgegenkommt. Bereits auf dem Danziger Hochschultag zeichnete sich jedoch eine Verschärfung der Lage ab, die dann im April 1933 zu seinem Konflikt mit der Hitlerregierung und seinem Rücktritt vom Lehramt führte. Siehe: ›Mein Konflikt mit der Hitlerregierung 1933‹. (Geschrieben 1945.) Als Manuskript gedruckt. Tübingen 1955. 16 S. (B. 695.); auch in: Universitas. Jg. 10. 1955. S. 457–473; hier: S. 457 die Situation auf dem Danziger Hochschultag. Vgl. auch: [Schreiben über die Gründe des Rücktritts vom Lehramt an der Berliner Universität.] Der Rücktritt Sprangers. In: DAZ. Reichsausgabe Jg. 72. 1933. Nr. 195/196. Beiblatt 28. April. (B. 351.) Ferner die Schilderung S. 349–352 in ds. Bd. und Ges. Schr. VIII. 418–420.

Die Ausführungen im Vortrag (257, 271 f.) bedürfen zum Verständnis der Einstellung Sprangers zur »nationalen Bewegung« und der Erwartungen, die er in eine *echte* nationale Erneuerung setzte, der Ergänzung aus seinen politischen Äußerungen vom Jahr 1932: Deutsche Not, deutsche Hoffnung. 6 Rundfunkreden an die Deutsche Nation. Berlin 1932. (B. 325.); hier: S. 30–35 die von Spranger am 25. 1. 1932 gehaltene Rede. Ferner: ›Gegenwart. September 1932‹. In: E. Spranger, Volk. Staat, Erziehung. 1932. (B. 330.) S. 176–211.

Im Rückblick hat Spranger die Jugendgeneration, die vom Nationalsozialismus »eingefangen wurde« nach eigenen Beobachtungen geschildert in ›Fünf Jugendgenerationen 1900–1949‹. In: Pädagogische Perspektiven. [1]1951. S. 38–47. (B. 602.) Jetzt auch in: Ges. Schr. VIII. 318 ff. Vgl. auch: ›Die männliche Jugend und die Politik‹(1930) in Ges. Schr. VIII. 192 ff. –

Zu den Hinweisen im Vortrag sei nachgetragen:

S. 256: *Hans Freyer,* Soziologie als Wirklichkeitswissenschaft. 1930. – S. 260: *Günther Holsteins* Forderung einer Berufungsinstanz in: Hochschule und Staat. In: Das Akademische Deutschland. 1930. Bd. 3. S. 139–141. – S. 265: *Unsere (= des Hochschulverbands) Schuldenkschrift:* In: Mitteilungen des Verbandes der Dt. Hochschulen. Jg. XII. 1932. Heft 5/6. Juni 1932. – S. 267: *Ernst Böhm:* Die hier gemeinte ›Denkschrift‹ war nicht zu ermitteln. Dagegen ein Vortrag E. Böhms ›Die Frage der Auslese durch Prüfungen‹, in dem er Zwischenprüfungen an der Universität ablehnt. (Vgl. Die höhere Schule im Freistaat Sachsen. Jg. 10. 1932. Heft 12. 201.) – S. 268: *»Problema« im Sinne des Klosterbruders:* G. E. Lessing, Nathan der Weise. 4. Aufzug. 2. Auftritt (Schluß) in Verbindung mit den Worten des Klosterbruders im 7. Auftritt desselben Aufzugs: »Wenn an das Gute,/Das ich zu tun vermeine, gar zu nah/Was gar zu Schlimmes grenzt: So tu ich lieber/Das Gute nicht; weil wir das Schlimme zwar/So ziemlich zuverlässig kennen, aber/Bei weitem nicht das Gute ...«. – S. 271: *»Flamme empor!«*: Johann H.Christian Nonne (1795–1853), Feuerspruch. –

Die Universität Berlin nach Kriegsende 1945
Nach Aufzeichnungen und Unterlagen von 1945 verfaßt 1953

Die bisher unveröffentlichten Vorlagen der Darstellung (S. 273–315) und des Anhangs (S. 316 f.) befinden sich im Spranger-Nachlaß der Universitätsbibliothek Tübingen. Es sind Typoskripte im Format DIN A 4: 1 unpaginiertes, einseitig beschriebenes Blatt, das nur die Vorbemerkung enthält; 51 durchlaufend gezählte, maschinenschriftlich 2–51 paginierte, einseitig beschriebene Blätter; 7 handschriftlich (mit Tinte) durchgehend 1–7 numerierte Blätter, wovon die Blätter 5 und 7 doppelseitig beschrieben sind. Die Numerierung ist von fremder Hand.

Das Typoskript der Darstellung trägt keinen Titel, er ist vom Herausgeber hinzugefügt. Die Vorlage der Darstellung weist Streichungen und zahlreiche inhaltliche wie stilistische Änderungen auf, die Spranger teils über den Text, teils an den Rand geschrieben hat. Die Wiedergabe berücksichtigt nur die letzte Textgestalt. Für die Behandlung von Rechtschreibung und Zeichensetzung, Abkürzungen und Einklammerungen siehe S. 431 die Vorbemerkung zu den Texten dieses Bandes. Hinzufügungen und Berichtigungen des Herausgebers im Text stehen in eckigen Klammern. Näheres über sie findet sich in den folgenden Anmerkungen. Berichtigungen der Namenschreibung wurden als solche nicht gekennzeichnet; sie sind jedoch in den Anmerkungen aufgeführt.
Die 1–12 bezifferten Anmerkungen unter dem Text sind Anmerkungen Sprangers, die auch in der Vorlage unter dem Text stehen. Sie wurden mit durchlaufender Numerierung versehen. Die Anmerkungen 7 und 8 bilden in der Vorlage *eine*, durch Gedankenstrich gegliederte Anmerkung auf einer Seite. Da sich der Text in der Wiedergabe über zwei Seiten erstreckt, wurde diese Anmerkung in zwei getrennte Anmerkungen aufgelöst. Die Anmerkungen mit * unter dem Text sind Anmerkungen des Herausgebers; sie sind als solche durch eckige Klammern gekennzeichnet.

Nach den Bemerkungen S. 301 und 308 (7. bzw. 31. Zeile v. o.) ist als Abfassungszeit der Darstellung das Jahr 1953 anzunehmen. Die Abschriften der im Anhang mitgeteilten Korrespondenz wurden 1945 in Berlin angefertigt. (Vgl. die Anmerkung S. 317.) Die abschließende Vorbemerkung wurde 1955 geschrieben.

Die aktenmäßigen Unterlagen, auf die die Vorbemerkung hinweist, befinden sich jetzt im Bundesarchiv, Koblenz, in Fasc. 30–35 fol. des Spranger-Nachlasses. Der Herausgeber dankt dem Bundesarchiv für die Ermöglichung der Einsichtnahme.

Die » privaten Aufzeichnungen«, auf die sich die Darstellung stützt, liegen im Spranger-Nachlaß der Universitätsbibliothek Tübingen. Diesen Aufzeichnungen sowie einschlägigen Briefen hat der Herausgeber einige Einzelheiten entnommen, die in den folgenden Anmerkungen zur Ergänzung der Darstellung mitgeteilt sind.

Anmerkungen:

Bei den folgenden Angaben über die im Text genannten Berliner Hochschullehrer ist – sofern der Zusammenhang nicht Weiteres erfordert – jeweils nur die Lehrtätigkeit in der letzten Position bei Kriegsende im Jahr 1945 an der Friedrich-Wilhelm-Universität bzw. Technischen Hochschule Berlin-Charlottenburg angegeben. Die Angaben sind in der Regel – mit den üblichen Abkürzungen – Kürschners Dt. Gelehrten-Kalender (1970/71 incl.) entnommen. Ferner wurde benutzt das ›Gesamtverzeichnis des Lehrkörpers der Universität Berlin. Bd. I: 1810–1945‹. Bearb. von Johannes Arsen. Leipzig 1955. –

S. 274: *Grapow,* Hermann (1885–1967), Ägyptologie, o. Prof., 1943–45: Prorektor, 1940–45: Dekan der Philosophischen Fakultät. 1938: Mitglied, 1939: Sekretär der Philos.-historischen Klasse, 1944: Vizepräsident der Preuß. Akademie der Wissenschaften. – *Rodenwaldt,* Gerhart (1886–1945), Klass. Archäologie, o. Prof. – *Rust,* Bernhard (1883–1945), NS-Politiker. 1933: Preuß. Kultusminister, 1934–45: Reichsminister für Wissenschaft, Erziehung und Volksbildung. – *Mentzel,* Rudolf (1900), Ministerialdirektor, Chef des Amtes Wissenschaft im Reichsministerium f. Wiss., Erz. und Volksbild., 1936–45: Präsident der Dt. Forschungsgemeinschaft, o. Prof. (Wehrchemie) TH. – *Burmeister,* Wilhelm (1905), Oberregierungsrat im Reichsminist. f. Wiss., Erz. u. Volksbild. – *Vahlen,* Theodor (1869–1945), Mathematik, 1934–37: o. Prof. TH, 1939–45: Präsident der Preuß. Akad. d. Wiss. – *Kreuz,* Lothar (1888–1969), Orthopädie. Unfallheilkunde, o. Prof., 1943–45: Rektor der Universität. –

S. 275: *Hertz,* Gustav (1887), Physik, Atomforschung, 1925: Nobelpreis, 1928: o. Prof. und Direktor des Physikal. Inst. TH Berlin, 1935–45: Leiter des Forschungslaboratoriums der Siemens-Werke, 1945–54: in der UdSSR. – *Wittgenstein,* Werner (1882–1965), Dr. iur., 1945–48: Bezirksbürgermeister Berlin-Zehlendorf. – *Hermes,* Andreas (1878–1964), 1920–23: Reichsernährungs- und Reichsfinanzminister. Seit 1933 mehrfach in NS-Haft. 17. 5.–31. 7. 1945: Leiter der Abt. Ernährung beim Magistrat Berlin. – *Steltzer,* Theodor (1885–1967), 1920–33: Landrat. Gehörte dem Kreisauer Kreis an. Todesurteil vom Januar 1945 infolge Kriegsende nicht vollstreckt. Mit Spranger im Gefängnis in Moabit. (Vgl. unten S. 471.) Mai bis Juli 1945 Stellv. von Hermes in der Abt. Ernährung beim Magistrat Berlin. – *Schiffer,* Eugen (1860–1954), 1919–1921: Reichsfinanz- bzw. Reichsjustizminister. 1945–48: Chef der Deutschen Zentralverwaltung für Justiz der SBZ. – *Winzer,* Otto (1902), 1945–46: Stadtrat und Leiter der Abt. Volksbildung beim Magistrat Berlin. Seit 1947 Mitgl. des ZK der SED. 1956: stellv. Außenminister, 1965: Außenminister der DDR. –

S. 276: *Gans,* August (1890–1958), Dr. phil., 1928–33: Kreisschulrat in Osterburg und Magdeburg, 1933 zurückversetzt als Lehrer nach Halberstadt. 1938 Ruhestand auf eig. Antrag. – *Kulturbund zur demokratischen Erneuerung Deutschlands:* 25. 6. 1945: Gründungsbeschluß, 4. 7. 1945: 1. Großkundgebung und Gründungsaufruf, 8. 8. 1945: Gründungsversammlung; Präsident: Johannes R. Becher. –

S. 277: *Gieseke*, Paul (1888–1967), Handels- und Wirtschaftsrecht, o. Prof. – *Rörig*, Fritz (1882–1952), Mittl. u. neuere Geschichte, o. Prof. –

S. 278: *Kohlrausch*, Eduard (1874–1948), Straf- u. Strafprozeßrecht, o. Prof. – *Glum*, Friedrich (1891), Öfftl. Recht. 1920–37: Generalsekretär und Direktor der Kaiser Wilhelm-Gesellschaft, 1930–38: nichtbeamt. a. o. Prof. 1946–52: Ministerialdirigent Bayer. Staatskanzlei. Über die von Spranger hier berührten Vorgänge hat Glum eine tw. abweichende Darstellung gegeben in: F. Glum, Zwischen Wissenschaft, Wirtschaft, Politik. Bonn 1964, 551 f. – *Schirmer*, Walter F. (1888), Anglistik, o. Prof. – *Vasmer*, Max (1886–1962), Slawistik, o. Prof. – *Kühnel*, Ernst (1882–1964), Direktor d. islam. Abt. der Staatl. Museen, Berlin. – *Andrae*, Walter (1875–1956), Altoriental. Archäologie. Abt.-Leiter bei den Staatl. Museen, Berlin. – *Brennecke*, Erich (1885–1967), Geodäsie, o. Prof. TH Berlin. – *Tillmanns*, Robert (1896–1955), bis 1933 in der Preuß. Unterrichtsverwaltung. 1945: Generalsekretär des Hilfswerks der Ev. Kirchen. – *Podach*, Erich F. (1894–1967), Nietzscheforscher. –

S. 279: *Hofmann*, Paul (1880–1947), Philosophie. 1922–1938: nichtbeamt. Prof. 1938: Entzug d. Lehrbefugnis. – *Holtzmann*, Robert (1873–1946), Geschichte, o. Prof. emerit. – *Dilschneider*, Otto (1904), System. Theologie, Pfarrer u. Dozent an der KH. – *Deubner*, Ludwig (1877–1946), Antike Religionswissenschaft, o. Prof. – *Dovifat*, Emil (1890–1967), Zeitungswissenschaft. o. Prof. – *Griewank*, Karl (1900–1953), Neuere Geschichte, Dozent. – *Hartung*, Fritz (1883–1967), Geschichte, o. Prof. – *Stroux*, Johannes (1886–1954), Latinistik, o. Prof., 1937: Mitgl. d. Preuß. Akad. d. Wiss., 1946–49: 1. Rektor der Univ. Berlin (seit 1949: Humboldt-U.), 1945: Kommiss. Leiter, 1946 Präsident der Akademie der Wissenschaften, Berlin. – *Gabein*, Annemarie von (1901), Turkologie, Dozent. – *Möller*, Lotte (1893), Hydrographie, Doz. und Kustos am Inst. f. Meereskunde, Berlin. – *Dreß*, Walter (1906), Kirchen- und Dogmengeschichte, 1930 Priv. Doz., 1938: Entzug der Lehrbefugnis. Seit 1937 Doz. an der KH. – *Rottenburg*, Otto von (1885–1945), 1920–45: Hochschulabt. im Preuß. Kultusministerium bzw. Reichsministerium f. Wissenschaft, Erziehung und Volksbildung. Ministerialrat. – *Bersarin*, Generaloberst, Stadtkommandant von Berlin v. 24. 5.–16. 6. 1945 (Unfall). – *Thiessen*, Peter Adolf (1899), Physikal. Chemie, Direktor des Kaiser-Wilhelm-Inst. f. Physikal. Chemie u. Elektrochemie, o. Prof. Mitgl. d. Preuß. Akad. d. Wiss. –

S. 280: Die gen. *Protokolle* sowie von Spranger dazu gemachte Notizen befinden sich im BArchiv. Spranger-Nachlaß Nr. 30. fol. 1–38. – *Behm*, Johannes (1883–1948), Neues Testament, o. Prof. – *Bieberbach*, Ludwig (1886), Mathematik, o. Prof. – *Bülow*, Friedrich (1890), Volkswirtschaftslehre, o. Prof. – *Schneider*, Johannes (1895), Neues Testament, apl. Prof. – *Eltester*, Walther (1899), Neues Testament und alte Kirchengeschichte, a. o. Prof. – *Döhring*, Bruno (1879–1961), Oberdomprediger, 1923–45: Lehrtätigkeit (Prakt. Theologie) Univ. Berlin. –

S. 281: *Dersch*, Hermann (1883–1961), Arbeitsrecht, o. Prof. 1937 aus politischen Gründen emerit. – *Hoetzsch*, Otto (1867–1946), Ostgeschichte, bes. Rußlands, o. Prof. emerit., 1934: Lehrverbot. – *Erbe*, Walter (1909–1967), Röm. u. bürgerl. Recht, 1940: a. o. Prof. U. Berlin, 1941–45: o. Prof. U. Jena. – *Meerwardt*, Rudolf (1883–1946), Nat. Ökonomie u. Statistik, o. Prof. – *Noack*, Kurt (1888), Pflanzenphysiologie, o. Prof. – *Schmid*, Hermann Ludwig (1908–1956), Mathematik, Doz. – *Opitz*, Kurt (1878–1958), Acker- u. Pflanzenbau, o. Prof. u. Direktor d. Inst. f. Acker- u. Pflanzenbau. – *Dobberstein*, Johannes (1895), Veterinär-Pathologie und -Anatomie, o. Prof. – *Eicken*, Carl von (1873–1960), Hals-, Nasen- und Ohrenheilkunde, o. Prof. – *Müller-Heß*, Viktor (1883–1960), Gerichtl. u. soziale Medizin, o. Prof. – *Sauerbruch*, Ferdinand (1875–1951), Chirurgie, o. Prof. Juni 1945–Oktober 1946: Stadtverordneter u. Leiter des Gesundheitswesens beim Magistrat. –

S. 282: *Baethgen*, Friedrich (1897–1972), Mittelaltl. Geschichte, o. Prof. – *Studenten:* Lt. Bekanntmachung des Magistrats v. 16. 7. 1945 war ein »Zentralausschuß der Studentenschaft beim Magistrat« gebildet und Joachim Schwarz (s. S. 286) zum Vorsitzenden bestimmt worden. –

S. 283: *Notetat:* Die von den Fakultäten dafür gelieferten Unterlagen befinden sich im BArchiv, Spranger-Nachlaß Nr. 34. fol. 1–348. – *Notprogramm von Vorlesungen:* Für den Fall eines »Übergangssemesters« (S. 311) ließ Spranger ein vorläufiges Vorlesungsverzeichnis ausarbeiten. Die Aufstellungen der Fakultäten sind vorhanden im BArchiv, Spranger-Nachlaß Nr. 35. fol. 1–81. –

S. 284: *Gerthsen*, Christian (1894–1956), Atomphysik. o. Prof. u. Direktor des Physikal. Inst. der TH. – *Uebereriter*, Kurt (1912), Physikal. Chemie, Dozent. – *Lieber*, Hans Joachim (1923), Philosophie, Soziologie. Seit 1957 o. Prof. FU. – *Leist*, Erich (1892–1964), Dr. jur. Ministerialrat im Preuß. Kultusministerium bis 1933. Danach Tätigkeit im Bankwesen. Nach 1945: Vizepräsident bzw. Präsident verschiedener Landesbanken. – *Loock*, Bruno (1887–1947), Regierungs- und Kassenrat im Rektoramt. (Am 23. 5. 1951 vom Amtsger. Bln.-Schöneberg für tot erklärt.) –

S. 285: *Niekisch*, Ernst (1889–1967), Polit. Schriftsteller. Hg. des ›Widerstand‹. 1939 zu lebenslänglichem Zuchthaus verurteilt. – *Bürgermeister Karl Schulze:* Seit 17. 5. 1945: 4. stellv. Bürgermeister, seit 11. 6. 1945: Leiter des Hauptschulamtes beim Magistrat, seit 23. 12. 1945 auch Leiter der Abt. für Kunstangelegenheiten. – *Fischer*, Karl Albert (1879), Dr. phil., Oberschulrat. 1945: Dezernent für das höhere Schulwesen im Hauptschulamt des Magistrats. – *Brugsch*, Theodor (1878–1963), Innere Medizin, 1927: o. Prof. U. Halle, 1935 aus politischen Gründen ausgeschieden. 1946: o. Prof. Univ. (Humboldt-U.) Berlin. 1946: Vizepräsident und Leiter der Hochschulabteilung der Zentralverwaltung für Volksbildung der SBZ. Vgl. d. Anmerkung zu S. 307. –

S. 286: *Franck*, Heinrich (1888–1961), Techn. Chemie, o. Prof. emerit. TH. – *Schnadel*, Georg (1891), Schiffbaustatik, o. Prof. TH. Vgl. die Anmerkung zu S. 307. – *Rogowsky*, Bruno (1890–1961), Betriebswirtschaftslehre, o. Prof. Wirtschaftshochschule. Im Typoskript ist der Name versehentlich »Rogowski« geschrieben. – *Pietsch*, Erich (1902), Präsident des Gmelin-Instituts f. anorgan.

Chemie. – *Gohrbandt,* Erwin (1890–1865), Chirurgie, o. Prof. – *Havemann,* Robert (1910), Kolloidchemie, 1943 zum Tode verurteilt, im Zuchthaus Brandenburg bei der chem. Abt. des Heereswaffenamtes weiterbeschäftigt. 1945 von den Russen befreit. 1945: Leiter der Institute der Kaiser-Wilhelms-Gesellschaft. – *Naas,* Josef (1906), Mathematik, Physik, 1953: Prof. u. Abt.-Leiter des Forschungsinstituts f. Mathematik der Akademie d. Wiss., Berlin. – *Kauffeldt,* Alfons (1906), Dr. phil., 1945: Abt.-Leiter im Hauptamt für Wissenschaft und Forschung beim Magistrat Berlin. Später Prof. mit Lehrauftrag TH Dresden. – *Wegener,* Paul (1874–1948), Schauspieler; 6. 6. 1945: Präsident der Kammer der Kunstschaffenden. –

S. 287: *Werner,* Alfred (1892), Dr. phil., Prof., 1933: als Bürgermeister von Friedland (Mecklenb.) amtsenthoben, 1945–46 Leiter des Hauptamts für Wissenschaft und Forschung beim Magistrat. 1947: Doppelprofessur für Philosophie an der Hochschule f. bildende Künste und der Hochschule für Musik, Berlin. – *Wuessing,* Fritz (1888), Dr. phil., 1931–33: Oberstudiendirektor, 1933 als Studienrat zurückversetzt. Mai bis Juli 1945: Leiter der Hochschulabt. beim Magistrat Berlin. –

S. 289: *Solotuchin,* Generalleutnant, Chef der Abt. für Volksbildung in der Sowjetruss. Militärverwaltung, Prof. (Ethnologie) U. Leningrad. – *Munk,* Fritz (1879–1950), Innere Medizin, Hon. Prof. –

S. 290: *Erika Mann* (1905–1969) schrieb 1945 für Liberty Magazine, New York und Evening Standard, London. Nach freundl. Mitteilung des Archivs der Familie Mann, Kilchberg/Schweiz, waren im Nachlaß keine Äußerungen über das Interview zu finden. – *Laubert,* Manfred (1877–1945), Geschichte Polens, a. o. Prof. –

S. 291: *Konrich,* Friedrich (1878–1845), Hygiene, Vizepräsident der Landesanstalt für Wasser-, Boden- und Lufthygiene, Hon. Prof. –

S. 292: *»Professor Dessauer«:* Eine Identifizierung des »sehr liebenswürdigen Auskultators« war trotz ausgedehnter Recherchen nicht möglich. Fest steht, daß es um 1945 keinen Professor oder Dozenten der Ägyptologie dieses Namens gegeben hat. Die Möglichkeit eines Decknamens, wie sie bei Mitgliedern des Intell. Service üblich waren, ist nicht auszuschließen. – *Lochner,* Louis P. (1877), amerikanischer Journalist, 1945 in Berlin für Associated Press tätig. – *Eckardt,* Wolf von (1918), Journalist, heute in Washington, war Juli bis November 1945 bei der Milit. Intell. Field Interrog. Unit in Berlin mit Nachforschungen über den 20. Juli 1944 befaßt, die zu dem Buch von Allen W. Dulles, Germany's Underground, N. Y. 1947, beitrugen, dessen deutsche Ausgabe ›Verschwörung in Deutschland‹, Zürich 1948, von Eckhardt besorgte. – *Nach 8 Tagen freigelassen:* Aus Aufzeichnungen und Briefen ergeben sich für Sprangers amerikanische Gefangenschaft folgende Daten: Verhaftung: 24. 7., 1. Verhör: 26. 7., Entlassung: 1. 8. 1945. –

S. 293: *Hochschule für Musik:* Gemeint ist der Musikpädagoge Prof. Bernhard Bennedik, der von 1945–48 Direktor der Hochschule für Musik war. – *Sitzung vom 31. [Juli]:* Im Typoskript steht versehentlich: »31. August«. –

S. 294: *Lohmann,* Karl (1898), Physiolog. Chemie. o. Prof. u. Direktor des Physiolog.-chemischen Inst. – *Stieve,* Hermann (1886–1952), Anatomie, o. Prof. u. Direktor des Anatomisch-biologischen Inst. –

S. 295: *Die Auslandswissenschaftliche Fakultät* zählte im WS 1944/45 134 Lehrkräfte. – *Pfeffer,* Karl Heinz (1906), Soziologie und Englandkunde, o. Prof. –

S. 296: *Dibelius,* Otto (1880–1967), Ev. Bischof von Berlin-Brandenburg. Dibelius ist in seinen Erinnerungen ›Ein Christ ist immer im Dienst‹, Stuttgart [1]1961, [2]1963, auf seine Unterredungen mit Spranger 1945 nicht eingegangen. – *Wolf,* Ernst (1902), Kirchengeschichte, System. Theologie, 1935–45: o. Prof. Halle, 1945: Göttingen. – *Vogel,* Heinrich (1902), System. Theologie, 1935–41: Dozent, ab 1937 Leiter der KH. 1946: Prof. mit Lehrauftrag (Humboldt-) Univ. Berlin. – *Albertz,* Martin (1883–1956), Reform. Theologie, N.-Test., Prakt. Theologie, 1935–41: Dozent KH, 1946: Prof. mit Lehrauftrag (Humboldt-) Univ. Berlin. – *Harder,* Günther (1902), N.-Test. 1936-41. Dozent KH, ebenso 1945–48, 1949 Prof. KH, Superintendent. – *Iwand,* Hans Joachim (1899–1960), System. Theologie, 1945: o. Prof. Göttingen. – *Söhngen,* Oskar (1900), Oberkonsistorialrat; Liturgik, Kirchenmusik, Dozent Hochschule f. Musik. – *Eißfeld,* Otto (1887), Bibl. Theologie, Orientalistik, 1927–57: o. Prof. Halle. – *Lohmeyer,* Ernst (1890–1956), N.-Test., zuletzt o. Prof. Greifswald. –

S. 297: *Hartmann,* Nicolai (1882–1950), Philosophie, o. Prof. Vgl. S. 315. – *Leisegang,* Hans (1890–1951), Philosophie, 1945: o. Prof. Jena, 1948: FU. –

S. 298: *Diem,* Carl (1882–1962), vgl. E. Spranger, Carl Diem zum 70. Geburtstag. (B. 622.) –

S. 301: *Haus Fabeckstr. 13:* Die Beschlagnahme fand am 5. 8., die Räumung am 6. 8. 1945 statt. – *Howley,* Frank L. (1903), General, 1945–49: Kommandant der US-Truppen in Berlin. (Der Name ist im Typoskript verschrieben.) – *Titze,* Heinrich (1872–1945), Bürgerl. Recht, o. Prof. emerit. Wohnung: Im Gehege 13. – *Hartshorne,* Edward Yarnall (1912–1946), Historiker, Harvard U., Spezialist für deutsche Universitätsfragen. Er schrieb: ›The German universities and national socialism‹ 1937. Vgl. Briefw. Meinecke, 258. – *Kurze Darstellung . . .:* Vgl. S. 277 Anmerkung 3. –

S. 302: *Private Darstellung etc.:* Im Nachlaß, Typoskript 6 S. DIN A 4. – *Taylor,* John W(ilkinson) (1906), Erziehungswissenschaft. Prof. Columbia U. Ausgedehnte Studien an europ. Universitäten, u. a. Berlin. 1930–31: English teacher an der Karl-Marx-Schule, Berlin-Neukölln. 1944: Major, 1945: Lt. Colonel. 1945 bis 1947: Chief education and religious affairs OMGUS (Office Milit. Gov. for Germany US) in Berlin. (Vgl. Wo's Who in America. Vol. 36. 1970/71. 2253.) –

S. 303: *Rheinstein,* Max (1899), Vergleichende Rechtswissenschaft, 1931: Priv. Dozent U. Berlin, 1936: Max-Pam-Professor U. Chicago. – *Reinmuth,* Oscar William (1900), Erziehungswissenschaft, Prof. U. of Texas. August–Oktober 1945: Head of the section: Universities and Institutions of higher Education in the Education and Religious Affairs Division of US Milit. Gov. for Germany, im Range eines Majors; Stellv. Taylors in Berlin. (Vgl. Who's Who in America. Vol.

36. 1970/71. 1881.) – Zu Anmerkung 10: *Karsen*, Fritz (1885–1951), Dr. phil., 1921–33: Oberstudiendirektor und Leiter des Kaiser-Friedrich-Gymnasiums in Berlin-Neukölln (1929 in Karl-Marx-Schule umbenannt), 1931–33: Lehrauftrag (Pädagogik) U. Berlin, am 28. 2. 1933 nach den USA emigriert. Die Konkurrenz mit Spranger um die Berliner Professur für Pädagogik kann daher nicht – wie im Typoskript versehentlich geschrieben ist – in die Zeit *von*, sondern nur *vor* 1933 fallen. Spranger erhielt den Ruf nach Berlin im Oktober 1919, zu welchem Zeitpunkt Karsen freilich weder wissenschaftlich noch praktisch-pädagogisch, sondern nur als Programmatiker des Bundes entschiedener Schulreformer hervorgetreten war. K. Haenisch, 1918–22 preuß. Kultusminister, war damals sein Förderer. Sprangers Vermutung, Karsen könnte, obwohl selbst noch nicht anwesend, ihm schon 1945 bei den US-Dienststellen in Berlin Abtrag getan haben, hat eine Stütze darin, daß Major Taylor, der 1930/31 English teacher an der Karl-Marx-Schule, also mit Karsen bekannt war, im Sommer 1945 von Berlin aus in den USA weilte. (Nach Mitteilung seines Stellv.s Major Reinmuth.) Karsen selbst kam erst am 17. 6. 1946 nach Deutschland und war bis 9. 2. 1948 als Educational Specialist bei der US Milit. Regierung mit Amtssitz in Berlin tätig. Karsen hat seinen Namen nicht amerikanisiert; daß dieser in den gen. Jahren in deutschen Zeitungen irrtümlich so erschien, ist wohl möglich. Die o. a. Daten sind z. T. entnommen der ›Festschrift für Fritz Karsen‹ hg. von Gerd Radde. Berlin 1966, 20 ff. und G. Radde, Der Schulreformer F. K., in: Bildung und Erziehung. Jg. 18. 1965. H. 6, 453 ff. Hier auch Näheres über Karsens Wirken nach der Emigration. Der Hg. ist Frau Prof. Sonja P. Karsen, Skidmore College, Saratoga Springs, N. Y., sowie Herrn G. Radde, Berlin, für Auskünfte zu Dank verbunden. –

S. 304 *Alexander*, (Richard) Thomas (1887), Erziehungswissenschaft, Prof. Columbia U. 1945–47: Chief Education Branch, Milit. Gov. for Germany, 1948–49: Educational adviser to Milit. Gov. for Germany. (Vgl. Who's Who in America. Vol. 36. 1970/71. 26.) – *Denkschrift:* ›Denkschrift über die Universität Berlin (1945)‹. (Typoskript, 24 Bl. DIN A 4, mehrfach im Nachlaß.) – *Troll*, Carl (1899), Geographie, 1945: o. Prof. U. Bonn. –

S. 306: *Stark*, Helmuth (1898), Mathematik, Dozent TH. – *Creighton*, Thomas Richmond Mandell, jetzt Univ. Edinburgh, Dep. of English Literature. 1945: Leiter der Abt. Erziehung der Brit. Milit. Regierung in Berlin. 1947–48: Deputy educational adviser of the Brit. Zone in Germany, im Range eines full colonel bzw. Brigadier. (Nach eigenen Angaben.) Das Gespräch fand am 3. 10. 1945 statt. –

S. 307: *Wandel*, Paul (1905), 1945–49: Präsident der Deutschen Zentralverwaltung für Volksbildung in der SBZ. 1949–52: Minister für Volksbildung der DDR. Vgl. auch S. 315. – *Middleton,* Hubert Stanley (1890–1959), Musikwissenschaft, Univ. Cambridge/Engl., als Organist und Komponist von bedeutender Wirkung (vgl. Grove's Dictionary of Music and Musicians. 5th Ed. London 1954. 744.), erwarb sich als officer in charge of university questions der Brit. Milit. Reg. in Berlin 1946–49 große Verdienste um die TU, die ihn zum »Ehrenbürger« ernannte.

– *Schnadels* Weggang nach Hamburg und England hatte nichts mit Option zu tun. Vielmehr wurde er, dem das Angebot eines Forschungsaufenthalts in der UdSSR vorlag, am 31. 10. 1945, als er mit englischer Erlaubnis in Hamburg seine Familie treffen wollte, um sie nach Berlin zu bringen, festgehalten und später nach England (ins Lager Wimbledon) gebracht. Am 20. 1. 1946 teilte er dem Berliner Magistrat die Unmöglichkeit seiner Rückkehr mit und trat vom kommiss. Rektorat der TH zurück. (Nach eigenen Angaben und Fotokopien.) Diese Spranger unbekannt gebliebenen Vorgänge, bei denen auch eine deutsche Denunziantengruppe mitgewirkt zu haben scheint, wären heute noch näherer Aufhellung wert. – *Brugsch* hat selbst eine Darstellung seines Verhältnisses zu Spranger in dieser Konfliktzeit gegeben in: Theodor Brugsch, Arzt seit fünf Jahrzehnten. Berlin [1]1957. [5]1961, 327 f. –

S. 308: *Dr. Ruge:* Der Name steht im Typoskript in Klammern, daneben am Rand mit Bleistift: »z. B. mit Dr. R.«. Dr. iur. Ludwig Ruge (1879–1964) war Rechtsanwalt und Notar in Berlin. – *Erste Konfliktsitzung vom 31. Juli:* Welche Sitzung hier gemeint ist, ist nicht klar, da Spranger am 31. 7. noch in amerikanischer Haft war; vgl. die Anmerkung zu S. 292. –

S. 309: *Wende,* Erich (1894–1966). Jurist. 1926 Ministerialdirigent, 1932 Ministerialdirektor im Preuß. Kultusministerium, engster Mitarbeiter von Kultusminister C. H. Becker. 1933 in einstw. Ruhestand versetzt. Nach 1945: Amtsrichter, dann Abt. Leiter in der Dt. Justizverwaltung für die SBZ in Berlin. 1947: Staatssekretär im Niedersächs. Kultusministerium, 1950 im Bundesinnenministerium (Leiter der Kulturabt.). Verfasser von ›C. H. Becker. Mensch und Politiker‹. Stuttgart 1959. Über Sprangers Korrespondenz mit Wende s. Ges. Schr. III. 431. – *Paech,* Fritz (1879), Dr. iur., 1920–33: Landgerichtsdirektor, Landger. Berlin I. Nach 1933: Amtsgerichtsrat, 1938: Ruhestand auf eig. Antrag. (Bemühungen um Auskunft über die Zeit nach 1945 waren ergebnislos.) In den Unterlagen zum Vorlesungsverzeichnis, das Spranger für den Fall eines »Übergangssemesters« (vgl. S. 311) aufstellen ließ, erscheint Paech mit 2 Vorlesungen aus dem Bürgerl. Recht und dem Zivilprozeß- und Konkursrecht (Spranger-Nachlaß BArchiv. fasc. Nr. 35. fol. 1–81. Bl. 13.) –

S. 313: *Hartmann,* Richard (1881–1965), Arabistik, o. Prof. – *Schadewaldt,* Wolfgang (1900), Klass. Philologie, o. Prof. –

S. 314: *Winzer, Kauffeldt, Werner am 11. Oktober:* Dr. Alfred Werner war nicht unterrichtet. Wie er dem Hg. mitteilte, wurde ihm Sprangers Absetzung wenige Tage später in Winzers Amtszimmer eröffnet und mit der »Untragbarkeit« Sprangers begründet. Zum Beweis wurde ihm die Akademieabhandlung ›Der Philosoph von Sanssouci‹ vorgelegt. Vgl. E. Spranger, Der Philosoph von Sansscouci. Berlin 1942. In: Abh. d. Preuß. Akad. d. Wiss. Phil.-hist. Kl. 1942, 5; auch separat. (B. 483). – *Am Morgen des [12.] Oktober:* Im Typoskript steht versehentlich: »11. Oktober«. –

Gehalt und Gestalt der deutschen Universität im Wandel von 1810 bis 1950 (1951)

Die Vorlage ist das Typoskript, nach dem der Vortrag, der hier erstmals im Druck erscheint, am 31. 5. 1951 an der Universität des Saarlandes gehalten wurde. Titel, Ort, Datum stehen von Sprangers Hand über dem Text der 1. Seite, die auch seinen Namenszug trägt. Das Typoskript (44 einseitig beschriebene, durchgehend von 2–44 paginierte Blätter, DIN A 5) zeigt wenige handschriftliche Verbesserungen und viele für den Vortrag bestimmte Hervorhebungen. Unser Text gibt Doppel- und Einfachunterstreichungen kursiv wieder; Anstreichungen am Rand sind nicht berücksichtigt. Weggelassen wurden Hinweise, die den Vortrag als solchen betreffen, wie z. B. »(2. Stunde!)«, sowie am Schluß die Glückwünsche für die saarländische Universität.

Erstmals in diesem Vortrag hat Spranger die Geschichte der deutschen Universität in das Licht der Einsicht gestellt, die in den Jahren nach dem 2. Weltkrieg eine Wendung in seinem Denken über die Universität vollzieht. Er selbst hat ihn so gekennzeichnet in einem Brief an Fr. Meinecke vom 26. 5. 1951:

»Am 31. Mai werde ich wieder in Saarbrücken sprechen ... Thema: Gestalt [sic!] und Gehalt der deutschen Universität im Wandel von 1810 bis 1950. Ich habe mich von meinem früheren Glauben, daß die Grundformen der ›klassischen‹ deutschen Universität noch festzuhalten seien, ziemlich weit wegentwickelt. Vor allem ist mir klar geworden, daß es die Einheit der Wissenschaft (universitas literarum) nur gegeben hat in der etwas eigenwilligen Konstruktion von Fichte, Schelling, Hegel, Schleiermacher. Aber der Sache nach kann gar keine Einheit bestehen von der positiven Theologie über die exakte, nur messende und zählende Physik-Chemie bis zu den Geisteswissenschaften – dem Versuch der tieferen Selbsterkennung der Menschen. Der systematische Zusammenhang liegt nicht in den Wissenschaften als solchen, sondern in dem Lebensgefüge der Kultur, aus dem eine Disziplin *hier*, die andere *dort* hervorgegangen ist. Daraus ergeben sich für Wesen und Aufgabe der Universität wichtige Konsequenzen. Sie muß nach einem einheitlichen Kulturbewußtsein streben, so weit das heute noch erreichbar ist. Diese ihre *Bildungs*funktion aber ist heute wichtiger als je. Max Webers Rede über ›Wissenschaft als Beruf‹ ist von hier aus gesehen der Sündenfall in höchster Potenz. Diese Art von Wertneutralität läßt uns heute erstarren. Was hat der Positivismus aus dem Wissenschaftsgedanken Platos gemacht! Eine bloße Prognosewissenschaft anstelle des Wissens um die rechte Lebensführung! Mit der klassischen Universität war es eigentlich schon aus, als der Kaiser der Universität Berlin zum 100. Geburtstag die Forschungsinstitute schenkte. Das hieß doch: *innerhalb* der Hochschule kann nicht mehr geleistet werden, was die neue Zeit braucht. Der Weg von 1810 bis 1950 stellt sich mir jetzt dar als die langsame Sprengung der Philosophischen Fakultät, und zwar in ihren beiden Haupteigenschaften als Forschungsfakultät und als humanistische Fakultät. Gerade die letztere Funktion aber muß sie auf irgendeine Art wiedergewinnen, wenn sie nicht ein neutrales Instrument werden soll, das ebenso zum Zerstören wie zum Aufbau der europäischen Kultur verwandt werden kann«. (Briefwechsel Meinecke, 628/629.)

Die Bedeutung der hier von Spranger bezogenen neuen Position erhellt aus einem Vergleich mit der noch im Jahr zuvor vertretenen: Er sprach am 24. 5. 1950 in der Stuttgarter Montagsgesellschaft über die »gegenwärtige Lage der Hochschule«. (Im Nachlaß: 18 + 2 Bl., DIN A 6; in den Hauptthesen ausgearbeitet.) Die »Sorgenpunkte« der deutschen Universität exponierte er hier an aktuellen Hochschulfragen. Trotz des verschiedenen thematischen Einsatzes kann dieser Vortrag im entscheidenden Punkt mit dem an der Universität des Saarlandes gehaltenen verglichen werden. Auch die Stuttgarter Ausführungen erkennen die »Kulturverantwortung« der Universität als ihre gegenwärtig vordringliche Aufgabe, auch sie münden in die Frage, was heute zu tun sei. Das Resümee lautet: »Die großen Vorzüge« der deutschen Universität »zu bewahren und ihre Mängel möglichst auszugleichen, ... dann müssen wir aber alles daran wenden, um den Zusammenhang der Wissenschaften zu bewahren, den Sinn für das Ganze a) der Wissenschaft, b) der *Kultur* zu pflegen«.

An diesem Punkt tritt der gravierende Unterschied beider Vorträge hervor: Das *kein* Zusammenhang der Wissenschaften als solchen besteht, der bewahrt werden könnte, daß es das vom Kulturganzen verschiedene »Ganze der Wissenschaft« *nicht* gibt, für das besonders der Sinn gepflegt werden sollte, – das gerade kennzeichnet nach der in Saarbrücken ausgesprochenen neuen Einsicht die gegenwärtige Lage und Aufgabe der Universität: Zwar besteht »einiger Konnex zwischen den Wissenschaften, die der Sache nach einander bedürfen, – ein gegenseitiges Borg- und Leihverhältnis. Von wirklicher Einheit aller Wissenschaften aber sind wir weiter entfernt als je. Ich bin auch nach langem Schwanken zu der Überzeugung gekommen, daß es diese wurzelhafte Verbindung aller Wissenschaften gar nicht gibt. – Die Einheit muß an anderer Stelle gesucht werden, ziemlich oberhalb der Wissenschaften als solcher. Sie liegt in dem unaufhebbaren Lebenszusammenhang aller menschlichen Geistesbetätigungen, den wir Kultur nennen. Daraus folgere ich, daß an jeder Hochschule dieser Lebenszusammenhang und seine sittlichen Normen zur Geltung kommen müssen« (339/340).

Die volle Tragweite der hier von Spranger erklärten Überzeugung, es bestehe keine Einheit der Wissenschaften als solchen, stellt sich erst dar, wenn man sie mit dem Resultat der Betrachtung von Gehalt und Gestalt der deutschen Universität von 1810 bis 1950 zusammenhält: In der »klassischen« deutschen Universität war der Zusammenhang der Wissenschaften im Ganzen der Wissenschaft noch »gegeben«: Der »Wissenschaftsgedanke« dieser Epoche war getragen von dem »Glauben an die Einheit der Wissenschaft im Rahmen eines geschlossenen philosophischen Systems« (323, 324). Die Systeme der spekulativen Philosophie, in denen dieser Wissenschaftsgedanke lebendig war, sind, wie Spranger betont, keineswegs »zusammengebrochen«, nur »der lebendige Geist der Zeit zog sich aus ihnen allmählich zurück« (324): sie wurden »verdrängt« vom Wissenschaftsprogramm des Positivismus (330 f.), der eine Aufsplitterung der Forschung in Einzeldisziplinen und im Spezialismus herbeiführte (333). Die Frage, die sich hier stellt, ob die Einheit der Wissenschaft durch eine zeitgemäße Wiederbelebung der ursprünglichen Wissenschaftsidee der Universität wiedergewonnen werden kann, – diese Frage wird im Vortrag nicht erörtert. In der erklärten Überzeugung, es gäbe keine wurzelhafte Verbindung der Wissenschaften, ist sie als entschieden bereits eingeschlossen. Spranger hat sie ausdrücklich aufgenommen in der Untersuchung ›Die Einheit der Wissenschaft. Ein Problem.‹ In: Archiv für Rechts- und Sozialphilosophie. Bd. XL. 1952. Heft 1. 1–36; B. 625. Hier heißt es zur Restitution der Wissenschaftsidee der klassischen deutschen Universität:

> »Viele blicken jetzt sehnsüchtig zurück auf die Wissenschaftslehre und Hochschulidee des deutschen Idealismus. Dazu ist negativ zu sagen: die Wissenschaftsauffassung jener Zeit ist viel zu einfach für unsere komplizierte Wissenschaftsgliederung; positiv: die Totalstruktur des Wissens, die die spekulativen Philosophien entwickelt haben, war gar keine ›bloße‹ Wissenschaftslehre, sondern meinte eigentlich die Struktur des Geistes*lebens*, also ... die Art von Ganzheit ..., auf die es im *Bildungssinne* eigentlich ankommt. Der Unterschied von Theorienzusammenhang und geistigem Lebenszusammenhang blieb damals verdeckt ...« (a. a. O. 31).

Diese Untersuchung über das Problem der Einheit der Wissenschaft – eine der großen, lang erwogene Gedankengänge abschließenden Abhandlungen Sprangers – hält von Anfang an das »Bildungsproblem« mit im Blick, das für die Universität damit verbunden ist. (Vgl. a. a. O. bes. 25 ff.) Die spätere, gesonderte Behandlung des Bildungsproblems, auf die Spranger (ebd. S. 3) verweist, meint die Abhandlung ›Forschung, Berufsbildung und Menschenbildung an der gegenwärtigen deutschen Universität‹ (1953), die in diesem Band S. 159 ff. wiedergegeben ist. Vgl. auch S. 446 f.

Zum Vortrag seien folgende Nachweise gebracht:

S. 326: *Tagung der deutschen Staatsrechtslehrer 1927:* In: Veröffentlichungen der Vereinigung der deutschen Staatsrechtslehrer. Heft 4. Berlin 1928. – S. 330: *Gestaltung, – Umgestaltung ...*: Goethe, Faust II, 1. Akt. Finstere Galerie. 2687 f. – S. 336: *»Die Wissenschaft gießt ...«:* Vgl. Wilh. v. Humboldt, Ges. Schriften. Hg. v. d. Preuß. Akad. d. W. Berlin 1903 ff. Bd. 3. S. 220 – S. 336: *Riesenwerk über Forschungsinstitute:* Forschungsinstitute. Ihre Geschichte, Organisation und Ziele. Hg. v. Ludolph Brauer, Albrecht Mendelssohn-Bartholdy, Adolf Meyer u. a. 2 Bde. Hamburg 1930. –

Ein Professorenleben im 20. Jahrhundert (1953)

Wiedergegeben ist das Typoskript, nach dem der Vortrag am 23. 11. 1953 gehalten wurde. Es umfaßt 46 einseitig beschriebene DIN -A -5-Blätter. (Da die Paginierung ohne Textverlust von Blatt 2 auf 5 springt, ist das letzte Blatt als 48. gezählt.) Das Typoskript ist unbetitelt. Der Titel, den Spranger S. 342 als den besten bezeichnet, wurde über das Ganze gesetzt. Das Typoskript wird hier zum ersten Mal vollständig veröffentlicht; eine Teilveröffentlichung liegt vor in: E. Spranger, Berliner Geist. Aufsätze, Reden und Aufzeichnungen. Tübingen

1966, S. 29–38 unter dem Titel ›In Berlin 1944/45‹ (= S. 354–358 in diesem Bd.). Das Manuskript im Nachlaß umfaßt 44 einseitig beschriebene Blätter (DIN A 5).

Zum Ganzen vgl. den ›Rückblick‹ S. 428 f. in diesem Band und die dazu S. 479 gegebenen bibliographischen Hinweise.

Zu den Einzelheiten sei ergänzend angemerkt:

S. 343: *»Geprägte Form . . .«:* Goethe, Urworte. Orphisch. Dämon. – *Absolutes Stadtkind:* Vgl. E. Spranger, Aus der Chronik der Friedrichstraße. In: Festgabe für E. Redslob. 1955. 249 f. (B. 700) und Berl. Geist. 20 f. – Ders., Was mein Leben bestimmte. In: Der Tagesspiegel. Jg. 11. 1955. Nr. 3131. S. 8. (B. 712) und Berl. Geist. 184 f. – *Abiturium:* Spranger besuchte das Dorotheenstädtische Realgymnasium bis 1894 »ein jüdischer Lehrer, der bis zu seinem tragischen Ende 1939 über meinen Wegen gewacht hat, dafür sorgte, daß ich mit 12 Jahren vom Realgymnasium fort auf das Berlinische Gymnasium zum Grauen Kloster kam« (E. Sp. WL. 14). Gemeint ist Dr. Siegfried Borchardt (1851–1939), von ihm sagte Spranger 1921 in dem Vortrag ›Humanismus und Jugendpsychologie‹ bei einer Charakteristik seiner Lehrer: »Auch ich habe es in jenen Jahren manchem Manne, den ich nur an meinem unentwegten Idealglauben maß, übelgenommen, daß er kein Gott war. Seitdem ich selbst Lehrer geworden bin, denke ich vorsichtiger über die Göttlichkeit dieses Standes. Es ist schon ein ansehnliches Glück, wenn man in seinem Kreise lauter pflichttreue Leute trifft. Ich habe darüber hinaus das Glück genossen, den einen ›Göttlichen‹ zu finden, an dem noch heut meine ganze Seele hängt, heute freilich, weil er so sehr Mensch ist, daß man ihn *darum* göttlich nennen müßte.« (B. 168. 34.) Briefe E. Sprangers an S. Borchardt, den nach Sprangers Zeugnis (in einer unveröffentlichten Selbstdarstellung) »besten Freund meines Lebens«, der »auf mich den größten Einfluß geübt hat«, wird die Sammlung von Briefen Eduard Sprangers bringen, die H. W. Bähr z. Z. vorbereitet. – *Im preußischen Geist:* Vgl. Ges. Schr. VIII, 392 ff.: Das Preußische; ebd. 450 f. reiche bibliographische Nachweise. – *Ästhetische Weltanschauung der Jugend:* Vgl. die autobiographischen Ausführungen in: Psychologie des Jugendalters. ^{27}1966, 303, und den 1903 verfaßten Aufsatz: Zur ästhetischen Weltanschauung. 1905 (B. 9.) – *In Wilhelm Meister:* Vgl. E. Spranger, Goethe über die Resultate des Lebens. Vortrag. Bremen 1941. (B. 462), jetzt in: E. Spranger, Goethe. Seine geistige Welt. Tübingen 1967. 36 ff. bes. 39–41. – *Berufswunsch, Musiker zu werden:* »Meine Seele geriet früh unter den Bann der Musik. Ich spielte Klavier und komponierte bis zum Exceß. Es war eine reine Pubertätswelle.« (Unveröfftl. Selbstdarstellung im Nachlaß.) – *Konfirmationsunterricht:* E. Spranger, Berl. Geist: ›Mein Einsegnungspfarrer Kirmß und die religiöse Situation in Berlin‹. S. 138–146. – *Mein Studium an der Universität Berlin:* Dazu im Nachlaß unveröffentlicht: Meine Studienjahre (1945), Aus meiner Studienzeit (1952); ferner: Bilder aus meinem Leben. 1960 (Priv. Vervielf. B. 820) – *Friedrich Paulsen:* Dem Andenken dieses Lehrers hat Spranger folgende Veröffentlichungen gewidmet: F. Paulsen. Nachruf. 1908. (B. 31); Erinnerungen an meinen Lehrer. Zum 50. Todestag F. Paulsen. 1958. (B. 792.) Eine Darstellung von Paulsens Wirken im

Erziehungswesen gibt die Einleitung zu: F. Paulsen, Ges. pädagogische Abhandlungen. Hg. und eingeleitet von E. Spranger. Stuttgart 1912. S. IX-XXXV. (B. 75.); teilw. auch in: E. Sp. Päd. Gen. 222 ff. – *Wilhelm Dilthey:* Das »manchmal von harten Konflikten« bestimmte Verhältnis zu Dilthey (so Spranger in einer unveröfftl. Selbstdarstellung der 50er Jahre) bedarf, wie L. Englert (Briefw. 329[22]) hervorhebt, noch der ausführlichen Darstellung aus unveröffentlichten Quellen. Hier sei mitgeteilt, was Spranger unter dem Eindruck des 1911 plötzlich erfolgten Todes Diltheys schrieb: »Wir Jüngeren müssen gestehen, daß wir unseren Lehrer in seiner tiefsten menschlichen Organisation nicht gekannt haben. Wir fühlten, wie seine Seele arbeitete, aber wir sahen seine Seele nicht. Das völlig Inkommensurable seiner Natur wirkte auf jeden, der ihm nahte, mit der geheimnisvollen Macht, die nur von der Genialität ausgeht. Nur manchmal brach durch diese Hülle hindurch ein Strahl... so inniger Besorgtheit um seine Schüler, daß tausend Kräfte uns zu ihm hinzogen. Wer solche Augenblicke erfahren hat, der mußte ihm mit schwärmerischer Liebe treu bleiben...«. E. Spranger, Wilhelm Dilthey. In: Der Zeitgeist. Beibl. z. Berl. Tagebl. 1911. Nr. 43: 23. 10. (B. 65). Ferner: Wilhelm Dilthey. Gedächtnisrede. Berlin. Leipzig 1912 (B. 72). Vgl. auch E. Spranger, Das Historismusproblem an der Universität Berlin seit 1900. 1960. (B. 838.) In: Ges. Schr. V, 430 f. hier: über das Verhältnis zu Dilthey 432 f.; auch in E. Sp. Berl. Geist 151 f. –

S. 344: *Funde im Preuß. Geh. Staatsarchiv:* Sie betrafen die entscheidenden Quellen für W. v. Humboldts persönlichen Anteil an der preuß. Schulorganisation v. 1809. (Vgl. B. 58. Vorw.) – *Alois Riehl:* Vgl. außer in ds. Bd. 61, 428, 439 f., bes. Briefw. 208 f., 345[12]; ferner die Würdigungen A. Riehls unter den Nrn. B. 191, 770, 505, 509. –

S. 345: *Unterricht an höheren Töchterschulen:* »Das unbeschreibliche Glück, das ich bei dieser Aufgabe empfand, bestätigte mir meine pädagogische Bestimmung« (E. Sp. WL. 17). »Was dem Erwerb dienen sollte, wurde gleichzeitig zur Quelle meiner höchsten Begeisterung ...: ich wachte als Mensch unter Menschen gleichsam erst auf«. (Unveröfftl. Selbstdarstellung der 50er Jahre im Nachlaß.) Über Einzelheiten: Briefw. 327[4]. – *Ruf nach Leipzig:* Vgl. im Nachlaß: Meine Berufung nach Leipzig. Für Susanne Spranger. Weihnachten 1946; sowie: Hans Volkelt in E. Sp. Bildnis. 425 f. – *Studium sächsischer Volksschullehrer:* Vgl. in ds. Bd. 44/45, 248. –

S. 346: *Studien zur Geschichte des Verhältnisses von Staat und Erziehung:* E. Spranger, Der Zusammenhang von Politik und Pädagogik in der Neuzeit. Umrisse zu einer Geschichte der deutschen Schulgesetzgebung und Schulverfassung. In: Die Deutsche Schule. Jg. 18. 1914 – Jg. 20. 1916. (B. 92.) Eine Reihe von 14 Aufsätzen, die unvollendet blieb. – *Schwere Erkrankung:* Briefw. 57. 331[27] und in ds. Bd. 433. – *Ende des Kaiserreichs:* Zu Sprangers Stellung zur Revolution 1918 und zum Weimarer Staat vgl. Ges. Schr. VIII, 415 f., und in ds. Bd. 189 ff., 452. – *Rektor Kittel:* Rudolf Kittel (1853–1929), geb. in Eningen a. A., Prof. f. Altes Testament. Vgl. R. Kittel, Die Universität Leipzig im Jahr der Revolution

1918/19. Rektoratserinnerungen. 1930 S. 93 f. – *Volkshochschule:* E. Spranger, Zur Volkshochschulfrage. 1919. B. 138. Auf Zeugnisse seiner Teilnahme an solchen Veranstaltungen muß der Nachlaß noch durchgesehen werden. Bisher fand sich nur die Ankündigung einer »Besprechung von Goethes Faust«, im Rahmen der »Volkshochschulkurse in Form von Arbeitsgemeinschaften veranstaltet von der Universität [Leipzig] und dem Arbeiterbildungsinstitut«. –

S. 347: *Berater beim Preuß. Kultusministerium:* Dazu L. Englert in: Ges. Schr. III. 425 ff., hier über das Verhältnis zu Minister Becker bes. 431. – *Einer Partei habe ich niemals angehört:* Vgl. in ds. Bd. 475 und in: Volk, Staat, Erziehung. 1932. S. 199. (B. 330.) – *Reichsschulkonferenz 1920:* Die Reichsschulkonferenz. Amtl. Bericht. 1921. Hier: E. Spranger S. 261–274. 632–636. 683 (B. 159.) –

S. 348: *Hermann Binder* (1877–1957), Oberstudiendirektor. Präsident: 1945. – *Eugen Löffler* (1883), Ministerialrat, Leiter der Schulabt. im Württ. Kultusministerium. Präsident: 1951. – *Beckersche Universitätsreform:* Sprangers Stellungnahme zu ihr bedarf im einzelnen noch der Untersuchung. Vgl. in ds. Bd. 126 f., 384. – *Ernst Troeltsch* † am 1. 2. 1923; vgl. Briefw. 201 und dazu die Anmerkung S. 344. – *Entwurf meiner ›Lebensformen‹:* In: Festschrift für Alois Riehl. 1914. 413–522 und separat 1914, 110 S. (B. 89.) (Vgl. E. Spranger, Die Entstehung der ›Lebensformen‹. In: Hermann Niemeyer zum 80. Geburtstag. 1963. Privatdruck. S. 58–65. Als selbständiges Werk mit dem Untertitel ›Zur geisteswissenschaftlichen Psychologie und Ethik der Persönlichkeit‹ lagen die Lf. bis 1953 in 8 Aufl. und zahlreichen Übersetzungen vor. – *Waldemar Oelrich*, Geisteswissenschaftliche Psychologie und Bildung des Menschen. Stuttgart 1950. –

S. 349: *Meine Vorlesungen über Jugendpsychologie:* Im SS 1921 las Spranger erstmals ›Psychologie des Jugendlichen‹. Vgl. Briefw. 342^{11} f. Das Werk ›Psychologie des Jugendalters‹ erschien 1955 in 24. Aufl. mit einer Vorbemerkung Sprangers ›Zum 100. Tausend‹. (B. 697). – *Jugendbewegung – Neupfadfinder:* Vgl. E. Spranger, Fünf Jugendgenerationen. 1900–1949. In: Pädagogische Perspektiven. ^{1}1951. 25–57, bes. 41 f., auch in: Ges. Schr. VIII. 318 f. Vgl. ferner: Briefw. 342^{11}. – *Mitglied der Preuß. Akademie der Wissenschaften:* Die Antrittsrede Sprangers vom 2. 7. 1925 in B. 208 und E. Sp. WL. 22 f. –

S. 350: *»Unter der Fremdherrschaft Hitlers«:* Zum Folgenden: E. Spranger, Mein Konflikt mit der Hitlerregierung 1933. (Geschrieben 1945.) In: Universitas. Jg. 10. 1955. 457–473, und als Privatdruck 1955, B. 695. – *Professor für politische Pädagogik:* Alfred Bäumler (1887). –

S. 351: *Präsident Wandel:* S. in ds. Bd. S. 315. –

S. 352: *Vorträge in Japan:* B. 400, 411, vgl. 406. 407. 412. –

S. 353: *Mittwochsgesellschaft:* E. Spranger, Generaloberst Beck in der Mittwochsgesellschaft. Zu dem Buch: Ludwig Beck »Studien«. In: Universitas. Jg. 11. 1956. 183–193 (B. 730.); sowie E. Sp. Berl. Geist. 117–127. – *General von Rabenau:* Erinnerungen an v. Rabenau hat Spranger in Mitteilungen niedergelegt, die verwertet sind in: Wilhelm Vorberg, Friedrich v. Rabenau. Ungedrucktes

Typoskript. 74 S., verfaßt ca. 1950–1953. Hier: Anführungen von Spranger S. 36, 42, 44, 48, 53. (Depositum im Bundesarchiv-Militärarchiv-Freiburg/Br.)

S. 355: *Gefängnis in Moabit:* Vom 8. 9. bis 14. 11. 1944. Das 1. Verhör fand in der 5. Woche statt. Näheres über die Behandlung und sein Zusammentreffen mit Spranger im Gefängnis bei: Theodor Steltzer, Sechzig Jahre Zeitgenosse. München 1966. 163 ff. – *Kommunistischer Freund:* Theo Baensch. Über ihn Spranger an K. Hadlich am 25. 12. 1945: »Das ist der kommunistische Freund, den mir Gott ins Gefängnis zum Trost gegeben hatte. Er war als Calefaktor in Moabit tätig. Eine tiefe Seele, ein Mensch von klarstem Gold ... Wir sehen uns ziemlich oft, leider immer nur kurz.« –

S. 356: Zum Folgenden vgl. in ds. Bd. 273–321 und S. 457 ff.

Studium und Lebensführung (1954)

Abgedruckt aus: Franz Arnold und Eduard Spranger, Studium und Lebensführung. Zwei Reden am Dies Universitatis 1954. Tübingen: J. C. B. Mohr (Paul Siebeck) 1954. (Tübinger Universitätsreden. 3.) S. 25–47. (B. 666.) Eine englische Übersetzung liegt vor: University Studies and the conduct of life. Translated by Johanna Richter. The Dalhousie Review. Vol. 36. 1955. 409–417. (B. 707.) Mit einem englischen Dankwort der Übersetzerin an Eduard Spranger. – Der Nachlaß bietet alle Stadien der Fassung von den Vorarbeiten über die erste Niederschrift und die vollausgearbeitete Vorlage der Rede (mit eigenhändig eingesetzter Anrede) bis zur Druckvorlage, sowie die Umbruchkorrekturen.

Die Rede nimmt die Themen: »Selbsterziehung« und »Erziehung in den studentischen Gemeinschaften« auf, die in »Forschung, Berufsbildung und Menschenbildung an der gegenwärtigen deutschen Universität« ausdrücklich ausgespart blieben (172).

Den Eindruck der Rede hat Hans Rothfels festgehalten:

> »Mir persönlich ist das Unvergleichliche, das er [Spranger] einzusetzen hatte, erst bei einer besonderen und bewegenden Gelegenheit ganz klar geworden. Der schon Entpflichtete wurde im Sommersemester 1954 gebeten, bei der Immatrikulationsfeier [am 21. Mai] die Hauptrede zu halten. Er tat das in einem großen ... Vortrag im überfüllten Festsaal der Universität. Hinter dem, was er sagte, stand für alle greifbar und doch in strenger Zucht gehalten, der Ertrag eines der Wissenschaft und der Jugend gewidmeten Lebens. Der nahezu 72jährige sprach über das Ethos des akademischen Bürgers, über Wege und Ziele der Selbsterziehung, ohne den leisesten Anflug pathetischer Phrase, ungemein eingreifend und konkret bis in Fragen der persönlichen Lebensgestaltung und der Beziehung zwischen den Geschlechtern hinein. Ich entsinne mich nicht, etwas Ähnliches von einem akademischen Katheder in größter Öffentlichkeit vernommen zu haben und es so aufgenommen zu sehen, wie es damals geschah«. (Hans Rothfels in: Eduard Spranger. Bildnis eines geistigen Menschen unserer Zeit. Hg. von Hans Wenke. Heidelberg 1957. 474.)

Die Themen: Lebensführung, Lebensstil, Studiengestaltung, Selbsterziehung und Verantwortung vor und mit der jungen Generation zu erörtern, nahm E. Spranger in den Nachkriegsjahren des 2. Weltkriegs bewußt bei häufigen Gelegenheiten wahr. Davon zeugen im Nachlaß zahlreiche Dispositionen und Notizen für Gespräche und Vorträge in verschiedenen Studentenkreisen, besonders aus den Jahren 1953 und 1954. Hierher gehören auch die »Ausgewählten Thesen zum Sinn studentischer Gemeinschaften« (1954). Die Intentionen des von Spranger gesuchten Kontakts waren vielfältig: Lebenshilfe und Rat für die Studierenden, Weckung der Erlebnisfähigkeit der jungen Menschen für die »sie angehende Wertwelt«, Aufruf ihrer Verantwortung aus der »Sorge, ob wir in Zukunft noch genügend Menschen haben werden, die das komplizierte Gebilde der abendländischen Kultur zu tragen und weiter zu steuern im Stande sind« (so im Vortrag ›Der Student von heute‹, Juli 1954). Auf der »Tagung für die junge Generation« in Bad Boll im Dezember 1953 sprach er über ›Gestalt und Zerfall europäischer Lebensstile‹.

Diese Themen stehen in nahem und weiterem Zusammenhang mit seinem Schrifttum: Sachlich wie zeitlich am nächsten stehen die Abhandlungen: ›Ist der moderne Kulturprozeß noch lenkbar?‹ und ›Gibt es in Westdeutschland eine Jugendideologie?‹ Beide, aus Vorträgen entstanden, in ›Kulturfragen der Gegenwart‹ [1] 1953. (B. 641.) [4]1964; die erste Schrift auch in: Ges. Schr. V. 328 ff. Besonders die zweite dieser Abhandlungen, die auch in französischen Übersetzungen (B. 651. 679) vorliegt, erwägt im Zusammenhang der leitenden Fragestellung die Situation und Aufgabe der deutschen Jugend nach dem 2. Weltkrieg. Demselben Thema gilt der 3. Teil der Rede, die E. Spranger zum 2. Jahrestag der Bundesrepublik Deutschland am 12. Sept. 1951 in Bonn gehalten hat. Daraus separat: ›Die alte und die neue Generation‹ (B. 619). (Die Rede auch in: Ges. Schr. VIII. 345 ff.) – Das von Spranger mit Studenten gerne (u. a. 1953 im Leibnitianum und 1954 im Schlatterhaus in Tübingen) besprochene Thema ›Lebensziele – Lebensplanung – Lebensstile‹, in das stets viel Selbsterfahrenes einfloß, weist in den Themenkreis der ›Gedanken über Daseinsgestaltung‹, die H. W. Bähr 1954 aus Vorträgen und Schriften E. Sprangers herausgegeben hat. (B. 665. 693.) Über Studium und Selbstgestaltung handelt: E. Spranger, Baukunst und Selbstgestaltung. Ein rechter Meister wird nur der, der zugleich an seinem Inneren baut. In: Zeitwende. Die neue Furche. Jg. 34. 1963. Heft 1. 6–17; hier über den »Geist des Studierens« S. 7–11. – Zum ganzen Problemkreis: Bildungsaufgaben in Deutschland nach dem 2. Weltkrieg vgl. die oben S. 447 gegebenen Nachweise.

Zu den Hinweisen und Zitaten in der Rede sei angemerkt:

S. 362: *»mit Vorsicht des ebenen Pfads«:* Das an Psalm 143, 10 und an biblische Spruchweisheit anklingende Zitat war in dieser Form nicht zu verifizieren. – S. 364: *»Wie alles sich zum Ganzen ...«:* Goethe. Faust I. Nacht. 447. 448. – S. 364: *»Und wo man's packt ...«:* Vgl. Goethe. Faust I. Vorspiel auf dem Theater. 169. – S. 366: *»Für deinen Freund ...«:* Vgl. F. Nietzsche, Also sprach Zarathustra. Die Reden Zarathustras. Vom Freunde. – S. 370: *Lindseyschem Re-*

zept...: Dazu E. Spranger, Lindsey und die neue Jugend. In: Kultur und Erziehung. [4]1928. B. 254. – S. 374: *»Der Gedanke: Ich, wie ich nun heißen mag...«:* J. G. Fichte's sämmtliche Werke. Hg. v. I. H. Fichte. 8 Bde. Berlin 1845–1846. Bd. 6. S. 386. –

Gedenkrede zur 150-Jahr-Feier der Gründung der Friedrich-Wilhelms-Universität in Berlin (1960)

Der Wiedergabe liegt zugrunde: Eduard Spranger, Gedenkrede zur 150-Jahr-Feier der Gründung der Friedrich-Wilhelms-Universität in Berlin. Rede bei der feierlichen Immatrikulation am 31. Mai 1960. Tübingen: J. C. B. Mohr (Paul Siebeck) 1960. (Tübinger Universitätsreden. 8.), 25 S. (B. 825.)

Die Rede erschien auch in: ›Berlin in Vergangenheit und Gegenwart‹. Hg. von Hans Rothfels. Tübingen 1961. (Tübinger Studien zur Geschichte und Politik. 14.) sowie in: Eduard Spranger, Berliner Geist. Aufsätze, Reden und Aufzeichnungen. Tübingen 1966. Eine englische Übersetzung liegt vor: Adress Commemorating the 150th Anniversary of the Foundation of the University of Berlin. In: Universitas. A German Review of the Arts and Sciences. Vol. 4. 1961. 1–15. (B. 856.) Die Rede liegt im Manuskript in zwei Fassungen vor.

Die im Nachlaß vorhandenen Vorarbeiten sind imponierend. Sie zeigen eine Durcharbeitung sämtlicher Berliner Universitätsreden. Daraus liegen rund 60 Seiten (vorwiegend DIN A 5) handschriftlicher Exzerpte Sprangers, teilweise mit kritischen Bemerkungen und Rotstifthervorhebungen in einem Umschlag vor, den er mit der Aufschrift ›Rektoratsreden. Auszüge.‹ versehen hat. Ein weiterer Umschlag – ebenfalls handschriftlich als ›Vorarbeiten zum Berlin-Thema‹ gekennzeichnet – enthält 8 DIN-A-5-Blätter mit Stichworten, Notizen, Zusammenstellungen, z. B. Berliner Gelehrter u. ä.

Die Gedenk- und Dankrede an die Friedrich-Wilhelms-Universität war E. Sprangers Abschiedsrede an der Universität Tübingen: Er sprach hier zum letztenmal in einer offiziellen Veranstaltung der Universität. In den 3 Thesen (388 f.), die die Grundvoraussetzungen jeder deutschen Universität formulieren, faßte er sein Vermächtnis an die studentische Jugend zusammen.

Zur Ergänzung seien folgende Schriften Sprangers angeführt:

›Das Historismusproblem an der Universität Berlin seit 1900‹. In: Studium Berolinense. Hg. von Hans Leussink, Eduard Neumann, Georg Kotowski. Berlin 1960. 425–443. B. 838. Auch in: Ges. Schr. V. 430 ff. und in: E. Spranger, Berliner Geist. 1966. 151 ff. – ›Berlin als Sitz weltgestaltender Philosophie‹. Erstveröffentlichung einer 1939 entstandenen Darstellung in: E. Spranger, Berliner Geist. 1966. 58–109. – ›Die Universität Berlin und ihre weltgeschichtliche Bedeutung‹. 1942. B. 491. – ›Die Geisteswissenschaften in Berlin‹. 1944. B. 508. – ›Die geistigen Paten. Zum Gründungstag der Universität Berlin‹. 1945. B. 516. – ›Eine Berliner Generation‹. 1946. B. 521. 538, sowie die Nrn. B. 278. 572. 590. 846. 875.

Einschlägig sind auch 2 Vortragsmanuskripte (DIN A 6) der 50er Jahre im

Nachlaß: ›Geschichte der deutschen Universität‹ (1952 11 Bl.) sowie ein undatiertes (nach 1951 entstandenes) unbetiteltes, umfangreiches Manuskript von 74 Blättern, das die Geschichte der europäischen Universität mit besonderer Berücksichtigung der deutschen Universitäten in 6 Epochen gegliedert behandelt.

Zu den Zitaten in der Rede sei angemerkt:

S. 381: *»Die Anfänge sind unscheinbar«:* Dieses Ranke-Wort nachzuweisen, ist dem Hg. nicht gelungen. – S. 382: *»Brei des Herzens«:* G. W. F. Hegel, Sämtliche Werke in 20 Bdn. Jubiläumsausgabe hg. von H. Glockner. Stuttgart 1928 ff. Bd. 7. Grundlinien der Philosophie des Rechts. S. 27. – *»Die Universität ist unsere Kirche«:* Vgl. Hegel an Niethammer am 12. Juli 1816: »Unsere Universitäten und Schulen sind unsere [der Protestanten] Kirche«. Briefe von und an Hegel. Hg. von Joh. Hoffmeister. 4 Bde. Hamburg 1952–1960. Philos. Bibliothek. 235–238.) Bd. 2. S. 89. – S. 386: *Der Kaiser hob hervor ...:* Die Rede ist abgedruckt in: Die Jahrhundertfeier der Kgl. Friedrich-Wilhelms-Universität zu Berlin. Bericht erstattet von Erich Schmidt. Berlin 1911. S. 36 ff. – S. 388: *W. Dilthey über Schleiermacher: »Er ist doch mein Gott«:* E. Spranger ist der Erste, der dieses Dilthey-Wort überliefert, es dürfte sich um einen mündlichen Ausspruch handeln, den Dilthey ihm gegenüber getan hat. Vgl. E. Spranger, Wilhelm Dilthey. Eine Gedächtnisrede, geh. in der Societas Joachimica zu Berlin. Berlin. Leipzig 1912. S. 10 (B. 72), auch in: E. Sp. Päd. Gen. 205. – S. 390: *Predigt von Schleiermacher ›Von der rechten Verehrung des einheimisch Großen‹:* F. Schleiermacher, Predigten. 2. Sammlung. Berlin 1808. S. 275–303: Über die rechte Verehrung gegen das einheimisch Große aus einer früheren Zeit. Predigt am 24. 1. 1808. –

Der Universitätslehrer als Erzieher (1961)

Erschienen in: Weltweite Erziehung. Festgabe für Friedrich Schneider zum 80. Geburtstag. Hg. von Wolfgang Brezinka. Freiburg, Basel, Wien: Herder 1961. S. 81–96. (B. 871.) Der Text dieser Veröffentlichung ist hier wiedergegeben. – Im Nachlaß liegen dazu vor: 1 DIN-A-4-Blatt mit Disposition und Stichworten; 2 Manuskripte (DIN A 5) von 33 bzw. 50 einseitig beschriebenen Blättern, das eine als »Entwurf«, das andere als »2. Fassung« gekennzeichnet, sowie 1 Typoskript (DIN A 4. 21 S.) mit Durchschlag.

Die Abhandlung zieht eine gedankliche Linie aus, die in ›Forschung, Berufsbildung und Menschenbildung an der gegenwärtigen deutschen Universität‹ schon markiert war: »Man ruft heute immer nach neuen Organisationen. Daß durch eine – allerdings tiefgreifende – Änderung des Geistes allein schon etwas zu erreichen ist, scheint kaum in Betracht gezogen zu werden« (180).

Wie der Erziehungsauftrag der Universität auch ohne tiefgreifende Umbauten in der Gesamtorganisation der Hochschule erfüllt werden kann, ist »das bewußt begrenzte Thema« der Darlegungen über den Universitätslehrer als Erzieher. (Vgl. 405. 397.) Die betonte Beschränkung meint nicht nur die thematische Abgrenzung, sondern die Aufforderung an den akademischen Lehrer durch eine Änderung im Geist seines Wirkens zu erreichen, was keine Veränderung der Organisation leisten kann. Der Gang der Abhandlung führt – in der Linie des 1951 genommenen, neuen Ansatzes – vom Rückblick auf den verlorenen Glauben an die Einheit und Ganzheit der Wissenschaft, der in der klassischen deutschen Universität den ethisch-erziehenden Bezug der Wissenschaften miteinschloß, zur heute im Zeichen der Aufspaltung des Wahrheitsuchens in eine Fülle unverbundener Fachwissenschaften notwendigen »Blickdrehung« auf das Ganze der Kultur. Diese eröffnet dem Hochschullehrer »einen ethischen Totalbezug«, in dem er als mitgestaltend an der Kultur eine sittliche Verantwortung hat (393 f. 398 f.). In dieser Verantwortung soll er auch menschenbildend, kulturgestaltend, kulturkritisch wirken. Es ist der Tenor der Untersuchung, daß das stets innerhalb der Grenzen der Wissenschaftlichkeit geschehen muß und gerade durch die betonte Beachtung dieser Grenzen die Kraft der Wirksamkeit erhält. (Vgl. 401 ff.) Eduard Spranger selbst hat so seine Lehrtätigkeit verstanden: »Meine Vorlesungen, auch die, die nicht von Pädagogik handelten, habe ich immer bewußt so gestaltet, daß in sie etwas Menschenbildendes eingewickelt war. Aber echter Wissenschaft, wollte ich, soweit dies möglich war, dabei nichts schuldig bleiben« (429).

Zur Stellung dieser späten Abhandlung im Gesamtwerk sei darauf hingewiesen, daß sie die *wissenschafts-pädagogische Anwendung* der grundsätzlichen Einsichten darstellt, die Spranger in den Untersuchungen über die Möglichkeit von Werturteilen und über den Sinn der Voraussetzungslosigkeit in den Geisteswissenschaften gewonnen hat. (Vgl. in diesem Bd. 117 f. 200 f.) Sie bietet zu diesen wissenschaftstheoretischen Einsichten die Regeln der Praxis: Siehe bes. 401, Abs. 2, über den »Standort« und die »Selbstreinigung« des wissenschaftlichen Lehrers sowie 402, Abs. 3, über das notwendige »Signal« der Umschaltung beim Übergang von der wissenschaftlichen Erwägung zur entscheidenden Stellungnahme. Ohne Zweifel reflektiert die Abhandlung leitende Momente seines eigenen Lehrens und faßt sie ins Allgemeine und Grundsätzliche. Die Ausführungen 402, Abs. 4 (Schluß) über die Zurückhaltung des Universitätslehrers im politischen Kampf lassen sich klar als Objektivierung eigener Maximen erkennen: E. Spranger hat zeitlebens eine Parteibindung als unvereinbar mit dem Berufsethos des wissenschaftlichen Lehrers abgelehnt (347). Als im Juli 1945 der ihm bekannte Dr. Andreas Hermes mit der Aufforderung an ihn herantrat, einen Aufruf der CDU zu unterschreiben, lehnte Spranger ab »auch wegen meiner Fächer Philosophie und Pädagogik, die keine Bindung an eine spezielle politische Richtung gestatten«. (Briefentwurf im Nachlaß.) – Vgl. im ganzen die *Denkschrift über akademische Lehrfreiheit* S. 406 ff. in diesem Band. –

Zum Text sei angemerkt:

E. Spranger hat die ganze Abhandlung angelegt als Antwort auf die Zweifelsfrage, ob die Universität überhaupt einen Erziehungsauftrag habe (391, 405 Schluß). Das wird verständlich aus der Anspielung auf ein Gerichtsurteil S. 391, Abs. 1 und 4. Gemeint ist hier die höchstrichterliche Entscheidung des Bundesverwaltungsgerichts 7. 125 von 1958, die den für Sprangers Auffassung anstößigen Satz enthält: »Der Erziehungsauftrag der Hochschule, *wenn von einem solchen überhaupt gesprochen werden kann* ...« (BVerwGe a. a. O. 138; Sperrung vom Hgb.). Das Gericht hat in diesem Urteil die Verweigerung der Immatrikulation wegen Mitgliedschaft in einer farbentragenden Verbindung für unzulässig erklärt. Einen anderen Fall dieser Art hat Spranger S. 411, Abs. 4, im Auge: Hier hatte das Oberverwaltungsgericht Berlin den Ausschluß eines Studenten wegen seines Bekenntnisses zum Mensurenschlagen als unvereinbar mit Art. 9 GG (Vereinsfreiheit) erklärt. Nach Sprangers Auffassung gehört ein Erziehungsauftrag zum Wesen der Universität. – S. 392: *Bei meinem eigenen Versuch* ...: Im Sommersemester 1929; vgl. oben 440. – *Alois Riehls* ... *Festrede:* Vgl. S. 61 und 439. – S. 394: *Wilh. v. Humboldt,* Ges. Schriften. Hg. v. d. Preuß. Akad. d. Wiss. Berlin 1903 ff. Bd. 10. 253. –

Akademische Lehrfreiheit (1961)

Die bisher unveröffentlichte Denkschrift über akademische Lehrfreiheit wurde 1961 von Eduard Spranger anläßlich des »Falles Bense« auf Veranlassung des damaligen Kultusministers von Baden-Württemberg Professor Dr. Gerhard Storz verfaßt.

Sie hat, wie ähnliche »Fälle« seither beweisen, nichts an Aktualität eingebüßt.

Über die näheren Vorgänge des gen. Falles und seine parlamentarische Diskussion informieren die Protokolle der 24. und 25. Sitzung des Landtages von Baden-Württemberg am 2. und 3. März 1961 in: Verhandlungen des Landtages von Baden-Württemberg. 3. Wahlperiode 1960–1964. Protokolle Bd. II. S. 1219 f. bzw. 1295 f. Hier die abschließende Stellungnahme des Kultusministers Storz S. 1321–1322.

Da – trotz dankenswerter Mühe des Kultusministeriums von Baden-Württemberg – das Original nicht aufzufinden war, wurde als Vorlage auf den ›*Entwurf*‹ im Tübinger Nachlaß zurückgegriffen, dessen Text mit großer Wahrscheinlichkeit im Wortlaut unverändert in das Original übernommen wurde. Er liegt vor in einem Typoskript bestehend aus einem, von Spranger eigens angefertigtem Titelblatt und 10 einseitig beschriebenen, von 2–10 durchlaufend paginierten Blättern (DIN A 4). Titelblatt und 1. Seite tragen von Sprangers Hand den Titel ›Akademische Lehrfreiheit‹ und die Bezeichnung ›Entwurf‹. Beide hat er mit dem Stempel seiner Anschrift versehen – in der Regel sein Zeichen endgültiger Fassung. Das Typoskript weist zahlreiche maschinenschriftliche Änderungen des Textes und einige handschriftliche Verbesserungen von Tippfehlern auf, die mit wenigen Abweichungen mit den Änderungen und Verbesserungen übereinstimmen, die Spranger auf 2 Durchschlägen des Typoskripts handschriftlich vorgenommen hat. (Die Durchschläge tragen keine Titel von Sprangers Hand.) Die Änderungen und Verbesserungen im Typoskript machen es sehr wahrscheinlich, daß sein Text für den Empfänger ins Reine abgeschrieben, die Vorlage als Beleg zurückbehalten und mit dem Zeichen endgültiger Fassung gekennzeichnet wurde.

Der Text des Typoskripts war das Resultat intensiver Vorarbeiten. Sie liegen im Nachlaß in 2 von Spranger beschrifteten Briefumschlägen vor. Der eine mit der Aufschrift ›Denkschrift für Minister und Drucks[achen]‹ enthält u. a. die erkennbar früheste Fassung: Sie fixiert – wohl im Anschluß an eine mit dem Minister gehabte Unterredung – auf 4 DIN-A-5-Seiten vier Hauptpunkte, die nach den Vorgängen des Falles Bense für die Stellungnahme des Ministers relevant waren. Der andere Umschlag, auf dessen Rückseite Spranger ›Zur Apologie von Storz. Akademische Lehrfreiheit. Entwürfe. (nicht verwertet.)‹ geschrieben hat, bietet 2 weitere Fassungen, wovon die als ›2. Fassung‹ gekennzeichnete sich dem ›Entwurf‹ sehr annähert. Der Umschlag umfaßt insgesamt 51 DIN-A-5-Blätter, die nicht durchweg paginiert oder mit eindeutigen Verweisen ihrer Zusammengehörigkeit versehen sind.

Zu den Hinweisen und Zitaten im Text sei angemerkt:

S. 408: *»Ist's Menschenwerk ...«:* Inschrift auf dem Lutherdenkmal in Wittenberg. – S. 410: *Theodor Litt:* Idee und Wirklichkeit des Staates in der staatsbürgerlichen Erziehung, Leipzig 1931, und: Ders., Staatsgewalt und Sittlichkeit, München 1948. – S. 411: *Ein Gerichtsurteil:* Dazu S. 476 in ds. Bd. – S. 412: *Friedrich Paulsen,* Die akademische Lehrfreiheit und ihre Grenzen. Eine Rede pro domo. In: Fr. Paulsen, Ges. pädagogische Abhandlungen. Hg. von E. Spranger. Stuttgart 1912. B. 75. S. 199–217; hier: das Zitat S. 211/212. – *Leo Arons* (1860 bis 1919), seit 1889 Priv. Dozent (Physik) an der Univ. Berlin, wurde am 20. 1. 1900 die venia legendi wegen sozialdemokratischer Agitation entzogen. Der Entzug, dem sich die Philos. Fakultät der Universität widersetzte, wurde erst möglich aufgrund der eigens dafür in Preußen geschaffenen »lex Arons« (v. 17. 6. 1897), die die Privatdozenten disziplinarrechtlich den Beamten gleichstellte. –

Gestalt und Problematik der deutschen Universität (1962)

Der Aufsatz erschien in: Universität und moderne Welt. Ein internationales Symposion. Hg. von Richard Schwarz. (Bildung/Kultur/Existenz. Veröffentlichungen des Instituts für Pädagogik der Universität Wien. Band 1.) Berlin: W. de Gruyter 1962. S. 206–219.

Das Manuskript liegt nicht vor. Eine starke Vermutung spricht für die Abfassung im Frühjahr 1961: In einem von Spranger mit der Aufschrift »Entwürfe zu den Hochschulschriften März April 1961« versehenen Umschlag findet sich unter eindeutig anderen Zusammenhängen angehörigen Blättern ein unbetiteltes, lückenhaftes Manuskript von 27 DIN-A-5-Blättern, das thematisch und wörtlich weitgehende Übereinstimmung mit dem vorliegenden Aufsatz zeigt. Eine Analyse läßt es als eine Vorstufe des Aufsatzes erkennen. Derselbe Umschlag enthält ein Blatt (DIN A 4) mit einer handschriftlichen Disposition, die einen Gedankenaufbau fixiert, der dem des Aufsatzes vielfach parallel geht.

Aufsatz, Manuskript und Disposition ist gemeinsam die Aufnahme des Gedankens vom »Geheimnis« der deutschen Universität, den Spranger zuerst 1930 in der Schrift ›Das Wesen der deutschen Universität‹ zum Leitfaden der Darstellung ihrer Wesenzüge genommen hat. (Vgl. in diesem Bd. 83, 441.) Im vorliegenden Aufsatz greift er auf diese Darstellung zurück, um einen Zug im Bild der deutschen Universität noch entschiedener herauszuheben: Die Dynamik des problembewußten Wahrheitsuchens, die in der Wissenschaftsidee der deutschen Universität begründet ist (415, 416). Auch in dem am 7. 4. 1961 mit Hans Wenke im Norddeutschen Rundfunk geführten Gespräch über die Lage der Universität nimmt Spranger aus Anlaß der 1960 vom Wissenschaftsrat veröffentlichten ›Empfehlungen‹ diesen Topos wieder auf und kennzeichnet das »Geheimnis« der deutschen Universität nach drei Momenten: »Zu ihm gehört der Geist der wissenschaftlich fruchtbaren Fragestellung, der schöpferischen Wissensproduktion und der ganz persönlichen Meisterlehre mit echter Freiheit auf beiden Seiten, d. h. bei den Lernenden und den Lehrenden. Die alte Universität war eine Gipfelanstalt vergleichbar einer Pyramide. Ihre Grundlage könnte man verbreitern, aber ihre Spitze darf man nicht abstumpfen«. Auf Sprangers Stellungnahme zu den ›Empfehlungen‹ im einzelnen kann hier nicht eingegangen werden. (Der vollständige Text liegt im Tübinger Nachlaß vor.) Seine Befürchtungen richten sich – wie auch im vorliegenden Aufsatz – auf die für die deutsche Universität konstitutive enge Verbindung von Forschung und Lehre: Wird diese Verbindung sowohl auf Seiten der Lehrenden als der Lernenden gelockert oder gar gelöst, wird es Lehrer geben, die nicht mehr primär Forscher sind, und Studierende, die in der Mehrheit nicht mehr an der Forschung teilnehmen wollen oder können, – dann ist es mit dem »Geheimnis« der deutschen Universität zu Ende (418). Auch in den weiteren Darlegungen des Aufsatzes (419 ff.) ist die Sorge um die Bewahrung des »›geheimen‹ Kerns« (423) der deutschen Universität der Leitfaden der Ausführungen. In ihnen vereinigt Spranger die großen Linien seines Denkens über die Universität in der Lage nach dem 2. Weltkrieg: Es gilt, in ihr das Bewußtsein der Kulturverantwortung zu wecken, den Geist der reinen Wissenschaft zu erhalten und ihre Freiheit als höchste Bildungsstätte zu bewahren.

Zum Text sei angemerkt:

S. 421: *»die Geschicke Gottes in der Welt«:* L. v. Ranke, Deutsche Geschichte im Zeitalter der Reformation. Berlin 1839. Bd. 1 S. 81. – S. 424: *Kierkegaard-renaissance:* Vgl. E. Spranger, Der Kampf gegen den Idealismus. Sitzungsberichte d. Preuß. Akad. d. Wiss. Phil.-hist. Kl. 1931. XVII. 418–454. (B. 318.) Sowie in ds. Bd. S. 429. –

Rückblick

Die bisher unveröffentlichte Textvorlage ist ein unbetiteltes, undatiertes Typoskript (3 Blatt DIN A 4) aus dem Nachlaß. Das Manuskript liegt nicht vor. Für die Abfassungszeit gibt die Bemerkung »Meine ›Psychologie des Jugendalters‹

nähert sich dem 100 000. Exemplar« einen Anhaltspunkt. Das 97.–100. Tausend dieses Werkes erschien als 24. Auflage mit einer von E. Spranger am 27. 4. 1955 datierten Vorbemerkung ›Zum 100. Tausend‹ im August 1955. Als wahrscheinlichsten Zeitraum der Niederschrift kann die Zeit von Herbst 1953 bis Juli 1955 angenommen werden. Wie der Verlag Quelle & Meyer, Heidelberg, mitteilt, ist das früheste Datum der Unterrichtung Sprangers über die geplante 24. Auflage nicht mehr festzustellen.

Auf folgende Selbstdarstellungen E. Sprangers, die einen Rückblick auf Leben und (oder) Werk enthalten, sei hingewiesen:

»Eduard Spranger, geb. in Berlin 27. 6. 1882...«. Unbetitelte, undatierte Handschrift (nebst Typoskript) im Nachlaß, verfaßt lt. Inhalt zwischen der formellen Emeritierung am 1. 10. 1950 und dem endgültigen Rücktritt vom Amt nach dem SS 1952. In den Anmerkungen S. 468 f. dieses Bandes zu ›Ein Professorenleben im 20. Jahrhundert‹ (342 ff.) sind einige Stellen daraus mitgeteilt; als ganzes ist sie unveröffentlicht. – Kurze Selbstbiographie. In: Welt und Schule. Zeitschr. f. Unterricht und Erziehung. Jg. 5. 1952. S. 209. – Was mein Leben bestimmte. Weihnachtsumfrage des Tagesspiegels. In: Der Tagesspiegel. Jg. 11. 1955. Nr. 3131. (B. 712). (Auch in: E. Sp. Berl. Geist. 184–187.) – Bilder aus meinem Leben. Private Vervielfältigung einer am 24. 2. 1960 im Wildermuthgymnasium, Tübingen, geh. Rede. Tübingen 1960. 16 S. (B. 820.) – »Wenn ich in kürzester Formulierung aussprechen sollte...« (1961), erstmals veröffentlicht unter ›Kurze Selbstdarstellungen (1961)‹ in: Eduard Spranger. Sein Werk und sein Leben. Hg. von H. W. Bähr und H. Wenke. Heidelberg 1964. S. 13–21. – Kurze wissenschaftliche Selbstcharakteristik. In: Stifterverband für die Deutsche Wissenschaft. Jahrbuch 1961. S. 74. (B. 864.) – Von einzelnen Lebensabschnitten handeln: Meine Studienjahre. 1900–1910. Geschrieben 1945. (Typoskript 5 S.) im Nachlaß. – Meine Berufung nach Leipzig. Für Susanne Spranger. Weihnachten 1946. (Handschrift und Typoskript im Nachlaß.) – Aus meiner Studienzeit. Vortrag im Leibnitianum, Tübingen, am 6. 2. 1952. (Stichwort-Manuskript im Nachlaß.) – Wallfahrer, Flüchtling, Bürger. In: Merianhaft ›Tübingen‹. Hamburg 1954. (= Heft 8), S. 34–35. (B. 684.) – Vgl. auch die Antrittsrede in der Preuß. Akademie der Wissenschaften zu Berlin am 2. Juli 1925. (B. 208.) Wiederabgedruckt in: E. Sp. WL. S. 22–25. – Auf einen Brief von »höchster biographischer« Bedeutung, den Spranger am 9. 1. 1918 an den preußischen Kultusminister Schmidt richtete, hat Ludwig Englert (Ges. Schr. III. 427) aufmerksam gemacht und Ulrich Pretzel auf die in derselben Hinsicht aufschlußreiche Rede, die Spranger bei der Feier seines 50. Geburtstags 1932 gehalten hat. (In: Eduard Spranger, Bildnis eines geistigen Menschen unserer Zeit. 1957. S. 485; vgl. auch Briefw. 358[19].)

Zu diesem Bande

Die leitende Absicht bei der Edition dieses Bandes ist in der Vorbemerkung zu den Texten S. 431 ausgesprochen, hier auch die Regeln, nach denen bei der Wiedergabe der Texte verfahren wurde.

Der Herausgeber, der 1970 für den zunächst vorgesehenen Hans Wenke († 1969) die Edition übernahm, ist an erster Stelle Hans Walter Bähr zu besonderem Dank für Beratung, Hilfe, Anteilnahme und Geduld verbunden. Ludwig Englert, der die Spranger-Forschung biographisch am weitesten geführt hat, verdankt er wertvolle Hinweise sowie die Erstellung des Registers im Eduard-Spranger-Archiv. Gerdi A. Jonen gab unentbehrliche Auskunft aus präziser Kenntnis des Spranger-Nachlasses. Nicht zuletzt gilt sein Dank der Stiftung Volkswagenwerk, ohne deren Förderung diese Ausgabe nicht möglich geworden wäre.

Die Feststellung der Personen, die in Eduard Sprangers Darstellung seines kommissarischen Rektorats der Universität Berlin im Jahr 1945 genannt sind, machte umfangreiche Nachfragen nötig, die nicht in allen Fällen zum Ziele führten. Die Personen sowie die deutschen und amerikanischen Dienststellen, die dabei oft mit wiederholten Auskünften hilfreich waren, können hier nicht namentlich aufgeführt werden. Ihnen allen gebührt aufrichtiger Dank.

Walter Sachs.

Zu den Quellen und Texten

Der Spranger-Nachlaß steht für wissenschaftliche Arbeit in der Universitäts-Bibliothek in Tübingen zur Verfügung. Als umfangreiche Sammlung nun aufgebaut, umfaßt er die Handexemplare der Werke und Veröffentlichungen Eduard Sprangers mit seinen Einträgen, Korrekturen und Einarbeitungen, mehrere Tausend Briefe Eduard Sprangers, seine eigene Bibliothek mit vielen Kommentaren der Werke anderer Autoren sowie zahlreiche Vorträge und Vorlesungen. Im Nachlaß befinden sich ferner die persönlichen Dokumente und biographischen Unterlagen. Die unveröffentlichten Manuskripte sind Eigentum der Bundesrepublik Deutschland, vertreten durch das Bundesarchiv. Veröffentlichungen aus ihnen bedürfen der Zustimmung des von Eduard Spranger testamentarisch eingesetzten Verwalters seines Nachlasses und des Bundesarchivs.

Das Eduard-Spranger-Archiv in München (Widenmayerstr. 39) wurde als Sammlung gedruckter Arbeiten Eduard Sprangers errichtet. Als Forschungsstätte enthält es heute eine Reihe wertvoller Sach- und Namensregister über das Gesamtwerk E. Sprangers (einschließlich einer Bibliographie der Vorträge, Vorlesungen und biographischen Veröffentlichungen), die in München erarbeitet worden sind und zur Benützung bereitstehen.

Namenregister

Eduard Spranger
Gesammelte Schriften

Bisher liegen vor

Eduard Spranger
Werke in Einzelausgaben

Vom pädagogischen Genius
Lebensbilder und Grundgedanken großer Erzieher

Pestalozzis Denkformen

Pädagogische Perspektiven

Beiträge zu Erziehungsfragen der Gegenwart

Kulturfragen der Gegenwart

Psychologie des Jugendalters

Der geborene Erzieher

Der Eigengeist der Volksschule

Zur Geschichte der deutschen Volksschule

Das Gesetz der ungewollten Nebenwirkungen
in der Erziehung

Quelle & Meyer Heidelberg

Kolibri 360 GmbH
Ferdinand-Jühlke-Straße 7
99095 Erfurt, Deutschland
produktsicherheit@kolibri360.de